Verena Olejniczak Lobsien · Skeptische Phantasie

Verena Olejniczak Lobsien

Skeptische Phantasie

Eine andere Geschichte der frühneuzeitlichen Literatur

Nikolaus von Kues, Montaigne, Shakespeare, Cervantes, Burton, Herbert, Milton, Marvell, Margaret Cavendish, Aphra Behn, Anne Conway

Wilhelm Fink Verlag

Umschlagabbildung:
Time in the Garden of Eden
Holzschnitt aus Thomas Peyton, *The glasses of Time, in the Second Age*, London 1620

Die Deutsche Bibliothek – CIP-Einheitsaufnahme

Lobsien Olejniczak, Verena
Skeptische Phantasie : eine andere Geschichte der frühneuzeitlichen Literatur ; Nikolaus von Kues, Montaigne, Shakespeare, Cervantes, Burton, Herbert, Milton, Marvell, Margaret Cavendish, Aphra Behn, Anne Conway / Verena Olejniczak Lobsien. – München : Fink, 1999
ISBN 3-7705-3430-1

ISBN 3-7705-3430-1

Satz: Verlagsservice G. Pfeifer, Germering
Herstellung: Ferdinand Schöningh GmbH, Paderborn

Inhalt

VORREDE

Dies Buch ist für die Guten und nicht für die Bösen.
[Bettina von Arnim, *Goethes Briefwechsel mit einem Kinde*]

The lady doth protest too much, methinks.
[Gertrude in *Hamlet* III, ii, 225]

Wüßten wir stets, welches die Guten und welches die Bösen sind, so wäre vieles im Leben einfacher. Was uns und sich nicht nur diese Unterscheidung schwermacht, ist Skepsis. Auch andere verborgene Dinge – wie beispielsweise Wahrheit – läßt sie vorzugsweise in der Schwebe. Nicht nur darin hat sie einiges mit der Literatur gemein.

Skepsis ist die andere Philosophie. Vielleicht ist sie gar keine Philosophie, sondern, wie die Frühe Neuzeit mitunter gemeint zu haben scheint, eher eine Frage des persönlichen Stils oder allenfalls ein Mittel zu einem anderen Zweck – beispielsweise dem, Gewißheit zu finden, sei das im Denken oder im Glauben. Nach Ansicht Hegels wie Emmanuel Levinas' ist die Skepsis eine Denkweise, die die Philosophie auf den Weg zu sich selbst bringt: Ihre Wiederentdeckung im 16. und 17. Jahrhundert läßt sie zudem schon in vormoderner Zeit als eine Kraft erscheinen, die inmitten wachsender Unsicherheit die Phantasie in Bewegung und die Literatur auf den Weg zu sich selbst bringt.

»Dieses Buch ist aufrichtig, geneigter Leser«: Montaignes Vorrede zu den *Essais* schreibt seinem Text das zu, was Skeptiker oder Skeptikerin nur mit Zurückhaltung für sich selbst zu beanspruchen wagen. Denn wer kann mit Gewißheit sagen, er oder sie sei jetzt ganz bei sich und ganz und gar authentisch? Aufmerksamkeit auf den fortwährenden Selbstentzug, Einsicht in die Nichtverfügung über die eigene Innenwelt, Entdeckung von Unwissenheit: auch dies sind Kennzeichen einer Epoche, die lange Zeit vorwiegend unter der Rubrik menschlicher (männlicher?) Selbstermächtigung betrachtet wurde. Eine »andere Literaturgeschichte« der Frühen Neuzeit zu schreiben, heißt auch, deren skeptische Signaturen behutsam zu lesen, ohne ersatzweise sofort ein Heteronomieparadigma, sei dies historistischer oder dekonstruktivistischer Art, mit der gleichen reduktiven Ausschließlichkeit zu proklamieren. Es bedeutet auch den Versuch, den Extremismus und die gewißheitssüchtige Grundsätzlichkeit dieser Epoche nicht aus den Augen zu verlieren, ihr Ausgehen auf Prinzipielles in der mikroskopischen Erkenntnis des Kleinen wie im himmelsstürmerischen Durchbrechen der kosmischen Sphären; im Vorstoß zu neuen irdischen Welten, aber auch im Betrachten der Unendlichkeit. Wie vereinbart sich das Pathos solch leidenschaftlicher Suche mit dem apologetischen Ton, mit dem die Ergebnisse der Erkundungen sich vor allem dann präsentieren, wenn die peinliche Inspektion das eigene Selbst betrifft?

Mit der Skepsis kommt in elisabethanischer Zeit auch die Melancholie nach England, mit der Melancholie die Skepsis. Aber vielleicht sind beide dort immer schon so beheimatet wie die Pastorale. Auch diese scheint sich freilich unter skeptischen Vorzeichen zu verändern: Die arkadische Imagination bringt ein aporetisches Substrat zum Vorschein. Dessen Widersprüche werden so lange ausgereizt, bis auch die pastorale Welt ein Unzuhause wird – nicht zuletzt für die in ihr wohnhaften Schäferinnen. Vor der Alterität des anderen Menschen, des anderen wie des eigenen Geschlechts, scheint es kein Entkommen zu geben. Weder andere, ›wilde‹ Welten, noch die Infinität des ›Ganz Anderen‹ bieten Gefilde des Rückzugs. Das zu sehen und den Blick nicht abzuwenden aber befreit sowohl das Denken wie die literarische Phantasie.

Dies ist ein Teil der Geschichte des frühneuzeitlichen Anderssehens, die dieses Buch zu erzählen versucht. Es erzählt sie jedoch (sofern es sie überhaupt ›erzählt‹), indem es in erster Linie eingeht auf die ›Geschichten‹, die die Texte selbst erzählen. Und es überspringt dabei vieles oder verbannt es in Fußnoten; läßt zum Beispiel auch aus, was eigentlich seine Keimzelle war: ausführliche Überlegungen zur *Metaphysical Poetry*, vor allem zu John Donnes cartesianischer Egozentrik; Studien zu den Anfängen der neuen Naturwissenschaften in England. Auch ein Kapitel zum ›letzten‹ Text der Frühen Neuzeit – zu den Ruinen der Melancholie in Sternes *Tristram Shandy* – wird seinen Ort anderswo finden. Doch genug der Beteuerungen: Die der geneigten Leserschaft hiermit präsentierten Lektüren mögen selbst erklären, weshalb dies ein Buch für die Guten und nicht für die Bösen ist.

Bad Nauheim, im September 1998.

Kapitel I
Strukturen der Skepsis – Strukturelle Skepsis[1]

»Die Skeptiker aber suchen noch.«[2] Diese Charakterisierung des eigenen Denk- und Lebensstils, die Sextus Empiricus (ca. 150 – 220 n. Chr.), der Verfasser des Haupttexts der antiken Skepsis, gleich zu Beginn seines *Grundrisses der pyrrhonischen Skepsis* vornimmt, stellt einerseits zuviel, andererseits zu wenig in Aussicht. Zuviel wird hier versprochen, insofern die mit »Skepsis« dem griechischen Wortsinn nach gemeinte Tätigkeit des genauen Hinsehens und spähend-prüfenden Betrachtens in der Art und Weise, wie sie der von Sextus vorgestellte Pyrrhoneer praktiziert, ausdrücklich der Teleologie oder genauer: des Eifers ermangelt. Ob eine Suche ohne angebbares Ziel und ohne das Engagement des Findenwollens wirklich den Titel der ›Suche‹ verdient, mag fraglich erscheinen. Zu wenig besagt diese Formel pyrrhonischer Selbstbeschreibung, insofern sie – wie der Blick in den Kontext dieser ersten positiven Bestimmung des skeptischen Philosophierens erweist – offenkundig eine gezielte Untertreibung ist, die Erkenntnisinteresse und -anspruch konkurrierender Denkweisen im Vergleich zu ihr unbescheiden und überhöht erscheinen läßt.[3] Dabei dient ihre Rhetorik auch Zwecken der Camouflage: Die selbstbewußte Abgrenzung von anderen philosophischen Schulen, die entweder meinen, die Wahrheit schon gefunden zu haben, oder die sie umgekehrt für unerkennbar halten, verschweigt, daß die pyrrhonische Denkweise sich als vermeintlich eigenständiger ›dritter Weg‹ nur etablieren kann, indem sie die von anderen vorgenommenen positiven Setzungen bzw. deren Ne-

---

1 Für ihre höchst anregende Gesprächs- und Widerspruchsbereitschaft danke ich den Teilnehmern und Teilnehmerinnen der Arbeitsgruppe »Docta Ignorantia« der Sommerakademie der Studienstiftung St. Johann 1996 sowie den Mitgliedern des Tübinger Graduiertenkollegs *Pragmatisierung/Entpragmatisierung*, die bei der Erprobung einiger Ideen dieses Buches im Schwerpunktseminar »Literarische Skepsis« des Sommersemesters 1997 engagiert mitgewirkt haben!

2 Sextus Empiricus, *Grundriß der pyrrhonischen Skepsis*, eingel. u. übs. von Malte Hossenfelder, Frankfurt am Main 1985, Teil I, Abschnitt 3. – Angaben im folgenden direkt nach dem jeweiligen Zitat im Haupttext (Teil. Abschnitt). – Ich zitiere hauptsächlich nach Hossenfelders Übersetzung. An einigen Stellen erscheint die ältere Übersetzung von R. G. Bury (zuerst 1933) treffender; wo dies angezeigt erscheint, wird sie ebenfalls herangezogen (Sextus Empiricus, *Outlines of Pyrrhonism*, with an English Translation by R. G. Bury, Cambridge, Mass. 1993 [Loeb Classical Library 273]).

3 Cf. I. 1-3: »[1] Wenn jemand eine Sache sucht, dann ist der zu erwartende Erfolg entweder ihre Entdeckung oder die Verneinung ihrer Entdeckung und das Eingeständnis ihrer Unerkennbarkeit oder die Fortdauer der Suche. [2] Das ist vielleicht auch der Grund, weshalb hinsichtlich der philosophischen Forschungsgegenstände die einen behauptet haben, sie hätten das Wahre gefunden, während die anderen erklärten, es ließe sich nicht erkennen, und die dritten noch suchen. [3] Und zwar gefunden zu haben glauben die Dogmatiker im engeren Sinne, z. B. Aristoteles, Epikur, die Stoiker und einige andere. Für unerkennbar erklärten die Dinge Kleitomachos, Karneades und andere Akademiker. Die Skeptiker aber suchen noch.«

gation kunstgerecht gegeneinander ausspielt. Die pyrrhonische Suchbewegung ist, mit anderen Worten, eine sekundäre (wenn nicht parasitäre); zudem eine, die – unter dem Deckmantel ihrer Systemfeindlichkeit – bestimmten Schematisierungen folgt. Von der Art ihrer Regelhaftigkeit wird noch die Rede sein. Zunächst ist wichtig zu sehen, daß die Skepsis, wie sie ihre einzige erhaltene Programmschrift vorstellt, eine Metaphilosophie ist: eine Einstellung zur Wahrheit (bzw. zu dem, was sich jeweils dafür ausgibt), eine sekundäre Modellierung von Erkenntnis und ›Leben‹. Die Skepsis ist ein Denken, das nicht auf den Gewinn eigener Erkenntnis zielt, sondern das sich auf der Grundlage ›fremder‹ Einsichten, in Beziehung zu ihnen und im Umgang mit ihnen vollzieht. Anders und vorgreifend gesprochen: die Skepsis ist ein Modus der Literarisierung der Philosophie.

Für einen Versuch, Ort und Funktionen der Skepsis in der ›Grammatik der Ideen‹, der die Texte der Frühen Neuzeit gehorchen, näher zu bestimmen, ist der Meta-Charakter dieses Denkens von besonderer Bedeutung. Denn hierin mag nicht nur ein Grund für dessen Überleben liegen; als Sekundärmodellierung betrachtet, verliert die Skepsis auch ihre Aura der Negativität. So ist zu vermuten, daß aus der Eigenart der Skepsis als einer Weise, sich zu vorfindlichen Positionen und ihren Geltungsansprüchen zu verhalten, auch ihre durchaus produktive Fähigkeit zur Hybridbildung, zur flexiblen Kombination mit benachbarten Paradigmen, zu deren Relationierung oder gar Reorganisation (als Respons auf den von ihr potentiell ausgehenden kritisch-korrektiven Impuls) resultiert. Ja, es läßt sich zeigen, daß die Skepsis dank ihrer Meta-Struktur und ihrer fundamentalen Unabgeschlossenheit unter bestimmten Bedingungen auch zu ihr gänzlich heterogenen, sogar entgegengesetzten Formationen (beispielsweise diversen Dogmatismen) in Verbindung zu treten vermag. Einer der Leitgedanken der folgenden Überlegungen ist, daß dies vor allem in literarischen Texten der Fall ist; mehr noch: daß mit auf den ersten Blick oxymoronisch anmutenden Konfigurationen wie etwa der eines ›skeptischen Platonismus‹ Grundzüge frühneuzeitlicher Literarizität angesprochen sind. Zugleich kann damit schon an dieser Stelle einem falschen Umkehrschluß vorgebeugt werden: Daraus, daß die Skepsis Affinitäten zum Literarischen unterhält, folgt nicht, daß das Literarische mit dem Begriff der Skepsis auch bereits zureichend beschrieben wäre. Vielmehr ist gerade an der Skepsis als einer Einstellung zu etwas anderem zu sehen, daß sie dieses ›Gegenstands‹ etwa in gleicher Weise bedarf, wie das Literarische einer thematischen Dimension, um überhaupt in Erscheinung zu treten. Gleichwohl lassen sich gerade im Blick auf diese Homologie von Skepsis und Literatur einige Merkmale des Literarischen nicht nur systematisch schärfer fassen, sondern auch in einer Epoche klarer verankern, in der dieses beginnt, sich aus Zusammenhängen heteronomer Funktionalisierungen zu lösen.

Damit dies jedoch im einzelnen und nicht zuletzt auch in der jeweiligen historischen Spezifik solcher Überblendungen und Emanzipationsprozesse deutlich werden kann, soll zunächst das skeptische Paradigma anhand der *Pyrrhonischen Hypotyposen* des Sextus Empiricus in den für dieses Vorhaben wichtigsten Zügen rekonstruiert werden. Das Herausstellen gerade dieses Textes bezieht seine Berechtigung vor allem aus der hohen rezeptionsgeschichtlichen Bedeutsamkeit, die ihm nach 1562, dem Erscheinungsdatum seiner lateinischen Übersetzung bei Henri Estienne in Paris, zuwächst. Im Anschluß an diese systematische Skizze, die an einigen Punkten bereits zu markieren versucht, wo bestimmte frühneuzeitliche Grundorientierungen gleichsam ›andocken‹ konnten, werden einige der zentralen Homologien zwischen Literatur und Skepsis nochmals thesenhaft zusammengestellt.

Sextus Empiricus stellt in seiner Schrift eine Geisteshaltung des kritischen Befragens vor, einen Typus des Denkens, der zugunsten eines fortgesetzten, relativierenden Abwägens auf ein abschließendes Urteil verzichtet und aus diesem Aufschub eine größere Befriedigung zieht, als ihm eine endgültige Lösung zu gewähren vermocht hätte. Kennzeichen dieser sowohl erkenntnistheoretischen als auch ethisch-lebenspraktischen Einstellung ist der Zweifel an der Möglichkeit gesicherter Erkenntnis, dementsprechend eine in der Erfahrung von Unentscheidbarkeit gründende strikte Zurückhaltung gegenüber propositionalen Festlegungen. Diese Unentscheidbarkeit stellt sich für den Skeptiker geradezu zwanglos ein, sobald derartige Setzungen anderen mit gleichem Geltungsanspruch gegenübergestellt werden. Die Autorität, auf die sich Sextus beruft und die seiner – genaugenommen neupyrrhonischen – Haltung ihren Namen verleiht, ist Pyrrhon aus Elis (365/360-275/270 v. Chr.).[1] Daß von diesem selbst keine Schriften erhalten sind und lediglich eine Reihe von Anekdoten überliefert wird, erscheint für den Begründer der Skepsis ausgesprochen angemessen, verbinden sich doch in diesem ›sokratischen‹ Profil charismatische Ausstrahlung und eine prägnante, wenn auch exzentrische und unvollständige Kontur des von ihm Vorgelebten mit dem Entzug des von ihm Gelehrten und also der Verweigerung seiner positiven Systematisier- und Tradierbarkeit. Auf diese Weise kann er beispielgebend auftreten und doch zugleich diese Exemplarizität (mit ihrer Implikation schulbildender Nachahmbarkeit) untergraben. Auch das unklare

1 Vgl. zu den Möglichkeiten, die Lehre des Pyrrhon auf der Grundlage einer äußerst schmalen Textbasis zu rekonstruieren, sowie insbesondere zur Skepsis der platonischen Akademie: Hellmut Flashar, ed., *Die Philosophie der Antike, Bd. 4: Die hellenistische Philosophie* [= Grundriß der Geschichte der Philosophie, begr. v. Friedrich Ueberweg], Basel 1994, darin: 5. Kap. von Woldemar Görler, »Älterer Pyrrhonismus. Jüngere Akademie. Antiochos aus Askalon«, pp. 717-989 [im folgenden: Görler]. – Görler sieht die pyrrhonische Skepsis auf der Grundlage des gemeinsamen Erkenntniszweifels bei allen Unterschieden in enger Beziehung zur akademischen stehend. Sie erscheint damit weniger als eigenständige philosophische Tradition, denn in der Fluchtlinie einer umfassenderen Geschichte der platonischen Schule, deren Lehre zwischenzeitlich skeptische Züge annahm; zugleich wächst gerade durch diese Juxtaposition ihre philosophiegeschichtliche Bedeutsamkeit: »In der Tat lässt sich zeigen, dass sich Genese und Denkansatz der akademischen Skepsis von dem der Pyrrhoneer in wesentlichen Punkten unterscheiden. Das rechtfertigt es, die pyrrhonische und die akademische Skepsis in getrennten Abschnitten zu behandeln. Aber es ist unbestreitbar, dass auch von Pyrrhon und seinen Schülern ein Einfluss auf Arkesilaos ausgegangen ist, und der Einfluss der akademischen Skepsis auf die jüngere pyrrhonische Skepsis ist mit Händen zu greifen.« (p. 732. – Zur akademischen Skepsis s. auch die Ausführungen weiter unten.)

»Ineinander von Ethik und Erkenntnistheorie«,[1] das sich in den Ausführungen des Sextus Empiricus findet,[2] erscheint bei Pyrrhon schon angelegt.

So berichtet etwa Diogenes Laertius,[3] Pyrrhon sei ursprünglich Maler gewesen, bevor er das Leben eines wandernden Philosophen aufnahm und Alexander den Großen auf dessen Zug nach Indien begleitete. Sein Lehrer sei vor allem der Demokriteer Anaxarch aus Abdera gewesen. Als auf einer Seefahrt bei stürmischem Wetter Panik ausbrach, habe er seinen Mitreisenden das Verhalten eines kleinen Schweins, das ungerührt seine Mahlzeit fortsetzte, als vorbildlich hingestellt. Weiterhin sei er auf der Straße keinem Wagen und keinem Hund ausgewichen, und er hätte sich wohl mit ebensolchem Gleichmut auch in einen Abgrund gestürzt, hätten ihn nicht seine Anhänger wiederholt davon abgehalten. Auch sei solche Indifferenz nicht auf seine eigene Person beschränkt gewesen: Anaxarch sei einmal in einen Sumpf gefallen, aber Pyrrhon habe darin durchaus keinen Grund zur Hilfeleistung gesehen und sei gelassen weitergegangen. Anaxarch (von den glücklicherweise anwesenden Schülern gerettet) habe ihn für seine Gleichgültigkeit persönlich gelobt. – Über die Motivation zu solchem Verhalten (das u.a. Züge kynischer Histrionik zu tragen scheint)[4] gibt Diogenes Laertius eher spärliche Auskunft. Eine in sich einigermaßen konsistente Gestalt gewinnt der damit skizzierte Typus und seine Lehre, nicht zuletzt auch das anekdotisch pointierte Fehlen eines Kriteriums zur Unterscheidung von Gütern und Übeln, erst auf dem Hintergrund nachfolgender Interpretationen[5] und im Licht der Sti-

1 Ibid., p. 736.

2 Und für welches sich ja durchaus auch systematische Gründe angeben ließen: Denn man wird, wenn man erkannt hat, was gut und wahr ist, auch danach handeln wollen; umgekehrt wird man Schwierigkeiten haben, recht zu handeln, wenn man nicht sicher sein kann, ob man die Welt, in der zu handeln ist, auch so erkannt hat, wie sie tatsächlich ist. – Aus skeptischer Perspektive ist diese Gewißheit nicht zu erlangen; d.h. wenn man eine von Handlungsdruck entlastete Position gewinnen will, muß man natürlich den Zusammenhang von Ontologie und Axiologie genau so konstruieren.

3 Cf. Diogenes Laertius, *Lives of Eminent Philosophers*, Vol. II [Loeb], pp. 474ff; cf. auch Plutarch, *Moralia*, Vol. I [Loeb], p. 441. Weitere Quellen bei Görler.

4 Görler diskutiert kynische (sokratische, demokriteische und andere, etwa auch indische) Anteile am Denken Pyrrhons (pp. 748-754); vgl. auch p. 755: »[...] seinem Verhalten haftete etwas Theatralisches an«.

5 Etwa in den Werken seines Schülers, des Schriftstellers Timon aus Phl(e)ius oder in einem Referat des Peripatetikers Aristokles aus Messene; vgl. den Bericht über die problematische Quellenlage bei Görler, p. 733f. Görler selbst stützt sich vornehmlich auf die letztgenannte Quelle, die er wie folgt zitiert: »Wer nach Glück strebe, sagt sein (d.i. Pyrrhons) Schüler Timon, müsse dreierlei im Blick behalten: erstens, von welcher Art die Dinge sind, zweitens, wie wir uns ihnen gegenüber zu verhalten haben, und schliesslich (3), was für diejenigen, die sich so verhalten, daraus resultiert. (1) Was nun die Dinge angeht, sagt er, habe jener gezeigt, dass sie in gleicher Weise unterschiedslos (oder: ununterscheidbar) sind, ohne Festigkeit (oder: unwägbar), und unbestimmbar. Deshalb seien weder unsere Sinneswahrnehmungen noch unsere Meinungen (Denkakte?) wahr oder falsch; (2) und deshalb dürfe man ihnen nicht vertrauen, sondern man müsse sich freihalten von jeder Meinung, von jeder Zuneigung (zur einen oder zur anderen Ansicht), und man dürfe sich durch nichts erschüttern lassen. Über jeden einzelnen Gegenstand müsse man sagen, dass er nicht mehr ›sei‹ als ›nicht sei‹, oder: dass er sowohl ›sei‹ als ›nicht sei‹, oder: dass er weder ›sei‹ noch ›nicht sei‹. (3) Denen nun, die sich so verhalten, werde, wie Timon sagt, zuerst ›Sprachlosigkeit‹ zuteil (also wohl: Verzicht auf jede Äusserung über die Dinge selbst),

lisierungen, die Sextus Empiricus dem überlieferten Komplex angedeihen läßt. Dennoch wird der Schulgründer auf diese Weise zu einer idealen Projektionsfläche für Anhänger wie Kritiker späterer Skeptizismen. Das Anekdotenwissen über ihn bildet nicht zuletzt auch einen Teil des unter dem Titel der pyrrhonischen Skepsis aufgehobenen frühneuzeitlichen assoziativen Bestandes. Gerade die suggestive Obskurität seiner Person, die bruchstückhafte Überlieferung seiner Lehre und die Exzentrizität seines Auftretens konnten in ihrer Verweigerung einer eindeutigen Bestimmung als Züge der ›Lebens-Kunst‹ eines Weltweisen paradigmatisch bedeutsam und literarisch produktiv werden.[1]

Sextus Empiricus beruft sich in seinem *Grundriß* eher sparsam auf seinen Vordenker – und erweist sich in dieser Vermeidung des doktrinär-systematischen Gestus und des schulmäßigen Gepräges doch gerade als genuiner Pyrrhon-Schüler. Seine Konstruktion der pyrrhonischen Skepsis hebt vor allem deren anti-dogmatische Richtung hervor. Beruhen dogmatische Aussagen auf der Annahme, die Wahrheit sei dem menschlichen Erkennen grundsätzlich zugänglich, ein (wie auch immer im einzelnen vorzustellendes) Glück in den Bereich menschlicher Verfügung gerückt; meint der Dogmatiker also, er könne zu sicherem Wissen gelangen und begründet etwas über das Wesen der Dinge und den Sinn des Lebens sagen, so bestreitet der Pyrrhoneer diese Möglichkeit. Er hält jede derartige Gewißheit für eine potentielle Täuschung. Das auf solch unzuverlässiger Grundlage Vorgebrachte kann bestenfalls als Meinung gelten, die auch hätte anders ausfallen können. Er selbst behauptet nichts mit Bestimmtheit, schon gar nicht mit dem Anspruch auf allgemeine oder gar ausschließliche Geltung. Keinesfalls ist es sein Anliegen, Propositionen in einen systematischen Zusammenhang zu bringen und auf dessen Grundlage eine »Lehrmeinung« zu vertreten (I. 16). Allenfalls propagiert er eine »Lebensform« (I. 17).[2] Diese folgt fle-

---

dann eine innere Unerschütterlichkeit, wie Ainesidem dagegen sagt, innere Freude.« (p. 737). Unter den von Sextus Empiricus aufgenommenen Grundkonzepten finden sich hier bereits (von Görler in einiger Ausführlichkeit erläutert): die Unterschiedslosigkeit bzw. Gleichwertigkeit der Dinge; das »schwebende Gleichgewicht« (p. 744), in dem sie angesichts dieser ihrer Ununterscheidbarkeit gemäß der Formel »nicht mehr dies als jenes« (ibid.) zu belassen sind; die Sprachlosigkeit (Aphasia), Gleichgültigkeit (Adiaphoria), Affektlosigkeit (Apathia) und Unerschütterlichkeit (Ataraxia) als Folgen dieser Einstellung.

1 Vgl. auch Görlers zusammenfassende Bemerkung: »Vor allem diese vielfältigen Anekdoten dürften dazu beigetragen haben, dass Pyrrhon schon zu Lebzeiten weit über philosophische Kreise hinaus bekannt, ja berühmt wurde. Es war ein unklarer Ruhm: Wahres und Falsches, Tiefsinniges und Banales wurde nebeneinander überliefert, aber gerade dieses Neben- und Ineinander scheint die Nachwelt beeindruckt zu haben. Schon bald nach Pyrrhons Tod verlor sich jedes zuverlässige Wissen von seiner ›Lehre‹. Nur das wusste man in vager Form, dass er an allem und jedem zweifelte: er galt als der Zweifler par excellence. Als in Ciceros Zeit Ainesidem das radikalskeptische Denken zu neuem Leben erweckte, konnte er keine geeignetere Leitfigur finden als den legendenumwobenen Grübler aus Elis. – Auch in der Neuzeit ist Pyrrhons Name oft ein Symbol für Zweifel schlechthin.« (p. 755)

2 Bury übersetzt die Antwort auf die Frage »Has the Sceptic a doctrinal rule?« (I. 16) etwas zurückhaltender mit dem Hinweis auf eine bloße Art des ›Vorgehens‹: »[...] if one defines »doctrinal rule« as »procedure which, in accordance with appearance, follows a certain line of reason-

xibel dem »Erscheinenden« (ibid.), und das heißt, sie verweigert insbesondere »die Zustimmung zu irgendeiner der in den Wissenschaften erforschten verborgenen Sachen[1] [...]. Denn keinem der verborgenen Dinge stimmt der Pyrrhoneer zu« (I. 13).

Die Radikalität, mit der hier vom Nicht-Evidenten abgerückt, jede Aussage über das, was ›hinter den Dingen‹ liegt und ihr eigentliches Wesen ausmacht,[2] verweigert wird, unterscheidet die pyrrhonische auch von einer konkurrierenden Form der Skepsis: von der akademischen Skepsis, wie sie von den Philosophen der (Jüngeren) Platonischen Akademie unter Arkesilaos und Karneades bis zu Philon aus Larisa vertreten wurde.[3] Vielleicht gerade weil sich hier eine Nähe zum eigenen Denken abzeichnet, sucht Sextus Empiricus die akademische Skepsis als eine besonders verhängnisvolle Form der Selbsttäuschung darzustellen. Ihre Grundannahme, das Wahre sei unerkennbar,[4] sei, so führt er aus, nichts als negativer Dogmatismus und insofern für einen Pyrrhoneer inakzeptabel. Auch wenn es sich ›sokratisch‹ gibt, erweist sich solches Nichtwissen bei genauerem Hinsehen als eine Form der Gewißheit. Die zu erreichen aber sieht sich der Skeptiker pyrrhonischer Provenienz auch dann außerstande, wenn sie negative Vorzeichen trägt. Die Möglichkeit von Erkenntnis läßt sich aus dieser Sicht weder mit letzter Sicherheit bejahen noch endgültig ausschließen.

In dieser Weigerung, sich – im Positiven oder im Negativen – festzulegen, eine Einsicht ein für allemal zu fixieren und für generell gültig zu halten, liegt aber nicht nur eine Scheu vor mittels vernunftgemäßer Argumentation erzielter Gewißheit oder ein Zurückweichen vor allem Nicht-Offensichtlichen, sondern auch eine potentiell produktive Leistung für dogmatische Philosophien. Die Skepsis als Art und Weise, sich zu den Produkten des Denkens zu verhalten, löst zwar keine Probleme, aber sie hält sie offen oder macht sie als solche überhaupt erst wahrnehmbar. Sie gibt keine Antworten, sondern repliziert auf bereits gegebene Antworten mit neuen Fragen. Im besten Falle vermag sie so einem Stillstand des Denkens entgegenzuwirken, indem sie für dieses zum Korrektiv und zur kriti-

---

ing, that reasoning indicating how it is possible to seem to live rightly [...] and tending to enable one to suspend judgement,« then we say that he has a doctrinal rule.« (I. 17)

1 Bei Bury: »assent to one of the non-evident objects of scientific enquiry«.

2 Hossenfelder übersetzt τα υποκειμενα durchweg mit »die äußeren Gegenstände«; Bury erläutert die substantialistischen Implikationen des Begriffs: Gemeint seien »the objective realities which »underlie,« or lie behind, the subjective impressions of sense (phenomena): they are called εκτος as »outside« of and not dependent on the percipient. I render the term indifferently by »objects,« »real objects« or »realities,« and »underlying objects.« (Anm. a, pp. 30-31).

3 Vor allem über Ciceros *Academica* wurde sie in die Frühe Neuzeit tradiert; daß aus dem späthellenistischen Konkurrenzverhältnis frühneuzeitlich nicht nur ein friedliches Nebeneinander, sondern nicht selten auch ein synkretistisches Ineinander wird, werden wir noch beobachten können.

4 Vgl. I. 1-3, 220-235; vor allem 226: »Die Neue Akademie, obwohl sie sagt, alles sei unerkennbar [Bury: »all things are non-apprehensible« – V. O. L.], unterscheidet sich von den Skeptikern vielleicht eben darin, daß sie behauptet, alles sei unerkennbar. Denn sie sagt hierüber mit Sicherheit aus, während der Skeptiker mit der Möglichkeit rechnet, daß einiges auch erkannt wird.«

schen Instanz wird.[1] In der Zurückweisung des negativen Dogmatismus zeichnet sich der metaphilosophische Charakter der Skepsis nochmals mit besonderer Schärfe ab. Indem sie nicht nur eine bestimmte Erkenntnis oder auch die Möglichkeit von Erkenntnis schlechthin negiert, sondern darüberhinaus die Negation jeder Erkenntnismöglichkeit abweist, gerät ihr Nein gleichsam auf eine andere Ebene. Das pyrrhonische Nein bezeichnet weder eine Position noch deren Durchstreichung, sondern eine Erfahrung, die über beides hinaus weist. In erster Linie ist dies eine Erfahrung, die das Denken mit sich selbst macht – kurz: ein Ergebnis von Reflexivität.[2] Läßt sich aber der Pyrrhonismus als reflektierte Selbsterfahrung des Bewußtseins verstehen, so deutet sich bereits an, welcher Art seine Anschlußmöglichkeiten zur neuzeitlichen Subjektivitätsphilosophie sein könnten und inwiefern diese über den immer wieder hervorgehobenen »Individualismus« dieser späthellenistischen Denkform hinausgehen.[3] Zunächst soll jedoch das pyrrhonische Paradigma noch etwas eingehender vorgestellt werden.

---

1 Aus der Sicht Kants erscheint die skeptische Methode als unentbehrliche Vorübung auf dem Weg zum kritischen Dogmatismus: »Und so ist der Skeptiker der Zuchtmeister des dogmatischen Vernünftlers auf eine gesunde Kritik des Verstandes und der Vernunft selbst. [...] So ist das skeptische Verfahren zwar an sich selbst für die Vernunftfragen nicht b e f r i e d i g e n d , aber doch v o r ü b e n d , um ihre Vorsichtigkeit zu erwecken und auf gründliche Mittel zu weisen, die sie in ihren rechtmäßigen Besitzen sichern können.« (*KrV*, A 769/B 797). – Vgl. auch Cassirer, unter spezieller Bezugnahme auf die frühneuzeitliche Skepsis: »[...] die Skepsis bedeutet kein Außenwerk und kein zufälliges Nebenergebnis der Gesamtentwicklung, sondern wirkt in ihr als innerer gedanklicher Antrieb. [...] Es ist, als erhielten alle Einzelzüge der neueren Zeit ihre Ergänzung und ihre volle Schärfe erst in dem negativen Gegenbilde des Skeptizismus. Diese Leistung und diesen mittelbaren Ertrag gilt es zu erkennen und festzuhalten, wenn man die Skepsis als notwendiges Moment der Gesamtentwicklung verstehen will.« (*Das Erkenntnisproblem in der Philosophie und Wissenschaft der neueren Zeit*, Erster Band, Darmstadt 1971, p. 172f).

2 Vgl. auch Günter Baders Charakterisierung der skeptischen Rede: »Das Erkenntnismittel der Skepsis ist weniger Antidogmatismus als Anti-Antidogmatismus; Skepsis ist nicht das Nein zu einem Ja, sondern Nein zu Ja und Nein, und somit ein Drittes. [...] Am Beispiel des skeptischen Nein leuchtet die für die Hermeneutik skeptischer Sprache generell gültige Regel ein, daß skeptische Rede, obgleich sie materiell mit der dogmatischen wie antidogmatischen identisch ist, immer nur in einem Sinn verstanden werden kann, der diese beiden anderen schon aktiv hinter sich gebracht hat.« (*Melancholie und Metapher*, Tübingen 1990, p. 40). – Bader sieht hierin einen Prototyp bestimmter Hegelscher Denkfiguren, verweist besonders auf Hegels »Verhältnis des Skeptizismus zur Philosophie. Darstellung seiner verschiedenen Modifikationen und Vergleichung des neuesten mit dem alten« von 1802 und erläutert die dort vorgetragene »Einsicht, daß mit jeder wahren Philosophie der Skeptizismus selbst aufs innigste eins ist [...]« (Hegel, *Werke* 2, p. 227) auf dem Hintergrund der *Phänomenologie des Geistes*.

3 Zum Individualismus cf. e.g. Hellmut Flashar, ed., *Die Philosophie der Antike, Bd. 4: Die hellenistische Philosophie*, Basel 1994, darin: »Einleitung« von Hellmut Flashar und Woldemar Görler, p. 7 (»Tendenz zum Individualismus«); sowie Malte Hossenfelder, *Stoa, Epikureismus und Skepsis* [= *Geschichte der Philosophie*, ed. Wolfgang Röd, Band III, Die Philosophie der Antike 3] München 1985: »Ich meine nun, daß sich, was die hellenistische Philosophie betrifft, alle ihre Eigentümlichkeiten aus diesem Interesse am Individuum ableiten lassen, so daß darin ihr letzter und eigentlich bestimmender Faktor gesehen werden darf.« (p. 32 und passim). – Gewiß sind auch hierin Gründe für die erstaunliche Karriere des Skeptizismus im 16. und 17. Jahrhundert zu sehen; indes dürften diese nicht zuletzt auch struktureller Natur sein, d.h. in der Art und Weise liegen, wie ein Denker wie Sextus etwa – in *Adversus Dogmaticos* (*Against the Logicians*, Vol. II in *Sextus Empiricus* [Loeb]) I. 310-312 – die Aporien des Selbstbewußtseins formuliert.

Was ist Skepsis und wie wird man zum Skeptiker? Sextus Empiricus beantwortet den ersten Teil der Frage mit folgender Bestimmung: »Die Skepsis ist die Kunst, auf alle mögliche Weise erscheinende und gedachte Dinge einander entgegenzusetzen, von der aus wir wegen der Gleichwertigkeit der entgegengesetzten Sachen und Argumente zuerst zur Zurückhaltung, danach zur Seelenruhe gelangen.« (I. 8)[1] Schon diese Charakterisierung schwankt – nicht zuletzt in dem hier mit »Kunst« wiedergegebenen Zentralbegriff δυναμις – zwischen Aktivität und Passivität, zwischen der Vorstellung einer erlernbaren Fertigkeit und der einer Fähigkeit, eher einer Disposition zu einer Veränderung (handelnd oder erleidend), zwischen einer Präsentation der Skepsis als eines absichtsvollen, ja strategischen Verhaltens und einer, die sie auf ein eher ungewollt eintretendes (aber unaufgeregt bejahtes) Widerfahrnis gründet. Die Skepsis soll offenbar nicht so sehr als eine bewußt gewählte Einstellung erscheinen als vielmehr als etwas, das einen ›überkommt‹: als ein »Erlebnis« (παθος).[2] Als solches rückt es in späteren Ausführungen noch stärker in den Vordergrund; zugleich beginnen Momente der Skepsisgenese die der ›Definition‹ zu überlagern:

> [...] der Skeptiker begann zu philosophieren, um die Vorstellungen zu beurteilen und zu erkennen, welche wahr sind und welche falsch, damit er Ruhe finde. Dabei geriet er in den gleichwertigen Widerstreit, und weil er diesen nicht entscheiden konnte, hielt er inne. Als er aber innehielt, folgte ihm zufällig die Seelenruhe in den auf dogmatischem Glauben beruhenden Dingen. (I. 26)

Sowohl das Hineingeraten in den »Widerstreit«[3] als auch die »Seelenruhe«[4] werden hier als Erfahrungen dargestellt, die sich ohne Zutun des von ihnen Heimge-

---

1 Vgl. auch den direkt folgenden Satz (I. 9): »›Kunst‹ nennen wir die Skepsis nicht in irgendeinem ausgeklügelten Sinne, sondern schlicht im Sinne von ›können‹.« Dieser unemphatischen Bestimmung von δυναμις, die gerade das Moment der willentlichen Herbeiführung zu schwächen sucht, scheint allerdings der Begriff »Kunst« eher weniger zu entsprechen als Burys Übersetzung (im folgenden von mir hervorgehoben): »Scepticism is an *ability, or mental attitude,* which opposes appearances to judgements in any way whatsoever, with the result that, owing to the equipollence of the objects and reasons thus opposed, we are brought firstly to a state of mental suspense and next to a state of ›unperturbedness‹ or quietude. Now we call it an ›ability‹ not in any subtle sense, but simply in respect of its ›being able‹.« (I. 8-9). – Die Hinführung zu dieser ›Definition‹ erscheint ebenfalls (auf andere Weise) aufschlußreich: »Die skeptische Schule wird auch die ›suchende‹ genannt nach ihrer Tätigkeit im Suchen und Spähen. Sie heißt auch die ›zurückhaltende‹ nach dem Erlebnis, das der Spähende nach der Suche an sich erfährt. Ferner wird sie die ›aporetische‹ genannt, und zwar entweder, weil sie in allem Aporien und Fragwürdigkeiten findet, wie einige sagen, oder, weil sie kein Mittel sieht zur Zustimmung oder Verneinung. Schließlich heißt sie die ›pyrrhonische‹, weil uns scheint, daß Pyrrhon die Skepsis greifbarer und deutlicher angegangen ist als seine Vorläufer.« (I. 7) Sextus führt die kursierenden Benennungen der Skepsis schlicht als in Frage kommend auf, ohne eine Abstufung vorzuschlagen. Auch seine eigene Bestimmung erscheint damit als eine von mehreren denkbaren. Indem er auch in seiner Selbstdarstellung vermeidet, Hierarchien einzuführen und mit dem Anspruch des allein Gültigen aufzutreten, praktiziert Sextus, was er predigt: die Nivellierung der Positionen durch Nebeneinanderstellen, ihre Relativierung durch Pluralisierung, die Erzeugung eines gleichsam planen Bewußtseinsforums, auf dem sein Denken sich inszenieren kann.

2 Cf. e.g. I. 7 und passim, sowie Anm. 5 hierzu bei Hossenfelder (*Grundriß*, p. 301).

3 Diaphonie (ισοσθενης διαφωνια; bei Bury: »contradictions of equal weight«).

4 Ataraxie (αταραξια; bei Bury: »quietude«).

suchten einstellen. Angeblich beginnt der Skeptiker wie jeder andere Philosoph damit, daß er, nach Erkenntnis strebend, Wahres von Falschem zu scheiden sucht. Ziel ist allerdings schon hier nicht ausdrücklich die Wahrheit, sondern der Zustand nach vollendeter Unterscheidung von wahr und falsch.[1] Seine Suche endet darin, daß ihm in Gestalt der Seelenruhe eine Art Glück zufällt. Darin kehrt die Inkonsistenz zwischen Grund und Folge wieder, die die implizite und explizite Teleologie dieser Passage auseinanderfallen läßt: Der Nachdenkende wird zum Skeptiker, indem er nicht Wahrheit findet, sondern ein einzig ihn selbst betreffendes Gut. Ein erkenntnistheoretisches Interesse soll hier beiläufig eine ethische Konsequenz hervorgebracht haben. Oder genauer: die Art und Weise wie jenes scheiterte, markiert den Punkt der gegenseitigen Verfehlung von Frage und Antwort.

Solches Divergieren von Absicht und Gelingen, wie es sich in der eigenartigen Doppelperspektive von Vorher und Nachher nicht nur in dieser ›genetischen‹ Passage abzeichnet, erscheint grundlegend für die Skepsis des Sextus Empiricus. Die Spontaneität, mit der die Seelenruhe eintritt, wird aus dieser Sicht ebenso pointiert wie die Geste des Aufgebens im Moment des Mißlingens. Das ursprüngliche Vorhaben gerät ins Stocken; im Augenblick der Resignation springt jedoch die Entwicklungslogik der Situation um. Die folgende Version der Skepsisgenese verdeutlicht dies nochmals mit leicht versetzten Akzenten:

> Dem Skeptiker geschah dasselbe, was von dem Maler Apelles erzählt wird. Dieser wollte, so heißt es, beim Malen eines Pferdes dessen Schaum auf dem Gemälde nachahmen. Das sei ihm so mißlungen, daß er aufgab und den Schwamm, in dem er die Farben vom Pinsel abzuwischen pflegte, gegen das Bild schleuderte. Als dieser auftraf, habe er eine Nachahmung des Pferdeschaums hervorgebracht. [29] Auch die Skeptiker hofften, die Seelenruhe dadurch zu erlangen, daß sie über die Ungleichförmigkeit der erscheinenden und gedachten Dinge entschieden. Da sie das nicht zu tun vermochten, hielten sie inne. Als sie aber innehielten, folgte ihnen wie zufällig die Seelenruhe wie der Schatten dem Körper. (I. 28-29)

Der Vergleich des werdenden Skeptikers mit dem Maler Apelles ist in verschiedener Hinsicht aufschlußreich: zum einen, insofern damit eine Basis für den Vergleich zwischen philosophischem und künstlerischem Tun vorausgesetzt, eine suggestive Analogie zwischen malerischer Nachahmung der Natur und ihrer adäquaten geistigen Repräsentation behauptet wird. Zum anderen ist die Parallelität zwischen Maler und Philosoph keineswegs lückenlos: Apelles intendiert weder Erkenntnis noch Seelenruhe; seine Reaktion zeugt nicht etwa von Gelassenheit und ob der Vergeblichkeit seines Tuns versiegendem Eifer, sondern von Ungeduld und Zorn. Zudem resultiert sein Wurf in der Verwirklichung seiner ursprünglichen Darstellungsabsicht. Gleichwohl vermag das Beispiel etwas zu ver-

1 Daß die Wahrheit in der Suche liegen könnte, damit rechnet der Denker, bevor er zum Skeptiker wird, nicht. Ob er nach seiner Wandlung zum Skeptiker damit rechnet, muß dahingestellt bleiben; immerhin wird er zu einem, den der die Suche begleitende Widerstreit nicht mehr behelligt; der gleichsam in diesem Nichtbehelligtwerden ruht und sich darin vermutlich so wohl befindet wie der Philosoph, der die Wahrheit gefunden zu haben glaubt.

anschaulichen, was als zentral für die Selbststilisierung der Skepsis anzusehen ist: Gleichsam ›hinter dem Rücken‹ des engagiert Tätigen kann sich unvermutet etwas einstellen, das zwar ›mitgemeint‹ war, dessen Realisierung auf diesem Weg aber nicht anvisiert wurde.

Als springender Punkt des Vergleichs erscheint in erster Linie der Verzicht auf ein zielgerichtetes Wollen. Zweitens aber – und hier erweist sich die interpretierende Reformulierung in Abschnitt 29 als bedeutsam – kann sich auf diese Weise ein auf den ersten Blick Sekundäres als immer schon Angelegtes zur Geltung bringen und in die Position eines eigentlichen Ziels aufrücken. Schattengleich, so heißt es, ist die Seelenruhe auf einmal da – und wird damit ausdrücklich als ein von Anfang an mitgeführter Beweggrund, zugleich als normalerweise übersehenes Telos, das der gewöhnlichen Ordnung des Handelns zuwiderläuft, namhaft gemacht.

Wird damit die Skepsisgenese einer eher zufällig eintretenden Veränderung der Blickrichtung zugeschrieben, so verunklärt sich zugleich, worauf der hiervon Betroffene eigentlich hinauswill. Gewiß, als Skeptiker will er unbehelligt sein vom Wissenwollen – zum Skeptiker aber kann er erst werden, wenn er sich zunächst davon behelligen läßt (und zwar leidenschaftlich, wie der Vergleich zeigt). So wie Sextus diesen Werdegang konstruiert, überlagern sich jedoch auch hier die Perspektiven des Vorher und Nachher. Die resultierende Zweideutigkeit erscheint nicht nur unvermeidlich, sondern in ihren Momenten epistemologisch-ethischer Inkonsistenz und einer Kombination unfreiwilliger Erfahrung mit aktiver Inszenierung als konstitutiv für die pyrrhonische Skepsis. Die Mischung heterogener Motive ist wesentlich sowohl für die in der zitierten Passage erzeugten Effekte als auch für die dauerhafte Wirksamkeit des skeptischen Paradigmas. Die Ambivalenzen des Unvereinbaren ermöglichen das Umschlagen der aufgerufenen Orientierungen ineinander und die Wahrnehmungsveränderung, die das Zutagetreten der bislang unbeachteten Motivation begleitet. So erzeugen sie gewissermaßen bei der Lektüre des *Grundrisses* eine skeptische Situation.

Gewiß ist ein stärker desambiguierendes Verständnis der Skepsis möglich. So könnte man das Profil des Pyrrhoneers in größere Nähe zu dem des akademischen Skeptikers rücken, indem man ihn zum gescheiterten, in seinem Erkenntnisstreben aber nach wie vor auf das unerreichbare Ziel ausgerichteten Liebhaber des Absoluten stilisierte. Im Gegenzug zu diesem melancholischen Modell (und im Blick auf die Texte des Sextus wohl mit größerem Recht) ist ein eher sophistisch anmutendes vorstellbar, das nur die strategischen Momente gelten läßt und dem pyrrhonischen Skeptiker das Vergnügen angesichts der Stasis vollendet arrangierter Aporien als ausschließliches Ziel unterstellt.[1] Diese Rekonstruktion

---

1 In diesem Sinn argumentiert etwa Malte Hossenfelder in *Stoa, Epikureismus und Skepsis.* Seine Deutung sieht auch hier den von ihm durchgehend als Hauptkennzeichen der hellenistischen Philosophie herausgestellten »Primat der praktischen Vernunft« (pp. 14, 20 und passim) am Werk: »Der Pyrrhonismus läßt sich [...] aus der Schwierigkeit des Erkenntnisproblems allein nicht erklären, er ist kein an diesem Problem gescheiterter ursprünglicher Dogmatismus. Vielmehr hat er von vornherein nichts anderes im Sinne gehabt, als das Problem der Erkenntnis zu

ist genötigt, die erkenntnistheoretischen Elemente im Pyrrhonismus der vorliegenden Version zum bloßen Mittel zur Durchsetzung einer ethischen Absicht zu erklären. Zwar vermag sie im Blick auf deren Eudämonievorstellungen die Verwandtschaft der Skepsis mit anderen hellenistischen Philosophien wie dem Epikureismus oder der Stoa sichtbar zu machen, muß aber eine Rangordnung der Motive festsetzen und Sextus' eigene Darstellung entweder für literarisch mangelhaft halten oder zur rhetorischen Schönfärberei einer nachträglichen Rationalisierung herabsetzen. Nimmt man diese jedoch in ihrer Textualität ernst, dann beginnt sich das Wirkungspotential des *Grundrisses* abzuzeichnen, das sich nicht zuletzt im Denken der Renaissance und Frühen Neuzeit entfaltete. Vereinheitlichungen der skizzierten Art reduzieren gerade jene Komplexität, die die spätere Skepsisrezeption beförderte und produktiv werden ließ. Stärke und Anpassungsfähigkeit der Skepsis liegen in genau der Art und Weise, wie sie heterogene – epistemologische, ethische, religiös anmutende[1] – Momente verquickt. Und auch die fundamentale Unklarheit ihrer Motivation begünstigte die Entstehung einer Vielfalt von Skeptizismen, deren Extrapolationen sich erheblich von der Ursprungsgestalt des hellenistischen Pyrrhonismus entfernen konnten. Eben weil diese divergierende Impulse enthält, kann sie sich in frühneuzeitlichen Mischformen realisieren und sich mit erkenntnistheoretischen, naturalistischen, naturwissenschaftlich-experimentellen, fideistischen oder zynisch-libertinistischen Einstellungen verbinden. Ihr unsystematischer Charakter ermöglicht die Übernahme systematischer Funktionen, wie nicht zuletzt die methodische Skepsis eines Descartes zeigt.

Sieht man indes zunächst einmal davon ab, wie die motivierende Rolle des Erkenntnisstrebens und des Wunsches, Ruhe zu haben, einzuschätzen ist, so steht am Beginn der Skepsisgenese eine unabweisbare Erfahrung: die der »Gleichwertigkeit« (Isosthenie) von Propositionen, die sich miteinander im »Widerstreit« (Diaphonie) befinden. Indem der Nachdenkende bestehende oder mögliche Ansichten über die Dinge nebeneinanderhält, gerät er unweigerlich in eine Lage, in der gleichzeitig Behauptungen oder Argumente ertönen, die einen Mißklang ergeben. Treten beide Seiten mit dem gleichen Geltungsanspruch auf, so wird es unmöglich, sie miteinander zu vereinbaren. Es entsteht eine Situation, in der die konkurrierenden Sätze einander blockieren. Läßt sich für oder gegen jede der beiden Positionen gleich viel vortragen, dann wird ihr Widerstreit unentscheidbar: Für und Wider sind vollkommen austariert.

---

forcieren und unlösbar zu machen, weil er ein ethisches Interesse an der Unerkennbarkeit der Wahrheit hatte. Sextus' Darstellung ist eine – zur Rechtfertigung der Lehre allerdings notwendige – Umkehrung des tatsächlichen historischen Fundierungsverhältnisses. In Wirklichkeit hat nicht die erkenntnistheoretische Skepsis zur pyrrhonischen Ethik geführt, sondern die Pyrrhoneer wurden zu Skeptikern, um ihre ethischen Absichten zu erreichen, die nur so zu verwirklichen waren.« (ibid., p. 152; vgl. auch die Einleitung zum *Grundriß*, p. 11)

1 Vgl. etwa das Freiwerden von Eifer und Begehren, das an Vorstellungen christlich-mystischer oder vage ›indischer‹ Religiosität erinnern konnte.

Dieser aporetische Moment der Schwebe gebiert die Skepsis. Weder läßt sich der Pyrrhoneer dadurch in einen Zustand leidvoller Zerrissenheit treiben, noch sucht er sich aus dieser Lage zu befreien. Das wäre allein durch die Willkür einer arbiträren Entscheidung möglich, und wie sollte er die begründen, ohne sich erneut in eine Diaphonie zu bringen? Vielmehr bewältigt er den inneren Dissens durch Distanzierung. Indem die den Gegensatz erzeugenden Elemente als gleich gewichtig und damit gleich gültig wahrgenommen werden, rückt eine weitere Option in den Blick: Es wird möglich, das Involviertsein in die Isosthenie abzustreifen und an einem Punkt außerhalb ihrer innezuhalten. Der Pyrrhoneer tritt von der Unruhe, in die sein Denken durch den Widerstreit geraten war, zurück, indem er sie als eine Erfahrung, der er nicht ausweichen konnte, betrachtet und sie so in eine Mittelbarkeit versetzt, in der er die Dinge auf sich beruhen lassen kann.

Der Perspektivwechsel, der die Diaphonie gleichsam einklammert und sich auf diese Weise dem von ihr ausgehenden Entscheidungsdruck entzieht, führt zur »Zurückhaltung« (εποχη). Sextus Empiricus bestimmt sie als »ein Stillstehen des Verstandes, durch das wir weder etwas aufheben noch setzen« (I. 10). So verabschiedet sich der Pyrrhoneer aus den teleologischen Mechanismen, in die ihn der Prozeß des Abwägens zu verstricken drohte. Indem er seinen Zustand als solchen reflektiert, anstatt zu urteilen, begibt er sich auf eine andere Ebene.[1] Er tritt

1 Wie sehr diese dem Plateau einer dialektisch verfahrenden Philosophie ähneln kann, bezeugt nicht nur die bereits S. 15, n. 2, zitierte »Einsicht« Hegels, »daß mit jeder wahren Philosophie der Skeptizismus selbst aufs innigste eins ist« (»Verhältnis des Skeptizismus zur Philosophie«, *Werke* 2, p. 227), sondern dies wird deutlich auch in Hegels Skeptizismus-Analyse und -Kritik in der *Phänomenologie des Geistes* (*Werke* 3, v.a. pp. 159-163). – Für Hegel ist diese skeptische Figur des Zurücktretens von dem Widerstreit, der sich im eigenen Bewußtsein ereignet, keine vollständig gelungene, sondern sie bleibt affiziert von der Unruhe des Beteiligtseins und wechselt allenfalls ›bewußtslos‹ zwischen dieser und einer Ataraxie, die im bloßen Ignorieren dieser Unruhe besteht. Sie ist für ihn eine Selbstverdoppelung, die ihrer selbst – und damit der sie umgreifenden Bewußtseinseinheit – noch nicht innegeworden ist. Diese Aufgabe liegt gleichsam noch vor ihr: »Die Gedankenlosigkeit des Skeptizismus über sich selbst muß verschwinden, weil es in der Tat *ein* Bewußtsein ist, welches diese beiden Weisen an ihm hat.« Immerhin ist dies schon eine Vorstufe des »Geistes«: es ist »unglückliche[s] Bewußtsein«, das seine Entzweiung nur durch eine »Rückkehr [...] in sich selbst« aufzuheben vermöchte, in welcher es seiner Einheit in der Relationalität der Widersprüche gewahr würde: »[...] die Verdopplung des Selbstbewußtseins in sich selbst, welche im Begriffe des Geistes wesentlich ist, ist hiermit vorhanden, aber noch nicht ihre Einheit, und das *unglückliche Bewußtsein* ist das Bewußtsein seiner als des gedoppelten, nur widersprechenden Wesens.« (p. 163). – Vgl. auch die Bemerkungen in den Vorlesungen über die Geschichte der Philosophie (*Werke* 19): »Der Skeptizismus [...] ist Selbstbewußtsein, Denken in seiner reinen Einsamkeit mit sich, die Reflexion auf jenes Voraussetzen und Anfangen von Voraussetzungen« (p. 488); oder, in stärker kritischer Wendung schon im Abschnitt über »Dogmatismus und Skeptizismus«: »Das skeptische Selbstbewußtsein aber ist dies entzweite Bewußtsein, das einerseits die Bewegung, Verwirrung seines Inhalts ist; es ist eben diese alles sich vernichtende Bewegung, in der ihm ganz gleichgültig ist, was ihm vorkommt, ganz zufällig, was sich ihm darbietet. [...] Auf einer andern Seite ist sein einfaches Denken die Ataraxie des Sichselbstgleichwerdens; aber seine Realität ist vollkommene Zufälligkeit, Verwirrung [...]. Es ist in der Tat der sich völlig aufhebende Widerspruch, – Einfachheit und reine Verwirrung.« (p. 401) Letzteres aber ist das skeptische Selbstbewußtsein noch nicht für sich selbst; es ist sich noch nicht »Gegenstand« (p. 402), sondern dieses Selbstbewußtsein ist für sich noch »ein Fremdes«: »das

heraus aus einer Einstellung zur Welt, die urteilen will, um handeln zu können. Die skeptische Epoché ist eine sekundäre Absichtslosigkeit, ein Absehen von den potentiellen Zweckdienlichkeiten der Dinge und ihrer Integrierbarkeit in Ordnungen, Systeme und theoretische Zusammenhänge. Sie erscheint als der Kontemplation verwandte Haltung, die, insofern sie die Betrachtung von Gegensatzverhältnissen einer Stellungnahme zu ihnen vorzieht und sich jeglicher Interpretation, Bedeutungs- oder Geltungszuweisung enthält, gleichsam im Vorfeld des Handelns Spielräume einer von Praxiszwängen entlasteten Wahrnehmung eröffnet. Werden die Dinge in dieser Weise sein gelassen, dann kann an ihnen auch Neues entdeckt werden, erscheinen sie frei zur Bildung neuer Konstellationen: ein Zustand der Entpragmatisierung und der Suspension von Interesse, dessen Affinität zu einer der Grundbedingungen künstlerischer Produktion offenkundig ist. Die skeptische Epoché, wie die Kunst, rührt her von einer Art, anders hinzusehen.[1]

Dem Pyrrhoneer, wie Sextus Empiricus ihn porträtiert, genügt freilich die Erfahrung dieser Schwebe. Dabei erscheint die Vertagung von Eindeutigkeit in

---

Sich-zum-Gegenstand-Werden des Selbstbewußtseins« (p. 403) und damit die Wahrheit des Skeptizismus für die (vom Dogmatismus streng zu scheidende) Philosophie steht aus der Sicht Hegels noch aus.

1 Oder gleichsam gar nicht (in der gewohnten, fraglos Vorhandenes ebenso selbstverständlich fokussierenden Weise) hinzusehen: In seiner Schrift anläßlich der vom 26.10.1990 bis 21.1.1991 im Musée du Louvre gezeigten Ausstellung, *Aufzeichnungen eines Blinden* (München 1997, orig. *Mémoires d'aveugle. L'autoportrait et autres ruines*, 1990), entwickelt Jacques Derrida einige Implikationen dieses Gedankens in höchst suggestiver Weise. Vgl. etwa den Anfang des dialogischen Textes: »– Glauben Sie? Seit Beginn dieser Unterhaltung [entrevue] dürften Sie beobachtet haben, daß es mir schwerfällt, Ihnen zu folgen, ich bleibe skeptisch ... – Aber gerade über Skeptizismus rede ich mit Ihnen, über den Unterschied zwischen glauben und sehen, sehen glauben und halb sehen [entrevoir] – oder nicht. Bevor der Zweifel zum System wird, ist die *skepsis* eine Sache der Augen, das Wort bezeichnet eine visuelle Wahrnehmung, die Beobachtung, die Wachsamkeit, die Aufmerksamkeit des Blicks im Verlauf einer Untersuchung. Man späht und schaut, man reflektiert über das, was man sieht, man reflektiert das, was man sieht, während man den Moment der Konklusion hinauszögert. Betrachtend behält man die Sache im Blick. Das Urteil bleibt in der Schwebe, hängt von der Hypothese ab.« (p. 9). Und, fügt der Sprecher sogleich hinzu: »[...] es gibt also *zwei Hypothesen*« (ibid.), so daß sich die Möglichkeit von Isosthenie-Effekten hier auch als potentielle Lesewirkung einstellt. Im Anschluß führt Derridas Gang durch die Pariser Ausstellung aus, inwiefern die nachfolgend kommentierten Zeichnungen nicht nur ›Blindheit‹ zum Gegenstand haben, sondern als Zeichnungen gleichsam blind entstanden sind, insofern der Zeichner oder die Zeichnerin ja nicht sieht, was er oder sie erst entstehen läßt – auch der Künstler also als Blinder gesehen werden kann (mit der Möglichkeit, daß er zugleich ein Visionär ist) –; weiterhin, daß diese Zeichnungen zugleich Selbstporträts der Zeichnenden als Blinden bzw. Selbstdarstellungen des Zeichnens als Blindheit sind (cf. p. 10). Die konstitutive Autoreferentialität der Kunst wird hier (auch in Homologie mit dem Schreiben, cf. p. 11) gleichzeitig zum Selbstsein derer, die sie hervorbringen, in Beziehung gesetzt und zu einem sich ausdrücklich als skeptisch verstehenden, gleichsam doppelsichtigen Sprechen von Kunst, das in der Vermeidung von Gewißheit seinen ›Gegenstand‹ imitiert. – Die Herstellung dieser Beziehung zwischen Skepsis und den paradoxalen Modi des Sehens, zu deren Herausstellung die Zeichnungen veranlassen, gewinnt an Suggestivität vor dem Hintergrund der oben diskutierten Apelles-Anekdote: Auch dort porträtierte sich der Skeptiker ja als bildender Künstler, der, ob seiner ›Blindheit‹ zunächst erzürnt, diese dann jedoch als eigentliche Bedingung seines Schaffens akzeptiert.

der Epoché selbst zweideutig: Sie ist zugleich eine Bewegung des Ausweichens und eine des Widerstehens; sie registriert Antinomien, aber entzieht sich dem Sog, einer oder der anderen Position zuzustimmen. Auf durchaus unheroische Weise werden so Bereiche der Unordnung und Unbestimmtheit freigehalten, ohne daß diese Indefinitheit selbst wieder zu einem Letztgültigen würde. Die Balance bleibt instabil. Sie muß instabil bleiben, kann sie sich doch nur im Gegenzug zu den fortbestehenden Antagonismen verstehen (bei deren Inszenierung notfalls der Skeptiker selbst nachhilft). Daher bleibt das Sich-Halten in Ungewißheit auch theoretisch folgenlos: Aus der Sicht einer späteren Philosophie erscheint die Skepsis als endlose, selbstzweckhafte Übergängigkeit zwischen Zuständen der Ruhe und der Beunruhigung; damit bestenfalls einen Reflexionsschritt vor dem, was der deutsche Idealismus unter dem Problemtitel der Subjektivität beschreiben wird;[1] umgekehrt kann sie allerdings auch als auf dem Wege zu dieser Formation befindlich gesehen werden – wenn auch in der Tat (und das macht sie zum Ärgernis für jedes systematische Denken), ohne das spekulative Potential auszuschöpfen, das in ihren Strukturen angelegt zu sein scheint.

Diese ›proto-subjektiven‹ Implikate[2] können auch deutlich werden, wenn man das Ende der Skepsis betrachtet (das, wie wir sehen konnten, auch als ihr Anfang erscheinen kann): ein Zustand jenseits des Widerstreits, der als eine Art Glückseligkeit anzusehen ist – mit dem Vorbehalt, daß aus pyrrhonischer Sicht nichts mit letzter Sicherheit als Gut oder Übel, Glück oder Unglück bezeichnet werden kann (vgl. I. 27-28). Zugleich mit dem »Stillstehen des Verstandes« (I. 10) in der Epoché tritt die »Ungestörtheit und Meeresstille der Seele« (ibid.) ein. Sextus nennt die »Seelenruhe« oder Ataraxie[3] ausdrücklich das »motivierende Prinzip«

---

1 Vgl. Hegels Invektiven gegen das skeptizistische (»unglückliche«) Bewußtsein: »Wird ihm die *Gleichheit* aufgezeigt, so zeigt es die *Ungleichheit* auf; und indem ihm diese, die es eben ausgesprochen hat, jetzt vorgehalten wird, so geht es zum Aufzeigen der *Gleichheit* über; sein Gerede ist in der Tat ein Gezänke eigensinniger Jungen, deren einer A sagt, wenn der andere B, und wieder B, wenn der andere A, und die sich durch den Widerspruch *mit sich selbst* die Freude erkaufen, *miteinander* im Widerspruche zu bleiben.« (*Phänomenologie des Geistes, Werke* 3, p. 162f).

2 In seiner in »Verhältnis des Skeptizismus zur Philosophie« vorgetragenen Polemik beschreibt Hegel den Skeptizismus als »rein negative Haltung, die *bloße Subjektivität* und Scheinen bleiben will [...]« (*Werke* 2, p. 249; meine Hervorh.); vgl. auch die emphatischen Formulierungen in Hegels Vorlesungen über die Geschichte der Philosophie (*Werke* 19), etwa in der Zusammenfassung seiner Ausführungen zum Skeptizismus: »Die letzte Stufe, die wir gehabt haben, war jene Rückkehr des Selbstbewußtseins in sich, diese unendliche Subjektivität ohne Objektivität, der Skeptizismus, dies rein negative Verhalten gegen alles äußerliche Dasein, Erkenntnis, gegen alles Bestimmte, Geltende, Feste, Wahre. Diese Rückkehr in das subjektive Bewußtsein ist eine Befriedigung in sich selbst, aber eine Befriedigung durch das Aufgeben alles Bestimmten, durch die Flucht in die reine unendliche Abstraktion in sich. [...] im Skeptizismus ist diese Entäußerung alles Bestimmten vollendet, und damit ist gesetzt die vollkommene Erinnerung, Innerlichmachung.« (p. 404)

3 Ein offenkundiger Berührungspunkt mit dem Epikureismus; Unterschiede gibt es jedoch, wie Hossenfelder in seiner Einleitung des *Grundrisses* herausstellt, in der Art und Weise, wie das Erreichen der Ataraxie vorgestellt wurde (cf. p. 31-32).

der Skepsis (I. 12, vgl. auch I. 25ff). Sie wird unemphatisch erhofft, aber weder direkt angestrebt noch mit Eifer verfolgt, sondern fällt dem Skeptiker als Korrelat seines Innehaltens gleichsam zu. In erster Linie ist sie Freiheit von der Beeinträchtigung durch Wissen-, Haben- oder Vermeidenwollen und von den Leidenschaften, die diese begleiten. Diese Ruhe des Gemüts ist, mit anderen Worten, eine privative Befindlichkeit,[1] eine Art Waffenstillstand im Bewußtsein – oder vielleicht treffender: ein Punkt, von dem aus der Waffenlärm in sicherer Entfernung vernehmbar ist. Die Ataraxie ist ausschließlich negativ bestimmt durch die Abwesenheit dessen, was sie stören könnte. Hatten die von der »Ungleichförmigkeit der Dinge« (I. 12) ausgelösten Stürme das Seelenschiffchen in unruhiges Fahrwasser gebracht, so gleitet es nun friedlich dahin. Freilich läßt sich die Metapher der »Meeresstille« (γαληνοτης) auch weniger wohlwollend interpretieren: Unbeeinträchtigt von jeglichem Eifer, der sie zum Streben nach Gewißheit treiben könnte, dümpelt die Seele mit schlaffen Segeln in einer Flaute und kommt nicht von der Stelle. Wenn das eine Weise des Bei-Sich-Seins ist, dann ist dieses gleichsam leer.[2]

Die Seelenruhe erscheint so als ein Ergebnis von Immunisierung, das hier gemeinte ›Glück‹ als das eines Beobachters am Rande, der dem Streit der Parteien gelassen zuschaut. Der Skeptiker findet Ruhe, indem er sich in einen Bereich seines Bewußtseins absetzt, der nicht okkupiert ist von konkurrierenden Bedeutungen, Affekten, Werten, Wünschen. Sofern er deren konfliktuöses Durcheinander observiert, tut er das, ohne zu applaudieren oder Mißbilligung zu äußern: Insofern ist er ein schlechtes Publikum seiner selbst. Er registriert, was kommt oder genausogut ausbleiben könnte. Gegen Enttäuschungen ist er ebenso gefeit wie gegen freudige Überraschungen. So hat er einiges mit einem »Weltzuschauer« gemein – dem Profil einer Einstellung, die Hans Blumenberg am frühneuzeitlichen Begriff des »KOSMOTHEOROS« nachzeichnet:[3]

> Als ›Weltzuschauer‹ wirkt jener KOSMOTHEOROS am leichtesten, ja am leichtfertigsten. Er läßt die Dinge, die *sich* zeigen und offenbar *ihm* sich zu zeigen geneigt sind, Revue passieren. Er genießt die Distanz zu denen, die selbst *sein* müssen, als was sie sich *zeigen*, woran er sich mit dem Gefühl erbaut, eben dies am geschützten und verschonten Vorzugsplatz seiner Schaulust nicht nötig zu haben. Ihm zeigt sich alles, es zeigt sich für nichts und als nichts: das reine EGO, unter den Wesen das wesentlichste.

1 So auch Hossenfelder, ibid.

2 Vgl. auch die Bemerkung in Hegels Vorlesungen über die Geschichte der Philosophie über das »skeptische Selbstbewußtsein«: »[...] seine Einheit mit sich selbst [ist] etwas vollkommen Leeres [...]« (*Werke* 19, p. 401).

3 Blumenbergs Betrachtung »Die Verwerflichkeit des Zuschauers« beginnt mit Überlegungen darüber, wie der von Christiaan Huygens gebildete Begriff wohl am angemessensten zu übersetzen sei; cf. *Ein mögliches Selbstverständnis. Aus dem Nachlaß*, Stuttgart 1997, pp. 61-68, hier: p. 62.

Eigentlicher Ort dieser Eudämonie[1] ist die Innerlichkeit des einzelnen. Die Erfüllung des menschlichen Daseins (soweit sie überhaupt möglich ist) wird erlebt in einem bestimmten Arrangement der eigenen Innenwelt – der Abbildungen der Außenwelt in jener – im Verhältnis zu äußeren Turbulenzen. Erst dieser Rückzug gewährt dem Pyrrhoneer die Genugtuung einer Art von Selbstverfügung im richtungslosen Entspannen seines Bewußtseins, wenn auch lediglich dadurch, daß er sich in das Nichtverfügenkönnen über die Dinge, die ihn diaphonisch behelligten, schickt.

Aber ganz ohne Zutun stellt sich dieses Bewußtseinsglück, in dem Erregung und Streben abflauen und die Fragen nach Deutung und Ordnung der Dinge indifferent werden,[2] offenbar doch nicht ein. Es gibt Techniken, die Welt hinter Glas zu setzen. Erschien schon der Zusammenhang von Diaphonie und wahrgenommener Isosthenie, von Epoché und Ataraxie als ein Komplex, der theoretische und praktisch-ethische Momente in unklarer Mischung enthält, so erweist sich jetzt, daß die Seelenruhe nicht nur ein in unabweisbarer Evidenz Zufallendes, sondern auch ein durch bestimmte Verfahren Herbeizuführendes ist. Entgegen seiner Selbststilisierung in den ›genealogischen‹ Anekdoten, derzufolge der Skeptiker die Dinge einfach kommen läßt, erscheint er im größten Teil des *Grundrisses der pyrrhonischen Skepsis* als Arrangeur der Konstellationen, aus denen sich die Seelenruhe ergibt.[3] Der Selbstwiderspruch erscheint kaum vermeidbar, bestünde die Skepsis doch andererseits aus einer Reihe bloßer, unberechenbar eintretender Wiederholungen der ›Ur-Geschichte‹ des pyrrhonischen Hineingeratens in die Ataraxie, die zudem in ihrer Parallelität auch nicht erinnert werden dürften. Auch an diesem Punkt also schillert die Skepsis zwischen passiv Erlebtem und zielgerichteter Aktion, kann sie zugleich als Erfahrung und als Methode, jedenfalls als eine Art von intellektuellem Regelwerk erscheinen. Denn vor Eintreten der Ataraxie, beim Abwägen der diaphonischen Positionen und bei der Argumentation gegen eine Stellungnahme für oder wider die eine oder andere Seite bedient sich der Skeptiker bestimmter Wendungen oder Tropen (τροποι). Offenkundig sind diese auch mehr als eine Sammlung von Verteidigungsstrategien zur Abwehr dogmatischer Einrede; ihnen haftet wenig Defensives an, dagegen

---

1 Cf. hierzu Hossenfelder, *Stoa, Epikureismus und Skepsis*, p. 23, unter ausdrücklichem Hinweis auf die negative Spezifikation dieses Begriffes; zu seiner ›individualistischen‹ Umwertung im Hellenismus über »Verinnerlichung des Glücks« und »Vergleichgültigung der äußeren Welt« cf. auch pp. 32-34 (hier: p. 34).

2 Hossenfelder spricht sogar von einer »Entwertung des Unverfügbaren«: »Es ist die radikale Verinnerlichung der Eudämonie, die dazu führt, daß alle äußeren, nicht sicher verfügbaren Güter ihren Wert einbüßen.« (ibid. p. 39; cf. auch p. 24 und passim).

3 Hegel hat diesen Selbstwiderspruch des Skeptizismus gesehen und kommentiert ihn empört als »bewußtlose Faselei« des skeptischen Selbstbewußtseins, welche darin bestehe, »von dem einen Extreme des sichselbstgleichen Selbstbewußtseins zum andern des zufälligen, verworrenen und verwirrenden Bewußtseins hinüber- und herüberzugehen. [...] Sein Tun und seine Worte widersprechen sich immer, und ebenso hat es selbst das gedoppelte widersprechende Bewußtsein der Unwandelbarkeit und Gleichheit und der völligen Zufälligkeit und Ungleichheit mit sich. Aber es hält diesen Widerspruch seiner selbst auseinander [...].« (*Phänomenologie des Geistes. Werke* 3, p. 162).

einiges an sophistischem Vergnügen darüber, mit ihrer Hilfe scheinbar Selbstverständliches als fragwürdig erweisen zu können. Und auch die Pose des Therapeuten, die Sextus Empiricus am Ende seiner Schrift einnimmt, zeugt eher von Selbstvertrauen, wenn nicht gar von – eher unpyrrhonischem – Bekehrungswillen.[1]

Sextus Empiricus teilt die Rede- und Denkfiguren, die hierbei zum Einsatz kommen, in mehrere Gruppen ein und exemplifiziert sie nacheinander (I. 31-185). Dabei legt er Wert auf die Feststellung, daß diese Aufzählung weder Anspruch auf Vollständigkeit erhebe noch irgendeine Rangfolge oder sonstige Systematik impliziere (cf. I. 35). Ob es in Wahrheit zwei, zehn, oder fünf Tropen sind, kann aus seiner Sicht dahingestellt bleiben; wo nicht dogmatisch mit einer geheimen Ordnung der Dinge zu rechnen ist, können Beliebigkeit und Pluralität an deren Stelle treten. Gleichwohl unterscheiden sich etwa die zehn älteren, dem Ainesidem zugeschriebenen Tropen unübersehbar von den folgenden fünf, die einem jüngeren Abschnitt der Schulgeschichte entstammen und wohl von Agrippa eingeführt wurden.[2] Alle Tropen beschreiben Weisen der Entgegensetzung von Aussagen, die in Diaphonien münden und daher Zurückhaltung fordern.[3] Aber wie schon die unklare Anzahl der Tropen, so trägt auch das Verfahren, hierbei nicht nur Gleiches mit Gleichem zu konfrontieren, sondern auch Heterogenes – wie etwa Erscheinungen und Gedanken oder Gegenwärtiges und Zukünftiges – gegeneinander auszuspielen, zu dem Eindruck bei, aus pyrrhonischer Sicht herrsche Unübersichtlichkeit, wo auch eine Ordnung regieren könnte.

Der Eindruck wird verstärkt durch die nicht hierarchisierende Aufzählung. So lautet die Liste der Ainesidemschen Tropen wie folgt:

> [...] der erste argumentiert aus der Unterschiedlichkeit der Lebewesen, der zweite aus der Verschiedenheit der Menschen, der dritte aus der verschiedenen Beschaffenheit der Sinnesorgane, der vierte aus den Umständen, der fünfte aus den Stellungen, den Entfernungen und den Orten, der sechste aus den Beimischungen, [37] der siebente aus der Quantität und Zurichtung der Gegenstände, der achte aus der Relativität, der neunte aus dem ständigen oder seltenen Auftreten, der zehnte aus den Lebensformen, den Sitten, den Gesetzen, dem mythischen Glauben und den dogmatischen Annahmen. (I. 36-37)

Es folgen zahlreiche Beispiele. Gleichwohl stellt sich der Verdacht ein, daß es hier entgegen der Beteuerung, die Anordnung sei völlig »willkürlich« (I. 38), doch über- und untergeordnete Argumente gibt. Denn gleich darauf heißt es ausdrücklich, der Tropus der Relativität sei »die oberste Gattung« (I. 39), und auch der Vergleich mit den fünf Agrippinischen Tropen ist angetan, den Ein-

---

1 Cf. III. 280: »Der Skeptiker will aus Menschenfreundlichkeit nach Kräften die Einbildung und Voreiligkeit der Dogmatiker durch Argumentation heilen.« Weshalb die Menschenfreundlichkeit als ein Gut anzusehen sei, das in einem für den Pyrrhoneer so charakteristischen Tun handlungsleitend wirken kann, darüber gibt Sextus keine Auskunft.

2 Hierzu Hossenfelder in seiner Einleitung zum *Grundriß*, p. 44.

3 Cf. allgemein I. 31-34.

druck der bloßen Arbitrarität zu schwächen.[1] Auch dort steht Relativität an zentraler Stelle, zwischen den Tropen des »Widerstreits«, des »unendlichen Regresses«, der »Voraussetzung« und der »Diallele« (I. 164-169). Gewiß spielen sich die in den zwei Gruppen erläuterten ›Wendungen‹ auf unerschiedlichen Ebenen ab: Während die Ainesidemschen Tropen eher qualitativer, inhaltlich bestimmter Art sind und immer wieder die Diversität der Interpretationen gegen die Ungewißheit eines An-Sich der Dinge ins Feld führen, sind die Agrippinischen eher formal ausgerichtet und zielen darauf, herkömmliche Begründungsmodi als fallibel zu erweisen bzw. sie durch eine skeptische Argumentationslogik zu ersetzen. Auch bestehen beide Gruppen weniger aus unverbundenen Einzelverfahren, als daß sie strategische Komplexe darstellen, deren konstituierende Elemente auf unterschiedliche Weise ineinandergreifen.[2] Dennoch gibt der Relativitätstropus in verschiedener Hinsicht die Grundstruktur vor.

Das läßt sich unschwer zeigen. Dieser Tropus besteht im Beharren auf allseitiger Kontingenz, auf der Bedingtheit und Begrenztheit jeder Wahrnehmungsperspektive, so daß Verallgemeinerungen einzelner Sinnes- und Bewußtseinsdaten von vornherein ausgeschlossen sind. Er wird in Kraft gesetzt, indem jede Erkenntnis auf ihre Abhängigkeit von bestimmten Variablen hin untersucht und ihr Aufruhen auf einem Geflecht von Konditionen aufgedeckt wird. So wird sie etwa in Beziehung gesetzt zum Erkennenden, zum Erkannten, zur Art und Weise und zur raumzeitlichen Situation des Erkennens.[3] Indem so die Selbständigkeit

---

1 Cf. auch Hossenfelders Diskussion der Tropen und ihrer Funktion im Gesamt des pyrrhonischen Denkens, »Einleitung«, pp. 44-51.

2 Hossenfelder sucht zudem eine systematische (nicht nur additive bzw. komplementierende) Beziehung zwischen Agrippinischen und Ainesidemschen Tropen zu erweisen, cf. ibid. – Auch Hegel sieht sowohl die zehn als auch die fünf Tropen »gegen den Dogmatismus der Endlichkeiten« gerichtet (»Verhältnis des Skeptizismus zur Philosophie«, *Werke* 2, p. 245). Sie seien »gegen das endliche Wissen« (p. 250) bzw. »gegen den gemeinen Menschenverstand oder das gemeine Bewußtsein gewendet, welches das Gegebene, die Tatsache, das Endliche (dies Endliche heiße Erscheinung oder Begriff) festhält und an ihm als einem Gewissen, Sicheren, Ewigen klebt [...]« (p. 240). Gleichwohl hegt er den Argwohn, in den späteren fünf Tropen sei auch eine potentielle Aggression gegen die Philosophie angelegt (cf. pp. 243-247), tendierten sie doch dazu, auch das Vernünftige in ein Endliches zu verwandeln: »Da also diese Tropen alle den Begriff eines Endlichen in sich schließen und sich darauf gründen, so geschieht durch ihre Anwendung auf das Vernünftige unmittelbar, daß sie dasselbe in ein Endliches verkehren, daß sie ihm, um es kratzen zu können, die Krätze der Beschränktheit geben.« (p. 247) Dieser Versuch – so er denn unternommen werde – sei allerdings völlig aussichtslos, denn er laufe gleichsam ins Leere: »[...] gegen die Vernunft hingegen gekehrt, behalten sie [- d.h. die fünf Tropen] als ihr Eigentümliches die reine Differenz, von der sie affiziert sind; das Vernünftige derselben ist schon in der Vernunft.« (p. 246) Weder könne das Vernünftige beispielsweise durch Relativierung in Frage gestellt werden, denn dieses »selbst ist nichts als das Verhältnis« (p. 246), noch könne es über den Tropus der Voraussetzung (also durch den Hinweis darauf, daß mit gleichem Recht das Gegenteil unbewiesen vorausgesetzt werden könne) entkräftet werden, »denn das Vernünftige hat kein Gegenteil, – es schließt die Endlichen, deren eines das Gegenteil vom anderen ist, beide in sich.« (p. 247) Anfällig für diese Tropen sei nur eine vorweg entsprechend manipulierte, »in die Endlichkeit versetzte und [...] zu Dingen gemachte Vernunft« (p. 236).

3 Einige Beispiele mögen dies etwas veranschaulichen (nicht zuletzt weil viele der aufgeführten Idiosynkrasien in frühneuzeitlichen Texten wiederkehren): Unser Bild von der Welt ist bestimmt durch unsere Wahrnehmungsmöglichkeiten, unsere Sinnesorgane, unseren Standpunkt in Raum

der Elemente des Wissens gemindert und ihre Bezüglichkeit in den Vordergrund gerückt wird, schwächt sich auch ihr Geltungsanspruch ab. Daß keines absolute Wahrheit bzw. Einsicht in das An-Sich-Sein der Dinge beanspruchen kann, ist dabei nur ein Aspekt dieses Arguments: Ist Geltung untrennbar an die Bedingungen gebunden, unter denen das jeweilige Wissen erworben wurde, dann wächst zudem den Verhältnissen, in denen die Dinge stehen, insgesamt ein höherer Stellenwert zu als dem, was sie ›eigentlich‹ sind.

Die Erhebung der Relativität zum Schlüsseltropus kann in verschiedener Hinsicht als suggestiver Kunstgriff erscheinen: Indem ein gleichsam mehrstelliges ›Prinzip‹ an die Spitze gestellt wird, das nicht univoker Ursprung ist, sondern in einem Verweis auf je anderes besteht, streicht sich diese Inthronisierung – die ja andernfalls am Beginn einer Systembildung stehen könnte – selbst durch. Wird eine in sich plurale Kategorie in dieser Weise ausgezeichnet, so kann dies einmal mehr als ironischer Kommentar zu dogmatischen Systematisierungsversuchen, insbesondere monistischen Modellen, aufgefaßt werden. Die pyrrhonische Relativität ist bloße Struktur ohne Substanz; eine Art Leere im Zentrum des Denkens. Erscheinen die aus dieser Perspektive betrachteten Dinge zunehmend instabil, unklar in ihren Abgrenzungen und Bedeutungen, bar jeder Eigentlichkeit und nicht zuletzt veränderlich, so rückt mehr und mehr die Bewußtseinszutat zum bloß sinnlich Registrierten in den Fokus der skeptischen Kritik. Darin kann eine weitere Zweideutigkeit des Relativismus sichtbar werden: Insofern die Pyrrhoneer die Kontingenz jeglicher Erkenntnis herausstellen, auf den Anteil des Subjektiven und Situativen jeder Wahrnehmung aufmerksam machen und diesen als Grund der Zurückhaltung anführen, liegt doch in ihrer Destruktion der Vorstellung ›objektiven‹ Wissens potentiell auch eine Anerkennung der Konstruiertheit der Wirklichkeit. Freilich werden im hellenistischen Pyrrhonismus weder diese ›subjektivistische‹ noch die ›konstruktivistische‹ Implikation aus-

---

und Zeit, unsere Verfassung und Disposition, Beschaffenheit und Situation des Wahrzunehmenden usw. Daraus erklärt sich, daß dieselben Dinge dem einen Lebewesen angenehm und zuträglich sind, dem anderen zuwider oder gar schädlich (cf. I. 56, 59). Weder können wir gleichzeitig überall sein, noch sind unsere Fähigkeiten zur sinnlichen Erfassung der Welt unbegrenzt, daher können wir weder ein Ding in seiner Totalität wahrnehmen, noch wissen, ob wenigstens der Ausschnitt, den wir sehen, ›richtig‹ ist (cf. e.g. I. 94, 97). Dasselbe Gericht schmeckt uns einmal gut, dann wieder schlecht, je nachdem, ob wir satt oder hungrig, gesund oder krank sind; derselbe Wein einmal süß, dann wieder sauer, je nachdem, was wir zuvor gegessen haben (cf. I. 109-111). Vom reinen Sinnesbefund ausgehend, können wir nicht sagen, ob der Turm, den wir in der Ferne sehen, rund oder eckig ist; ob das ins Wasser gehaltene Ruder tatsächlich gebrochen ist oder nur so erscheint (cf. I. 118-120). Da Wasser dunkel erscheint, Schnee aber gefrorenes Wasser ist, könnte es sein, daß wir ihn fälschlich für weiß halten, während er in Wahrheit schwarz ist (I. 33). Ob die Nieswurz schädlich oder heilsam ist, hängt von Dosierung und Darreichungsform ab (cf. I. 130-133); aber ob sie überhaupt wirksam ist, läßt sich nicht generell sagen, wie das Beispiel des Rufinus aus Chalkis lehrt, schluckte dieser doch Nieswurz, »ohne sich zu erbrechen oder überhaupt zu entleeren, sondern er nahm sie zu sich und verdaute sie wie ein gewöhnliches Nahrungsmittel« (I. 83). Und noch eindrucksvoller erscheint die Idiosynkrasie des Chirurgs Soterichos, der die Cholera bekam, »wenn er den Fettgeruch von gebratenem Wels wahrnahm« (I. 84). Wer will angesichts solcher Verschiedenheit sagen, wie die Dinge wirklich sind?

drücklich gemacht, geschweige denn weiterverfolgt. Für die frühneuzeitliche Rezeption dieses Denkens sind sie allerdings bedeutsam. Schließlich lassen sich die Strukturen des Relativismus auch als krypto-literarische auffassen. Kennzeichen dieses Hauptmodus des skeptischen Denkens ist ja zum einen ein Fortschreiten zum jeweils Benachbarten: Er beruht, mit anderen Worten, auf einem der grundlegenden Verfahren des Erzählens, der Metonymie. Zum anderen wird er eingesetzt, um dem Anhänger dogmatischer Eindeutigkeit wieder und wieder zu demonstrieren, daß das eine, das er für richtig hielt, in Wahrheit auch ein anderes sein könnte: In seiner Wirkung korrespondiert er damit der Metapher als einem Grundprinzip poetischer Texte. Nicht zuletzt stellt das relativistische Vorgehen fortwährend Situationen des Denkens her, setzt es Gewißheiten so in Szene, daß sie beginnen, zweifelhaft zu erscheinen. Auch in einer solchen Dramatisierung des Denkens mag man Affinitäten zum Literarischen entdecken.

Diese Andeutungen sollen zunächst genügen; gleichwohl läßt sich der zuletzt genannte Effekt bereits recht eindrucksvoll an der Funktionsweise der fünf Agrippinischen Tropen beobachten. Diese bilden einen Komplex relativierender Strategien, die zusammenwirken, um vermeintlich positiv Gewußtes zu suspendieren. Sie führen dogmatische Behauptungen auf die konstitutiven Bedingungen zurück, die sie unausgesprochen mit anderen unterhalten, seien dies solche des Gegensatzes, der Begründung, der Voraussetzung, oder der wechselseitigen Abhängigkeit von Gegenstand und Beweis bzw. Beweis und Kriterium. Klarer als die älteren zehn erscheinen diese Tropen gegen Lehrmeinungen gerichtet; Hegel meinte gar, es gebe »keine tauglicheren Waffen gegen den Dogmatismus der Endlichkeiten«.[1] In der Tat hat ihr Ineinandergreifen etwas Maschinenähnliches, geht es mit Einstellungen um wie mit Werkstücken.[2] Ist der Gesprächspartner des Pyrrhoneers beispielsweise der Meinung, daß es etwas Wahres gibt,[3] und behauptet er dies ohne Beweis, so kann ihn der Pyrrhoneer schon dadurch in Verlegenheit bringen, daß er andere zitiert, die dies bestreiten (»Widerstreit«). Führt der so Herausgeforderte aber einen Beweis für seine Position an, so ist er schon verloren. Denn der Pyrrhoneer wird sogleich beharrlich eine Begründung oder ein Kriterium für diesen Beweis einfordern und für diese Begründung eine weitere, und so fort. Läßt sich der Dogmatiker gutwillig darauf ein, so kommt er an kein Ende (»unendlicher Regreß«). Weigert er sich, so wird er entweder unglaubwürdig oder er wird durch das erneute Arrangement einer Diaphonie aus dem Feld geschlagen. Setzt er dem Rückgang willkürlich ein Ende bzw. seinem Gedankengang retrospektiv einen Anfang (»Voraussetzung«) – etwa, indem er annimmt, Gott garantiere, daß es etwas Wahres gebe –, so kann der pyrrhonische Skeptiker diese Setzung wiederum dadurch relativieren, daß er mit gleichem Recht das Gegenteil des unbewiesen Präsupponierten anführt; indem er darauf

1 »Verhältnis des Skeptizismus zur Philosophie« (p. 245); er setzt jedoch sogleich hinzu: »aber sie sind völlig unbrauchbar gegen die Philosophie [...]«.

2 Daß dieser Eindruck des Mechanistischen kein isolierter ist, wird sich auch bei der Beschreibung des skeptischen Lebensstils erweisen; s.u.

3 Vgl. auch Sextus' eigene Entkräftung dieses Satzes, II. 85-95.

hinweist, daß das vermeintlich absolut Geltende doch wieder etwas Einschränkendes übersehen oder ausgeschlossen hat – z.B. die Möglichkeit eines *genius malignus*, der sich für Gott ausgibt, – und daher nur im Verhältnis zu diesem Bestand hat; oder schließlich, indem er dem Dogmatiker zeigt, daß er eben dies, was zur unhintergehbaren Begründung des ersten Satzes (›Es gibt Wahres‹) dienen sollte, wiederum in diesem gründet (»Diallele«). Denn auch den Begründungssatz muß der Dogmatiker ja für wahr halten: Damit aber bedarf er genau dessen zum Beweis, was jener erst belegen sollte, und der Zirkel der Gegenseitigkeit schließt sich.[1]

Für ein Denken, das aus einzelnen wahren Sätzen ein ebenso unanfechtbares System zu konstruieren sucht, gibt es keinen Ausweg aus den hier inszenierten Aporien. Der Mechanismus der Tropen reduziert jede Proposition auf ihre Bedingungen, schränkt ihre Geltung durch den Hinweis auf deren Verhältnismäßigkeit ein, bringt ihren vermeintlich fixen Bedeutungsgehalt in die Schwebe. Selbst eine Aussage wie ›Alles ist relativ‹ fiele dieser Relativierung zum Opfer. Denn auch für sie gilt, was im übrigen für alle skeptischen »Schlagworte« gilt: daß sie auch auf sich selbst anwendbar sind. Diese Schlagworte[2] bringen die skeptische Haltung gleichsam auf den Punkt. Sie beenden regelmäßig, nach Art eines Kehrverses, den Durchgang durch die Tropen; nachdem sie gefallen sind, hat der Skeptiker eigentlich nichts mehr zu sagen, und befindet sich im Zustand einer ›Sprachlosigkeit‹ (αφασια),[3] die – sofern sie überhaupt mit einem Affekt assoziiert ist – weniger seine Perplexität als seine Genugtuung zum Ausdruck bringt. Hauptmerkmale dieser Formeln sind ihr Selbsteinschluß und ihr elliptischer Charakter; beides soll verhindern, daß sie propositionale Qualität annehmen.

Ihr Modell ist das schon von Pyrrhon überlieferte[4] ου μαλλον – »Nicht eher«.[5] Dieses – in seiner erweiterten Form: »Nicht eher dieses als jenes, wie man es auch wenden mag« (I. 188) – und seine Parallelformulierungen wie: »Vielleicht ist es so, vielleicht ist es auch nicht so« (194), »Ich bestimme nichts« (197),

---

1 Cf. auch I. 114-117, sowie Hegels Kritik an dem »flache[n] Räsonnement« des Sextus Empiricus gegen die Möglichkeit einer Selbsterkenntnis der Vernunft in dessen erstem Buch gegen die Logiker [gemeint ist *Adversus Dogmaticos*, auch bekannt unter dem Titel *Adversus Mathematicos*, bei Bury übs. als *Against the Logicians*], I. 310-312; cf. »Verhältnis des Skeptizismus zur Philosophie«, pp. 235-7 und 247. Ins »Wanken« gebracht werden könne nur, was zuvor schon zum Endlichen gemacht worden sei (cf. p. 238); eben dies (so die Implikation) müsse jedoch im Falle der Vernunft scheitern.

2 φωναι oder bloße Äußerungen; im einzelnen vorgestellt in I. 187-208 (vgl. aber auch schon I. 14, 15). Auch dieser Terminus ist ein gezieltes understatement: der φωνη wird lediglich Signalcharakter zugestanden, keinesfalls soll mit ihr ein emphatischer propositionaler Geltungsanspruch oder ontologischer Gehalt verbunden sein. Denn wie stets wünscht der Skeptiker jegliche Setzung zu vermeiden, die lediglich in den Widerstreit führen müßte – das bloße Wortgeklingel derartiger »Phonomachie« (cf. I. 195) mag den Dogmatikern vorbehalten bleiben.

3 Cf. I. 192-193; bei Hossenfelder: »Behauptungsunfähigkeit«; Bury übersetzt den Begriff neutraler mit »non-assertion«.

4 Cf. hierzu auch Görler [S. 11, n. 1], p. 744.

5 Görler gibt dies wieder mit »nicht mehr dies als jenes« und erläutert die Mehrdeutigkeit der Formel; cf. ibid.

»Alles ist unbestimmt« (198) sind selbst relativ und rekursiv. Sie können »auch sich selbst aufheben [...], indem sie zusammen mit den Dingen, über die sie geäußert werden, sich selbst ausschalten, so wie die Abführmittel nicht nur die Säfte aus dem Körper treiben, sondern auch sich selbst zusammen mit den Säften abführen« (I. 206). Und sie sind Kurzfassungen, bei denen unbedingt jeweils eine ›szenische‹ Erweiterung mitzudenken ist, derzufolge solche Äußerungen keineswegs etwas über die Natur der Dinge meinen, sondern nur besagen wollen, daß es dem, der sie ausspricht, im Moment und hinsichtlich der fraglichen Gegenstände so ergeht, daß sie ihm unbestimmt, nicht eher so als anders usw. erscheinen. Als Schlagwort aufgefaßt, müßte ein Satz wie ›Alles ist relativ‹ also eigentlich lauten: ›Mir erscheint die Aussage »Alles ist relativ« im Moment und unter den gegebenen Bedingungen nicht weniger glaubwürdig oder unglaubwürdig als ihr Gegenteil.‹

Die pyrrhonische Redeweise verlangt fortwährend nach einer solchen Situierung, die unbeabsichtigt sich einstellende ontologische Implikationen abwehrt; oder anders: Die Schlagworte sind eigentlich verkürzte Erzählungen des Skeptikers über seine singulären Bewußtseinserfahrungen: »Damit sagt er berichtend, was ihm über das Vorliegende erscheint, nicht sich dogmatisch mit Überzeugung äußernd, sondern nur erzählend, was er erlebt« (I. 197).[1] Dieses unverbindlich mitgeteilte persönliche Erlebnis aber ist stets die Unabweisbarkeit der Zurückhaltung.

Diese aber ist mit einer wichtigen Einschränkung verbunden. Die in den Schlagworten konzentrierte Vergleichgültigung betrifft, wie Sextus expliziert, nicht »alle Dinge überhaupt«, sondern sie bezieht sich nur auf »die verborgenen und dogmatisch erforschten« (I. 208).[2] Ausgenommen sind hier also offenbar Dinge, deren Evidenz gar nicht erst epistemologische Fragen (wie das Problem eines wie auch immer gearteten Rapports zwischen der ›wahren‹ Realität und unseren Erkenntnisvermögen) aufwirft und die – gleichsam unbeschadet davon, ob es ein Wahrheitskriterium gibt oder nicht – im Alltagsleben als ungefähre Richtschnur des individuellen Verhaltens dienen können. Dies sind vor allem die »vorstellungsmäßig aufgezwungenen Erlebnisse« (I. 13) oder kurz die »Erscheinungen« (I. 19-24).[3] Die pyrrhonische Skepsis ist also keine universelle, sondern eine partielle.[4] Unbezweifelbar bleibt ihr die Erfahrung des Phänomens in ihrer reinen Faktizität:

> Denn an den Dingen, die uns in einer erlebnismäßigen Vorstellung unwillkürlich zur Zustimmung führen, rütteln wir nicht [...]. Das aber sind die Erscheinungen. Vielmehr, wenn wir fragen, ob der zugrundeliegende Gegenstand so ist, wie er er-

---

1 Cf. auch I. 4, 200, 203. – In allen Fällen scheint der griechische Text ein Verständnis des hier gemeinten Mitteilungsstils im Sinne einer unemphatischen Narrativität zuzulassen: Der Bericht des Skeptikers ist eine subjektiv gefärbte Alltagserzählung (in I. 197 fällt immerhin die Bezeichnung διηγουμενος).

2 Cf. auch I. 13 und passim.

3 Und passim. Cf. auch Hossenfelder, *Stoa, Epikureismus und Skepsis*, pp. 173-182.

4 Cf. auch Hossenfelder, p. 181.

> scheint, dann geben wir zu, daß er erscheint. Wir fragen aber nicht nach dem Erscheinenden, sondern nach dem, was über das Erscheinende ausgesagt wird, und das unterscheidet sich von der Frage nach dem Erscheinenden selbst. [20] Daß uns z.B. der Honig süß zu schmecken scheint, das räumen wir ein; denn wir erhalten ja eine süße Sinnesempfindung. Ob er aber auch süß ist, im Sinne der Aussage, fragen wir, und das ist nicht das Erscheinende, sondern das über das Erscheinende Ausgesagte. (I. 19-20)

Die ›Gewißheit‹, die sich hier einstellt, wird negativ bestimmt als das, was nach Abzug jeder Interpretation übrig bleibt. Denn jede Deutung des Erlebnisses, »das über das Erscheinende Ausgesagte«, ist ja aus pyrrhonischer Sicht eine Zutat, eine mehr oder minder spontane Bewußtseinsleistung, die meint, aus den Phänomenen Verborgenes herauszuziehen, dessen Vorhandensein sie jedoch vielleicht selbst zuvor in sie hineingelegt hat. Jede Aussage darüber, *was* der Gegenstand der Wahrnehmung in Wahrheit oder ›an sich‹ ist, was er bedeutet oder welches sein Sinn in einem größeren Zusammenhang ist, wäre schon der erste Schritt zum Dogmatisieren. Abgesehen davon, daß eine solche Ansicht den Gegenstand verfehlen oder verfälschen könnte, wäre sie jederzeit bestreitbar. Das reine Sinnesdatum dagegen führt »zwangsweise zur Zustimmung« (I. 193). Hier bedarf es keiner Reflexion und keiner Einsicht; es ergibt sich auch keine Epoché, da der Pyrrhoneer ja nicht urteilt, sondern lediglich rezeptiv tätig ist und allenfalls sein augenblickliches Affiziertsein kundtut.[1]

Diese ausschließlich subjektiven, von den Phänomenen ausgelösten Evidenzen wie Hunger, Durst, Wärme, Kälte, Süße, Bitterkeit, Schmerz, Lust haben offenkundig wichtige lebenspraktische Implikationen für den Skeptiker.[2] Sextus bezeichnet das Erscheinende in der Tat ausdrücklich als »Kriterium der skeptischen Schule« (I. 21-22) in epistemologischer[3] wie ethischer Hinsicht, das einerseits Wirkliches von Unwirklichem unterscheiden helfe, andererseits handlungsleitend wirke. Beide Aspekte dieses Phänomenismus wird die frühneuzeitliche Skepsisrezeption aufgreifen und ihr Potential zum einen in vernunftkritische und empiristische, zum anderen in naturalistische und quietistische Richtungen entfalten.

Akzentuierungen dieser Art sind bei Sextus Empiricus immerhin schon angelegt. So bildet im *Grundriß der pyrrhonischen Skepsis* die ausdrückliche Rationalitätskritik zwar allenfalls ein Begleitthema, sie ist indes durchaus gut für eine suggestive antidogmatische Pointe, so etwa, wenn Sextus »die Vernunft eine solche Betrügerin« nennt, »daß sie uns beinahe sogar die Erscheinungen unter den

---

1 Dabei hat das »Erscheinende« zwei Seiten, eine eher objekt- und eine eher subjektzugewandte. Für Sextus ist sie ein ambivalenter empirischer Komplex aus sinnlich vermittelter Evidenz und subjektiv sich aufdrängender »Vorstellung« (cf. I. 22). Diese ist indes ausdrücklich eine passiv empfangene, ein »Erleiden« (ibid.), eine unfreiwillig vom Gegenstand aufgerufene Repräsentanz (φαντασια), die aber nichts besagt: eher ein Affiziertwerden als ein Abbild.

2 Eine universelle Skepsis wäre zu völliger Inaktivität verdammt, wie Sextus sieht: »Wie halten uns also an die Erscheinungen [...], da wir gänzlich untätig nicht sein können.« (I. 23)

3 Hossenfelder hält die Phänomengewißheit der Pyrrhoneer ausdrücklich auch für ein »Wahrheitskriterium«; cf. *Stoa, Epikureismus und Skepsis*, pp. 174-5.

Augen entreißt« (I. 20).[1] Auch erscheint es vertretbar, proto-empiristische Züge im Pyrrhonismus auszumachen, gleichwohl weist er gegenüber dem frühneuzeitlichen Empirismus deutliche Unterschiede auf. So bilden zwar sowohl die Isosthenie als auch die Phänomene Komplexe von Erlebtem (παϑος) und unabweisbar Empfundenem, aber weder werden diese ›Erfahrungen‹ aktiv gesucht oder gar auf experimentellem Wege herbeigeführt, noch wird mit ihrer Hilfe Wissen angestrebt. Keinesfalls ist der Erwerb sicherer Erkenntnis oder die Einsicht in Gesetzmäßigkeiten das Ziel. Sie sind nicht Mittel zu einem außerhalb ihrer liegenden Zweck, sondern begleiten oder präparieren die Grundeinstellung, »nur noch kommen zu lassen, was nicht nicht kommen kann«.[2]

Zugleich eröffnet diese Rezeptivität gegenüber dem Erscheinenden der pyrrhonischen Lebensführung – wieder im unemphatischen Sinne eines *way of life* (αγωγη)[3] – gleichsam einen minimalen Spielraum diesseits des Unverfügbaren.[4] Zunächst verhindert das leidenschafts- und widerstandslose Entgegenneh-

1 Die Passage steht in einem Kontext, dessen Pointe vor allem die »Voreiligkeit« der dogmatisch Urteilenden im Hinblick auf die verborgenen Dinge ist; indem sie jedoch damit zu rechnen scheint, daß auch hinsichtlich der Phänomene Täuschungen möglich sind, schließt sie auch die Möglichkeit einer weiteren Universalisierung der Skepsis (die dann gegebenenfalls auch die Erscheinungen angriffe) nicht aus: »Falls wir jedoch direkt gegen die Erscheinungen argumentieren, dann wollen wir mit der Aufstellung dieser Argumente nicht die Erscheinungen aufheben, sondern nur die Voreiligkeit der Dogmatiker aufzeigen. Denn wenn die Vernunft eine solche Betrügerin ist, daß sie uns beinahe sogar die Erscheinungen unter den Augen entreißt, wie sollen wir ihr da nicht bei den verborgenen Dingen mißtrauen, um nicht in ihrem Gefolge voreilig zu sein?« (I. 20) – Die angedeutete Lesart dieser offenen und eine weitere Radikalisierung nicht ausschließenden Formulierungen des Sextus erhielte Recht durch Hegels Einwand gegen die Meinung, die Skepsis richte sich ausschließlich gegen die ›hinter‹ den Dingen liegenden Bedeutungen: »[...] die Auslegung aber, als wenn der Skeptizismus nicht die sinnlichen Wahrnehmungen selbst, sondern nur die hinter und unter dieselben von den Dogmatikern gelegten Sachen angegriffen habe, ist durchaus ungegründet; denn wenn der Skeptiker sagte, der Honig sei ebensowohl bitter als süß und sowenig bitter als süß, so war da kein hinter den Honig gelegtes Ding gemeint.« (»Verhältnis des Skeptizismus zur Philosophie«, p. 225) Wie Hegel weiter ausführt, unterstellt eine solche Auffassung dem »alten Skeptizismus«, den er vor einer Identifikation mit dem »neuesten« eines Gottlob Ernst Schulze in Schutz nimmt, eben die schlichte Systematik, die sie zu vermeiden sucht: »Diese Erscheinung ist ihm [dem »alten Skeptizismus«] aber nicht ein sinnliches *Ding*, hinter welchem von dem Dogmatismus und der Philosophie noch andere Dinge, nämlich die übersinnlichen behauptet werden sollten. Da er sich überhaupt zurückhält, eine Gewißheit und ein Sein auszusprechen, so hat er schon für sich kein Ding, kein Bedingtes, von dem er wüßte, und er hat nicht nötig, der Philosophie weder dieses gewisse Ding noch ein anderes, das hinter diesem wäre, in die Schuhe zu schieben, um sie fallen zu machen.« (ibid. 248). Es geht, mit anderen Worten, nicht um die Konfrontation eines Schematismus mit einem anderen, sondern hier steht »ein Denken« einem (unter Ontologieverdacht gestellten) anderen entgegen: »[...] das »Ist« des philosophischen Denkens« steht hier unter Verdacht (cf. ibid.).

2 So die treffende Formulierung von G. Bader, *Melancholie und Metapher*, p. 41.

3 Cf. *Grundriß der pyrrhonischen Skepsis*, I. 21 und passim.

4 Da der Pyrrhoneer die prinzipielle Skepsis vermeidet, kann ihm auch nicht vorgeworfen werden, seine Phänomengewißheit stehe im Widerspruch zu jener (vgl. auch Hossenfelder, *Stoa, Epikureismus und Skepsis*, p. 181). Denn so kann er seine Isosthenieerfahrung zum Phänomen erklären und dessen Evidenz und das daraus folgende Verhalten als lediglich subjektiv und augenblickshaft veranlaßt relativieren (vgl. auch ders., Art. »Pyrrhonismus« im *Historischen Wörterbuch der Philosophie*, ed. J. Ritter und K. Gründer).

men des kreatürlich sich Einstellenden, daß der Pyrrhoneer sich ereiferte und damit seine Gemütsruhe trübte. Jede Interpretation der »aufgezwungenen« Sinneserfahrungen und Empfindungen enthielte ja ein wertendes Element, müßte das Gedeutete emphatisch als gut oder übel, erstrebenswert oder zu meiden qualifizieren. Das wiederum würde nicht nur Furcht, Sorge, Gier oder andere zielgerichtete Affekte auslösen, es verdoppelte auch gleichsam deren Intensität und erhöhte den Grad der Beeinträchtigung, tritt so doch zur lästigen Empfindung noch die Bedrängnis durch den »Glauben« hinzu, »daß dieses Ungemach von Natur übel sei« (I. 30). Wenn ich indes nicht weiß, worin das Glück besteht, kann ich auch nicht sicher sein, daß das, was gerade geschieht, ein Unglück ist, und werde daher die damit eventuell verbundene unvermeidliche Unbill nicht noch durch einen ihr »beigemengten Glauben« steigern (ibid.). Ich werde mich jeder Aussage über die Natur des der Erscheinung Zugrundeliegenden enthalten und unaufgeregt in den Tag leben.[1] Auf diese Weise entgehe ich zwar keineswegs jeder Belästigung, aber es gelingt mir, das Maß der aufzuwendenden Leidenschaft so gering wie möglich zu halten. Zwar werde ich gelegentlich einräumen, Hunger zu haben, aber ich werde mein Magenknurren nicht dadurch zum Unglück steigern, daß ich in mir die Angst nähre, bei weiterem Hinauszögern der Nahrungsaufnahme werde ich mir gewiß ein Magengeschwür zuziehen, einen Schwächeanfall erleiden usw.

Bestimmt also »maßvolles Leiden«, Metriopathie, das Alltagsdasein des Skeptikers,[2] so erleichtert ihm die Überzeugungsfreiheit, die die Bedingung dieser relativen Gelassenheit ist, auch das reibungslose Sich-Schicken ins gesellschaftlich Vorgegebene und ermöglicht ein Mitmachen. Er »folgt [...] undogmatisch der alltäglichen Lebenserfahrung und bleibt deswegen in den auf dogmatischem Glauben beruhenden Dingen leidlos, während er in den aufgezwungenen maßvoll leidet.« (III. 235)[3] Wäre die pyrrhonische Skepsis nicht eine partielle, so liefe die Ataraxie, da sie ja die Entkräftung jeglicher Handlungsmotivation mit sich bringt, auf völlige Inaktivität dessen, dem sie zugefallen ist, hinaus. Nicht nur

1 »Wer nämlich dogmatisch etwas für gut oder übel von Natur hält, wird fortwährend beunruhigt: Besitzt er die vermeintlichen Güter nicht, glaubt er sich von den natürlichen Übeln heimgesucht und jagt nach den Gütern, wie er meint. Hat er diese erworben, gerät er in noch größere Sorgen, weil er sich wider alle Vernunft und über alles Maß aufregt und aus Furcht vor dem Umschwung alles unternimmt, um die vermeintlichen Güter nicht zu verlieren. [28] Wer jedoch hinsichtlich der natürlichen Güter oder Übel keine bestimmten Überzeugungen hegt, der meidet oder verfolgt nichts mit Eifer, weshalb er Ruhe hat.« (I. 27-28). – Hossenfelder spitzt diese Überlegungen auf die Eudämonie-Frage zu: Weil man als Skeptiker »das Glück selbst nicht näher bestimmen kann«, wird man keines der »übrigen Dinge [...] mit Eifer verfolgen, sondern sie gelassen kommen und gehen sehen. Zwar wird man Lust und Unlust positiv und negativ empfinden, aber die Vernunft weiß sich dieses nicht zu erklären und kann es nur als gegeben feststellen, so daß jedes Hineininterpretieren eines objektiven Wertes unterbleibt. Infolgedessen wird man wohl die Unlust zu vermeiden suchen und die Lust ihr vorziehen; wenn es jedoch mißlingt, wird man nicht meinen, sein Glück verspielt zu haben, und so nur das sinnliche Ungemach ertragen, ohne ihm noch seelische Aufregung hinzuzufügen.« (*Stoa, Epikureismus und Skepsis*, p. 154).

2 Cf. I. 30, III. 235-238.

3 Cf. auch I. 226 und II. 254.

seine fortbestehende sinnliche Affizierbarkeit und die Unbezweifelbarkeit der Erscheinungen schließen indes bei aller Leidensökonomie ein solches Vegetieren aus: Auch die Tatsache, daß der Skeptiker ungefragt in eine bereits bestehende soziale und kulturelle Ordnung hineingeboren wird, sorgt dafür, daß eine totale Verhaltensabstinenz unmöglich ist. Er kann »gänzlich untätig nicht sein« (I. 23), also fügt er sich. Weil er keinen Grund sieht, sich zu sträuben, erfüllt er die Minimalforderungen seiner Sozietät. Ob die Sitten und Gesetze seines Landes gut oder schlecht sind, vermag er nicht zu entscheiden; die implizierten Wertsetzungen sind für ihn, wie alles, »konventionell und relativ« (III. 232). Er folgt den »väterliche Sitten« (I. 17), weil Ungehorsam einen Begründungsaufwand erforderte, den zu leisten er sich außerstande sieht. In einer Haltung des »Nichtwiderstrebens« gibt er dem Konformitätsdruck »ohne starke Neigung und Teilnahme« nach (I. 230).

Solches Leben »nach der alltäglichen Lebenserfahrung« wurzelt in einer phänomenal-sozialen Komplexität aus vier Momenten: Es ist bedingt einerseits durch »Vorzeichnung der Natur« in Gestalt der menschlichen Fähigkeiten zu sinnlicher Wahrnehmung und zum Denken und durch den mit ihnen verbundenen »Erlebniszwang«, andererseits durch »Überlieferung von Gesetzen und Sitten« und die »Unterweisung in Techniken« (I. 23-24). Wie sinnlich Gegebenes registriert wird, weil es nicht nicht empfunden werden kann, so wird gesellschaftlich Tradiertes schlicht übernommen, weil alles andere den Glauben an Überzeugungen oder weltanschauliche Setzungen erforderte, bei deren Begründung der Skeptiker, wie er weiß, in unüberwindliche Schwierigkeiten geriete.

Auch dieses ›agogische‹ Profil des Skeptikers weist eine Reihe von Implikationen und potentiellen Anschlußstellen für verwandte lebenspraktische Einstellungen auf, die Aspekte seiner frühneuzeitlichen Rezeption verständlich machen. Zunächst läßt sich in der skizzierten, quietistisch anmutenden Haltung wieder jener schon beobachtete mechanistische Zug ausmachen, der schon die pyrrhonische Argumentationstechnik kennzeichnete. Er lebt und reagiert konventionell; er verhält sich im Alltagsleben nach überkommenem Muster, aber ohne – so jedenfalls will er es – damit auch mit Überzeugung die in diesem aufgehobene Ideologie zu vertreten. Diese steht mit ihrer Substruktur von Werten und der Schwierigkeit, diese zu legitimieren gleichsam unter einem Glassturz: Von ihr läßt sich der Skeptiker nach Möglichkeit nicht behelligen. Den verbleibenden schmalen Bereich seines Handelns richtet er im Sinne metriopathischer Friktions- und Unlustvermeidung ein; der Skopus dieses automatenhaften, von vernünftiger Einsicht entkoppelten Agierens ergibt sich von Tag zu Tag, ohne daß hierfür eine theoretische Basis notwendig wäre.[1]

---

1 R. J. Hankinson beschreibt »The Sceptical Attitude« in diesem Sinne: »We might […] describe the Sceptic's condition purely in terms of conditioned responses. The Sceptic learns on the basis of the sequence of impressions that certain courses of action are painful, and certain pleasant – and he will follow, other things being equal, the pleasure-inducing courses. […] The Sceptic, I think, wants to interpret all of his mental life in this light. […] he will have no theory of it – he will just report it as such (although he may develop such a theory dialectically, if it seems re-

Vermag der Skeptiker auf diese Weise seinen Energiehaushalt auf einem sehr niedrigen Niveau einzuregulieren, dann ließe sich solche Ökonomie auch auf der Grundlage einer benachbarten Denkrichtung verstehen: eines mehr oder weniger epikureisch geprägten Naturalismus. In der wiederholten Berufung auf die »natürliche Vorzeichnung« (I. 24) der Erscheinungssensibilität, im Beharren auf der Nichtreduzierbarkeit der Sinnesevidenz, oder auch im Hinweis auf die Unwiderstehlichkeit des gesellschaftlich Vorgegebenen als eines gleichsam Naturwüchsigen deutet sich eine Affinität zu einer frühneuzeitlich wieder virulent werdenden Einstellung an, die ebenfalls für sich beansprucht, lediglich der Natur ihren Lauf zu lassen. Dabei liegt auf der Hand, daß das pyrrhonische Modell selbst weder einen gehaltvollen Naturbegriff propagiert,[1] noch ohne weiteres eine libertinistische Entfaltung seines äußerst verhaltenen Hedonismus zuläßt. Erweiterungen dieser Art bleiben frühneuzeitlichen Hybridisierungen vorbehalten.

Weiterhin kann der Typus des pyrrhonischen Skeptikers in seiner potentiell attraktiven lebenspraktischen Unangestrengtheit auch als ein Modell der Kontingenzbewältigung, oder vielleicht besser: der Nutzung von Kontingenz aufgefaßt werden. Denn an dieser Stelle liegt möglicherweise seine größte Radikalität: Der skeptische Kalkül sieht stets die Möglichkeit vor, daß alles auch ganz anders sein könnte. Er schließt nicht einmal aus, daß morgen Argumente auftreten könnten, die so überzeugend sind, daß sie den Pyrrhoneer von seiner Skepsis bekehrten – aber er rechnet auch damit, daß auch dieser Zustand nicht von Dauer sein wird.[2] Ein solches beruhigtes Leben im Provisorischen und im Bewußtsein der Veränderbarkeit, aber immun gegen die mit ihr assoziierten Ängste und Leiden, weist wiederum systematische Homologien mit der ästhetischen Einstellung auf. Es ist ein Sich-Halten im Als-Ob, das mit den Lebenswirklichkeiten so verfährt, wie der Pyrrhoneer bei der entkräftenden Rekonstruktion dogmatischer Positionen: Sie werden nachvollzogen, ohne daß sie damit geglaubt oder in Geltung gesetzt würden. Für dieses Denken kann ihre Realität wie ihre Wahrheit dahingestellt bleiben, in einer Schwebe diesseits von Affirmation und Negation:

---

quired). [...] Again, comparison with programmed responsive machines is instructive. We can programme machinery to respond in a particular way to commands, admonitions, even warnings – but at no stage in our explanation of such behaviour need we hypothesize any semantic understanding on the part of the machine. Sceptics are automata of the same type.« (*The Sceptics*, London, New York 1995, pp. 285-6).

1 Vgl. auch Hankinsons Überlegungen zu »The Nature of Nature«, ibid., pp. 268-272.

2 Hankinson hält dies für »the source and centre of Sceptical *ataraxia*«: »The Sceptic's position is provisional – it has to be so. But it is a fundamental mistake to think that for this reason it must involve anxiety. That would be the case only if the Sceptical drug had failed to work, and the Sceptic still had some genuine concern for the way things were going to turn out. But he hasn't – he is quite indifferent to the possibility that strong arguments he has not yet come across may none the less emerge to disturb his Sceptical equipoise, since he has no belief that such arguments *will* turn up. [...] If the Sceptic is momentarily troubled by the possibility that his equipoise may be disrupted, he need only reflect that there is no reason to think that such a state of affairs, if it occurs, will be permanent. And that reflection itself will serve to rob even apparently weighty arguments of their weight. They may seem powerful to me at the time – but that, if I have learned my Sceptical lesson, will not disturb me, for it will have no tendency to make me even expect this state of affairs to continue.« (ibid., p. 303).

»Denn wir denken nicht nur das Wirkliche [...], sondern eben auch das Nichtwirkliche« (II. 10).[1]

Bevor indes abschließend die systematischen Affinitäten des pyrrhonisch-skeptischen Paradigmas zum Literarischen zusammenfassend herausgestellt werden, soll kurz noch jene antike Ausprägung der Skepsis skizziert werden, die den Schriften des Sextus Empiricus vorausgeht, die in verschiedener, nicht genau rekonstruierbarer Hinsicht die Grundlage seines Denkens bildet und von der er sich mit erheblichem argumentativem Aufwand abzugrenzen sucht: die sog. Akademische Skepsis.[2] Sextus, dessen Schriften die umfangreichste erhaltene Quelle für die Rekonstruktion der antiken Skepsis darstellen, steht am Ende einer nahezu ein halbes Jahrtausend umfassenden Geschichte des skeptischen Denkens im Altertum, die, beginnend mit dem Älteren Pyrrhonismus um Pyrrhon von Elis und seinen Schüler Timon, sich fast zweihundert Jahre lang mit einem wichtigen Abschnitt in der Geschichte der Platonischen Akademie deckt, nämlich der Zeit unter der Schulleitung von Arkesilaos (ab ca. 268-264 v. Chr.) und Karneades bis zu Philon aus Larisa bzw. bis zum Beginn des revisionistischen Scholarchats von Antiochos aus Askalon (um 90 v.). In dieser Zeit der »Neuen« oder »Jüngeren Akademie« tritt das akademisch-platonische Denken in eine skeptizistische Phase ein, die erst mit der programmatischen Neugründung einer »Alten Akademie« durch Antiochos, einen Schüler Philons, abbricht. Aufgrund der ungünstigen Quellenlage – weder von Arkesilaos noch von Karneades sind Schriften überliefert – ist eine genaue Rekonstruktion der Akademischen Skepsis unmöglich; ihr Verhältnis zum Pyrrhonismus bleibt umstritten. Unkontrovers dagegen ist, daß ihre Wirkungsgeschichte bis in die Frühe Neuzeit reicht, wurde doch das Wissen über sie tradiert in den Schriften Ciceros, der selbst Hö-

1 Sextus Empiricus leitet die dogmatismuskritischen Überlegungen in Buch II des *Grundrisses* ein, indem er, einen Einwand der Dogmatiker antizipierend, auf die Frage eingeht, ob es ihm als Skeptiker überhaupt möglich sei, deren Lehren zu untersuchen, ohne ihnen auch zuzustimmen. Er weist in seiner Entgegnung darauf hin, daß eine solche Untersuchung – wie jede philosophische Diskussion der Ansichten Andersdenkender – keineswegs voraussetzt, daß der Untersuchende auch die untersuchte Erkenntnis teilt: »Ich glaube nämlich, der Skeptiker wird nicht ausgeschlossen von einem Denken, das von den Reden ausgeht, die ihm erlebnismäßig begegnen und mit Evidenz erscheinen, und das nicht in jedem Fall die Wirklichkeit der gedachten Gegenstände einführt. Denn wir denken nicht nur das Wirkliche, wie sie sagen, sondern eben auch das Nichtwirkliche. Daher bleibt der sich Zurückhaltende, sowohl wenn er untersucht, als auch wenn er denkt, im skeptischen Zustand.« (II. 10). Das Verstehen eines dogmatischen Konzepts impliziert aus dieser Sicht noch nicht, daß es auch geglaubt wird. (Cf. auch Hankinson, *The Sceptics*, p. 280f).

2 Die folgende Skizze orientiert sich vor allem an W. Görler, »Älterer Pyrrhonismus – Jüngere Akademie – Antiochos aus Askalon« und G. Gawlick/W. Görler, »Cicero« (5. und 6. Kapitel in Flashar, ed., *Die Philosophie der Antike*, Band 4/2, pp. 717-1168; dort auch ein umfassender Überblick über die Forschungsliteratur). – Zur Skepsis der Neuen Akademie vgl. auch die stärker systematisch und argumentationstechnisch interessierten Ausführungen bei Hankinson, *The Sceptics*, vor allem in Buch I (pp. 3-152), die einleuchtende, aber nicht in allem mit der Darstellung Görlers vereinbare Einschätzung bei Hossenfelder, *Stoa, Epikureismus und Skepsis*, pp. 191-200, sowie den Art. »Akademiker« von Olof Gigon in: *Lexikon der Alten Welt*, ed. C. Andresen et al., Bd. 1, München 1990 (Nachdruck von 1965), p. 90f.

rer Philons war und insbesondere in den *Academica* Erörterungen und Zusammenfassungen einiger der ihm bekannten Positionen überlieferte.[1] Erst mit dem Druck der Werke des Sextus Empiricus werden die *Akademischen Abhandlungen* Ciceros allmählich aus ihrer zentralen Funktion für die nachantike Skepsisrezeption verdrängt,[2] und es kommt zu den synkretistischen Formationen, die für die Philosophie der Frühen Neuzeit charakteristisch sind.

Aber nicht nur im Blick auf die Genese und historische Gestalt der frühneuzeitlichen Skepsis ist das Denken der Jüngeren Akademie von Belang. Auch die systematische Perspektive auf die Skepsis ändert sich, betrachtet man sie nicht in der Isolation[3] einer auf einen exzentrischen Schulgründer zurückgehenden eigenständigen und weitgehend unkontaminierten Denkrichtung, sondern als über weite Strecken ihrer Entwicklung verbunden mit dem lange Zeit auch institutionell dominanten sokratisch-aporetischen Strang der platonischen Philosophie.[4] Gerade das – keineswegs grundlose – Ineinander von Skepsis und Platonismus schon in der Antike erscheint hier interessant, erhellt doch daraus auch ein wenig die frühneuzeitliche Gemengelage. Schon Arkesilaos, der die skeptische Wende der Akademie einleitete, hatte man vorgeworfen, er setze heterogene Theoriebestände zu geradezu monströsen Hybriden zusammen.[5] Bestimmend für das vor allem über Cicero vermittelte frühneuzeitliche Bild der Akademischen Skepsis er-

---

1 Unter dem Titel *Academica* sind, 45 v. Chr. entstanden, ursprünglich vier *academici libri* zusammengefaßt; von ihnen sind jedoch nur Teile überliefert. Vollständig erhalten ist einzig eine Erörterung der Karneadischen und Philonischen und/oder Kleitomachischen Skepsis gegenüber den stoisch-neudogmatischen Ansichten des Antiochos in Gesprächsform, der *Lucullus*. – Cf. hierzu Görler, pp. 775 und 1038-39, sowie Marcus Tullius Cicero, *Akademische Abhandlungen. Lucullus*, lateinisch-deutsch, Hamburg 1995.

2 Zu den prominentesten Kennern der *Academica*, die ihrerseits zu Vermittlungsinstanzen der dort hinterlegten Skepsis wurden, zählten etwa Laktanz und Augustinus. – Zur Rezeptionsgeschichte der *Academica* s. Charles B. Schmitt, *Cicero Scepticus. A Study of the Influence of the* Academica *in the Renaissance*, The Hague 1972, sowie Richard Popkin, *The History of Scepticism from Erasmus to Spinoza*, Berkeley 1979.

3 In die sie auch Sextus selbst aus wissenschaftspolitischen Gründen zu manövrieren sucht.

4 Offenbar sind die Überlappungen zwischen diesen auf den ersten Blick völlig entgegengesetzten Denkweisen vor allem im Bereich der Erkenntniskritik so groß, daß sie das Bewußtsein ihrer unterschiedlichen Genese zu verdecken vermögen. – Vgl. auch Görler: »Schon im Altertum war keine Einigung darüber zu erzielen, ob Arkesilaos primär ›Skeptiker‹ war und damit Pyrrhon näherstand als Platon, oder aber als Akademiker Platons Lehre treu blieb, wenn er sie auch mit anderen Mitteln vertrat. Der alte Streit lebt in der neueren Forschung mit unverminderter Schärfe fort, und das kann nicht überraschen, denn für beide Zuordnungen lassen sich gute Gründe anführen. Es ist zweifellos sachlich berechtigt, die gemeinsamen Züge von Pyrrhon und Arkesilaos zusammenzusehen und dann von ›der antiken Skepsis‹ zu sprechen [...] Dann ergibt sich eine nicht nur zeitliche, sondern auch sachliche Folge von Pyrrhon zu Arkesilaos, weiter über Karneades zu Philon. [...] Nicht minder berechtigt ist es jedoch, die durchgehende sokratisch-platonische Linie innerhalb der Akademie zu betonen [...] Eine Entscheidung für das ›gesamtskeptische‹ oder für das ›innerakademische‹ Verständnis der hier zu behandelnden Epoche ist nicht möglich; beide Deutungen haben offenkundig ihre innere und ihre historische Berechtigung.« (pp. 721-3 [S. 11, n. 1]). – Für meine Argumentation ist gerade die Unentscheidbarkeit der Zuordnung von Bedeutung.

5 Cf. e.g. das von Sextus Empiricus wiedergegebene Schimpfwort des Ariston über ihn: »*Platon von vorne, Pyrrhon von hinten, Diodor in der Mitte*« (*Grundriß*, I. 234).

scheint gleichwohl das von Anfang an umstrittene, durch die fortgesetzte Berufung der Scholarchen auf den Schulgründer gleichwohl perpetuierte Bild eines ›skeptischen Platon‹,[1] damit verbunden die Vorstellung einer »goldenen Kette«, über die die Anfänge der Akademie und die Spätformen des Platonismus bruchlos aneinandergefügt seien.[2] Die Gründe für diese Besonderheiten, die das Profil des Akademischen Skeptikers doch merklich von dem des Pyrrhoneers unterscheiden (mögen sie in späteren Jahrhunderten auch nicht immer mitbedacht worden sein), liegen vor allem in der Lehre seiner berühmtesten Repräsentanten Arkesilaos und Karneades. Wenige Andeutungen müssen hier genügen.

Kennzeichen der Jüngeren (skeptischen) Akademie, verkörpert durch diese beiden Persönlichkeiten, ist in erster Linie ihr erkenntniskritisches und rhetorisch-dialektisches Engagement. Beide beherrschten – bei vollkommener Zurückhaltung in der Äußerung eigener Lehrmeinungen[3] – offenbar brillant die Kunst des Argumentierens nach beiden Seiten (in utramque partem disserere) und der Konfrontation gleich starker Argumente, so daß ein Gleichstand entsteht (bei Cicero im Bild der Waage – *paria momenta* – gefaßt), der wiederum die Urteilsenthaltung nahelegt.[4] Diese Weise des Disputierens erschöpfte sich indes nicht in bloßer Eristik, sondern zielte auf eine kritische Destruktion der optimistischen Wahrnehmungs- und Erkenntnislehre der Stoa.[5] Die von dieser geforderte zustimmungsfähige, damit richtige Erfassung vermittelnde und Wahrheit garantierende, »kataleptische« Vorstellung (καταληπτικη φαντασια)

1 Vgl. e.g. den kurzen Abschnitt über »Plato Scepticus: the Provenance of a Tradition« bei Hankinson, pp. 83-85; ein differenzierteres Resümee der vorhandenen Belege bei Görler, pp. 838-843. – Schon Sextus Empiricus berichtet vor allem von Dissens in dieser Frage (bevor er Platon den Titel des echten Skeptikers zumindest teilweise abspricht): »Von Platon haben die einen behauptet, er sei Dogmatiker, die anderen, er sei Aporetiker, die dritten, er sei teils Aporetiker, teils Dogmatiker. In den Übungsschriften nämlich, dort wo Sokrates eingeführt wird, wie er entweder mit den Leuten witzelt oder sich mit Sophisten mißt, soll Platon einen übenden und aporetischen Charakter haben, einen dogmatischen aber dort, wo er sich im Ernst äußert entweder durch Sokrates oder Timaios oder ähnliche Leute.« (*Grundriß*, I. 221; cf. auch 222-3).

2 Görler führt das Wort des Damaskios an, um es (insbesondere für die Zeit nach Philon) in Frage zu stellen; cf. p. 934.

3 Kleitomachos, der unmittelbare Schüler des Karneades, pflegte zu beteuern, »er habe nie herausfinden können, was Karneades wirklich für richtig hielt« (zit. Görler, p. 892).

4 Cf. Görler, pp. 796f, 813.

5 Cf. Görler, pp. 797-801. Die Schule Zenons lehrte, daß die Erkenntnis des Wahren durch eine zuverlässige Vorstellung gewährleistet werde: Erkenntnis beginnt mit einer »Vorstellung« (φαντασια), die dem Erkennenwollenden zuteilwird; stimmen wir dieser zu, so haben wir eine richtige »Erfassung« des Gegenstands oder Sachverhalts (καταληψις). Dabei fügen sich dem Weisen solche Erfassungen zu einem System des unverlierbaren »Wissens« (επιστημη) zusammen, während sie beim Nicht-Weisen oder Toren alsbald verlorengehen oder von bloßen »Meinungen« (δοξα) durchsetzt werden. Vgl. auch die Definition bei Sextus Empiricus (*Grundriß*, II. 4, in der Übertragung bei Görler, zit. p. 800): »die erfassungsvermittelnde φαντασια ist eine solche, die, von einem Seienden ausgehend, diesem Seienden entsprechend abgeformt und hineingesiegelt ist (nämlich in die Seele des Individuums), wie sie es nicht sein könnte, wenn sie von einem Nicht-Seienden ausginge.« – Kataleptische Vorstellungen, so – vergröbernd gesprochen – der Einwand der Akademiker, sind undenkbar, da falsche nicht mit Gewißheit von richtigen Vorstellungen zu unterscheiden seien.

könne es nicht geben, da stets mit der Möglichkeit einer Täuschung zu rechnen sei: Jede noch so evidente und sich dem Bewußtsein unwiderstehlich eindrükkende Vorstellung könne auch falsch sein, da richtige nicht sicher von falschen Vorstellungen zu unterscheiden seien.[1] Kann aber auch Einleuchtendes trügen; können damit auch Wissen und bloßes Meinen nicht mehr auseinandergehalten werden, so ist Epoché angeraten.

In der Art und Weise, wie die Akademiker zur Zurückhaltung gelangen, wird allerdings ein Unterschied zu den Pyrrhoneern sichtbar: Berufen sich diese auf eine ›zufällig‹ sich einstellende Erfahrung, so führen jene eine (systematisch erreichte) Einsicht als Grund an; ist die Epoché für diese ein Schritt zum ›Glück‹ der Seelenruhe, so resultiert sie für jene aus einem Mangel in der epistemologischen Ausrüstung des Menschen. Weiterhin kann, dieser Unvollkommenheit der Erkenntnisvermögen korrespondierend, bei den Akademikern ein »Weltbild«[2] angenommen werden, das wiederum den Hauptvorwurf gegen sie von pyrrhonischer Seite erklärbar macht: Während der pyrrhonische Skeptiker die Dinge gänzlich auf sich beruhen läßt, muß der akademische Skeptiker offenbar annehmen, sie seien ακαταληπτα, nicht erfaßbar.[3] Dieses Etikett des negativen Dogmatismus[4] hat sich nicht nur als überaus anhänglich, sondern für die Akademische Skepsis auch wirkungsgeschichtlich als folgenreich erwiesen. Zum einen macht es die ihr unterstellte Gewißheit von der Unerkennbarkeit der Wirklichkeit einfacher, den Gegensatz zwischen den beiden Versionen der Skepsis zu pointieren.[5] Das unterschiedliche ›psychologische‹ Profil der beiden Typen wird

---

1 So pointiert Görler auch den Standpunkt des Karneades gegen Chrysipp: »Es gibt keine einzige wahre ›Vorstellung‹, der nicht eine falsche, in völlig gleicher Erscheinungsform, entsprechen könnte.« (p. 855).

2 Görler, p. 813.

3 Cf. Görler, pp. 813-14. – So Sextus Empiricus: »Die Neue Akademie, obwohl sie sagt, alles sei unerkennbar, unterscheidet sich von den Skeptikern vielleicht eben darin, daß sie behauptet, alles sei unerkennbar. Denn sie sagt hierüber mit Sicherheit aus, während der Skeptiker mit der Möglichkeit rechnet, daß einiges auch erkannt wird.« (I. 226; vgl. auch 232ff mit leichten Einschränkungen über Arkesilaos).

4 Das sich, wie angedeutet, nicht auf eine von den Schulgründern schriftlich niedergelegte Doktrin berufen kann, sondern eine aus Ansichten anderer über deren Lehrmeinungen komponierte Einschätzung darstellt.

5 So auch Hankinson, *The Sceptics*, pp. 14 – 17, der immerhin eine nicht unwichtige Differenzierung vornimmt, indem er den Akademikern wie Sextus die gleiche ›ontologische‹ Skepsis zugesteht (»ontological scepticism« bzw. »genuine O-scepticism«, erläutert als »the attitude in which one refuses to affirm, but does not as yet deny, the existence of something or the truth of some proposition«, p. 15), während er sie im Hinblick auf ihre Epistemologie unterscheidet (»negative dogmatism« der Akademiker vs. »genuine E-scepticism« bei Sextus): »The Academics [...] are negative E-dogmatists, but genuine sceptics in ontology. There may or may not be things really there; but we can know nothing about them if there are.« (p. 16) Im Gegensatz dazu sind Pyrrhoneer »genuine sceptics of both types: they do not know whether there are essences of things, or if there are what they are. But neither do they know that their doubt is chronic and irremediable – for all they know, something might turn out to be apprehensible after all. [...] They do not assert that nothing is graspable.« (ibid.; cf. auch die Erläuterungen in n. 6, p. 318f). – Diese Distinktion läßt immerhin die Haltung der Akademiker in ontologischen oder metaphy-

plastischer: »Der pyrrhonische Skeptiker resigniert gegenüber der Ununterschiedenheit und Undurchdringbarkeit der ›Phänomene‹, er ist gar nicht geneigt, irgend eine Aussage zu machen [...] Der Akademiker dagegen würde gern Urteile fällen, aber er urteilt nicht, weil er es nicht mit Sicherheit tun kann. *Das lässt ihn unbefriedigt, denn er hätte gern die Wahrheit gefunden.*«[1] Zum anderen aber wirft eben diese Stilisierung des Akademikers zum Wahrheitssucher die Frage auf, ob er nicht als esoterischer Dogmatiker anzusehen ist – als jemand, der die Wahrheit insgeheim doch für zugänglich hält[2] und die Dinge nicht zuletzt deshalb für unerkennbar erklärt, weil er die platonischen Arcana vor dem Zugriff der Nicht-Adepten oder Unwürdigen schützen möchte.[3] Diese Spekulation mag historisch unhaltbar sein; für die Zeitgenossen des Arkesilaos und Karneades scheint deren destruktive, auf die Herbeiführung von Aporien versessene Dialektik im Vordergrund gestanden zu haben. Gleichwohl erscheint die Tatsache, daß sie in der Folgezeit überhaupt aufkam und das Bild der Akademischen Skepsis nachhaltig prägte, nicht zufällig. Nicht nur die Darstellung der Akademiker durch Sextus weist ja in diese Richtung, vor allem Ciceros dialogische Rekonstruktion ihrer Positionen hat zu dieser platonisierenden Überarbeitung beigetragen.[4] Vor allem aber erscheint sie aus systematischer Sicht durchaus plausibel. Denn der negative (epistemologische) Dogmatismus der Akademiker ist gepaart mit ontologischer Offenheit.[5] Eben diese rückt sie einerseits in die Nähe der Pyrrhoneer, andererseits provoziert die nicht ausgeschlossene Möglichkeit, daß etwas wirklich existiert, in Kombination mit der emphatischen Negation seiner Erkennbarkeit geradezu die Vermutung, es müsse sich um bei einem solchermaßen Verborgenen

---

sischen Fragen in der Schwebe bzw. sieht hier einen Berührungspunkt vor, der die Erklärung späterer rezeptionshistorischer Konvergenzen erleichtert.

1 Görler, p. 814, meine Hervorhebung.

2 Das ist auch die Tendenz der Lektüre Hossenfelders in *Stoa, Epikureismus und Skepsis*. – Auch die Art und Weise, wie Görler in den zitierten Formulierungen das systematische Profil des Akademikers umreißt, rückt diesen in die Nähe eben der sokratisch-konstruktiven Auffassungen (»Arkesilaos habe es für möglich gehalten, sich aus nur anfänglicher Ratlosigkeit durch vorsichtig tastendes Fragen der Wahrheit immer weiter anzunähern«), die Görler bei der Erarbeitung seiner historischen Einschätzung der Lehre des Arkesilaos zurückweist: »Das Motiv einer konstruktiven Wahrheitssuche ist für Arkesilaos nirgends sicher belegt [...] Zuverlässige griechische Zeugnisse beweisen dagegen, dass die skeptische Haltung des Arkesilaos den Zeitgenossen als ausschliesslich destruktiv galt [...]« (p. 805). Cf. auch ibid., p. 223, gegen die Annahme, das Herbeiführen der Aporie sei für Arkesilaos lediglich ein Mittel zum Zweck der Wahrheitsfindung – »ein heuristisches Durchgangsstadium des dialektischen Prozesses« – gewesen.

3 Das unterstellt Sextus dem Arkesilaos, indem er die diesbezüglichen Gerüchte wiederholt: »Weil er nämlich seine Schüler mit der Aporetik zu prüfen pflegte, ob sie für das Verständnis der Platonischen Dogmen begabt seien, habe es den Anschein gehabt, als sei er Aporetiker. Jedoch habe er den begabten Schülern die Lehren Platons übermittelt.« (*Grundriß*, I. 234)

4 Cf. Görler, p. 806: »Aber wahrscheinlich hat erst Cicero wieder eine Brücke vom skeptischen Zweifel zurück zu Platon geschlagen: er hat das (platonische) Motiv der Wahrheitssuche und der schrittweisen Annäherung an ein die Sinnenwelt transzendierendes Wissen in die trockenen Widerlegungen von Arkesilaos und Karneades hineininterpretiert. Ihm musste eine solche Deutung der akademischen Skepsis naheliegen, denn er konnte darin sein eigenes Philosophieren vorgebildet sehen.«

5 So Hankinson [S. 39, n. 5].

um ein Unverfügbares, Unhintergehbares, kurz: ein Mysterium handeln. Dann versperrte die negative Radikalität der Akatalepsie lediglich die Sicht auf eine positive Abschlußdeutung; die prinzipielle Ungewißheit der Grundannahme, »alles sei unerkennbar«,[1] würde nicht nur mit Gewißheit behauptet, sondern eröffnete auch die Möglichkeit, die die Wahrheitssuche begleitenden Schwierigkeiten zu instrumentalisieren, um den Zugang zu jenem letzten Ziel zu erschweren bzw. dieses als über jeden Zweifel erhaben präsentieren zu können.

Mit dieser Version einer strategischen Skepsis bzw. eines methodisch eingesetzten Zweifels erscheint nicht nur der Erkenntnisweg eines Descartes vorgezeichnet. Vor allem vermag von hier aus auch deutlich zu werden, weshalb die Frühe Neuzeit Skepsis und Glaube nicht für unvereinbare Gegensätze halten mußte. Denn der negative Dogmatismus der Akademischen Skepsis kann unschwer[2] so aufgefaßt werden, daß sich Affinitäten zur negativen Theologie ergeben, damit zu mystischen, fideistischen, agnostizistischen[3] Religiositäten. Der Schleier, den die Akademiker zwischen die täuschende Wahrnehmungswelt und die unverfügbare Wirklichkeit fallen ließen, bestärkt offenbar ein Denken, das diese in ihrer transzendenten Potentialität unangetastet zu lassen wünschte, während es zugleich jene zur Exploration freigibt.[4]

Wird indes auf diese Weise das ›eigentliche‹ Wesen der Wirklichkeit alteritär, der Bereich der Erscheinungen im Verhältnis dazu disponibel, so sind hier nicht nur religiöse Einstellungen anschließbar, sondern auch naturwissenschaftliche. Die ontologische Offenheit beider Versionen der Skepsis schränkt den Bereich des sicher Verfügbaren und konventionell Wohlgeordneten ein, markiert ihn aber auch als solchen; zugleich scheint die akademisch-›platonische‹ Skepsis eher noch als die pyrrhonische mit der Möglichkeit zu rechnen, daß der Schleier der Nichterfaßbarkeit wieder eine – unvorhersehbare – Ordnung des Seienden verbirgt (die dann auch die Überprüfung unterschiedlicher Glaubhaftigkeitsgrade

---

1 *Grundriß*, I. 226, cf. auch I. 3.

2 Beim radikalen Pyrrhonismus legt sich dies nicht ohne weiteres nahe, aber – wie das Beispiel Montaignes lehrt – sind auch hier literarische Hybridisierungen möglich.

3 Wilamowitz und Gigon, so Görler, meinten schon in der Denkweise des Arkesilaos Züge eines Agnostizismus zu erkennen; cf. Görler, p. 823. – Auch die Kritik des Karneades am stoischen Kosmos-Konzept als eines göttlichen, sinnvoll eingerichteten Ordnungszusammenhangs (cf. Görler, p. 887) kann in diesem Sinne als Argument gegen die Erkennbarkeit Gottes aus der Schöpfung gewertet werden.

4 Auch in ethischer Hinsicht kann sich die ›dogmatischer‹ anmutende Akademische Skepsis als flexibler als der Pyrrhonismus erweisen: Die Entgegnungen der Akademie auf den Apraxievorwurf (die im Endeffekt zu einer probabilistischen Verwässerung ihrer Lehre geführt haben mögen) eröffnen im ευλογον-Konzept des Arkesilaos (das »Wohlbegründete«) und im πιθανον des Karneades (das »Wahrscheinliche«) einen größeren Handlungsspielraum als die pyrrhonische Vorstellung eines Lebens in quietistischer Konformität mit dem Vorgegebenen, mögen auch Akademiker wie Neupyrrhoneer Naturgemäßheit für ihre jeweilige pragmatische Einstellung reklamieren. Die akademischen Lösungen erscheinen ungleich eleganter (und offenbar auch ihrem Interpreten Cicero einleuchtender). Cf. hierzu Görler, pp. 808f, 860-870; zu Ciceros Ausdehnung des Wahrscheinlichkeitsbegriffs auch auf den Bereich der philosophischen Überzeugungen cf. Gawlick/Görler [S. 36, n. 2], pp. 1095-99, 1123.

bei Versuchen der Annäherung an sie erst ermöglichte).[1] Ein frühneuzeitliches Beispiel für eine derartige Konfiguration von Nichtwissen und Gewißheit sind die Schriften des Philosophen und Mediziners Franciscus Sanchez (ca. 1550 – ca. 1623), insbesondere sein Traktat *Quod nihil scitur* von 1581.[2] »Sanchez le sceptique« (wie ihn die Zeitgenossen nannten) hatte vom Pyrrhonismus vermutlich nur aus zweiter Hand (über Diogenes Laertius) Kenntnis; er selbst bezeichnet sich als ein ›zweiter Karneades‹ und »Carneades Philosophus«.[3] Sein rationalistischer Anti-Aristotelismus ist keineswegs eiferlos. Er argumentiert mit großer Verve gegen ausschließlich begrifflich und syllogistisch gestützte Wahrheitsansprüche, verfährt bei seiner Erörterung *in utramque partem* aber insofern durchaus konstruktiv, als er auf die von den *verba* verstellten *res* hinauswill und damit letztlich auf die Festigung einer Galenischen Methodologie in den Naturwissenschaften, vor allem in der Medizin, zielt. Die Skepsis ist hier – aller akademischen Radikalität zum Trotz[4] – instrumentalisiert. Ihr Zweck ist es, den Zugang zu einer noch nicht bekannten (und auf den etablierten Wegen auch nicht erforschbaren) Ordnung freizulegen. Getragen von ihrem destruktiven Schwung reklamiert Sanchez nicht nur einen Spielraum für die empirische Beobachtung, sondern bekräftigt indirekt zugleich das Fundament der Naturphilosophie Galens – die Ordnungsschemata der hippokratischen Humoralpathologie und der Elementenlehre.[5] Die Denkfiguren des methodischen Zweifels bei Descartes sind den Sanchezischen Inszenierungen argumentativer Kontingenz durchaus ver-

---

1 Um dies als Teil des systematischen Potentials der akademischen Skepsis anzunehmen, muß man noch nicht Hossenfelders »Hypothese, daß es den Akademikern darum ging, die hellenistische Daseinsverunsicherung mit klassischen Mitteln zu deuten« (*Stoa, Epikureismus und Skepsis*, p. 196), teilen. Ob dies in der Antike der Fall gewesen ist, mag dahingestellt bleiben; daß der Skepsis in der Frühen Neuzeit eben diese Funktion zuwächst, erscheint plausibel.

2 Francisco Sanches (Franciscus Sanchez), *That Nothing Is Known (QVOD NIHIL SCITVR)*, eds. Elaine Limbrick and Douglas F.S. Thomson, Cambridge 1988. Cf. zur biographischen und geistesgeschichtlichen Situierung des Textes die 90-seitige Einleitung von Limbrick.

3 In einem Brief an Christophorus Clavius während der Zeit seiner Arbeit an *Quod nihil scitur*, cf. ibid., p. 78. – Diese Selbsteinschätzung steht in klarem Gegensatz zu seiner späteren Etikettierung durch andere, zu deren Verfestigung nicht zuletzt auch Pierre Bayle beitrug, indem er in seinem *Dictionnaire historique et critique* über ihn bemerkte: »C'etoit un grand Pyrrhonien« (zit. ibid. p. 2).

4 Diese hat nicht selten den Charakter einer provokativen Pose; cf. e.g. die Ausführungen in der Vorrede (lat. p. 94, Übs. p. 170), in denen die (nie endende) Jagd nach der Wahrheit als zugleich *scopus* und *finis* des Nachfolgenden bezeichnet wird, oder auch die spätere Insistenz auf dem kehrreimartig wiederkehrenden *nihil scitur*, das doch in erster Linie auf das aristotelische Wissensgebäude und seine Bauweisen zielt – wenn dies alles ist, was wir wissen (können), dann wissen wir in der Tat nichts. Auch das emphatisch hingeschleuderte »QUOD?«, mit dem Vorrede und Haupttext enden, ist in diesem Sinne als Herausforderung an die Opponenten, weniger als Bekundung radikaler Fraglichkeit zu lesen. Damit, daß auch die *res* grundsätzlich unerreichbar sein könnten, wird nicht wirklich gerechnet.

5 Mögen auch diese in diesem Traktat auch nicht positiv dargelegt und, wo auf sie angespielt wird, bestimmten kritischen Modifikationen unterzogen werden (cf. e.g. Übs. p. 258, 280). Die Grundannahmen scheinen jedoch nicht in Frage zu stehen.

gleichbar.[1] Eine weitere Parallele, aufschlußreich vor allem im Hinblick auf die Kombinierbarkeit eines totalisierenden Zweifels mit esoterischem Platonismus, mag man im Werk eines anderen Mediziners, des Henricus Cornelius Agrippa, sehen: Seine radikale Destruktion allen auch nur annäherungsweise institutionell gesicherten und tradierten Wissens in *De incertitudine et vanitate omnium scientiarum et artium* (gedruckt 1526) steht neben seinem Handbuch okkulter Theorie und Praxis, *De occulta philosophia* (gedruckt 1533, vermutlich um 1510 geschrieben), das wiederum die Grundbestände der analogistischen Ordnung der Dinge in neoplatonisch überarbeiteter Gestalt repristiniert.[2]

Mag es also im Blick auf einige spätere Entwicklungen so scheinen, als wohne dem negativen Dogmatismus der Akademiker ein größeres konstruktives Potential inne – sei dies nun metaphysischer oder naturwissenschaftlicher Art –, so reicht dies doch nicht aus, um akademische in allen Fällen streng von pyrrhonischer Skepsis zu scheiden.[3] Die Differenz der beiden Versionen geriet schon in der Antike immer wieder aus dem Blick; beim Versuch, frühneuzeitliche Denkweisen zu charakterisieren, ist es – außer in jenen Fällen, wo ausdrückliche Zuschreibungen vorgenommen werden[4] – problematisch, konsequent an ihr festzuhalten. Die Schwierigkeit, die ursprüngliche Unterschiedenheit der beiden Skepsisarten aufrechtzuerhalten, schlägt auch auf den Versuch durch, systematische Affinitäten zwischen Skepsis und Literatur zu verdeutlichen. Gewiß bieten sich beide zu unterschiedlichen Extrapolationen an: So ließen sich die Linien einer (Ciceronisch interpretierten) akademischen Skepsis, der, angedeutet im Begriff des Wahrscheinlichen, immerhin eine Annäherung an die Wahrheit denkbar erscheint, wohl weiter ausziehen in Richtung auf eine Ästhetik, die auf dem Wege der Nachahmung der Natur deren eigentliches Wesen und ihr Seinsollen heraus-

1 E. Limbrick verweist hierauf in Einleitung und Kommentar zu *Quod nihil scitur* und nennt einige einschlägige Studien, cf. pp. 55f, 72, 82-85, 166f (n. 8 und 9), 170f (n. 15 u. 16). – Ein cartesianischer Duktus prägt vielfach auch die naturwissenschaftliche Forschung der Royal Society in der zweiten Hälfte des 17. Jahrhunderts; vgl. etwa Robert Boyle, *The Sceptical Chymist* (1661) oder Joseph Glanvills Abhandlung *Scepsis Scientifica* von 1665: Beides sind auf den Erwerb unanfechtbarer, weil nicht nur auf Worte und Meinungen gegründeter Gewißheit ausgerichtete Versuche, der neuen, empiristischen Naturwissenschaft einen Weg zu bahnen.

2 Vgl. hierzu auch Frances A. Yates, *The Occult Philosophy in the Elizabethan Age*, London 1983, sowie Agrippa von Nettesheim, *Die Eitelkeit und Unsicherheit der Wissenschaften und die Verteidigungsschrift*. Zwei Bände, ed. Fritz Mauthner, München 1913. Mauthner kommentiert in der Einleitung zum ersten Band: »Unbegreiflich für das literarische Anstandsgefühl späterer Tage ist es, dass Agrippa seine beiden Hauptwerke fast gleichzeitig drucken liess: sein zynisches Bekenntnisbuch und das magische Werk über okkulte Philosophie [...]« (p. XXXVII). Mauthners anschließende Mutmaßungen über die »schlaue Vorsicht«, von der sich Agrippa hierbei habe leiten lassen, erscheinen überflüssig, wenn man nicht von vornherein von einer Unvereinbarkeit platonisierendem Denkens mit skeptischem ausgeht.

3 Auch der autoritätskritische, gegen den Dogmatismus der ›Schulen‹ gerichtete Impetus scheint – vielleicht auch dank seiner Steigerung zur Aufforderung zum Selbstdenken bei Cicero (cf. *Lucullus*, § 8-9) – vor allem Teil des akademisch-skeptischen ›Image‹ geworden zu sein, obwohl die Schulkritik bei Sextus Empiricus eine mindestens ebenso gewichtige Rolle spielt. Zu diesem Zusammenhang bei Sanchez vgl. die Bemerkungen in Limbricks Einleitung, pp. 70, 78, 88.

4 Und selbst dann – wie am Beispiel Sanchez' zu sehen – erscheint die jeweilige Identifikation angesichts der großen Nähe beider Skepsisversionen in erster Linie als rhetorische Geste.

zustellen sucht. Auf diese Weise käme das immer wieder unterstellte platonische Substrat dieser Skepsis zum Tragen. Umgekehrt ließe sich aus der pyrrhonischen Skepsis mit ihrem Bestehen auf der Unhintergehbarkeit der Phänomenerfahrung vielleicht das Programm einer sensualistisch-hedonistischen Ästhetik gewinnen. Gleichwohl wird zum einen zu zeigen sein, welche Realisierungen solche spekulativ entworfenen Extrempositionen in konkreten literarischen Texten finden, zum anderen bleibt davon der Kernbereich des skeptischen Paradigmas offenkundig unberührt, tragen Erkenntnisungewißheit, (selbst)kritisches Bewußtsein vom Vorstellungscharakter des Wirklichen und der Täuschbarkeit der Sinne oder auch das Plädoyer für eine Lebenskunst des Vorläufigen und Provisorischen nicht von vornherein schon deutliche Indizes des Akademischen bzw. Pyrrhonischen. Auch scheint der Gewinn solcher konzeptuellen Konsequenz für eine Epoche, die sie weder stets selbst praktizierte, noch mit Unerkennbarkeit und Unentscheidbarkeit sogleich die *termini technici* Akatalepsie und Isosthenie (und mit diesen die jeweiligen Motive, unvereinbare Herleitungen und Folgerungen) assoziiert hätte, eher fraglich.

Zum Abschluß dieser Skizze von Strukturen eines skeptischen Paradigmas, das sowohl pyrrhonische als auch akademische Konstituenten aufweist, sollen daher die Homologien, die dieses mit dem Literarischen verbinden, noch einmal thesenhaft zusammengestellt werden. Dieser Katalog beansprucht weder Vollständigkeit, noch sollen seine Elemente im folgenden an den literarischen Texten durchdekliniert werden. Es wird auch keineswegs eine schlichte Identität von Literatur und Skepsis behauptet; gleichwohl lassen sich eine Reihe suggestiver struktureller und zudem im historischen Kontext der Frühen Neuzeit belangvoller Ähnlichkeiten andeuten. Es hatte sich ja bereits bei der Analyse der Darstellungen der Skepsisgenese und deren Ambivalenzen gezeigt, daß schon die Programmschrift der pyrrhonischen Skepsis Affinitäten zur Literatur unterhält. Diese Perspektive soll nun umgekehrt werden: Es geht nicht um die systematische Relevanz textueller Qualitäten, sondern um die Parallelität des Systematischen zu einigen Grundstrukturen von Literatur, insbesondere in ihrer frühneuzeitlichen Ausprägung.

Dabei wurden einige Punkte schon gestreift; so etwa der ›dramatische‹ Charakter der Skepsis. Der Skeptiker ist zugleich Dramatiker, Dramaturg und Regisseur. Er schafft argumentative Situationen, in denen er die Positionen gegeneinander antreten lassen und so den Widerstreit der Meinungen in Szene setzen kann. Da das Ziel der Inszenierung die Unentscheidbarkeit ist, müssen die Partner in diesem dialogischen Geschehen möglichst gleich stark sein und deutliche, am besten klar gegensätzliche Profile aufweisen. Insofern er oppositionelle Ansichten ›personifiziert‹, ähnelt der skeptische Diskurs einem Maskenspiel, das sowohl die Standortgebundenheit allen Erkennens erfahrbar zu machen vermag als auch die potentiell agonale Heterogenität und Pluralität der Perspektiven. Beides sind auch Leistungen dramatischer Literatur.

Das skeptische Arrangement ist zum einen konfliktuös, zum anderen theatralisch. Damit erscheint es nicht nur einer Epoche kongenial, die wie die Frühe

Neuzeit von einer Vielfalt konkurrierender Ideologien bestimmt ist, es transportiert – sowohl in der provisorischen Angepaßtheit seiner Alltagsethik als auch im ›Nachstellen‹ fremder Ideologeme als seien es die eigenen – auch ein Bewußtsein der unhintergehbaren Fiktionalität aller Lebenspraxis. Daß das Leben ein Traum, die ganze Welt eine Bühne sei, sind Gemeinplätze der Literatur der Renaissance und des 17. Jahrhunderts. Ihre (über ihre dramatische Explikation bei Calderón und Shakespeare weit hinausgehende) Faszinationskraft verdankt sich der Tatsache, daß sie einen Grundzug benennen, der dem skeptischen Paradigma wie der Literatur gemeinsam ist: Beide bewegen sich in einem Bereich diesseits von wahr und falsch, ja und nein. Für beide gilt das ου μαλλον – was skeptischer Diskurs und literarischer Text auf die Bühne bringen, ist nicht mehr als es nicht ist. Es ist weder zu beweisen noch zu widerlegen. Ob es ist oder was es wirklich ist, kann auf sich beruhen. Dennoch vermag es Wirkungen hervorzurufen.

Das ›Sein‹ und ›Wesen‹ der Dinge sind eingeklammert; skeptische wie ästhetische Epoché betrachten distanziert von ihren unmittelbaren Geltungsansprüchen die Beziehungen, die die aufgerufenen πραγματα untereinander entfalten. In der Sprache des Strukturalismus: Beide sind sekundäre Modellierungen; sie arrangieren bereits vorhandene signifikante Komplexe zu neuen Superzeichen, in denen die direkte Referenz der in Beziehung gesetzten Elemente suspendiert ist zugunsten der Formation einer ›globalen‹ Referenz.[1] Nicht über einen direkten Wirklichkeitsbezug der einzelnen Elemente, sondern als Resultat der Art und Weise ihrer Relationierung und der wechselseitigen Modifikation der mit ihnen assoziierten Bedeutungen konstituiert sich der Sinn des literarischen Textes wie des skeptischen Diskurses. Das heißt, er konstituiert sich nicht, indem die einzelnen Wörter mit ihnen verknüpfte Sachverhalte aufrufen oder gar verborgene Wahrheit zu erschließen helfen, sondern indem sie – das zeigt die skeptische Kritik an einem Zeichenbegriff, der eben dies annimmt,[2] – auf Vorstellungen verweisen, die, da sie ebenfalls zeichenhaft verfaßt sind, auf weitere Vorstellungen verweisen und so fort *ad infinitum* in einer unendlichen Semiose.[3]

Diese Interaktion der Ideologeme kann dabei die Wirklichkeit als generell unverfügbare Alterität (Unsagbarkeit) erscheinen lassen, über deren wahre Beschaf-

---

1 Zum Kunstwerk als »global reference« cf. insbesondere die Arbeiten Jan Mukařovkýs sowie meine Ausführungen dazu im Kontext einer anderen Homologie, die hier ebenfalls von Belang ist (der zwischen Literatur und Subjektivität) in : Vf. [Verena Olejniczak], *Subjektivität als Dialog*, München 1994, pp. 434-437.

2 Cf. *Grundriß* II. 70-75, 78, vor allem 96-134, zur Kritik am stoischen Zeichenkonzept. Die bei der behaupteten Erkenntnisfunktion des (stoisch konzipierten) Zeichens ansetzende und seine unausweichlich zeitliche Verfaßtheit herausstellende Kritik des Sextus Empiricus läuft auf eine Demontage jeglicher Ähnlichkeitsbeziehung zwischen Ding, Vorstellung (*phantasia*) und Wort hinaus und rückt eine völlige Preisgabe des Zeichenbegriffs in den Bereich des Denkmöglichen.

3 Freilich unterscheiden sich die Konnotationen der unendlichen Semiose und des skeptischen Lieblingstropus des unendlichen Regresses: Während jene ein permanentes Hervorbringen immer neuer Bedeutungen suggeriert, impliziert dieser in erster Linie ein fortgesetztes Zurückweichen des Gesuchten (II. 78). Indes verliert der Gegensatz im Blick darauf an Schärfe, daß im literarischen Text beide die Seiten einer Medaille sind.

fenheit sich Sinne und Erkenntnis unweigerlich täuschen, oder – in einer weniger ›akademischen‹ als pyrrhonischen Version – als neutralen Gegenstand je unterschiedlicher Funktionalisierungen. Beide Einsichten in die Kontingenz des Wirklichen – das so, aber auch ganz anders erscheinen könnte, – ergeben sich aus der diaphonischen Dynamik in einem Moment, der sich in formalistischer Terminologie als Entautomatisierung beschreiben läßt: als Augenblick eines Umspringens der Optik von einer intentionalen bzw. pragmatischen Ausrichtung, die mit einem »Wiedererkennen« der Dinge zufrieden ist, zu einem »Sehen« – in eben der Doppeldeutigkeit zwischen Bewußtwerden des Wahrnehmungsprozesses und einem Sehen der Dinge ›wie zum ersten Mal‹, in der dieses Theorem spielt.[1] Indem die Kunst die Dinge ihrer vertrauten Funktionen entkleidet, schafft sie Raum für einen neuen Blick auf die Welt. Solche Verfremdung mit ihrem potentiell utopischen Moment einer Wiederherstellung des Blanko-Zustandes vor Deutung, Bestimmung und Verzweckung ist offenkundig auch Kennzeichen der skeptischen Strategie. Auch sie setzt die Dinge und ihre Bedeutungen gleichsam in Anführungszeichen und ermöglicht so die Rückkehr zu einem Zustand des Nichtwissens, in dem die Geltungsansprüche einander blokkieren und die gängigen Zuschreibungen zumindest für die Dauer des Widerstreits außer Kraft gesetzt sind.[2]

Ist der andere potentielle ›Ertrag‹ der Entautomatisierung ein Aufmerksamwerden der Wahrnehmung auf sich selbst, so zeichnet auch den skeptischen Diskurs eine Art von Selbstbezüglichkeit aus. Literatur entwirft nicht nur eine Welt, sie stellt auch deren Gemachtsein stets mit aus. Die Skepsis steht dem Entwurf alternativer Welten mindestens ebenso zurückhaltend gegenüber wie den Meinungen über die vorfindliche Welt; sie enthält gleichwohl ein reflexives Moment in Gestalt ihres Selbsteinschlusses und in der Art und Weise, wie die Tropen präsentiert werden, auch ein Bewußtsein ihrer Handwerklichkeit. Vor allem aber lassen sich auch in der skeptischen Ataraxie Momente ausmachen, die der Subjektivitätshomologie der Literatur[3] korrespondieren. Wie das akademische Inne-

---

1 Cf. meine Diskussion dieser Ambivalenz in *Subjektivität als Dialog*, pp. 429-434; der *locus classicus*, an dem das Entautomatisierungstheorem entfaltet wird, ist Viktor Šklovskijs Aufsatz »Die Kunst als Verfahren« (in: J. Striedter, ed., *Russischer Formalismus*, München 1969, 1971; Zitat ibid., p. 15).

2 An dieser Stelle mag auch ein Unterschied zwischen skeptischem und literarischem Paradigma deutlich werden: Während sich der skeptische Diskurs mit dem Herbeiführen dieser wechselseitigen Blockade der Meinungen begnügen und die den Stillstand begleitende Ataraxie genießen kann, ist die Ungerührtheit wohl kaum als letztes Ziel der Literatur anzusehen. Zumindest aus der Sicht der formalistischen Ästhetik verbindet sich mit der Entautomatisierung der Wahrnehmung auch die Hoffnung auf Innovation. Die Befreiung der Dinge und die wechselseitige Relativierung der Sinnkonstrukte ist der erste Schritt zu einem Neu-Machen der Welt. Vielleicht könnte man auch sagen: Während die Kunst auf die Wiederherstellung eines Zustands ›vor‹ den Meinungen zielt, richtet sich zumindest die pyrrhonische Skepsis in der Ruhe ›nach‹ ihrem Gezänk ein. – Die Grundstrukturen von Kunst und Skepsis können also lediglich gleichsam im Vorfeld ihrer Wirkungen und auf dem hier vorgeschlagenen Abstraktionsniveau parallelisiert werden.

3 Hierzu ausführlich: Vf., *Subjektivität als Dialog*.

halten angesichts der Unerkennbarkeit der Dinge enthält auch die pyrrhonische Meeresstille der Seele Züge eines leeren Bei-Sich-Seins; eines unemphatischen (gleichwohl glücksähnlichen) Selbstgefühls im Verhältnis zu einer zumindest vorübergehend auf Distanz gebrachten Welt. Eine solche Bewegung der Innerlichkeit aber zwischen Affiziertheit und Ungerührtheit, Weltbindung und Weltdistanz, erscheint auf den ersten Blick durchaus vergleichbar mit dem literaturaffinen »Schweben« der Reflexion, das Walter Schulz wiederholt als Merkmal der Subjektivität beschrieben hat.[1]

Die damit angedeutete Homologie verstärkt sich im Blick auf die Verfahren: Die Aphasie erscheint als seltene Ausnahme; vielmehr stellen sich skeptisches Selbstsein wie lesende Subjektivität in der Regel als von vielem bewegt dar. Der Blick auf das Partikuläre, Heterogene und Individuelle, zu dem die Tropen auffordern und von dem der Skeptiker als bloße »Mitteilung eines menschlichen Erlebnisses« (I. 203) relativierend erzählt; damit verbunden das Bestehen auf der Bedingtheit des berichteten Phänomens durch Ort, Zeit, Sprecher und wechselnde Umstände und das Achten auf Details, die nicht ins Schema passen; vielleicht auch ein gewisses Vergnügen am Bizarren, Eigentümlichen, Einzigartigen, jedenfalls ein Festhalten am sinnlich Erfahrbaren, an der unüberschaubaren Vielfalt des Wirklichen, seiner Vieldeutigkeit und seiner Sperrigkeit gegen Systematisierungsversuche: all dies läßt sich auch als Charakteristik einer Art von Literatur auffassen, wie sie in der Frühen Neuzeit ihren Anfang nimmt. Mag der als solcher auch theoretisch reflektierte Wunsch, die Komplexität und Problematik des Lebens zu bewahren oder angesichts ideologischer Vereinfachungen zu restituieren, ein Spezifikum der literarischen Moderne sein, so beginnt doch der Widerstand gegen univoke Ordnungen der Welterklärung und des Wissens schon Jahrhunderte früher. Ermuntert die Skepsis zu einem ›tropischen‹ Denken, für welches eines auch stets ein anderes sein könnte, so kann sie etwa ab der Mitte des 16. Jahrhunderts einer frühmodernen Literatur den Weg bereiten, die in einer bewußtseinsgeschichtlichen Situation des Geltungsverlusts der großen philosophischen und theologischen Systeme Erfahrungen der Kontingenz, Unbestimmtheit und Unabgeschlossenheit bearbeitet, indem sie diese zugleich strukturell vermittelt.[2]

Auf die Generalthese dieses Buches hin nochmals zugespitzt: Als eine der Grundformen menschlichen Denkens und Handelns findet die Skepsis den ihr kongenialen Ort in der Literatur. Um die Mitte des 16. Jahrhunderts tritt die Alte Welt in eine für ihr Selbst- und Weltverhältnis höchst produktive »pyrrho-

1 Cf. W. Schulz, *Ich und Welt. Philosophie der Subjektivität*, Pfullingen 1979; ders., *Metaphysik des Schwebens. Untersuchungen zur Geschichte der Ästhetik*, Pfullingen 1985.

2 Wenn es zutrifft, daß, wie Michel Foucault in *Les mots et les choses* ausgeführt hat, in der Frühen Neuzeit die Episteme der Analogie abgelöst wird von einer Ordnung des Wissens, die nicht auf dem Prinzip der Ähnlichkeit sondern auf Repräsentation und Taxonomie aufbaut, so dürfte es kaum eine Kraft geben, die geeigneter wäre, an einem solchen Prozeß mitzuwirken als die literarische Skepsis.

nische Krise«[1] ein; zugleich übernimmt das Literarische Funktionen einer ›strukturellen Skepsis‹. Mit diesen Manifestationen literarischer Skepsis beginnt in der Frühen Neuzeit die moderne Funktionsgeschichte der Literatur als Überbietung philosophischer Grundorientierungen. Um ihre ureigenen Probleme lösen oder immerhin artikulieren zu können, scheint die Philosophie zunehmend einer radikalisierenden Verwandlung durch ein Denken und Schreiben zu bedürfen, das sich nicht nur in »Endlichkeiten« bewegt. Dabei vollziehen sich die frühneuzeitlichen Veränderungen in den Konfigurationen des Weltwissens und im Umgang mit ihm in Prozessen, die auch die Früchte früherer, ähnlich gelagerter Entwicklungen – wie der mittelalterlichen Nominalismusdebatte – ernten. Ihre Folge ist unter anderem eine Emanzipation des Literarischen von weltanschaulicher wie lebensweltlicher Besiedelung, der Gewinn von Eigenständigkeit in der sich ausdifferenzierenden Konkurrenz der Disziplinen. Nicht zuletzt dadurch ist und verfährt die frühmoderne Literatur skeptisch, daß sie sich Text für Text die Aufgabe einer Konstruktion von Sinnzusammenhängen und Weltmodellen stellt, für die sie keine Gewähr zu übernehmen vermag und die deshalb fortwährend produktiv scheitern.

1 Zum Begriff der *crise pyrrhonienne* cf. R. Popkin, *The History of Scepticism from Erasmus to Spinoza*, 1979.

Kapitel II
Platonische Skepsis – skeptischer Platonismus: Inszenierte Transzendenz bei Nikolaus von Kues

Die Skepsis ist die Entdeckerin der Zwischenstufen zwischen Aporie und Gewißheit; sie mißtraut dem Alles-oder-Nichts; weil sie das Alles für unerreichbar, das Nichts aber für tödlich hält.
[Hans Blumenberg, *Die Kunst der Vermutung*][1]

Aber in aller Skepsis scheint sich etwas zu melden, was der Skepsis widersteht.
[Günter Bader, *Assertio*][2]

In einer Bemerkung zu Platos *Parmenides* bezeichnet Hegel dessen Philosophie als »Platonischen Skeptizismus«.[3] Diese scheinbar oxymoronische Fügung weist auf eine Beobachtung hin, die sich schon bei unserem Versuch, einige Strukturen des skeptischen Paradigmas herauszustellen, aufdrängte. Der Meta-Charakter des

---

1 *Nikolaus von Cues: Die Kunst der Vermutung.* Auswahl aus den Schriften, besorgt und eingeleitet von Hans Blumenberg, Bremen 1957. »Einleitung«, p. 16.

2 Günter Bader, *Assertio. Drei fortlaufende Lektüren zu Skepsis, Narrheit und Sünde bei Erasmus und Luther*, Tübingen 1985, p. 33.

3 »Verhältnis des Skeptizismus zur Philosophie«, *Werke* 2, p. 228: »Welches vollendetere und für sich stehende Dokument und System des echten Skeptizismus könnten wir finden als in der Platonischen Philosophie den *Parmenides*, welcher das ganze Gebiet jenes Wissens durch Verstandesbegriffe umfaßt und zerstört? Dieser Platonische Skeptizismus geht nicht auf ein *Zweifeln* an diesen Wahrheiten des Verstandes, der die Dinge als mannigfaltig, als Ganze, die aus Teilen bestehen, [als] ein Entstehen und Vergehen, eine Vielheit, Ähnlichkeit usw. erkennt und dergleichen objektive Behauptungen macht, sondern auf ein gänzliches Negieren aller Wahrheit eines solchen Erkennens. Dieser Skeptizismus macht nicht ein besonderes Ding von einem System aus, sondern er ist selbst die negative Seite der Erkenntnis des Absoluten und setzt unmittelbar die Vernunft als die positive Seite voraus.« Vgl. auch ibid., p. 229: »Dieser Skeptizismus, der in seiner reinen *expliziten* Gestalt im *Parmenides* auftritt, ist aber in jedem echten philosophischen Systeme *implicite* zu finden, denn er ist die freie Seite einer jeden Philosophie; [...].« – Die Berechtigung der Bezeichnung »Platonischer Skeptizismus« im Hegelschen Sinne auch für einige Grundzüge des neuplatonischen Denkens bestätigt auch die Untersuchung von R. T. Wallis, »Scepticism and Neoplatonism«, in: Wolfgang Haase, ed., *Aufstieg und Niedergang der Römischen Welt*, Bd. II 36.2, Berlin 1987, pp. 911-954. Wallis zeichnet im Detail nach, inwiefern zentrale Aspekte der Nus-Theologie Plotins – wie etwa Annahmen über die göttliche Tugend oder seine Haltung in der Frage nach der Art der Rationalität des Nus und des Einen, – als (teils über eine Auseinandersetzung mit Ansichten der Stoa vermittelte, teils in Radikalisierung aristotelischer Positionen formulierte) Antworten auf die Erkenntniskritik vor allem des Sextus Empiricus, aber auch Karneades', zu verstehen sind.

skeptischen Denkens bringt es nicht nur mit sich, daß dieses stets eines Gegenhalts und eines Gegenstands bedarf, an dem es sich realisiert und gleichsam festmacht, – er sorgt auch für (auf den ersten Blick) unwahrscheinliche Hybridisierungen. Eben darin liegt eine wichtige Dimension der Produktivität des skeptischen Impulses. Schon Cassirer hat dies in seinen Arbeiten zum *Erkenntnisproblem* hervorgehoben: »Das Prinzip des Zweifels« – so betont er in einer Bemerkung zur Rolle der Skepsis im Denken der »neueren Zeit« – »erhält sich in all ihren positiven Resultaten und Leistungen; die Skepsis bedeutet kein Außenwerk und kein zufälliges Nebenergebnis der Gesamtentwicklung, sondern wirkt in ihr als innerer gedanklicher Antrieb. So vermag sie sich mit den mannigfachsten, einander entgegengesetzten Richtungen des neuen Geistes zu verschwistern.«[1]

Dessen Geschichte soll nun nicht von der Antike an nacherzählt werden. Vielmehr möchte ich, Jahrhunderte überspringend, noch vor der Beschäftigung mit unbezweifelbar frühneuzeitlichen Texten und im Übergang zu ihnen eine Position würdigen, in der die Skepsis im angedeuteten Sinne bereits eine charakteristische und auf spätere Entwicklungen vorausweisende Gestalt angenommen hat. Diese Gestalt ist nicht nur bemerkenswert im Blick auf die auch in ihr sich vollziehende Hybridisierung von Skepsis und Platonismus. Sie erstaunt überdies durch das hohe metaphysische Risiko, das sie einzugehen scheint, und durch ihren Ausgriff in Bereiche, in denen sich die Genesis der modernen Naturwissenschaften vollziehen sollte. Die Rede ist von der Philosophie eines Denkers, der verschiedentlich als Gestalt am Ende des Mittelalters und auf der Schwelle zur Renaissance charakterisiert worden ist: Nikolaus von Kues (1401-1464).[2] Ein Einblick in sein Denken und Schreiben in der Mitte des 15. Jahr-

1 Ernst Cassirer, *Das Erkenntnisproblem in der Philosophie und Wissenschaft der neueren Zeit.* Erster Band, Darmstadt 1971 (zuerst 1906; Nachdruck der 3. Aufl. 1922), p. 172.

2 Mit weitausgreifendem bewußtseinsgeschichtlichem Anspruch und teils in Präzisierung, teils in kritischer Modifikation Cassirerscher Positionen zuletzt von Hans Blumenberg; cf. *Die Legitimität der Neuzeit,* Frankfurt 1997, Teil 4 (»Aspekte der Epochenschwelle«) der erneuerten Ausgabe, zuerst 1966. Cf. auch *Nikolaus von Cues, Die Kunst der Vermutung,* ed. Hans Blumenberg, Bremen 1957, sowie Hans Blumenberg, »›Nachahmung der Natur‹. Zur Vorgeschichte der Idee des schöpferischen Menschen«, in: *Wirklichkeiten, in denen wir leben*, Stuttgart 1981, pp. 55-103. – Schon in *Individuum und Kosmos in der Philosophie der Renaissance* (zuerst Leipzig 1927) formuliert Cassirer: »Es sind die gleichen kosmologischen Lehren, die Cusanus im Jahre 1440 in der Schrift »de docta ignorantia« aufstellt, für die mehr als anderthalb Jahrhunderte später Giordano Bruno den Tod, Galilei die kirchliche Verfolgung und den kirchlichen Bann erlitten hat. So steht Cusanus' Philosophie an einer schmalen Grenzscheide der Zeiten und der Denkweisen.« (Nachdruck Darmstadt 1963, p. 39). Eben diese Situierung und der Versuch einer genaueren Angabe des bewußtseinsgeschichtlichen ›Ortes‹ von Cusaner und Nolaner bildet den Gegenstand von Blumenbergs vergleichender Untersuchung im Zusammenhang der Frage nach der Legitimität der Neuzeit. Im Verhältnis zur »Epochenschwelle der Neuzeit« sieht Blumenberg Cusanus konsequenter als Cassirer »noch vor dieser Schwelle« stehen, während sie Giordano Bruno »bereits hinter sich gelassen« habe (*Die Legitimität der Neuzeit*, p. 545). Zwar bezeichnet auch Cassirer den Cusaner als »noch aufs stärkste in dieser Gesamtanschauung des mittelalterlichen Geistes und des mittelalterlichen Lebens verwurzelt« (*Individuum und Kosmos*, p. 19), neigt aber insgesamt dazu, die Modernität und das innovative Potential des cusanischen Denkens doch mehr in den Vordergrund zu rücken als Blumenberg, der dieses Denken klar als (scheiternden) »Versuch zur Rettung des Mittelalters aus der Substanz und mit den geistigen Mitteln der Epo-

hunderts soll auch am Beginn der hier vorgeschlagenen Reihe frühneuzeitlicher Konfigurationen literarischer Skepsis stehen. Diese wird sich von ihrem cusanisch-platonischen Ausgangspunkt in einer durchaus nicht makellosen parabolischen Linie über weitere Beispiele von keineswegs erschöpfender Repräsentativität bis zum Ende des 17. Jahrhunderts fortbewegen, um mit der Philosophin Anne Conway zu schließen, deren Werk und Leben zahlreiche frappierende Parallelen zu jenem skeptischen Platonismus aufweisen.

Die programmatische Umkehrung der Hegelschen Formel (unter Beibehaltung ihres Grundgedankens) im Blick auf Nikolaus von Kues geschieht dabei nicht ohne Bedacht: Der Gestus des cusanischen Denkens ist ein deutlich (neu)platonischer – wie der plotinische mit Hegel charakterisierbar als »negative Bewegung, die etwas anderes ist als nur Sagen, – alle Prädikate durchmachen, skeptische Bewegung, nichts außer diesem Eins«.[1] Nicht zufällig ist und bleibt es

che selbst« bezeichnet (*Legitimität*, p. 559), und in ihm die »Sorge« um den Verfall scholastischer Gewißheit als Hauptmotiv am Werk sieht (ibid., p. 552, vgl. auch 556, 557, zur »konservativen Grundmotivation« auch 614). Dabei erweist sich aber auch bei Blumenberg die Art und Weise, in der dieser Rettungsversuch mißlingt, als der über die Epochenschwelle hinaustragende Impuls.

1 *Werke* 19 (*Vorlesungen über die Geschichte der Philosophie* II), p. 446. – Der Cusaner findet im Werk Hegels keine ausdrückliche Erwähnung; Hegel war aber offenbar durch Johann Georg Hamann mit dem cusanischen Denken bekannt gemacht worden, cf. Stephan Otto, »Nikolaus von Kues«, in: Otfried Höffe, ed., *Klassiker der Philosophie*, Bd. 1, Von den Vorsokratikern bis David Hume, München 1981, p. 259. Zum Profil des cusanischen Neuplatonismus cf. auch Werner Beierwaltes, *Identität und Differenz*, Frankfurt 1980, vor allem die Kapitel »Identität und Differenz als Prinzip cusanischen Denkens« und »Visio Absoluta oder absolute Reflexion (Cusanus)«. Dort auch vorsichtige Überlegungen zur Affinität von Cusanus und Hegel (pp. 128-131, 145, 170-175). – Bezeichnet Hegels Formel vom »Platonischen Skeptizismus« den Skeptizismus Platos, den er im *Parmenides* vorführt, so will die Rede vom ›skeptischen Platonismus‹ insofern einen Unterschied hierzu markieren, als im Falle des cusanischen Denkens weitere Vermittlungs- und Rezeptionsstufen in Gestalt der akademischen Skepsis, des Neuplatonismus und der Anfänge seiner neoplatonischen Reinterpretation dazwischengeschaltet sind, die ihrerseits eine ›skeptische‹ Sichtweise anderer Platonismen ermöglichen bzw. bereits implizieren. Weiterhin soll zwar im Blick auf Nikolaus von Kues am Primat des Neuplatonischen festgehalten, aber doch zugleich die Radikalität seiner theologischen Skepsis betont werden. Daß die Formel paradox anmutet, erscheint durchaus angemessen, ist doch das Paradox eine der bevorzugten Denkfiguren des Cusaners. (Vgl. auch Rosalie L. Colie, »*Paradoxia Epidemica*«. *The Renaissance Tradition of Paradox*, Princeton 1966, pp. 26-28 und passim.) – Auch die Umkehrung der Hegelschen Formel möchte die Beziehung zum *Parmenides* aufrechterhalten, sogar noch mit zusätzlicher Emphase. Denn wie Raymond Klibansky gezeigt hat, stellt die Philosophie des Cusaners zum einen eine bedeutende Stufe in der *Parmenides*-Rezeption dar, zum anderen hat die von ihm in Auftrag gegebene Übersetzung des *Parmenides* ins Lateinische dessen weitere Rezeption entscheidend gefördert; cf. R. Klibansky, »Plato's Parmenides in the Middle Ages and the Renaissance. A Chapter in the History of Platonic Studies« (1943), repr. in: *The Continuity of the Platonic Tradition During the Middle Ages*, Millwood, London 1982, pp. 281-330. Wie Klibansky ausführt, war die *Parmenides*-Sicht des Mittelalters zunächst stark geprägt durch die Übersetzung von Proklos' *Parmenides*-Kommentar durch Wilhelm von Moerbeke (1286), die lediglich einen Teil des Dialogs enthielt und diesen insgesamt in neuplatonischer Perspektive, mit Affinitäten zu den Schriften des Pseudo-Dionysius Areopagita, erscheinen ließ. Vermutlich 1450/51 gab dann Nikolaus von Kues im Bestreben, den Originaltext als ganzen verfügbar zu wissen, eine Übersetzung des vollständigen Dialogs in Auftrag. Der Übersetzer war Georgius von Trapezunt; die Übersetzung ist Nikolaus von Kues gewidmet. Wann die Übersetzung fertiggestellt wurde, ist

vom *Parmenides*, dem ›skeptischsten‹ der platonischen Dialoge und seiner offen bleibenden Erörterung der Art und Weise, wie das Eine zu denken ist bzw. gedacht werden kann, fasziniert. Im übrigen dauert die Debatte darüber, wie sein Denken zu rubrizieren und auf welche Strömungen es zu reduzieren sei, an.[1] Die Kontroverse um die nominalistischen, platonischen, neuplatonischen, aristotelischen und anti-aristotelischen, mystischen und lullistischen Anteile dieser Philosophie, um ihre ›noch‹ mittelalterlichen oder ›schon‹ humanistischen oder rinascimentalen Qualitäten mag für sich genommen bereits aufschlußreich erscheinen: Das Entgleiten des cusanischen Diskurses läßt sich als erster Hinweis auf dessen proto-literarische Resistenz gegen Festlegungen werten. Wollte man die Skepsis des Cusaners kategorisieren, so müßte man sie wohl am ehesten als akademische mit einigen pyrrhonischen Zügen bezeichnen. Solche Etikettierungen besagen indes wenig und mögen vorerst auf sich beruhen. Für den gegenwärtigen Argumentationszusammenhang erscheint vielmehr von größerem Belang, wie die Skepsis des Cusaners sich artikuliert und vor allem, was sie für ihn ›leistet‹: welche Funktionen sie in einer bestimmten mentalitätsgeschichtlichen Situation für ein Denken zu übernehmen vermag, das das Äußerste zu artikulieren, die eine, höchste Wahrheit zu sagen sucht.

Dabei kann die nachfolgende Skizze direkt bei Cassirer und Blumenberg anschließen. Eine Überbietung vor allem der Blumenbergschen Rekonstruktion ist weder vorgesehen noch scheint sie erforderlich; allerdings ergeben sich aus der Frage nach den Anfängen frühmoderner skeptischer Phantasie sowohl eine Verschiebung der Aufmerksamkeit als auch eine veränderte Pointierung der Grundfigur des cusanischen Denkens. Diese – und damit die »Denkleistung des Cusaners« – würdigt Blumenberg als

> [...] die Erhaltung, ja Steigerung des Moments der Transzendenz Gottes, aber zugleich das Heranrücken sowohl des Menschen als auch des Kosmos an die Qualitäten dieser Transzendenz. Dann sein Festhalten an der Überwindung der aristotelischen Erkenntnistheorie mit ihrer Vorstellung von einer den Gegenständen selbst ›entnommenen‹ Begrifflichkeit – also das Festhalten an den kritischen Errungen-

---

nicht gesichert; im Vorwort von 1980, das Klibansky dem Nachdruck seiner Studie voranstellt, korrigiert er seine früheren Vermutungen dahingehend, daß die Übersetzung wohl nicht vor 1459 beendet worden war. Denn erst den Werken des Cusaners von 1461/2, in *De li non aliud* und in *De venatione sapientiae*, finden sich Hinweise darauf, daß der Verfasser den gesamten Dialog kannte. Zwar war Cusanus schon zuvor über den Kommentar des Proklos mit der neuplatonischen und theologischen Lesart des *Parmenides* vertraut; 1449 etwa erwähnt er ihn als Beispiel für die theologia negativa (cf. Klibansky p. 305 [25 in der Originalpaginierung]). Erst nach 1462 treten indes die logisch-dialektischen Aspekte dieses platonischen Dialogs in den Schriften des Cusaners gegenüber den theologischen stärker in den Vordergrund, so daß es zu einer Kombination von traditionell neuplatonischer mit einer ›neuen‹, dialektischen und anti-aristotelisch gewendeten Auffassung kommt (cf. ibid. pp. 312 [32] und 325 [45]).

1 Die »genetische Analyse« Kurt Flaschs sucht verkürzenden Rubrizierungen ebenso wie jedem vorschnellen Überspringen unserer spätmodernen Differenz zu diesem Denker entgegenzuwirken; cf. *Nikolaus von Kues. Geschichte einer Entwicklung*, Frankfurt 1998. Flaschs Buch erschien nach der Fertigstellung meiner eigenen Arbeit; auf eine ausführliche Diskussion muß daher an dieser Stelle verzichtet werden.

schaften des Nominalismus, wie ihn Nikolaus wohl in der Schule der Fraterherren von Deventer kennengelernt hatte –, zugleich damit das Herausführen der neuen Begriffstheorie aus der bloßen Funktionalität als einer ökonomischen Notlösung hin zur Anerkennung der authentischen Eigenwürde des menschlichen Erfassungssystems der Wirklichkeit. Ferner das Festhalten an der Destruktion des scholastischen Stufenkosmos, ja das entschiedene Vorantreiben der Aufhebung jenes platonischen Restes in der aristotelischen Kosmologie, der in der Trennung zwischen supralunarer und sublunarer Welt bestanden hatte. Zugleich aber in und trotz dieser Nivellierung die Anreicherung des Gegenstandes Welt mit neuer Bedeutsamkeit, Befragbarkeit, mit einer metaphysischen Würde, die in manchem den Ton Giordano Brunos vorwegnimmt.[1]

Sowohl in den destruktiv-kritischen als auch den konstruktiven Aspekten dieser Grundfigur einer Verschränkung radikalisierter Transzendenz und forcierter Absolutheit des Göttlichen mit einem Gewinn an Substanz und Wert auf seiten des Bedingten, Weltlichen und Menschlichen, lassen sich Versionen der Skepsis entdecken. An der Art und Weise, wie der Cusaner auf der »Eigenwürde« des Menschlichen als eines Ebenbilds göttlichen Schöpfertums beharrt, werden sich zudem Grundzüge einer deutlich frühmodernen ›Ästhetik‹ ablesen lassen.

Nikolaus von Kues erscheint bei aller Vielseitigkeit als Epistemologe: ein Denker der Erkenntnis und ihrer Bedingungen.[2] Daß seine Epistemologie ihr Zentrum in der Frage der Gotteserkenntnis hat; daß hier also die Theologie zum Medium der Herausbildung eines thematisch wie strukturell skeptischen Diskurses wird, erscheint einerseits bemerkenswert, andererseits einleuchtend. Denn die negative Theologie, zu der sich Cusanus bekennt, kann gar nicht anders als ›skeptisch‹ reden, steht sie doch vor der Notwendigkeit, von dem zu handeln, was über die »Endlichkeiten« hinausgeht, ohne dieses Unendliche jedoch in die Gewißheit begrifflicher Verfügung geben zu dürfen. So wird Gott in der Schrift *De visione Dei* (1453) ausdrücklich angeredet:

> Unde dum altissime elevor infinitatem te video, ob hoc [es] inaccessibilis, incomprehensibilis, innominabilis, imultaplicabilis et invisibilis. Et ideo oportet ad te accedentem super omnem terminum et finem et finitum ascendere.[3]

1 *Legitimität*, p. 559f; ähnlich auch p. 633. – Cf. auch Cassirer, *Individuum und Kosmos*, pp. 9-10, 19, 27 (zum Ende des hierarischen Stufenkosmos); pp. 23-25, 38, 41, 47 (zur dialektischen Verknüpfung von gesteigerter Transzendenz und Aufwertung der Immanenz in der Verschränkung der platonischen Gedanken von ›Trennung‹ (χωρισμος) und ›Teilhabe‹ (μεθεξις), sowie zur wechselseitigen Bedingtheit von negativer Theologie und positiver Erfahrungslehre bei Cusanus).

2 Der Titel der Studie von Tilman Borsche, *Was etwas ist. Fragen nach der Wahrheit der Bedeutung bei Platon, Augustin, Nikolaus von Kues und Nietzsche*, München 1990, signalisiert, daß ihr Autor eben diesen Grundzug des cusanischen Denkens ernstnimmt. Das mit über siebzig Seiten umfangreichste Kapitel ist Nikolaus von Kues gewidmet; meine eigenen Ausführungen greifen wiederholt auf Borsches Rekonstruktion zurück.

3 Zit. nach: Nikolaus von Kues, *Philosophisch-theologische Schriften*. Studien- und Jubiläumsausgabe lateinisch-deutsch, ed. Leo Gabriel, übs. Dietlind u. Wilhelm Dupré. Band III, Wien 1967, Kap. XIII, p. 146. Alle Zitate und Übersetzungen dieses Textes nach dieser Ausgabe. – Cf. ibid. p. 147: »Erhebe ich mich ganz hoch, so sehe ich Dich als die Unendlichkeit. Als diese bist Du

Damit erhebt sich sogleich die Frage, wie das geschehen kann und welches die möglichen Folgen sind:

> Sed quomodo ad te perveniet, qui es finis ad quem tendit, si ultra finem ascendere debet? Qui ultra finem ascendit nonne hic subintrat in indeterminatum et confusum et ita quoad intellectum ignorantiam et obscuritatem, quae sunt confusionis intellectualis?[1]

Und in der Tat gilt es, sich an diesem Punkt vor dem Bestimmen und konzeptuellen Fixieren dessen, was jenseits des Endlichen ist, zu halten; anders und mit einem Zentralbegriff des Cusaners ausgedrückt: in der belehrten (oder wissenden) Unwissenheit zu bleiben und diese als das Fundament des ›Gott-Sehens‹ zu akzeptieren, ja gezielt zu suchen.

> Oportet igitur intellectum ignorantem fieri et in umbra constitui, si te videre velit. Sed quid est, Deus meus, intellectus et ignorantia nonne *docta ignorantia*? Non igitur accedi potes Deus, qui es infinitas nisi per illum cuius intellectus est in ignorantia, qui scilicet scit se ignorantem tui.[2]

Vom Begriff *docta ignorantia* ausgehend ließen sich indes nicht nur die Besonderheiten der cusanischen Theologie entwickeln (was hier im einzelnen nicht geschehen soll). Implizit sind hier vielmehr auch einige der Bereiche angesprochen, in denen die cusanische Skepsis produktiv wird und die im folgenden wenigstens skizziert werden sollen. So birgt die mit diesem Begriff eröffnete Differenz von Wissen und Neszienz, Wißbarem und dem Erkennen Unzugänglichem, zum einen epistemologische bis hin zu zeichentheoretischen Implikationen. Zum anderen ist damit in einer außerordentlich prägnanten Weise etwas über das Verhältnis von Gott, Mensch und Welt ausgesagt, die subjektivitätstheoretische ebenso wie ästhetische Perspektiven eröffnet. Der Versuch, diese Implikationen zu entfalten, wird mit besonderer Aufmerksamkeit der Denk-»Methode«[3] und den Strategien folgen, mit denen sie in den cusanischen Schriften präsentiert werden.

Schon die Tatsache, daß sich die *docta ignorantia* als Methode und Einübung in eine Praxis des Denkens – *ratiocinandi modus* – präsentiert,[4] erscheint bemer-

---

unerreichbar, unerfaßbar, unnennbar, unvermehrbar und unsichtbar. Darum muß der, welcher sich Dir nähert, sich über jede Grenze, jedes Ende und Endliche erheben.«

1 Ibid., p. 146; cf. p. 147: »Aber wie soll er zu Dir, dem End-Ziel, auf das er zustrebt, gelangen, wenn er sich über das Ende erheben muß? Tritt nicht der, der sich über das Ende erhebt, in das Unbegrenzte und Unbestimmte, d.h. – hinsichtlich der Vernunfterkenntnis – in Unwissenheit und Verdunklung, die der vernunfthaften Unbestimmtheit eigen sind?«

2 Ibid., p. 146 – meine Hervorhebung. Cf. ibid., 147: »Das Vernunft-Denken muß unwissend [sic] und ins Dunkel gestellt werden, wenn es Dich sehen will. Indes – was anderes, mein Gott, ist diese Unwissenheit der Vernunft als die wissende Unwissenheit? Kein anderer kann zu Dir herankommen, o Gott, der Du die Unendlichkeit bist, als nur derjenige, dessen Vernunft in Unwissenheit ist, d.h. jener, der weiß, daß er von Dir nichts weiß.«

3 Zur Neugewichtung des Methodischen gegenüber dem Theologischen bei Cusanus cf. auch Cassirer, *Individuum und Kosmos*, p. 65; zur *docta ignorantia* als »Methode« einer »Transmystik« cf. Blumenberg, *Legitimität*, p. 562 und passim.

4 So ausdrücklich in der Widmung an Kardinal Julian Cesarini. Nikolaus von Kues, *De docta ignorantia. Die belehrte Unwissenheit.* Buch I. Lateinisch-deutsch, ed. Paul Wilpert. Hamburg 1979,

kenswert. Trotz ihres intuitiven Ursprungs – in einem »Damaskuserlebnis«,[1] das sich 1437 auf der Überfahrt von Griechenland eingestellt habe, – prätendiert diese Einsicht keinen mystischen Charakter, sondern gibt sich als instabiles Resultat systematischer Denkbemühung, das sich nicht nur auf Hiob und die Vergeblichkeitspredigt des Kohelet, sondern auch und vor allem auf das sokratische Nichtwissen berufen kann.[2] Damit schließt Cusanus unübersehbar an Topoi der akademischen Skepsis an, er hebt aber zugleich auch die Prozessualität dieser Denkweise hervor, die sich nicht in einer einmal erreichten Gewißheit beruhigt, sondern, vom Staunen (*admirari*) zum Philosophieren bewegt und vom Verlangen nach Wissen (*sciendi desiderium*) weitergetrieben,[3] eben im Gewahrwerden dieser ihrer konstitutiven Unruhe zu sich kommt. Anders ausgedrückt: nicht die statische Fraglosigkeit der göttlichen Präsenz bildet den Ausgangs- und Endpunkt dieser Philosophie, sondern sie besteht im unabschließbaren Bedenken der Verborgenheit Gottes und der Frage nach der Art unserer Beziehung zu ihr.

Zur *docta ignorantia* führt die Einsicht in die Ungenauigkeit alles menschlichen Wissens. Dieses bewegt sich im ›komparativischen‹ Bereich des Mehr oder Weniger; es gibt nichts, das nicht noch genauer gewußt werden könnte. Daraus ergibt sich die zugrundeliegende Paradoxie. Denn mit der unendlichen Steigerbarkeit des Wissens ist verbunden, daß auch das Bewußtsein von der unaufhebbaren Ignoranz unendlich vertiefbar ist – und eben darin liegt die einzig menschenmögliche Art und Weise, sich der göttlichen Wahrheit als unüberbietbarer *praecisio* anzunähern. Dabei verhält sich die menschliche Vernunft zur Wahrheit wie ein Vieleck mit beliebig vermehrbarer Eckenzahl zu dem Kreis, dem es eingeschrieben ist und dem es zwar immer ähnlicher werden kann, aber mit dem es, solange es Vieleck bleibt, nie wirkliche Identität zu erreichen vermag:

> Intellectus igitur qui non est veritas numquam veritatem adeo praecise comprehendit, quin per infinitum praecisius comprehendi possit, habens se ad veritatem sicut polygonia ad circulum, quae quanto inscripta plurium angulorum fuerit, tanto similior circulo, numquam tamen efficitur aequalis, etiam si angulos in infinitum multiplicaverit, nisi in identitatem cum circulo se resolvat. [...] Quiditas ergo rerum, quae est entium veritas, in sua puritate inattingibilis est [...]. Et quanto in hac ignorantia profundius docti fuerimus, tanto magis ipsam accedimus veritatem.[4]

---

p. 4 (im folgenden zitiert mit Buch-, Kapitel- und Paragraphennummer als *De docta ignorantia*. Sofern nicht anders angegeben, wird die Übersetzung Paul Wilperts zitiert).

1 Blumenberg, *Legitimität*, p. 569. Vgl. *De docta ignorantia* III, n. 263 (Brief des Autors an den Herrn Kardinal Julian).

2 Cf. *De docta ignorantia* I 1, n. 4.

3 Cf. ibid. I, Prologus/Widmung: »Ita recte puto admirari, propter quod philosophari, sciendi desiderium praeveniere, ut intellectus, cuius intelligere est esse, studio veritatis perficiatur.« (pp. 2/4).

4 *De docta ignorantia* I 3, n. 10: »Der Geist also, der nicht die Wahrheit ist, erfaßt die Wahrheit niemals so genau, daß sie nicht ins Unendliche immer genauer erfaßt werden könnte. Er verhält sich zur Wahrheit wie das Vieleck zum Kreis. Je mehr man die Zahl der Ecken in einem eingeschriebenen Vieleck vermehrt, desto mehr gleicht es sich dem Kreise an, ohne ihm je gleich zu werden, wollte man auch die Vermehrung der Eckenzahl ins Unendliche fortführen. Das Vieleck müßte sich dazu schon umbilden zur Identität mit dem Kreis. [...] Die Wesenheit der Gegen-

Dieser gleichsam in zwei Richtungen – zur ›Höhe‹ der Wahrheit und in die ›Tiefe‹ der *docta ignorantia* – tendierende approximative Prozeß betrifft nicht nur, wenn auch in besonders offenkundiger Weise die *ratio*, den mit Endlichkeiten hantierenden, unterscheidenden, diskrete Einheiten artikulierenden und über sie befindenden Verstand, dessen Logik dem aristotelischen Satz vom Widerspruch gehorcht. Denn mit Bezug auf das verstandesgemäße Erkennen wird schon in *De docta ignorantia* und dann immer wieder auch in den nachfolgenden Schriften unzweideutig gesagt, daß es zwischen ihm und dem Unendlichen kein Verhältnis geben kann – »[...] manifestum est infiniti ad finitum proportionem non esse«.[1] Aber auch die Vernunft (in der Regel *intellectus*, gelegentlich auch *mens*) unterliegt dieser letzten Inkommensurabilität. Denn zwar erscheint sie im Denken des Cusaners als das der *ratio* übergeordnete und diese umfassende ›lebendige‹ Vermögen (*viva substantia*),[2] welches dazu befähigt, die Verstandestätigkeit in ihrem diskursiven Hin und Her zwischen den Dingen[3] zu reflektieren und ihrer selbst in ihrer Begrenztheit gewahr zu werden. Die Vernunft ist aber vom Verstand nicht getrennt, vielmehr wirkt sie in ihm und erhellt ihn, wie eine Kerze einen Raum erleuchtet.[4] Im Blick auf die *ratio* kann sie daher als jenes

---

stände, welche die Wahrheit der seienden Dinge ist, ist also in ihrer Reinheit unerreichbar. [...] Je gründlicher wir in dieser Unwissenheit belehrt sind, desto näher kommen wir an die Wahrheit selbst heran.«

1 *De docta ignorantia* I 3, n. 9 (»Die Disproportionalität des Unendlichen gegenüber dem Endlichen ist evident.«). – Cf. e.g. auch *De visione Dei*, XXIII, p. 200: »Finiti ad infinitum nulla est proportio.«

2 Als »viva substantia« wird die *mens* im Dialog *Idiota de mente* beschrieben und dort auch nochmals vom dem (aristotelisch konnotierten) Begriff des *intellectus* abgehoben: »PHILOSOPHUS: Omnes paene Peripatetici aiunt intellectum, quem tu mentem dicere videris, fore potentiam quandam animae et intelligere accidens, tu vero aliter. – IDIOTA: Mens est viva substantia, quam in nobis interne loqui et iudicare experimur et quae omni vi alia ex omnibus viribus spiritualibus, quas in nobis experimur, infinitae substantiae et absolutae formae plus assimilatur.« (n. 80 in *Idiota de mente/Der Laie über den Geist.* Lateinisch-deutsch, ed. Renate Steiger. Hamburg 1995; zit. im folgenden als *De mente.* – In der Übersetzung Renate Steigers: »PHILOSOPH: Fast alle Peripatetiker sagen, die Vernunft, die du offenbar den Geist nennst, sei ein bestimmtes Vermögen der Seele und das Erkennen ein Akzidenz, du sagst es aber anders. – LAIE: Der Geist ist eine lebendige Substanz, die wir in uns erfahren, wie sie innerlich spricht und urteilt, und die sich mehr als jede andere von allen geistigen Kräften, die wir in uns erfahren, der unendlichen Substanz und absoluten Form angleicht.«) – Zum Unterschied zwischen *ratio* und *intellectus*, Verstandes- und Vernunftbegriffen bei Cusanus cf. auch Borsche, *Was etwas ist*, pp. 200f und 223-228.

3 Cf. die Beschreibung der »vis discursiva, quae ratiocinando discurrit et quaerit« in *De visione Dei* und deren Vergleich mit dem Hin- und Herlaufen eines Hundes auf der Suche nach seinem Herrn: »Videmus enim canem discurrere et quaerere dominum suum et discernere illum et audire vocationem eius. [...] hic discursis in homine proxime accedit ad virtutem intellectualem [...].« (XXII, p. 198).

4 Ibid., p. 200: »Et sic video intellectum in ratione quasi in loco suo, ut locatum in loco, quasi candelam in camera, quae illuminat cameram et omnes parietes et totum aedificium secundum tamen gradus distantiae plus et minus.« (»Und ebenso sehe ich die Vernunft im Verstand gleichsam wie an ihrem Platz – so wie das im Raum-Seiende im Raum ist; wie eine Kerze in einem Zimmer das Zimmer, alle Wände und das ganze Haus erleuchtet, jedoch dem Grad der Entfernung entsprechend mehr oder weniger.« p. 201).

Meta-Vermögen erscheinen, in dem deren Begriffe »eingefaltet« sind,[1] das die Verstandesbildungen anregt, ihre Modellierungen betrachtet und verwaltet und in dem ihre Gegensätzlichkeit auf einer höheren Abstraktionsstufe ›aufgehoben‹ ist. Darin (und durchaus nicht nur in der dogmatismusgefährdeten Negativität des Nichtwissens) liegt vielleicht das eigentlich skeptische Potential dieses Konzepts: Im cusanischen Verständnis sind die geistbegabten Wesen eben dadurch ausgezeichnet, daß sie ›anders hinzusehen‹ vermögen.

Umgekehrt, also im Blick auf Gott, reicht die Vernunft in ihrer Strahlkraft gleichsam näher an das göttliche Licht heran. Mit suggestiver (christologisch-anthropologischer) Ambivalenz formuliert der Cusaner in *De visione Dei*: »[...] video [...] vitam intellectualem lumen illuminans atque illuminatum«.[2] Dabei weiß die Vernunft um ihre Differenz zum Absoluten, jedoch weiß sie auch, daß sie sich in diesem Abstand eben deshalb findet, weil sie zum Absoluten tendiert und von ihm dazu befähigt ist. Aber auch sie ist zuletzt eine messenwollende Kraft (abgeleitet, so vermutet der Laie im Dialog *Idiota de mente*, von *mensura*),[3] die das Unermeßliche nicht wirklich auszirkeln kann, denn dazu müßte sie sich zu diesem in ein Verhältnis bringen, das ihm wirklich adäquat wäre. Um diese letzte Ungemäßheit[4] zu erfahren, muß sie in die Dunkelheit der *docta ignorantia* gestellt werden. Gleichwohl ist ihr in dieser Gleichzeitigkeit von Verdunkelung

1 *Complicatio* ist ein weiterer Zentralbegriff des Nikolaus von Kues, sein konzeptuelles Pendant die *explicatio*; zur Vernunft als ›komplizierendem‹ Vermögen cf. *De quaerendo deum*, n. 45, sowie Gerda von Bredows Art. »Complicatio/explicatio«, *Historisches Wörterbuch der Philosophie*, ed. Joachim Ritter, Bd. 1, 1026-28 (dort auch der Hinweis auf *De quaerendo deum* und weitere Stellen), und Borsche, *Was etwas ist*, p. 225 und passim.

2 Dies scheint sowohl von Christus als auch vom menschlichen Geist gesagt zu sein, denn auch letzterem ist ja in der zitierten Metapher *candela in camera* Leuchtkraft zugeschrieben worden. Die Umgebung der Stelle situiert den Menschen in christologischer Perspektive, zugleich unterschieden vom Göttlichen und doch in neuplatonisch getönter Übergängigkeit zu ihm, insofern die menschliche Vernunft gleichsam im Leben Christi repräsentiert wird und zu sich findet: »Video deinde intellectui in sua supremitate uniri divinum verbum atque intellectum ipsum locum esse, ubi verbum capitur, uti in nobis experimur intellectum locum esse, ubi verbum magistri capitur, quasi lux solis iungatur candelae praelibatae. Illuminat enim verbum Dei intellectum sicut lumen solis hunc mundum. *In te igitur Iesu meo video vitam sensibilem illuminatam lumine intellectuali, vitam intellectualem lumen illuminans atque illuminatum et vitam divinam illuminantem tantum.* Nam et fontem luminis in lumine illo intellectuali video, verbum scilicet Dei, quod est veritas illuminans omnem intellectum.« (p. 200; meine Hervorhebung.) Die Ambivalenz erscheint konstitutiv und charakteristisch für die cusanische Inszenierung der hier ausgesagten Wechselseitigkeit und Teilhabe. Die in der zitierten Ausgabe [S. 53, n. 3] angebotene Übersetzung des zentralen Satzes vereindeutigt ihn stärker als nötig und vielleicht zulässig, indem sie ihn teilt und so die Bindung des zweiten Teils an das ›Sehen in Jesus‹ abschwächt: »In Dir, meinem Jesus, sehe ich das sinnliche Leben durch das vernunfthafte Licht erleuchtet. Das vernunfthafte Leben sehe ich als erleuchtendes und zugleich erleuchtetes Licht und das göttliche Leben nur als erleuchtendes Licht allein.« (p. 201). – Noch am Ende des 17. Jahrhundert wird sich die platonische Schule von Cambridge von genau dieser Metaphorik faszinieren lassen, indem sie die menschliche Seele als *res illuminata, illuminans* bezeichnet. S. unten Kapitel 7.

3 *De mente*, n. 57, cf. n. 71 und passim.

4 Zum Begriff der »Ungemäßheit« und zur *docta ignorantia* aus ontologischer Perspektive cf. auch Karl-Heinz Volkmann-Schluck, *Nicolaus Cusanus. Die Philosophie im Übergang vom Mittelalter zur Neuzeit*, Frankfurt am Main 1957, p. 20 und passim.

und Selbstüberschreitung doch eine paradoxe Art von ›Berührung‹ dessen gewährt, was nicht berührt werden kann.

Daß die belehrte Unwissenheit, das wissende Nichtwissen des Nikolaus von Kues über schlicht nominalistische, mystische, aber auch akademisch-skeptische Denkfiguren hinausgeht, ist offenkundig. Weder ist hier eine unüberwindbare Apartheit von menschlich und göttlich zugänglichen Welten anvisiert, noch ist eine Verschmelzung beider, in der jedes *desiderium sciendi* gestillt wäre, das eigentliche Ziel, das diese Philosophie ausmalte.[1] Zwar weiß das Denken um die Unbegreiflichkeit der höchsten Wahrheit, aber es setzt sich in dieser negativen Gewißheit nicht zur Ruhe.[2] Die *docta ignorantia* mag zwar »ein Moment skeptischer Resignation«[3] enthalten, aber sie ist zugleich eine Methode des Erkennens.[4] Die »Verlegenheit« (wenn sie denn eine ist) gegenüber der Transzendenz[5] fordert keineswegs die Einstellung jeglichen Erkenntnisbemühens – im Gegenteil, dies wäre geradezu verwerflich, denn als unverfügbares will das Göttliche ja gerade ›gesehen‹ werden: »Quia igitur ipsum posse, quo nihil potentius, vult posse videri, hinc ob hoc omnia.«[6] Und auch im Blick auf Irdisches erweitert die *docta*

---

1 Zur Stellung des Cusaners gegenüber dem »Zynismus der doppelten Wahrheit« von Glaube und Vernunft, zum spätmittelalterlichen Nominalismus generell und zur mystischen Okkupation des »Standorts des Absoluten« cf. auch Blumenberg, *Kunst der Vermutung*, pp. 16 und 28ff.

2 Mag dies auch eines der mit dieser Figur verbundenen Risiken sein, wie Blumenberg meint: »Das Wissen um das eigene Nichtwissen steht immer in der Gefahr, aus dem Bewußtsein der absoluten Transzendenz in den dogmatischen Skeptizismus umzuschlagen, sofern sich ihm nicht ermutigende Ausblicke auf erschließbare Möglichkeiten anbieten.« (*Legitimität*, p. 580).

3 Blumenberg, *Legitimität*, p. 569: »Die Formel von der *docta ignorantia* [...] vereinigt ein Moment skeptischer Resignation gegenüber den metaphysischen Ansprüchen des Zeitalters mit einem Moment unbestimmter Erwartung eines Wissens, das nicht mehr die bisherige Form haben konnte.« – Cf. auch Blumenbergs Bemerkung zur »*skeptischen* Grundhaltung« des Cusaners in *Die Kunst der Vermutung*: »Die Skepsis ist die Entdeckerin der Zwischenstufen zwischen Aporie und Gewißheit; sie mißtraut dem Alles-oder-Nichts, weil sie das Alles für unerreichbar, das Nichts aber für tödlich hält.« (p. 16; Kursivierung im Original).

4 Diesen Aspekt stellen mit Nachdruck auch die Artikel »Docta ignorantia« und »Coincidentia oppositorum« von Gerda von Bredow heraus; cf. *Historisches Wörterbuch der Philosophie*, ed. Joachim Ritter, Bd. 1 und 2, 1022-1023 und 273-274.

5 Blumenberg, *Legitimität*, p. 569: »Die theoretisch aussichtslose Situation des Menschen gegenüber der Transzendenz wird neu belichtet als Aussicht, sich gerade in dieser Verlegenheit und aus ihr selbst deutlicher zu verstehen.«

6 Nikolaus von Kues, *Compendium/Kompendium*. Lateinisch-deutsch, ed. Bruno Decker, Karl Bormann, Hamburg 1982, n. 47 (Epilogus): »Weil also das Können selbst, im Vergleich zu dem es nichts Mächtigeres gibt, will, daß es geschaut werden kann, deshalb ist alles wegen ihm.« – Dies ist die einzig mögliche ›Gottesschau‹, »theoria«, in der es so etwas wie ein Übereinkommen von Tun und ›Gegenstand‹ gibt; cf. *De apice theoriae* oder das Wortspiel in *De deo abscondito*: »Deus dicitur a theoro, id est video.« (in: *Philosophisch-Theologische Schriften*, ed. Gabriel, Wien 1967, p. 308. In der Übs. von D. und W. Dupré: »Die Bezeichnung Gott (Deus) kommt von θεωρω, ich sehe.«, p. 309). Cf. auch *De quaerendo deum/Vom Gottsuchen* (n. 19 in der einsprachig deutschen Ausgabe von E. Bohnenstaedt, *Drei Schriften vom verborgenen Gott*, Hamburg 1958). – Zu dem begeisterten Verlangen, das die Transzendenz weit mehr als Resignation oder Verlegenheit auszulösen scheint, cf. auch *De visione dei*, XVI, p. 164: »O fons divitiarum! Vis comprehendi possessione mea et manere incomprehensibilis et infinitus, quia es thesaurus deliciarum, quarum nullus potest finem appetere.« (»O Quelle des Reichtums! Du willst als mein Ei-

ignorantia, indem sie die Bereiche des Wißbaren und des Nichtwißbaren voneinander sondert, eher den Spielraum der (immerhin approximativen) Erkenntnis, als daß sie ihn einschränkt: »Beim Cusaner beginnt die Erinnerung an das Unerkannte, nicht mehr nur die Überhebung des Erkenntnisanspruchs zurückzuweisen, sondern zugleich damit auf den noch unbekannten Spielraum seiner Erweiterungen zu verweisen.«[1]

Stets bleibt jedoch bei dieser auf Strukturen frühmoderner Erkenntnis vorausweisenden Amphibolie des belehrten Nichtwissens zu bedenken, daß jegliches Wissen zum einen konstitutiv ungenau, zum anderen nur *in alteritate* möglich ist. Erkennen ist ›Konjektur‹, Mutmaßung, die ihren Gegenstand nie unmittelbar und in seiner eigentlichen Präzision, sondern immer im Medium der Andersheit erfaßt: »Coniectura igitur est positiva assertio, in alteritate veritatem, uti est, participans.«[2] In dieser gern zitierten Formulierung aus *De coniecturis* ist die zentrale Paradoxie auf den Punkt gebracht: Gott, als Superlativ der Wahrheit das radikal Nicht-Andere (*non-aliud*), ist, genau wie die Dinge in ihrer Einzelheit, nur in einer *cognitio in alteritate* berührbar – aber eben dies ist sehr wohl ein Modus des Erkennens. In ihrem *modus essendi* sind uns die Einzelwesen – und noch unendlich viel mehr die *singularitas* Gottes – unzugänglich; wir haben lediglich Zeichen, Gleichnisse und Vorstellungen (*similitudines, species aut signa*), die gleichsam von Natur aus akataleptisch sind und bleiben müssen, uns aber gerade in dieser Andersheit auf den Grund der Erkenntnis verweisen.[3]

---

gentum erfaßt werden und zugleich unfaßlich und unendlich bleiben, weil Du ein Schatz voll von solcher Wonne bist, daß niemand nach deren Ende verlangen kann.« p. 165).

1 Blumenberg, *Legitimität*, p. 570, cf. auch pp. 580 und 578: »Das Wissen der Neuzeit ist entscheidend ermöglicht worden durch ein Wissen um das, was wir nicht wissen können, und die dadurch ermöglichte entschlossene Konzentration auf einen einsichtig erschließbar gewordenen Bereich. [...] In dieser Hinsicht gehört das Schema der *docta ignorantia* schon zu dem, was mit den Mitteln und an den Fragen des Mittelalters nicht mehr mittelalterlich ist [...]« – mag sich dieses proto-neuzeitliche Schema auch, wie Blumenberg gleich darauf wieder einschränkt, einer durchaus noch mittelalterlichen Motivation verdanken (cf. p. 581).

2 *De coniecturis/Mutmaßungen*. Lateinisch-deutsch, ed. Joseph Koch u. Winfried Happ, Hamburg 1988, I 11 n. 57, p. 66. (»Daher ist die Mutmaßung eine bejahende Feststellung, die in der Andersheit am Wesen der Wahrheit teilhat.« p. 67).

3 Diese Zeichentheorie wird entwickelt im *Compendium*; cf. 1 n. 1: »Igitur essendi modum neque sensus neque imaginatio neque intellectus attingit, cum haec omnia praecedat. Sed omnia, quae attinguntur quocumque cognoscendi modo, illum priorem essendi modum tantum significant. Et hinc non sunt ipsa res, sed similitudines, species aut signa eius. Igitur de essendi modo non est scientia, licet modum talem esse certissime videatur.« (»Daher erreichen die Weise des Seins weder Sinn noch Vorstellungskraft noch Vernunft, liegt sie doch all dem voraus. Alles vielmehr, was in irgendeiner Weise des Erkennens erfaßt wird, bezeichnet jene vorgegebene Weise des Seins nur. Was erfaßt wird, ist darum nicht das Ding selbst, sondern dessen Ähnlichkeiten, Bilder oder Zeichen. Also gibt es von der Seinsweise kein Wissen, mag auch mit höchster Gewißheit geschaut werden, daß es eine solche Weise gibt.«) Cf. auch 5 n. 11: »Singularitas igitur, quae non recipit magis et minus, nullum est dabile signum.« (»Also kann es vom Einzelsein, das kein Mehr oder Weniger zuläßt, kein Zeichen geben.«). Ein dieser höchsten Einheit angemessenes ›Wort‹ müßte ihm gleich sein – dieses »verbum« ist aber allein Christus, das alles erschaffende und im Sein erhaltende Wort Gottes (cf. 7 n. 19: Denn in ihm ist alles Verstehbare eingefaltet – »omne intellegibile complexus«). Dieses Wort aber, Selbstmitteilung Gottes, wird als identitätsstiftendes zu Recht »Gleichheit« genannt: »Dicitur et aequalitas; aeque enim se ad omnia habet,

Nikolaus von Kues präsentiert diese ›nominalistisch‹ anmutende, nominalistische Denkfiguren jedoch überbietende Dialektik in einer Schreibweise, die den Zusammenfall der Gegensätze, von dem sie handelt, gleichsam exerziert und so die belehrte Unwissenheit über das Erkenntnismittel der *coincidentia oppositorum* zur Erfahrung zu bringen vermag.[1] Ein Durchgang durch das Opusculum *De deo abscondito* kann dies verdeutlichen. Auch dieser Dialog zwischen einem Heiden und einem Christen sucht die Verborgenheit der Wahrheit als eine Weise ihrer Offenbarung zu verstehen. Schon die Anspielung auf Jes 45, 15 im Titel deutet die Spannung an, in der sich das nachfolgende Gespräch bewegen wird: »Wahrlich, du bist ein verborgener Gott, Israels Gott ist der Retter.« Ein weiterer Intertext kommt ins Spiel, wenn der verborgene Gott des Alten Testaments sogleich in einer außerordentlich charakteristischen und theologisch gehaltvollen Pointe mit dem unbekannten und dem Begreifen entzogenen Gott, *deus ignotus*, überblendet wird, den Paulus in seiner Areopag-Predigt den Griechen verkündet.[2] Eingangs vom Heiden gefragt, warum er, in einer Haltung tiefster Verehrung hingestreckt, Tränen der Liebe zu einem Gott, den er nicht kenne, vergieße, antwortet der Christ: »Quia ignoro, adoro.« Die Anbetung hebt das begründende Nichtwissen gleichsam paronomastisch in sich auf, das Nichtwissen faltet antizipatorisch ein, was die Anbetung expliziert. Die Poetizität dieses Satzes[3] mit seiner Überlagerung lautlicher und grammatischer Parallelismen und dem darin enthaltenen Anspruch auf semantische Äquivalenz zwischen den beiden Verben,

---

cum non sit unum plus quam aliud, *dans omnibus aequaliter, ut id sint, quod sunt*, nec plus nec minus.« (ibid., meine Hervorh.). Und als zweite Person der Trinität ist die »Gleichheit« eins mit der »Einzigartigkeit«: »[...] non enim est singularitas aliud quam aequalitas.« (10 n. 31). – In einer höchst charakteristischen Denkbewegung behauptet der Cusaner hier zugleich die unüberbrückbare Distanz des Erkennenwollenden von seinem Ziel und intimste Beziehung zu ihm.

1 Blumenberg sieht im Zentrum dieses »quasi-experimentelle[n] Verfahren[s] ständig neuer Erkundung der Grenze zur Transzendenz« eine »Sprengmetaphorik«, deren »Explosivstoff« der Unendlichkeitsbegriff sei (*Legitimität*, pp. 566, 567). Daß die Strategien dieser cusanischen Erkundungsbewegung über das (für das metaphorologische Interesse Blumenbergs freilich gewichtigste) Verfahren der Metaphorik hinausgehen, versucht die folgende Lektüre von *De deo abscondito* wenigstens anzudeuten. Darin kann sie sich sogar als Einlösung Blumenbergscher Intentionen verstehen, legt die Analyse der »zum Transzendieren anleitende[n] ›Sprengmetaphorik‹ des Cusaners« in Blumenbergs Programmschrift *Paradigmen zu einer Metaphorologie* von 1960 (Frankfurt 1998, p. 178) doch erheblichen Nachdruck auf die Prozessualität und den Exerzitiumscharakter des von dieser Metaphorik ausgelösten Vorgangs, der »das Vorstellungsmäßige durch Hinzufügung des *infinitum* zersprengt und der Anschauung entzieht« (p. 179, Anm. 199). Freilich läßt die exemplarische Wahl der Sprengmetaphorik des Kreises sowohl die Selbstreflexivität als auch die Zirkularität dieses Prozesses verstärkt in den Vordergrund treten und macht so zwar einerseits das Fazit einer »eigentümlich fortschrittslosen Produktivität der cusanischen Metaphorik« (p. 184) plausibel, tendiert aber andererseits zugleich dazu, dieser zuletzt doch wieder einen eher statischen Charakter zuzuschreiben.

2 Apg 17, 16-34. Auch *De quaerendo deum* setzt mit einer Deutung dieser Passage ein.

3 Lateinische Zitate im folgenden nach der Studienausgabe der *Philosophisch-Theologischen Schriften*, ed. Gabriel; Übersetzungen wie jeweils angegeben (nach dieser Ausgabe oder nach Bohnenstaedt ed., *Drei Schriften vom verborgenen Gott.*) – Weder die Bohnenstaedtsche Übersetzung des Satzes – »Weil ich kein Wissen habe, bete ich an« (n. 1) – noch die der Duprés – »Eben weil ich ihn nicht kenne, bete ich ihn an« (p. 301) – vermögen seine poetische Qualität auch nur annähernd wiederzugeben.

die scheinbar einander Widersprechendes bezeichnen, macht sinnfällig, führt im prägnanten sprachlichen ›Experiment‹ das Zusammenspiel von *complicatio* und *explicatio* ebenso wie die *coincidentia oppositorum* vor. Schon auf dieser mikrostrukturellen Ebene wird, wie das Beispiel zeigt, die Lektüre zum lesenden Nachvollzug dessen, wovon die Rede ist.

Der Text enthält zahlreiche derartige Mikro-Effekte, die nicht alle erörtert werden sollen. Aber auch die Dialogform erweist sich als keineswegs zufällig, sondern als ein literarisches Genre, dessen Möglichkeiten auch und vor allem auf der Ebene der argumentativen Dramaturgie genutzt werden. So erzählt *De deo abscondito* eine Konversionsgeschichte eigener Art: Das Gespräch endet zwar erwartungsgemäß mit der Bekehrung des Heiden, dieser hat aber zudem das erste und das letzte Wort (»Video« und »benedictus«) und es fällt ihm insgesamt eigentlich die Hauptrolle zu. Denn der Christ tritt hier keineswegs missionarisch aktiv auf, sondern als vom Heiden Befragter. Er hat Rechenschaft abzulegen über seinen Glauben, und dem Heiden kommt hierbei nicht etwa nur die Aufgabe zu, seine Überzeugungen in Gestalt katechetischer Lehrsätze zu elizitieren. Vielmehr erweisen sich die Antworten des Christen vielfach als obskur und schwer verständlich, und der Heide sieht sich genötigt zu insistieren, paraphrasieren, (überraschend) falsch und richtig zu verstehen und die Antworten des Christen erst zur Explikation seiner Theologie zu machen. Der Heide wird so zum Geburtshelfer der hier vorgetragenen negativen Theologie, der ›wissende‹ Christ bewährt sich erst dank seiner Fragen tatsächlich in gelehrter Unwissenheit.[1] Auf diese Weise aber koinzidieren nicht nur die Gegensätze, die die Gesprächspartner verkörpern, sondern auch Frage und Antwort tauschen wiederholt die Rollen und das Thema des Dialogs wird nicht diskursiv, in einer Folge propositionaler Eingrenzungen, abgesteckt, sondern konstituiert sich im Lesebewußtsein gleichsam zwischen den Äußerungen.[2]

Das heißt auch, die Einsichten, zu denen der Dialog führen will, konstituieren sich in der Interaktion zweier zunächst durchaus unterschiedlicher Denkweisen. So scheint der Heide sich in seinen Nachfragen von einer aristotelischen Logik leiten zu lassen, für die eines das ist, was es ist, und ohne Widerspruch nicht zugleich ein anderes sein kann, während der Christ versucht, ihm ein Denken zu erläutern, das auf die Vorstellung einer Einheit zielt, die über den Widerspruch hinaus ist. Bemerkenswert erscheint dabei nicht nur diese Inszenierung als solche, sondern nicht zuletzt, daß die dualistische Logik nicht eigentlich widerlegt, sondern außer Kraft gesetzt wird – und dies mithilfe von Strategien, die aufs Haar einigen typischen Verfahrensweisen der pyrrhonischen Skepsis gleichen.

Auf die Frage des Heiden, was denn am Unbegreiflichen so ergreifend sei, verschärft der Christ erst einmal noch die Verblüffung seines Gesprächspartners, indem er ausführt, daß es umgekehrt noch viel unverständlicher sei, etwas zu ver-

---

1 Im Kleinen ist dies dem ›laizistischen‹ Tenor der *Idiota*-Schriften vergleichbar.

2 Im Blick auf diese kunstvolle Manipulation der Dialogstruktur greift die Charakterisierung der cusanischen Gotteslehre als »Theologie der Frage« durch K.-H. Volkmann-Schluck zu kurz (cf. *Nicolaus Cusanus*, p. 38-44).

ehren, was man kenne, denn da man nichts wissen könne (»cum nihil sciri possit«), wisse man von diesem im Grunde noch weniger als vom eingestandenermaßen Unbekannten. In der Begründung dieses radikalen Nichtwissens argumentiert der Christ zum einen mit Aporien des Erkenntnisvorgangs. Die Wahrheit könne nicht anders als durch sich selbst erfaßt werden. Dem aber widerstrebe die zweipolige Struktur des gewöhnlichen Erkennens, die das Erfassende dem Erfaßten vorangehen lasse,[1] wo doch in diesem Fall damit vorausgesetzt würde, daß der, der die Wahrheit erkennt, sie bereits kennt, bevor er sie erfaßt hat. Das Prinzip des Erkennens kann selbst nicht nochmals dessen Gegenstand sein. Nicht anders als tautologisch – eben durch sich selbst – kann die Bedingung des Erfassens erfaßt werden (»extra veritatem non est veritas«), aber dieser Vorgang kann dann nicht wirklich Erkennen heißen. Denn Erkenntnis der Dinge und der Welt, so führt der Christ weiter aus, beruht auf der Möglichkeit ihrer differentiellen Artikulation im Medium der Sprache; als sie selbst kann die »eigentliche Wahrheit« der Dinge nicht ausgesagt werden,[2] noch viel weniger die Wahrheit Gottes, der selbst die »unsagbare Wahrheit« (»veritas ineffabilis«) ist.

Mit dem Beharren des Christen auf der Unsagbarkeit, ja Nichtmitteilbarkeit[3] der göttlichen Wahrheit könnte das Gespräch enden, versuchte der Heide nicht, sich der Reichweite dieser Behauptung durch Nachfragen zu vergewissern. Der Christ gerät damit in die charakteristische Schwierigkeit jeder negativen Theologie: Wie nicht sprechen?[4] Der Ausweg, den er (zum nicht geringen Erstaunen des Heiden) einschlägt, ist strukturell skeptisch. Folge aus dem Gesagten nicht, wird er gefragt, daß dieser verborgene Gott nichts sei? Nein, so die etwas spitzfindige Antwort, auch nichts sei er nicht, denn »nihil« sei selbst ein »nomen«, gehöre also in den Bereich der sprachlich-differentiellen Ordnung der Dinge, die Gott nicht zu definieren vermöge. Also, so entgegnet der aristotelisch raisonnierende Heide folgerichtig, sei Gott etwas:

---

1 »Quomodo igitur potest veritas apprehendi nisi per se ipsam? Neque tunc apprehenditur, cum esset apprehendens prius et post apprehensum.« (p. 300)

2 Ob Stein oder Mensch: »Nihil horum scis, sed te putas scire. Si enim te interrogavero de quidditate eius, quod te putas scire, affirmabis, quod ipsam veritatem hominis aut lapidis exprimere non poteris.« (p. 302). Der Verstand unterscheidet eines vom anderen und legt ihnen unterschiedliche Namen bei. – Das nachfolgende Argument ist bekannt: Nichts kann so gewußt werden, wie es gewußt werden kann, weil alles immer noch besser, genauer, »wahrer« (»verius«) gewußt werden kann. Wer also ›unbelehrt‹ von der Wahrheit redet, redet wie der Blinde von der Farbe: »Nonne amens iudicaretur ille caecus, qui se putaret scire differentias colorum, quando colorem ignoraret?« (ibid.) Und doch, darauf läuft der Ausgang des Dialogs hinaus, können auch wir diesen ›Wahnsinn‹ gar nicht vermeiden: Von Gott zu reden, heißt, wie der Blinde von der Farbe zu reden – und dies zu wissen.

3 »[...] quoniam incommunicabilis est veritas, quae Deus est, alteri.« (p. 304).

4 Der deutsche Titel der einschlägigen Schrift von Jacques Derrida, *Comment ne pas parler. Dénégations* (1987) lautet: *Wie nicht sprechen. Verneinungen*, Wien 1989. Derrida handelt von der mystischen Theologie Meister Eckharts und des Pseudo-Dionysius Areopagita; Nikolaus von Kues kommt nicht vor.

G[entilis]: Si non est nihil, est ergo aliquid.
C[hristianus]: Nec aliquid est, nam aliquid non est omne. Deus autem non est potius aliquid quam omne.
G: Mira affirmas Deum, quem adoras, nec esse nihil, nec esse aliquid; quem nulla ratio capit.[1]

Das pyrrhonische Schlagwort »Nicht eher dieses als jenes«,[2] das unter Vermeidung der negativ-dogmatischen Aura des krassen Weder-Noch in die Isosthenie führt, gibt der Antwort des Christen ihre irritierende Struktur. Ein zweiter pyrrhonischer Zug liegt in der Strategie, die angebotene Opposition »nihil«-»aliquid« zu modifizieren bzw. sie durch den Gegensatz »aliquid« – »omne« zu ersetzen.[3] Von hier aus kann eine Position markiert werden, die jenseits des Gegensatzes liegt: Denn als Ursprung von allem steht Gott »über dem Nichts und über dem Etwas« (»supra nihil et aliquid«) und damit über jedem begrenzenden Prädikat. Die Aporie des Nicht-Sprechens erscheint so wiederum unvermeidlich; überraschend ist jedoch die Art und Weise, wie der Text sie bis zu einem Punkt verschärft, an dem sie übersprungen werden kann:

C: Parvum est, quod nominatur; cuius magnitudo concipi nequit; ineffabilis remanet.
G: Est ergo ineffabilis?
C: Non est ineffabilis, sed supra omnia effabilis, cum sit omnium nominabilium causa. Qui igitur aliis nomen dat, quomodo ipse sine nomine?
G: Est igitur effabilis et ineffabilis.
C: Neque hoc. Nam non est radix contradictionis Deus, sed est ipsa simplicitas ante omnem radicem. Hinc neque hoc dici debet, quod sit effabilis et ineffabilis.[4]

Die ebenso geduldigen wie hartnäckigen Vergewisserungsversuche des Heiden provozieren den Christen zum Einsatz weiterer pyrrhonischer Verfahren: »Jedem Argument steht ein gleichwertiges entgegen«, besagt ein weiteres skeptisches

1 *De deo abscondito*, p. 304. (Übs. Dupré: »H: Wenn er nicht nichts ist, ist er also etwas? – C: Er ist auch nicht etwas, denn etwas ist nicht alles, Gott aber ist nicht eher etwas als alles. – H: Seltsam. Du behauptest, der Gott, den du verehrst, ist weder nichts noch etwas. Das kann kein Verstand begreifen.« p. 305).

2 Cf. Sextus Empiricus, *Grundriß der pyrrhonischen Skepsis*, I. 188.

3 Die Paraphrase des Heiden, die an der ursprünglichen Opposition festhält, ist daher nicht ganz korrekt. Richtig ist allerdings, daß kein Verstand die darin behauptete Koinzidenz der unvereinbaren Negationen ›kapiert‹. – Die Formulierung des Christen – »nicht eher etwas als alles« – scheint auf den ersten Blick noch eine Abstufung zuzulassen (Gott sei in größerem Maße alles als etwas). Die nachfolgenden Argumente (*De deo abscondito*, pp. 304, 305) verschärfen jedoch den pyrrhonischen Tenor der Wendung; cf. etwa die Formulierung: »Et ob hoc non potest potius dici hoc quam illud, cum ab ipso sint omnia.« (Übs. Dupré: »Und da alles von ihm stammt, kann man ihn nicht eher so als anders nennen.«)

4 Ibid., p. 304. (Übs. Dupré: »C: Gering ist, was genannt wird. Er, dessen Größe unfaßlich ist, bleibt unsagbar. – H: Ist er also unsagbar? – C: Er ist nicht unsagbar, sondern vielmehr über alles aussagbar. Er ist der Grund alles Nennbaren. Wie könnte der, der dem andern seinen Namen gibt, selbst ohne Namen bleiben? – H: Demnach ist er beides zugleich, sagbar und unsagbar. – C: Nein, auch das trifft nicht zu. Denn Gott ist nicht Wurzel und Ursprung des Widerspruches, sondern die Einfachheit, die vor jedem Ursprung steht. Daher kann man dies, daß er sagbar und unsagbar ist, auch nicht behaupten.« p. 305).

Schlagwort.[1] So kann der Unaussprechlichkeit Gottes seine – ebenso plausible – »über alles« hinausgehende Aussagbarkeit entgegengehalten werden[2] und der Aussage, er sei der Grund aller Dinge, die gegenläufige, er sei nicht der Ursprung des Widerspruchs. Mit der Zurückweisung der vom Heiden angebotenen (und immer noch dualistischen) Kompromißformel, Gott sei sowohl sagbar als auch unsagbar, verbindet der Christ zwar eine scheinbar positive Präzisierung, die in der Behauptung, Gott sei im Gegensatz zu solcher Zweiwertigkeit »die Einfachheit vor jedem Ursprung«, einen Rückgang ins Unendliche vor allem Anfang eröffnet. Im Gewand einer Setzung negiert sich diese vermeintlich positive Aussage damit aber wie alle vorherigen. Indem sie jede Denk- und Vorstellbarkeit sprengt,[3] durchkreuzt sie ihren propositionalen Charakter.

Dieser enervierende Gestus der Selbstdurchstreichung erscheint kaum noch steigerbar. Dennoch treibt ihn der Text auf eine äußerst prekäre Spitze:

> G: Sic igitur Deo non conveniret esse.
> C: Recte dicis.
> G: Est ergo nihil.
> C: Non est nihil, neque non est, neque est et non est, sed est fons et origo omnium principiorum essendi et non-essendi.
> G: Est Deus fons principiorum essendi et non-essendi?
> C: Non.
> G: Iam statim hoc dixisti.
> C: Verum dixi, quando dixi et nunc verum dico, quando nego.[4]

Damit ist der eigentliche Höhepunkt des Dialogs erreicht. Seine bislang nicht sehr ausgeprägte agonale Qualität kommt in dem Moment zum Vorschein, wo der Heide den Christen ertappt zu haben meint. Triumphierend kehrt er zu jenem ›nihilistischen‹ Standpunkt zurück, den einzunehmen ihm der Christ zuvor untersagt hatte: Wenn Gott kein »Sein« zukommt, dann muß er also doch »nichts« sein! Er erhält eine ganze Salve von Negationen und Mehrfachnegationen zur Antwort, die nochmals alle antinomischen Formeln auszuschließen sucht, um dann in einer Wiederholung der vorherigen Unendlichkeitshyperbolik Gott zum Ursprung jedes Seinsprinzips (»Urquell und Quellgrund aller Ursprünge von Sein und Nichtsein«)[5] zu erklären. Aber muß sich nicht auch die

1 *Grundriß*, I. 202-205.

2 Dabei übersieht der Heide in seiner nachfolgenden Paraphrase wieder eine Abstufung (»supra omnia«). Diese ist als Transzendenzformel einerseits entscheidend, andererseits von einer zweiwertigen Logik nicht erreichbar.

3 Ausdrücklich auch im nächsten Argument: Keine Benennung könne Gott entsprechen, »ut sint unum principium ante omnem cogitationem de eo formabilem« (p. 306. Übs. Dupré: »Er ist der eine Ursprungsgrund und steht vor jedem Gedanken, den man von ihm bilden könnte.« p. 307).

4 Ibid., p. 306. (Übs. Dupré: »H: So kommt Gott das Sein nicht zu? – C: Du hast Recht. – H: Er ist also nichts! – C: Er ist weder nichts noch ist er nicht, noch ist er und ist er nicht, sondern er ist die Quelle und der Ursprung aller Gründe des Seins und Nicht-seins. – H: Ist Gott also die Quelle der Gründe des Seins und Nicht-seins? – C: Nein. – H: Aber das hast du gerade behauptet! – C: Ich habe die Wahrheit gesagt, als ich es bejahte und sage nun wiederum die Wahrheit, wenn ich es verneine.« p. 307).

5 So die Übersetzung von E. Bohnenstaedt, n. 11, p. 5.

Darlegung dessen, daß Gott nichts ist, von dem man sagen könnte, es sei, obwohl alles Sein aus ihm kommt, des Seinsprädikators bedienen? Mit dieser Schwierigkeit ist der Dialog an einem Punkt angelangt, an dem die Inkommensurabilität des Gemeinten mit der Sprache nicht mehr nur gesagt werden kann. Sie muß vielmehr literarisch gezeigt werden. Und dies geschieht hier durch eine raffinierte Erwartungsdurchbrechung. Indem der Heide das Fazit der Äußerung des Christen nahezu Wort für Wort als Bestätigung erheischende Nachfrage wiederholt, handelt er in Übereinstimmung mit dem Grundsatz seiner Logik, demzufolge eines das ist, was es ist, und das auch als Wiederholtes bleibt. Eben diese scheinbar selbstverständliche Identität, die ja auch Prinzip jeder Seinsaussage ist, wird durch das krasse »Non« der Entgegnung bestritten. Dieses abrupte Nein streicht aber auch die vermeintliche Positivität der vorangegangenen Äußerung des Christen durch: Der Sprecher bringt sich in Differenz zu sich selbst und verweigert zugleich dem Gesprächspartner die Verfügung über das gerade Gesagte. Dieser Verstoß gegen eine Logik der Widerspruchsfreiheit destruiert damit zugleich die Seinskontinuität des Dialogs, indem es dessen Frage-Antwort-Konsistenz und die Kohärenz der von ihr erzeugten Bedeutungen zerreißt. Die Radikalität dieses pragmatisch-rhetorischen Bruchs entzieht auch dem lesenden Bewußtsein die Verfügung über den Text, der das eben Gesagte in der Wiederholung als dasselbe, in der Replik als ein anderes behauptet. Setzung und Verneinung fallen im Sprechen über die Wahrheit, um die es geht, ineins (»Verum dixi, [...] verum dico«). Im hier inszenierten Schock und in der Ohnmachtserfahrung des Nachdenkens kann die Singularität dessen, der vom Bereich des/der Seienden losgelöst ist und jedem Seinsgedanken vorausgeht,[1] einleuchten. Anders ausgedrückt: Der Text macht im Exerzitium des Unvermögens das Unmögliche zum Erlebnis, die *coincidentia oppositorum* in einem »Sagen«, das tatsächlich eine Dimension »Anders-als-Sein« eröffnet,[2] zur Leseerfahrung.[1*]

---

1 So auch ausdrücklich im ›Schlußwort‹ des Heiden: »[...] plane intelligo in regione omnium creaturarum non reperiri Deum nec nomen eius, et quod Deus potius *aufugiat omnem conceptum* quam affirmetur aliquid, cum in regione creaturarum non habens conditionem creaturae non reperiatur.« (p. 308; meine Hervorhebung). (Die Dupré-Übersetzung bewahrt leider nicht die Aufnahme der »potius ... quam«-Formel durch den Sprecher; cf. p. 309: »Ich erkenne deutlich, daß im Bereich aller Geschöpfe Gott und sein Name nicht zu finden ist. Und daß Gott nichts entspricht, daß er sich vielmehr jeder Gedankenvorstellung entzieht, da er als etwas, das nicht die Verfassung eines Geschöpfes besitzt, im Bereich der Geschöpfe nicht gefunden werden kann.«).

2 Der Transzendentalismus Emmanuel Levinas' erscheint in solchen Effekten des cusanischen Denkens in vielem vorweggenommen; cf. vor allem das Spätwerk Levinas', *Autrement qu'être ou au-dela de l'essence* (dt. als *Jenseits des Seins oder anders als Sein geschieht*, Freiburg 1992). Gleichwohl besteht ein entscheidender Unterschied zwischen beiden darin, daß Nikolaus von Kues gerade kein Denker der Alterität, sondern in emphatischem Sinne ein Denker des Einen ist. Es ist für ihn gerade die Auszeichnung des Göttlichen, daß es frei von jeglicher Alterität, ein Nichtanderes (*non-aliud*) ist; cf. den Trialog *De li non aliud*, aber auch die ausdrückliche Formulierung in *De deo abscondito*: »[...] alteritas ei [i.e. Deo – V. O. L.] convenire nequit« (p. 306; Übs. Dupré: »[...] das Anderssein kann ihm nicht zukommen.« p. 307). Die Fassung, die Werner Beierwaltes diesem Gedanken in seiner Lektüre von *De li non aliud* gibt, verwischt die differenzierten identitätsphilosophischen Pointen, die er im folgenden analysiert, vorübergehend zugun-

Daß der Text mit dieser Inszenierung der diskursiv uneinholbaren Vorgängigkeit Gottes – oder vielleicht darf man sagen: seines unendlichen Zuvorkommens – seine wichtigste Wirkungsstrategie ausgespielt und in der Performanz der zentralen Aporie zugleich bestimmte Möglichkeiten des Dialogs ausgeschöpft hat, ist wohl auch daran ablesbar, daß die Redebeiträge der Sprecher zum Schluß hin an Länge zunehmen. Der Text konvertiert also gleichsam zum Monologischen. Über der Einsicht, daß Gott jeder Zuschreibung und Benennung, ja der Wahrheit selbst vorangeht (»praevenit«); daß daher auch der Name »Gott« lediglich daraus seine Berechtigung zieht, daß er ein Gleichnis seiner Vollkommenheit (»similitudinem perfectionis«) birgt, konvergieren die Standpunkte der Dialogpartner. Zugleich endet damit der Text mit einer weiteren – sogar doppelten, wenn auch weniger dramatischen – Transzendenzbewegung: Zum einen tritt der Heide zum Glauben an den Gott des Christen über, zum anderen verlangt auch die abschließende Entfaltung des im Gottesnamen enthaltenen Vergleichs den Nachvollzug einer ›Übertragung‹ in einem geistreichen Spiel mit Doppelsichtigkeit und Blindheit. Denn Gott, so der Christ, könne »Deus« bzw. ϑεως genannt werden, weil dieses Wort von ϑεωρω, ich sehe, abgeleitet sei. Und so wie das Sehen selbst nicht farbig oder sichtbar sei und dennoch die Wahrnehmung alles Sichtbaren und die Unterscheidung von Farben ermögliche, so verhalte sich Gott zu allem.[2] Wer also das Sehen im Verhältnis zum Sichtbaren meditiert, vermag

---

sten eines modernen Alteritätsbegriffs: »Gerade dadurch, daß er [Gott] als absolutes NICHTS nichts *Anderes* ist, *ist* er die von allem Anderen sich unterscheidende Andersheit schlechthin.« (*Der verborgene Gott. Cusanus und Dionysius.* Trier 1997, p. 13, cf. dagegen auch Beierwaltes' Analyse der Dreifachtautologie »non aliud est non aliud quam non aliud«, p. 23). – Zum literarischen Potential der Levinasschen Philosophie cf. auch Vf. [Verena O. Lobsien], »Sagen *anders als sein*, oder: Das Lächeln auf dem Wege. Die ethische Ästhetik Emmanuel Levinas'«, in: B. Greiner, M. Moog-Grünewald, eds., *Etho-Poiëtik*, Bonn 1999.

1* Zum Zusammenfall der Gegensätze – hier am Beispiel der Koinzidenz von Größtem und Kleinstem – cf. auch *De docta ignorantia* I, 4. Hier finden sich Formulierungen wie die folgende, die denen, die in *De deo abscondito* einzelnen Sprechern in den Mund gelegt werden, durchaus ähneln: »Quia igitur maximum absolute est omnia absolute actu quae esse possunt taliter absque quacumque oppositione, ut in maximo minimum coincidat, tunc super omnem affirmationem est pariter et negationem. Et omne id quod concipitur esse non magis est quam non est. Et omne id quod concipitur non esse non magis non est quam est. Sed ita est hoc quod est omnia et ita omnia quod est nullum.« (n. 12) Gleichwohl bleibt der Status einer solchen Passage der einer auf die Grenzen des Diskursiven zielenden diskursiven Äußerung; ihre Transdiskursivität bleibt Desiderat; die Koinzidenz wird expliziert, nicht inszeniert. Oder anders: Die ›Experimente‹, die dieser Text anstellt, sind in erster Linie solche des Denkens, weniger solche des Lesens.

2 *De deo abscondito*, p. 308: »Nam ipse Deus est in nostra regione ut visus in regione coloris. [...] Visus igitur sine colore existens innominabilis est in regione coloris, cum nullum nomen coloris sibi respondeat. Visus autem omni colori nomen dedit per discretionem. Unde a visu dependet omnis nominatio in regione coloris, sed eius nomen, a quo omne nomen, potius nihil esse quam aliquid deprehenditur. Eo igitur Deus se habet ad omnia sicut visus ad visibilia.« (Übs. Dupré: »Denn Gott ist in unserem Bereich wie das Sehen im Bereich der Farbe. [...] Das Sehen, das ohne Farbe existiert, ist im Bereich der Farbe unnennbar, da ihm der Name keiner Farbe entspricht. Aber das Sehen gibt durch Unterscheidung jeder Farbe ihren Namen. Daher hängt jede Benennung im Bereich der Farbe vom Sehen ab, und doch haben wir entdeckt, daß der Name dessen, von dem alle Namen sind, eher nichts ist als etwas. So verhält sich Gott zu allem, wie das Sehen zum Sichtbaren.« p. 309).

einzusehen, inwiefern Gott Bedingung der Möglichkeit aller Dinge ist und doch zu den Bedingungen des von ihm Geschaffenen nicht erkannt werden kann (ebensowenig, wie das Auge sich beim Sehen sehen kann). So können wir von ihm gar nicht anders sprechen als der Blinde von der Farbe,[1] denn er ist, wie der ›aufgeklärte‹ Heide zum Schluß ausruft, vor den Augen aller Weisen dieser Welt verborgen: »Sit igitur Deus, ab oculis omnium sapientum mundi absconditus, in saecula benedictus.«[2]

De deo abscondito ist ein bemerkenswerter, im Œuvre des Nikolaus von Kues – auch und gerade im Blick auf dessen skeptischen Strukturen – jedoch kein außergewöhnlicher Text. So wird auch etwa in *De visione dei* auf die ›Erfahrbarkeit‹ dessen, was zur Einsicht werden soll, auf seine gleichsam sinnliche Evidenz und sein dadurch ermöglichtes, der Selbstverstrickung des Verstandes in unvereinbare Gegensätze zuvorkommendes (bzw. dieses überspringendes) intuitives Erfassen und ›nichtbegreifendes Berühren‹[3] größter Wert gelegt: »Conabor autem simplicissimo atque communissimo modo vos experimentaliter in sacratissimam obscuritatem manuducere«, so der Vorsatz.[4] Und auch andere Dialoge des Cusaners bedienen sich der Möglichkeiten, die Dramatik und Pragmatik dieses Genres bieten, um skeptische Effekte zu erzielen. Beispielsweise wird in *De apice theoriae* der Kardinal von seinem Interlokutor Peter von Erkelenz gefragt: »Quid quaeris?« – »Was suchst du denn?«[5] Die verblüffende Antwort lautet: »Recte ais.« Daß der Kanonikus auf diese Entgegnung hin, die ihm Recht gibt, als habe er etwas behauptet, vermutet, der Kardinal wolle sich über ihn lustig machen, überrascht nicht und gibt Gelegenheit, die Pointe noch etwas auszuarbeiten: »*Petrus*: Ego te interrogo, et tu me derides. Cum peto, quid quaeras, tu dicis ›recte ais‹, qui nihil aio, sed quaero.«[6] Denn genau dies: daß die Frage die einzig adäquate Aussage, das unablässige Forschen nach dem Grund der Gewißheit in einem Rückgang ins Infinite, das Suchen und Noch-Nicht-Gefunden-Haben die einzig richtige Art eines ›Wissens‹ ist, das weiß, daß es mit dem Unendlichen kein gemeinsames Maß hat, ist, soll auf diese Weise bedeutet werden.[7] Nicht ganz 150 Jahre später

1 Cf. auch p. 302.

2 Cf. pp. 308, 309.

3 Cf. *De docta ignorantia* I 4, n. 11: »Maximum [...], quia est veritas infinita, non aliter quam incomprehensibiliter attingimus.«

4 *De visione dei*, p. 94; cf. pp. 102, 108 und passim. (Die Übersetzung verdeckt diese Pointe völlig: »Ich werde versuchen, euch in ganz einfacher und allgemein begreiflicher Weise an der Hand zu nehmen und nach Art der Selbstbetätigung in das heilige Dunkel zu führen.« p. 95).

5 *De apice theoriae/Die höchste Stufe der Betrachtung*. Lateinisch-deutsch, ed. Hans Gerhard Senger, Hamburg 1986, n. 2. – Die Doppelbedeutung von *quaerere*, *fragen* und *suchen*, vermag die Übersetzung nicht wiederzugeben. – Die Frage könnte zudem ein Echo des »quem quaeris?« in Joh 20, 15, also der Frage des Auferstandenen an Maria Magdalena bei der Begegnung im Garten, beinhalten.

6 Ibid., in der Übs. Sengers: »*Peter*: Ich stelle dir eine Frage, und du hast mich zum besten. Wenn ich wissen will, was du suchst, sagst du, wo ich doch gar nichts sage, sondern eine Frage stelle: Das sagst du richtig.«

7 Und es wird so in einer Weise erfahrbar, die dem Nachvollzug der insistenten Heiden-Fragen in *De deo abscondito* vergleichbar ist.

wird Michel de Montaigne seine Skepsis ebenfalls in einer Frage zusammenfassen, wie Nikolaus von Kues wohl wissend, daß der interrogative Modus des »Que sçais-je?« eine der wenigen Redeweisen ist, die sich nicht dem Vorwurf des negativen Dogmatismus aussetzen und auf einem Punkt vor der Gewißheit zu balancieren vermögen.

Skepsis heißt genau hinsehen, anders hinsehen. Wie von keiner anderen Sinnesleistung ist der Cusaner fasziniert vom Sehen, jenem Vermögen, das am offenkundigsten den Bereich des Sensuellen überschreitet und das als Metapher zusammen mit der des Lichts das neuplatonische Denken beherrscht. *De deo abscondito* ließ die Einübung in die *docta ignorantia* in eine Betrachtung des Verhältnisses von Sehen und Sichtbarem münden. Die Schrift *De beryllo* stellt den Mönchen vom Tegernsee 1458 als »Spiegel und Rätselbild« (»speculum et aenigma«) die langerbetene ›Brille‹ zur Verfügung, die Sehhilfe, mit welcher insbesondere die vorangegangenen Ausführungen zur *coincidentia oppositorum* besser zu entziffern und zu verstehen sein würden.[1] Fünf Jahre zuvor rückte schon *De visione dei* in der aktiv-passivischen Doppeldeutigkeit, mit der der Genitiv im Titel der Schrift spielt, jene schwierige Denkfigur bedingter Wechselseitigkeit in den Mittelpunkt, die bereits in *De deo abscondito* gestreift wurde. Diese Figur aber weist die Grundstruktur des Phänomens auf, das erst Jahrhunderte später mit dem Problemtitel ›Subjektivität‹ bedacht wird. Walter Schulz hat gezeigt, inwiefern Nikolaus von Kues am Anfang einer Geschichte der neuzeitlichen Metaphysik steht, die über Descartes und Kant bis zu Heidegger reicht und deren durchgehaltenes Thema eben »das je erneute Durchdenken der Subjektivität« ist.[2] Dies soll an einigen Passagen aus *De visione dei* noch etwas erläutert und zu den vorangegangenen Überlegungen in Beziehung gesetzt werden.

Auch diese an die Mönche des Tegernseer Klosters gerichtete Schrift will ein ›anderes Sehen‹ lehren, Anleitung sein zu einer geistig-geistlichen Schau im Modus der *docta ignorantia.* Sie setzt ausgesprochen meditativ ein, mit der Aufforderung zu einer Bildbetrachtung. Deren Gegenstand ist das Bild eines »Alles-

---

1 Cf. *De beryllo/Über den Beryll.* Lateinisch-deutsch, ed. Karl Bormann, Hamburg 1987, Cap. I, n. 1, sowie Cap. II, n. 3: »Beryllus lapis est lucidus, albus et transparens. Cui datur forma concava pariter et convexa, et per ipsum videns attingit prius invisibile. Intellectualibus oculis si intellectualis beryllus, qui formam habeat maximam pariter et minimam, adaptatur, per eius medium attingitur indivisibile omnium principium.« (In der Übersetzung Karl Bormanns: »Der Beryll ist ein glänzender, weißer und durchsichtiger Stein. Ihm wird eine zugleich konkave und konvexe Form verliehen, und wer durch ihn hindurchsieht, berührt zuvor Unsichtbares. Wenn den Augen der Vernunft ein vernunftgemäßer Beryll, der die größte und kleinste Form zugleich hat, richtig angepaßt wird, wird durch seine Vermittlung der unteilbare Ursprung von allem berührt.«)

2 »Cusanus und die Geschichte der neuzeitlichen Metaphysik« (Antrittsvorlesung Tübingen 1955) in: *Der Gott der neuzeitlichen Metaphysik*, Pfullingen 1991, p. 27. Die folgenden Ausführungen orientieren sich im Wesentlichen an Schulz' Lektüre von *De visione dei*; auch Blumenberg schließt seine Rekonstruktion der cusanischen Auffassung vom menschlichen Selbstsein als einer »theonomen Autonomie« in unauflöslicher Verschränkung von Selbstentmächtigung und -ermächtigung an eine zentrale Passage aus dieser Schrift an; cf. *Legitimität*, pp. 627-632, hier 632. – Zum Subjektivitätsproblem und seinem literarischen Potential cf. auch ausführlich Vf. [Verena Olejniczak], *Subjektivität als Dialog*, München 1994.

Sehenden« (»imag[o] omnia videntis«), dessen Augen dem Betrachter zu folgen, jeden einzelnen anzublicken scheinen, von wo aus immer er auf den Abgebildeten hinsieht.[1] Die Betrachtung erweist das Bild alsbald als »icona Dei«,[2] zugleich als sinnliche Anregung zu einem weiteren gedanklichen Ausgriff, der gleichwohl deren Erfahrungsqualitäten (und damit ihre Evidenz) mitführt.[3] Die folgenden Kapitel erforschen nun das Sehen Gottes in der in diesem Gleichnis angelegten fundamentalen Ambivalenz ›subjektiver‹ und ›objektiver‹ Funktionen. Dabei erweist sich die Rolle des menschlichen Hinsehens alsbald als recht komplex. Denn daß Gottes Sehen liebende Fürsorge für den Menschen ist (im Wortsinne »providentia«),[4] mag noch als einigermaßen gängige Frömmigkeitsmünze erscheinen. Daß aber dieses göttliche Sehen aufs engste mit einem Gesehenwerden durch den Menschen verknüpft ist, rückt die Transzendenz ungewöhnlich nah an den Bereich des Geschöpflichen heran, ja scheint sie geradezu von diesem abhängig zu machen:

> Quid aliud, Domine, est videre tuum, quando me pietatis oculo respicis quam [te] a me videri? Videndo me, das te a me videri, qui es Deus absconditus. Nemo te videre potest nisi inquantum tu das ut videaris. Nec est aliud te videri quam quod tu videas videntem te. [...] Quod enim me non respicis est quia te non respicio, sed respuo et contemno.[5]

Gott gibt sich dem zu sehen, der ihn zu sehen verlangt. Wenn jemand nicht nach ihm Ausschau hält, so wird er von ihm auch nicht angeblickt. Zwar erscheint hier die Bereitschaft Gottes, sich sehen zu lassen, entscheidend, aber schon in dieser Konstruktion fungiert das menschliche Sehenwollen als Bedingung göttlicher Sichtbarkeit.[6] Die Komplexität der Wechselseitigkeit, die sich hier andeutet, erhöht sich noch, wenn Gottes Sehen als begründendes und schaffendes, ja als

1 *De visione dei*, Praefatio, pp. 94-98.

2 Ibid., I, p. 98. Ein Hinweis auf das Konzept des unbewegten Bewegers scheint in der Beobachtung intendiert zu sein, daß der Blick des Bildes sich mit dem Betrachter zu bewegen scheint und dabei doch unbewegt bleibt (»immobiliter movebatur«, p. 96).

3 »Accede nunc tu frater contemplator ad Dei iconam [...] Et quia visus iconae te aeque undique respicit et non deserit quocumque pergas in te excitabitur speculatio provocaberisque et dices: Domine nunc in hac tua imagine providentiam tuam quadam sensibili experientia intueor.« (»Tritt nun, Bruder und Betrachter, heran zum Bild Gottes [...] Weil der Blick des Bildes dich überall gleichermaßen anschaut und nicht verläßt, wohin immer du auch wandern magst, so wird in dir die Betrachtung geweckt; du fühlst dich aufgerufen und wirst sprechen: Herr, ich schaue nun in Deinem Bild Deine Vorsehung in sinnlicher Erfahrung.« (IV, pp. 102, 103).

4 Ibid., VIII, p. 124: »Visio tua providentia est.«

5 V, p. 108 (»Was anderes ist Dein Sehen, Herr, wenn Du mich mit liebendem Auge betrachtest, als daß ich Dich sehe: indem Du mich ansiehst, läßt Du, der verborgene Gott, Dich von mir erblicken. Jeder vermag Dich nur insoweit zu sehen, als Du es ihm gewährst. Nichts anderes ist es Dich zu sehen, als daß Du den Dich Sehenden ansiehst. [...] Daß Du mich nicht betrachtest, ist deshalb der Fall, weil ich Dich nicht betrachte, sondern abweise und geringschätze.« p. 109).

6 Cf. auch die Formulierung in XII, p. 142: »Invisibilis es uti tu es, visibilis es uti creatura est, quae in tantum est, in quantum te videt.« (»Unsichtbar bist Du, wie Du bist, sichtbar, wie Du für das Geschöpf bist, das nur insoweit ist, als es Dich sieht.« p. 143).

identisch mit seiner Schöpfertätigkeit[1] bedacht wird: »Esse creaturae est videre tuum pariter et videri.«[2] Die Geschöpfe empfangen ihr Sein durch den Blick Gottes, diesem aber korrespondiert der Blick der Kreatur auf Gott, ja der göttliche Blick erscheint untrennbar von seiner kreatürlichen Erwiderung. Die Geschöpfe sind, insofern sie Gott als Sehenden sehen: »Quod si te non viderent videntem a te non caperent esse.«[3] Gott begründet also nicht nur das Sein des Menschen, sondern befähigt ihn auch, seinen Schöpfer zu sehen und ineins damit sich selbst in seiner Gottesebenbildlichkeit zu erkennen. Gottes begründendes, ›ersehendes‹ Sehen[4] setzt den Menschen zur Selbsterkenntnis ein. Dabei erscheint Gott als Urbild des Sich-Sehens,[5] das menschliche Antlitz als sein Abbild, das in der Reflexion auf sich seine Wahrheit zu erkennen vermag: »Omnis igitur facies, quae in tuam potest intueri faciem nihil videt aliud aut diversum a se, quia videt veritatem suam.«[6] Aber auch die Umkehrung dieses Verhältnisses trifft zu. Denn nicht nur ist der Mensch ein lebendiger »Schatten« der göttlichen Wahrheit – wie die Meditation des allsehenden Bildes erwiesen hat, folgt auch Gott dem Menschen wie ein Schatten, insofern der göttliche Blick jede seiner Bewegungen begleitet und sich mit dem Betrachterstandpunkt zu wandeln scheint:

> Nam dum video, quomodo ad mutationem meam videtur visus iconae tuae mutatus et facies tua videtur mutata, quia ego mutatus, occuris mihi quasi sis umbra, quae sequitur mutationem ambulantis. Sed quia ego sum viva umbra et tu veritas, iudico ex mutatione umbrae veritatem mutatam. Es igitur Deus meus sic umbra, quod veritas, sic es imago mea et cuiuslibet quod exemplar.[7]

---

1 Cf. VIII, p. 124: »[...] videre tuum est causare.« Cf. auch XII, p. 144: »[...] videre tuum est creare tuum [...] Creare enim tuum est esse tuum.«

2 X, p. 134 (»Das Sein des Geschöpfes ist zugleich Dein Sehen und Gesehen-werden.«).

3 Ibid.

4 Cf. die Formulierung Walter Schulz': »Gott schafft, indem er das Seiende er-sieht [...]«, »Cusanus und die Geschichte der neuzeitlichen Metaphysik«, pp. 14 und passim.

5 Cf. *De visione dei* VIII, p. 126: »[...] in te ipso omnia specularis. [...] Sed visus tuus, cum sit oculus seu speculum vivum, in se omnia videt.«

6 VI, p. 112 (»Darum sieht jedes Antlitz, das in Deines blickt, nichts sich selbst gegenüber Anderes und Verschiedenes, da es seine Wahrheit sieht.« p. 113). Cf. auch XV, p. 160: »[...] tunc me elevas ut videam, quomodo intuens te non dat tibi formam, sed in te intuetur se, quia a te recipit id, quod est.« (»[...] dann bringst Du mich jedoch dahin, zu sehen, daß nicht der Dich Betrachtende Dir die Form gibt, sondern in Dir sich selbst schaut, weil er von Dir das erhalten hat, was er ist.«) So ist Gott gleichsam ein »lebender Spiegel der Ewigkeit« (»quasi [...] speculum aeternitatis vivum«), in dem der Mensch sein Urbild erblickt: »[...] id, quod videt in illo aeternitatis speculo non est figura, sed veritas, cuius ipse videns est figura. Figura igitur in te Deus meus est veritas et exemplar omnium et singulorum, quae sunt aut esse possunt.« (»Was er in jenem Spiegel der Ewigkeit sieht ist nicht Darstellung, sondern die Wahrheit, deren Darstellung er, der Sehende, selbst ist. Also ist die Darstellung in Dir, mein Gott, die Wahrheit, und das Urbild von allem und allem einzelnen, das ist oder sein kann.« p. 161).

7 XV, p. 160 (»Denn, wenn ich sehe, wie der Blick Deines Bildes sich meinen geänderten Bewegungen entsprechend zu ändern scheint und mir Dein Antlitz verwandelt vorkommt, weil ich mich gewandelt habe, dann scheinst Du wie ein Schatten zu sein, der den sich wandelnden Bewegungen des Gehenden folgt. Weil ich ein lebender Schatten bin und Du die Wahrheit, schließe ich aus der Veränderung des Schattens, daß sich die Wahrheit verändert hat. Mein Gott, Du

Daher kann Gott zugleich als unbewegt und bewegt, veränderlich und unwandelbar erscheinen, sobald der menschliche Blick selbst als ein bildender,[1] ja schaffender entdeckt wird. Denn die scheinbare Konformität Gottes mit dem fortwährend alterierenden Menschen läßt Gott selbst als dessen »imago«, Abbild, erscheinen und also Urbild mit Abbild koinzidieren. Zu solchem Sehen aber, in welchem wir uns in Gott zu sehen meinen und wir uns in seiner Liebe und Liebenswürdigkeit zu repräsentieren suchen,[2] hat er selbst uns erst eingesetzt; unsere Selbstdarstellung ist ermöglicht dadurch, daß Gott sich gleichsam in uns verkleidet. Und auch diese Radikalität des göttlichen Entgegenkommens reflektiert die cusanische Betrachtung: »Et coincidit in te Deus creari cum creare. *Similitudo enim, quae videtur creari a me est veritas, quae creat me*, ut sic saltem capiam quantum tibi astringi debeam, cum in te amari coincidat cum amare.«[3] Zu wissen aber, daß wir in unserem Selbstsein und unseren reflexiven Vermögen in einem Anderen gründen, dessen Transzendenz wir nicht noch einmal denkend ergründen können; daß wir, wenn wir ganz bei uns sind, völlig in diesem Anderen stehen, weil wir von ihm zu diesem Selbstvollzug ersehen sind: das beschreibt in theologischer Wendung die grundlegende Figur neuzeitlicher Subjektivität.[4] Gott erscheint bei Nikolaus von Kues als der reflexiv nicht nochmals hintergehbare Grund, aus dem der Mensch sich selbst ›gehört‹, sofern er sich selbst aus freier Entscheidung in seiner gottgegebenen Geschöpflichkeit bejaht: »sis tu tuus et ego ero tuus« – so das Wort Gottes an den am tiefsten Punkt der Betrachtung Verstummenden.[5]

---

bist so der Schatten, daß Du die Wahrheit bist, und so das Abbild von mir und jedem anderen, daß Du das Urbild bist.« p. 161).

1 Cf. auch Schulz, p. 16: »Er [der Mensch – V.O.L.] ist nicht nur von Gott Ersehenes, sondern, darin Gott verwandt, bildendes Sehen.«

2 *De visione dei*, XV, p. 162: »O inexplicabilis pietas, offers te intuenti te quasi recipias ab eo esse et conformas te ei, ut eo plus te diligat, quo appares magis similis ei. Non enim possumus odisse nos ipsos. Hinc diligimus id, quod esse nostrum participat et comitatur. Et similitudinem nostram amplectimur, quia repraesentamur nos in imagine, in qua nos ipsos amamus.« (»O unerklärbare Liebe, Du bietest Dich dem Betrachter an, als empfingest Du von ihm das Sein und gestaltest Dich ihm gleich, auf daß er Dich umso mehr liebe, je mehr Du ihm gleich erscheinst. Wir können ja uns selbst nicht hassen. Darum lieben wir das, was an unserem Sein teilhat und es begleitet. Wir umfassen voll Liebe unsere Ähnlichkeit, weil wir uns in einem Bild darstellen, in dem wir uns lieben.« p.163).

3 *De visione dei*, XV, p. 162; meine Hervorh. – V. O. L. (»In Dir, O Gott, fällt Geschaffenwerden mit Schaffen zusammen. Die Ähnlichkeit, die von mir geschaffen zu werden scheint, ist die Wahrheit, die mich schafft; so wenigstens möchte ich es fassen, wie eng ich an Dich gebunden sein sollte, da in Dir Geliebt-werden mit Lieben zusammenfällt.« p. 163).

4 Cf. Schulz: »Gott kann in das Sehen des Menschen nur einbezogen sein, weil der Mensch seinerseits im Sehen selbst, das heißt in Gott als der Voraussetzung des menschlichen Sehens begründet ist. [...] er ist an sein Sehen schon gebunden und vermag dies nur aus dem unergründlichen Grunde, den Cusanus Gott nennt, zu vollziehen.« (pp. 20-21). – Cf. zu diesem Grundgedanken auch die späteren Schriften Walter Schulz', sowie die Arbeiten Dieter Henrichs zur Selbstbewußtseinsproblematik; der Zusammenhang wird ausführlich dargestellt in Vf. [Verena Olejniczak], *Subjektivität als Dialog*, München 1994.

5 VII, p. 120: »[...] quomodo dabis tu te mihi si etiam me ipsum non dederis mihi? Et cum sic in silentio contemplationis quiesco tu Domine intra praecordia mea respondes dicens: sis tu tuus et

Die dialektische Verschränkung von Abbild und Urbild in der Beziehung von Gott und Mensch entspricht dem menschliches Selbstsein konstituierenden Zusammenhang von Macht und Ohnmacht, Autonomie der Subjektivität ineins mit ihrer Bedingtheit »aus unverfügbarem und unausdenkbarem Grund«,[1] wie sie die Philosophie nach Cusanus in ihrem »zu Ende«-Denken[2] dieses Problems immer wieder konzipiert hat. So resümiert auch Walter Schulz:

> Daß sich hier die Bestimmungen Urbild und Abbild gerade vertauschen, ist keine Beliebigkeit, sondern das Zeichen der unauflöslichen Einheit von Macht und Ohnmacht der endlichen Subjektivität. Daß die Transzendenz nur mein Abbild ist, dies bezeugt die Macht der endlichen Subjektivität. Und eben auf Grund dieser Macht muß sich diese Subjektivität die Frage vorlegen, ob sie sich selbst zu dieser ihrer Macht ermächtigen kann. Und hier erfährt sie, daß gerade diese ihre Macht ihre Ohnmacht ist: daß sie selbst schon begründet ist von dem unbegreiflichen Grunde, aus dem sie sich vollzieht. In dieser unabdingbaren Erkenntnis aber kehren sich die Bestimmungen um: die Transzendenz ist das Urbild und die endliche Subjektivität nur das Abbild.[3]

Die Denkfigur, in der diese Einsicht – die immer das Gewahrwerden der eigenen Neszienz durch den Denkenden beinhaltet – bei Nikolaus von Kues in den verschiedenen Bestimmungen des Sehens Gottes (als Gesehenwerden, als Schaffen, als Begründen, als Sprechen, als Lesen, als Lieben etc.) wiederholt eingeübt wird, ist die des *regressus ad infinitum.* Zudem erscheint dieser durchaus wörtlich zu nehmende Rückgang ins Unendliche eingebettet in ein weiteres strukturell skeptisches Verfahren, das ebenfalls das cusanische Denken insgesamt charakterisiert: die *coincidentia oppositorum.*

Die Art und Weise, wie *De visione dei* diesen provozierenden Schritt über aristotelisch-dualistische Schemata hinaus vollzieht, markiert eine Präzisierung des Koinzidenzgedankens in der Entwicklung der Philosophie des Cusaners.[4] Zugleich aber erfährt der Zusammenfall der Gegensätze eine Schärfung seines skeptizistischen Profils. Denn der Gipfel der cusanischen ›Theorie‹, der unerreichbare, fortwährend anvisierte und in der paradoxen Negativität der belehrten Un-

---

ego ero tuus.« (»[...] wie wirst Du Dich mir geben, wenn Du mich nicht mir selbst gibst? Und wenn ich so im Schweigen der Betrachtung verstumme, antwortest Du mir, Herr, tief in meinem Herzen und sagst: Sei du dein und ich werde dein sein.« p. 121). Cf. auch ibid., pp. 104-106: Gottes liebender Blick läßt den Menschen sein, der er ist, und weckt in ihm zugleich das Verlangen nach dieser Liebe.

1 Dieter Henrich, »Fichtes ursprüngliche Einsicht«, in: ders./Hans Wagner, eds., *Subjektivität und Metaphysik. Festschrift für Wolfgang Cramer,* Frankfurt 1966, p. 220.

2 Schulz, p. 29.

3 Ibid., p. 29-30.

4 Die Modifikation dieses Konzepts in den späteren Schriften des Cusanus hebt auch G. von Bredow in ihren Lexikonartikeln [S. 58, n. 4] hervor. – Zur ausdrücklichen Kritik an einer ›aristotelischen‹ Rationalität, die am Nachvollzug der *coincidentia oppositorum* scheitert, cf. auch *De beryllo*, vor allem Cap. XXVI, XXIX, XXX. Der Beryll erscheint als die geeignete Sehhilfe, die zur hier und anderswo empfohlenen Dialektik befähigt: » Videndo enim per beryllum unum contrarium vides in eo esse principium alterius contrarii [...]« (»Wenn du nämlich durch den Beryll ein Gegensatzglied siehst, siehst du, daß in ihm der Ursprung des anderen Gegensatzgliedes ist; [...]«), Cap. XXVIII, n. 46.

wissenheit immer wieder umschriebene Ort der Gottesschau ist – auch – ein Ort der Epoché, von dem aus die Gegensätze eingeklammert erscheinen. Dieser Ort wird hier nämlich ausdrücklich als jenseits (»ultra«) der Koinzidenz liegend angegeben, gleichsam nur in einer Mauerschau zu erspähen:

> Et repperi locum, in quo revelate reperieris, cinctum contradictorium [sic] coincidentia. Et ista est murus paradisi, in quo habitas; cuius portam custodit spiritus altissimus rationis, qui nisi vincatur non patebit ingressus. Ultra igitur coincidentiam contradictoriorum videri poteris et nequaquam citra. Si igitur impossibilitas est necessitas in visu tuo Domine nihil est, quod visus tuus non videat.[1]

Im Vollzug dieses transrationalen Überstiegs, der als zugleich unmöglich und notwendig bezeichnet wird, setzt sich das Denken nicht nur ein unerreichbares und zugleich unendlich attraktives Ziel. Es wird sich in diesem Bild der Paradiesesmauer mit besonderer Prägnanz seiner konstitutiven perspektivischen Gebundenheit bewußt. Wieder ruft der radikalisierte Gedanke des Absoluten dialektisch den Gedanken ebenso radikaler Relativität auf den Plan, erscheinen relationale und relativierende Modi des Denkens zutiefst verwandt. Denn jenseits der Paradiesesmauer befindet sich gleichsam der aus der Vielfalt menschlicher Blickwinkel anvisierte und doch als er selbst unsichtbar bleibende Fluchtpunkt der in dieser Schrift meditierten *icona dei*, der Ursprung des Sehens Gottes, der alle möglichen menschlichen Augenpunkte in sich faßt und doch von keinem erfaßt wird:

> Sed visus tuus, cum sit oculus seu speculum vivum, in se omnia videt. Immo quia causa omnium visibilium. Hinc omnia in causa et ratione omnium, hoc est in se ipso complectitur et videt. Oculus tuus Domine sine flexione ad omnia pergit. Quod enim oculus noster se ad obiectum flectit, ex eo est, quod visus noster per angulum quantum videt. Angulus autem oculi tui Deus non est quantus, sed est infinitus, qui est et circulus, immo et sphaera infinita, quia visus [tuus] est oculus sphaericitatis et perfectionis infinitae. Omnia igitur in circuitu et sursum et deorsum simul videt.[2]

---

1 *De visione dei*, IX, p. 132. (In der Übs. von W. und G. Dupré: »Ich habe den Ort gefunden, in dem man Dich unverhüllt zu finden vermag. Er ist umgeben von dem Zusammenfall der Gegensätze. Dieser ist die Mauer des Paradieses, in dem Du wohnst. Sein Tor bewacht höchster Verstandesgeist. Überwindet man ihn nicht so öffnet sich nicht der Eingang. Jenseits des Zusammenfalls der Gegensätze vermag man Dich zu sehen; diesseits aber nicht. Wenn also in Deinem Blick, o Herr, die Unmöglichkeit die Notwendigkeit ist, dann gibt es nichts, das Dein Blick nicht sähe.« p. 133). Cf. auch das ganze folgende Kapitel X, sowie p. 170; die Mauer-Metapher wird durchgängig verwendet. – Im Druck dieses Textes in der Ausgabe von 1514 lautet der erste Satz des Zitats: »[...] repperi locum in quo revelate repieris: cinctum contradictoriorum coincidentia. & iste est murus paradisi [...]« (*Nicolai Cusae Cardinalis Opera* Parisiis 1514, Bd. I. Nachdruck Frankfurt 1962).

2 *De visione dei*, VIII, p. 126 (»Dein Sehen aber, das Dein Auge oder ein lebendiger Spiegel ist, sieht in sich alles. Es ist ja der Grund alles Sichtbaren. Darum umfaßt und sieht es alles im Grund und in der Ursache aller Dinge, d.h. in sich selbst. Dein Auge, Herr, gelangt zu allem ohne sich ihm zuwenden zu müssen. Daß unser Auge sich einem Gegenstand zuwendet, kommt daher, daß unser Sehen nur in einem Winkel von bestimmter Größe sieht. Der Winkel Deines Auges hingegen, o Herr, ist nicht von bestimmter Größe, sondern unendlich, das heißt ein Kreis, ja eine unendliche Kugel, weil Dein Blick das Auge der Kugelhaftigkeit und der unendli-

Im Gegensatz zum simultan Allsehenden erscheint das menschliche Sehen als ein perspektivisch auf seinen jeweiligen Blickwinkel begrenztes, dessen Blickstrahl sich zudem dem jeweiligen Objekt ›beugt‹. Indem es aber in den »lebendigen Spiegel« des absoluten Sehens blickt, sieht es sich selbst als lebendiges Abbild dieses Unendlichen. In der Paradoxie einer solchen Verschränkung von Endlichkeit und Infinitätsspiegelung wiederholt sich die Denkfigur transzendent gegründeter Immanenz; daß das Verhältnis der Wechselseitigkeit von Kontingentem und Absolutem hier am Phänomen der Perspektivität aufgewiesen wird, dokumentiert indes einen weiteren genuin neuzeitlichen Aspekt der Subjektivitätstheorie des Cusaners[1] – zumal einen, der als Bestandteil einer seinem Denken impliziten frühmodernen ›Ästhetik‹ mit strukturell skeptischen Grundzügen aufgefaßt werden kann.

---

chen Vollkommenheit ist. Es erblickt also zugleich alles sowohl im Umkreis wie aufwärts und abwärts.« p. 127).

1 Cf. Hans Bumenberg, [Einleitung zu] *Die Kunst der Vermutung*, p. 26f (ebenfalls mit Bezug auf *De visione dei*): »Transzendenz und Immanenz sind also perspektivisch bedingte Zerfällungen eines in seiner Einheitlichkeit nicht analysierbaren Sachverhalts. [...] Die Entdeckung der Perspektive und ihre theoretische Durchdringung gehört zu den wesentlichen geschichtlichen Voraussetzungen der Neuzeit.« Blumenberg fügt schon an dieser Stelle die cusanische »Zurückführung dualistischer Elemente der Metaphysik auf Aspektbedingtheit« (p. 27) unter Verweis auf Parallelen zu Leibniz ausdrücklich in einen subjektivitätstheoretischen Kontext ein; wenig später verdeutlicht er noch einmal ausführlich den »Zusammenhang zwischen den Begriffen der Unendlichkeit und der Individualität« (32), hat doch die Singularität des Individuums eben die unendliche Kreativität des Schöpfers zur Bedingung. Der einzelne ist einzig, weil Gott unendlich kreativ ist, denn wäre er dies nicht, müßte Gott sich also wiederholen, dann hieße das ja, daß eine Grenze seiner Kreativität erreicht werden könnte. Das aber ist nicht der Fall; nicht Duplikate bevölkern die Schöpfung, sondern es herrscht unerschöpfliche Mannigfaltigkeit. (Cf. auch *Legitimität*, p. 600: »Wie sich erst bei Leibniz in voller Deutlichkeit zeigen wird, besteht zwischen dem Begriff der Unendlichkeit und dem der Individualität ein unlösbarer Zusammenhang, indem nur die Unendlichkeit des Alls der Monaden es ausschließt, daß die je endliche Aktualisierung seiner Repräsentation in einer Monade sich wiederholt«.) Dieser Gedanke bildet auch den Ausgangspunkt des Cusanus-Kapitels (»Die Perspektivität in der Metaphysik des Nicolaus Cusanus«) in Gottfried Boehms *Studien zur Perspektivität: Philosophie und Kunst in der frühen Neuzeit*, Heidelberg 1969. Boehms Untersuchung (deren ontologisches Interesse und Duktus sich ansonsten vor allem Karl-Heinz Volkmann-Schlucks *Nicolaus Cusanus* zu verdanken scheinen) sieht in der Dialektik von Endlichem und Unendlichem »die entscheidende perspektivische Grundstruktur der Cusanischen Metaphysik« und formuliert begeistert: »Sie zu durchdenken heißt, die Cusanische »Modernität« verstehen und die Grundlegungsidee eines Denkens, welche die Entfaltung der Neuzeit selbst in nuce enthält. Im Perspektivismus der Cusanischen Metaphysik ist, so kann man übertragen sagen, auf perspektivische Weise die geistige Geschichte der Neuzeit einbegriffen und vorgezeichnet.« (150f; cf. auch 164 und 172). – Auch Michael Stadlers Arbeit, *Rekonstruktion einer Philosophie der Ungegenständlichkeit. Zur Struktur des Cusanischen Denkens*, München 1983, gelangt über die bekannten Positionen nicht hinaus (cf. hier »Das Paradigma der Perspektive«, pp. 82-97); im Vergleich dazu sind die kurzen Überlegungen Ralf Konersmanns zu Cusanus gerade in ihren subjektivitätstheoretischen Implikationen für den vorliegenden Zusammenhang um einiges interessanter (cf. *Lebendige Spiegel. Die Metapher des Subjekts*, Frankfurt 1991, bes. pp. 88-98). In Anlehnung an Positionen W. Haugs bezeichnet Konersmann den »Balanceakt« des Cusaners zwischen Naturnachahmung und auf Einsicht in Perspektivität gegründeter kreatürlicher Selbsttätigkeit als »heikel« (ibid., p. 98; zu Haugs Analyse des Cusaners als Übergangsgestalt s.u.).

Hans Blumenberg hat schon 1957 in seiner Einleitung zu einer Auswahl cusanischer Schriften mit dem suggestiven Titel *Die Kunst der Vermutung* gezeigt, mit welcher inneren Folgerichtigkeit sich in der Philosophie des Nikolaus von Kues der entscheidende Schritt über die Vorstellung hinaus, menschliches Schaffen könne nichts anderes als Nachahmung der Natur sein, anbahnt.[1] Radikalisierung des Unendlichkeitsgedankens einerseits und konsequentes Ernstnehmen der in Gen 1, 26 ausgesagten Gottesebenbildlichkeit des Menschen andererseits bilden die Grundpfeiler der von Blumenberg rekonstruierten Konzeption; ihre deutlichste Formulierung findet sie in einer Passage aus der Schrift *Idiota de mente*.

»Unendlicher Gott, unendliche Welt, unendlicher Menschengeist – das sind die drei einander korrespondierenden Elemente der cusanischen Philosophie«:[2] Wie die Blumenbergsche Entfaltung dieses Ternars zu zeigen vermag, führt die Steigerung der göttlichen Transzendenz zugleich zu einer Infinitisierung der Welt und einer potentiellen Autonomisierung des Menschlichen. Denn ist die Welt Ausfaltung, *explicatio*, des in der unendlichen Einheit des göttlichen Geistes Eingefalteten (*complicatio*), die dieses nie erschöpft, sich ihm aber auf unendlich viele Weisen annähert, dann kann zwar auch das menschliche Erkennen nur eine solche Asymptote bilden, aber genau in dieser Gerichtetheit aufs Absolute, in dieser unausweichlichen, unendlich verringerbaren, aber nie aufhebbaren Ungenauigkeit ist es doch zugleich tingiert vom Unendlichen: »[...] denn die Entfaltung der unendlichen Vielheit der Welt ist zwar einerseits Abweichung, Defizienz, das Nichttreffen des Absoluten, aber andererseits auch das unausgesetzte Zielen auf das Absolute, das Umkreisen und Belagern einer Mitte von unendlich vielen Seiten.«[3] Damit erweist sich einmal mehr die Gelenkfunktion der epistemologischen Skepsis in ihrer theologischen Ambivalenz. Denn indem die Disproportionalität von Endlichem und Unendlichem gewahrt bleibt, menschliches Erkennen die göttliche Präzision nie erreicht, zugleich das »All der Erkenntnisgegenstände« entgrenzt und »grundsätzlich nicht mehr abschließbar« ist,[4] kehrt sich der Negativindex der Ungenauigkeit gleichsam um und auch das Erkennen erfährt – gerade weil alles immer noch besser gewußt werden kann – eine Entgrenzung: Zwischen unendlicher göttlicher Kreativität und an kein Ende

1 Cf. zum folgenden auch »›Nachahmung der Natur‹«, in: *Wirklichkeiten, in denen wir leben*, und *Legitimität*, pp. 609-626. Die kosmologischen Aspekte erscheinen in *Legitimität*, pp. 582-594, gegenüber der Arbeit von 1957 elaboriert und präzisiert, während die zuvor noch stärker betonten antizipatorischen Züge des cusanischen Denkens durch die gleichzeitige Hervorhebung ihrer konservativen Motivation eher zurückgenommen bzw. in die Schwebe gebracht werden.

2 *Kunst der Vermutung*, p. 39, cf. *Legitimität*, p. 614.

3 *Kunst der Vermutung*, p. 34.

4 Ibid., p. 32. – Die Blumenbergschen Formulierungen pointieren das skeptische Substrat dieses Argumentationszusammenhangs: »In einer unendlichen Welt verliert das scholastische Verbot des *regressus ad infinitum* sein logisches Fundament: es gibt jetzt keinen Grund mehr dafür, daß in der Kette von Ursache und Wirkung notwendig ein unüberschreitbarer Punkt erreicht werden muß [...].« (ibid.).

kommender menschlicher Assimilation[1] ergibt sich eine Ähnlichkeitsbeziehung. Die Tragweite des Gedankens ist auf dieser Abstraktionsstufe allerdings erst angedeutet. Sie läßt sich an zwei Vergleichen ungleich konkreter, wenn auch nicht unbedingt eindeutiger, ablesen: am Kosmographengleichnis im *Compendium* und am Beispiel vom Löffelschnitzer, das der Laie im Gespräch über den Geist anführt. Beide zeigen, in welcher Hinsicht die Skepsis des Cusaners, seine Spekulation, die paradoxerweise dem genauen Hinsehen der ›neuen‹ Naturwissenschaften vorzugreifen scheint,[2] produktiv wird; beide bewegen sich in der Ambivalenz von *similitudo* und *imago*, die auch der Schöpfungsbericht in den Perikopen über die menschliche Gottesebenbildlichkeit betont.

Im Cap. VIII des *Compendium* vergleicht Cusanus den Menschen, ausgestattet mit Sinnen und Vernunft, der begreifend nachbildet und bezeichnet, was Gott hat sein lassen (*entificat*), mit einem Kosmographen; dessen Sinneswahrnehmung, in der der geschilderte Prozeß seinen Anfang nimmt, mit einer Stadt, durch deren fünf Tore Boten eintreten und von der Beschaffenheit der Welt berichten. Dann erfolgt ein erster Vermittlungsschritt: »Sedeatque cosmographus et cuncta relata notet, ut totius sensibilis mundi descriptionem in sua civitate habeat designatam.«[3] Dabei bedarf es großer Aufmerksamkeit auf die Berichte der Sinnesboten, damit die Beschreibung, die auf ihnen beruht, »immer wahrer« werden kann. Aber noch ist diese *designatio* keine Weltkarte. Zu dieser wird sie erst, wenn die Vernunft, nachdem die Tore geschlossen sind, die Sinnesdaten bearbeitet und redigiert und sofern sie ihre geistig-geistliche Aufmerksamkeit auf den »Werkmeister und die Ursache von allem« (»omnium [...] artifex et causa«) richtet:

> Demum quando in sua civitate omnem sensibilis mundi fecit designationem, ne perdat eam, in mappam redigit bene ordinatam et proportionabiliter mensuratam convertitque se ad ipsam nuntiosque amplius licentiat clauditque portas et ad conditorem mundi internum transfert intuitum, qui nihil eorum est omnium, quae a nuntiis intellexit et notavit, sed omnium est artifex et causa. Quem cogitat sic se habere ad universum mundum anterioriter, sicut ipse ut cosmographus ad mappam, atque ex habitudine mappae ad verum mundum speculatur in se ipso ut cosmographo mundi creatorem, in imagine veritatem, in signo signatum mente contemplando. [...] Et hinc in se reperit primum et propinquius signum conditoris, in quo vis

1 Zum Denken als *assimilatio* ans Inkommensurable cf. auch Borsche, *Was etwas ist*, p. 193ff.

2 In der Fassung, die Nikolaus von Kues diesem Gedanken gibt, ist die Selbstermächtigung des Menschen, die die Voraussetzung seines experimentell-technischen Zugriffs auf die Natur ist, bereits angelegt. Cf. Blumenberg, *Kunst der Vermutung*, p. 19-20: »Die »Ungenauigkeit« ist ein metaphysisches Axiom, das auf der Differenz von Endlichkeit und Unendlichkeit beruht. Aber die Ungenauigkeit drängt zur *Empirie*. [...] Die Nötigung, auf die Natur hinzusehen, um dadurch erst etwas über sie wissen zu können, ist in der Idee der Ungenauigkeit schon eingeschlossen. [...] Das ist das erstaunliche Paradox der cusanischen Philosophie, daß die reine Spekulation, die »Kunst der Vermutung«, unmittelbar auf die empirische Haltung ausmündet.«

3 *Compendium*, n. 22.

creativa plus quam in aliquo alio noto animali relucet. Intellectuale enim signum primum et perfectissimum est omnium conditoris, sensibile vero ultimum.[1]

Ohne vorgängige Sinnesevidenz kommt die Weltkarte nicht zustande;[2] allein durch sie jedoch auch nicht. Es bedarf eines Hinausgehens über das Erfahrungssubstrat und einer aktiven Transformation des passiv sensuell Erlebten. Die Karte ist, wie Blumenberg es ausdrückt, »nicht Abbildung, sondern Nachkonstruktion der Welt«.[3] Im Zentrum des hier vergleichend erzählten Erkenntnisprozesses steht eine Spiegelszene, in der sich der Kosmograph als »speculator divinorum«,[4] zugleich in einem Analogieverhältnis zum Schöpfer der Welt findet. Gott verhält sich, so erwägt der Kosmograph bei sich, so zur Welt, wie er selbst zu seiner Karte.[5] Darin aber liegt auch eine Selbsterkenntnis;[1*] die »Wahr-

---

1 Ibid., n. 23. (»Wenn er schließlich in seiner Stadt eine Gesamtaufnahme der sinnenfälligen Welt fertiggestellt hat, trägt er sie, um ihrer nicht verlustig zu gehen, in rechter Ordnung und in den entsprechenden Größenverhältnissen auf eine Karte ein. Sodann wendet er sich dieser Karte zu, entläßt die Boten für die Folgezeit und schließt die Tore. Nun lenkt er seinen inneren Blick zum Schöpfer der Welt, der nichts von alledem ist, was der Kosmograph durch Vermittlung der Boten verstand und aufzeichnete; er ist vielmehr der Werkmeister und die Ursache von allem. Nach der Auffassung des Kosmographen verhält er sich in vorgängiger Weise so zur ganzen Welt, wie er selbst als Kosmograph zur Karte, und entsprechend dem Verhältnis der Karte zur wahren Welt betrachtet er in sich selbst als dem Kosmographen den Schöpfer der Welt und schaut so mit seinem Geiste die Wahrheit im Bilde und im Zeichen den Bezeichneten. [...] Und daher entdeckt er in sich selbst das erste und nächste Zeichen des Schöpfers, in dem die schöpferische Kraft mehr als in irgendeinem andern bekannten Sinnenwesen aufleuchtet. Das geistige Zeichen nämlich ist das erste und vollkommenste Zeichen des Schöpfers von allem, das sinnenfällige aber das letzte.«)

2 Hier ist wieder ein potentiell pyrrhonisches Motiv zu vermuten. Tilman Borsche weist in einer Anmerkung auf eine Passage aus Sextus Empiricus, Math. VII 129f, hin, derzufolge schon Heraklit die ›Poren der Wahrnehmung‹ mit Fenstern und Türen verglichen habe; cf. *Was etwas ist*, p. 219 (Anm. 128). Gewiß ist dies auch ein Aufnehmen des von Cusanus verschiedentlich zustimmend zitierten aristotelischen Grundsatzes, daß nichts im Verstand sein könne, was nicht zuvor in den Sinnen gewesen sei. Gleichwohl erhält dieser mit der Bedeutung, die der sensuellen *excitatio* als dem Beginn des Erkenntnisprozesses bei Cusanus zuwächst (cf. hierzu auch ibid., p. 221), eine ausgesprochen ›empiristische‹ Wendung, im Nachdruck auf dem Visuell-Inspizierenden auch eine skeptizistische Note. – Indem einige bevorzugte Metaphern die unmittelbare Intensität und Fraglosigkeit des Sensuellen geradezu zum Paradigma des Intellektuellen erheben, betonen sie zugleich die ›Ganzheitlichkeit‹ der hier anvisierten Spiritualität; cf. e.g. das Spiel mit *sapientia* und *sapere* in *Idiota de sapientia*: »Sapientia est, quae sapit, qua nihil dulcius intellectui.« (I n. 10. – »Weisheit ist, was zu schmecken weiß; nichts ist für das Erkennen süßer als sie.«). Das Erkennen der höchsten Wahrheit kann die Qualität einer Sinneserfahrung haben, gerade weil diese Wahrheit als Identität die alteritären Momente, die die Sensation konstituieren, übersteigt: »Identitas enim infinita non potest in alio recipi, cum in alio aliter recipiatur. Et cum non possit in aliquo nisi aliter recipi, tunc recipitur meliori modo quo potest.« (ibid., I n. 25. – »Die unendliche Selbigkeit nämlich kann nicht in einem anderen aufgenommen werden, da sie in jedem anderen anders aufgenommen wird. Und da sie in etwas nur anders aufgenommen werden kann, so wird sie so gut als möglich aufgenommen.«)

3 Cf. *Kunst der Vermutung*, p. 55. – Die hier tätige *mens* erweist sich in der Konzeption des Cusaners also als modellbildendes Vermögen: Bedingung des skeptischen Anderssehens! (Zur Modellbildung durch die *mens* cf. auch Blumenberg, *Paradigmen*, p. 97f).

4 *Compendium*, Cap. VI, n. 17.

5 Cf. auch die Fassung dieses Gedankens in *De coniecturis* I, I, n. 5: »Dum enim humana mens, alta dei similitudo, fecunditatem creatricis naturae, ut potest, participat, ex se ipsa, ut imagine

heit«, die der Kosmograph in diesem »Bild« erkennt, das »Bezeichnete«, das er (weniger im Ikonzeichen ›Karte‹ an sich als im Bedenken seiner Erstellung) zeichenhaft sieht, enthält auch eine Einsicht in seine eigene, die göttliche spiegelnde und in ihr begründete Schöpfertätigkeit. Sie ist auch – so die ambivalente Formulierung im Text – »signum conditoris«, Anzeichen oder Verweis auf den ›eigentlichen‹ Schöpfer, wohl auch dessen Signatur, und Auszeichnung eigener Kreativität. Zugleich rückt, in einer Umkehrung der narrativen Abfolge des Gleichnisses und in kreisförmiger Konklusion seiner Struktur, dieses »geistige Zeichen« als erstes an den Beginn des Erkenntnisprozesses, die Sinneszeichen in der metaphysischen Rangfolge an den Schluß.

Hat die Karte des Kosmographen als Gleichnis der menschlichen Erkenntnis noch rekonstruktive Qualität, so tritt das Moment des Originären, das den Menschengeist als *imago dei* erweist, im Löffelschnitzerbeispiel aus *Idiota de mente*, Cap. II, noch deutlicher in den Vordergrund:

> IDIOTA sumpto cocleari ad manum aiebat:
> Coclear extra mentis nostrae ideam aliud non habet exemplar. Nam etsi statuarius aut pictor trahat exemplaria a rebus, quas figurare satagit, non tamen ego, qui ex lignis coclearia et scutellas et ollas ex luto educo. Non enim in hoc imitor figuram cuiuscumque rei naturalis. Tales enim formae cocleares, scutellares et ollares sola humana arte perficiuntur. Unde ars mea est magis perfectoria quam imitatoria figurarum creatarum et in hoc infinitae arti similior.[2]

Ausdrücklich wird jeder Gedanke an eine Nachahmung der Natur zurückgewiesen. Für die Gebilde, die der Laie als Schnitzer hervorbringt und deren gleichsam alltagsmetaphysisches Gewicht er dem Philosophen hier erläutert, gibt es kein natürliches Vorbild; ihre Formen sind in diesem Sinn Originale.[3] Gewiß ist die

---

omnipotentis formae, in realium entium similitudine rationalia exserit. Coniecturalis itaque mundi humana mens forma exstitit uti realis divina.« (»Indem nämlich der menschliche Geist, das hohe Abbild Gottes, an der Fruchtbarkeit der Schöpferin Natur, soweit er vermag, teilhat, faltet er aus sich, als dem Gleichnis der allmächtigen Form, als Abbild der realen Dinge die rationalen aus. Der menschliche Geist ist daher die Form der mutmaßlichen Welt, wie der göttliche die Form der realen.«)

1* Cf. *Kunst der Vermutung*, p. 38 (mit Bezug auf eine Passage aus *Excitationes* I): »In der Welt hat sich der Geist immer schon »entfaltet«, ist in ihr »enthalten« und findet sich bei allem Erkennen in ihr schon vor. Welterkenntnis ist ein Stück Selbsterkenntnis und umgekehrt.«

2 (»Der Laie nahm einen Löffel zur Hand und sagte: Der Löffel hat außer der von unserem Geist geschaffenen Idee kein anderes Urbild. Denn wenn auch ein Bildhauer oder ein Maler die Urbilder von den Dingen hernimmt, die nachzugestalten er sich müht, so tue ich das doch nicht, der ich aus Hölzern Löffel und Schalen und Töpfe aus Ton hervorbringe. Dabei ahme ich nämlich nicht die Gestalt irgendeines Naturdinges nach. Solche Formen von Löffeln, Schalen und Töpfen kommen nämlich nur durch menschliche Kunst zustande. Daher besteht meine Kunst mehr im Zustandebringen als im Nachahmen geschöpflicher Gestalten und ist darin der unendlichen Kunst ähnlicher.« n. 62) – Cf. hierzu den Kommentar Blumenbergs in *Kunst der Vermutung*, pp. 57-59, sowie in »›Nachahmung der Natur‹«, pp. 58-59, 86-87, und *Legitimität*, pp. 620-623.

3 Selbstverständlich nicht im Sinn eines emphatischen Kunstbegriffs, womöglich noch mit Implikationen einer Genieästhetik. Der Begriff *ars* ist hier völlig konventionell gebraucht; Blumenberg weist auch zu Recht darauf hin, daß sich der Laie in seinem handwerklichen Tun ausdrücklich

Gestalt des *Idiota* insofern noch »keine Gestalt der Selbstermächtigung«,[1] als seine ›Kunst‹ zwar nicht mehr im Blick auf die Natur, wohl aber noch in der Beziehung zu Gott eine Weise der Nachahmung ist. Der menschliche Geist bildet die göttliche Schöpferkunst so ab, als habe diese sich selbst erschaffen wollen (»quasi ars illa se ipsam creare vellet«), und nur insofern ist er, soweit ihm dies möglich ist, »vollkommenes und lebendiges Bild [imago] der unendlichen Kunst«.[2] Aber eben diese Dimension der *imitatio* zeichnet in Bezug zur Welt die Möglichkeit einer Erfindung von Neuem, *inventio*,[3] vor und antizipiert so mindestens den Umriß einer Technik einerseits, einer Ästhetik andererseits, deren Potential erst das 17. Jahrhundert zu realisieren beginnen wird.

Wird ›Innovation‹ hier vorgedacht, indem die Protagonisten der cusanischen Texte bedenken, was es heißt, daß der Mensch als Bild und Gleichnis Gottes geschaffen ist, so bleibt indes dabei stets bewußt, daß dieses Sich-Messen der menschlichen *mens* mit dem Geist Gottes eben nicht anders als in jenem Abstand erfolgt, der sie – als *similitudo* – vom Unermeßlichen trennt.[4] Anders ausge-

---

von dem der bildenden Künstler absetzt: »Es sind nicht die traditionellen Sonderzustände des künstlerischen Hervorbringens, auf die sich ein solches Selbstbewußtsein beruft; [...]« (*Legitimität*, p. 621).

1 *Legitimität*, p. 622.

2 Und insofern auch kein schlichtes Duplikat Gottes; cf. *Idiota de mente*, XIII, n. 148-149: »Nosti mentem nostram vim quandam esse habens imaginem artis divinae iam dictae. [...] Unde mens est creata ab arte creatrice, quasi ars illa se ipsam creare vellet et, quia immultiplicabilis est infinita ars, quod tunc eius surgat imago, sicut si pictor se ipsum depingere vellet et, quia ipse non est multiplicabilis, tunc se depingendo oriretur eius imago. [...] sic omnis mens, etiam et nostra, quamvis infra omnes sit creata, a deo habet, ut modo quo potest sit artis infinitae perfecta et viva imago.« (»Du weißt, daß unser Geist eine gewisse Kraft ist, die das Bild der genannten göttlichen Kunst darstellt. [...] Daher ist der Geist von der Schöpferkunst erschaffen, wie wenn jene Kunst sich selbst erschaffen wollte, aber, da die unendliche Kunst nicht vervielfältigt werden kann, dann ihr Bild entsteht, so wie wenn ein Maler sich selbst malen wollte und, weil er selbst nicht vervielfältigt werden kann, dann, wenn er sich malt, sein Bild entstünde. [...] So hat jeder Geist, auch der unsrige, obgleich er niedriger erschaffen ist als alle anderen, von Gott, daß er in der Weise, in der er kann, vollkommenes und lebendiges Bild der unendlichen Kunst ist.«)

3 Cf. Blumenberg, *Kunst der Vermutung*, p. 58. – In der späten Schrift *De ludo globi* wird das Erfinden des Neuen noch deutlicher zu einem Zentralgedanken; cf. ibid., p. 59f, sowie *Legitimität*, p. 622, Anm. 99. – Walter Haug sieht gerade diese Möglichkeit noch nicht gegeben (cf. »Francesco Petrarca – Nicolaus Cusanus – Thüring von Ringoltingen. Drei Probestücke zu einer Geschichte der Individualität im 14./15. Jahrhundert«, in: Manfred Frank, Anselm Haverkamp, eds., *Individualität* [Poetik und Hermeneutik XIII], München 1988, pp. 291-324). Haug zieht aus der Analogiebeziehung zum Schöpfergott ein negatives Fazit: »Der Mensch als »humanus deus« bleibt gebunden in die Analogie zu Gott. Wenn er schöpferisch genannt wird, dann heißt das, daß er das hervorbringt, was in ihm ist; er schafft also nichts Neues. Der Gedanke der schöpferischen Originalität ist auf dieser Basis noch nicht denkbar.« (p. 316). Anders als Blumenberg beruft er sich jedoch hauptsächlich auf eine Passage aus *De beryllo*, Cap. VI, n. 7 (s. Zitat in der folgenden Anmerkung) und berücksichtigt das Löffelschnitzerbeispiel gar nicht.

4 Cf. die Formulierungen in *De beryllo* Cap. VI, n. 7 (meine Hervorh. – V. O. L.): »[...] adverte Hermetem Trismegistum dicere *hominem esse secundum deum*. Nam sicut deus est creator entium realium et naturalium formarum, ita homo rationalium entium et formarum artificialium, quae non sunt nisi sui intellectus similitudines sicut creaturae dei divini intellectus similitudines. *Ideo homo habet intellectum, qui est similitudo divini intellectus in creando*. Hinc creat similitudines similitudinum divini intellectus, sicut sunt extrinsecae artificiales figurae similitudines intrin-

drückt: Bedingung solcher Ähnlichkeit ist das skeptische Festhalten an der letzten Distanz, ist das Insistieren auf dem Nichtwissen, das solche Einsicht nur als »aenigmatica scientia«[1] – das heißt: durch die Brille der belehrten Unwissenheit – ermöglicht. Die negative Theologie des Nikolaus von Kues wird produktiv, indem sie die letzte Gewißheit verweigert.[2] Die »Zubilligung einer originären, schöpferischen Potenz«[3] kann einer ›humanistischen‹ Erhöhung des Menschen eben deshalb vorarbeiten, weil die Unergründbarkeit ihres Prinzips für sie nicht nur Skandal,[4] sondern konstitutive Bedingung – und übrigens nicht zuletzt ein Moment skeptischer Argumentationsgepflogenheiten – ist. Insofern erscheint die cusanische Verknüpfung von Sicherungsverzicht und Gestaltungsspielraum zwar im Blick auf die sich ergebende Struktur der kosmologischen Ortlosigkeit des Menschen in Pico della Mirandolas Formel vom »plastes et fictor« in der *Oratio de hominis dignitate* vergleichbar,[5] hinsichtlich ihrer Begründungsstrategie unterscheidet sie sich jedoch von ihr.

Auch darin zeigt die negative Theologie des Nikolaus von Kues ein weiteres Mal ihr voraus-zurückblickendes Janusgesicht, daß sie in der Radikalisierung der Analogie von Schöpfergott und menschlicher Kreativität das Ende des analogistischen Denkens vorbereitet.[6] Schließlich ergibt sich der Matrixcharakter dieses

---

secae naturalis formae. *Unde mensurat suum intellectum per potentiam operum suorum et ex hoc mensurat divinum intellectum*, sicut veritas mensuratur per imaginem. Et haec est aenigmatica scientia.« (»[...] beachte, daß Hermes Trismegistus sagt, der Mensch sei ein zweiter Gott. Denn wie Gott Schöpfer der realen Seienden und der natürlichen Formen ist, so ist der Mensch Schöpfer der Verstandesseienden und der künstlichen Formen, die lediglich Ähnlichkeiten seiner Vernunft sind, so wie die Geschöpfe Ähnlichkeiten der göttlichen Vernunft sind. Also hat der Mensch die Vernunft, die im Erschaffen Ähnlichkeit der göttlichen Vernunft ist. Daher erschafft er Ähnlichkeiten von Ähnlichkeiten der göttlichen Vernunft, so wie die äußeren künstlichen Gestalten Ähnlichkeiten der inneren natürlichen Form sind. Hieraus mißt er seine Vernunft durch die Kraft seiner Werke, und daraus mißt er die göttliche Vernunft, wie die Wahrheit durch ihr Bild gemessen wird. Und das ist die Wissenschaft, die sich des Rätselbildes bedient.«)

1 Ibid.

2 Blumenbergs Formel für den innovativen Konservatismus des Cusaners – »Der Mensch ist groß, weil sein Gott groß ist« (*Legitimität*, p. 614; cf. *Kunst der Vermutung*, p. 47) – blendet in der Akzentuierung der positiven Momente dieser Konfiguration jene akademisch-skeptischen mindestens vorübergehend aus, denen diese sich verdankt.

3 *Legitimität*, p. 614.

4 Cf. Blumenberg, *Legitimität*, p. 618: »An der Differenz zwischen Wirklichkeit und Möglichkeit, zwischen unendlicher Allmacht und faktischer Welt entdeckte der am Ärgernis der Unbegründbarkeit sich stoßende Mensch, daß er etwas anderes als ein Nachahmer der Natur sein konnte.« – Als Spiegel der Unergründlichkeit Gottes kann die »Unbegründbarkeit« des Menschen mindestens ebenso als Zeichen der Dignität erscheinen wie als Mangel.

5 Blumenberg sieht Picos Rede als Formulierung des bei Cusanus allenfalls angedeuteten Selbstverständnisses des kosmologisch randständig gewordenen Menschen als eines »sich selbst in der Welt justierende[n], zentrierende[n] Wesen[s]«; cf. *Legitimität*, pp. 607-609. – Zur Rede Picos cf. auch Cassirer, *Individuum und Kosmos*, besonders pp. 88-91.

6 Blumenberg charakterisiert den cusanischen Denkmodus in einer Weise, die Ähnlichkeit mit der Foucaultschen Distinktion zwischen Episteme der Analogie und Episteme der Repräsentation aufweist: »Die Gesamtheit möglicher Aussagen über die Welt ist als eine in sich systematisch interdependente Einheit zu begreifen. Beim Cusaner ist erkannt, daß das Verständnis der menschlichen Erkenntnis als *explicatio* einer zugrunde liegenden *complicatio* nur gewonnen werden

skeptischen Platonismus – und damit eine zusätzliche Legitimation dafür, ihn unter der Überschrift »Skeptische Phantasie« zu erörtern, – auch daraus, daß sein Konzept menschlicher Geistigkeit und die Modi, in denen diese sich realisiert, nicht nur im Blick auf seine Anthropologie, sondern auch auf seine implizite Poetik im Medium der Traditionalität über deren konservative Intentionen hinauszuweisen scheint. So findet sich zwar in den cusanischen Schriften kein Imaginationskonzept, das diesem Vermögen in Abweichung von herkömmlichen Bestimmungen besondere Kompetenz zuwiese.[1] Aber das ist auch gar nicht erforderlich, denn die Art und Weise, wie der Cusaner *mens* bzw. *intellectus* auffaßt, impliziert, wie wir bereits sehen konnten, eine Produktivität, die durchaus auch die Erfindung von Neuem, damit Aspekte genuin neuzeitlicher Ästhetik umfaßt. Künstlerisches Schaffen ist, mit anderen Worten, nicht einem irgendwie gearteten besonderen Vermögen zuzuschreiben, sondern es ist ein Element menschlicher Vernunft, Teil ihres Potentials.[2] ›Phantasie‹ erscheint auch insofern bereits im *mens*-Konzept des Nikolaus von Kues aufgehoben, als sich sein eigenes Schreiben, das ja von unstillbarem *desiderium sciendi* motivierte Betätigung der *mens* ist, als neuartiges, aus der Sicht florentinischer Latinität »barbarisch« erscheinendes ›Anders‹-Schreiben verstehen und rechtfertigen konnte.[3] Denn die

---

kann, wenn nicht primär der zwischen Gegenstand und Urteil entstehende Zusammenhang beachtet wird, sondern die immanente Entfaltung eines Gefüges von Aussagen, ›Vermutungen‹, das erst, wenn es eine gewisse Komplexion und Konsistenz gewonnen hat, mit der vorgefundenen Realität in Beziehung gesetzt und an ihr geprüft werden kann.« (*Legitimität*, p. 611f). – Der Gedanke etwas pauschaler auch bei Haug, in M. Frank, A. Haverkamp, eds., *Individualität*, p. 313: »[...] Denken und Sprache bilden nun ein eigenständiges Regelsystem, in dem die Welt im Geist seiner Form gemäß umgesetzt wird.« Zur »Loslösung des sprachlich-denkerischen Bereiches aus der unmittelbaren Adaequatio« cf. auch p. 314.

1 Zur Traditionalität des cusanischen *imaginatio*-Begriffs cf. Borsche, *Was etwas ist*, p. 223. – Die Begriffsgeschichte der Phantasie von der Antike bis zur Gegenwart wird ausführlich behandelt von Barbara Ränsch-Trill, *Phantasie. Welterkenntnis und Welterschaffung. Zur philosophischen Theorie der Einbildungskraft*, Bonn 1996. Auch ihre sehr knappen Ausführungen zu Nikolaus von Kues fassen jedoch nicht die Implikationen des *mens*-Konzepts in den Blick, sondern konzentrieren sich auf die ausdrücklich dem Teilvermögen der *imaginatio* zugeschriebenen Leistungen und bezeichnen »Nikolaus' imaginative Standpunktwechsel« (fälschlich) als »unreflektiert« und (aus dieser Sicht durchaus konsequent, wenn auch in wenig glücklicher Metaphorik) als »Requisiten neuzeitlicher Imagination«, die »sperrig auf der philosophischen Szene des ausgehenden Mittelalters [stehen]« (p. 90). – Die Verschiebungen von Bedeutung und epistemologischer Valenz in dem begrifflichen Feld, das *imitatio, mimesis, inventio, phantasia, imaginatio* und *ingenium* im Kontext der italienischen Kunsttheorie des 15. und 16. Jahrhunderts eröffnen, mit ihnen die Wurzeln des frühmodernen Kreativitätsdiskurses in der Renaissance, hat Martin Kemp detailliert beschrieben, cf. »From «Mimesis» to «Fantasia»: The Quattrocento Vocabulary of Creation, Inspiration and Genius in the Visual Arts«, *Viator* 8(1977), 347-397.

2 Cf. auch die Formulierung in *Compendium*, Cap. III, n. 7 (meine Hervorh. – V. O. L.): »Inter naturam igitur et *intellectum, qui est creator artium*, hae artes cadunt [...]« (»Zwischen Natur und Vernunft, die Schöpfer der Künste ist, liegen also diese Künste« – d.h. zu sprechen und zu schreiben).

3 Zu dieser Art der Rezeption des Cusanus cf. Kurt Flasch, »Nikolaus von Kues und Pico della Mirandola«, *Mitteilungen und Forschungsberichte der Cusanus-Gesellschaft* 14 (1980), p. 115: »1975 hat Eugenio Garin einen Brief veröffentlicht, der Auskunft gibt über die Art der Beziehung, die man im engsten Kreis um Pico zu Cusanus hatte. In einem Brief von 1490 schreibt

transgressiven Züge[1] der cusanischen Neologismen, die künstlich-laizistischen Perspektivierungen, die etwa durch die Einführung der *Idiota*-Gestalt möglich werden, die geradezu concettistischen Effekte, derer sich die Argumentation in Schriften wie *De visione dei* bedient, Hyperbeln, Tautologien, paronomastische Verfahren oder Strategien dramatischer Verblüffung wie in *De deo abscondito,* sind mindestens doppelt legitimiert. Zum einen gewährt – gut platonisch – der Zustand des Hingerissenseins vom Göttlichen gewisse Lizenzen; im Streben nach Angemessenheit genießt das enthusiastische Sprechen – »in raptu quodam mentali«[2] – größere Freiheit als das nüchtern diskursive. Zum anderen erfüllen Begeisterung und Außersichsein für dieses Sprechen ja nicht nur apologetische Funktionen, sie sind darüberhinaus Bedingung seiner Wirkung: Ohne sie kann weder dem Sprecher noch den Lesern oder Hörern von *De visione dei* jenes exorbitante *transilire*[3] gelingen, das doch gleichsam experimentell ermöglicht werden soll. Das Überspringen literarischer Konventionen ist zentrale Wirkungsstrategie der Transzendenz-Inszenierungen bei Nikolaus von Kues. Es stellt damit indes im emphatischen Verständnis eine skeptisch-platonische Strategie dar, insofern deren potentielle Wirkung darin besteht, die *docta ignorantia* zur unabweisbaren Erfahrung werden zu lassen.

Daß das cusanische Spekulieren über Endlichkeiten hinaus, sein Spiel mit Illusionseffekten und Widersprüchen, sein Entwerfen flexibler, in sich konsistenter, dabei der eigenen Kontingenz bewußter konjekturaler Zusammenhänge, seine Herstellung neuer, spannungsreicher Synthesen über dem Ineinsfallen von Gegensätzlichem tatsächlich Affinitäten mit charakteristischen Verfahren frühneuzeitlicher Literatur aufweist, mögen die nachfolgenden Kapitel zeigen.[4] Eine Wittgensteinsche Pointe scheint sich jetzt schon abzuzeichnen: Von dem, worüber man nicht sprechen kann, kann man – mystisch – schweigen, oder aber, in der Hoffnung, daß es sich darin zeigt,[5] *in alteritate* sprechen. Das aber heißt:

Ermolao Barbaro an Philippo Bervaldo, neulich sei ihm ein kleines Buch in die Hände gefallen, barbarisch zwar, aber voll Saft und Nährkraft (*barbarus ille sed succulentus et alibilis*); dessen Anfang laute, die menschliche Weisheit sei nichts anderes als eine erkennende Nicht-Erkenntnis (*humanum sapienciam aliud non esse quam doctam impericiam*). – Daß dies auf Cusanus zu beziehen ist, liegt auf der Hand. Damit ist gesichert, daß, wenigstens 1490, Cusanus im Umkreis Picos gelesen wurde, mit Befremden wegen seines Lateins, mit Hervorkehrung der skeptischen oder jedenfalls der sokratischen Seite der *docta ignorantia.*«

1 Zur Geschichte der Phantasie-Konzepte, zur Poetologie des Phantastischen und zu den wechselnden Wertungen bestimmter Verfahren und Stilphänomene in Interaktion mit Konzepten des Realen wie der Fiktion cf. auch Renate Lachmann, »Trugbilder. Poetologische Konzepte des Phantastischen«, in: B. Greiner, M. Moog-Grünewald, eds., *Etho-Poiëtik*, Bonn 1999.

2 *De visione dei*, XVI, p. 166.

3 Ibid., VI, p. 114 und passim.

4 Auch Ronald Levao plaziert Cusanus am Anfang einer paradigmatischen Reihe, die über Sidney zu Shakespeare führt; seine Parallelisierung von Mentalitäten und ›Poetiken‹ kommt indes einerseits nicht ohne einige Gewaltsamkeit aus und bleibt andererseits nicht zuletzt deshalb beliebig, weil zu wenig deutlich wird, worin der Tenor seiner Zusammenstellung besteht. Cf. Levao, *Renaissance Minds and their Fictions: Cusanus, Sidney, Shakespeare*. Berkeley 1985.

5 Die beiden Dikta in: Ludwig Wittgenstein, *Tractatus logico-philosophicus. Logisch-philosophische Abhandlung*. Frankfurt 1971 (zuerst Oxford 1959), 7 (»Wovon man nicht sprechen kann, dar-

sprechen, als schwiege man – oder, wie es eine englische Übersetzung der cusanischen Schrift *De dato patris luminum* von 1632 ausdrückt: »[...] to speak so of this unspeakable God is to speak in a language above all language where silence is like speaking [...].«[1] Die Philosophin Anne Conway, mit der diese Untersuchung schließt, wird unter veränderten Bedingungen noch einmal das Exerzitium eines solch beredten Schweigens wählen.[2]

über muß man schweigen.«) und 6.522 (»Es gibt allerdings Unaussprechliches. Dies *zeigt* sich, es ist das Mystische.«)

1 Thomas Wilson Hayes, »A seventeenth-century translation of Nicholas of Cusa's *De dato Patris luminum*«, *Journal of Medieval and Renaissance Studies* 11 (1981), pp. 113-136, hier p. 130. Die Übersetzung, die offenbar nie gedruckt wurde und die Hayes vollständig präsentiert und kommentiert, stammt von John Everard (1582-1640), der auch *De visione dei* (veröffentlicht 1646 als *The Single Eye, Or the Vision of God*) und die *Idiota*-Bücher (veröffentlicht 1650 als *The Idyot*) übersetzte; cf. T. Wilson Hayes, »John Everard and Nicholas of Cusa's *Idiota*«, *Notes and Queries* 28 (1981), pp. 47-49, sowie ders., »Nicholas of Cusa and Popular Literacy in Seventeenth-Century England«, *Studies in Philology* 84.1 (1987), pp. 80-94. – Die Ausführungen Hayes' sind im Blick auf Cusanus wenig ergiebig, umso suggestiver jedoch hinsichtlich seiner Rezeption im England des 17. Jahrhunderts. Sie zeigen vor allem, daß Cusanus in nonkonformistischen Kreisen auf besonderes Interesse stieß. Everard, Kenner des Corpus Hermeticum und Übersetzer auch der *Theologia Germanica* sowie der *Mystischen Theologie* des Pseudo-Dionysius Areopagita, erfuhr seine theologische Ausbildung am Clare College, Cambridge, und stellt sich zumindest hinsichtlich seiner neuplatonisch-hermetischen Interessen als Vorläufer der Cambridge Platonists dar. Anders als diese blieb er jedoch nicht der anglikanischen Staatskirche verbunden, sondern äußerte seine radikal reformerischen und nonkonformistischen Überzeugungen in Predigten, die ihm nicht nur große Popularität eintrugen, sondern auch zu Anklage und Amtsenthebung wegen anabaptistischer und familistischer Heterodoxien führten. Es scheint, als seien für Everard vor allem die aristotelismuskritischen, antischolastisch auslegbaren, ›laizistischen‹ Momente bei Cusanus und dessen Bestehen auf der Erfahrbarkeit des Göttlichen von Interesse gewesen; ansonsten scheint seine Lektüre die cusanischen Texte vor allem im Sinne einer Innerlichkeit interpretiert zu haben, die in der Tat stark an familistische Ideologeme bzw. an eine Spiritualität angelehnt ist, wie sie die Quaker propagierten (cf. zum Familismusverdacht andeutend die Arbeiten von Hayes). – Im vorliegenden Zusammenhang ist diese (von Everard offenbar nicht ohne interpretatorische Gewaltsamkeiten herbeigeführte) Konvergenz cusanischer mit nonkonformistischen Ideen jenseits möglicher positivistisch nachweisbarer Bezüge vor allem im Hinblick auf die Spiritualität und Philosophie Anne Conways von Interesse; s.u. Kapitel 7 (zur ›Nachbarschaft‹ Everards und der Cambridge Platonists cf. auch Marjorie H. Nicolson, Sarah Hutton, eds., *The Conway Letters*, Oxford 1992, p. 42).

2 In ihrer Person konvergieren, wie sich zeigen wird, die zwei Rezeptionslinien des cusanischen Denkens in England: zum einen die nonkonformistische, wie sie sich in John Everard und der von ihm propagierten Spiritualität paradigmatisch verkörpert, zum anderen die neoplatonisch-okkultistische. Zur letzteren, insbesondere zu ihrer Intensivierung durch Werk und Persönlichkeit Giordano Brunos, cf. die Untersuchungen Frances Yates', z.B. *The Occult Philosophy in the Elizabethan Age* oder *Giordano Bruno and the Hermetic Tradition*, London 1964; zu kabbalistischen Aspekten in der Rezeption cusanischer Schriften cf. Brian P. Copenhaver, »Lefèvre D'Étaples, Symphorien Champier, and the Secret Names of God«, *Journal of the Warburg and Courtauld Institutes* 40 (1977), vor allem pp. 200-203. Eine suggestive Bemerkung zur Legitimität einer solchen Rezeption macht auch Blumenberg, indem er auf Parallelen zwischen dem cusanischen *contractio*-Konzept und der vor allem für die lurianische Kabbala zentralen Vorstellung des *Zimzum* (»jener Selbstbeschränkung Gottes, in der er sich *von sich selbst auf sich selbst zurückzieht* und dadurch möglich macht, daß etwas besteht, was nicht er selbst ist«) hinweist; cf. *Legitimität*, p. 634, Anm. 116. – Stephan Meier-Oeser hat die Rezeptionsgeschichte der cusanischen Philosophie eingehend untersucht und dokumentiert; cf. *Die Präsenz des Vergessenen*, Münster, 1989. Auch er weist – unter kritischer Relativierung einiger Thesen Frances Yates' –

auf Bezugnahmen des frühneuzeitlichen neoplatonisch-hermetischen Denkens auf Cusanus hin (etwa bei Johannes Reuchlin, Athanasius Kircher, Giovanni Pico della Mirandola, bis hin zu den dualistischen Konzeptionen Giordano Brunos und Robert Fludds) und zeigt, wie Cusanus in das Programm der Rekonstruktion einer *prisca sapientia* einbezogen wurde (cf. pp. 123-189). Anhand der Wirkungsgeschichte der in *De coniecturis* vorgestellten, zwischen *unitas* und *alteritas* ausgespannten *figura paradigmatica* analysiert Meier-Oeser die Rezeption des cusanischen Denkens aus der Sicht der christlichen Kabbalisten. Dabei wird nicht zuletzt die Neigung der hermetischen Reinterpretationen zu einer Reduktion der *figura P* auf die traditionellen Schematismen des Stufenkosmos deutlich. Anne Conway, die späte Geistesverwandte des Cusaners, wird hier, ihren kabbalistischen Interessen zum Trotz, anders denken [s.u. Kapitel 7.3].

KAPITEL III
APOLOGIEN

Daß Nikolaus von Kues um die Mitte des 17. Jahrhunderts für einen der gefährlichsten Pyrrhoneer gehalten werden konnte, hat einen Grund, so ist zu vermuten, nicht zuletzt in der strukturellen Skepsis seiner Schriften.[1] Es läßt sich an dieser Einschätzung aber nicht nur ablesen, daß das 17. Jahrhundert offenbar noch eine Kontinuität zwischen den eigenen epochalen Fragen und dem Denken des Cusaners wahrzunehmen vermochte, sondern auch, welche Möglichkeiten der Verkennung die zeitgenössische Problemlage eröffnet hatte. Indes soll es im folgenden nicht um die Geschichte der Cusanus-Rezeption gehen,[2] sondern zu-

---

1 Natürlich auch in der nicht zuletzt durch Descartes und die um ihn entbrannte Debatte veränderten geistesgeschichtlichen Situation. Diejenigen, die den Cusaner so einstufen (und ihn zugleich unter Häresieverdacht stellen), sind vor allem die Theologen und Philosophen Martin Schoock und Gabriel Wedderkopf. Schoocks Geschichte des Skeptizismus, *De scepticismo pars prior, sive libri quatuor* (1652), reiht Cusanus neben Sanchez und Cardano ein; Wedderkopfs *Dissertationes duae quarum prior de Scepticismo profano et sacro praecipue remonstrantium, posterior de Atheismo praeprimis Socinianorum* (1665) stellt ihn in eine Reihe mit Sanchez, Cardano, Lorenzo Valla und Agrippa von Nettesheim. Spätestens bei Wedderkopf sind die Kategorien der akademischen und pyrrhonischen Skepsis austauschbar geworden. – Cf. Art. »Skepsis; Skeptizismus«, II. Neuzeit, von M. Albrecht in: *Historisches Wörterbuch der Philosophie*, ed. J. Ritter, Bd. 9, Sp. 954-955, sowie die Bemerkungen zu Schoock und Wedderkopf bei Elaine Limbrick, »Introduction« zu Francisco Sanches (Franciscus Sanchez), *That Nothing is Known (QVOD NIHIL SCITVR)*, Cambridge 1988, pp. 1, 84-5.

2 Deren Darstellung bedürfte einer eigenen Untersuchung. Im Kontext sich verschärfender Debatten um die Zuständigkeit und Macht der menschlichen Vernunft konnte offenbar das besondere Profil der negativen Theologie des Cusaners als Camouflage einer diabolischen Selbstermächtigung der *ratio* mißverstanden werden; cf. Albrechts Bemerkung zu Wedderkopfs Kritik, dieser habe den gemeinsamen Ursprung der von ihm gegeißelten Skeptizismen in der Frage der Schlange (Gen 3,1) gesehen (Art. »Skepsis; Skeptizismus«, p. 955). Denkbar ist auch, daß Cusanus in den Wirbel anticartesianischer Polemik (Schoock war ein Schüler des Descartes-Gegners Gisbert Voetius) hineingezogen wurde, weil ihn Descartes in einem Brief zu denen gezählt hatte, die eine mögliche Unendlichkeit der Welten erörtert hätten, ohne dafür kirchliche Sanktionen erlitten zu haben (an Chanut, 6. Juni 1647, p. 1273); zu Descartes' eigener Position in der Infinitätsdebatte s.u. Kap. 7. Die fideistische Rezeption insbesondere der cusanischen *docta ignorantia*, die Wendung dieses Konzepts zur Bescheidungsformel, zum Quietiv für zu weit gehende *curiositas* (vor allem bei den Anticartesianern), oder auch zur Folie für antischolastische Rückprojektionen stellt Stephan Meier-Oeser in seiner Rezeptionsgeschichte der Philosophie des Nikolaus Kues dar; cf. *Die Präsenz des Vergessenen*, Münster 1989, zum 17. und 18. Jahrhundert vor allem das Schlußkapitel (pp. 342-370). – Auch die Schilderung der Wandlungen der Skepsis von Cusanus bis zu Montaigne, Shakespeare und anderen frühneuzeitlichen Autoren ist, wie bereits angemerkt, nicht Gegenstand meiner Bemühungen, zumal für die Geschichte der Skepsis (und ihrer Nachbarphilosophien) auf bereits vorliegende Studien verwiesen werden kann: Cf. e.g. Richard H. Popkin, *The History of Scepticism from Erasmus to Spinoza*, Berkeley 1979; Miles Burnyeat, ed., *The Skeptical Tradition*, Berkeley 1983; Richard Popkin, Charles Schmitt, eds., *Scepticism from the Renaissance to the Enlightenment*, Wiesbaden 1987; mit vorwiegend theologischem Interesse: Don Cameron Allen, *Doubt's Boundless Sea. Skepticism and Faith in the Renais-*

nächst einmal um die Markierung eines Abstandes. Zwischen dem cusanischen »Quid quaeris?«, dem Motto Michel de Montaignes, »Que sçais-je?«, und Hamlets Fragen nach Sein oder Nichtsein; zwischen negativer Theologie, literarischem Fideismus und einer wirkungsstrukturellen Einklammerung metaphysischer Gewißheit, die diese in die Offenheit eines *Wie es euch gefällt* zu rücken scheint, liegt eine Distanz, die zu ermessen gerade der Blick auf die sie überspannenden Modi der Skepsis möglich macht. Es soll, mit anderen Worten, die Charakterisierung einer Konfiguration frühneuzeitlicher skeptischer Phantasie versucht werden, wie sie sich zum einen in Montaignes essayistischem »Schaukeln der Dinge«[1] abzeichnet, zum anderen in Shakespeares Drama inszeniert wird. Dabei erscheint es geboten, die bereits erfolgte Erprobung einiger Grundfiguren dieser skeptischen Phantasie im Blick zu behalten: Die anderthalb Jahrhunderte zuvor im Medium der Theologie unternommenen Versuche des Nikolaus von Kues, die Grenzen der Vernunft zu erkunden und zu überschreiten, setzen – ohne die Skepsis je direkt zu thematisieren – in der Radikalität ihres Sicherungsverzichts einen Standard, den zu erreichen sich die (der Transzendenz wie dem *furor divinus* abholde)[2] Intellektualität eines Montaigne eher schwer tut und deren dialogische Sprengkraft vielleicht tatsächlich in der multiperspektivischen Offenheit eines Shakespeareschen Bühnenschauspiels am besten aufgehoben ist.[3]

---

sance, Baltimore 1964. Eine der ersten Studien, die in diesem Zusammenhang auch literarische Texte für geistesgeschichtlich relevant halten, ist Margaret L. Wiley, *The Subtle Knot. Creative Scepticism in Seventeenth-Century England*, London 1952. Umfassendste Information zum philosophischen Kontext frühneuzeitlicher Skepsis und zu ihrem Ort in der wissenschaftsgeschichtlichen Landschaft Frankreichs, der Niederlande und Englands findet sich in den von Jean-Pierre Schobinger herausgegebenen Bänden des ›Neuen Ueberweg‹, *Grundriss der Geschichte der Philosophie. Die Philosophie des 17. Jahrhunderts*, Bd. 2/1, 2/2, 3/1, 3/2. Basel 1993, 1988. – Nach dem Erscheinen der lateinischen Übersetzungen des Sextus Empiricus 1562 und 1569 häufen sich die stärker ›pyrrhonisch‹ affizierten Schriften, aber es gab offenbar auch schon im 15. Jahrhundert und zu Beginn des 16. Manuskript-Kopien von Sextus-Texten. Unter ihrem Eindruck steht etwa auch Gianfrancesco Pico della Mirandolas *Examen vanitatis doctrinae gentium* (geschrieben um 1500, veröffentlicht 1520); Heinrich Cornelius Agrippa von Nettesheim macht mit seiner Generalkritik des Wissens in *De incertitudine et vanitate scientiarum declamatio invectiva* (1526) von sich reden; auch bei Erasmus finden sich skeptische Topoi und Denkfiguren (ausführlich hierzu: Günter Bader, *Assertio*, Tübingen 1985).

1 So der Titel eines von Matthias Greffrath zusammengestellten Montaigne-Lesebuchs (*Vom Schaukeln der Dinge. Montaignes Versuche*. Berlin 1984; wieder gedruckt unter dem Titel *Montaigne: Ein Panorama*, Frankfurt 1992). Zu Beginn von III, 2 heißt es, die Welt sei »une branloire perenne«; zum »Merkwort« *branle, branler, branloire* in den *Essais* und zu den Implikationen dieser Häufung cf. Hugo Friedrich, *Montaigne*. Tübingen, 3. Aufl. 1993, p. 132f.

2 Bezeichnend erscheint, daß Montaigne sich »Deus absconditus« als eine unter zahlreichen anderen Sentenzen – und entsprechend relativiert durch diese – in seinem Bibliotheksturm anbringen läßt (cf. Friedrich, *Montaigne*, p. 103). Paradigmatisch weiterhin seine Bemerkungen zum betrüblichen Anblick des melancholisch rasenden Torquato Tasso in II, 12, dessen Genie er in Ferrara zum Wahn verkommen fand: Anders als der Cusaner sucht Montaigne seine Augen eher vor dem Licht der Wahrheit zu beschatten – zuviel Einsicht könnte blenden, zu große Weisheit in Narrheit umschlagen (cf. Florio [S. 87, n. 1], p. 194f). – Cf. auch G. Baders Anmerkungen zur »transzendierunwilligen« frühneuzeitlichen Skepsis in *Assertio*, p. 38.

3 Eine Vernachlässigung dieser, bei Cusanus auf ihre skeptisch-platonische Spitze getriebenen Leistungen apophatischer bzw. ›aphatischer‹ Rede führt Andreas Kablitz in seinem ansonsten au-

1. Montaignes Essay II, 12: Apologie der Phantasie

A dwarf standing on the shoulders of a giant
may see farther than a giant himself.
[Robert Burton, *The Anatomy of Melancholy*]

Montaignes *Essais* sind der Königsweg, auf dem die Skepsis nach England gelangt. Schon 1603 hatte John Florio sie in einer Übersetzung verfügbar gemacht,[1] deren Kongenialität und Verbreitung es rechtfertigt, die Essays als Teil der englischen Renaissanceliteratur zu betrachten.[2] Daß Shakespeare sie kannte,

---

ßerordentlich scharfsinnigen Aufsatz über »Montaignes ›Skeptizismus‹: Zur *Apologie de Raimond Sebond* (*Essais* II, 12)« (in: Gerhard Neumann, ed., *Poststrukturalismus*, Stuttgart 1997, pp. 504-539) dazu, dort Aporien anzunehmen, wo die Tradition christlicher Theologie spätestens seit Thomas von Aquin allenfalls eine produktive Spannung gesehen hat: im Verhältnis zwischen göttlicher Wahrheit und menschlicher Vernunft. »Gottes Wahrheit muß alle Rede des Menschen übersteigen, und doch läßt sich ihrer nur mit seinen Mitteln habhaft werden« (p. 518): Einmal abgesehen davon, daß es hier nicht um ein ›Haben‹ gehen kann, hat das Christentum *das* allerdings von Anfang an gewußt – und eben deshalb nie ausschließlich auf die Mittel der systematischen Argumentation gesetzt (bester Beleg hierfür sind die biblischen Texte selbst). Es ist dies daher auch kaum das »fundamentale Dilemma« christlicher »Wahrheitsverkündigung« (ibid.) oder gar die »Abgründigkeit jenes Diskurses [...], der einem christlichen Wahrheitsbegriff verpflichtet ist« (p. 505), sondern allenfalls eine bleibende Herausforderung und Motivation theologischer Dogmatik. Aus kerygmatischer Sicht stellt sich die von Kablitz zum unüberbrückbaren Widerspruch stilisierte und als Leistung Montaignescher Aporetik präsentierte Alternative von »Unterwerfung« (p. 520) und Einsicht so nicht: aus der Sicht cusanischer *docta ignorantia* erst recht nicht. – Die zentralen Argumente von Kablitz' Studie werden indes von dieser Unterschätzung der Möglichkeiten der »Rede über das Transzendente« (p. 532) nur insofern beeinträchtigt, als er Montaigne zuviel (und seinen christlichen Vordenkern zuwenig) Innovativität zubilligt; zur Ergänzung meiner eigenen skizzenhaften Überlegungen (und zu ihrer Erweiterung in andere literaturtheoretische Richtungen) ist Kablitz' Lektüre des Essays II, 12 (und besonders seine Pointierung gegen dessen dekonstruktivistische Vereinnahmung) ebenso maßgeblich wie Hugo Friedrichs fundierende Untersuchung von Montaignes »moralistischer« Anthropologie (cf. *Montaigne*, bes. pp. 93 -136) und Günter Baders Überlegungen zur hellenistischen und frühneuzeitlichen Skepsis in *Assertio*.

1 Ich zitiere Florio/Montaignes Essay II, 12 im folgenden nach dem dreibändigen Reprint der Ausgabe von 1632: *The Essays of Montaigne*. Done into English by John Florio Anno 1603. With an Introduction by George Saintsbury, London 1892, repr. New York 1967 (im folgenden: Florio). Sonstige Montaigne-Zitate folgen in der Regel, sofern nicht anders angegeben, der Lesbarkeit halber der deutschen Übersetzung von Johann Daniel Tietz von 1753/54, repr. als Michel de Montaigne, *Essais* [Versuche] nebst des Verfassers Leben nach der Ausgabe von Pierre Coste ins Deutsche übersetzt von Johann Daniel Tietz, 3 Bde., Zürich 1992 (im folgenden: Tietz).

2 Zudem wurden sie auch schon vor ihrer Übersetzung im Original gelesen; nicht auszuschließen ist natürlich, daß zuvor auch schon Exemplare der lateinischen Übersetzung der *Hypotyposeis* oder der anderen Schriften des Sextus Empiricus ihren Weg nach England gefunden hatten; auch Sanchez' *Quod nihil scitur* war offenbar in England bekannt. Cf. auch hierzu (und generell zum ›Überschwappen‹ der kontinentalen *crise pyrrhonienne* nach England) Popkin, *The History of Scepticism*. – Aus den Anfängen der nicht zuletzt durch diesen Import inspirierten englischen Essayistik seien stellvertretend nur zwei Autoren genannt, die schon vor Florio Themen, Topoi und Modi Montaigneschen Schreibens in England popularisieren und die nicht zuletzt dazu beitragen, daß die frühneuzeitliche Skepsis in England von Anfang an eine synkretistische ist: Sir Francis Bacon, der die erste gedruckte Ausgabe seiner *Essayes or Counsels, Civill and Morall* von

ist unumstritten.[1] Insbesondere Essay II, 12, die »Apologie de Raimond Sebond« (Florio: »An Apologie of Raymond Sebond«), ist immer wieder als Montaignes Bekenntnis zum Pyrrhonismus gelesen worden. Wir werden auf Montaigne in den nachfolgenden Kapiteln noch mehrfach und unter anderen Gesichtspunkten – etwa der Frage nach seiner Schreibweise, seiner Selbstpräsentation oder seiner Präsentation von Alterität – zu sprechen kommen. Hier interessiert an Essay II,

---

1597 seinem Bruder Anthony dediziert, welcher Montaigne 1590 besucht hatte, und Sir William Cornwallis der Jüngere, der seine *Essayes* in zwei Teilen, 1600 und 1601 publizierte. Von diesen ist Cornwallis als der eigentliche Montaigne-Epigone anzusprechen, der, obgleich er als der englische – und bessere – Montaigne posiert, weit hinter seinem Vorbild zurückbleibt und von dem sein Herausgeber mit einigem Recht bemerkt: »[...] he simply looked into Montaigne and wrote« (*Essayes by Sir William Cornwallis, The Younger*. Ed. Don Cameron Allen, Baltimore 1946, »Introduction«, p. x). Der Tenor von Cornwallis' Essays ist am ehesten als stoisch zu charakterisieren; es finden sich allenfalls verstreute skeptizistische Gemeinplätze, wie etwa zu Beginn von »Essay.10. Of Ambition«: »We are all in darkenesse; The Sunne and our eies helpe vs not; for we see by the trees and woods, mountaines and men; but the light of reason is clowded. So doth our discerning but beget Opinion; and when we haue said we thinke thus, our knowledge is at the farthest.« (p. 34) Es gibt jedoch keine Rationalitätskritik, die der Montaignes auch nur entfernt vergleichbar wäre. Vielmehr wird »reason« wiederholt und bar jeder Relativierung als höchstes menschliches Vermögen gepriesen (cf. e.g. »Essay. 37. Of Iudgement«, p. 141ff). (Zur Frage nach Umfang und Art der Montaigne-Kenntnisse Cornwallis' cf. auch Roger E. Bennett, »Sir William Cornwallis's Use of Montaigne«, *PMLA* XLVIII, No. 4 , 1933, pp. 1080-1089.) – Bacons *Essayes or Counsels* sind im Vergleich mit Cornwallis von deutlich überlegener und eigenständiger literarischer Qualität. Sie haben indes noch weniger mit Montaignes Selbstporträt und seiner Skepsis gemein, obwohl sie ihn mehrfach zitieren. Bacons straffe und eng themenorientierte Empfehlungen sind am ehesten als macchiavellistisch anmutende Handreichungen für den Fürsten oder aufstrebenden Staatsmann zu beschreiben, deren methodisches Kalkül Fehlhaltungen ausräumen und situationsangemessenes politisches Handeln lehren will. Sie implizieren an Sprecher- wie Adressatenposition ein zur Erkenntnis des Richtigen und zur Selbstkorrektur fähiges, seiner selbst gewisses und sich in der Abstimmung seiner Vermögen genügendes, aus eigener Kraft vernünftig handelndes Ich. Die Selbstbezeichnung *Essayes* für diese Texte erweist sich bei näherem Hinsehen als *captatio benevolentiae*, die deren Verbindlichkeitsanspruch als Vermittlung von Herrschaftswissen herabzutönen sucht. (Eine von dieser Einschätzung abweichende Lektüre hat Stanley Fish vorgelegt: Er macht an verschiedenen Stellen relativierende Effekte und strategische Konsistenzbrüche aus und interpretiert diese in Kontinuität mit der in Bacons wissenschaftstheoretischen Schriften vorgetragenen Erkenntniskritik; cf. *Self-Consuming Artifacts. The Experience of Seventeenth-Century Literature*, Berkeley 1972, pp. 78-155. Fish zufolge sind den *Essayes or Counsels* Mehrdeutigkeiten und Widersprüche einkomponiert, die den Leser zu ihrer Beseitigung provozieren und so jenen »spirit of inquiry« in ihm zu wecken und jene kritische Haltung gegenüber überkommenen ›Wahrheiten‹ und ›Idolen‹ des Geistes wachzurufen vermögen, die der andernorts von Bacon propagierten szientifisch-analytischen Einstellung entspricht). – Zu Bacons Essays im Kontext der englischen Tradition cf. auch Michael Kiernans »General Introduction« zu der von ihm besorgten Ausgabe: Sir Francis Bacon, *The Essayes or Counsels, Civill and Morall*, Oxford 1985.

1 Nicht unumstritten ist, ob Shakespeare Montaigne im Original oder in der Florio-Übersetzung kannte, ob er vielleicht sogar ein Exemplar dieser Übersetzung besessen hatte, in welchem Umfang er mit den Essays vertraut war und wann genau er Montaigne gelesen hatte. Robert Ellrodt hat die Debatte um die Frage, was und wieviel Shakespeare Montaigne verdankte, unter Sichtung auch der älteren Einflußforschung aufgearbeitet und sie zur Grundlage seines eigenen wichtigen ideengeschichtlichen Beitrags »Self-Consciousness in Montaigne and Shakespeare«, (*Shakespeare Survey* 28 (1975), pp. 37-50) gemacht. – Weitere Ausführungen zur ›Präsenz‹ Montaignes in *The Tempest* s. u. Kap. 6.

12 in erster Linie die Version der Skepsis, die dort entfaltet wird, und die Art und Weise, in der das geschieht. Beide sind durchaus bemerkenswert. Denn dieser längste der Essays, 1573 bis 1580 verfaßt, wohl während Montaigne die *Pyrrhonischen Hypotyposen* in der lateinischen Übersetzung des Henri Estienne las, praktiziert eine eigenartige Kombination von thematischer mit struktureller Skepsis. Nicht zuletzt diese Verquickung von Positionierung und deren Aufhebung erweist sich als Quelle von Irritationen, die mitunter das Vorhaben insgesamt aus den Angeln zu heben drohen. Eine der überraschendsten Paradoxien dieses Textes liegt darin, daß die resultierende Doppelnegation nicht einfach wieder eine Affirmation ergibt. Erweist sich die Art und Weise, wie Montaigne seine Skepsis hier artikuliert, selbst als skeptisch, so entsteht eine Reflexionsfigur, die sein Schreiben bodenlos, das sprechende Ich zur *persona* seiner selbst werden läßt.[1] Wie das geschieht, sei als Vorspiel zu weiteren Komplikationen in Shakespeares *Hamlet* andargelegt.

Auf den ersten Blick hat das Vorhaben der »Apologie« nicht nur wenig Skeptisches an sich, es steht geradezu in diametralem Gegensatz zu jeglicher Skepsis, scheint doch die Verteidigung einer Position Einverständnis mit ihr oder zumindest die Bereitschaft zu eindeutiger Stellungnahme gegen ihre Gegner vorauszusetzen. Urteilsenthaltung erscheint kaum vereinbar mit dem Unternehmen einer »Schutzschrift«.[2] Zudem müßte deren biographischer Anlaß eigentlich zusätzliche Verbindlichkeit erzeugt haben: Montaignes Vater hatte kurz vor seinem Tod dem Sohn aufgetragen, die 1434-36 verfaßte Schrift des katalanischen Humanisten Raimundus Sabundus (Ramon Sibiuda), *Theologia naturalis sive liber creaturarum*, ins Französische zu übersetzen,[3] da sie probate gegenreformatorische Argumente enthalte, und es ist dieser Traktat, den zu verteidigen sich Montaigne in seinem Essay anschickt.

Auch in der Bibliothek des Nikolaus von Kues befand sich eine Abschrift der *Theologia naturalis*,[4] und in der Tat beruft sich der Laie in *Idiota de sapientia*

---

1 Kablitz signalisiert diese ›Veruneigentlichung‹ des sprechenden Selbst und die Inszenierung, die an die Stelle der vermeintlichen Selbstaussprache tritt, indem er den Autor des Essays und sein Double im Text durch gnomische Anführungszeichen bei der Bezeichnung des letzteren unterscheidet; cf. »Montaignes ›Skeptizismus‹«, p. 512 n. 20.

2 So der Titel des Essays in der Übersetzung von Tietz.

3 Raimundus Sabundus, *Theologia naturalis seu liber creaturarum*. Faksimile-Neudruck der Ausgabe Sulzbach 1852, ed. Friedrich Stegmüller, Stuttgart 1966. – Es sind zahlreiche Versionen des Verfassernamens überliefert; der Titel des Werks ist vom Autor nicht genau festgelegt; erst beim zweiten Druck (Deventer 1485) erhielt es den Titel *Theologia naturalis*. Bis 1635 wurde das Werk zwölfmal gedruckt und mehrfach übersetzt; 1569 von Montaigne. (Cf. Bd. 9 und 10 der *Œuvres complètes de Michel de Montaigne: La Théologie Naturelle de Raymond Sebon*, Paris 1932, 1935. – Zu Montaignes Übersetzung cf. Friedrich, *Montaigne*, pp. 95-98.) Die *Theologia naturalis* wurde 1559 indiziert; die Indizes von 1564 und 1583 sind auf den Prolog beschränkt.

4 Cod. Cus. 196. Hinweise in: Nikolaus von Kues, *Idiota de sapientia*, ed. Renate Steiger. Lateinisch-deutsch, Hamburg 1988. Wie der Apparat dieser Ausgabe weiterhin deutlich macht, hätte Cusanus das Motiv vom Buch der Natur allerdings auch aus Bonaventuras *Breviloquium* entnehmen können; cf. Anm. zu 4, 12-15, p. 83. – Cf. weiterhin Pauline Moffit Watts, *Nicolaus Cusanus. A Fifteenth-Century Vision of Man*, Leiden 1982, p. 16; Friedrich, *Montaigne*, p. 94; zu

ausdrücklich auf eben jene Metapher von der Schöpfung als Buch Gottes, die der Schrift des Sabundus zugrundeliegt: Hierin vermöchte jeder auch ohne »studium litterarum« zu lesen, und es seien keine anderen als diese ›Bücher Gottes‹, aus welchen ihm die wissende Unwissenheit erwachsen sei (»ex dei libris«).[1] Vor dem Hintergrund des cusanischen Dialogs beginnt indes der Bezug auf die ›natürliche Theologie‹ des Sabundus zu schillern, ist doch die Rhetorik des Idiota ihrerseits eine apologetische, die seine Weisheit trotz seiner Unbildung rechtfertigt, wenn auch zuletzt mit unanfechtbarer Gewißheit. Und auch Sabundus selbst sucht in seinem anti-averroistischen Traktat unter Rückgriff auf lullistische Versuche, die Vereinbarkeit von Glauben und Wissen zu erweisen, einerseits die Vernunft in ihr Recht zu setzen, andererseits aber erhebt auch er dabei den (keineswegs mehr apologetisch anmutenden) Anspruch auf die Herbeiführung höchstgradiger Glaubensgewißheit.[2] So erscheint das skeptische Moment, das in der Wendung gegen Bücherwissen und institutionell vermittelte Gelehrsamkeit liegt, verknüpft mit einem zweideutig apologetischen, das ein menschliches Vermögen zur Geltung bringen und sich von der Rationalität zum Glauben führen lassen will. In der Art und Weise, wie Montaigne diese »Wendung von der äußeren zur inneren Erfahrung«[3] realisiert, läßt seine Neuauflage der Laienfigur zugleich den Gegenhalt fahren, den Sabundus wie Cusanus in unterschiedlicher Gestalt noch besaßen – jenes Andere der Skepsis, das bei Sabundus in den unerschütterlichen Prinzipien der *analogia entis* und Abstufungen der Seinskette besteht,[4] bei Nikolaus von Kues in der bei aller Unverfügbarkeit unbezweifelbaren Präsenz des

---

Sabundus, Cusanus und Montaigne schließlich Hans Blumenberg, *Die Lesbarkeit der Welt*, Frankfurt 1986, »Der illiterate Laie als Leser des Weltbuches«, pp. 58-67.

1 *Idiota de sapientia*, I, 1 und I, 4; cf. Blumenberg, *Lesbarkeit*, p. 59.

2 »Quia homo naturaliter semper quaerit certitudinem et evidentiam claram, nec aliter quiescit, nec quiescere potest, donec pervenit ad ultimum gradum certitudinis.« (Titulus I, p. 40*) Schon der Prolog verspricht, die in der Heiligen Schrift enthaltene Wahrheit werde mit Hilfe der hier angebotenen Doktrin (scientia) »cum magna certitudine« erkannt (»et certificat infallibiliter, ut nullus possit dubitare«), Prologus, p. 28*.

3 Blumenberg, *Lesbarkeit*: »Der skeptische Zug, der in der Typisierung des Idiota und seiner ›Weisheit‹ angelegt ist, läßt sich als frühe Ausprägung einer literarischen Gattung begreifen, die unter der Rubrik ›Moralistik‹ geführt wird. Wie sie sich in Montaigne in ihrer ganzen Mächtigkeit darstellt, hat sie allen Widerstand gegen Scholastik und Rhetorik bereits verarbeitet in der Wendung von der äußeren zur inneren Erfahrung, von der Begriffskonstruktion zur Beschreibung, von der Autorität der Antike zu ihrer Dienstbarmachung. Der skeptische Zug steht nicht unter der Nötigung neuer Gewißheitsbegründung im Subjekt, wie es im folgenden Jahrhundert bei Descartes sein wird, sondern eher unter der Signatur der Gleichgültigkeit äußerer Erfahrung für die innere, der souveränen Entschärfung aller Evidenznöte am Objekt durch die Ausschließlichkeit, mit der das Subjekt sich selbst entdeckt und von dieser neuen Landschaft überwältigt ist.« (p. 65) – »Montaignes Begriff der Welt steht den Erscheinungen des Menschen näher als der Natur, und die Menschenwelt ist Repertoire der Reflexion, der Selbstentdeckung des Subjekts.« (ibid., p. 66).

4 Die Prägnanz des Sabundischen Analogismus hat E. M. W. Tillyard, einen Hauptverfechter der ungebrochenen Geltung des mittelalterlichen Korrespondenzuniversums auch für die Elisabethaner, dazu veranlaßt, die *Theologia naturalis* (in der Übersetzung einer Kurzfassung von 1550) wiederholt als eine seiner zentralen Quellen heranzuziehen: cf. *The Elizabethan World Picture*, Harmondsworth 1968 (zuerst 1943), pp. 39-42, 55, 111f.

transzendenten Glaubensgrundes, auf den sein *desiderium* zielt.[1] Daß diese Reserviertheit Montaignes gegenüber sich anbietenden Absoluta und seine Option für die Unwägbarkeiten einer noch nicht dagewesenen Selbstbeschreibung[2] der theologischen Entschiedenheit seiner gegenreformatorischen »Schutzschrift« nicht gerade förderlich sein dürften, liegt auf der Hand.

Auf den ersten Blick mag der Grundgedanke der natürlichen Theologie des Sabundus, daß die Vernunft imstande sei, aus der Lektüre im Buch der Natur – *liber creaturarum* bzw. *liber mundi* – zwingende Gewißheitsgründe für die geoffenbarten Wahrheiten des Glaubens beizubringen, tatsächlich geeignet erscheinen, den alten Glauben (»our ancient beleefe«) gegen die protestantischen Neuerungen (»the new fangles of Luther«) zu verteidigen,[3] läßt dies doch zumindest ein *sola scriptura* ins Leere laufen. Sabundus, so reformuliert Florio/Montaigne dessen Programm, »undertaketh by human and naturall reasons, to establish and verifie all the articles of Christian religion against Atheists.«[4] Dies gelinge ihm, indem er zeige, wie der unsichtbare Gott aus seinen sichtbaren Werken erkannt werden könne:

> Nor is it likely, but that this vast worlds-frame must beare the impression of some markes, therein imprinted by the hand of this great-wondrous Architect, and that even in all things therein created, there must be some image, somewhat resembling, and having coherencie with the workeman that wrought and framed them. He hath left imprinted in these high and mysterious works, the characters of his divinitie: and onely our imbecilitie is the cause, wee can nor discover, nor read them. It is that which himselfe telleth us, That by his visible operations, hee doth manifest those that are invisible to us. Sebond hath much travelled about this worthie studie, and sheweth us, That there is no parcell of this world, that either belyeth or shameth his Maker. (Florio p. 137)

Daß allerdings die behauptete Selbstabbildung Gottes und die Lesbarkeit der Schöpfersignaturen gleich bei der ersten etwas ausführlicheren Erwähnung von der Möglichkeit des Nichtlesenkönnens oder der Verstellung ihrer theologischen

---

1 Cf. auch die elegante Charakterisierung der »mystischen« Skepsis des Cusanus, wie sie Bader vorschlägt: »Denn diese [die mystische Skepsis des Cusaners – V.O.L.] ist Skepsis aus übernatürlicher Gewißheit. Die cusanische Formel desideramus scire nos ignorare […] schießt über die ganze Welt hin und aus ihr hinaus ins Dunkel einzigartiger Gewißheit.« Kennzeichen der frühneuzeitlichen Skepsis in Baders Verständnis ist im Gegensatz zu solcher »Heftigkeit des denkerischen Impulses« der Verzicht auf die »mystische Kompensation. […] weder schweigend noch einfach fortredend bleibt sie, transzendierunwillig wie sie ist, in der Endlichkeit der Sprache, von der sie sich zugleich unendlich distanziert.« (*Assertio*, p. 38).

2 Cf. den Beginn von II, 8, der – in deutlichem Gegensatz zum ›exteriorisierenden‹ Wahnsinn Tassos – Montaignes Projekt aus seiner Melancholie resultieren sieht: »Eine melancholische, und folglich meiner natürlichen Art sehr zu wider laufende Gemüthsverfassung, welche von dem Verdrusse über die Einsamkeit herrühret, in welche ich mich seit einigen Jahren begeben habe, hat mich zuerst auf den wunderlichen Einfall gebracht, ein Buch zu schreiben. Als ich mich nachgehends völlig entblösset fand, und keine andere Materie wußte: stellete ich mich mir selbst zum Gegenstande vor. Mein Buch ist also das einzige von seiner Art in der Welt, und von einem tollen und ausschweifenden Inhalte.« (Tietz, Bd. 1, p. 759f).

3 Florio, p. 128.

4 Ibid., p. 129. – Seitenzahlen im folgenden im Haupttext nach dem jeweiligen Zitat.

Semantik begleitet werden, macht stutzig. Zugleich vertieft sich die Fragwürdigkeit, mit der schon die ersten Seiten des Essays sein Unterfangen umgeben hatten. Denn zum einen setzte sich Montaigne hier von der Wissenschaftsgläubigkeit seines Vaters, dessen Verehrung für Gelehrte aller Art und seiner antiquarischen Leidenschaft für deren Erzeugnisse ab, indem er diese als auf Nichtverstehen gegründet vorführt.[1] Vermag Wissen (»Knowledge«) offenbar allenfalls als Sammlerobjekt glücklich zu machen, nur dann also, wenn man es (und sich) nicht wirklich kennt, dann muß auch der Text des Sabundus als ein solch opakes Exponat von Anfang an suspekt erscheinen. Zum anderen rückt aber damit auch der ›unbelehrte‹ Glaube in ein Zwielicht, das durch die wenige Seiten später eingeschalteten Anekdoten keineswegs aufgehellt wird. Denn diese Geschichten gefährdeter und gelungener Konversion bringen mit Boccaccios zweiter Novelle des ersten Tages des *Decameron* einen Prätext ins Spiel, der deren vermeintliche Pointe, den Erweis der Unbedingtheit des Glaubens, eher entkräftet als stärkt.[2]

---

1 »[...] for hee had no knowledge of Letters no more than his predecessors before him.« (Florio, p. 128).

2 »And therefore was our good Saint Lewis in the right, when that Tartarian King, who was become a Christian, intended to come to Lions, to kisse the Popes feet, and there to view the sanctitie he hoped to find in our lives and manners, instantly to divert him from it, fearing lest our dissolute manners, and licentious kind of life, might scandalize him, and so alter his opinion fore-conceived of so sacred a religion. Howbeit the contrary happened to another, who for the same effect being come to Rome, and there viewing the disolutenesse of the Prelates and people of those dayes, was so much the more confirmed in our religion; considering with himselfe what force and divinity it must of consequence have, since it was able, amidst so many corruptions and so viciously-poluted hands, to maintaine her dignitie and splendor.« (Florio, p. 132). – In Boccaccio I, 2 sind beide Pointen kombiniert: Hier reist der bekehrte Jude Abraham trotz der schweren Bedenken seines Freundes (wie in Montaignes erster Anekdote) nach Rom. Diese Novelle ist gleichsam die Inversion der vorangegangenen ersten Novelle des ersten Tages, jedoch mit vergleichbaren skeptizistischen Pointen: Zeigte diese am Beispiel am Beispiel des schurkischen Notars Cepperello die Ununterscheidbarkeit von geheuchelter und echter Heiligkeit, die gleiche Effektivität von vorgetäuschtem und wahrem Glauben, damit auch die Undurchschaubarkeit verborgener Gründe, so zeigt jene die Unberechenbarkeit von Wirkungen in der Ununterscheidbarkeit von wirksamer und unwirksamer Anfechtung. In keinem der beiden Fälle kann vom Außen (eines Individuums bzw. einer Institution) auf das Innen (die Lebendigkeit des Glaubens) geschlossen werden. In beiden Fällen wird die alles übersteigende Macht des Glaubens (die naive des Volkes bzw. die aufgeklärte des Abraham) herausgestellt – allerdings um den Preis ihrer Abkoppelung von Vernunftgründen, und es ist diese Separierung, die einen skeptischen Schatten über Montaignes weitere Argumentation (die ja gerade auf der postulierten Einheit von Rationalität und Glauben bestehen will) wirft. Angesichts des Ser Cepperello/San Ciappelletto-Syndroms ist es im übrigen Hamlet nicht zu verdenken, daß er sich die Einsicht »That one may smile, and smile, and be a villain« notieren muß, um sie nicht zu vergessen (I, v, 108). – Zur ockhamistischen Skepsis Boccaccios, zur »linguistischen Krise« des 14. Jahrhunderts und der Art und Weise, wie vor allem die erste Novelle die »Kluft zwischen Wörtern und Sachen« aufreißt, cf. Kurt Flasch im Vorwort zu: *Giovanni Boccaccio: Poesie nach der Pest*, Mainz 1992 (pp. 17, 126; zusammenfassend 168f: »Diese Novellen artikulieren die neue Erfahrung eines durchgängigen, also nicht nur zufälligen Mißverhältnisses des Denkens zu den Sachen. [...] Die herrschenden Wissensformen, die mit realer, auch physischer Macht den Alltag dominierten, erweisen sich jetzt als leer, ja als falsch. Nach deren Sturz ist die Stelle der lebensorientierenden Instanz neu zu besetzen: Die Poesie zeigt, daß sie die *Nachfolge bereits angetreten hat, indem sie die Skepsis als ihr Element in sich aufnimmt, aber ethisch-politisch ad hoc begrenzt.*«).

Wenn man nämlich von den Wirkungen – Affirmation der Glaubensgewißheit – nicht auf die Ursachen – Bewahrung vor potentieller Anfechtung im einen, Aussetzung an dieselbe im anderen Fall – schließen kann, dann mag diese (im übrigen erz-pyrrhonische) Suspension finaler wie kausaler Zusammenhänge ebenso für die apologetische Wirksamkeit der *Theologia naturalis* wie für die Überzeugungskraft von Montaignes eigenem Text gelten.

Gleichwohl nimmt sich Montaigne vor, das von Sabundus behauptete vernunfterschlossene Korrespondenzuniversum gegen zwei Haupteinwände seiner Gegner in Schutz zu nehmen. Der erste kann als von reformatorischer Seite kommend vorgestellt werden; er wirft Sabundus vor, zu wenig mit der Gnade Gottes und dem durch diese erst ermöglichten Glauben zu rechnen, obwohl doch ein Zugang zu den höchsten Geheimnissen allein durch diese eröffnet werde: »The first thing he is reproved for in his Booke, is, that Christians wrong themselves much, in that they ground their beleefe upon humane reasons, which is conceived but by faith, and by a particular inspiration of God.« (p. 130). Mißfällt hier ein Zuviel an menschlicher Rationalität, so bemängeln die Vertreter des zweiten Einwands gerade umgekehrt ein Defizit – die von Sabundus vorgebrachten Vernunftgründe seien zu schwach (cf. p. 139). Die Entgegnung auf den ersten Einwand fällt sehr viel knapper aus als die auf den zweiten. Zudem ist nicht nur der Übergang zwischen beiden *defensiones* nicht klar markiert,[1] es vollzieht sich im Zuge der Argumentation überdies eine für die *Theologia naturalis* einigermaßen ruinöse Verwandlung ihrer Verteidigung in ihre Destruktion – zumal eine, die in ihrem Verlauf auch das Projekt der Stützung des ›alten Glaubens‹, zumindest auf dem ursprünglich intendierten Wege, in Zweifel zieht.[2] Diese Umkehrung der argumentativen Teleologie, die gleichwohl nicht auf eine schlichte Affirmation der gegnerischen Position hinausläuft, ist vielfach bemerkt und unterschiedlich erklärt worden.[3] Sie soll daher nicht nochmals im einzelnen nachgezeichnet werden; stattdessen will ich im folgenden versuchen anzudeuten, in welcher Hinsicht die strukturelle Skepsis dieses Textes seine ›Literarizität‹ be-

1 Das kommentiert der Sprecher der Apologie ausdrücklich: »I have in a manner unawares halfe engaged myself in the second objection, to which I had purposed to frame an answer for Sebond.« (Florio p. 139).

2 Schon die Replik auf den ersten Einwand sucht die seinen Vertretern unterstellte fromme Motivation so eifrig zu akkommodieren, daß sie ihn im Grunde lediglich wiederholt und sich damit auf einen *sola-fide*-Standpunkt stellt: »It is faith only, which lively and assuredly embraceth the high mysteries of our Religion.« (Florio p. 130).

3 Zur Forschungslage cf. Kablitz, »Montaignes ›Skeptizismus‹«, v.a. p. 514, n. 25, und 533, n. 56. Kablitz präsentiert in seiner eingehenden Analyse vor allem der ersten Argumentationsschritte des Essays die Inkonsistenzen in Montaignes Einstellung zu Sabundus als gezielt herbeigeführt und als Teil einer den ganzen Text umgreifenden Strategie der Inszenierung und Vertiefung von Aporien. Zur Kritik an poststrukturalistischen Appropriationen der Selbstwidersprüche des Montaigneschen Diskurses cf. aber pp. 533-539. – Hugo Friedrich verweist zum einen auf den langen Kompositionszeitraum der »Apologie« (p. 98), und meint zum anderen, Sabundus rücke im Verlauf des Textes aus dem Zentrum und schwinde zuletzt nahezu gänzlich aus Montaignes Interesse (cf. *Montaigne*, pp. 99-101). Der damit suggerierte Gestus eines bloßen ›Erzählens, was ihm widerfährt‹, rückt dieses Kippen in die Nähe des pyrrhonistischen (ungewollt und unwiderstehlich) Erfahrenen (παθος).

dingt und inwiefern die sich abzeichnenden Figuren jene präparieren, die das Wirkungspotential von Shakespeares *Hamlet* ausmachen.

Repliziert die »Apologie« auf den ersten Einwand gegen Sabundus noch, es sei bei allem Respekt für die Unverfügbarkeit des gottgeschenkten Glaubens durchaus empfehlenswert, zu seiner Unterstützung die ebenfalls Gott verdankten menschlichen Vermögen (wie das der vernünftigen Einsicht) einzusetzen,[1] so führt die Entgegnung auf den Vorwurf eines Mangels an rationaler Begründung der analogistischen Ordnung in eine verheerende Vernunftkritik. Solche Überhebung – »this over-weening« (p. 140) – muß eingedämmt werden:

> The meanes I use to suppresse this frenzy, and which seemeth the fittest for my purpose, is to crush, and trample this humane pride and fiercenesse under foot, to make them feele the emptinesse, vacuitie, and no worth of man: and violently to pull out of their hands, the silly weapons of their reason; to make them stoope, and bite and snarle at the ground, under the authority and reverence of Gods Majesty. (p. 139)

Dieser Strudel, in Bewegung gesetzt in der Absicht, die rationalistische Hybris, »by argument or discourse, to come to any certainty« (p. 140), zu verschlingen, zieht aber zwangsläufig auch die natürliche Theologie in seinen Sog. Die Argumentation für die Ordnung der Welt verkehrt sich – als begründete Gewißheit intendierende Argumentation – in eine Demontage, die, indem sie ihre eigene Bedingtheit einzugestehen genötigt wird, die universale Bedingtheit des *ordo* hervortreibt. Der ebenso ausgedehnte wie insistente Erweis der *miseria hominis*, der die Vernunftanmaßung der Gegner des Sabundus in die Knie zwingen soll, läßt die Ordnung selbst unter die Herrschaft der Kontingenz geraten.[2]

Die Paradoxien, die sich hier abzeichnen, verschärfen sich indes noch durch die Art und Weise, wie sie arrangiert werden. Denn zum einen sind die Waffen, mit denen Montaigne die von der überragenden Würde des Menschen überzeugten Vernunftgläubigen attackiert, ihre eigenen. Nur mit ihren eigenen Mitteln seien diese zu schlagen: »But these will needs be whipt to their owne cost, and cannot abide their reason to be combated, but by it selfe.« (p. 141) Zum anderen sind die Strategien, die er gegen den Dogmatismus der Vernunft ins Feld

1 »And no man can doubt, but that it is a most excellent and commendable enterprise, properly to accommodate and fit to the service of our faith, the natural helpes and humane implements which God hath bestowed upon us. […] we should accompany our faith with all the reason we possesse: Yet alwayes with this proviso, that we thinke it doth not depend of us, and that all our strength and arguments can never attaine to so supernaturall and divine a knowledge […]« (p. 130-131).

2 Cf. auch die Formulierung Friedrichs: »Die mögliche Unbedingtheit des Glaubens verdämmert hinter den täglichen Beweisen menschlicher Bedingtheit.« (*Montaigne*, p. 99). Ähnlich auch das Fazit Baders: »Apologie des Raimond Sebond wird zur Destruktion des Raimond Sebond.« (*Assertio*, p. 36). Damit wird auch der gegenreformatorische Impetus haltlos; Bader sieht in diesem Sinkenlassen der Waffen ein letztes, verzweifeltes Remedium: »Nur so ist der alte Glaube zu erhalten: indem man ihn nicht mehr engagiert verteidigt und damit auch den Kontrahenten degagiert.« (ibid.) Dieses Ziel scheint allerdings am Schluß der »Apologie« gänzlich aus dem Blick geraten zu sein.

führt, in erster Linie die der Skepsis, vor allem die der pyrrhonischen Skepsis des Sextus Empiricus.[1] Damit stellt sich jedoch ein performativer Selbstwiderspruch ein. Montaignes Text steht vor der Unmöglichkeit, seine eigenen vernünftigen Argumente – mit guten Gründen – von der Vernunftkritik auszunehmen.[2] Und auch seine endlose, mit der Absicht der Erniedrigung des Menschlichen vorgebrachte Häufung von Beispielen für die großartigen Fähigkeiten der Tiere, von eindrucksvollen Beweisen für die Leistungen ihrer Sprache, Geschicklichkeit, Schönheit, ihres Gemeinsinns, ihrer Religiosität, Treue, Einbildungskraft und Einsicht, beruht doch zuletzt auf der Annahme der Vernunft als höchster Auszeichnung der Lebewesen. Indem sich Montaigne so von seinem eigenen Pyrrhonismus in die Enge treiben läßt, erweist er sich gleichwohl als Musterschüler des Sextus Empiricus; zeichnet sich überdies in solcher rekursiven Verstrickung ab, an welche Grenzen die an der hellenistischen orientierte frühneuzeitliche Skepsis gerät. In der Hartnäckigkeit, mit der Montaignes Text gegen diese Grenzen anrennt, wird nicht zuletzt die Aufgabe sichtbar, vor der sich die Literatur seiner Zeit findet.

Im Zuge der »Apologie« wird die angedeutete Schwierigkeit nun noch durch eine weitere, mindestens ebenso irritierende gedoppelt: Denn indem sich nach und nach im Zitat bekannter Tropen und Idiosynkrasien die Patenschaft der *Hypotyposen* für diesen Text, damit die Vordenkerschaft des Sextus Empiricus herausstellt,[3] fällt ein Schatten drohender Selbstentfremdung über Montaignes

1 Unübersehbar ist Montaignes Skepsis keine rein pyrrhonische; auf den Hybridcharakter der von ihm artikulierten Einstellungen ist verschiedentlich hingewiesen worden, so etwa von Zachary S. Schiffman, »Montaigne and the Rise of Skepticism in Early Modern Europe: A Reappraisal«, *Journal of the History of Ideas* 45.4 (1984), 499-516. Schiffman sieht Montaignes Sextus-Rezeption erst nach dessen vorgängiger Beschäftigung mit der neuakademischen Skepsis einsetzen. Montaigne habe mit Hilfe der pyrrhonischen Skepsis die mangelnde Leistungsfähigkeit der akademischen (und des mit ihr assoziierten humanistischen Erziehungsprogramms – Denken in *loci communes*, Argumentation *in utramque partem*, rhetorisch-stilistisches Ideal der *copia*) entdeckt und kritisch revidiert: »In short, Montaigne's ›Pyrrhonism‹ was really Academic skepticism gone awry.« (p. 514).

2 Dieses Dilemma beobachtet auch Bader: »[...] die kritizistische Rede bleibt sich selbst immer ein dogmatischer Rest.« (*Assertio*, p. 37).

3 Und hier handelt es sich in der Tat um einen Prozeß, in dem sich ein zunächst noch anonymer Subtext mehr und mehr in den Vordergrund und in eine Dominanzposition drängt: Schon in der Relativierung der menschlichen Vernunftleistungen durch den Vergleich mit denen der Tiere greift Montaigne (spätestens ab Florio p. 158) wiederholt auf das Repertoire des Sextus Empiricus zurück (vgl. *Grundriß* I. 62ff; das Chrysipp-Beispiel des raisonnierenden Hundes stammt aus I. 69). Auch Sextus hatte darauf bestanden, »daß wir unsere Vorstellungen nicht höher einschätzen können als die der vernunftlosen Tiere. Wenn aber die vernunftlosen Tiere für die Beurteilungen der Vorstellungen nicht unglaubwürdiger sind als wir und wenn entsprechend der Verschiedenheit der Lebewesen unterschiedliche Vorstellungen entstehen, dann werde ich zwar sagen können, wie mir jeder der zugrundeliegenden Gegenstände erscheint, wie er aber seiner Natur nach ist, darüber werde ich mich wegen des oben Gesagten notwendig zurückhalten müssen.« (I. 78). In der Bilanzierung der Kosten der menschlichen Vernunft, die sich in der »Apologie« anschließt, wird ex negativo ein Zustand des Unbehelligtseins und der Unempfindlichkeit gepriesen, der dem der Ataraxie sehr nahe kommt. Der Begriff fällt jedoch noch nicht; erst nach einem fideistischen Exkurs, der Positionen der akademischen Skepsis berührt, scheint eine Explikation der pyrrhonistischen Unterströmung unausweichlich zu werden: Ab p. 206 (Florio) wer-

Projekt der Selbstpräsentation.[1] So bewegt er sich, nachdem er zwischendurch über eine Kritik anthropomorphisierender Gottesbilder bei den Sprachschwierigkeiten der negativen Theologie angelangt ist, assoziativ zurück zu den Pyrrhoneern, stehen doch diese vor der gleichen Schwierigkeit, ihre Haltung nicht zureichend in Worte fassen zu können, ohne etwas zu behaupten. Läßt sich die affirmative Rede überhaupt vermeiden? Unversehens enthüllen Montaignes Überlegungen an dieser Stelle nicht nur einen Konvergenzpunkt mit seiner eigenen Einstellung – in dessen Artikulation (die nebenbei die pyrrhonische Sprachkritik durch die Wahl der Interrogativform geistreich überbietet) rückt überdies die Befindlichkeit des Sprechers selbst an den Platz des inkommensurablen Göttlichen:

> I see the Pyrhonian Phylosophers, who can by no manner of speech expresse their Generall conceit: for, they had need of a new language. Ours is altogether composed of affirmative propositions, which are directly against them. So that, when they say I doubt, you have them fast by the throat to make them avow, that at least you are assured and know, that they doubt. So have they beene compelled to save themselves by this comparison of Physicke, without which their conceit would be inexplicable and intricate. When they pronounce, I know not, or I doubt, they say, that this proposition transportes it selfe together with the rest, even as the Rewbarbe doeth, which scowred ill humours away, and therewith is carried away himselfe. This conceipt is more certainly conceived by an interrogation: What can I tell? As I beare it in an Imprese of a paire of ballances. (p. 237-238)

Im Vorsatz der Vermeidung des negativen Dogmatismus durch Selbsteinschluß und die Unabgeschlossenheit der Frage formuliert Montaignes Impresenmotto nicht nur das Programm seines Schreibens wie seiner Epoché:[2] Das Bild der

---

den die Grundzüge und Grundbegriffe des Denkens der »Pyrrhonians« – von Ataraxie über Urteilsenthaltung und die Schlagworte bis zum Gehorsam gegenüber der Natur – ausdrücklich aufgezählt und erläutert (bis p. 211). Es folgt noch einmal ein differenzierender theologischer Exkurs, der von der akademischen Skepsis Ciceros und dessen Berufung auf Wahrscheinlichkeit statt Wahrheit seinen Ausgang nimmt und – nunmehr allerdings nicht mehr auf dem Hintergrund der natürlichen Theologie, sondern im skeptizistischen Horizont – Vorstellungen negativer Theologie mit fideistischem Tenor entfaltet: »We can not worthily conceive of these high, mysterious, and divine promises; if wee can but in any sort conceive them, and so imagine them aright; they must be thought to be inimaginable, unspeakeable and incomprehensible, and absolutely and perfectly other than those of our miserable experience.« (226). Gott kann schon deswegen nicht den Prinzipien gehorchen, die unsere Vernunft meint, in der Natur erkannt zu haben, weil wir tagtäglich auf so vieles stoßen, was diesen Gesetzmäßigkeiten widerspricht. Um wieviel mehr muß dann Gott über dieses Wunderbare (»miraculous«, p. 235) hinaussein! Allerdings stellt sich damit das Problem, daß die gewöhnliche Sprache nicht mehr ausreicht, um das Göttliche auszusagen. Und erst an dieser Stelle scheint ein pyrrhonistisches Bekenntnis wirklich unausweichlich zu werden.

1 Zu diesem Aspekt intellektueller und lebenspraktischer Heteronomie als einer wichtigen Dimension des scheiternd gelingenden Selbstporträts Montaignes cf. auch Vf. [Verena Olejniczak], »Heterologie. Konturen frühneuzeitlichen Selbstseins jenseits von Autonomie und Heteronomie«, *LiLi* 101 (1996), 6-36.

2 »According to the advice of Socrates and mine, The wisest judging of heaven, is not to judge of it at all.« (p. 248) – Kablitz meint, im Kontext der »christlichen Wahrheitsrede« sei Epoché nicht mehr möglich: »In der gefallenen Welt christlicher Provenienz verbietet sich der pyrrhoni-

Waage signalisiert überdies den hybriden Charakter seiner Skepsis, die in der Bewegung ihres Abwägens pyrrhonische und akademische Momente vereinen möchte.[1] Beteuert der Sprecher mit seinem emblematischen »Was weiß ichs?«[2] paradox die Unaussprechlichkeit der eigenen Individualität anstelle des göttlichen *ineffabile*, so gerät er zum einen strukturell mit denjenigen auf eine Ebene, die er eben noch wegen der Vergötzung ihrer menschlichen Armseligkeit getadelt hatte. Zum anderen findet er sich ausgerechnet im Augenblick des Selbstbekenntnisses im Medium der Uneigentlichkeit – im Diskurs eines anderen.

Das Überraschende an diesem Essay ist gleichwohl, daß sich sein Sprecher von seiner vielfachen aporetischen Verstrickung[3] wie von dieser Enteignung seines Diskurses so wenig behelligt zeigt. Nicht, daß er sie gar nicht bemerkte: Vielmehr kommentiert er die Entdeckung seines eigenen Denken als unter das ›Regiment‹ eines anderen gehörig mit defensiver Gelassenheit, zugleich mit einem Schuß Koketterie. Zusammengenommen lassen sie sein Schreiben als das erkennbar werden, als was es die Apologie der natürlichen Theologie spätestens von diesem Punkt an ausdrücklich doppelt – nämlich als Apologie *seiner selbst*:

> My customes are naturall; when I contrived them, I called not for the help of any discipline: And weake and faint as they were, when I have had a desire to expresse them, and to make them appeare to the world a little more comely and decent, I have somewhat indevoured to aide them with discourse, and assist them with examples. I have wondred at my selfe, that by meere chance I have met with them,

---

sche Rückzug in theoretische Abstinenz, weil der Totalitätsanspruch dieser Weltdeutung weder einen Freiraum für solche Enthaltsamkeit beläßt, noch ihr unumgängliches Komplement einer stabilen Lebenswelt anzunehmen erlaubt.« (»Montaignes ›Skeptizismus‹«, p. 514). Zu fragen wäre allerdings einerseits, ob dies unter den Bedingungen negativ theologischer Rede, wie sie Montaigne wiederholt erprobt, auch noch ohne Einschränkung gilt; andererseits, ob nicht gerade die tendentielle Ausblendung des Theologischen bzw. die Substitution des Subjektiven an seiner Statt die Pointe dieses Textes ist. Die letztgenannte Frage wäre auch an G. Bader zu richten, der hier den (unter den Bedingungen von Montaignes Rede indes nicht realisierbaren) Wunsch, »in der Fülle der Sprache zu stehen«, zu vernehmen meint (*Assertio*, p. 37). Montaigne ist letzten Endes doch kein *théologien manqué*.

1 Montaignes »paire of ballances« ist eine metaphorische *pictura* der ciceronianischen Wendung von der Gleichgewichtigkeit entgegengesetzter Überlegungen (»contrariarum rationum paria momenta«, *Academici Libri. Lucullus* 124). Cicero charakterisiert hier die Lehre des Arkesilaos, der aber seinerseits möglicherweise lediglich den pyrrhonischen Isosthenie-Gedanken paraphrasiert (cf. W. Görler in Flashar, ed. [Ueberweg], *Die Philosophie der Antike* 4/2, pp. 797, 812-815.) – In diese Hybridbildung werden bei Montaigne noch zahlreiche andere Motive, nicht zuletzt naturalistische (bezeugt durch die große Zahl der Lukrez-Zitate) mit hineingezogen.

2 Tietz p. 214.

3 Kablitz sieht in der »Verwandlung des dialogischen Widerspruchs in die monologische Aporie« ein Hauptmerkmal des Essays II, 12 und seiner Überbietung der pyrrhonischen Skepsis: »Montaignes Zitat der pyrrhonischen Techniken [...] geht in einem Programm der Widerrede nicht auf, deren Zielsetzung es bleibt, die eigene Rede vor dem Widerspruch zu bewahren, weshalb sie sich in epistemische Abstinenz flüchtete. Sein Diskurs läßt sich vielmehr ostentativ auf die Aporie ein, die nun nicht mehr aus einer Konfrontation von Rede und Gegenrede erwächst, welche sich wechselseitig relativieren und im *epécho* eine salvierenden Ausweg finden. [...] Deshalb gelingt [...] auch die glatte Gegenüberstellung konkurrierender Positionen nicht mehr, weil eine jede Position schon am Widerspruch partizipiert, ihr Gegensatz also ein implikatives Verhältnis bezeichnet.« (»Montaignes ›Skeptizismus‹«, p. 517).

> agreeing and sutable to so many ancient examples and Philosophicall discourses. What regiment my life was of, I never knew nor learned but after it was much worne and spent. A new figure: An unpremeditated Philosopher and a casuall. (p. 261)

Tritt damit die Apologie des Selbst und seiner Untiefen – entdeckt durch die Selbstreflexion der Vernunft – an die Stelle der Verteidigung des Systems einer vernunftzugänglichen Weltordnung, so hat das Selbstrechtfertigungsgeschäft des Philosophen ›wider Willen‹ offenkundig erst begonnen; jedenfalls wird es über fast noch einmal so viele Seiten hinweg fortgesetzt. Und es gelingt dem Apologeten, im erwägenden, schaukelnden und schwankenden Betrachten und Wenden der Dinge und der Meinungen der Weltweisen diesen und vor allem seinen Erfahrungen mit ihnen nochmals neue Aspekte abzugewinnen.

Zugleich stellen sich jetzt neue Schwierigkeiten ein: Einerseits verfährt der Sprecher der »Apologie« undogmatisch – »nur erzählend, was er erlebt«[1] –, andererseits aber führt dies und mit ihm das Instrumentarium der pyrrhonischen Tropik offenbar nicht zur Ataraxie. So klar Montaigne die diversen Wissensbestände als Zeugnisse menschlicher Verblendung durchschaut, so wenig scheint er doch von ihnen lassen zu können, so sehr bleibt er doch beunruhigt von der unausschöpflichen und unbestimmbaren Fülle des Wirklichen. Indem sein Schreiben aber, unermüdlich variierend, die Beispiele vergeblicher Vernunftanstrengung häuft, beginnt es nicht nur selbst, diese Fülle in der eigenen *copia*[2] zu spiegeln: Indem es diese exemplarischen Narrationen als unter dem Prinzip der Ähnlichkeit stehend aufzählt, wird die Analogie selbst zum Tropus und zum textgenerierenden Verfahren, löst Montaignes Selbsterzählung die Welterklärung des Sabundus ab.

Mehr noch: Empfiehlt es sich, angesichts der Undurchschaubarkeit der letzten Dinge unschlüssig zu bleiben und die eigene Meinung in der Schwebe zu lassen, so hat doch diese Suspension von Gewißheit auch ihr Befreiendes. Wenn es keinen Unfug und keinen Tiefsinn gibt, den nicht irgendein Berühmter schon einmal gedacht hat, wenn wir als frühneuzeitliche Denker höchstens Zwerge auf den Schultern von Riesen sein können[3] – warum dann nicht fröhlich drauflos

1 Sextus Empiricus, *Grundriß der pyrrhonischen Skepsis*, I. 197.

2 Zum rhetorisch-literarischen Prinzip der *copia* s.u. Kap. 4; zu Montaignes Schreiben als unter diesem Prinzip stehend (im Kontrast mit der *brevitas* Descartes') und zu den subjektivitäts- wie melancholietheoretischen Aspekten solcher *copia* cf. auch Vf. [Verena Olejniczak], »Heterologie«, *LiLi* 101 (1996), 6-36.

3 Dieser weitverbreitete Topos – charakteristisch für das Selbstverständnis der Renaissance, nicht zuletzt im Bewußtsein des auf diese Weise gewonnene Aus- und Weitblicks, und für die literarische Produktivität, die diese Perspektive offenbar aller Deriviertheit zum Trotz und dank ihrer entbindet, – stammt vermutlich von Bernhard von Chartres; sein Schüler John of Salisbury zitiert ihn in seinem *Metalogicon* (1159, III, iv): »Dicebat Bernardus Carnotensis nos esse quasi nanos gigantium humeris insidentes, ut possimus plura eis et remotiora videre, non utique proprii visus acumine, aut eminentia corporis, sed quia in altum subvehimur et extollimur magnitudine gigantea.« Er findet sich nicht nur bei Burton in der als Motto dieses Abschnitts zitierten Version (*The Anatomy of Melancholy*, ed. Holbrook Jackson, p. 25), sondern auch noch in George Herberts *Jacula Prudentum* von 1640, sowie bei Newton und zahlreichen anderen Auto-

spekulieren? Damit läuft man allerdings nicht nur Gefahr, unversehens selbst zum Philosophen zu werden, sondern man gerät zudem, wie Montaignes Text ebenfalls deutlich macht, rasch in ein weiteres Dilemma. Denn was bleibt als Basis des Erkennens nach der Destruktion der Vernunftanmaßungen, gleichsam als schlechter Rest der Vernunft, ist die Phantasie. Erweisen sich die Produkte der Weltweisheit aber wiederholt und zwangsläufig als bloße Hervorbringungen der Einbildungskraft, so erfahren sie damit paradoxerweise eine Art Rechtfertigung, ist doch die Schöpfung selbst nichts als ein »räthselhaftes Gedicht«[1] – wenn auch eines, dessen *ratio* wir nie durchschauen werden:

> Have I not seene this divine saying in Plato, that Nature is nothing but an ænigmaticall poesie? As a man might say, an overshadowed and darke picture, entershining with an infinit varietie of false lights, to exercise our conjectures. *Latent ista omnia crassis occultata et circumfusa tenebris ut nulla acies humani ingenii tanta sit, quæ penetrare in cœlum, terram intrare possit.* ›All these things lye hid so veiled and environed with misty darknesse, as no edge of man is so piersant, as it can passe into heaven, or dive into the earth.‹ And truly, Philosophy is nothing else but a sophisticated poesie: whence have these ancient Authors all their authorities, but from Poets? And the first were Poets themselves, and in their Art treated the same. Plato is but a loose Poet. All high and more than humane Sciences are decked and enrobed with a Poeticall stile. (p. 249)

Ist unser Wissen bestenfalls ›poetische‹ Konjektur, so kann es immerhin beanspruchen, eine Nachdichtung der Natur zu sein – gegründet auf »meere inventions«, die doch als »lawfull fictions« gerechtfertigt sind, weil sie ihre eigene Wahrheit stiften.[2] Montaigne balanciert auf dieser Schwelle zwischen spöttischer Herabsetzung des Phantastischen und dem Erweis seiner Dignität.[3] Die Einbil-

---

ren des 17. Jahrhunderts. Diese und weitere Hinweise zu Herkunft und Schicksal des Aphorismus bei Robert K. Merton: *Auf den Schultern von Riesen*, übs. Reinhard Kaiser, Frankfurt 1983 (*Metalogicon*-Zitat: p. 46).

1 Tietz, p. 236. – Die nachfolgend zitierte Passage lautet im Original: »Ay je pas veu en Platon ce divin mot, que nature n'est rien qu'une poësie ænigmatique? comme peut estre qui diroit une peinture voilée et tenebreuse, entreluisant d'une infinie varieté de faux jours à exercer nos conjectures. «*Latent ista omnia crassis occultata et circumfusa tenebris, ut nulla acies humani ingenii tanta sit, quæ penetrare in cœlum, terram intrare possit.*» Et certes la philosophie n'est qu'une poësie sophistiquée. D'où tirent ces auteurs anciens toutes leurs authoritez, que des poëtes? Et les premiers furent poëtes eux mesmes et la traicterent en leur art. Platon n'est qu'un poëte descousu. Timon l'appelle, par injure, grand forgeur de miracles. [1595: Toutes les sciences surhumaines s'accoustrent de style poétique.]« (Montaigne, *Œuvres complètes.* Textes établis par Albert Thibaudet et Maurice Rat, Paris 1962, p. 518)

2 Und diese ist reizvoll trotz ihres Artefakt-Charakters; obwohl und gerade weil sie genötigt ist, sich mit erborgter Schönheit zu schmücken: »Even as women, when their naturall teeth faile them, use some of yvorie, and in stead of a true beautie, or lively colour, lay-on some artificiall hew; [...] so doth learning (and our law hath, as some say, certaine lawfull fictions, on which it groundeth the truth of justice) which in liew of currant payment and presupposition, delivereth us those things, which she her selfe teacheth us to be meere inventions: [...] as in all things else, Philosophy presenteth unto us, not that which is, or she beleeveth, but what she inventeth, as having most apparance, likelyhood, or comelinesse.« (p. 249-250).

3 Das gilt nicht nur für die zitierte Passage; cf. e.g. auch schon pp. 138f, 190, 192f, 194, 198f, 205, 209, 211, 212, 220 und passim. – Zu Montaignes Schelte der Vernunft als *fantasie* [sic] cf.

dung erscheint als die Kehrseite der Vernunft; genauer: als ihre Verwandlungsgestalt im Medium des Menschlichen. Wenn ihre Fiktionen, wie die Skepsis uns *ad nauseam* demonstriert, alles an Gewißheit bergen, dessen wir je habhaft werden können, dann ist das zwar noch kein Grund, sich ihrer zu rühmen, aber doch eine Art Entschuldigung: Wir geraten in sie hinein, so wie Montaigne, erzählend, was ihm widerfährt, in die Selbstperformanz als Pyrrhoneer hineingerät.

Zugleich kommt so mit einer neuen Radikalität und einer erst noch zu entfaltenden Implikation zu Bewußtsein, daß der Mensch von der ihm umgebenden Welt getrennt ist. Montaignes Kritik der sensorisch vermittelten Wirklichkeitserfahrung exploriert nicht nur in bekannt pyrrhonischer Manier die Defizite, Fehlleistungen und Täuschbarkeit der Sinne und die Unzuverlässigkeit der auf sie gegründeten Interpretationen.[1] Sie spricht auch aus, daß die Sinne eher Projektionskräfte sind als Fähigkeiten, die ihren Gegenstand getreu abbilden: »From this extreame difficultie are sprung all these phantazies, which everie subject containeth, whatsoever we find in it: That it hath not what we suppose to find in it.« (p. 316) Daraus folgt indes nicht nur, »that there is no science« (p. 318),[2] sondern auch, daß die Täuschung universal, »das Weltfaktum Täuschung« – wie Niklas Luhmann es formuliert – »als solches durchsichtig« wird.[3] Denn eingeschlossen mit unserer defizitären Vernunft und mangelhaften Sinnesausstattung können wir mit gleichem Recht annehmen, daß wir schlafen und träumen, wie, daß wir wachen:

---

auch Friedrich, *Montaigne*, pp. 119-122, 124: »Nicht das Sein strahlt in den Geist hinein, sondern der Geist in das Sein. Doch dieses Hineinstrahlen ist nur Zeugungslust der Subjektivität, die sich selber ausleben will, aber nichts zu erkennen vermag.« (p. 119) – »Die spekulierende Vernunft ist philosophisch ergebnislos, aber anthropologisch ausdrucksreich. Sie ist das Organ des sich selber im Gestaltenspiel der Phantasien auslebenden Geistes – mehr nicht, aber auch nicht weniger.« (p. 120) Über diese anthropologische Einsicht in »die fragwürdige Daseinslage des Menschen« (p. 123) hinaus sieht Friedrich im »Agnostizismus« Montaignes »eine der neuzeitlichen Wiederholungen der pyrrhonischen Skepsis und [...] einen Übergang zu den englischen Sensualisten des 16. und 17. Jahrhunderts« (p. 122).

1 Cf. Florio p. 312ff.

2 Zumindest nicht unter dogmatischen Voraussetzungen. Da das Wahrheitskriterium fehlt, ergibt sich ein geradezu klassischer infiniter Regreß: Beherrschen und beeinflussen sich Sinne und Vernunft wechselseitig und relativieren sich auf diese Weise ihre Einsichten dadurch, daß eines die Bedingtheit des jeweils anderen ausmacht; bestimmt also offenbar unser Denken die Wahrnehmung dessen, was ist, unser sinnlich verfaßtes Sein aber umgekehrt ebenso einschneidend unser Denken, dann geraten wir in einen Kreislauf, aus dem es kein Entrinnen gibt: »To judge of the apparences that we receive of subjects, we had need have a judicatorie instrument: to verifie this instrument, we should have demonstration; and to approve demonstration, an instrument: thus are we ever turning round. Since the senses cannot determine our disputation, themselves being so full of uncertainty, it must then be reason: And no reason can be established without another reason; then are we ever going backe unto infinity.« (p. 328f) Alles, was wir haben, sind Erscheinungen, und diese sind nichts als affektbestimmte Vorstellungen: »Our phantasie doth not apply it selfe to strange things, but is rather conceived by the interposition of senses; and senses cannot comprehend a strange subject; Nay not so much as their own passions; and so, nor the phantasie, nor the apparence is the subjects, but rather the passions only, and sufferance of the sense: which passion and subject are divers things: Therefore who judgeth by apparences, judgeth by a thing different from the subject.« (p. 329).

3 Luhmann, *Die Kunst der Gesellschaft*, Frankfurt 1997, p. 427.

> [...] both the inward and outward parts of man are full of weaknes and falshood. Those which have compared our life unto a dreame, have happily had more reason so to doe, then they were aware. When we dreame, our soul liveth, worketh and exerciseth all her faculties, even, and as much, as when it waketh; and if more softly, and obscurely, yet verily not so, as that it may admit so great a difference, as there is between a darke night, and a cleare day: Yea as between a night and a shadow: There it sleepeth, here it slumbreth: More or lesse, they are ever darknesses, yea Cimmerian darknesses. We wake sleeping, and sleep waking. [...] Our reason and soule, receiving the phantasies and opinions, which sleeping seize on them, and authorising our dreames actions, with like approbation, as it doth the daies. Why make we not a doubt, whether our thinking, and our working be another dreaming, and our waking some kind of sleeping? (p. 323-324)

Das Leben ein Traum? »To die, to sleep;| To sleep, perchance to dream -« eben dieses Fließen der Übergänge, dieses Nivellieren des Unterschiedlichen in einer Welt der Täuschung wird für Hamlet an berühmter und zentraler Stelle zum Faszinosum (III, i, 64f); die nach Maßgabe der gleichen skeptischen Prinzipien zu bedenkende Umkehrung, daß solches Träumen nicht etwa das Ende, sondern möglicherweise gar eine Verschärfung von »heart-ache and the thousand natural shocks| That flesh is heir to« (ibid., 62f) bedeuten könne, birgt jedoch zugleich ein ebenso starkes Deterrens seiner suizidalen Handlung. Anders als Montaigne und Hamlet wird sich Descartes auf dem Weg seines methodischen Zweifels nicht aufhalten lassen, sondern diesen mit der Denkmöglichkeit einer Identität von Schlaf und Wachen einen Schritt weiter auf seine Gewißheitsspitze treiben.[1]

Aber genau der von Descartes überschrittene Moment skeptischen Verharrens in der Isosthenie eröffnet die Möglichkeit einer Apologie der Phantasie. Im Zuge seiner Selbstentdeckung als geschriebene Kontingenz verwandelt sich Montaignes Essay von einem Text, der mehr schlecht als recht die Aufgaben der Theologie zu erfüllen sucht, in ›Literatur‹ – die, im Bewußtsein, daß der Bereich der Täuschung und der Duplizität nicht verlassen werden kann, neue Wirklichkeiten erzeugt. Die über pyrrhonische Umwege erreichte, in ihrer lakonischen Knappheit schockierende ›akademische‹ Einsicht: »We have no communication with being« (p. 329) ist keineswegs defätistisch. Zwar hält Montaignes »Grenzziehung zum unsichtbar Bleibenden« noch vor dem Punkt inne, an dem die Täuschung »als Täuschung Bewunderung [verdient], als arteficium«.[2] Aber sie stellt bereits die entpragmatisierende Grundbedingung frühneuzeitlicher Kunst bereit. Denn mögen wir auch vom Sein ausgesperrt sein, so sind wir doch nicht im Nichts, sondern in einer Art Zwischenreich, in dem allerhand möglich ist: »[...] for every humane nature is ever in the middle between being borne and dying«.[3] In dieser

---

1 Cf. *Meditationes de prima philosophia*, Erste Meditation.

2 Luhmann, p. 427. – Montaignes anfängliche Hoffnung auf den Erweis des Unsichtbaren aus dem Sichtbaren (cf. Florio p. 137) ist zum Zeitpunkt dieser »Grenzziehung« vollends geschwunden.

3 Cf. auch die Fortsetzung dieses Bedenkens der »continuall alteration and motion« aller Dinge: »[...] giving nothing of it selfe but an obscure apparence and shadow, and an uncertaine and weake opinion. [...] Thus, seeing all things are subject to passe from one change to another;

unentwirrbaren Verstrickung von Noch-nicht und Nicht-mehr finden wir uns zwar abgeschnitten vom Eigentlichen und aus der Ordnung der Dinge gelöst, aber zugleich befreit zu wechselnden Weltentwürfen, die die fortwährende Alterierung der Perspektiven dem starren Blick ungetrübter Welt- und Selbstgewißheit substituieren. Montaigne spinnt aus seiner proto-cartesianischen Situation ein von vielem bewegtes Bewußtseinsnetz, eine zerstreute, an die Vorläufigkeit ihrer Wahrnehmungen und Vorstellungen hingegebene, von vielem bestimmte, abhängige und abgelenkte Konfiguration eines Schreibens, das sich, auch wenn es weiß, daß das genaugenommen und im Sinne wirklicher Partizipation unmöglich ist, gemein macht mit dem, wovon es handelt. In dieser Lust an der verfremdenden Wendung der Dinge, an ihrem Auch-Anders-Sein-Können, an den Provisorien; in diesem reflektierten Vergnügen daran, die Dinge zu schaukeln und sie in der Schwebe zu lassen; in der Neugier, die die Montaigneschen Gedankenexperimente ins Werk setzt; in der Inszenierung und im Vorführen seines Selbst: darin sind die Essays skeptische Phantasie – darin werden sie Kunst.

2. Shakespeares *Hamlet:* Apologie der ›Innerlichkeit‹

»The worst place we can take, is in our selves.«
[Florio/Montaigne, II, 12, p. 289]

Michel de Montaigne ist nicht der einzige, den ein väterlicher Auftrag in eine Verlegenheit bringt, deren er sich nicht so zu entledigen vermag, wie ursprünglich vorgesehen. Shakespeare, Leser Montaignes, arrangiert für die Hauptfigur seines Dramas eine Situation, die der des Sprechers der »Apologie« ähnelt und sie zugleich unvergleichlich zuspitzt: Nicht Worte sind, so scheint es, von Hamlet gefordert, sondern Taten. Doch bekanntlich bleibt eben die *res*, auf die es ankäme, aus; an ihre Stelle treten »Words, words, words« (II, ii, 192)[1] und schließlich – vor deren endgültigem Verstummen – eine Geschichte, die niemand mehr wird ›richtig‹ erzählen können.[2] Denn der Zugang zu jener Bewußtseins- und Erlebenswelt, die sie darlegen müßte, ist für immer verschlossen – und überdies ist sie soeben auf der Bühne in der einzig adäquaten Weise präsentiert worden.

---

reason, which therein seeketh a reall subsistence, findes her selfe deceived as unable to apprehend any thing subsistent and permanent: forsomuch as each thing either commeth to a being, and is not yet altogether; or beginneth to dy before it be borne.« (Florio p. 329)

1 *Hamlet* wird im folgenden zitiert nach der von Harold Jenkins besorgten Arden Edition, London 1995; Angaben in Fußnoten oder Haupttext (Akt, Szene, Zeile).

2 So Hamlets unerfüllbarer Auftrag an Horatio: »Report me and my cause aright| To the unsatisfied.« (V, ii, 344f); cf. dessen Wiederholung als Präambel seiner Sterbeworte: »So tell him [i.e. Fortinbras – V. O. L.], with th'occurrents more and less| Which have solicited – the rest is silence.« (V, ii, 362-363).

Montaigne mag die menschliche Interiorität[1] – Ort und Fluchtpunkt seines Schreibens, Gegenstand seiner Betrachtung wie seines nicht endenden Interesses – als einen ›schlimmen‹, gar den schlimmsten wählbaren Ort[2] bezeichnen: Sein langer essayistischer Monolog legt doch Zeugnis davon ab, daß er sich mit ihren Kontingenzen recht komfortabel zu arrangieren versteht. Hamlet wird durch die höchst zweifelhafte Intervention eines anderen in die desperate Situation gebracht, die sich in der Formel »Evidenzmangel und Handlungszwang« treffend beschrieben findet. »Evidenzmangel und Handlungszwang« sind jedoch, so Hans Blumenberg, »Voraussetzungen der rhetorischen Situation«[3] und – so wäre im Blick auf dieses Drama hinzuzufügen – der theatralischen Entfaltung skeptischer Phantasie.

Dieser Gedanke bedarf im Vorfeld der Lektüre von *Hamlet* als Apologie frühneuzeitlicher ›Innerlichkeit‹ einer Erläuterung, die die skeptischen Fundamente[4] dramatischer Rhetorik nochmals etwas anders pointiert. Denn mit »Evidenz« ist ein Schwellenkonzept zwischen Philosophie und Rhetorik angesprochen, zudem ein Problem, das beiden gemeinsam ist: die Frage nach der Gewißheit von Wahrheit als einer sich zeigenden oder aber einer allererst herzustellenden, als eines (potentiellen) Besitztums oder eines Unverfügbaren.[5] Verstanden als »die unmittelbare Gewißheit des anschaulich Eingesehenen oder notwendig zu Denkenden«[6] führt Evidenz noch Reste jener Etymologie mit, die schon Cicero zu bewahren suchte, als er den ursprünglich wohl peripatetischen, vor allem aber epikureisch und stoisch geprägten Begriff εναργεια im *Lucullus* mit *evidentia* übersetzte.[7] Wie ein sinnlich Präsentes, so die zugrundliegende Metapher, er-

---

1 Der Begriff versucht, die anachronistischen Konnotationen zu vermeiden, die das deutsche Konzept ›Innerlichkeit‹ mit sich führt. Zu den Besonderheiten der mit ›Innerlichkeit‹ bzw. ›Interiorität‹ gemeinten Konfiguration s. die Ausführungen weiter unten sowie Stephen Greenblatts Einsatz des Begrifflichkeit von »inwardness« und »inner life« in seinen jüngsten Arbeiten zu *Hamlet*, e.g. »Purgatory and Hamlet« (Vortrag 26.6.1997 im Frankfurter Zentrum zur Erforschung der Frühen Neuzeit, gedruckt in Übersetzung als »Hamlet im Fegefeuer«, *Zeitsprünge. Forschungen zur Frühen Neuzeit*, 2 (1998), Heft 1/2, 5-36), oder die Einleitung zu *Hamlet* in *The Norton Shakespeare*, ed. Greenblatt et al., New York 1997, pp. 1659-1667, sowie seine »General Introduction« zu dieser Ausgabe, bes. pp. 59f.

2 Cf. die Tietzsche Übersetzung des als Motto dieses Abschnitts zitierten Satzes: »Wir sind nirgends schlimmer daran, als wenn wir bey uns sind.« (307).

3 »Anthropologische Annäherung an die Aktualität der Rhetorik« in: Hans Blumenberg, *Wirklichkeiten, in denen wir leben*, Stuttgart 1981, pp. 104-136, hier 117.

4 Cf. auch Blumenbergs Formulierungen im Anschluß an seine Überlegungen zum Cartesischen Ideal des auf klare und deutliche Erkenntnis gegründeten Wissens und zu dessen Einstellung dem gegenüber, was sich solcher Evidenz entzieht: »Alles, was diesseits der Evidenz übrig bleibt, ist Rhetorik; sie ist das Organ der *morale par provision*. [...] Die Rhetorik gehört in ein Syndrom skeptischer Voraussetzungen.« (ibid., p. 111).

5 »Rhetorik hat es zu tun mit den Folgen aus dem Besitz von Wahrheit oder mit den Verlegenheiten, die sich aus der Unmöglichkeit ergeben, Wahrheit zu erreichen.« (Blumenberg, ibid., 105).

6 So die Definition von Ansgar Kemmann in Art. »Evidentia, Evidenz« in: *Historisches Wörterbuch der Rhetorik*, ed. Gert Ueding, Bd. 3, Darmstadt 1996, Sp. 33-47. Die folgenden Ausführungen orientieren sich im Wesentlichen an diesem Artikel.

7 *Academici Libri. Lucullus*, 17.

glänzt die Wahrheit, strahlt hervor und leuchtet ein. *Enárgeia*/*evidentia* ist dieses Sich-Zeigen, das keiner weiteren Begründung bedarf. Nun macht das Konzept im Zuge seiner Übernahme durch die römische Rhetorik eine bemerkenswerte Transformation durch, in deren Verlauf die ursprünglich pointierte Präsenz aus dem Blick gerät bzw. Einsicht auch ohne sie zustande kommt und die Mittel der Herbeiführung von Evidenzeffekten an die Stelle der Unmittelbarkeitsemphase treten. Indem die Techniken der Veranschaulichung in den Vordergrund treten, hebt die Repräsentation gleichsam ab. Zugleich wächst das Interesse an ihrer Wirksamkeit.[1] Unter den *evidentia*-Synonymen, die Quintilian im Anschluß an Cicero und aus dieser Perspektive rhetorischer Verfahrensweise auffächert, sind auch φαντασια und υποτυπωσις (*hypotyposis*): beides Begriffe, die noch von der Gewißheitsaura umgeben sind, die sie in ihrem ursprünglichen Kontext, der stoischen Erkenntnistheorie, mit sich führten, und die Hauptziele der skeptischen Gewißheitskritik waren.[2] Wenn Sextus Empiricus seine Programmschrift der pyrrhonischen Skepsis *Hypotyposen* nennt, so könnte der skizzierten Ambivalenz damit eine weitere Nuance zuwachsen, falls mit diesem Titel nicht (oder nicht nur) auf den Modellcharakter der dort vorgetragenen ›Eindrücke‹ angespielt werden sollte, sondern möglicherweise auch auf die skizzenhafte Flüchtigkeit dieses unsystematischen ›Umrisses‹.[3] Bei Quintilian tritt der wirkungsästhetische Aspekt der *hypotyposis* schließlich in der Weise in den Vordergrund, die auch für die Renaissance maßgeblich bleiben sollte: Sie wird zum Musterbeispiel einer Figur, die zeigt, was sich nicht mehr ohne weiteres zeigt. *Hypotyposis* tritt dann ein, »wenn ein Vorgang nicht als geschehen angegeben, sondern so, wie er geschehen ist, vorgeführt wird, und nicht im Ganzen, sondern in seinen Abschnitten. [...] Und nicht nur, was geschehen ist, oder geschieht, sondern auch was geschehen wird oder geschehen sein würde, malen wir bildhaft gegenwärtig.«[4] Diese Art mimetischen Imaginierens ist an evidenzerzeugender Kraft indes

---

1 Besonders in der Renaissance kommt nach der Neuausgabe der aristotelischen Rhetorik (Venedig 1508/09) der aristotelische Begriff für diese Effektivität, *enérgeia*, verstärkt zum Tragen und wird gelegentlich austauschbar mit *enárgeia* gebraucht, cf. Kemmann, Sp. 45 (unter Bezug auf Plett, *Rhetorik der Affekte*): »Beide Traditionslinien werden nun in bald verwirrender, bald befruchtender Weise neben- und durcheinander rezipiert: von enérgeia und enárgeia heißt es abwechselnd, sie führten in Worten etwas so anschaulich vor Augen, daß dieses nicht tot, sondern lebendig, nicht abwesend, sondern gegenwärtig, nicht erzählt, sondern gleichsam handelnd vorgeführt erscheine, so daß Hörer wie Leser zu fiktiven Zuschauern werden.«

2 Sowohl als τυπωσις εν ψυχη als auch als φαντασια καταλεπτικη, als Abdruck in der Seele und als Zustimmung heischende Vorstellung führen diese aus stoischer Sicht zu sicherer Erkenntnis bzw. zu unmittelbarer, keiner weiteren Begründung bedürftiger Gewißheit. Der Pyrrhonismus hatte dagegen u.a. eingewendet, eine derart zustandegekommene Evidenz sei von einer auf Irrtum beruhenden Schein-Evidenz nicht zu unterscheiden; s. hierzu auch Kap. 1.

3 R. G. Bury übersetzt den Titel mit *Outlines*; cf. auch die in Scott & Liddell, *Greek-English Lexicon* angegebene Grundbedeutung »sketch, outline«. Die Implikation könnte allerdings auch (unironisch) die eines fundierenden – und daher zuverlässigen – Grundrisses sein.

4 So A. Kemmanns Übersetzung der ersten Sätze von Quintilians *Institutio Oratoria*, IX. II. 40 und 41; im Zusammenhang: »Illa vero, ut ait Cicero, sub oculos subiectio tum fieri solet, cum res non gesta indicatur, sed ut sit gesta ostenditur, nec universa sed per partes; quem locum proximo libro subiecimus evidentiae [...] Ab aliis υποτυπωσις dicitur proposita quaedam forma

nicht nur jeder knappen diegetischen Angabe überlegen, sondern nähert sich zugleich stark einer dramatischen Repräsentation an.[1] Als »counterfait representation«[2] produziert *hypotyposis* ›so etwas wie‹ Gewißheit, die ihres Fiktionscharakters mehr oder weniger eingedenk bleibt.

Das Evidenzproblem, dessen rhetorisch-epistemologische Schwierigkeiten damit erst angedeutet sind, wird von Shakespeares *Hamlet* in geradezu paradigmatischer Weise erkundet. Ja, es wird dadurch noch beträchtlich kompliziert, daß sich diese Exploration im Medium einer tatsächlichen theatralischen Inszenierung vollzieht, die ihrerseits in der Entfaltung ihrer Metaebene – als Fiktion fingierter Repräsentation – weitere Möglichkeiten der Reflexion von Glaubhaftigkeit bereithält. Das Drama läßt sich als eine Art ausgedehnter *hypotyposis* verstehen, die wiederholt die skeptischen Ambivalenzen aufdeckt, auf denen sie in ihrem unentscheidbaren Suspens zwischen *enárgeia* und *enérgeia* basiert, und mit ihnen die Grundlosigkeit der Evidenz, die sie als Gewißheitseffekt zwischen Wissen und Wirkung erzeugt. Einerseits ist das, was die Shakespearesche Bühne zeigt, restlos alles, unüberbietbar evident – andererseits agiert auf ihr ein Protagonist, der auf der Verborgenheit *seiner* Wahrheit insistiert, indem er von sich emphatisch behauptet: »But I have that within which passeth show« (I, ii, 85). Überdies fehlt dem, was hier zu zeigen ist, jede institutionelle Absicherung: Hamlet findet sich in einer Situation radikalen Ordnungsverlusts und des Zusammenbruchs aller bisherigen Gewißheiten. Das, was sein Drama gleichwohl

---

rerum ita expressa verbis, ut cerni potius videatur quam audiri [...] Nec solum quae facta sint aut fiant, sed etiam quae futura sint aut futura fuerint imaginamur.« – Zum vermeintlichen Gegensatz von Wahrheit und Wirkung cf. Blumenbergs Bemerkung: »Die Antithese von Wahrheit und Wirkung ist oberflächlich, denn die rhetorische Wirkung ist nicht die wählbare Alternative zu einer Einsicht, die man *auch* habe könnte, sondern zu der Evidenz, die man *nicht* oder noch nicht, jedenfalls hier und jetzt nicht, haben kann.« (p. 111f).

1 Quintilian selbst hebt dies hervor, indem er vor übertriebener Anwendung dieser Figur warnt: »Habet haec figura manifestius aliquid; non enim narrari res, sed agi videtur.« (ibid., 43). – Cf. auch Kemmann, Sp. 44.

2 Dies der Begriff George Puttenhams in seiner Definition der *hypotyposis*: »The matter and occasion leadeth vs many times to describe and set foorth many things, in such sort as it should appeare they were truly before our eyes though they were not present, which to do it requireth cunning: for nothing can be kindly counterfait or represented in his absence, but by great discretion in the doer. And if the things we couet to describe be not naturall or not veritable, than yet the same axeth more cunning to do it, because to faine a thing that neuer was nor is like to be, proceedeth of a great wit and sharper inuention than to describe things that be true.« *The Arte of English Poesie*, eds. Gladys D. Willcock, Alice Walker, Cambridge 1936, p. 238. Puttenham warnt hier implizit vor der Gefahr der Decorum-Verletzung; im Anschluß entfaltet er *hypotyposis* in ihre Unterkategorien »*Prosopographia*« (»the Counterfait countenance«), »*Prosopopeia.* or the Counterfait in personation«, »*Cronographia.* or the Counterfait time«, »*Topographia.* or the Counterfait place«, »*Pragmatographia.* or the Counterfait action« (p. 238-9; Randglossen). – Daß es um *fingierte* Wirklichkeit und durch Fiktion hervorgerufene Einsicht geht, ist eine der Pointen des rhetorischen Evidenzbegriffs; so auch Kemmann: »Die Verfahren der rhetorischen E. können [...] nur indirekt wirken, und die erzeugte E. ist überdies fiktiv: ein Augenschein, eine Augenscheinlichkeit wird fingiert, wo Augenschein real gerade fehlt. Was sich rhetorisch ›Einsicht‹ nennt, hat also lediglich Als-Ob-Struktur.« (»Evidentia, Evidenz«, Sp. 39).

entwirft – die Kontur sich entziehender ›Innerlichkeit‹ –, bedarf einer Rechtfertigung, die nur wiederum strukturell skeptisch ausfallen kann.

Was sich in *Hamlet* legitimiert, indem es sich inszeniert, ist, so ließe sich diese Überlegung noch weiter thesenhaft zuspitzen, nichts anderes als der Zusammenbruch einer Kultur der ›Verortung‹ des Wissens im Zuge ihrer Realisierung; und auch hier ergibt sich eine Parallele zu Montaigne. Denn die *Theologia naturalis* des Sabundus ist ein ausgezeichnetes Beispiel und Dokument jenes ›topischen‹ Denkens,[1] das hier auf dem Spiel steht und das sich schon in seiner ruinösen Verteidigung durch Montaigne als fragwürdig erwies: Im Buch der Natur sind die Kreaturen an ihren Orten auf der *scala* des Seienden mit ihren festen und unverrückbaren Stufen (*habens gradus firmos et immobiles*)[2] fixiert. Dank dieser unerschütterlichen Rangordnung vermag sich der Mensch zu erkennen – und das heißt: seinen Ort im Gefüge des Ganzen, zwischen höheren und niederen Geschöpfen zu erkennen und sich an diesem beheimatet (wie in einer Wohnung, *domus*)[3] zu finden; und auf diesem Weg des Erkennens vermag er aufzusteigen vom Sichtbaren zum Unsichtbaren, von den Kreaturen zu ihrem Schöpfer.[4] Auf diese Weise wird im Buch der Natur gelesen, ist doch jegliches Geschöpf nichts als ein von Gott geschriebener Buchstabe (*littera, digito Dei scripta*), der, in der Zusammensetzung mit anderen gemäß der göttlichen Kombinatorik die Sätze des dem Menschen nötigen Wissens ergibt.[5] Deren Lesbarkeit gewährleistet, daß gefunden werden kann – im Sinne des rhetorischen *inveniri* –, was verborgen ist. Ist dies eine der Grundvoraussetzungen auch der Renaissancetopik, so deckt schon die Montaignesche Praxis solcher *inventio* deren musealen Charakter auf:

---

1 Cf. hierzu und zum folgenden Wilhelm Schmidt-Biggemann, »Über die Leistungsfähigkeit topischer Kategorien – unter ständiger Rücksichtnahme auf Renaissance-Philosophie«, in: Heinrich F. Plett, ed., *Renaissance-Rhetorik. Renaissance Rhetoric*, Berlin 1993, pp. 179-195. – Ein von meinem abweichendes Interesse an Aspekten der Rhetorik und Rhetorikkritik der *Essais* verfolgen die Beiträge von Gerhart Schröder, »Text und Zeit. Zu den *Essais* von Montaigne«, und François Rigolot, »*Simulacra fugacia*: Montaigne et les dangereuses séductions de la rhétorique«, in: Gerhart Schröder et al., eds., *Anamorphosen der Rhetorik. Die Wahrheitsspiele der Renaissance*, München 1997, pp. 83-98, 99-111.

2 Cf. Raimundus Sabundus [S. 89, n. 3], Titulus I: »[…] ordinata est rerum et creaturarum universitas tamquam iter, via et scala immobilis et naturalis, habens gradus firmos et immobiles, per quam homo veniat et ascendat ad se ipsum.« (47*-48*).

3 Cf. ibid., 45*: »Et quia homo ignorat se ipsum a nativitate, et nescit domum suam, in qua debet habitare, ideo necesse est, quod aliae res ducant eum ad se ipsum et ad domum suam, et doceant iter et viam, per quam itineret in se ipsum.«

4 Cf. ibid., 49*: »[…] et per hominem itineramus et ascendimus ad Deum, sicut per veram scalam, per quam debemus ascendere in cognoscendo. Aliter est impossibile veritatem recte cognoscere.«

5 Cf. Prologus, 35*-36*: »Primus liber [i.e. liber naturae – V. O. L.] fuit datus homini a principio, dum universitas creaturarum fuit condita, quoniam quaelibet creatura non est nisi quaedam littera, digito Dei scripta; et ex pluribus creaturis sicut ex pluribus litteris, est compositus liber unus, qui vocatur liber creaturarum. In quo libro etiam continetur ipse homo, et est principaliter littera ipsius libri. Et sicut litterae et dictiones, factae ex litteris, important et includunt scientiam et diversas significationes et sententias mirabiles, ita conformiter ipsae creaturae, simul coniunctae et ad invicem comparatae important et significant diversas significationes et sententias, et continent scientiam homini necessariam.« Eben deswegen können in diesem Buch auch alle lesen und studieren, nicht nur die *clerici*.

Das Aufsuchen der *loci communes* und das Häufen der Exempel wird zum potentiell endlosen Sammeln von kuriosen Einzelstücken, zu einer antiquarischen Tätigkeit, die die Beweiskraft des Zusammengetragenen eher relativiert als stärkt (und die der väterlichen Lust am Sammeln des Nichtverstandenen fatal zu ähneln beginnt).[1] Für Hamlet ist vollends nicht mehr zu finden, was verborgen ist. Gleichwohl ist auch sein Tun in mehrfacher Hinsicht noch ein genuin topisches – etwa in seinem angestrengten Appell an das Gedächtnis[2] (sein eigenes und das anderer) als dem Raum, in dem die Präzepte aufgehoben und die evidenzstiftenden Wissenselemente zu finden sein müßten, oder in der Art und Weise, wie er bestimmte Topoi theatralisch arrangiert, damit sie die unsichtbare Wahrheit hervortreiben. Aber was sich zeigt, ist nicht Gewißheit, sondern die Endlosigkeit gleichwertiger Interpretationen. Was diese *inventio* offenbart, ist lediglich mehrdeutige Wirkung, unendlicher Regreß der Lesarten; positiv gewendet: die Notwendigkeit von Erfindung als Legitimierung skeptischer Phantasie. *Hamlet* praktiziert den dialektischen Übergang von Evidenz zu Duplizität; vom *theatrum mundi* als Leitvorstellung der Topik[3] zum genuin literarischen Motto des Globe Theatre von 1599, *Totus mundus agit histrionem*;[4] von der Statik ›enargetisch‹ re-

---

1 Sammler anderer Art und doch aus der hier vorgeschlagenen Perspektive vergleichbar sind Robert Burtons Democritus Junior und Cervantes' Don Quijote. Zu den Implikationen ihres Sammelns cf. Kap. 4.

2 Zur *memoria* als Speicherraum der Topoi als kombinier- und disponierbare Gedächtnisinhalte cf. Schmidt-Biggemann [S. 106, n. 1], p. 184; zur neueren Erforschung des *memoria*-Konzepts weiter die Arbeiten Renate Lachmanns (z.B. *Gedächtnis und Literatur*, Frankfurt 1990) und Aleida Assmanns oder die in *Memoria -Vergessen und Erinnern*, eds. Anselm Haverkamp u. Renate Lachmann (Poetik und Hermeneutik XV) München 1993, versammelten Beiträge.

3 Zum Theater als zentraler »Metapher des Inventionsrepertoires« – neben den Büchern der Welt, dem Schatz der Weisheit und der Historia – cf. Schmidt-Biggemann, p. 182 (179); zur *theologia naturalis* als Voraussetzung der *inventio* und Grundlage der *philosophia perennis* cf. p. 185.

4 Bekanntlich ist die Aufnahme dieses Mottos in Jaques' monologischem *set piece* »All the world's a stage« in *As You Like It* (II, vii, 139) eine wichtige Datierungshilfe für diese in der Werkchronologie in der Regel unmittelbar vor *Hamlet* lozierte Komödie. – Heinrich F. Plett untersucht die hier angedeutete These der in der Renaissance beobachtbaren Doppelbewegung einer Theatralisierung der Rhetorik und einer Rhetorisierung des Theaters mit anderem, vorwiegend rhetorik- und theatergeschichtlichem Interesse, aber mit einer Fülle interessanter Hinweise zur Zentralfunktion der *hypotyposis* in diesem Prozeß sowie zu Anspielungen auf die elisabethanische Schauspieltheorie in *Hamlet*; cf. »Theatrum Rhetoricum. Schauspiel – Dichtung – Politik«, in: Heinrich F. Plett, ed., *Renaissance-Rhetorik. Renaissance Rhetoric*, Berlin 1993, pp. 328-368, v.a. p. 338: »In der Renaissance wird nicht nur die Rhetorik theatralisiert, sondern auch das Theater rhetorisiert.« Bei der Erläuterung der prominenten Rolle, die die *hypotyposis* als »Vor-Augenstellen« bei der Erzeugung von »theatralischer Gegenwart, Körperlichkeit und Handlung« (p. 347) spielt, zitiert Plett Joannes Susenbrotus, *Epitome Troporum ac Schematum*, London: G. Dewes, 1562: »Hypotyposis υποτυπωσις, est quando persona, res, locus, tempus aut alius quippiam tum scribendo tum dicendo ita verbis exprimitur, vt cerni potius ac coram geri, quàm legi, quàm audiri vidatur. Haec etiam εναργεια Enargia, Euidentia, Illustratio, Suffiguratio, Demonstratio, Descriptio, Effictio, Subiectio sub oculos appellatur.« (zit. p. 347, n. 61). – Zu einem Parallelvorgang in einem anderen Feld – der begriffsgeschichtlichen Umwertung der traditionellen Unterscheidung von *scientia* und *ars* –, bei dem der Rhetorik ebenfalls eine Katalysatorrolle zufällt, cf. auch Tilman Borsche, »Die artistische Transformation der Wissenschaft. Begriffsgeschichtliche Übergänge in der frühen Neuzeit«, in: G. Schröder et al., eds., *Anamorphosen der Rhetorik*, pp. 53-69.

präsentierter Schöpfungsfülle zum hypotypotisch erzeugten Wahrheitseffekt.[1] Mehr noch: das Drama reflektiert und radikalisiert diese Doppelung, indem es sie als einen strukturell skeptischen Prozeß vorführt, und es bilanziert Modi, Kosten und Gewinn solcher Vergleichgültigung des Eigentlichen. Die im Stück von ihr Betroffenen immerhin kostet sie das Leben; gleichwohl scheint es zu ihr keine Alternative zu geben.

Es geht hier also – wie im übrigen auch schon im Blick auf Montaignes »Apologie«, aber noch etwas verschärft – nicht in erster Linie um Skepsis als Thema oder als topisches Element, wenngleich Montaigne und Shakespeare als hervorragende Vertreter einer außerordentlich engen Verquickung von thematischer und struktureller Skepsis verstanden werden.[2] Vielmehr geht es mir im Blick auf Shakespeare vor allem um Skepsis als fundamentale Wirkungsstrategie, mehr noch: als Agens im Prozeß der frühneuzeitlichen Selbstentdeckung der Literatur. Daß Skepsis im *Hamlet* auch und in vielfältiger Weise immer wieder thematisch wird, ist unübersehbar und soll keineswegs bestritten werden. Doch schon ein Blick auf den Beginn des Dramas zeigt, um wieviel die ausschließliche Konzentration auf das Vorkommen pyrrhonischer Topoi oder auf Horatio als Prototyp des Skeptikers zu kurz griffe. Hier steht die Wirklichkeit des Stückes als ganze, die auf der Bühne präsentierte Welt, zur Debatte; ihr Focus ist die ›Innerlichkeit‹ Hamlets, und gerade sie erweist sich als Ort höchster Ungewißheit.[3]

---

1 *Hamlet* wird damit auch an einer bewußtseinsgeschichtlich kritischen Gelenkstelle situiert: an einem Punkt der Überlagerung einer noch mittelalterlich geprägten Auffassung von Wirklichkeit als »garantierter Realität«, die ihre Reverberationen noch bei Descartes findet, mit einer Vorstellung von Wirklichkeit als »Realisierung eines in sich einstimmigen Kontextes«. Hans Blumenberg, der diese Bestimmungen vorgeschlagen hat, erläutert die letztgenannte Formation weiter als eine Auffassung, die »*Realität als Resultat einer Realisierung* [nimmt], als sukzessiv sich konstituierende Verläßlichkeit, als niemals endgültig und absolut zugestandene Konsistenz«. Der hier entworfene Kontext ist also auf Zukünftiges hin offen, und er konstituiert sich perspektivisch, als Wirklichkeit eines Subjekts. Cf. Hans Blumenberg, »Wirklichkeitsbegriff und Möglichkeit des Romans«, in: Hans Robert Jauß, ed., *Nachahmung und Illusion*, [Poetik und Hermeneutik I] München 1964, pp. 9-27 (Zitate pp. 11 und 12 [orig. kursiv], p. 12).

2 Die *Hamlet*-Lektüre von James L. Calderwood, *To Be and Not To Be. Negation and Metadrama in «Hamlet»*, New York 1983, untersucht Effekte duplizitärer Ungewißheit als Resultate bestimmter Zeichenpraktiken der Figuren. Fokus seiner Studie sind vor allem die Paradoxien von Negativität und Metaphorizität in Shakespeares Stück, allerdings ohne Bezug auf zeitgenössische Bewußtseinslagen. – Einen ungleich konventionelleren und im Gegensatz zu Calderwoods Studie auf Themen, Welt- und Menschenbilder konzentrierten Versuch, die Dramen Shakespeares insgesamt in einem ideengeschichtlichen Kontext zu plazieren, der immerhin unter anderem auch die Renaissance-Skepsis berücksichtigt, hat Sukanta Chaudhuri unternommen; cf. *Infirm Glory. Shakespeare and the Renaissance Image of Man*, Oxford 1981. Ähnlich auch Graham Bradshaw, *Shakespeare's Scepticism*, Brighton 1987, der weder einen systematisch noch historisch hinreichend fundierten Skepsis-Begriff verwendet.

3 Daß die hier vorgeführte Subjektivität eine von Montaigneschem Denken geprägte, reflektierte, für Selbsttäuschungen anfällige und ihrer eigenen Täuschbarkeit in besonderem Maße bewußte ist, betont auch Ellrodt, »Self-Consciousness in Montaigne and Shakespeare« [S. 88, n. 1]. Wie Montaignes *Essais* sei *Hamlet* Zeugnis einer »emergence in European literature of a form of self-consciousness which implies a simultaneous awareness of experience and the experiencing self [...]« (p. 42). Im Zuge solch gesteigerter »apprehension of the inner life« (p. 45) rücke in der Literatur der Renaissance »an interest in the exposure of self-delusion« (p. 48) und ein Bewußt-

Die Wache, verstärkt durch Horatio, erwartet in der ersten Szene des ersten Aktes das Auftreten eines Geistes, der schon zweimal gesehen worden ist. Horatio hat die Berichte der Soldaten für »fantasy« erklärt: »And will not let belief take hold of him.« (I, i, 25f) Der Geist, der dem toten König von Dänemark gleicht, erscheint tatsächlich; Horatio versucht vergeblich, ihn zum Sprechen zu bringen; beim Hahnenschrei verschwindet er wieder. – Die Szene spielt sich in totaler Finsternis ab; es ist so dunkel, daß die Personen einander ihre Identitäten nur durch umständliche Rituale wie den Austausch von Kennwörtern zu erkennen geben können. Und selbst deren Funktionieren wird von Anfang an als problematisch gekennzeichnet: »Who's there?«, die Frage, mit der das Stück geradezu emblematisch einsetzt, wird vom ›falschen‹ Soldaten geäußert, nämlich von der Wachablösung, Barnardo, und nicht vom wachhabenden Francisco, woraufhin dieser erst nachträglich die Identifizierung des unsichtbar Hinzugetretenen einfordern kann: »Nay, answer me. Stand and unfold yourself.« Die durch das dysfunktionale Ritual signalisierten Wahrnehmungsdefizite werden im folgenden einerseits ausgebaut zu einer nahezu systematischen Erkenntniskritik: Die Beteiligten können ihren Sinnen schon nächtens nur mit Vorbehalt trauen,[1] und auch der Schluß von der Sinnesevidenz, die die Geisterscheinung vermeintlich bietet, auf die mit ihr zu verbindende Bedeutung erscheint höchst prekär, selbst nachdem Horatio den Geist ›gesehen‹ hat. Andererseits und zugleich wird mit dieser Schwächung der Beziehung zwischen Zeichen und Bezeichnetem auch vorgeführt, worauf sich ›Wirklichkeit‹ trotz dieses Defizits aufbaut, welcher Art sie ist und wie sie sich konstituiert: Sie entfaltet sich paradox – in Erzählungen und in der Konkurrenz unvereinbarer Interpretationen.

So verliert »fantasy« rasch die Konnotationen eines bloßen Hirngespinsts[2] und wird zur φαντασια, *phantasia*, einem der Austauschbegriffe für die evidenzer-

---

sein der unüberwindlichen Schwierigkeiten verläßlicher Selbsterkenntnis in den Vordergrund. – Auch Stephen Greenblatt beschreibt *Hamlet* nachdrücklich als »fraught with uncertainty« und beginnt seine Einleitung zum Text des Stückes im *Norton Shakespeare* mit einem eindrucksvollen Katalog offener und wohl unbeantwortbarer Fragen; cf. p. 1659. – Zur Problematik Hamlets als eines am Problem fingierter Natürlichkeit scheiternden, zwischen den Notwendigkeiten courtoiser Selbstpräsentation gemäß den von Castiglione und Macchiavelli formulierten Standards von *sprezzatura* und *celare artem* und der Unmöglichkeit ›authentischer‹ Selbstartikulation gefangenen Höflings cf. auch Klaus Reichert, »Hamlet's Trap, or Civility and its Discontents« [unpubl. Vortragsmanuskript; dt. Version in: Reichert, *Der fremde Shakespeare*, München 1998].

1 Hören: ll. 15, 34; Tasten: l. 22; Sehen: ll. 25, 32, 36. – Auch die Beziehung von Außenwelt und Gefühl oder Stimmung erscheint gestört und bereits hier eigenartig entkoppelt: Weshalb Francisco »sick at heart« (l. 9) ist, wird nicht erklärt. – Cf. auch Stephen Booth, »On the Value of *Hamlet*«, in: Norman Rabkin, ed., *Reinterpretations of Elizabethan Drama*, New York 1969, pp. 137-176. Ausgehend von der ersten Szene des Stückes beschreibt Booth viele der hier bereits paradigmatisch sichtbar werdenden Wirkungsstrukturen: die Irritationen, Desorientierungen, Erwartungstäuschungen und charakteristischen Figuren ›impertinenter Pertinenz‹, sowie die Inszenierung von Krisen des Verstehens durch gezielte Juxtaposition des Inkompatiblen. Treffend (wenn auch ohne ausdrücklichen Bezug auf zeitgenössische Mentalitäten) resümiert er: »*Hamlet* is the tragedy of an audience that cannot make up its mind.« (p. 152).

2 »Horatio says 'tis but our fantasy,« so Marcello in l. 26; cf. Barnardo nach der ersten Geisterscheinung, l. 57: »Is not this something more than fantasy?«

zeugende Veranschaulichung, indem zunächst Barnardo ansetzt, von den vorausgegangenen Erscheinungen zu erzählen und der Geist in dem Moment auftritt, wo er den Glockenschlag erwähnt, als solle das rhetorische Verfahren szenisch beglaubigt werden. Gleichwohl bleibt der Geist in dieser wie in den folgenden Szenen in geradezu enervierender Weise im Bereich des Hypotypotischen. Während seines ersten kurzen Auftretens und nachdem er verschwunden ist, löst er eine Fülle deskriptiver Kommentare, Vergleiche und Interpretationsversuche aus, bei denen der Text bis in sprachliche Mikrostrukturen hinein darauf insistiert, daß das was dieser Augenschein auslöst, eben nicht Evidentia, sondern erhöhte Ungewißheit ist. So changiert das Personalpronomen, mit dem der Geist bezeichnet wird, zwischen neutralen (»it«) und personalen Formen (»a«, »he«); so resultiert aus der mehrfachen Betonung der Ähnlichkeit[1] durch die Wahrnehmenden gerade nicht die Überzeugung von der Identität des Geistes mit dem verstorbenen König, sondern sie ruft eher die Möglichkeit einer Separierung von Erscheinung und ›Wesen‹ auf den Plan; so verweisen auch Bezeichnungen wie »image« (l. 84), »figure« (l. 112), »illusion«[2] (l. 130), »like a guilty thing« (l. 153), »This present object« (l. 163) auf die Unzuverlässigkeit des empfangenen Eindrucks. Zudem baut sich dieser Eindruck in erster Linie etho- bzw. pathopoietisch auf:[3] Indem sich die Betrachter über die Erscheinung verständigen, entdekken sie an ihr Charakterzüge des Königs; meinen, einen Gesichtsausdruck typischen Zorns wiederzuerkennen.[4] Der Geist ›existiert‹ für die, die ihn unmittelbar wahrnehmen, ebenso wie für die Zuschauer in der Art und Weise, wie über ihn gesprochen wird: Die zweifelhafte Evidenz seiner Erscheinung wird überlagert von hypotypotisch erzeugter Evidentia – und diese ist von noch bestürzenderer Fragwürdigkeit, nicht zuletzt weil damit die Bewußtseinszutat in der Konstitution des Phänomens als ausschlaggebend für dessen Gewißheitsgrad aufgedeckt wird. Obwohl er das Sinnesdatum – »the sensible and true avouch| Of mine own eyes« (l. 60f) – nicht bezweifelt, sieht sich Horatio außerstande zu einer spezifischen Deutung (»In what particular thought to work I know not«, l. 70), kann

1 Barnardo: »In the same figure like the King that's dead« (l. 44), »Looks a not like the King?« (l. 46); Horatio: »Most like.« (l. 47), »Together with that fair and warlike form| In which the majesty of buried Denmark| Did sometimes march [...]« (ll. 50-52); Marcello: »Is it not like the King?« (l. 61). Cf. auch Horatios Formulierungen Hamlet gegenüber in der nächsten Szene: »[...] a figure like your father«; »Form of the thing, each word made true and good« (I, ii, 199; 210).

2 In der direkten Anrede Horatios an den Geist.

3 Erst wenn der Geist zu Hamlet spricht, kann dies als Prosopopoiie beschrieben werden; cf. hierzu und zum problematischen Decorum dieser Szenen auch Greenblatt, »Hamlet im Fegefeuer« [S. 103, n. 1].

4 Horatio: »So frown'd he once, when in an angry parle| He smote the sledded Polacks on the ice.« (ll. 65-66); cf. aber Horatios spätere Antwort auf Hamlets Frage (»What look'd he, frowningly?«) nach der expressiven Qualität der Miene des Geistes: »A countenance more in sorrow than in anger.« (I, ii, 230, 231).

allenfalls konjizieren, hier handele es sich um ein Omen.[1] Jedoch vermag auch die Explikation seiner Vermutung die Perplexität nicht zu beseitigen: »A mote it is to trouble the mind's eye« (l. 115) Überdies gerät die damit formulierte Beunruhigung des Gemüts (ταραχη) durch eine kurz darauf von Hamlet gebrauchte parallele Wendung auf die gleiche Ebene wie das lediglich ›endogene‹ Vor-Augen-Stehen eines Erinnerungsbilds im Theater des Bewußtseins.[2] Und auch die in direktem Anschluß von Horatio und nach der zweiten Erscheinung auch von Marcello angebotenen topischen Erklärungen,[3] die auf mythologische, astrologische und folkloristische Wissensbestände zurückgreifen, erweisen sich nicht zuletzt in ihrer wechselseitigen Relativierung als ohnmächtig und von der Glaubwürdigkeit bloßen Hörensagens, das einen Horatio allenfalls zum Eingeständnis ihrer Suggestivität veranlaßt: »So have I heard and do in part believe it.« (l. 170) Der Ort dieses Phänomens ist nicht mehr auszumachen. Die einzige Gewißheit, die dieser Auftakt bietet, ist die der Irritation; die einzige Verläßlichkeit die der imaginativen Plausibilität.

Die Frage »Who's there?«, mit der das Drama einsetzte, schwebt nicht nur über der ersten Szene, sondern auch über allen weiteren; in der folgenden Szenen des ersten Aktes lenkt sie die Aufmerksamkeit auf die Person des Prinzen Hamlet. – Szene ii zeigt Claudius, den Bruder und Nachfolger des dänischen Königs, bei der Bekanntgabe seiner Heirat mit der Witwe des Verstorbenen, Hamlets Mutter Gertrude. Er sendet Boten nach Norwegen, um den jungen Fortinbras in die Schranken zu weisen; gewährt Laertes, dem Sohn des Polonius, Erlaubnis, nach Paris zu reisen, und ermahnt Hamlet, seine Trauer um den Vater nicht weiter ungebührlich auszudehnen. Hamlets Weigerung und seine Begründung, die auf sein »All is not well« (l. 255) am Schluß der Szene und sein Fazit »The time is out of joint« (I, v, 196) am Ende des Aktes vorausweisen, sprechen das pervasive Unwohlsein, das die erste Szene artikulierte, zugleich auf der Ebene individueller Problematik und als Bewußtsein einer gravierenden Störung aus, deren Generalisierung bereits ihre Unheilbarkeit in der Welt des Stückes andeutet.

---

1 »But in the gross and scope of my opinion,| This bodes some strange eruption to our state.« (ll. 71-2). Die nachfolgende Explanation führt allerdings lediglich aus, was sich bereits aufgrund der umlaufenden Gerüchte vermuten ließe.

2 Horatios erschrockene Nachfrage in I, ii verrät, wie sehr ihn nach wie vor die Unsicherheit über die Art des Irritans und den Grad seiner ›Objektivität‹ umtreibt: [Hamlet:] »My father – methinks I see my father -| *Hor.* Where, my lord? *Ham.* In my mind's eye, Horatio.« (I, ii, 184-185).

3 Cf. ll. 116-128 (wandelnde Tote und Himmelszeichen als Vorboten politischen und nationalen Unheils im alten Rom und andernorts), 133-142 (unrechtmäßig angehäufter Reichtum als möglicher Grund des Wiedergängertums), 154-170 (Verschwinden von Geistern beim Hahnenschrei; nächtliches Krähen der Hähne in der Weihnachtszeit als Schreckmittel gegen Geister, Feen und Hexerei). Die Erklärungsmodelle, auf die hier angespielt wird, beruhen im übrigen durchweg auf analogistischen Grundannahmen; ihr hilflos-eifriges Aufgebot wirkt – wie sämtliche anderen Zitate von Elementen und Strukturen des Korrespondenzuniversums und der Daseinskette – in diesem Zusammenhang als massives Signal ihres Geltungsverlusts. Die Gegebenheit der von ihnen vorausgesetzten Wahrheit erscheint ebenso fraglich wie die Wirklichkeit des Geistes.

[King.] But now, my cousin Hamlet, and my son -
Hamlet. A little more than kin, and less than kind.
King. How is it that the clouds still hang on you?
Hamlet. Not so, my lord, I am too much in the sun.
Queen. Good Hamlet, cast thy nighted colour off,
And let thine eye look like a friend on Denmark.
Do not for ever with thy vailed lids
Seek for thy noble father in the dust.
Thou know'st 'tis common: all that lives must die,
Passing through nature to eternity.
Hamlet. Ay, madam, it is common.
Queen. If it be,
Why seems it so particular with thee?
Hamlet. Seems, madam? Nay, it is. I know not ›seems‹.
'Tis not alone my inky cloak, good mother,
Nor customary suits of solemn black,
Nor windy suspiration of forc'd breath,
No, nor the fruitful river in the eye,
Nor the dejected haviour of the visage,
Together with all forms, moods, shapes of grief,
That can denote me truly. These indeed seem,
For they are actions that a man might play;
But I have that within which passes show,
These but the trappings and the suits of woe.

Gleich Hamlets erste Zeilen (65, 67) geben Zeugnis von seinem Dilemma. Sie sind duplizitär, indem sie von den Zeichen handeln, mit denen die durch die inszestuöse Heirat veränderte familiäre und höfisch-politische Wirklichkeit normalisiert werden soll, und insofern sie in ihrem Protest gegen diese zugleich das manifestieren, wovon sie nicht sprechen dürfen (und, wie sich später zeigt, auch nicht sprechen können). Ihre metasprachliche Doppelbödigkeit deckt – im quantifizierenden Spiel mit »kin« und »kind«; im *punning* auf »sun«/»son«;[1] später in der patzigen Verkehrung von »common« in den Vorwurf der Gewöhnlichkeit – ungezogen auf, was sie gleichzeitig geziemend, wenn auch dürftig, verdeckt: die Komplizierung der Verwandtschaftsbeziehungen und -bezeichnungen und deren fehlende Entsprechung in den Gefühlen, die ihnen korrespondieren müßten.

Das Dilemma der Nichtkorrespondenz von ›Außen‹ und ›Innen‹, das hier als Problem des Auseinanderfallens von Zeichen und Bezeichnetem präsentiert wird,

1 Zugleich in der retrospektiven Literalisierung des Metaphorischen (»the clouds still hang on you«) und der Bloßstellung der üblichen Wörtlichkeit (Anrede des Stiefsohns als »son«) als verschleiernde Redeweise. Dieser Pun entfaltet, so alt er sein mag, sogar noch weiter reichende skeptizistische Implikationen: Hier läßt die Homophonie nicht nur eines zwei Dinge zugleich bedeuten – diese beiden Bedeutungen besagen überdies wechselseitig Ausgeschlossenes bzw. konstruieren einen unversöhnlichen Antagonismus zwischen Vater (der ›Sonne‹ als Inbegriff des Königlichen) und Sohn (mit düsterer Miene und schwarzgekleidet wie die Nacht). Die eigentlich unmögliche Identität des Widersprüchlichen aber ist Konstituens des dramatischen Grundproblems (und der Tragik) *Hamlets*.

geht über das Grundproblem höfischen Verhaltens in der Renaissance hinaus. Gewiß steht Hamlet vor der Schwierigkeit, zugleich simulieren und dissimulieren zu müssen, zugleich freudige Zustimmung zeigen und Trauer wie Empörung verhehlen zu müssen, und dies obendrein scheinbar anstrengungslos.[1] Aber solche *sprezzatura* scheint ihm, das belegen seine scharfsinnigen Repliken, potentiell durchaus zu Gebote zu stehen. Das Problem, das sich hier abzuzeichnen beginnt, resultiert vielmehr daraus, daß Hamlets mangelnde Bereitschaft, sich seiner höfischen Kompetenz zu bedienen, indem er die erwünschte ›Natürlichkeit‹ spielte, das Offenbarwerden eines viel fundamentaleren Auseinandertretens von Gesagtem und Gemeintem, von Wort und Ding, ahnen läßt, das die im Auftreten des Geistes konzentrierte zweideutige Relation von Erscheinung und Wahrheit, Regel und Einzelfall, spiegelt und sich so auf die gesamte Wirklichkeit des Stückes ausdehnt.

Das Partikuläre, so behauptet Hamlet, kann sich im Konventionellen nicht repräsentieren. Seine ausführliche Kritik des »seems« als schauspielerisch (re)produzierbaren affektiven Anscheins weist ihn indes nicht nur als wohl bewandert im topischen Repertoire der Trauer aus. Sie eröffnet überdies zum einen eine weitere Meta-Dimension in Gestalt der Selbstreflexion des Theatralischen, die das Stück im folgenden (bis hin zum Spiel im Spiel und darüber hinaus) entfalten wird; zum anderen ›subjektiviert‹ sie das Zeichenproblem. Hamlets Schmerz, darauf insistiert er, überschießt das zu seiner Darstellung verfügbare Zeicheninventar; weder die gängigen »forms, moods, shapes of grief« noch »the trappings and the suit of woe« vermögen seine Befindlichkeit adäquat (»truly«) zu denotieren. Weil die Symptome auch gespielt werden können, taugen sie nicht dazu, Verborgenes evident zu machen, Innerlichkeit zu exteriorisieren. Aber mit dieser skeptischen Einsicht manövriert sich Hamlet erst recht in eine aporetische Situation hinein. Denn wenn den Zeichen des Selbst die Zustimmung vorenthalten werden kann, ja von Rechts wegen verweigert werden muß, worauf kann dann »that within which passes show« seinen Geltungsanspruch gründen? Oder umgekehrt: wie müßte ein Zeichen aussehen, das solche Epoché nicht mehr zuließe? Wie kann der unaussprechliche Rest, auf den sich Hamlet hier mit einigem Stolz beruft, zur Sprache kommen, wie das angebliche *ineffabile* gezeigt werden? *Hamlet* inszeniert einen Tropus: Wenn Authentizität nicht stumm bleiben soll, dann ist sie auf Schritt und Tritt in Gefahr, in einen infiniten Regreß zu geraten, in dem sie ihre Legitimation durch immer neue Apologien unter Beweis stellen muß.

Indes stellt sich hier nicht nur ein auf den ersten Blick unlösbares expressives Problem. Die ›subjektive‹ Wahrheit Hamlets wird durch seine Begegnung mit dem Geist aufs engste verknüpft mit der Notwendigkeit, auch dessen ›Wahrheit‹ an den Tag zu bringen – und untrennbar von dieser seine durch die Begegnung

---

1 Hierzu ausführlich Reichert, »Hamlet's Trap«.

veränderte eigene: das, was er später »the heart of my mystery«[1] nennen wird. Zugleich verschiebt sich in dieser Begegnung das Beglaubigungsproblem auf bedeutsame Weise. Und dies nicht nur, weil die Erscheinung des Geistes keineswegs als schlichte Bekräftigung für Hamlets noch unklaren Verdacht, beim Tode seines Vaters und der Wiederheirat seiner Mutter sei nicht alles mit rechten Dingen zugegangen,[2] fungiert. Denn auch bei seinem erneuten Auftreten ist die Glaubwürdigkeit des Geistes durchaus nicht über jeden Zweifel erhaben. Er bleibt im doppelten Sinn des Wortes »a questionable shape«;[3] etwas, das gleichwohl »With thoughts beyond the reaches of our souls«[4] die Vermögen des Bewußtseins zu übersteigen droht und die Einbildungskraft an die Grenze ihrer selbst als einer bloß imitativen Fähigkeit bringt.[5] Der Ort dieses Geistes ist radi-

---

1 In seiner allegorischen Attacke auf Guildenstern, als dieser ihn auszuhorchen versucht: Hamlet reicht ihm eine der Flöten, mit denen die Schauspieler auftreten, mit der Aufforderung, sie zu spielen – dies sei »as easy as lying«. Als Guildenstern sich außerstande sieht, dies zu tun, expliziert Hamlet die Implikationen der Lektion: »Why, look you now, how unworthy a thing you make of me. You would play upon me, you would seem to know my stops, you would pluck out the heart of my mystery, you would sound me from my lowest note to the top of my compass; and there is much music, excellent voice, in this little organ, yet cannot you make it speak. 'Sblood, do you think I am easier to be played on than a pipe? Call me what instrument you will, though you fret me, you cannot play upon me.« (III, ii, 354-363).

2 Hamlet erwartet ja zunächst einen Beweis eben dieses im einzelnen noch unartikulierten Verdachts, ein Zutagetreten des Verborgenen entsprechend der topischen Annahme, es sei die Aufgabe von Wiedergängern, auf ein nicht aufgedecktes Verbrechen in Zusammenhang mit ihrem Tod hinzuweisen; cf. I, ii, 255-258: »My father's spirit – in arms! All is not well.| I doubt some foul play. [...] Foul deeds will rise,| Though all the earth o'erwhelm them, to men's eyes.«

3 I, iv, 43. – Diese Fragwürdigkeit hat ihren Grund nicht nur in der Art und Weise, wie die vorangehenden Szenen und Gespräche die Erscheinung vorbereiten (cf. etwa Hamlets Überlegungen zur Korrumpierbarkeit menschlicher »substance« und zur Schwierigkeit, zwischen äußerer Erscheinung, Reputation, ›Image‹ und innerer Qualität zu unterscheiden; I, iv, 17-38). Der Geist bleibt zweifelhaft und nicht zu verorten, indem er zwar von Hamlet erkannt wird, die Namensgleichheit von Vater und Sohn aber sogleich die Möglichkeit auf den Plan ruft, er sei nur ein Spiegel von Hamlets Wahn, das Ganze ein Selbstgespräch (»I'll call thee Hamlet,| King, father, royal Dane«, l. 44f; cf. auch die eigenartig indirekte und distanzierte Redeweise des Geistes, so als spielte er den Vater nur: »I am thy father's spirit«, I, v, 9, oder I, v, 23: »If thou didst ever thy dear father love -«). Die Möglichkeit des Wahns erfährt später noch eine Bekräftigung, als der Geist in Gertrudes Kammer auftritt und Hamlet der einzige ist, der ihn sieht (cf. III, iv, 104ff und 125-139). – Überdies lassen auch Hamlets eigene Äußerungen nach der Begegnung mit dem Geist und insbesondere die Beteuerungen seiner Echtheitsgewißheit in erster Linie erkennen, auf wie unsicheren Füßen diese Überzeugung steht und wie stark seine vorherigen Vorbehalte gegenüber der Erscheinung gewesen sind; cf. I, v, 143-4: »Touching this vision [!] here,| It is an honest ghost, that let me tell you.« Später bedenkt er dann aber die Möglichkeit, der Geist könne auch eine Vorspiegelung des Teufels gewesen sein: »The spirit that I have seen| May be a devil, and the devil hath power| T'assume a pleasing shape, yea, and perhaps,| Out of my weakness and my melancholy,| As he is very potent with such spirits,| Abuses me to damn me.« (II, ii, 594-599); und erst die Inszenierung seiner »Mousetrap« bzw. ausgerechnet die vieldeutige Reaktion des Königs scheint ihn wirklich zu überzeugen: »O good Horatio, I'll take the ghost's word for a thousand pound.« (III, ii, 280f).

4 I, iv, 56. – Eine Situation, in der für Hamlet sämtliche Grundfragen aufbrechen: »Say why is this? Wherefore? What should we do?« (l. 57)

5 So die Diagnose Horatios angesichts der Reaktion Hamlets: »He waxes desperate with imagination.« (I, v, 87) Die »vision« (l. 143), als welche Hamlet die Erscheinung dann selbst bezeichnet,

kal fraglich, und er stellt die bis dato geltende symbolische Topologie mit ideologisch durchaus riskanten Implikationen in Frage.[1] Seine eigentliche Brisanz für Hamlet selbst, für sein Handeln bzw. Nichthandeln und sein weiteres Schicksal, entfaltet die Erscheinung jedoch durch die Art und Weise, wie ihr ungewisser Status seine Interiorität kontaminiert. Es vollzieht sich hier eine geradezu abgründige Verschiebung, in der der vermeintliche Racheauftrag durch ein Erinnerungsgebot überlagert und tendentiell ersetzt wird:[2]

[*Ghost.*] Adieu, adieu, adieu. Remember me. *Exit.*
Hamlet. O all you host of heaven! O earth! What else?
And shall I couple hell? O fie! Hold, hold, my heart,
And you, my sinews, grow not instant old,
But bear me stiffly up. Remember thee?
Ay, thou poor ghost, whiles memory holds a seat
In this distracted globe. Remember thee?
Yea, from the table of my memory
I'll wipe away all trivial fond records,
All saws of books, all forms, all pressures past
That youth and observation copied there,
And thy commandment all alone shall live
Within the book and volume of my brain,
Unmix'd with baser matter. Yes, by heaven!
O most pernicious woman!
O villain, villain, smiling damned villain!
My tables. Meet it is I set it down
That one may smile, and smile, and be a villain -
At least I am sure it may be so in Denmark. *[Writes.]*
So, uncle, there you are. Now to my word.
It is ›Adieu, adieu, remember me.‹
I have sworn't.

---

könnte also durchaus äquivoke *visio insana* (Quintilian), *dubia significatio* (Sarbievius), begleitet vom Effekt der *concors discordia*, der »stimmigen Unstimmigkeit« sein. (Zur Zweifelhaftigkeit und zum ambig-kontingenten Charakter dieser Effekte des Literarisch-Phantastischen und ihrer Beschreibung in der concettistischen Poetik des 17. Jahrhunderts cf. Renate Lachmann, »Zum Zufall in der Literatur, insbesondere der Phantastischen«, in: Gerhart von Graevenitz, Odo Marquard, eds., *Kontingenz* [Poetik und Hermeneutik XVII], München 1998, pp. 403-432; zur »stimmigen Unstimmigkeit« v.a. p. 413.)

1 Am eindrucksvollsten hat dies bislang Stephen Greenblatt gezeigt [S. 103, n. 1]: Bezugnehmend auf die 1563 von der Anglikanischen Kirche verworfene römisch-katholische Doktrin vom Fegefeuer und die bis weit ins 17. Jahrhundert virulenten Polemiken um diese Frage (dies nicht zuletzt auch vor dem Hintergrund der gegenwärtigen biographistischen Debatte um ein mögliches Recusantentum Shakespeares) erörtert Greenblatt Herkunft, Selbstdarstellung und Deutungen des Geistes in *Hamlet*, sowie die Konsequenzen, die sich aus einer tatsächlichen Purgatoriumsrückkehr des Vaters für den Prinzen ergäben, und die Folgerungen, die hieraus für die Interaktion und Verteilung kultureller Energien in der poetologischen und ideologischen Ökonomie nicht nur der Renaissance zu ziehen sind (cf. »Hamlet im Fegefeuer«).

2 Zu dieser »Verlagerung der gespenstischen Anordung von Vergeltung hin zu Erinnerung« in I, v, cf. auch Greenblatt, bes. pp. 20-22.

Noch bevor der Geist Hamlet den Hergang des Mordes berichtete, hatte er an den entsetzt zuhörenden Sohn appelliert, den Vater zu rächen: »Revenge his foul and most unnatural murder.« (I, v, 25; cf. 8) Die detaillierte Erzählung des Tathergangs endet jedoch mit dem zitierten Erinnerungsgebot, und es ist dieses, das Hamlet, wieder allein, ausschließlich vor Augen steht und das er in seinem Monolog umkreist und fieberhaft festzuhalten sucht, obwohl er es doch gerade erst gehört hat. Diese eigenartige Selbstermahnung fungiert in ihrer proleptischen Verstellung äußerer Aktion durch introspektive und reflexive Aktivität des Protagonisten nicht nur als Vorwegnahme der weiteren Entfaltung des Dramas. Sie gibt vor allem auch deshalb zu denken, weil sie in ihrer internen Widersprüchlichkeit zeigt, auf welche Weise sich Hamlets Lage zugespitzt hat. Genaugenommen hat er ja gar nichts geschworen – weder, den Vater zu rächen, noch, seiner zu gedenken. Das bindende ›Wort‹, das er sich notiert (l. 110f), ist so nicht gegeben worden; was er sich aufschreibt, ist zum einen ein Zitat, zum anderen bestenfalls eine mnemotechnische Hilfe, eine Parole oder Losung, die als solche indes seine Erfindung ist und deren Notwendigkeit auf das bereits jetzt sich aufdrängende Gegenteil des Geforderten hinweist, nämlich auf beginnendes Vergessen.[1] Das, wessen sich Hamlet hier zu vergewissern sucht, ist einerseits eine Leistung seines eigenen Bewußtseins – zudem eine, deren Skopus und Referenz gar nicht genau angebbar sind –, andererseits ein Zeichen. Aber dieses Zeichen ist als *sein* ›Wort‹ auch kein topisches mehr. Denn das, was er auf seine »tables« eingraviert, ersetzt als höchstpersönliches Motto ausdrücklich das zuvor in seinem Gedächtnis befindliche topische Wissen, die wiederholbare *copia* der Schemata und *loci communes* – »All saws of books, all forms, all pressures past| That youth and observation copied there«. Indem Hamlet diese in seinem überforderten »distracted globe« ausradiert, macht er nicht nur »memory« zur *tabula rasa*, er läßt zugleich eine neue Metapher an die Stelle des alten Modells des in der *memoria* aufheb- und abrufbaren Weltwissens treten: Die gesprengte mikrokosmische Ordnung wird abgelöst vom Bild des Bewußtseins als Buch. Im gleichen Atemzug wird die Metapher von der entleerten Gedächtnistafel literalisiert zum Medium des tatsächlichen Aufschreibens. Nur im geschriebenen Wort, so scheint es, kann das Unsägliche repräsentiert, das unfaßliche Phantasma[2] zum

---

1 Auf eben diese Möglichkeit hatte der Geist zuvor drohend angespielt: »And duller shouldst thou be than the fat weed| That roots itself in ease on Lethe wharf,| Wouldst thou not stir in this.« (ll. 32-34). – Greenblatt weist darauf hin, daß bereits die unmittelbar vorausgehende Bereitschaftserklärung Hamlets – »Haste me to know't, that I with wings as swift| As meditation or the thoughts of love| May sweep to my revenge« (ll. 29-31) – auf der Ebene der von ihm gebrauchten Vergleiche »die seltsame Wirkung [habe], versehentlich einen gewissen Widerstand gegen die gewünschte Unmittelbarkeit zu vermitteln, [...]« (p. 20).

2 Und um ein Phantasma im traditionell aristotelischen Sinne handelt es sich hier: um etwas, dessen unklarer Status zwischen Sinnesdatum und Vernunfteinsicht die Möglichkeit der Täuschung beinhaltet; zugleich um etwas, das erinnerbar ist und die *memoria* als Ähnlichkeit (Simulacrum) des zuvor empfangenen Eindrucks (cf. »pressures« in der zitierten Passage) okkupiert. Als die Instanz, die die sinnlichen Wahrnehmungen bearbeitet und intelligibel macht, bereitet die Phantasie (*imaginatio*) einerseits produktiv die Erkenntnisleistungen vor; cf. etwa die Formulierungen in Gianfrancesco Pico della Mirandolas Traktat *Über die Vorstellung/De imaginatione* [1500], die

Memorandum werden – aber dies, wie der Fortgang erweist, nur um den Preis, daß das Leben selbst zu einer »story« wird, die weder Hamlet noch ein anderer mehr so wird erzählen können, wie sie ›wirklich‹ gewesen ist: »Things standing thus unknown«.[1] Denn die dem Buch des Bewußtseins – »the book and volume of my brain« – und der Erinnerung eingeschriebenen Zeichen gehorchen nicht mehr den Gesetzen der Ähnlichkeit. Das erste Notat Hamlets »That one may smile, and smile, and be a villain« verzeichnet diese ur-pyrrhonische Einsicht in die geschwundene Korrespondenz zwischen Zeichen und Bezeichnetem, die unzuverlässige Semiotik des Somatischen.[2] Aber diese Aushöhlung der analogistischen Logik zeigt sich nicht zuletzt in der Schwebe, in die an diesem Punkt *revenge* durch das Gegengewicht *remembrance* gerät. Auch der Grundgedanke der Vergeltung beruht ja darauf, daß – Auge für Auge, Zahn um Zahn – der Tod eines Menschen durch den eines anderen ausgeglichen werden kann.[3] Der Text

---

suggestive Parallelen zu Hamlets Vorführung dieses ›Nullpunkts der Phantasie‹ aufweisen: »Est enim rationalis anima, cum in corpus infunditur, veluti nuda tabula, in qua nihil pictum, nihil delineatum est. Quo fit ut nihil cognoscat ex sese, sed omnem suam notitiam scientiamque ex sensibus phantasia intermedia nanciscatur.« [»Denn die rationale Seele ist im Augenblick ihres Eintritts in den Körper wie eine leere Tafel, auf der noch nichts gemalt oder aufgezeichnet ist. Daher erkennt sie auch nichts von sich aus, sondern erlangt jede Erkenntnis und jedes Wissen durch Vermittlung der Phantasie aus den Sinnen.«] (Lateinisch-deutsche Ausgabe, ed. Eckhard Kessler, München 1997, pp. 88, 89). Andererseits bleibt in der Aktivität der Phantasie stets ein Moment des Zweifels; cf. hierzu die Untersuchungen Renate Lachmanns zur concettistischen Poetik als Antizipation der späteren »Kontingenzpoetik« des Phantastischen in der Literatur des 18. bis 20. Jahrhunderts, »Zum Zufall in der Literatur, insbesondere der Phantastischen« (in: G. v. Graevenitz, O. Marquard, eds., *Kontingenz*, München 1998, pp. 403-432); oder auch »Trugbilder. Poetologische Konzepte des Phantastischen« (in: B. Greiner, M. Moog-Grünewald, eds., *Etho-Poiëtik*, Bonn 1999): »Der mnemonische Index in phantasma und simulacrum weist auf ihre primäre Funktion, Dinge und Worte (res et verba) zu vertreten, um sie so vor dem Vergessen zu bewahren: Abwendung des Vergessens durch Bildfindung. (Imago, Synonym für simulacrum, hat neben den Konnotationen Traumbild, Einbildung, Trugbild auch die von Totenmaske und Ahnenbild.)« Hamlets Erinnerungsanstrengung gilt nicht zuletzt auch dieser Bewahrung eines Andenkens; die Pointe bei Shakespeare ist indes die Art und Weise, wie sein unklares Phantasma gleichsam über das Moment des Zweifels aus dem Ähnlichkeitsdenken kippt.

1 So Hamlet im Sterben: »O God, Horatio, what a wounded name,| Things standing thus unknown, shall I leave behind me.| If thou didst ever hold me in thy heart,| Absent thee from felicity awhile,| And in this harsh world draw thy breath in pain| To tell my story.« (V, ii, 349-354).

2 Damit in zweiter Linie natürlich auch die in der Person Claudius' auf Dauer gestellte Dissimulation und die zur Natur gewordene Fiktion. Eine weitere Paradoxie liegt darin, daß Hamlet dies in seiner Notiz als Porträt seines Onkels, d.h. als dessen getreue Repräsentation festhält: »So, uncle, there you are.« Eine Folge der radikalen Unzuverlässigkeit der Erscheinungen ist die Unzugänglichkeit des Eigentlichen oder umgekehrt, die tautologische Selbstreferenz des Vorfindlichen, derzufolge einer nurmehr ist, was er ist. Entsprechend lautet die verblüffende erste Auskunft Hamlets über die »news« die er zu verkünden hat (und die er selbst ironisch als »wonderful« einstuft): »There's never a villain dwelling in all Denmark| But he's an arrant knave.« (I, v, 129f).

3 Zudem nur dann, wenn sich dieser in der gleichen Situation wie der zuvor Getötete befindet, also »Unhousel'd, disappointed, unanel'd« (l. 77), ohne Gelegenheit, seine Sünden zu bereuen, und daher (mindestens) zum Fegefeuer verdammt. – Für Hamlet ist der Fall natürlich zusätzlich dadurch ödipal kompliziert, daß er, vollzöge er die Rache in traditionell gebotener Weise, sich eben der Substitutionslogik fügte, die sich auch seine Mutter zunutze gemacht hatte, indem sie

macht solche Rache zum Teil einer Isosthenie, in der sie suspendiert wird durch die ihr entgegengesetzte Logik des nicht nur theologisch aufgeladenen,[1] sondern auch und vor allem diskurstheoretisch prägnanten Erinnerns: Hamlets Erinnerungsanstrengung zielt auf ein ›Wissen‹, das nicht mehr topisch zur Evidenz zu bringen ist. Oder genauer: sie behauptet die nicht verfügbare Präsenz eines derartigen Wissens und die Unzulänglichkeit der gewöhnlichen Mittel seiner Bezeugung.

Shakespeares Text hält auch das traditionelle Gegenmodell hierzu bereit und ruft es – gleichsam als Rahmen, den die Begegnung Hamlets mit dem Geist sprengt, – in den Szenen auf, die dieser unmittelbar vorausgehen (I, iii) und auf sie folgen (II, i). Hauptrepräsentant dieses *received wisdom* ist Polonius; aber auch sein Sohn Laertes gibt in der Art und Weise, wie er seiner Schwester Ophelia tugendhafte Zurückhaltung gegenüber Hamlets Liebeswerben einzuschärfen sucht, zu erkennen, daß sein Repertoire an Gemeinplätzen dem seines Vaters kaum nachsteht. Beide haben einen starken Hang zum Predigen und zur sententiösen Reproduktion wohlfeiler, stoisch getönter Lebensweisheit, der schon in der ersten der beiden Szenen durch die komischen Doppelungen – Laertes ermahnt Ophelia (die sich auch artig, vielleicht ein wenig ironisch, für »this good lesson« bedankt),[2] Polonius ermahnt Laertes und gleich anschließend Ophelia – ins Lächerliche gezogen wird. Vater wie Sohn geben zu Präzepten und Merksätzen erstarrtes Wissen mit dogmatischem Geltungsanspruch weiter und suchen es dem Gedächtnis der jeweils anderen Person einzugraben: »And these few precepts in thy memory| Look thou character.« (I, iii, 58f)[3] Die Permanenz dieser

---

seinen Vater durch Claudius ersetzte. Zudem müßte er den ›Vater‹ ermorden, der ihm in der Ermordung seines Vaters Hamlet gleichsam zuvorgekommen ist. – Zu einer Lektüre des Spiels im Spiel als einer vom Protagonisten arrangierten Primärszene, die stärker auf Hamlets sexuelle Imagination und seine psychoanalytische Verstrickung abhebt, cf. Stanley Cavell, »Hamlet's Burden of Proof«, in *Disowning Knowledge in Six Plays of Shakespeare*, Cambridge 1987, pp. 179-191.

1 Durch Konnotationen, die Greenblatt zufolge auf die zeitgenössische Purgatoriumsdebatte zielen (cf. »Hamlet im Fegefeuer«).

2 I, iii, 45f; sie verspricht zugleich, die Lektion als handlungsleitend im Gedächtnis zu bewahren: »I shall th'effect of this good lesson keep| As watchman to my heart.« – cf. auch ll. 84ff: »*Laertes*: Farewell, Ophelia, and remember well| What I have said to you. *Ophelia*: 'Tis in my memory lock'd,| And you yourself shall keep the key of it.«

3 Polonius' väterliche Ermahnung vor Laertes' Abreise gipfelt in einem höchst zwiespältigen Authentizitätsgebot: »This above all: to thine own self be true,| And it must follow as the night the day| Thou canst not then be false to any man.« (ll. 78-80) Genau diese Vorschrift erweist sich für Hamlet als nicht einzuhalten. Gerade die behauptete Folgerichtigkeit muß schon im Verhältnis zu Ophelia ausbleiben, denn wie man sieht, wird ihm die Werbung um sie automatisch als unaufrichtig, als bloße Verstellung zum Zweck der Verführung ausgelegt. Zudem folgt diese von Polonius und Laertes unterstellte ›Falschheit‹ Hamlets ausgerechnet aus jener Funktionalisierung, die Grundstein des hierarchischen Weltbilds ist, dem beide anhängen: Muß sich der Prinz als zukünftiges Haupt der nationalen Ordnung rollenkonform und gemäß der Staatsräson bzw. seiner königlichen Geburt verhalten – »[...] his will is not his own.| For he himself is subject to his birth« (l. 17f) –, dann kann er nicht »himself« und muß »false« gegenüber Ophelia sein. Und schließlich stellt die Szene weitere Widersprüchlichkeiten dieser Art von Dogmatismus heraus: Seine höfischen Vertreter ermahnen entgegen dem eben formulierten Credo der Selbst-

topischen Gravur kann (und muß) dann auch überprüft werden; entsprechend agiert Polonius, indem er Laertes hinterherspionieren läßt. Dabei – wie bei seinen späteren, zuletzt fatalen Strategien,[1] mit denen er den Grund von Hamlets ›Wahnsinn‹ herauszufinden hofft, – bleibt er überzeugt von der grundsätzlichen Lesbarkeit des Bewußtseins anderer. Was verborgen ist, kann sichtbar gemacht werden; zur Not durch List (»forgeries«, II, i, 20). »See you now,« so instruiert er umständlich, aber ohne Zweifel an der Effektivität seines Vorgehens seinen Zuträger Reynaldo:

> Your bait of falsehood takes this carp of truth;
> And thus do we of wisdom and of reach,
> With windlasses and with assays of bias,
> By indirections find directions out.
> So by my former lecture and advice
> Shall you my son. You have me, have you not? (62-68)

Solches Vorgehen antizipiert zum einen Hamlets theatralisches Arrangement des Spiels im Spiel (»The play's the thing| Wherein I'll catch the conscience of the King.« [II, ii, 600f]). Zum anderen wird jedoch die zugrundeliegende Gewißheit, das potentiell irreführende Äußere des Menschen könne auf sein Inneres hin transparent gemacht werden, schon durch Ophelias Auftreten in direktem Anschluß und ihren Bericht über das bizarre Benehmen Hamlets ihr gegenüber in Frage gezogen (cf. II, i, 75-100). Das pantomimische Zeichen, das Hamlet ihr bietet, ist unleserlich, der Grund seines Verhaltens undurchschaubar. Das topische Modell des Weltwissens wankt; spätestens beim Tod seiner entschiedensten Protagonisten erscheint es vollends suspendiert – allerdings durch ein anderes, dessen Modellcharakter zuletzt ebenso fraglich bleibt wie seine Legitimität.

Denn die Art und Weise, wie Hamlet sich aus der aporetischen Situation zu befreien sucht, in die er durch den Widerstreit von *revenge* und *remembrance* geraten ist, bleibt tingiert von eben der Ambiguität, aus der sie entstand. Zwar sucht er sich von einem dem Zweifel unterworfenen ›Subjekt‹ nunmehr zu dessen Dramaturgen und Regisseur aufzuschwingen. Aber sein Bemühen um Gewißheit und den aus ihr erwachsenden Handlungsimpuls läßt zum einen lediglich die Interpretationsmöglichkeiten, damit die Ungewißheit und die Handlungshemmnisse proliferieren; zum anderen sind seine Strategien zwar raffinier-

---

treue in erster Linie zu Mißtrauen (»Do not believe his vows«, l. 127), Unaufrichtigkeit und Dissimulation (»Give thy thoughts no tongue«, l. 59), und Polonius reduziert in der merkantilistischen Metaphorik seiner Warnungen vor Hamlets Avancen Ophelias Ehre zur käuflichen Ware. Kein Wunder, daß Ophelia nur eine skeptische Entgegnung bleibt: »I do not know, my lord, what I should think.« (l. 104).

1 Auch der Tod des Polonius gehorcht zuletzt einer analogistischen Logik der Substitution: Hamlet ersticht den hinter dem Arras Verborgenen mit dem Ausruf »A rat!« (III, iv, 23) und hofft, mit dem Lauscher den König getötet zu haben (»Is it the King?«, l. 26), in dessen Interesse Polonius allzu diensteifrig agiert hatte und der ja eigentlich die ›Maus‹ bzw. ›Ratte‹ ist, die Hamlet in die ›Falle‹ zu locken hofft. Daß Polonius ausgerechnet im wörtlich genommenen Akt der Verstellung den Tod findet, also in seinem Versteck getroffen wird, ist dramatisch-ironische Widerlegung seiner Topik.

ter und um einiges komplexer als die eines Polonius, aber auch sie gehorchen zumindest in Teilen noch der bekannten Logik der Simulation und Dissimulation, mögen sie diese auch *ad absurdum* führen. So sind Aspekte des befremdlichen Verhaltensmusters (»an antic disposition«, I, v, 180), das er sich nach der Begegnung mit dem Geist zu kopieren vornimmt, durchaus vertraut, und sie werden von den Betrachtern auch entsprechend entziffert: Das Auftreten »With arms encumber'd thus, or this head-shake« (l. 182) verweist darauf, daß Hamlet beabsichtigt, die Rolle eines Melancholikers zu spielen, wenn auch mit irritierenden Momenten (»by pronouncing of some doubtful phrase [...] Or such ambiguous giving out«, ll. 182, 186). Auch sein Auftritt bei Ophelia bestätigt dies,[1] und Polonius ist erwartungsgemäß rasch bei der Hand mit der Diagnose, der Prinz leide an der entsprechenden Variante der Melancholie, am Liebeswahnsinn.[2] Indem Hamlet selbst jedoch seine Verfassung am Ende des zweiten Aktes als »melancholy« bezeichnet,[3] erscheint seine Selbstinszenierung wiederum als in unklarem Maße genuin; sie wird als Strategie vorübergehend etwas in den Hintergrund gedrängt von der Inszenierung der »Mousetrap«, um später – etwa in der Totengräberszene[4] – als mehr oder minder authentische Performanz seiner Disposition und Stimmung zu erscheinen. Ist indes der ›Echtheitsgrad‹ schon der ersten Auftritte Hamlets nach seinem Gespräch mit dem Geist nicht genau bestimmbar; mag ihn zudem die Option für die Melancholie[5] nochmals einerseits gleichsam *pro forma* in der Elementenlehre und humoralpathologischen Ordnung verorten, die auch das bei Sabundus beschriebene Korrespondenzuniversum stabilisieren und die Hamlet, indem er sie vorführt, in ihrem Geltungsan-

1 II, i, 77-100. – Hamlets unziemliche Kleidung trägt alle Elemente aus dem Repertoire des melancholisch Liebeskranken zur Schau; zugleich erscheint er aber wie seines Vaters Geist – als habe er die Schrecken der Hölle geschaut und könne ihnen Ausdruck verleihen, wenn er wolle (cf. I, v, 15-22). Zugleich ist sein Auftritt aber nicht nur eine Inszenierung des von seinen Imaginationen geplagten Melancholikers, sondern auch eine ikonische Darstellung des vergeblichen Versuchs, einen Menschen zu durchschauen, sein Herz zu lesen (»He falls to such perusal of my face| As a would draw it.«). Indem er den Orpheus spielt, der von seiner Eurydike Abschied nimmt, gleichzeitig den ›distracted lover‹, löst er in der unentzifferbaren Kombination der Stereotypen überdies das als Wirkung aus, was er gestisch-mimisch darstellt: Intransparenz des Inneren.

2 II, i, 102ff, 110; cf. II, ii, 49 und 146-151, mit pedantischer Aufzählung aller Phasen von Hamlets mutmaßlichem Abstieg in die Geisteskrankheit: »And he, repelled – a short tale to make -| Fell into a sadness, then into a fast,| Thence to a watch, thence into a weakness, | Thence to a lightness, and by this declension,| Into the madness wherein now he raves| And all we mourn for.«

3 II, ii, 597.

4 V, i, 65-211.

5 Diese erscheint ihrerseits zum einen völlig plausibel vor dem Hintergrund der ›verzweifelten‹ Imaginationsaktivität, in die Hamlet durch die Geistererscheinung gestürzt wurde, zum anderen geht sie konform mit der klassischen Auffassung der Melancholie, derzufolge das Überflutetwerden von Vorstellungsbildern ein Kennzeichen dieses Temperaments ist; zu den komplexen Beziehungen zwischen Skepsis und Melancholie s.u. Kapitel 4. – Auch für Gianfrancesco Pico della Mirandola rühren die diversen Pathologien der Imagination u.a. von den unterschiedlichen Temperamenten her (cf. *Über die Vorstellung/ De imaginatione* [S. 116, n. 2], bes. VIII).

spruch zugleich in Zweifel zieht;[1] bleibt andererseits der Verdacht, er spiele hier gerade in besonderem Maße sich selbst (wodurch es ihm allerdings gelänge, »that within« in paradoxer Selbstsimulation zu ostendieren), so potenziert sich die Doppelbödigkeit in den metadramatischen Szenen des zweiten und dritten Akts.

Diese reflektieren nochmals das bisher Exponierte und antizipieren kommende Zuspitzungen in einer Weise, die das Stück gleichsam mit sich selbst zusammenschließt. Hier werden etwa schon im Vorfeld der von Hamlet manipulierten Aufführung von »*The Murder of Gonzago*« die konstrastiven Doppelungen in der Personalkonstellation, die nach dem Tod des Polonius in den Vordergrund treten und die in Schmerz und Rachedurst des Laertes die Schwierigkeiten Hamlets, *seinen* Vater zu rächen, beleuchten, vorwegnehmend gespiegelt in der Pyrrhus/Hecuba-Rede des Schauspielers,[2] ist dort doch das Zentralmotiv ebenfalls ein seinen Vater (Achill) am Vater eines anderen (Priamos als Vater Hectors)[3] rächender Sohn (Pyrrhus). Weiterhin multiplizieren sich die Effekte wechselseitiger Beobachtung, die Hamlet zu seinen Zwecken einzusetzen sucht, u. a. dadurch, daß er selbst als Spieler seines Wahns während der Aufführung des Schauspiels mehr denn je ebenso Subjekt wie Objekt der Wahrnehmung ist – in Ophelias Worten: »The glass of fashion and the mould of form,| Th'observ'd of all observers« (III, i, 155f).[4] Vor allem aber wird in diesen Szenen die Aufmerksamkeit nochmals direkt auf das Evidenzproblem gelenkt.

So erscheint an der vom *1st Player* vorgetragenen *hypotyposis* von »Priam's slaughter« nicht nur die Schilderung des apraktischen Innehaltens des Pyrrhus mitten im Kampf besonders suggestiv.[5] Bemerkenswert ist vor allem auch die für Hamlet offenkundig besonders faszinierende Veranschaulichung der verzwei-

---

1 Cf. auch Hamlets schwarzgallige Verkehrung des sabundischen Weltbilds in seinen Sarkasmen über die Stellung des Menschen in der Skala der Seienden, dargeboten als *set piece* melancholischer Verstimmung gegenüber Rosenkrantz und Guildenstern: »I have of late, but wherefore I know not, lost all my mirth, forgone all custom of exercises; and indeed it goes so heavily with my disposition that this goodly frame the earth seems to me a sterile promontory, this most excellent canopy the air, look you, this brave o'erhanging firmament, this majestical roof fretted with golden fire, why, it appeareth nothing to me but a foul and pestilent congregation of vapours. What a piece of work is man, how noble in reason, how infinite in faculties, in form and moving how express and admirable, in action how like an angel, in apprehension how like a god: the beauty of the world, the paragon of animals – and yet, to me, what is this quintessence of dust? Man delights not me – nor woman neither, though by your smiling you seem to say so.« (II, ii, 295-310).

2 II, ii, 446-516.

3 Cf. die Emphase in l. 470: »*Th'unnerved father falls. [...]*«

4 Cf. hierzu auch Dietrich Schwanitz »Das Subjekt und Hamlets Vaters Geist« in: Reto Luzius Fetz et al., eds., *Geschichte und Vorgeschichte der modernen Subjektivität.* 2 Bände. Berlin, 1998, Bd. 1, pp. 692-712.

5 Von Hamlet unkommentiert und ohne eine spezifischere Begründung zu liefern als den plötzlichen Lärm der zusammenbrechenden Zitadelle, scheinen diese Zeilen einen quasi-skeptischen Moment eiferlosen Innehaltens zu skizzieren: »*Then senseless Ilium,| Seeming to feel this blow, with flaming top| Stoops to his base, and with a hideous crash| Takes prisoner Pyrrhus' ear. For lo, his sword,| Which was declining on the milky head| Of reverend Priam, seem'd i'th' air to stick;| So, as a painted tyrant, Pyrrhus stood,| And like a neutral to his will and matter,| Did nothing.*« (II, ii, 470-478).

felnden Hecuba.[1] Denn obwohl diese in mehr als einer Hinsicht auf seine eigene Situation beziehbar erscheint, ist nicht er es, dem die Tränen des Mitgefühls in die Augen treten, sondern der Schauspieler:

[1st Player.] *But if the gods themselves did see her then,*
When she saw Pyrrhus make malicious sport
In mincing with his sword her husband's limbs,
The instant burst of clamour that she made,
Unless things mortal move them not at all,
Would have made milch the burning eyes of heaven
And passion in the gods.
Polonius. Look whe'er he has not turned his colour and has tears in's eyes. Prithee no more.
Hamlet. 'Tis well. I'll have thee speak out the rest of this soon. (II, ii, 508-518)

Die Probe wird abgebrochen, weil der Sprecher sich selbst, wie es scheint, (in zweideutig bravouröser Erfüllung der Normen seiner Profession)[2] durch seine eigene Vorführung hat emotional affizieren lassen. Der privilegierte Zuschauer Hamlet dagegen gibt kein Zeichen empathetisch bewegter Imagination, obwohl er Ursache hätte, doppelte Betroffenheit an den Tag zu legen. Sein Monolog, der Szene und Akt beschließt,[3] reflektiert diesen Gegensatz, der sich in den echten, wiewohl durch eine Fiktion ausgelösten Tränen des Schauspielers geradezu emblematisch abbildet, und spitzt ihn zu einer heftigen Selbstanklage zu:

Hamlet. [...] Now I am alone.
O what a rogue and peasant slave am I!
Is it not monstrous that this player here,
But in a fiction, in a dream of passion,
Could force his soul so to his own conceit
That from her working all his visage wann'd,
Tears in his eyes, distraction in his aspect,
A broken voice, and his whole function suiting
With forms to his conceit? And all for nothing!
For Hecuba!

1 Cf. Hamlets Ungeduld in l. 497: »Say on, come to Hecuba.« und seine (sei's fragend-verwunderte, sei's begeisterte) Wiederholung der Wendung »›The mobbled queen‹.« (499). Das Schicksal Hecubas gibt ihm die Möglichkeit, sich die Vorstellung einer um ihren Gatten trauernden Gertrude auszumalen. Allerdings legt seine Mutter diesseits dieser theatralischen Fiktion solche Gefühle ebensowenig an den Tag, wie Hamlet den Furor eines Pyrrhus aufzubringen vermag: Das Medium solcher unvermittelten Leidenschaft bleibt paradoxerweise die als solche präsentierte dramatische Aufführung.

2 Cf. hierzu den Kommentar der Arden-Ausgabe sowie die »Longer Note«, p. 481. H. Jenkins weist – bezugnehmend unter anderem auf auf Quintilian und eine Passage aus Montaignes Essay III, 4 – darauf hin, daß die Tränen einerseits Zeichen eines hervorragenden Schauspielers sind, daß es andererseits nach elisabethanischer Auffassung nicht unbedingt Sache des Schauspielers (allenfalls des Rhetors) ist, die gespielte Leidenschaft auch tatsächlich in sich zu erwecken.

3 II, ii, 543-601.

What's Hecuba to him, or he to her,
That he should weep for her? What would he do
Had he the motive and the cue for passion
That I have? He would drown the stage with tears,
And cleave the general ear with horrid speech,
Make mad the guilty and appal the free,
Confound the ignorant, and amaze indeed
The very faculties of eyes and ears.
Yet I,
A dull and muddy-mettled rascal, peak
Like John-a-dreams, unpregnant of my cause,
And can say nothing [...]

Monströs ist am eben Vorgeführten sowohl die Trennung von Innerem und Äußerem als auch deren Zusammenspiel: die Tatsache, daß ein Unwahres (»fiction«, »dream of passion«, »conceit«) ein unbezweifelbar Wahres in Gestalt des Erbleichens und der echten Tränen hervorbringen kann; daß ein ›Nichts‹ imstande ist, die größte Wirkung hervorzurufen. Der, der sich unfähig findet, seine Wahrheit zur Evidenz zu bringen und ihr gemäß zu agieren, sieht sich vom Imitator eines bloßen ›Traums‹ übertroffen und selbst als ›Träumer‹ bloßgestellt. Seine Sprachlosigkeit, später seine in Nachahmung der schauspielerischen Vehemenz sinnentleert, ja moralisch fragwürdig erscheinende Tirade[1] wird von der Eloquenz dessen, der einen fremden und keineswegs von metaphysischen Instanzen soufflierten Text spricht, in den Schatten gestellt; umgekehrt: die Stärke seines Motivs droht in Relation zu dessen völliger Absenz auf seiten des Schauspielers der Lächerlichkeit preisgegeben zu werden. Monströs, geradezu blasphemisch, daß hier aus nichts etwas entsteht: Daß aus etwas jedoch nichts entsteht, zieht den Vergleich ins Bodenlose und läßt das Verhältnis gänzlich kontingent werden. Denn in dieser skeptischen Entkoppelung von Grund und Folge werden auch die Positionen von Fiktion und Authentizität austauschbar.

Soll aber etwas und nicht nichts geschehen, dann erscheint die Option für die Fiktion als effektiveren Weg durchaus plausibel; jedenfalls gehen Hamlets fieberhafte Überlegungen in diese Richtung. Das von ihm inszenierte Spiel soll ihm die zwingende Gewißheit, damit die unwiderstehlichen Handlungsgründe liefern.[2] Ein anderes soll für ihn das Wort ergreifen: Die ihm präsente, doch so hartnäckig stumme *res* soll für sich sprechen: »For murder, though it have no tongue, will speak| With most miraculous organ.« (l. 589f) Die Option für das Spiel ist allerdings durchaus topisch;[3] dessen Strategie wird darin bestehen, daß

1 Cf. seine sarkastische Selbstschelte in ll. 578-581: »This is most brave,| That I, the son of a dear father murder'd,| Prompted to my revenge by heaven and hell,| Must like a whore unpack my heart with words| And fall a-cursing like a very drab,| A scullion!«

2 Cf. ll. 593-4: »I'll tent him to the quick. If a do blench,| I know my course.« – Und, im Blick darauf, daß der Geist auch eine Gestalt des Teufels hätte sein können: »I'll have grounds| More relative than this.« (599-600).

3 »I have heard| That guilty creatures sitting at a play| Have, by the very cunning of the scene,| Been struck so to the soul that presently| They have proclaim'd their malefactions.« (584-588) –

der Missetäter von seiner Wahrnehmung der Analogie zwischen dem auf der Bühne Vorgeführten und seinem eigenen Verbrechen so überrascht wird, daß »soul« und theatralisch evoziertes »conceit« – nicht anders als beim Tränen vergießenden Schauspieler – zusammengeschlossen werden. Claudius soll, mit anderen Worten, genau das passieren, woran Hamlet sich gehindert fühlt. Eine Selbstproklamation der Schuld des Brudermörders müßte dann gleichsam zwangsläufig erfolgen. Unwiderstehliche Evidenz würde eintreten, nicht anders als sie Hamlet selbst zu erzeugen vermöchte, könnte er nur sich selbst so produzieren wie ein Schauspieler, der tatsächlich mit der zu seiner Rolle gehörenden Leidenschaft versehen wäre.

Doch die Rechnung, die sich Hamlet auf seine ›Mausefalle‹ macht, geht nicht auf. Es wird offenkundig, daß die Beobachtung einer Separierung von Grund und Folge auch für die Zuschauerwirkung gilt, die das Spiel bei seinen unmittelbaren Adressaten hervorruft. Hamlet gerät wiederholt in Situationen wie die eben beschriebene, in denen er sich wider Willen zu einer skeptischen Haltung gedrängt sieht, die durch Einsichten in mangelnde Evidenz dem Handlungszwang, unter dem er steht und dem er sich zugleich fügen möchte, bremst.[1] Seine unskeptische Hoffnung auf zweifelsfreie Gewißheit wird konterkariert von der strukturellen Skepsis des Dramas, dessen Hauptfigur er ist. So auch im folgenden. Denn zum einen ruft die *dumb-show*, die im folgenden Akt als Vorschau auf »the argument of the play« den Mord im Garten in wünschenswerter Deutlichkeit und in Illustration der Worte des Geistes vor Augen stellt,[2] auf seiten des

Cf. Hamlets Preis für das Stück aus dem die Pyrrhus/Hecuba-Rede stammte: »[...] an excellent play, well digested in the scenes, set down with as much modesty as cunning.« (II, ii, 435f).

1 Das gilt auch für den berühmtesten seiner Monologe, der der Umsetzung seines Plans für die ›Mausefalle‹ vorausgeht. Das Thema der Meditation in »To be, or not to be« (III, i, 56-88) – die Erörterung der Zulässigkeit des Selbstmords bzw. der stoischen Argumente gegen die Angst vor dem Tode – ist für sich genommen weder neu noch skeptisch. Schon Gianfrancesco Pico della Mirandola erörtert in seiner Abhandlung *Über die Vorstellung/ De imaginatione* ausführlich, wie der (stoisch gerüstete) Verstand (ratio) der imaginativ genährten Angst vor Sterbequalen und dem ungewissen Zustand nach dem Tode begegnen kann ([S. 116, n. 2] Kap. X, bes. pp. 115-117, 125), und erwähnt die Selbstmorde jener Philosophen, die das Leben für ein größeres Übel ansahen als den Tod. Skeptisch wird Hamlets Erwägung durch die Art und Weise, wie sie sich entfaltet: Als Erörterung *in utramque partem* beginnend, wird sie zunehmend unsystematisch; erweist sich nicht nur die Antwort, sondern schon die gestellte Frage mehr und mehr als unklar und schon deshalb unentscheidbar, weil nicht mehr auszumachen ist, welches Güter und welches die Übel sind, zwischen denen zu wählen ist. Denn die Optionen werden nicht nur austariert, sondern gehen ihrer eigenen Identität verlustig und verschwimmen miteinander (Dulden kann ebenso als eine Art Nichtsein erscheinen wie, durch Kämpfen das Leben zu verlieren; die potentiellen Unannehmlichkeiten des Daseins nach dem Tode verleihen diesem in der Phantasie größere ›Lebendigkeit‹, als sie das Leben vor dem Tod zu besitzen schien). Die Dunkelheit der verborgenen Dinge, die fehlende metaphysische Garantie, die das Leben zum unbezweifelhaften Zeichen eines Danach werden ließe, führt auch hier in eine Apraxie, die allerdings stark melancholisch getönt erscheint (»And thus the native hue of resolution| Is sicklied o'er with the pale cast of thought«).

2 III, ii. – Ophelias Vermutung einer solchen Vorschau (136) ist die einzige Reaktion.

Königspaars überhaupt keine Reaktion hervor.[1] Und auch die Art und Weise, wie Claudius auf Handlung und *speeches* des nachfolgenden Stückes reagiert, sein Aufspringen mit der Forderung nach Licht (»Give me some light. Away.« III, ii, 263), ist keineswegs so eindeutig, wie Hamlet sie gern haben möchte und im Anschluß hinzustellen sucht.[2] Als Zeichen verborgener Schuld[3] bleibt Claudius' Respons zuletzt ebenso auslegbar und ebenso schwer lesbar wie sein späteres Verhalten – etwa sein Versuch zu beten, den Hamlet ja auch prompt mißdeutet.[4] Beide vermeintlichen Evidenzen können auch täuschen; sie könnten auch auf ›nichts‹ beruhen. Ließ die Einsicht in die pervasive Vergleichgültigung des Innerlichen den Plan für das Spiel entstehen, so kann dessen Realisierung auch keinen univoken Zugang zum Verborgenen eröffnen. Die Pointe des Dramas liegt darin, daß ein tatsächliches Verbrechen für den zu seiner Vergeltung Ausersehenen nicht in der Weise evident wird, die den Vollzug der Rache unausweichlich machte. Zum anderen bringt die Unentrinnbarkeit der skeptischen Einsicht in den Entzugscharakter des Eigentlichen es mit sich, daß zuletzt auch Hamlets ›Innerlichkeit‹ – aller Reflexion zum Trotz[5] – für sich und für uns in entscheidenden Bereichen undurchsichtig bleibt. Ebensowenig wie ein Monolog über sein Verhältnis zu Ophelia Auskunft gibt, legt sich Hamlet darüber Rechenschaft ab, welcher Art das »conceit« sein müßte, das ihn wirklich zum Handeln brächte, bzw. auf welche Weise sich seine »cause« durch die Intervention des Geistes kompliziert hat. Auch der Ursprung seiner biblisch-stoisch getönten Ge-

---

1 Eines der vielumstrittenen und ungelösten Probleme dieses Stücks (cf. den zurückhaltenden Kommentar in der Arden-Ausgabe), das allerdings als Verfahren der strukturellen Skepsis durchaus einleuchtend erscheint.

2 Cf. Horatios reservierte Anworten auf Hamlets manisch erregten Überschwang: »*Hamlet.* O good Horatio, I'll take the ghost's word for a thousand pound. Didst perceive? *Horatio.* Very well, my lord. *Hamlet.* Upon the talk of the poisoning? *Horatio.* I did very well note him.« (III, ii, 280-284). – Nachdem Claudius auf die *dumb-show* gar nicht reagiert hatte, erstaunt es, daß er nun Betroffenheit zeigt (wenn er es denn tut), ist doch in *The Murder of Gonzago* die Analogie zu seiner vermuteten Tat keineswegs perfekt: Der Mörder ist im Spiel nicht der Bruder, sondern ausdrücklich der Neffe des Königs. Interessanterweise ist es im übrigen – wie häufig in diesem Drama – nicht der tatsächliche, hier pantomimische, Augenschein, sondern das hypotypotische Wort, das überhaupt Wirkungen zeitigt.

3 Cf. III, ii, 80-84: »If his occulted guilt| Do not itself unkennel in one speech,| It is a damned ghost that we have seen,| And my imaginations are as foul| As Vulcan's stithy.« – Noch als er Horatio instruiert, wie dieser dem Spiel folgen und Claudius observieren soll, rechnet Hamlet mit der Möglichkeit fehlgeleiteter Einbildungskraft.

4 III, iii, 36-98. Hamlet ist im Begriff, den Knieenden zu erschlagen, als ihm der Gedanke kommt, Claudius sei dabei, seine Tat zu bereuen, und befände sich also im Zustand der Gnade. Er hat aber nur Aussicht, den Mörder zur Hölle zu senden, wenn dieser verstockten Herzens stirbt; er verzichtet daher auf den Streich. Damit hat er jedoch das ikonische Zeichen ›betender König‹ falsch interpretiert, die Innerlichkeit Claudius' fehlgedeutet, denn dessen Gebet ermangelte der Kraft; der Beter gibt sich nach dem Rückzug des Rächers als Schauspieler zu erkennen: »*King.* My words fly up, my thoughts remain below.| Words without thoughts never to heaven go.« (97-98)

5 Und übrigens auch entgegen der topischen medialen Selbstreflexion des theatralischen ›Zeigens‹ (»The players cannot keep counsel: they'll tell all.« III, ii, 137f).

lassenheit vor dem Fechtkampf mit Laertes ist uneinsehbar;[1] im Blick auf die Ununterscheidbarkeit der vorgespiegelten von seiner echten Melancholie mag man auch die Qualität der Resignationstopik solcher Apathie bezweifeln.[2] Shakespeares Drama bietet keine Lösung des Evidenzproblems, aber es führt seine Paradoxien und Aporien in einer Weise vor, die es unmöglich macht, ihm auszuweichen. »*Hamlet* is an enigma«[3] – aber nicht eines, das uns zu enträtseln aufgegeben wäre, sondern das als solches wahrgenommen werden will. Dies ist die Erfahrung, die das Stück in höchster Intensität bereithält: Je mehr die Innerlichkeit Hamlets entrückt, je weniger greifbar und repräsentierbar sie (auch für ihn selbst) erscheint, desto dringlicher wird sie in ihrer Wirkung präsent – als Frage, deren Antwort gleichsam abgedunkelt ist.

Verborgenes ist hier nicht zu finden, weil die Grundlagen des Findens abhanden gekommen sind. Hamlets Topik erscheint zuletzt so entwurzelt wie die, mit der die wahnsinnig gewordene Ophelia ihre Blumen verteilt: Sie affirmiert Bedeutungen, indem sie sie zugleich als Ausgeburten der ›verrückten‹ Imagination in Frage stellt.[4] Wirkungsstrukturelles Korrelat dieses Dramas ist das Verharren in der vom anfänglichen »All is not well« Hamlets ausgelösten Konjektur; der Urteilssuspens angesichts einer im Letzten opak bleibenden Innerlichkeit, deren Anspruch auf unser bald vierhundert Jahre währendes Interesse sich auf die paradoxe Überzeugungskraft der von ihr reklamierten Differenz berufen kann. »You must wear your rue with a difference.«[5] Ophelias Empfehlung trifft das frühneuzeitliche Selbst als skeptisches – und als melancholisches.

---

1 Will man nicht ein in der Zwischenzeit erfolgtes (aber nicht dargestelltes) Bekehrungserlebnis bzw. eine am Scheitern der eigenen Pläne gewonnene Weisheit annehmen. So der Tenor der Argumentation Aleida Assmanns mit dem Fazit: »Für den Boezischen Trost der Philosophie hatten die Skeptiker der Renaissance keinen Bedarf mehr, weil sie ein neues Weltvertrauen im kosmischen Zusammenhang fanden, der das Gleichgewicht seiner sämtlichen Bestandteile zuverlässig regierte.« (»Let it be. Kontingenz und Ordnung in Schicksalsvorstellungen bei Chaucer, Boethius und Shakespeare«, in: Gerhart von Graevenitz, Odo Marquard, eds., *Kontingenz*, pp. 225-244). Gerade diese Zuverlässigkeit steht nach meiner Lektüre in *Hamlet* zur Debatte. In der hier entworfenen Welt, in der »a king may go a progress through the guts of a beggar« (IV, iii, 30f) und in der »imagination [may] trace the noble dust of Alexander till a find it stopping a bung-hole« (V, i, 197f) ist solches Ordnungsvertrauen nicht mehr fraglos möglich.

2 Cf. V, ii, 215-220: »There is special providence in the fall of a sparrow. If it be now, 'tis not to come; if it be not to come, it will be now; if it be not now, yet it will come. The readiness is all. Since no man, of aught he leaves, knows aught, what is't to leave betimes? Let be.« – Die textuelle Gestalt dieser Passage ist umstritten; cf. Jenkins' *Longer Note*, p. 565f.

3 Stephen Greenblatt, Einleitung zu *Hamlet* im *Norton Shakespeare*, p. 1659.

4 Cf. IV, v, 173-183. Dem von ihr gebotenen »document in madness« gelingt im übrigen, was Hamlet mißlingt: »thoughts and remembrance fitted« (176f).

5 »There's fennel for you, and columbines. There's rue for you. And here's some for me. We may call it herb of grace a Sundays. You must wear your rue with a difference. There's a daisy. I would give you some violets, but they withered all when my father died. They say a made a good end.« (IV, v, 178-183).

Kapitel IV
Melancholische Transzendenz

The wiseman's folly is anatomiz'd
Even by the squand'ring glances of the fool.
Invest me in my motley. [...]
[Jaques in *As You Like It*]

[...] the truest poetry is the most feigning [...]
[Touchstone in *As You Like It*]

Hamlet ist kein Skeptiker. Aber *Hamlet* ist strukturell skeptisch. Ließ sich in Florio/Montaignes »Apologie of Raymond Sebond« beobachten, wie sich, ineins mit der immer deutlicher konturierten thematischen Skepsis dieser Selbsterzählung, Figuren struktureller Skepsis herausstellten, so bietet Shakespeares *Hamlet* die wohl komplexeste Konfiguration thematischer und struktureller Skepsis – und dies in einem Medium, das sich auf den ersten Blick hierfür am allerwenigsten eignet, kann doch das Theater gar nicht anders, als Evidenzen zu bieten; zu zeigen, was ist. *Hamlet* zeigt, daß es überdies nicht nur zeigen kann, was nicht ist, sondern auch, wie zu zeigen ist, daß manchmal das, was ist, nicht gezeigt werden kann. Ausgerechnet in der Selbstreflexion der öffentlichsten und am stärksten auf Interaktion der Individuen angelegten Gattung vollzieht sich eine der faszinierendsten Präsentationen frühneuzeitlicher ›Innerlichkeit‹, inszeniert das Selbst sich – Jahrzehnte, bevor es nach dem Durchgang durch den Cartesischen Zweifel auch im philosophischen Diskurs zum ›Subjekt‹ wird – als radikale Fraglichkeit. Die oft kommentierte Perspektivität dieses Stückes realisiert sich unter anderem in einer Doppelsichtigkeit von garantierter und prozessual aufgefaßter Realität,[1] von topischer Ordnung und einer Imagination, die diese, indem sie sie zu erfüllen sucht, überschießt und dabei – etwa in Ophelias echtem und Hamlets gespieltem Wahnsinn – zu entgegengesetzten Positionen gelangt. Aber die strukturelle Balance erscheint nicht gänzlich ausgewogen: Es scheint, als bedürfe das Ausschlagen der Waage in Richtung der ›neuen Innerlichkeit‹ des Helden doch einer Rechtfertigung, zumindest der Markierung als different. Daher ist Hamlet ein sich selbst schauspielernder Melancholiker,[2] dessen wissende Traurigkeit

---

1 Zu dieser Möglichkeit einer Deskription mit Blumenbergschen Kategorien s.o. Kap. 3, S. 108, n. 1.

2 Zu Hamlet als Melancholiker cf. e.g. das Kapitel »Melancholy and *Hamlet*« in Bridget Gellert Lyons, *Voices of Melancholy. Studies in literary treatments of melancholy in Renaissance England,*

durch ihre Einbettung in die strukturelle Skepsis des Dramas einiges von ihrer traditionellen und elisabethanischen[1] Topizität verliert, ohne diese – und damit wenigstens einen Rest der Aura humoralpathologischer Verortbarkeit – jedoch völlig abzustreifen. Aus vergleichbaren Gründen trägt auch Montaignes kopioses Schreiben melancholische Züge.[2]

Die Zuordnung zur melancholischen Komplexion erlaubt indes nicht nur, Besonderheit ›in‹ der Ordnung zu bezeichnen. (Shakespeare hatte dieses Verfahren bereits in pastoralem Kontext bei einigen Charakteren in *As You Like It* erprobt; wir werden auf die Affinitäten zwischen Pastorale und struktureller Skepsis in einem späteren Kapitel noch zurückkommen.) Das Melancholieparadigma eröffnet der frühneuzeitlichen Literatur in der Konstellation mit Strukturen der Skepsis auch noch einmal die Möglichkeit, Dimensionen des Selbst- und Weltverhältnisses in den Blick zu nehmen, die später unter dem Titel der ›Transzendenz‹ aus dem Bereich des Denk- und Aussprechbaren ausscheiden sollten.

Diese literarisch produktive Berührung von Melancholie und Skepsis verdankt sich einerseits bestimmten Homologien zwischen beiden und andererseits zwischen ihnen und einer ›Subjektivität‹, die als frühmoderne auf eben die Probleme stößt, die erst die nachcartesische Philosophie, insbesondere die des deutschen Idealismus, diskursiv formulieren wird,[3] die sich zugleich aber – und dies im Unterschied zu späteren Auffassungen von Selbstsein – noch unentschieden zwischen den Polen egologischen und heterologischen Selbstverständnisses bewegt. Das Verhältnis zu letzterem bildet denn auch einen Punkt, über dem skeptische und melancholische Strukturen konvergieren. Ein Grundzug von Hamlets Dilemma vermag auch dies geradezu paradigmatisch zu veranschaulichen: Auch Shakespeares Figur findet sich eingespannt in eine Melancholie generierende Konstellation, die ihm einerseits die Unausweichlichkeit seines Selbstseins in der Unvertretbarkeit des ihm aufgetragenen Rachehandelns vor Augen führt, ihn andererseits aber gerade vor dieser Identitätsforderung in die Situation eines Von-Sich-Differierens drängt, in der ihn das ebenfalls geforderte Erinnern immer weiter in eine Innerlichkeit hineintreibt, die sich und anderen zunehmend opak wird. Eben diese Amphibolie kennzeichnet auch die Skepsis. Setzt ihre Grundstruktur der »Innerlichmachung«[4] die Welt gleichsam hinter Glas, so wird Alte-

---

London 1971, oder Kapitel 1.3. in Hubertus Tellenbach, *Schwermut, Wahn und Fallsucht in der abendländischen Dichtung*, Hürtgenwald 1992.

1 Zur Melancholie als Zeichen elisabethanischen ›Zeitgeistes‹ cf. Lawrence Babb, *The Elizabethan Malady. A Study of Melancholia in English Literature from 1580 to 1642*, East Lansing 1951.

2 Cf. zum Komplex melancholischer Selbststilisierung bei Montaigne Jean Starobinski, *Montaigne. Denken und Existenz*, übs. Hans-Horst Henschen, München 1986 (Orig. *Montaigne en mouvement*, Paris: Gallimard 1982); M. A. Screech, *Montaigne and Melancholy. The Wisdom of the Essays*, Harmondsworth 1991; Vf. [Verena Olejniczak], »Heterologie. Konturen frühneuzeitlichen Selbstseins jenseits von Autonomie und Heteronomie«, *LiLi* 101 (1996), 6-36.

3 Cf. hierzu, insbesondere zu den Beziehungen zwischen Subjektivitätsphilosophie und klassisch moderner Literatur Vf. [Verena Olejniczak], *Subjektivität als Dialog*, München 1994.

4 Cf. G. W. F. Hegel, *Vorlesungen über die Geschichte der Philosophie*. Geschichte der griechischen Philosophie, Dritter Abschnitt: Neuplatoniker: »Die letzte Stufe, die wir gehabt haben, war jene Rückkehr des Selbstbewußtseins in sich, diese unendliche Subjektivität ohne Objektivität, der

rität melancholisch unzugänglich – es sei denn, es gelingt, sie unter den Bedingungen solcher Innerlichkeit wieder ›herzustellen‹: indem der Phantasie der Entwurf neuer, ›anderer‹ Welten zugetraut wird;[1] indem die Künstlichkeit der heterokosmischen Entwürfe an die Grenzen gebracht wird, an denen sie aporetisch wird;[2] indem andere ge- und erfunden[3] und Überstiege zu ganz Anderem imaginativ inszeniert werden. Die apophatische Rede der negativen Theologie eines Nikolaus von Kues hat vor allem im Blick auf die zuletzt genannte Möglichkeit, wie wir sehen konnten, bereits Wege gewiesen.[4] Im folgenden soll das skeptische ›Anders-Sehen‹ unter den Vorzeichen melancholischen Selbstseins anhand (im weiteren Sinne) narrativer Texte – der exzentrischen Fiktionen der *Anatomy of Melancholy* und des *Don Quijote* – und am Beispiel einiger Gedichte (von George Herbert, John Milton und Margaret Cavendish) eingehender erkundet werden.[5] Auch bei dieser breiteren Auffächerung des Spektrums der Literatur des 16. u. 17. Jahrhunderts (nicht nur) in England mag sich erneut die hermeneutische Kraft des skeptischen Paradigmas erweisen. – Dazu ist zunächst ein knapper Aufriß der Melancholiegeschichte in ihren wichtigsten Stationen erforderlich.

Die Geschichte der Melancholie ist, von ihren frühesten überlieferten Zeugnissen an bis in die Gegenwart, eine Verwandlungsgeschichte. Das heißt: Sie ist zweideutig – zugleich eine Geschichte des Verlusts und eine des Gewinns. Das Feld der Bedeutungen von ›Melancholie‹ schichtet sich fortwährend um. Dabei entstehen komplexe ebenso wie eher einfache Formationen; es bilden sich Melancholi*en* unterschiedlicher Qualität und Provenienz heraus, bei denen keineswegs von vornherein klar ist, wie sie zu bewerten sind.

Skeptizismus, dies rein negative Verhalten gegen alles äußerliche Dasein, Erkenntnis, gegen alles Bestimmte, Geltende, Feste, Wahre. Diese Rückkehr in das subjektive Bewußtsein ist eine Befriedigung in sich selbst [...] Dies Aufgeben alles Objektiven ist der letzte Standpunkt; es ist die absolute Armut an allem Inhalte, vollkommenes Ausleeren von allem Inhalte, der ein Festes, Wahres sein soll. [...] im Skeptizismus ist diese Entäußerung alles Bestimmten vollendet, und damit ist gesetzt *die vollkommene Erinnerung, Innerlichmachung.*« (*Werke* 19, p. 404; meine Hervorhebung – V. O. L.)

1 S. hierzu Kapitel 7.

2 Dies geschieht im Fall der Pastorale; s. hierzu Kapitel 5.

3 Hierzu Kapitel 6.

4 S. Kapitel 2.

5 Aus der Vielzahl neuerer Publikationen zum Thema Melancholie seien vor allem zwei genannt, die sich ausführlich mit den systematischen Beziehungen zwischen Literatur und Melancholie befassen: Günter Bader, *Melancholie und Metapher. Eine Skizze,* Tübingen 1990; Martina Wagner-Egelhaaf, *Die Melancholie der Literatur. Diskursgeschichte und Textfiguration,* Stuttgart, Weimar 1997. – Bader zeigt sehr einleuchtend, inwiefern Melancholie als Subjektivitätssemantik im Dienste einer »Sagbarkeit von Seele« fungieren kann (p. 32), da ihr Zentralterminus schon in den humoralpathologischen Grundtexten »unheilbar metaphorisch« ist (p. 22; vgl. auch p. 21: »Nur die Melancholie beruft sich auf ein empirisches Substrat, das es notorisch nicht gibt.«). Das Literarische kann aus dieser Sicht als Ursprung wie als Therapie der Schwarzgalligkeit erscheinen. Baders »Skizze« enthält überdies ausgesprochen suggestive Bemerkungen zum Verhältnis von Skepsis, Erfahrung und Metapher, die in ihrem Fazit allerdings von meinen Überlegungen abweichen. Wagner-Egelhaafs großangelegtes Werk ist, obgleich sein Hauptinteresse bei deutschen Texten des 18. und 19. Jahrhunderts liegt, in vielem wegweisend für das weiter unten zu Burton Gesagte.

Von Anfang an wird Melancholie als Komplex höchst gegensätzlicher Momente angesehen. Sie erscheint als ein den ganzen Menschen erfassendes leibseelisches Geschehen, das sich kontradiktorisch äußert, einmal als tiefste Niedergeschlagenheit bis hin zur katatonischen Lähmung, dann wieder als euphorische, fieberhafte Aktivität. Sie umspannt anscheinend unvereinbare Befindlichkeiten, Gemütszustände und Bewußtseinsorientierungen und behauptet deren geheime Zusammengehörigkeit: Trübsinn und Schaffenslust, Endlichkeitswissen und Unendlichkeitsrausch, Selbstbezug und Überstieg, »Elend« und »Größe« (Pascal), »Schwerkraft« und »Gnade« (S. Weil), »Weltbindung« und »Weltdistanz« (W. Schulz) – um nur wenige der charakteristischen Paarungen aufzublättern, in denen die melancholische Dialektik bis in unsere Tage wiederkehrt.[1] Das Wissen um den Einheitsgrund und die unauflösliche innere Bezogenheit dieser Gegensätze erscheint allerdings weitgehend geschwunden. Das ist kein Zufall: Wie sich bei der Lektüre von Miltons Doppelgedicht »L'Allegro« und »Il Penseroso« und eines epigonalen Gedichts von Margaret Cavendish noch im einzelnen zeigen wird, wird die Basis genau dieses Zusammenhalts im Übergang von der Renaissance zum 18. Jahrhundert brüchig. Die innere Dynamik des Syndroms scheint zum Erliegen zu kommen – oder durch eine neue Struktur ersetzt zu werden.

Schon antike Texte entdecken Melancholie als ein spannungsreiches Ganzes mit typischer Struktur. So hatte erstmals der Verfasser des pseudo-aristotelischen *Problems XXX,1*[2] Melancholie und Manie, Schwermut und geniale Größe zusammengebracht: »Warum sind alle hervorragenden Männer, ob Philosophen, Staatsmänner, Dichter oder Künstler, offenbar Melancholiker gewesen?« Die Abhandlung (vermutlich von Theophrast), die mit dieser Frage einsetzt, gilt als das wichtigste antike Dokument einer wechselseitigen Durchdringung von Platonismus und Bestandteilen der Elementen-, Qualitäten- und Charaktertypenlehre, wie sie etwa die hippokratische Humoralpathologie mit sich führte. In ihrer berühmten Studie *Saturn und Melancholie* haben Raymond Klibansky, Erwin Panofsky und Fritz Saxl ausführlich dargelegt, wie sich hier »auf dem Boden der Aristotelischen Naturphilosophie [...] die Vereinigung zwischen dem ursprünglich rein medizinischen Begriff der Melancholie und der Platonischen Konzeption der Mania« vollzog.[3]

Schon seit dem 4. Jahrhundert v. Chr. trägt das Bild der Melancholie Züge der grundlosen Traurigkeit und des Wahns, aber auch der schöpferischen Raserei und der ekstatischen Begeisterung. Der Melancholiker erscheint als Mensch der Extreme, geschlagen mit einem Hang zum selbstverfangenen Grübeln und zur

1 Cf. Blaise Pascal, *Pensées. Über die Religion und über einige andere Gegenstände.* Übs. und ed. Ewald Wasmuth, Heidelberg 1978; Simone Weil, *Schwerkraft und Gnade*, übs. Friedhelm Kemp, München 1981; Walter Schulz, *Ich und Welt*, Pfullingen 1979.

2 Aristoteles, Problemata Physica 953a10-955a40, im folgenden zitiert nach: Raymond Klibansky, Erwin Panofsky, Fritz Saxl, *Saturn und Melancholie. Studien zur Geschichte der Naturphilosophie und Medizin, der Religion und der Kunst.* Übs. Christa Buschendorf, Frankfurt 1990, pp. 59-76.

3 *Saturn und Melancholie*, p. 57, cf. auch pp. 91-92. – Zur platonischen Mania-Konzeption siehe Phaidros 245c-250b, sowie Bader, *Melancholie und Metapher*, pp. 22-28.

tiefsten Betrübnis, zugleich aber begnadet mit einem manischen Zug zur Höhe, der ihn immer wieder in Zustände der gesteigerten Bewußtheit und des Furors, des tollkühnen, durch nichts zu bändigenden Überschwangs geraten läßt. Nicht zuletzt qualifiziert die Übererregbarkeit seiner Einbildungskraft den Schwarzgalligen zum Genie. Seine imaginative Maßlosigkeit hebt ihn über die Masse hinaus und befähigt ihn zum Sehertum, zur Prophetie, zum Empfang poetischer Inspiration.

Diese antike Synthese von organisch-physiologischen und seelisch-geistigen Momenten, von pathogenem und transzendentem Potential wird in der Renaissance wieder aufgenommen und durch Einarbeitung bestimmter astrologischer und philosophischer Materialien nochmals in charakteristischer Weise reinterpretiert.[1] Auch für die Renaissance bleibt das melancholische ein ambivalentes Temperament mit dem doppelten Antlitz von Schwermut und Mania. Marsilio Ficino, der am Ende des 15. Jahrhunderts mit seinem *Liber de vita* gleichsam als Phänomenologe des saturninischen Charakters auftritt, hebt zwar dessen Außerordentlichkeit hervor, hält dabei aber fest an dessen Extremismus und potentieller Gefährdung.[2] Denn Saturn ist als erdenfernster Planet der Planet der Grenzüberschreitung – im Guten wie im Bösen. Er ermöglicht Aufstieg und Übergang zum Göttlichen, birgt aber auch das Risiko eines Absturzes in ›tierische‹ Verzweiflung oder dumpfe Brutalität. Dem unter Saturn Geborenen sind die Gipfel wie die Abgründe menschlicher Möglichkeiten zugedacht. Aber eben darin wird nicht nur ein einzelnes Temperament, ein dyskratischer Humor, sondern die menschliche Seele in ihrer Besonderheit beschreibbar als »Einheit extremster Extreme«.[3] Gleichwohl rückt in Ficinos dreibändigem Lebensbuch insgesamt das

1 Das Bild, das Klibansky, Panofsky und Saxl von der – hier übersprungenen – mittelalterlichen Melancholiedoktrin entwerfen, bedarf an mindestens einem Punkt der Modifikation: Im Gegensatz zu der von ihnen angenommenen Vereinseitigung des Melancholiekonzepts gibt es vermutlich auch im Mittelalter eine viel stärkere Kontinuität des manisch-platonischen Moments. Dieses wird allerdings offenbar in erster Linie ›subkulturell‹, in alchemistischen und mystischen Texten tradiert; Siehe hierzu Noel Brann, »Alchemy and Melancholy in Medieval and Renaissance Thought. A Query into the Mystical Basis of Their Relationship«, *Ambix* 32 (1985), 127-148.

2 Marsilio Ficino, *De vita libri tres* [editio princeps: Florenz 1489], zitiert im folgenden mit Buch, Kapitel und Zeile nach der lateinisch-englischen Edition *Three Books on Life*. A Critical Edition and Translation with Introduction and Notes by Carol V. Kaske and John R. Clark, Binghamton 1989. Bei längeren Zitaten folgt die englische Übersetzung von Kaske und Clark. – Zu Ficino cf. auch Wagner-Egelhaaf, *Die Melancholie der Literatur*, pp. 42-61.

3 So formuliert Bader mit Bezug auf Problem XXX, 1; cf. *Melancholie und Metapher*, p. 32. – Vgl. auch Ficinos Paraphrase von 954a-b und der Schlußwendung von XXX, 1 in *De vita* 1, 5, 59-66: »Tantam ad utrunque extremum melancholia vim habet unitate quadam stabilis fixaeque naturae. Quae quidem extremitas ceteris humoribus non contingit. Summe quidem calens summam praestat audaciam, immo ferocitatem; extremo vero frigens timorem ignaviamque extremam. Mediis vero inter frigus caloremque gradibus affecta varie, affectus producit varios, non aliter quam merum praecipue potens bibentibus ad ebrietatem vel etiam paulo liberius affectus inferre varios soleat. [Melancholy has a similarly great tendency towards either extreme, in the unity of its fixed and stable nature. This extremism does not occur in the other humors. Extremely hot, it produces the extremest boldness, even to ferocity; extremely cold, however, fear and extreme cowardice. Variously imbued with the intermediate grades between cold and heat,

positive geistige Potential dieser Disposition, die *melancholia generosa*, die insbesondere Gelehrte und *studiosi* auszeichnet, in den Vordergrund des Interesses. Schwermut erscheint mehr denn je als Begabung – intellektuell, spirituell und künstlerisch. Die Entrücktheit und grüblerische Verbohrtheit des griesgrämigen Saturnkinds zeugt eher von Tiefsinn als von Krankheit. Bei entsprechend vorsichtigem Lebenswandel befähigt der Überschuß an schwarzer Galle zu Kontemplation und spekulativer Einsicht, wenn nicht zu heiligem Wahn. Denn die schwarze Galle bewirkt gleichsam eine Sammlung der Seelenkräfte in ihrer eigenen Mitte und läßt sie damit zugleich zum Zentrum des Kosmos und zum Wesen der Dinge gravitieren. Sie »nötigt das Denken, forschend ins Zentrum seiner Gegenstände einzudringen, weil die schwarze Galle selbst dem Zentrum der Erde verwandt ist. Ebenso erhebt sie das Denken zum Verständnis des Höchsten, weil sie dem Höchsten unter den Planeten entspricht.«[1]

An Ficinos Modell wird besonders deutlich, welche Akzentuierung Melancholie als Proto-Subjektivität im Kontext der Renaissancephilosophie erhält. So zeichnet sich in Ficinos Verortung des Melancholikers zwischen erdhafter Endlichkeit und transzendierender Geistigkeit ein Grundzug neuplatonischer Anthropologie ab, die dem Menschen schlechthin eine potentiell ordnungsüberschreitende Zwischenstellung – *aut deus aut daemon* – zuweist.[2] Diese Tendenz zur Generalisierung trifft sich mit einem Abstraktions- und Metaphorisierungsprozeß, dem die substantialistischen Restbestände antiker Humoralpathologie

---

however, it produces various dispositions, just as wine, especially strong wine, characteristically induces various dispositions in those who have imbibed to the point of drunkenness, or even just a little too freely.]«

1 So die Übersetzung von Klibansky, Panofsky und Saxl, *Saturn und Melancholie*, p. 374 (dort ohne Beleg). Cf. Ficino, *De vita* 1, 4, 10-21: »Naturalis autem causa esse videtur, quod ad scientias praesertim difficiles consequendas necesse est animum ab externis ad interna tanquam a circumferentia quadam ad centrum sese recipere, atque dum speculatur in ipso (ut ita dixerim) hominis centro stabilissime permanere. Ad centrum vero a circumferentia se colligere figique in centro maxime terrae ipsius est proprium, cui quidem atra bilis persimilis est. Igitur atra bilis animum, ut se et colligat in unum et sistat in uno contempleturque, assidue provocat. Atque ipsa mundi centro similis ad centrum rerum singularum cogit investigandum, evehitque ad altissima quaeque comprehendenda, quandoquidem cum Saturno maxime congruit altissimo planetarum. Contemplatio quoque ipsa vicissim assidua quadam collectione et quasi compressione naturam atrae bili persimilem contrahit. [The natural cause seems to be that for the pursuit of the sciences, especially the difficult ones, the soul must draw in upon itself from external things to internal as from the circumference to the center, and while it speculates, it must stay immovably at the very center (as I might say) of man. Now to collect oneself from the circumference to the center, and to be fixed in the center, is above all the property of the Earth itself, to which black bile is analogous. Therefore black bile continually incites the soul both to collect itself together into one and to dwell on itself and to contemplate itself. And being analogous to the world's center, it forces the investigation to the center of individual subjects, and it carries one to the contemplation of whatever is highest, since, indeed, it is most congruent with Saturn, the highest of planets. Contemplation itself, in its turn, by a continual recollection and compression, as it were, brings on a nature similar to black bile.]« – Cf. auch ibid. 1, 6, 19-22.

2 Klibansky, Panofsky und Saxl zitieren die Formel nach Walkington, *The Optick Glasse of Humors* (London 1607), cf. *Saturn und Melancholie*, p. 361. – Ein Nachhall dieses Topos findet sich auch bei Ficino, cf. z. B. *De vita* 1, 5, 15; 1, 7, 60-74; 1, 26, 1-9; 3, 22, 17 und 108-115; 3, 26.

unterliegen. Auf den ersten Blick scheinen sich zwar die diätetischen, therapeutischen und astralmagischen Empfehlungen Ficinos noch genau diesem ›alten Denken‹ zu verdanken; auf den zweiten zeigt sich jedoch, daß sie, ebenso wie die Schwarzgalligkeit, die sie kurieren und der sie vorbeugen sollen, zusehends zu Chiffren für eine *conditio humana* werden, deren allgemeinstes Kennzeichen das paradoxe Zugleich von Eingebundensein in ein System universaler Korrespondenzen und Darüberhinaussein ist. Diese dialektische Verspannung von Teilhabe und Trennung aber erfordert nicht nur, Balance zu halten zwischen den Extremen, sondern birgt für das Subjekt nicht zuletzt auch die Möglichkeit, sich aktiv, ja in gewissen Grenzen auch magisch-manipulativ zu dieser Situation zu verhalten.

Vor allem aber erweist sich die melancholisch-manische Doppelgesichtigkeit des Menschlichen in diesem Modell als eine in mehrfacher Hinsicht rekursive Verfaßtheit, diese wiederum als eine Form der Reflexivität. So erscheint die Mania im Licht der neuplatonischen *Nus*-Allegorese als Höhenflug des sich erkennenden Geistes;[1] so beinhalten die theogonischen Implikationen des Saturn/Kronos-Mythologems diverse Vorstellungen des Insichkreisens;[2] so liegen sowohl der schwermütigen Introversion und dem mit der Melancholie traditionell verknüpften Laster des Geizes als auch deren religiöser Wendung in der *acedia*[3] unübersehbar rekursive Strukturen zugrunde: Es sind dies Weisen der Zurückwendung des Selbst auf sich, der Selbstvergewisserung und der Selbsthabe – bis hin zum völligen Verlust des Alteritätssinns. Solche Selbstversenkung, die sich, weil sie sich nicht auf den Grund kommen kann, gleichsam spiralförmig vertieft, präfiguriert indes nicht nur die Reflexivität des Bewußtseins, die einen Kernbestand des modernen Subjektivitätsbegriffs ausmacht, sondern auch die Aporien und theoretischen Verlegenheiten, in die sie führt, und nicht zuletzt die reflexiv nicht hintergehbare unmittelbare Vertrautheit des Bewußtseins mit sich, die als Fundament aller Ich-Leistungen anzunehmen ist.[4] Die Geschlossenheit der Stimmung bekräftigt, was das Denken nicht herzustellen vermag – ein Beisichsein, das sich doch dem direkten Zugriff und der dauerhaften Aneignung entzieht.

Gleichwohl liegt bei Ficino der Nachdruck in dieser komplexen Verklammerung konzentrierender und entgrenzender Strebungen eher auf einem Bewußtsein manischer ›Größe‹, denn auf melancholischem ›Elend‹. Den Tenor seines

---

1 Cf. Klibansky, Panofsky, Saxl, *Saturn und Melancholie*, pp. 235-245, sowie Plotin, *Enneaden* V, besonders 1, 4 und 1, 7.

2 Deutlich etwa im Zyklus familiärer Autoaggression in der Kastration des Vaters, im Verschlingen der eigenen Kinder und im Kastriertwerden durch den eigenen Sohn. Zu den Saturn/Chronos/Kronos-Synkretismen siehe auch Roland Lambrecht, *Melancholie. Vom Leiden an der Welt und den Schmerzen der Reflexion*, Reinbek 1994, pp. 20-26. – Auch als Flur- und Saatengott ist Saturn mit Vorstellungen zyklischer Wiederkehr der natürlichen Fruchtbarkeit assoziiert.

3 Hierzu ausführlich Bader, *Melancholie und Metapher*, pp. 4-15.

4 Cf. Dieter Henrich, »Selbstbewußtsein. Kritische Einleitung in eine Theorie«, in: Rüdiger Bubner et al., eds., *Hermeneutik und Dialektik*. Aufsätze I, Tübingen 1970, pp. 257-284.

Lebensbuchs bildet das konstitutive Hinauswollen des saturninischen Menschen auf Anderes und sein Transzendenzpotential. Eben dieses ekstatische Moment der neoplatonisch glorifizierten Saturnauffassung aber; der *furor divinus*,[1] zu dem sich der Renaissancemelancholiker begabt wußte und den er durch magische Nutzung der kosmischen Korrespondenzen zu befördern suchte, wird dem neuzeitlichen Denken zunehmend suspekt. Zum Ende des 16. Jahrhunderts wird ein Dissoziationsprozeß spürbar, in dem sich das ganzheitliche Melancholiekonzept der italienischen Renaissance, kaum daß es in seiner paradoxen Mehrdimensionalität – seiner schwierigen Balance zwischen ›exteriorisierenden‹ und ›interiorisierenden‹ Strebungen, dem Impuls zum Überstieg über die zur Ansammlung von Objekten werdenden Welt und dem unglücklichen Eingeschlossensein mit sich und den toten Dingen – artikuliert wurde, bereits wieder aufzulösen beginnt. Doch in einigen bedeutenden Texten der europäischen Literatur um die Wende zum 17. Jahrhundert umspielt die Waage noch eine Weile ihr prekäres Gleichgewicht.

In *As You Like It*[2] unternimmt Shakespeare einen suggestiven Versuch, das Melancholiesyndrom zu analysieren, indem er es in zwei Höflingsfiguren gleichsam auseinanderlegt. Repräsentiert Jaques die im engeren Sinne melancholisch-schwermütige Seite, so steht Touchstones (poetisch-kritische, ebenfalls gallige bis zynische) Eloquenz eher für den manischen Aspekt[3] der Melancholie;[4] beide sind zudem Skeptiker;[5] beide spielen den Narren. Die Reden beider Figuren rücken

1 Ficino, *De vita* 1, 5, 10; vgl. auch ebenda Zeile 15 über die *melancholici* im Zustand der Mania: »[...] non humani sed divini potius videantur.«

2 Zitate nach der Edition des Arden Shakespeare: *As You Like It*, ed. Agnes Latham, London 1996.

3 Während Jaques dem Leben keine Bedeutung abzugewinnen vermag, besteht für Touchstone die Welt nur aus Signifikanzen, die er meisterlich in diese oder jene Richtung zu wenden versteht und denen er immer wieder zweideutige Bedeutungsüberschüsse abgewinnt. Dieser Aspekt einer manischen Lesbarkeit der Welt wird vom Text im übrigen wiederholt herausgestellt; so etwa auch in der Lobrede von Duke Senior auf das Domizil des Exilhofes (im Wald von Arden erteilt alles alliterierend gute Lektionen: »And this our life, exempt from public haunt,| Finds tongues in trees, books in the running brooks,| Sermons in stones, and good in everything.« II, i, 15-17), oder später in der Art und Weise, wie Orlando in gut petrarkistischer Manier die Bäume des Waldes beschriftet bzw. mit Liebesgedichten behängt (cf. III, ii). – Zum »*Alles spricht. Alles ganz leicht*« als »Kern der manischen Erfahrungsunfähigkeit« cf. auch Bader, *Melancholie und Metapher*, pp. 62-63. – Touchstone spielt den lachenden Demokrit zu Jaques' ›weinendem‹ Heraklit. Mit dieser klassischen Paarung der philosophischen Stereotypen beschäftigt sich auch Montaignes Essay I, 50 (»De Democritus et Heraclitus«): Wie Robert Burton (s.u.) posiert auch Montaigne gern als Demokrit; auch seine Metaphorik in diesem Essay ist eine anatomisch-sezierende; auch für ihn wird Demokrit zu einer Chiffre des Literaten (cf. auch Martina Wagner-Egelhaaf, *Die Melancholie der Literatur*, p. 122, n. 84).

4 Auf das Melancholiesyndrom verweist auch überdeutlich Touchstones Treulosigkeit (cf. III, iii, 81-85), die wie ihr Gegenbild, die Beständigkeit, zu den typischen Eigenschaften der Saturnkinder zählt.

5 Zu Touchstones »sceptical attitude« cf. Anne Bartons Einleitung zu *As You Like It* in *The Riverside Shakespeare*, pp. 365-68; zur »skeptischen Weisheit« des Jaques cf. auch die Beobachtungen von Aleida Assmann, »Was ist Weisheit? Wegmarken in einem weiten Feld«, in Aleida Assmann, ed., *Weisheit*, München 1991, pp. 15-44. Jaques' Epoché wird vielleicht am deutlichsten in seiner Weigerung, sich dem Schlußreigen anzuschließen (V, iv).

die Themen der Verstellung und Dissimulation, der Uneigentlichkeit und Schauspielerei in den Vordergrund, die das Stück als ganzes einschließlich Rosalinds Verkleidung und Aktionen als Jüngling Ganymede bestimmen; als geradezu notorisches Beispiel mag hier Jaques' *set piece* »All the world's a stage,| And all the men and women merely players« gelten (II, vii, 139-166). Diese Tendenz zur Aufteilung des metaphorischen Feldes ›Melancholie‹ und zur Ausfaltung in unterschiedliche Komplexe, die hier sogar auf zwei Figuren verteilt werden, von denen nur eine (Jaques) sich ausdrücklich als Melancholiker versteht und von den übrigen auch so bezeichnet wird;[1] die Tendenz also zur Reduktion des Paradigmas und zur Auslagerung bestimmter Momente (bei denen noch nicht klar ist, wie sie heißen sollen) wirkt wie der vorausgeworfene Schatten von Entwicklungen, die erst im 18. Jahrhundert verbreitet zum Tragen kommen.[2] Gleichwohl verweist nicht zuletzt die Ähnlichkeit von Jaques und Touchstone, ihre humoralpathologische Verklammerung als Explikationen des Saturninischen, darauf, daß diese Gegenstrebigkeiten um 1600 noch als zusammengehörig wahrgenommen werden konnten. Die im Motto zu diesem Kapitel zitierte, zweideutig satirische Bemerkung Touchstones über die Ähnlichkeit von Poeten und Liebenden – im Lügen wie in der Wahrhaftigkeit – läßt zudem ahnen, welche Rolle der literarischen Phantasie in diesem in Veränderung begriffenen Szenario zuwachsen wird.[3]

Auch die wechselseitige Perspektivierung von Robert Burtons *Anatomy of Melancholy* von 1621 und Miguel de Cervantes' berühmtestem Werk, *El ingenioso hidalgo Don Quijote de La Mancha*, in zwei Teilen 1605 und 1615 erschienen, kann – unter dem Stichwort des Ingenium[4] – zeigen, wie die skeptisch affi-

---

1 Überdies mit der passenden zeitgenössischen Topizität (und entsprechendem Spott darüber): Jaques ist Melancholiker, weil er ein Reisender ist und von seinen Reisen als *malcontent* zurückgekehrt ist.

2 Cf. hierzu neben der grundlegenden Studie von Hans-Jürgen Schings, *Melancholie und Aufklärung. Melancholiker und ihre Kritiker in Erfahrungsseelenkunde und Literatur des 18. Jahrhunderts*, Stuttgart 1977, den Aufsatz von Uwe Hebekus, »›Practicus des Indecori‹. Die Zeichen der Melancholie in Aufklärung und Empfindsamkeit«, *DVJS*, 72.1 (1998), 56-80. Kritisch ist zu Hebekus anzumerken, daß die »nosologische Verwandtschaft von Melancholie und Manie« (p. 61) keineswegs eine Entdeckung des 17. Jahrhunderts ist, sondern selbstverständlicher Teil des antiken Melancholieparadigmas; weiterhin, daß Melancholie sich als Proto-Subjektivität nicht erst in der Aufklärung konstituiert (cf. e.g. p. 67), sondern bereits in den literarischen Texten der Renaissance. Cf. zum letztgenannten Aspekt die vorliegenden Ausführungen sowie Vf. [Verena Lobsien], »Das manische Selbst. Frühneuzeitliche Versionen des Melancholieparadigmas in der Genese literarischer Subjektivität«, in: Fetz et al., eds., *Geschichte und Vorgeschichte der modernen Subjektivität*, Berlin 1998, Bd. 1, pp. 713-739.

3 Cf. III, iii, 14-18: »*Audrey*. I do not know what ›poetical‹ is. Is it honest in deed and word? Is it a true thing? *Touchstone*. No truly; for the truest poetry is the most feigning, and lovers are given to poetry; and what they swear in poetry may be said as lovers they do feign.«

4 Übersetzer des *Don Quijote* tun sich seit jeher schwer mit dem Titel des Werks: – die vorgeschlagenen Epitheta reichen von »ingenious« über »witty« und »imaginative« im Englischen bis zu »scharfsinnig« und eben »sinnreich« im Deutschen. Die Herausgeber der Norton-Edition des *Don Quixote*, Joseph R. Jones und Kenneth Douglas, merken in einer dem Text vorangestellten Notiz an: »No one knows quite what Cervantes meant by *ingenioso*. It seems an odd epithet to apply to a madman – if he *was* mad – and it has been rendered in English translations as »witty,«

zierte Melancholie literarisch produktiv wird; zugleich, wie die dynamische Verbindung von Schwarzgalligkeit und Manie am bewußtseinsgeschichtlich kritischen Zeitpunkt ihrer sich anbahnenden Desintegration vorgestellt wird. Zudem mag sich erweisen, auf welche Weise zum einen die Interaktion mit dem Melancholieparadigma das zeichenkritische Potential der Skepsis stärkt und wie zum anderen insbesondere die skeptische Aversion gegen systematische Ordnung als Katalysator für eine literaturhistorisch bedeutsame Entwicklung wirkt, deren weitere Verzweigungen dann an Texten George Herberts und John Miltons verfolgt werden sollen.

1. Burtons *Anatomy of Melancholy* – Cervantes' *Don Quijote:* Wahn und Ingenium[1]

Melancholici Ingeniosi omnes, »melancholy men are witty«, die Melancholiker seien sinnreich – so zitiert Robert Burton in seiner *Anatomy of Melancholy* Problem XXX,1. Aber auch die Umkehrung gelte: fast alle ingeniösen Menschen seien auch Melancholiker (*ad unum feré Melancholici*).[2] Daß Don Quijote sowohl Melancholiker als auch ingeniös ist, braucht nicht mehr gezeigt zu werden. Harald Weinrich hat bereits 1956 dargelegt, inwiefern der »Ritter von der Traurigen Gestalt« der zeitgenössischen Humoralpathologie entsprechend als unter der Variante der *melancolía por adustión* leidend, zugleich und in Verbindung damit aber auch als mit einem *furor propheticus* begabt, vorgestellt ist.[3] Kehrt man diese Perspektive gleichsam um, so fällt die Ambivalenz des Ingeniösen ins Auge, wie sie sich eben darin zeigt, daß die paradoxe Überzeugtheit Don Quijotes von der absoluten Geltung eines nicht einlösbaren Ideals als fundamental melancholisch figuriert wird. Was bedeutet dies für den frühneuzeitlichen Text, dessen Hauptfigur der sinnreiche Ritter ist, und auf welche Weise wird sein melancholisches *ingenium* literarisch produktiv? Im Vergleich mit der Schrift des englischen Melancholietheoretikers Burton und vor allem im Blick auf Democritus Junior, seine *persona* im umfangreichen Geleitwort an den Leser, interessiert vor allem

---

»imaginative,« »visionary,« and, of course, »ingenious.« »Whimsical« might be a possibility; and one German translator has used *scharfsinnig*, »clever.« (New York 1981).

1 Eine andere Gesichtspunkte etwas stärker in den Vordergrund rückende Fassung meiner nachfolgenden Überlegungen zu Burton und Cervantes ist bereits erschienen; cf. Vf. [Verena Olejniczak Lobsien], »Sinnreich und melancholisch, oder: Die Alterität des Ideals. Zwei frühneuzeitliche Bibliomanen – Democritus Junior und Don Quijote« in: Aleida Assmann, Monika Gomille, Gabriele Rippl, eds., *Sammler – Bibliophile – Exzentriker*, Tübingen 1998, pp. 347-373.

2 Robert Burton, *The Anatomy of Melancholy*, eds. Thomas C. Faulkner et al., Oxford 1989, I, 421, hier: Zeile 15-18, vgl. auch Anm. v. – Alle weiteren Seitenangaben nach dieser Edition fortlaufend im Haupttext (Seite: Zeile).

3 Als Auszug aus *Das Ingenium Don Quijotes* unter dem Titel »Die Melancholie Don Quijotes« wieder abgedruckt in: H. Hatzfeld, ed., *Don Quijote. Forschung und Kritik*, Darmstadt 1968, pp. 295-316.

die textuelle Gestalt[1] frühneuzeitlicher Melancholie. Zugleich kann damit einmal mehr ein Aspekt der von Foucault beschriebenen bewußtseinsgeschichtlichen Zwischensituation im Übergang von einem Denken am Leitfaden der Analogie zur Episteme der Repräsentation in den Blick rücken; dies zumal mit nationalliterarisch unterschiedlichen Akzentuierungen: Lassen sich im *Don Quijote* neben den Verfahren einer »Chaotisierung« des analogistischen Diskurses und aufs engste verknüpft mit diesen durchaus Züge einer narrativen »Diskurs-Renovatio« wahrnehmen, in denen das Ähnlichkeitsdenken auf neuartige Weise wieder in sein Recht gesetzt wird,[2] so scheinen diese in der *Anatomy of Melancholy* zu feh-

1 Die ›Literarizität‹ der Melancholie ist auch Gegenstand der Abhandlung Martina Wagner-Egelhaafs, *Die Melancholie der Literatur* [S. 129, n. 5]. Mit Schnabel, Moritz und Keller bilden zwar deutsche Autoren des 18. und 19. Jahrhunderts den Schwerpunkt der Studie; ihr diskursgeschichtlicher Teil enthält aber unter der Überschrift »Exzentrik der Melancholie« auch ein Kapitel über Burtons *Anatomy of Melancholy* (hier: pp. 93-136), das, Exzentrik von bloßer Verrücktheit absetzend, mit dieser Kategorie »im ganz wörtlichen Sinn die Abweichung vom Mittelpunkt und deren figurative Formation im und als Text« (p. 93) zu beschreiben sucht. Melancholie, so die These, »wird bei Burton zum Dispositiv des spielerisch-reflexiven Schreibens über Melancholie« (ibid.). Die Art und Weise, wie sich Burtons Werk paratextuell ausbreitet, wird für Wagner-Egelhaaf zur Figuration seiner melancholischen Exzentrizität: »Das textuelle Beiwerk der *Anatomy* ist tatsächlich das exponierte Spielfeld ihrer melancholischen Konfiguralität [...]« (p. 94). Zugleich bilden sich in der Art und Weise, wie die Paratexte ihr Zentrum gleichsam gezielt verfehlen und ihren Gegenstand labyrinthisch umgehen, doppeldeutige Strukturen einer auktorialen Subjektivität ab, die – ebenfalls paradox – gleichzeitig unentrinnbar bei sich eingeschlossen und endlos zu sich unterwegs ist und ihren Leser in diesen Strudel mit hineinzieht. Suggestive Metapher dieses an zahlreichen Beispielen erschlossenen und präzise dargestellten wirkungsstrukturellen Komplexes ist das Möbius-Band: »Die Mitte – das, was Melancholie ›eigentlich‹ ist? – bleibt leer, und an den Rändern, die aber die Figur überhaupt erst bilden, scheinen sich Innen und Außen ständig ineinander zu verdrehen.« (p. 108-109). Mit Devon L. Hodges betrachtet Wagner-Egelhaaf »das anatomische Denken als zwischen dem frühneuzeitlichen Analogiedenken und der modernen naturwissenschaftlichen Methodik angesiedelte epistemologische Übergangsform« (p. 114), die allerdings etwa in der Art und Weise, wie sie Signifikationen verdoppelt und proliferieren läßt, noch ihr Verhaftetsein im analogiegeleiteten Denken zu erkennen gibt (vgl. p. 118). – Meine Überlegungen bestätigen die Wagner-Egelhaafs; insofern sie Burton vor den Horizont der skeptischen Phantasie rücken und zusätzlich mit dem Cervantes-Vergleich und den Kategorien des auf eine historisch überholte Idealität zielenden Ingeniums experimentieren, lassen sie sich als Erweiterung dieses Teils ihrer grundlegenden Untersuchung lesen.

2 Zum Konzept der »Diskurs-Renovatio« als des zentralen Kennzeichens der spanischen Barockliteratur, zum Begriff der »Chaotisierung« des analogistischen Denkens im Renaissancediskurs, sowie zu einer auch im Blick auf andere frühneuzeitliche Literaturen höchst suggestiven Modifikation der Foucaultschen Denkfigur des Epistemebruchs aus Blumenbergscher Sicht vgl. die wichtige Studie von Joachim Küpper, *Diskurs-Renovatio bei Lope de Vega und Calderón*, Tübingen 1990. – Hinsichtlich der Art und Weise, wie sich vor allem im Spätwerk Cervantes' ›renovative‹ Strukturen durchsetzen, sind Küppers Ausführungen anschließbar an Ruth El Saffars provozierend betiteltes Buch *Novel to Romance. A Study of Cervantes's* Novelas ejemplares, Baltimore 1974 (ausdrücklich wird auf die sich abzeichnende Parallelität hingewiesen in: J. Küpper, »Düstere Welt und lichte Perspektive in den Cervantinischen *Novelas Ejemplares*«, Beitrag zum Kolloquium *Konfigurationen der Macht in der Frühen Neuzeit*, eds. R. Behrens, R. Galle, Würzburg 1999). El Saffar zufolge vollzieht sich die Ablösung ›novellistischer‹ bzw. ›romanhafter‹ Erzählstrukturen durch ›romanzenhafte‹ Verfahren, die die durch die erstgenannten ›modernen‹ Strategien erzeugte Ungewißheit, Kontingenz, den Perspektivismus und die offene Zeitlichkeit wieder einholen und domestizieren, zwischen Teil I und Teil II des *Don Quijote*. – Vor dem

len. Oder genauer: das gigantische Ordnungsprojekt, das vorgibt, Übersichtlichkeit in eine von melancholischem Wahn befallene Vorstellungswelt zu bringen, kehrt sich gegen sich selbst, indem das Streben nach Schematisierungen und Kategorisierungen einen Text erzeugt, der jede Ordnung sprengt und deren Wiederherstellbarkeit radikal in Zweifel zieht.

Burtons Text präsentiert sich ausdrücklich als intertextuelles Sammelsurium: »I have laboriously collected this *Cento* out of divers Writers« (11:9, vgl. 11:3-12-19), von ihm selbst mit Bienenfleiß sorgsam zusammengetragen und damit zugleich sein Werk und nicht seines (»*Omne meum, nihil meum,* 'tis all mine and none mine«, 11:4-5), zugleich Schatzhaus und Inbegriff nichtsnutziger Heterogenität, »my *Maceronicon*« (11:23), »a Rapsody of Rags gathered together from severall Dung-hills« (12:11-12), aus zweiter Hand und doch vollkommen originell – »the method onely is myne owne« (11:23), mag auch schon dieser Satz wieder ein entlehnter sein, da ja alles schon einmal gesagt worden ist. Burtons Text greift im vollem Bewußtsein seiner Topizität und Deriviertheit aus in das Universum der Texte. Die Spezifik, die er für sich beansprucht, liegt darin, daß er dieses Wissen um seinen kumulativen Charakter gleichsam vor sich herträgt – dies allerdings mit einer Hyperbolik, die die Bescheidenheitstopoi in ihr Gegenteil verkehrt. In seiner ostentativen Heterogenität und Inauthentizität gibt er sich indes nicht nur als Bild seines Autors aus und nähert sich so dem essayistischen Selbstporträt Montaignes an, dessen Formulierungen er ohnedies von Anfang an gern im Munde führt. Burton stellt seine selbstbewußte Torheit – »I have anatomized mine own folly« (112:14) – als Methode vor, seine Zitatkollektion als System des Speicherns und Auseinanderlegens,[1] und eben dieses wiederum als melancholischen Wahn.

Auch die »systematischen Narreteien« Don Quijotes[2] haben damit zu tun, daß er besessen ist von einer Ordnung, die er als Alternative zum Vorfindlichen be-

---

Hintergrund der hier vorgeschlagenen Konstellation von melancholischem Ingenium, Sammlertum und Exzentrizität als einer Matrix, die für den frühneuzeitlichen literarischen Diskurs auch außerhalb Spaniens produktiv wird und insofern das »Renovatio«-Modell keineswegs invalidiert, wohl aber systematisch übergreift, kann es nicht aufgrund der Chronologie der beiden Teile schon als ausgemacht erscheinen, daß die von El Saffar postulierte Differenz zwischen Früh- und Spätwerk des Cervantes tatsächlich auch als scharfer Bruch durch den *Don Quijote* geht. Vielmehr kann sich aus dieser Sicht zeigen – ohne daß dies im vorliegenden Zusammenhang auch im Einzelnen demonstriert werden könnte –, inwiefern sich in beiden Teilen des *Don Quijote* Prozesse romanhaften Erzählens mit Romanzenschemata in einer Weise überlagern, deren Haupteffekt eher der einer wechselseitigen Relativierung simultan präsenter Muster als einer klaren Verdrängung und Ersetzung des einen narrativen Modus durch den anderen ist.

1 Auch der Wahnsinn eines anderen berühmten Melancholikers hat bekanntlich Methode – eine Methode, die aus der hier vorgeschlagenen Perspektive einiges mit der Burtonschen (und Quijotischen) Manie, das eigene Bewußtsein zum Ort der Akkumulation von Geschriebenem zu machen, gemein zu haben scheint. Cf. William Shakespeare, *Hamlet*, I, v, 92-112, und die Ausführungen hierzu im vorangeganenen Kapitel. Als »Methode« des Wahnsinns erscheint auch hier, wenn man so will, (wenigstens vorübergehend) das bloß registrierende Sammeln von Bekanntem.

2 Ich zitiere im folgenden nach der nach wie vor unübertroffenen Übersetzung von Ludwig Braunfels, *Der sinnreiche Junker Don Quijote von der Mancha*, Darmstadt 1966 (zuerst 1848),

greift. Er sammelt Ritterbücher, und aus ihrer Lektüre, daraus, daß er sie bis in die kleinsten Details im Gedächtnis behält, erwächst ihm sein Wahn.[1] So kann ihm die (teilweise) Zerstörung seiner Bibliothek, die Pfarrer und Barbier unternehmen, um ihn zu heilen, nichts anhaben, denn eben dadurch, daß er sie als imaginäre mit sich führt, bleibt der Sog der in ihnen aufgeschriebenen Ritterwelt ungebrochen. Damit aber wird das Erfinden (*invenire*) zugleich zur Metapher seines Lebens: Seine fixe Idee bedarf offenbar fortwährender und wiederholter Bestätigung, also zieht er aus, um Bestätigungen für sie zu suchen und zu finden – zu bestehende Abenteuer, die die Welt als erfüllt von den Pendants seiner Imaginationen ausweisen. Dem korrespondiert eine Textstruktur, die die episodische Reihung der Ritterromane ironisch kopiert. Prinzipiell könnten auch vor Ende des zweiten Teils noch weitere Abenteuer folgen. Don Quijotes Sterben und Tod sind aus dieser Sicht unmotiviert. Motiviert erscheinen sie allerdings auf zweifache Weise: zum einen aus der Sicht des Erzählers, Sidi Hamét Benengelí, denn nur indem die Abenteuersammlung definitiv beendet wird, kann sie in der Konkurrenz mit dem Verfasser des ›falschen‹ zweiten Teils beanspruchen, das ›echte‹ Korpus der Quijotischen Abenteuer zu präsentieren, dem nichts hinzugefügt und nichts weggenommen werden kann. Zum anderen bekräftigt der Tod Don Quijotes noch einmal die Grundstruktur seiner *quest* als einer Suche nach Identitäten. Denn Don Quijote stirbt an *melancolía* und begeht damit nicht nur, wie Sancho entsetzt ausruft, die allergrößte »Narrheit« von allen denkbaren (p. 1100) – er stirbt so gleichsam an sich selbst.[2]

---

hier: p. 518. Nachfolgende Stellenangaben im Haupttext direkt nach dem Zitat, entweder (Teil, Kapitel) oder (Seite).

1 Ein Wahn, der sich als Signatur der Epoche, mit Küpper (*Diskurs-Renovatio* [S. 137, n. 2]) als Zeichen einer zunehmenden »Chaotisierung« der Episteme der Ähnlichkeit lesen läßt; vgl. die bekannten Formulierungen Foucaults: »Sein [Don Quichottes] Abenteuer wird eine Entzifferung der Welt sein, ein minuziöser Weg, um an der ganzen Oberfläche der Erde Gestalten aufzulesen, die zeigen, daß die Bücher die Wahrheit sagen. Seine Taten müssen der Beweis sein. Sie bestehen nicht in einem wirklichen Triumph, weshalb der Sieg im Grunde ohne Bedeutung ist, sondern in der Transformation der Realität in ein Zeichen. In ein Zeichen, daß die Zeichen der Sprache den Dingen selbst doch konform sind. Don Quichotte liest die Welt, um die Bücher zu beweisen. Er gibt sich keine anderen Beweise als die Spiegelung der Ähnlichkeiten. [...] *Don Quichotte* zeichnet das Negativ der Welt der Renaissance. Die Schrift hat aufgehört, die Prosa der Welt zu sein. Die Ähnlichkeiten und die Zeichen haben ihre alte Eintracht aufgelöst. Die Ähnlichkeiten täuschen, kehren sich zur Vision und zum Delirium um. Die Dinge bleiben hartnäckig in ihrer ironischen Identität: sie sind nicht mehr das, was sie sind; die Wörter irren im Abenteuer umher, inhaltslos, ohne Ähnlichkeit, die sie füllen könnte. Sie bezeichnen die Dinge nicht mehr, sie schlafen zwischen den Blättern der Bücher, inmitten des Staubes. Die Magie, die die Entzifferung der Welt bei der Entdeckung der geheimen Ähnlichkeiten unter den Zeichen gestattete, dient nur noch zur Erklärung auf delirierende Weise, warum die Analogien immer getäuscht werden. Die Erudition, die wie einen einzigen Text die Natur und die Bücher las, wird zu ihren Chimären zurückverwiesen: die auf den vergilbten Seiten der Folianten niedergelegten Zeichen der Sprache haben nur noch den Wert der geringen Fiktion dessen, was sie repräsentieren. Die Schrift und die Dinge ähneln sich nicht mehr. Zwischen ihnen irrt Don Quichotte in seinem Abenteuer.« (Michel Foucault, *Die Ordnung der Dinge*, Frankfurt 1988, pp. 79-80).

2 Zum melancholischen Tod des Don Quijote/Alonso Quijano cf. auch die (ansonsten allerdings recht allgemeinen) Beobachtungen von Carlos Thiebaut, »Cervantes' Rhetoric of Lucidity: Mel-

Don Quijotes Wahnsinn ist – wie Burtons *melancholy madness* – Mania.[1] Er kann von ihr genausowenig lassen wie Burton aufhören kann, seinem Text immer neue Zitate, Textbruchstücke, Einzelheiten des Melancholiesyndroms hinzuzufügen. Beider Bibliomanie gehorcht einer nicht einlösbaren Teleologie: Sie ist geleitet von der Sucht nach Vollkommenheit – sei dies die Vollständigkeit der Anatomie oder die Perfektion des Rittertums. Beide streben nach einer Idealität, die ungreifbar ist und bleiben muß. Ihre Nichteinlösbarkeit ist der Motor beider Texte; zugleich ist die Transzendenz des Ideals, deren Negativkontur darin überraschend sichtbar wird, Grund ihrer – strukturellen – Melancholie.

Burton kennt, darin die moderne klinische Unterscheidung zwischen exogener und endogener Depression antizipierend, zwei Wurzeln der Melancholie, deren unendliche Verzweigungen sein Text nachvollzieht: Es sind dies Verlust (»loss«, vgl. 356ff), zugefügt oder erlitten, einerseits, Streben nach Unerreichbarem, unerfüllbares Begehren (vgl. z.B. 105, aber auch 62:25f) andererseits. Beide münden in der Figur eines unaufhebbaren Entzugs; beide sind dialektisch miteinander verklammert. Beide, mögen sie stärker den Akzent des Passiven oder den der Aktivität tragen, versetzen den von ihnen Infizierten in einen Zustand der Uneigentlichkeit. Der Melancholiker ist nie ganz bei sich, weil das, was ihm fehlt und was ihn, wie er meint, zu sich bringen könnte, abwesend ist und bleibt. Die Unmöglichkeit, die melancholisch wahnsinnige Welt vollständig in das Buch einzuschließen; die durch die Verzauberung auf immer entrückte Dulcinea; die nurmehr in den Ritterbüchern lebendige Ordnung des Rittertums: Dies sind die Bedingungen Burtonschen Schreibens und Cervantinischen Erzählens, zugleich die Konstituenten ihrer strukturellen Melancholie wie ihres Ingeniums.

Don Quijote wie Democritus Jr. versuchen, durch Auffinden und Zusammentragen von Äquivalentem im Unterschiedlichen eine vorausgesetzte Identität zu bestätigen und die vergleichbaren Elemente im Blick auf diese Identität hin zu ordnen. Die inventive Tätigkeit beider erscheint indes, sobald sie als melancholische auftritt, als eine, die um ihre Vergeblichkeit weiß. Wird damit zugleich die zentrale Ähnlichkeitsgarantie des Selegierten in Zweifel gezogen, dann kann solches ›Sammeln‹ nur noch heißen, die entzogene Ähnlichkeit textuell zu konstituieren, die aufzuweisende Einheit nicht mehr nur topisch aufzusuchen, sondern zu erfinden bzw. in den Ordnungen des Textes zu ›fingieren‹. Spekulativ zugespitzt: erst wenn das auf Analogie gegründete Korrespondenzuniversum seine fraglose Geltung verliert, wird Sammeln als Affirmation der über Verweisstrukturen zentrierenden Weltsicht, als Suche nach Indizien der fundierenden Identität nötig – und zugleich vergeblich. Das mitgeführte Bewußtsein solcher Notwendigkeit wie Vergeblichkeit ist Melancholie, die Restitution des Abhandengekommenen als Literatur Zeichen manischen Ingeniums.

---

ancholy and Disillusionment«, in: Gerhart Schröder et al., eds., *Anamorphosen der Rhetorik*, München 1997, pp. 191-204.

1 Für Burton sind »madness« und »mania« bzw. »melancholia« oder »furor« Synonyme; vgl. z.B. seine Paraphrase des Damagetosbriefs, 33, Anm. o.

Welche Wendung die Texte dabei traditionellen Modi des literarischen Anhäufens verleihen, zeigt sich bei näherer Betrachtung ihrer Schreibweisen. Beide stehen unübersehbar unter dem Zeichen der *copia.*[1] Zugleich bringt ihre jeweilige Realisierung dieses rhetorischen Konzepts Aspekte zum Vorschein, die der bereits skizzierten Überschreitung eines überkommenen Verständnisses topischer *inventio* in die Hände arbeiten. Die Schlüsselfunktion des *copia*-Konzepts für den Rede- und Schreibstil des 16. und frühen 17. Jahrhunderts verdankt sich, wie Terence Cave gezeigt hat,[2] vor allem der enormen Popularität eines Lehrbuchs des Erasmus, *De duplici copia verborum ac rerum commentarii duo.*[3] Ziel des Text- und Übungsbuches, dessen Wirkung kopioses Schreiben zu einem der charakteristischsten Signa der Renaissanceliteratur werden ließ, ist es, Schülern und Studenten das rhetorische Ideal der ›Fülle‹ und die Weisen seiner Verwirklichung in der Praxis nahezubringen. Schon im Blick auf die etymologische Vielschichtigkeit von *copia* und die Breite ihrer antiken Tradition erscheint dieses Zentralkonzept rhetorischer Figuration kaum übersetzbar.[4] Es umfaßt die Vorstellung festlicher Überfülle ebenso wie die Eloquenz des Redners, der den Reichtum der ihm zu Gebote stehenden Gegenstände, Themen und Argumente (*res*) in angemessener Gestalt und überzeugender Vielfalt in Worte (*verba*) zu fassen vermag. Gleich der erste Satz der Erasmischen Abhandlung entfaltet die Metapher der sprachlichen Abundanz und weist auf ihre Doppelnatur hin: »The speech of man is a magnificent and impressive thing when it surges along like a golden river, with thoughts and words pouring out in rich abundance.«[5] Gelehrte Kompetenz zeigt sich hier in lebendiger Performanz.[6] Eine zweite Doppelung deutet sich darin an, daß die krasseste Verfehlung von *copia* nicht etwa in lakonischer Knappheit besteht, sondern vielmehr in *loquacitas*, leerer Geschwätzigkeit und

1 Auch Jean Starobinski sieht bei Burton eine Ästhetik des Sammelns und der *copia* (»un idéal de richesse illimitée«) am Werk, und auch er faßt dieses Ideal der Fülle als Textualitätsphänomen (»une bibliothèque tient en ce livre«): »Ce livre nous apporte l'un des plus beaux exemples d'un certain style baroque, où la démarche de l'*invention* est inséparable de celle de la *thésaurisation.*« (»La mélancolie de l'anatomiste«, *Tel Quel* 10 (1962), 21-29, hier: p. 21.

2 Terence Cave, *The Cornucopian Text. Problems of Writing in the French Renaissance,* Oxford 1979.

3 Das Werk erscheint zuerst 1512 (im folgenden zitiert als *De copia*). In der Erstausgabe lautet der Titel *De duplici copia rerum ac verborum commentarii duo*; in allen nachfolgenden Editionen (von Erasmus selbst überarbeitet: Strasbourg 1514, Basel 1526 und 1534) wird die Reihenfolge der ›Dinge‹ und ›Wörter‹ umgekehrt. Ich zitiere *De copia* im folgenden nach der englischen Übersetzung von Betty I. Knott, in: Craig R. Thompson, ed., *Collected Works of Erasmus.* Vol. 24. *Literary and Educational Writings* 2. *De copia/De ratione studii,* Toronto 1978.

4 Vgl. hierzu die Ausführungen bei Cave, *The Cornucopian Text,* und J.-C. Margolin, Art. »copia« in: Gert Ueding, ed., *Historisches Wörterbuch der Rhetorik.* Bd. 2, Darmstadt 1994, 385-394.

5 Erasmus, *De copia,* p. 295 (I, 1).

6 Cf. Cave, *The Cornucopian Text,* p. 5: »Coupled with other words from the same semantic domain (*abundantia, ubertas, opes, varietas, divitiae, vis, facultas, facilitas*), it suggests a rich, many faceted discourse springing from a fertile mind and powerfully affecting its recipient. [...] it transcends specific techniques and materials, pointing towards an ideal of ›articulate energy‹, of speech in action.«

tautologischer Wucherung des Textes.[1] Im Gegensatz dazu sind *copia* und *brevitas* zwei Seiten einer Medaille.[2] Der Sprecher, der sich abwechslungsreich, unterhaltsam und – unter Wahrung des *decorum* – opulent auszudrücken vermag, wird auch zu gegenstands- und situationsangemessener Kürze und schlagfertiger Pointierung imstande sein. Die Unterweisung in *copia* soll zur Beherrschung der beiden grundlegenden Realisationsformen der Beredsamkeit befähigen.

Copia weist bei Erasmus indes noch zwei weitere Duplizitäten auf, die für die hier unternommene Lektüre von Burtons und Cervantes' Texten von Belang sind. Da ist zum einen die doppelte *copia* von *verba* und *res*, die sich schon im Titel wie in der Zweiteilung des Werkes spiegelt. Wiederum sind beide Momente nicht strikt voneinander zu trennen,[3] führt doch jede Variation auf der Ebene der Bezeichnenden, wenn sie denn im Erasmischen Sinne funktional, d. h. signifikativ sein soll, auch zu einer Alterierung des damit Bezeichneten; verlangt umgekehrt jede gedankliche Anreicherung nach einer entsprechenden ›verbalen‹ Markierung. Bei genauerem Hinsehen erweisen sich allerdings die beiden Grundaspekte von *copia*, die Erasmus vorführt, nicht nur durch die Seite des sprachlichen Zeichens unterschieden, die sie jeweils in den Vordergrund rücken, sondern vielmehr auch durch das Konstruktionsprinzip, das sie vorstellen. So wie *copia* auch weniger eine statische Anhäufung von Sprachelementen meint als den Vorgang, der zu einer möglichst umfassenden und prägnanten Darstellung des jeweiligen Anliegens oder Sachverhalts führt – also etwas Dynamisches –, so bezeichnen auch die zwei Aspekte dieses Vorgangs weniger ›Endlichkeiten‹ (wie ›Ausdruck‹ und ›Inhalt‹) als Konstruktionsprinzipien, die dialektisch aufeinander angewiesen sind: nämlich einerseits die Organisation der Rede auf der paradigmatischen Achse (*verba*), andererseits auf der syntagmatischen (*res*); einerseits die Entfaltung durch ›vertikale‹ Substitution, andererseits durch ›horizontale‹ Expansion.

Diese ›produktionsästhetische‹ Wendung des *res/verba*-Problems hinterläßt gleichwohl den Eindruck einer fundamentalen Asymmetrie. Die scheinbar so stabile Dualität von Wörtern und Dingen scheint immer schon zugunsten des Verbalen unterwandert zu sein.[4] Dafür spricht, daß der Teil, der der *copia rerum* gewidmet ist, kaum ein Drittel des Umfangs von *De copia verborum* erreicht. Zudem bestätigt Erasmus den Primat der Ausbildung in der Beherrschung der

1 Cf. Erasmus, *De copia*, p. 295 (I, 1), p. 301 (I, 6) und öfter.

2 Cf. ibid., pp. 297-298, 300-301 (I, 2, 5, 6).

3 Erasmus merkt das gelegentlich selbst an; cf. ibid., p. 298 oder 301 (I, 3).

4 Cf. auch Cave, *The Cornucopian Text*, p. 21: »Ideally, then, true linguistic plenitude is attained when *verba*, coalescing into *res*, point towards a *sententia* (›idea‹); but conversely, the movement of the treatise, asserting the priority (if not the primacy) of words, reveals that ›things‹ can only become apparent by virtue of language. *Res* are neither prior to words as their ›origin‹, nor are they a productive residue which remains after the words cease. *Res* and *verba* slide together to become ›word-things‹; the notion of a single domain (language) having a double aspect replaces that of two distinct domains, language and thought.« – Cf. auch ibid. p. 19, 29ff und öfter.

verba ausdrücklich auch in der Einleitung von *De ratione studii*.[1] Seine Anleitung zu einer abundanten Vergegenwärtigung der Welt in Sprache, die nach dem Vorbild unerschöpflicher *varietas* der Natur[2] ihre Materialien in immer neuer Transformation und topischer Anreicherung ausbreitet, impliziert auf Schritt und Tritt, daß die *res* nicht anders als in Gestalt einer ›sprachlichen Oberfläche‹ evident werden können.[3] Mehr noch: die von ihr angestifteten Texte weisen, so Cave, eine reflexive Dimension auf. In der frühneuzeitlichen, von »prodigality and self-consciousness«[4] gekennzeichneten Schreibpraxis bricht damit ausdrücklich die Frage nach der prinzipiellen Möglichkeit von Repräsentation auf.

In Zusammenhang mit ihr rückt die zweite fundamentale Duplizität von *copia* in den Gesichtskreis; sie führt direkt in die Problematik der sprachlichen Konstitution von Subjektivität. Denn obgleich in der Entfaltung von *copia* die rhetorische Funktionalität – Sachangemessenheit und situationsadäquate Persuasion – übergeordnetes Kriterium bleibt, geht es stets auch um Weisen der Selbstdarstellung. Auf dem Spiel steht nicht zuletzt, welches Bild seiner Person der Sprecher bei seinem Publikum entstehen läßt.[5] Gewiß geht es in erster Linie darum, nicht als Stoffel oder Langweiler dazustehen. Aber immerhin kann die Entstellung des Gedankens durch ein unpassendes sprachliches ›Gewand‹ derart auf den Sprecher zurückschlagen, daß das, was solchermaßen eingekleidet erscheint – und damit seine Redeabsicht –, gar nicht mehr identifizierbar ist. Für wie stark Erasmus dabei die gestaltgebende und verwandelnde Kraft der *verba* hält, zeigt sich nicht zuletzt in seinem wiederholten Einsatz des Proteus-Vergleichs.[6] Als Allegorie des Tropus bzw. des *copia*-generierenden Prinzips der Abwandlung eignet sich Proteus ja hervorragend als Vorbild für den gewandten Rhetor; zugleich läßt er jedoch nach dem Vorhandensein einer im Wandel sich durchhaltenden

---

1 »In principle, knowledge as a whole seems to be of two kinds, of things and of words. Knowledge of words comes earlier, but that of things is the more important. But some, the ›uninitiated‹ as the saying goes, while they hurry on to learn about things, neglect a concern for language and, striving after a false economy, incur a very heavy loss. For since things are learnt only by the sounds we attach to them, a person who is not skilled in the force of language is, of necessity, short-sighted, deluded, and unbalanced in his judgment of things as well. Finally you may observe that none are more given to constant quibbling over the minutiae of language than those who boast that they pass over mere words and concentrate on the matter itself. Accordingly the best in each category must be learnt at once and, moreover, learnt from the best teachers. [...] Nothing to be sure is acquired more easily than what is right and true. But once bad habits get a grip on a character, it is remarkable how they cannot be eradicated. – Grammar, therefore, claims primacy of place and at the outset boys must be instructed in two – Greek, of course, and Latin.« (Erasmus, *De ratione studii*, in: Craig R. Thompson, ed., *Collected Works of Erasmus*. Vol. 24, p. 666f).

2 Cf. Erasmus, *De copia*, p. 302 (I, 8).

3 Cf. Cave, *The Cornucopian Text*, pp. 29, 30 (»verbal surface«).

4 Cave, ibid. p. ix, cf. auch ibid.: »[...] an initial text or group of texts is extended, experimentally as it were, in a sequence which eventually proves itself to be open-ended. In each case, too, this proliferation becomes a theme of the writing itself, whether explicitly or implicitly, whether in the form of metaphors or by means of authorial intervention.«

5 Cf. Erasmus, *De copia*, pp. 302 und 306 (I, 8 und I, 10).

6 Cf. ibid., pp. 302, 348, 643; cf. auch Cave, *The Cornucopian Text*, p. 23.

Identität fragen. Mit dieser steht indes auch unter dieser Hinsicht nochmals das analogistische Grundprinzip topischen Sammelns und Ordnens zur Debatte; deutet sich an, wie *copia* eine melancholische Wendung zur leeren Fülle nehmen kann und auf welche Weise sich die tropisch immer ›neue‹ Variationen häufende Narration in ihrer proteischen Gegenfigur, der »Tropelia«,[1] zu spiegeln beginnt. Die Überlagerung des Kopiosen mit paradoxalen Strukturen[2] und skeptischen Strategien spielt bei dieser Transformation eine zentrale Rolle.

So erscheint in Cervantes' Roman die Vorstellung ungebrochener und uneingeschränkter *plenitudo* verlagert in Don Quijotes Imagination – in die Art und Weise, wie er die reiche Ausstattung seiner ritterlichen Helden und die Schönheit der zu rettenden Jungfrauen blasoniert oder angesichts der Entfaltung höfischer Pracht im Bannkreis seiner eingebildeten Schlösser ins Schwärmen gerät. Die Welt gesteigerter, zugleich vollkommen durchsichtiger Bedeutsamkeit, wie sie die Romanzen vorstellen, ist Gegenstand seiner Sehnsucht; in ihr vollzieht sich seine Ausfahrt. Damit ist die Fülle von Anfang an als irreale, dem Bereich der Idealität und des Wahns zugehörige markiert. Gleichwohl praktiziert der Roman selbst fortwährend *copia* als Erzählverfahren, indem er die Abenteuer über Hunderte von Seiten hinweg häuft und ihre Grundfigur des Zusammentreffens inkompatibler Welten, damit des fortgesetzten Scheiterns und komischen Zusammenbruchs der von Don Quijote auf die Welt projizierten Bedeutungen und platonisierenden Transparenzen in allen möglichen Varianten durchspielt. Auf diese Weise stellen sich ständig die von Don Quijote imaginierten *res* als bloße *verba*, aus den Ritterbüchern entlehnte Formeln ohne referentielle Entsprechungen heraus. Zugleich behalten diese aber für Don Quijote selbst hartnäckig die Qualität des ›Wirklichen‹; sogar dann, wenn er einsieht, daß er sich getäuscht hat, wie etwa in der Episode mit den Walkmühle (I, 20) oder in der beschämenden Wiederbegegnung mit dem geprügelten und von Don Quijote geretteten Andrés (I, 31, vgl. I, 4). Für ihn fällt der Bereich des Eigentlichen, den diese *verba* stiften, mit dem des Wirklichen zusammen und diese Eigentlichkeit wird nicht angetastet von einer Empirie, die ja ebenfalls Täuschung sein könnte.

In der Regel ergeben sich aus dieser unerschütterlichen Anhänglichkeit an die chevaleresken Signifikanzen komische Effekte, etwa wenn Don Quijote Sanchos Blason der angeblich in ein Bauernmädchen verzauberten Dulcinea korrigiert und ihm die Reliterarisierung der Vergleiche zu einer kühnen Metonymie von Augen und Zähnen der Angebeteten gerät (p. 620). Nicht immer aber sind die

1 Cf. das »Gespräch zwischen Cipion und Berganza, Hunden des Auferstehungshospitals« in den *Novelas Ejemplares*: »[...] das kann nur durch die Wissenschaft geschehen, die man Tropelia nennt und die ein Ding für das andere erscheinen läßt.« (Miguel de Cervantes Saavedra, *Novellen*, übs. Adalbert Keller, Friedrich Notter, München 1958, hier: p. 598).

2 Rosalie L. Colie hat die Bedeutung der Paradoxie für die Literatur der Frühen Neuzeit nachdrücklich hervorgehoben, cf. »*Paradoxia Epidemica*«, Princeton 1966. – Kritisch hierzu mit Bezug auf Burton: Martin Heusser, *The Gilded Pill. A Study of the Reader-Writer Relationship in Robert Burton's* Anatomy of Melancholy, Tübingen 1987, hier: p. 9; cf. auch Kap. 3.

Wirkungen komisch.[1] Auch treten die Strukturen mittelalterlicher Schwankliteratur, die aus einer Position überlegenen Wissens ein Verlachen des Helden erlauben, im Textverlauf deutlich zurück. In einer Episode wie der im zweiten Teil des Textes, in welcher Don Quijote und Sancho dem »Reichstag des Todes« begegnen (II, 11), ist sich Don Quijote selbst von Anfang an darüber im Klaren, daß auf dem Karren Schauspieler sitzen, Kaiser, Tod und Teufel also nur gespielt werden. Zudem werden wir, während der Held am Bewußtsein des kategorialen Unterschieds zwischen »Wirklichkeit« und »Nachbildung« festhält (p. 627), als Lesende jetzt in die Position derer manövriert, die dem »Trug«, der in der von Sancho beklagten »schlechten Welt« alles durchsetzt (p. 621), zum Opfer zu fallen drohen und für die der Aufzug momentlang gespenstische Realität gewinnt.[2] Auf ähnliche Weise scheint der Text Don Quijotes Wirklichkeitsauffassung gleichsam hinter dessen Rücken zu affirmieren, wenn sich in Kapitel 27 des zweiten Teils herausstellt, daß der Puppenspieler Meister Pedro identisch ist mit dem im ersten Teil von Don Quijote befreiten Spitzbuben Ginès de Pasamonte: Hier wissen wir keineswegs mehr als der Held; ja, der Text scheint diesen romanzenhaften Zufall nur zu inszenieren, um eben die ›lächerlichen‹ Täuschungen und Illusionen, denen Don Quijote unterliegt, zur Leseerfahrung zu machen und deren Distanzierung zu erschweren. Aber auch im ersten Teil des Textes finden sich derartig irritierende Doppelungen: etwa in der Anagnorisis-Szene in der Schenke, in der sich Cardenio und Luscinda, Dorotea und Don Fernando wiederfinden, ihre wahren Identitäten zum Vorschein kommen und ihre Geschichten auf durchaus romanzenhafte Weise zum guten Ende führen (I, 36). Einerseits werden dadurch natürlich weder die erlittenen Schmerzen noch die vermuteten oder tatsächlichen Vertrauensbrüche, von denen die eingelegten Novellen berichteten, aus der Welt geschafft. Andererseits aber wird so doch zugleich strukturell ausgerechnet jene Romanzenlogik wieder in ihr Recht gesetzt,[3]

---

1 Vgl. zur Durchsetzung der Komik mit anderen Wirkungsmomenten – etwa dem der Bewunderung für die »idealische Größe« Don Quijotes – schon Erich Auerbach, »Die verzauberte Dulcinea«, in: *Mimesis,* 3. Aufl. 1964; hier: p. 327.

2 Es sind hier vor allem die ›literalisierenden‹ Einlassungen des Erzählers, die – ironisch? – hinter den Erkenntnisstand des Helden zurückfallen; cf. etwa p. 625: »Don Quijote schrie so laut, daß die auf dem Wagen es hörten und verstanden; und da sie aus seinen Worten die Absichten des Sprechers erkannten, sprang im Nu der Tod vom Wagen herab und hinter ihm her der Kaiser, der kutschierende Teufel und der Engel; die Königin und der Gott Kupido blieben auch nicht zurück; [...]«. – Das Geschehen wird hier so perspektiviert, daß gerade nicht Don Quijote, sondern der lesenden Instanz die Position der Verblendung zugewiesen wird. (Zum ›Perspektivismus‹ des Textes cf. auch die klassische Studie von Leo Spitzer von 1948, »Linguistic Perspectivism in the *Don Quijote*«, in: *Linguistics and Literary History. Essays in Stylistics*, New York 1962, pp. 41-85.)

3 Cf. etwa den Schlußsatz des 36. Kapitels, der ausdrücklich die metaphysische Grundgarantie des Romanzenschemas beschwört: »So seien sie im Geleite des Stillschweigens und Weinens zu dieser Schenke gekommen, die für ihn [Don Fernando] geradeso sei, als wäre er in den Himmel gekommen, wo alles Mißgeschick der Erde schwinde und sein Ende finde.« (p. 385). Schon gleich beim Eintreffen in der Schenke stellt sich zudem heraus, daß alle Anwesenden über eine beträchtliche Kenntnis der Ritterbücher verfügen und daß gerade diejenigen, die (wie etwa der Wirt oder Maritornes) eher der der Romanzenwelt feindlichen ›Wirklichkeit‹ zuzurechnen

die der Text fortwährend lächerlich zu machen vorgibt und die durch den Kampf Don Qujotes mit den Weinschläuchen, der das Wiedererkennen der Paare einrahmt, einmal mehr diskreditiert erscheint.

Indem der Text auf diese Weise wiederholt die paradoxe Simultaneität von Wahrheit und Täuschung herausstellt, beanspruchen auch seine eigenen *verba* wirklichkeitsstiftende Kraft. Allerdings erweist sich seine Wirklichkeit als durch und durch sprachlich verfaßt: Die problematisch gewordene Korrespondenz von Wort und Welt tritt zurück hinter der Komplexität von Relationen zwischen Wort und Wort.[1] Aus dieser Kombination duplizitärer, zwischen epistemologischer Skepsis und Romanzenplatonismus spielender Strukturen wird unter anderem nicht nur die wachsende – sowohl moralische als auch ästhetische[2] – Attraktivität der Ritterwelt erklärlich, sondern auch die Melancholie, die allmählich als Lesewirkung zu dominieren beginnt. Denn zugleich mit dem Bewußtsein, daß eine auf ihr Eigentliches hin durchscheinende Welt, eine Welt der Großherzigkeit, Barmherzigkeit und Tapferkeit, des heroischen Eintretens für Gerechtigkeit, Freiheit, Schutz und Verteidigung der Schwachen etc. ›richtig‹ und erstrebenswert wäre (zumal im Vergleich mit den anderen Welten, die der Text entfaltet), wächst mit jeder weiteren Episode auch die schwermütige Einsicht in den unwiederbringlichen Verlust dieser seinsollenden Idealität. Die gebrochene Präsenz der Platonismen, die die Romanzenwelt tragen, zeigt ihre geschwundene Geltung an, aber auch die damit entstandene Mangelsituation, die weder eine schlichte Wiederherstellung der kraftlos gewordenen Ordnung möglich erscheinen läßt, noch ihren Ersatz durch neue Strukturen in Aussicht stellt.[3]

---

schienen, ausgesprochene Experten auf diesem Gebiet sind (I, 32). – Zum Cervantinischen Einsatz der Anagnorisis speziell im Spätwerk cf. auch Caroline Schmauser, »Stationen der Anagnorisis in Antike und spanischem Barock: Aristoteles, Heliodor, El Pinciano und Cervantes«, Beitrag zum Romanistischen Kolloquium *Aspekte des Barock*, eds. J. Küpper, F. Wolfzettel, München 1999.

1 In Foucaultscher Redeweise: Die internen Konsistenzen des Textes, die Fülle und die Ambivalenzen der von ihm inszenierten Variationen des Themas ›Destruktion der Analogien‹ formieren sich insgesamt zu einer ›wahren‹ Repräsentation. – Kurt Flasch sieht die »Kluft zwischen Wörtern und Sachen« bereits in den Novellen Boccaccios »aufgerissen«, setzt dessen erkenntnis- und zeichentheoretische Skepsis in Beziehung zu seiner Ockham-Lektüre und zeigt eindrucksvoll, inwiefern der Nominalismus als konstitutiv für das novellistische Erzählen angesehen werden kann (*Giovanni Boccaccio. Poesie nach der Pest*, Mainz 1992, p. 17, cf. p. 142 und öfter). Bernhard Greiner liest mit diesem Ansatz und stärker gattungstheoretisch-diskursarchäologischem Interesse Novellen Cervantes' und Kleists; vgl. »›Repräsentationen‹ novellistischen Erzählens. Cervantes, *La fuerza de la sangre (Die Macht des Blutes)*, Kleist, *Die Marquise von O...*«, *GRM* N.F. 47 (1997), 25-40.

2 Vgl. etwa die Ausführungen Don Quijotes im 50. Kapitel des ersten Teils (das Abenteuer des Ritters vom See, pp. 513-518).

3 Hierfür scheinen allenfalls Cartesianische Modelle in Frage zu kommen (s. auch weiter unten; zum Cartesianismus der *Novelas Ejemplares* cf. J. Küpper, »Düstere Welt und lichte Perspektive« [S. 137, n. 2]. Allerdings werden im *Don Quijote* auch die Kosten derartiger Modelle bilanziert, indem sie durchgespielt werden; vgl. etwa die Marcela-Grisóstomo-Episode (I, 11-14, insbesondere das Raisonnement Marcelas, pp. 115-118). Die Episode wird unter dem Gesichtspunkt der die arkadische Liebesfreiheit störenden Willensfreiheit diskutiert von Erich Köhler, »Wandlun-

Auch die *Anatomy of Melancholy* ist ein kopioser Text, und auch hier treibt die Umsetzung einer Schreibweise, in der die Vielfalt der Zeichen der Überfülle der Dinge korrespondiert, die zugrundeliegende Paradoxie hervor, die darin besteht, daß die Dinge eben nur als Zeichen verfügbar sind. Democritus Junior strebt danach, die Fülle der in Frage kommenden Phänomene – und das heißt: nichts weniger als alles! – in Worte zu fassen, und verdächtigt sein eigenes Streben doch von Anfang an mit *Kohelet* (dem melancholischen Prätext schlechthin) als eitel, leer, ebenso nichtig wie die Unmenge von bereits vorhandenen Büchern, die doch allesamt nichts Neues sagen: »[...] *there is no end of writing of bookes*, as the Wise-man found of old, in this scribling age [...]« (8:21-2). Die emphatische Rechtfertigung seines Buches als Selbsttherapie und als Trost und Hilfe für die zahllosen anderen von Melancholie Befallenen (7:8-8:10) steht lapidar neben seiner ebenso nachdrücklichen Selbstverurteilung als eines bloßen Tropfens in einer nicht einzudämmenden Flut einander wiederholender Schreiberzeugnisse (9:25-11:1): »Who can read them? As already, wee shall have a vast *Chaos* and confusion of Bookes [...]« (10:29-11:2). Ebenso paradox erscheint die Einstellung der Autor-*persona* der eigenen Schreibweise gegenüber (16-18): Democritus präsentiert sein Schreiben zunächst apologetisch als spontan, unaffektiert und natürlich, daher konfus und amorph, eilig, daher weder überarbeitet noch korrigiert (vgl. 17). Genau darin aber liege, so fährt er fort, die Gegenstandsangemessenheit seines Stils: Es gehe ihm um unterhaltsame und adäquate Abwechslung – »variety of objects« (18:17-8) –, vor allem aber darin um die Dinge selbst, nicht um »hyperbolicall exornations, elegancies, &c.« (17:20). Die Dinge sollen zur Geltung kommen, die Wörter seien bloße Mittel zu diesem Zweck – »[...] I respect matter not words; remembring that of *Cardan, verba propter res, non res propter verba* [...]« (17:24-5) –, drohe doch andernfalls die Gefahr der Sinnleere: »[...] as he said of a nightingale, — *vox es prætereà nihil, &c.*« (18:2-3). Aber so vertraut und einleuchtend das Erasmische Ideal erscheinen mag,[1] so wenig löst der Burtonsche Text es ein. Es geschieht genau das, was er sich und uns hier in einem erst viel später belegten Zitat warnend vor Augen führt: »[...] he is a meere voice, as he said of a Nightingale, *dat sine mente sonum* [...]« (101:28-9, Anm. o) – sein Text wird zur bloßen Stimme ohne Körper, wie die Trommel des Zisca: »And as that great captaine *Zisca* would have a drumme made of his skinne when he was dead, because he thought the very noise of it would put his enimies to flight, I doubt not, but that these following lines, when they shall be recited, or hereafter read, will drive away Melancholy (though I be gone) as much as *Zisca's* drumme could terrify his foes.« (24:2-7). Die Zentrierung, die durch die Kumulation diverser Beobachtungen des Gleichen erreicht werden sollte, entfaltet zerstreuende Wirkung; die Totalisierung der Melancholie wird zu

---

gen Arkadiens: die Marcela-Episode des *Don Quijote* (I, 11-14)«, in: Klaus Garber, ed., *Europäische Bukolik und Georgik*, Darmstadt 1976, pp. 26-41.

1 Schon bei Erasmus selbst beginnt ja der Topos vom Vorrang der Dinge sich gegen sich selbst zu kehren; s.o.

ihrer Entgrenzung.[1] Die anvisierte *copia* der Dinge verkehrt sich unter dem melancholischen Blick in eine unübersehbare Menge von Zeichen, deren relativierende Häufung das Sich-Entziehen des Gemeinten nur noch augenfälliger macht. Wenn alle von melancholischem Wahn befallen sind, dann kann keiner mehr sagen, was Melancholie ist. Der analogistisch aufs äußerste verdichteten Textur kommt die *res* abhanden bzw. sie ist nirgends als in eben diesem intertextuellen Gewebe auffindbar. Ist die Melancholie des Cervantinischen Textes eine des Mangels – treffend abgebildet in der Dürre seiner Hauptfigur –, dann besteht die des Burtonschen Textes in semiotischer Übersättigung.

Die Paradoxie dieser Gleichzeitigkeit von Fülle und Leere läßt sich auch beschreiben als eine Grundfigur der strukturellen Skepsis.[2] Denn hier werden gleichzeitig Positionen vertreten, die einander ausschließen. Der Effekt aber, der entsteht, wenn die simultane Geltung des Entgegengesetzten behauptet wird, ist der des Suspenses oder der Isosthenie. Die Positionen widerstreiten einander, oder genauer: sie werden in einer Balance gehalten, die so nur im literarischen Diskurs möglich ist. Im Verlauf des Cervantinischen Erzählens kippen sie nicht nur fortwährend ineinander,[3] sondern der Text scheint zudem um ihren genuin diaphonischen Charakter zu wissen und diesen auch zu reflektieren. Als geradezu emblematisch für die hier gemeinte Doppelsichtigkeit mag der schon erwähnte Ginés de Pasamonte alias Meister Pedro gelten: Er wird beschrieben als »ein Mensch im Alter von dreißig Jahren, von sehr hübschem Äußerem, nur daß er, wenn er die Augen aufschlug, mit dem einen in das andre hineinsah.« (p. 197) Mit anderen Worten: er schielt. Ein Doppeltsehen ist nur zu vermeiden durch eine Maßnahme, mit der Ginés bei seinem Auftreten als Meister Pedro zugleich einem Wiedererkennen vorbeugt, indem er nämlich ein Auge verdeckt (cf. p. 738). Solchermaßen verkleidet agiert er aber als einer, der zugleich Illusion – das Puppenspiel von der Befreiung der Melisendra, bei dem Don Quijote einen erneuten Rückfall in seinen Wahn erleidet, – und Wahrheit feilbietet – in Gestalt seines wahrsagenden Affen (welcher sich seinerseits als Pyrrhoneer erweist, indem er das in der Höhle des Montesinos Geschaute als weder eindeutig »Traum«,

---

1 Auch Stanley Fish sieht in »distracting confusion« ein Charakteristikum der Burtonschen *Anatomy* (*Self-Consuming Artifacts*, Berkeley 1972, hier: p. 349). Der Text erneuere fortwährend seine Ordnungsversprechen, um sie sogleich zu brechen: »The effect is to renew the promise – so many times made and so many times breached – of a comprehensible and sane universe, where the relationships between things can be grasped and anatomized and where the regularity of cause and effect suggests at least the possibility of managing one's life.« (p. 332).

2 Mit diesem Konzept ist, das dürfte deutlich geworden sein, mehr und anderes gemeint als das Vorhandensein skeptischer Ideologeme und Topoi in den Texten, wie dies für Cervantes etwa Maureen Ihrie untersucht hat; cf. *Skepticism in Cervantes,* London 1982. *Daß* beide, Cervantes wie Burton, im Kontext der den europäischen Renaissancediskurs prägenden *crise pyrrhonienne* zu verstehen sind; daß beide Kenner der einschlägigen Schriften waren (beide waren Montaigne-Leser; Cervantes war offenbar auch mit dem Traktat *Quod Nihil Scitur* (1581) des Francisco Sánchez vertraut), erscheint wichtig; aus der hier vorgeschlagenen Perspektive interessieren jedoch vor allem textuelle Strategien, die potentiell skeptizistische Wirkungen zeitigen.

3 Den analogen Effekt bei Burton beschreibt M. Wagner-Egelhaaf mit dem Vergleich des »Möbius-Bandes« [S. 129, n. 5].

noch eindeutig »Wirklichkeit«, sondern als »teilweise falsch und teilweise wahrscheinlich« bezeichnet; p. 743).[1]

Vor allem im zweiten Teil potenzieren sich die Möglichkeiten, diese skeptische Doppelsichtigkeit zu inszenieren, durch die erhöhte Autoreferentialität des Textes.[2] Denn der erste Teil der Abenteuer Don Quijotes ist bereits gedruckt und genießt große Popularität. Damit ist ein literarisches Bild des Helden in der Welt – und es ist zugleich die Möglichkeit gegeben, dieses proliferieren zu lassen. So begegnet Don Quijote sich selbst bzw. Fälschungen seiner selbst in Gestalt von Rittern, die sich als Don Quijote oder gar als Sieger über ihn ausgeben, oder auch in Gestalt von Lektüreerinnerungen anderer Figuren; gleichzeitig findet er seinen Wahn vielfach gespiegelt. Cervantes nutzt die Tatsache, daß ein anderer Autor einen zweiten Teil seiner Erzählung geschrieben hat, nicht nur, um die Qualitäten von Avellanedas Text sarkastisch herabzusetzen, sondern auch, um den Anspruch der Fiktion auf Wahrheit zu reflektieren – und das, indem er ›wahre‹ und ›falsche‹ Repräsentationen des Don Quijote gegeneinander antreten läßt.[3] In der Selbststilisierung der Autorfiktion Sidi Hamét Benengelí zum »Geschichtsschreiber« (*historiador*) wird nochmals die Doppeltheit der damit beanspruchten Faktizitätsaura und einer »Wahrheit der Geschichte«, die nur als fiktionale »Lüge« sagbar ist, ins Spiel gebracht.[4] Damit wird – in einer weiteren Doppelung, die diese Figur zu einer Spiegelung der bereits skizzierten Doppel-

1 Ähnlich suggestiv erscheint das Motiv des Helms des Mambrin: Nicht nur für Don Quijote, sondern – zumindest für die Dauer des Spiels, das man mit dem unglücklichen Besitzer der Barbiersschüssel treibt – auch für andere ist der Helm eben zugleich eine Bartschüssel und umgekehrt; cf. pp. 179ff, 467-475.

2 Autoreferentielle Passagen finden sich bereits in großer Zahl im ersten Teil – cf. etwa pp. 59, 61, 75-80, 131, 185f, 227f, 306, 321f, 388f, 485, 494-502, 508-516. Allerdings sind dies in der Regel ›metafiktionale‹ Passagen, in denen Fragen von Wahrheit und Lüge und deren Verhältnis zur zeitgenössischen Poetik erörtert werden und die gleichsam augenzwinkernd auch mit Bezug auf den Text gelesen werden können, in dem sie auftreten. In dem Moment, wo dieser Text als gedrucktes Buch tatsächlich vorliegt, können zugleich die Materialität des Druckerzeugnisses, sein dadurch verstärkter Wahrheitsanspruch, seine Verbreitung und nicht zuletzt die Möglichkeit des Plagiats – als eine unerwünschte Spielart der *copia* – Gegenstand der Bezugnahme werden. (Zu dieser Doppeldeutigkeit von *copia* als ›Kopie‹ cf. auch Cave, *The Cornucopian Text*; zum Wahrheitsanspruch des Gedruckten vgl. die Überzeugungen des Wirts im Gespräch mit dem Pfarrer: »Nicht übel! Da wollen mir Euer Gnaden weismachen, alles, was diese herrlichen Bücher enthalten, sei Unsinn und Lüge, da doch alles mit Erlaubnis der Herren vom Königlichen Rate gedruckt ist. Als ob das die Leute dazu wären, soviel Lug und Trug allzusammen drucken zu lassen [...]«, I, 32, p. 321).

3 Etwa, indem er in II, 59 und 60 Don Quijote nach Barcelona und nicht nach Zaragoza weiterziehen läßt: »Er hatte sich vorher erkundigt, welches der nächste Weg nach Barcelona sei, ohne Zaragoza zu berühren; so sehr drängte es ihn, den neuen Geschichtsschreiber Lügen zu strafen, der, wie man ihm sagte, ihn so sehr herabsetzte.« (p. 1003)

4 Vgl. hierzu vor allem die Diskussion Don Quijotes mit Sancho Pansa und dem Baccalaureus Sansón Carrasco in II, 3. »Der Dichter kann die Ereignisse uns sagen oder singen, nicht wie sie waren, sondern wie sie sein sollten; und der Geschichtsschreiber muß sie darstellen, nicht wie sie sein sollten, sondern wie sie waren, ohne der Wahrheit irgend etwas abzubrechen oder beizufügen.« (p. 567) Der Baccalaureus Carrasco, der das behauptet, ist allerdings von Anfang an als Schelm geschildert (cf. p. 565), so daß wiederum keineswegs sicher ist, welches Maß an Zuverlässigkeit und Geltung seinen Ausführungen zukommen soll.

sichtigkeiten macht, in denen uns der Text Don Quijote als ›wahren‹ Ritter und zugleich als verkörpertes Dementi der romanzenhaften Eigentlichkeitsästhetik vorführte, – die strukturelle Skepsis abgründig, die inszenierte Unentscheidbarkeit radikal,[1] die Alterität des scheiternd erfolgreichen Ideals uneinholbar.

Die Unvereinbarkeiten, die hier wirkungsstrukturell gegeneinander geführt werden, sind genuin kopräsent – nicht, hegelianisch gesprochen, in der auf Dauer gestellten Entzweiung eines »unglücklichen Bewußtseins«,[2] sondern in der Selbsterfahrung einer Lektüre, die die Komplexität der sich in diesem Text *als Texte* konstituierenden Welten nachzuvollziehen versucht. Am Ende sind wir geneigt, mit Don Fernando auszurufen: »[...] niemand kann das Herz haben, so viele zusammenwirkende Wahrheiten abzuleugnen.« (I, 36, p. 380) Oder nochmals anders gewendet: Don Quijote ist ohne Zweifel verblendet, hat partiell den Verstand verloren, wie Abenteuer nach Abenteuer erweist. Aber ebenso zweifelsfrei folgt nicht nur sein Ritterwahn einer eigenen Ratio, sondern seine Argumentationen sind vielfach von einer alle verblüffenden Vernünftigkeit. Dabei scheint aus dem Nebeneinander von Vernunft und Wahn, das im ersten Teil verschiedentlich kommentiert wird,[3] im zweiten Teil wiederum eine skeptische

1 Diese Einschätzung trägt auch Michael McKeon im Cervantes-Kapitel seiner Untersuchung über die Enstehung des Romans vor: »[...] the text of *Don Quixote* encloses a development from the self-criticism of romance, to the naive empiricism of ›true history,‹ to a final orientation of extreme skepticism; and in a correlative movement, from an early and progressive ideology to a late and conservative one.« (*The Origins of the English Novel 1600-1740*, Baltimore 1987, London 1988, hier: p. 273) In der Entfaltung dieser für sein genealogisches Modell fundamentalen Dialektik von »romance«, »naive empiricism« und »extreme scepticism« macht McKeon sogleich deutlich, daß es sich hier weder um eine Abfolge im schlichten Nacheinander handelt, noch um eine Entwicklung, deren Spuren stets klar und deutlich sichtbar wären, sondern um Positionen, die im Text vielfach gleichzeitig besetzt werden. – Eine Pointe dieses Modells ist, daß der Übergang zur letzten Position – der einer Skepsis, die soweit radikalisiert ist, daß sie einen erneuten ›Glauben‹ an die Wunder der Romanzenwelt aufgrund ihrer textuellen Stimmigkeit ermöglicht bzw. eine ästhetische Doppelsichtigkeit ins Werk setzt, die sowohl die Ver- als auch die Entzauberung der Welt zu sehen erlaubt, – den Akt der Repräsentation selbst und damit die Weisen der Herstellung textueller Integrität in den Vordergrund rückt: »Taken to its limits, the skeptical claim to historicity becomes an insistence on the factuality not of the representation but of the act of representation: not of the documentation but of the document.« (p. 278). McKeon sieht im extremen Skeptizismus des *Don Quijote* eine Transformation des Analogismus, deren Radikalität ihrerseits eine spätere Ästhetik antizipiert: »Madness, which is the naive belief in the reality of romance, is the first and indispensable step in the dialectical generation of extreme skepticism, which is the instrumental and saving belief in romance. [...] It is the saving faith of the extreme skeptic, the plausible consistency of the mind itself constantly shifting gears. In this respect the epistemological reversals of *Don Quixote*, and Part I's hypostatization under the self-conscious scrutiny of Part II, constitute an elaborate mechanism for inducing that species of belief-without-really-believing which would become, once the mechanism itself proved unnecessary, the realm of the aesthetic.« (p. 282)

2 Cf. Hegel, *Phänomenologie des Geistes, Werke* 3, Frankfurt 1986, p. 163.

3 Beispielsweise vom Pfarrer in I, 30: »Sieht man von den Albernheiten ab, die dieser wackere Junker vorbringt, wenn es sich um seine närrischen Einbildungen handelt, so sind alle seine Äußerungen höchst vernünftig, sobald man mit ihm über andere Dinge redet, und bewähren in ihm einen hellen, heiteren Geist, so daß ein jeder ihn, vorausgesetzt, daß man nicht an sein Ritterwesen rührt, für einen Mann von durchaus gesundem Verstande halten muß.« (p. 306).

Überblendung des Inkompatiblen zu werden. So entgegnet Don Diego de Miranda (der Don Quijote zunächst »bald für verrückt und bald für gescheit« (p. 672) hält) auf Quijotes Explikation seiner eigenen, vermeintlichen Verrücktheit – und unter Anspielung auf deren ›musealen‹ Charakter: »Ich erkläre, Señor Don Quijote [...] daß alles, was Euer Gnaden getan und gesagt hat, auf der Waage der Vernunft so abgewogen ist, daß das Zünglein mitteninne und die Schalen gleichstehen; und meine Meinung ist, wenn die Ordnungen und Gesetze des fahrenden Rittertums sich verlören, so würden sie sich in Euerm Busen als in ihrem natürlichen Verwahrungsort und Archiv wiederfinden.« (II, 17, p. 674) Und Don Quijote selbst legt in seinem Bericht über die Erfahrungen in der Höhle des Montesinos seine Fähigkeit zu einem geradezu cartesianischen Raisonnement über die dort erlebten Wunder an den Tag: »Ich tat die Augen weit auf, rieb sie mir und überzeugte mich, daß ich nicht schlief, sondern wirklich wach war. Dessenungeachtet fühlte ich mich an Kopf und Brust, um mich zu vergewissern, ob ich selber es sei, der an diesem Ort weile, oder ein eitles Traumgebild. Aber das Gefühl, das Bewußtsein, der verständige Zusammenhang der Überlegungen, die ich bei mir anstellte, gaben mir die Gewißheit, daß ich dort unten derselbe war, der ich jetzt an dieser Stelle bin.« (II, 23, p. 717f). Diesem Quijotischen Cogito[1] zum Trotz oszilliert die Schilderung unentscheidbar zwischen Einbildung und Realität, und der Text zitiert im Anschluß den Übersetzer des Sidi Hamét Benengelí mit dessen Kommentar, er schriebe dieses Abenteuer eben hin, »ohne es für falsch oder wahr zu erklären« (p. 728). Angesichts der Schwebe, in die Wahn und Wahrheit, vernünftige Selbstgewißheit und Traum hier gebracht werden, erscheint einzig Urteilsenthaltung geraten: damit aber eine Einstellung, die den Text als ästhetisches Gebilde wahrnimmt. In diesem Suspens aber entsteht erneut Raum für das scheinbar Negierte. Befremdlich erscheint von hier aus sowohl die Welt, in die Don Quijote auszieht und die mit der Ritterwelt und der sie regierenden Idealität nichts mehr gemein hat, als auch diese Idealität selbst. Sie werden in einem ingeniösen Zugleich von ›richtig‹ und ›falsch‹, ›vernünftig‹ und ›verrückt‹ situiert und auf einer Ebene versammelt. Daher ist der lächerliche Ritter von der traurigen Gestalt (p. 162) tatsächlich zugleich der Löwenritter (p. 672) und Alonso Quijano der Gute (p. 1097); ebenso wie der Autor als »weise[r] Zauberer, der [...] die Obliegenheit hat, die Geschichte [s]einer Taten zu schreiben« (p. 163) und so Don Quijotes Geschick im Geheimen lenkt, zugleich der böse Zauberer ist, der ihm die Dinge ständig verfremdet.

Auch in der *Anatomy of Melancholy* gibt es vergleichbare Effekte skeptischer Doppelsichtigkeit. Indem sich Burtons Text ausdrücklich als »anatomy« präsentiert, als analytisch sezierender Zugriff also auf ein Phänomen, das auch die Verfassung seines Autors beschreibt, beansprucht es ebenfalls proto-cartesianische Qualitäten. Kann indes die frühneuzeitliche Sektion als Selbstbestätigung der die

---

1 Zum Cartesischen Cogito als Verwirklichung von *brevitas* (und zu den subjektivitätstheoretischen Implikationen dieser Rhetorisierung der für die *Meditationen* zentralen Intuition) cf. auch Vf. [Verena Olejniczak], »Heterologie. Konturen frühneuzeitlichen Selbstseins jenseits von Autonomie und Heteronomie«, *LiLi* 101 (1996), 6-36.

ihr dargebotene *res extensa* inspizierenden Vernunft verstanden werden,[1] so kehrt sich hier das Ergebnis gegen das rationalistische Unterfangen. Denn was die kontrolliert experimentelle Zerlegung des Gegenstandes »melancholy madness« sichtbar werden läßt, ist, daß schlechterdings die ganze Welt – einschließlich des Anatomen selbst – von diesem Wahn angesteckt und im Irrsinn befangen ist. Mehr noch: die Sektion entdeckt keineswegs die Ordnung des Lebens, sondern die alptraumartige Unordnung des Abgestorbenen,[2] des unter dem Basiliskenblick der melancholischen Vernunft Erstarrten:[3] einen Haufen unheiliger Reliquien. Mehr noch: Burtons eigenartiger Cartesianismus entdeckt nicht nur das sprechende Ich des Anatomisten,[4] sich selbst also als melancholisch, er entdeckt damit auch eine universale Melancholie als Einheitsgrund seiner Sicht auf die scheinbar so differenten Phänomene der Welt. Indem aber dieser Einheitsgrund zum Rekurrenzpunkt seines Argumente, Casus und Exempla sammelnden Denkens und Schreibens wird, findet er sich nicht etwa als *res cogitans,* sondern ver-

---

1 Dies zeigt eindrucksvoll (auch in seinen Folgen für die zeitgenössische Kunst) die Studie von Jonathan Sawday, *The Body Emblazoned. Dissection and the Human Body in Renaissance Culture,* London 1995.

2 Sprechend erscheint in diesem Zusammenhang auch die Unordnung, die die sitzende Figur der »Melencolia I« in Dürers Stich betrachtet; zum melancholischen Interesse des Anatomisten am eigenen Tod cf. vor allem den Schluß von Starobinskis Essay, »La mélancolie de l'anatomiste«, p. 29. – Auch M. Wagner-Egelhaaf verweist auf Starobinski und führt treffend aus: »Der Ursprungsmythos des melancholischen Diskurses, das Bild vom Tierkörper aufschlitzenden Demokrit, der nach dem Sitz der schwarzen Galle sucht, wird methodisch auf die als Körper vergegenwärtigte Melancholie rückbezogen.« (*Die Melancholie der Literatur,* p. 116). Auch sie betrachet Burtons Schreiben als Ordnungsversuch: »Schreiben über Melancholie heißt Beschreiben der Unordnung und Versuch, die Ordnung herzustellen, einen beständigen Wechsel von einem Modus in den anderen. Ordnung und Unordnung sind wechselweise aufeinander bezogen.« (p. 117) – Aus der von mir vorgeschlagenen Perspektive wird es zum einen möglich, die mit dem Vorhaben der Anatomie ins Spiel gebrachte Ordnung zu der zu Beginn des 17. Jahrhunderts auch in England in eine ideologisch dominante Position aufrückenden Ordnung eines sich denkend seiner selbst vergewissernden Denkens in Beziehung zu setzen, zum anderen erscheint das Verhältnis von Unordnung und Ordnung bei Burton weniger als das eines Wechsels von einer zur anderen als eines der (nicht rationalistischen, wohl aber skeptizistischen) Simultaneität beider.

3 Der petrifizierende Blick des Basilisken steht seit jeher in Beziehung zur Melancholie; das Blut des Basilisken ähnelt zudem der schwarzen Galle, vgl. die *naturalis historia* des Plinius, 29, 66: »Basilisci, quem etiam serpentes ipsae fugiunt, alias olfactu necantem, qui hominem, vel si aspiciat tantum, dicitur interimere, sanguinem Magi miris laudibus celebrant coeuntem picis modo et colore, dilutum cinnabari clariorem fieri. attribuunt ei successus petitionum a potestatibus et a diis etiam precum, morborum remedia, veneficiorum amuleta. quidam id Saturni sanguinem appellant. [The basilisk, which puts to flight even the very serpents, killing them sometimes by its smell, is said to be fatal to a man if it only looks at him. Its blood the Magi praise to the skies, telling how it thickens as does pitch, and resembles pitch in colour, but becomes a brighter red than cinnabar when diluted. They claim that by it petitions to potentates, and even prayers to the gods, are made successful; that it provides cures for disease and amulets against sorcery. Some call it »Saturn's blood.«]« (Pliny, *Natural History,* ed. W. H. S. Jones, VIII, Cambridge, Mass., London 1975, pp. 225-227.)

4 Cf. auch Fish, *Self-Consuming Artifacts,* p. 330: »What we have, then, is a total unity of unreliability, in the author, in his materials, in his readers, and in his structure, a total unreliability and a total subjectivity.«

wandelt den Gegenstand seiner Selbstbesinnung in eine *res extensa* – grenzenlos, unüberschaubar, und als riesige Textmenge durchaus materiell; als einziges gewiß und doch offenbar nicht endgültig zu erfassen[1] (denn sonst könnte er ja aufhören zu schreiben).

Für das hier gemeinte ›Schielen‹ des Burtonschen Textes, der sich, indem er narzißtisch auf sich selbst als Produkt dessen, was er heilen soll, blickt, verdoppelt und gegen sich selbst kehrt, kann einmal mehr das Bild der Trommel des Zisca als Paradigma gelten, die, indem sie scheinbar ganz zur *res* wird, nurmehr tönendes *verbum* ist (s.o.). Weitere Beispiele drängen sich auf: Das Buch, das die Melancholie vertreiben soll, kann sie auch verschlimmern (24:7-12), und es ist selbst sowohl ein Produkt der Melancholie als auch deren Ursache und zugleich – gleichsam homöopathisch (cf. 7:22-25) – deren potentielles Remedium. Die gleiche Dialektik zeigt sich in »The Authors Abstract of Melancholy«: Hier inszeniert Burton diese erz-melancholische Duplizität in den alternierenden Kehrversen der Strophen und führt sie so zugleich als Thema wie als Struktur vor. Vom exuberant-manischen »All my joyes to this are folly| Naught so sweet as melancholy« bis zum desperaten »All my griefes to this are jolly| Naught so damn'd as Melancholy« schwingt der Text über zwölf Strophen hin und her und macht so in der völligen Parallelität der strophischen Konstruktion bei wechselnden Motiven zugleich deutlich, daß die Melancholie nicht nur in der Unendlichkeit dieses Alternierens besteht, sondern daß eben in der Identität der schärfsten Gegensätze das Nivellierende und damit das eigentlich Bedrückende – und zugleich selbstfundierende – dieser Gestimmtheit liegt.[2] In ähnlicher Weise doppeln sich später im Text die Positionen Weisheit und Torheit (cf. 28-32, 103, 112), heraklitisches Weinen und demokritisches Lachen (32-37), Utopie und Dystopie (85-99),[3] Maskierung und Authentizität, verrückte Rabulistik und Wahrheit.

Eine weitere suggestive Parallele zwischen *Don Quijote* und der *Anatomy of Melancholy* zeichnet sich ab im Schwanken beider Texte zwischen Selbsteinschluß und Metaphorizität.[4] Kennzeichen der radikalen (pyrrhonischen) Skepsis

1 Cf. auch seine verzweifelte Selbstermunterung zu Beginn des Abschnitts über »Causes of Melancholy«: »In such obscurity therefore, variety and confused mixture, of Symptomes, causes: how difficult a thing is it to treat of severall kindes apart; to make any certainty or distinction among so many casualties, distractions, when seldome two men shall be like affected *per omnia?* 'Tis hard, I confesse, yet neverthelesse I will adventure through the midst of these perplexities, and led by the clue or thread of the best Writers, extricate my selfe out of a Labyrinth of doubts and errors, and so proceede to the Causes.« (171: 5-11)

2 Cf. auch die ausführliche Analyse dieses Textes mit anderen Pointen bei M. Wagner-Egelhaaf.

3 Cf. auch Fish, p. 329. – Fish sieht allerdings die Utopie in der dystopischen Melancholie verschwinden.

4 In der Frage nach dem Verhältnis von Melancholie und Metapher kreuzt sich der Tenor des nachfolgenden Abschnitts mit der Zentralthese des gleichnamigen Buches von Günter Bader [S. 129, n. 5]. Für Bader zeigt die Melancholie den Verlust von Erfahrungsfähigkeit, die Fähigkeit zur Metapher signalisiert deren Wiedergewinn. Allerdings siedelt Bader in seiner Argumentation die Skepsis zunächst auf seiten des Erfahrungsverlusts an, was gerade im Blick auf das pyrrhonische Insistieren auf dem unbestreitbaren Residuum an Sinnesevidenz wenig überzeugt.

wie des Quijotischen Wahns und der demokritischen Melancholie Burtons ist nicht nur der infinite Regreß der Uneigentlichkeiten, der Effekt einer *mise en abîme*, die den Wahnsinn auf den Leser übergreifen läßt (»hee was a madman that said it, and thou peradventure as mad to read it«, 106:5-5), sondern auch die Rekursivität. Sicheres Kennzeichen des Wahnsinns, so Burton/Democritus, ist, alle anderen für wahnsinnig zu halten (58:3-5). Indem er aber ausführlich nachweist, daß die ganze Welt *melancholy mad* ist (»all the world is mad«, 24:24), zeigt er genau dieses Symptom und bestätigt damit, was er andernorts auch ausdrücklich bekennt: daß er selbst Melancholiker ist – »I have layd my selfe open (I know it) in this Treatise, turned mine inside outward« (13:7-8; vgl. 6:30, 112:14 und öfter) – und sich damit in eben der Selbstentfremdung befindet, die er seziert. Don Quijotes Manie, von Ritterromanen induziert, erklärt sich die Nonkonformität von Welt und Wahn mit einem Verfahren, das eben diesem Ritterwahn entspricht: So wie Burton/Democritus von seinem »*malus Genius*« Melancholie (7:21) die Wirklichkeit entstellt – aber doch vielleicht in ihrer wahren Identität enthüllt – wird, sind es die Don Quijote einmal feindlich, dann wieder wohlwollend gesonnenen Zauberer, die ihm die Welt und ihn der Welt verzaubern und die doch, als *personae* des Autors, die Fäden dieser Verzauberungen zu entwirren vermöchten, wenn sie wollten (das jedenfalls glaubt Don Quijote). Der Held selbst formuliert das Prinzip, indem er Sancho belehrt: »Wie ist es möglich, daß du während der ganzen Zeit, seit du an meiner Seite bist, nicht begriffen hast, daß alles, was mit fahrenden Rittern vorgeht, wie Hirngespinste, Albernheit und Unsinn aussieht und in allem stets verkehrt ist? Und nicht etwa, weil es wirklich so ist, sondern weil mit unsereinem beständig ein Schwarm von Zauberern umherzieht, die alles, was uns betrifft, verwechseln und vertauschen und nach ihrem Belieben umwandeln, je nachdem sie Lust haben, uns zu begünstigen oder uns zugrunde zu richten. So kommt es, daß, was dir wie eine Barbierschüssel aussieht, mir als der Helm Mambrins erscheint, und einem andern wird es wieder was andres scheinen.« (I, 25, p. 230).[1]

Dabei schwanken die Verzauberungen zwischen metaphorischen Effekten, die eines als ein anderes erscheinen lassen und dabei zugleich zeigen, daß die Welt nicht so ist, wie sie aus der Sicht des Helden eigentlich sein sollte, und tautologischen Wahrnehmungen, die die Dinge gleichsam in sich selbst verzaubert erscheinen lassen. So sind für Don Quijote nicht nur die Windmühlen Riesen, zwei Schafherden zwei große feindliche Heere, sondern es erscheint ihm der Spiegelritter verzaubert in den Baccalaureus Sansón Carrasco (II, 15 und 16), oder es erscheint die schöne Dulcinea auf ihrem Zelter verzaubert in ein grobes Bauernmädchen auf einem Esel. Was die Welt nicht ist, ist hier ebenso Resultat von Magie wie das, was sie ist. Damit zu rechnen, daß eines stets ein anderes, aber vielleicht tatsächlich auch das ist, als welches es erscheint, ist eine pyrrhonische Grundhaltung: Eben diese scheint der Text als Lektüreeinstellung zu empfehlen. Don Quijote imaginiert eines als ein anderes, und diese Metaphorisie-

1 Cf. auch pp. 28f, 53, 63f, 68, 76, 146ff, 189, 486.

rung der Dinge wird von ihm vor allem im zweiten Teil des Romans auch als solche reflektiert, ebenso wie er sein närrisches Benehmen als solches wahrnimmt und bezeichnet (dabei die Illusion seines Rittertums aber selbstverständlich in Kraft läßt), oder auch ausdrücklich sagt, daß er um das Vergangensein eines Rittertums weiß, das allenfalls im Goldenen Zeitalter Bestand gehabt haben mag (cf. p. 554f). Eines als ein anderes zu sehen, ist die Grundfigur von Quijotes melancholischer Tollheit, zugleich seiner bewußten Praxis: Vor die Wahl gestellt, welche Art ritterlicher Verrücktheit er in der Sierra Morena nachahmen solle, entscheidet er sich gegen die Nachfolge des Rasenden Roland und für die Imitation des grundlos schwermütigen Amadís (I, 25).

Melancholie wie Wahn erscheinen so als metaphorische Zustände; der Ritter von der Traurigen Gestalt wie der manisch lachende Democritus Junior können so zugleich als Figuren poetischer Produktivität erscheinen, deren Kunst das ›Anders-Sehen‹ – oder, mit einem Begriff aus den *Novelas Ejemplares*, die »Tropelia« – ist, die ständig ›tropisch‹ eines in ein anderes zu ›wenden‹ versteht. Aber die Cervantinische Tropelia unterscheidet sich zuletzt doch von Burtons Versionen der Melancholie. Verkürzt gesprochen: Gibt es bei Cervantes alteritäre Effekte, so überwiegen bei Burton die tautologischen. Die *Anatomy of Melancholy* zieht die Vielfalt der Welt in einen Strudel, der ihre Pluralität auf ein und dasselbe hinauslaufen läßt – eben die Melancholie. Vermag der analogistische Gestus des *Don Quijote* immer wieder zu befremden, so verwandelt sich bei Burton das Differente mit der Monotonie eines ostinaten Paukenschlags (»Zisca's drumme«) in das Gleiche. Zerfällt im *Don Quijote* die Wirklichkeit in inkompatible Welten, die sich metaphorisch überlagern und wechselseitig relativieren, die aber gleichsam immer noch von einer verlorenen Idealität angefochten sind, so ist die Idealität bei Burton in einen tiefenstrukturellen Bereich abgesunken, von dem gar nicht mehr direkt gehandelt werden und der allenfalls *per negationem* noch aufgerufen werden kann. Eine Utopie kann hier gar nicht mehr gelingen. Dennoch entfaltet die verschüttete Idealität offenkundig auch bei Burton noch eine gewaltige Sogwirkung, denn sonst müßte der melancholische Einheitsgrund von Welt und Selbst nicht über Hunderte von Seiten immer wieder beschworen werden. An die Stelle des Ideals ist mit der Melancholie eine Struktur getreten, die der fortwährenden Wiederholung, d.h. der Selbstbestätigung und Vertiefung der eigenen Gestimmtheit durch eine Inflation von Ähnlichkeiten bedarf, die sich zu keiner Ordnung mehr formieren: ein Schreibzwang, der sich alles zu eigen macht und ingeniös in den Rückbezug auf die aus Melancholie schreibende Subjektivität überführt.[1]

---

1 Allen gegenteiligen Beteuerungen Burtons zum Trotz ist es immer wieder die Gleichheit im Ungleichen, die ihn fasziniert: »[…] The tower of *Babel* never yeelded such confusion of tongues, as this Chaos of melancholy doth variety of Symptomes. There is in all melancholy *similitudo dissimilis*, like mens faces, a disagreeing likenesse still. And as in a River we swimme in the same place, though not in the same numericall water: as the same instrument affords severall lessons, so the same disease yeelds diversity of Symptomes. Which howsoever they be diverse, intricate, and hard to be confined, I will adventure yet in such a vast confusion and generality, to bring

Ist die Verwandlung von Manie in Literatur also Sache von Exzentrikern? Auf Don Quijote und Burton/Democritus scheint dies in mehrfachem Sinne zuzutreffen: Sie sind Außenseiter, die zwar involviert sind, aber die dennoch nicht die Hauptrolle spielen bzw. denen wiederholt das Spiel aus der Hand genommen wird. Sie scheinen zugleich eine zentrale und eine periphere Position zu okkupieren, insofern ihnen die Regie in ihrem Stück abhanden gekommen ist. Don Quijote wird schon im ersten Teil kapitellang von den Protagonisten der eingelegten Novellen verdrängt; Democritus Jr. sieht sich überwältigt von intellektuellem Gerümpel in Gestalt der Archivbestände einer nicht mehr zu ordnenden Wissenschaft. Das Wissen um solche Heteronomie erscheint als ein Grund der Melancholie. Vor allem aber sorgt dies auch für die der Melancholie eigene Theatralik.[1] Der Melancholiker, der seiner Melancholie zuschaut, hält sich zugleich in einer Distanz zu sich auf – und zu der in sein Bewußtsein verlegten Welt – und in deren Mitte. Er ist Beobachter des nach innen verlagerten Welttheaters und Mitspieler; sein Bewußtsein ist die Bühne, auf der sich dieses abspielt. So ganz ausdrücklich bei Burton: »[...] I live still a Collegiat Student, as *Democritus* in his Garden, and lead a Monastique life, *ipse mihi Theatrum,* sequestred from those tumults and trobles of the world [...]« (4: 17-19) In der Rolle des Demokrit, der in seinem Garten Tiere seziert, um den Sitz der Melancholie (also auch seiner eigenen) zu finden, ist er sein eigenes Publikum wie das der anderen: »A meere spectator of other mens fortunes and adventures, and how they act their parts, which me thinkes are diversly presented unto me, as from a common Theatre or Sceane" (4: 26-28), in welchem – bei wechselnden Kulissen: »[...] as in a new shifted scene« – »[...] now Comicall, then Tragicall matters« gegeben werden (5: 9, 11). Und daß er auch den Demokrit lediglich spielt, erlaubt ihm die gleiche Duplizität von Dabeisein und Distanz, von Identität und Differenz: »'tis not I, but *Democritus, Democritus dixit«* (110: 23-4)[2] – doppelt vermittelt dadurch, daß auch diese Ausflucht ein (Erasmus-)Zitat ist.

---

them into some order, [...]« (395:33 – 396:5). In dieser auf die Spitze getriebenen Analogisierung wird ein äußerster Punkt der Chaotisierung markiert und in totaler Vereinheitlichung summiert; eine »Diskurs-Renovatio« (J. Küpper) ist damit nicht in Sicht.

1 Hamlet wie Jaques und Touchstone in *As You Like It* legen hiervon eindrucksvoll Zeugnis ab.- Auch Starobinski kommentiert die die *Anatomy* charakterisierende Theatralik: »Dans la très longue préface de l'*Anatomy of Melancholy*, un grand thème retentit: celui du théâtre. [...] En adoptant le rôle du spectateur, en m'abandonnant à l'amer plaisir de la dérision, je sais que je ne suis pas moins fou que le reste du monde: mais ce rôle est sensiblement moins ridicule que les autres. Il comporte sa propre censure.« (»La mélancolie de l'anatomiste«, p. 23) Ob diese Beobachterposition tatsächlich eine überlegene ist, erscheint indes fraglich, wenn man sich in Erinnerung ruft, daß Demokritus Jr. eine Sektion durchführt (und auch diese ist ja ein Schauspiel, das vor uns als den Zuschauern/Lesenden aufgeführt wird), deren Gegenstand sein eigenes Selbstsein ist.

2 Er fährt fort: »[...] you must consider what it is to speake in ones owne or anothers person, an assumed habit and name; a difference betwixt him that affects or acts a Princes, a Philosophers, a Magistrates, a Fooles part, and him that is so indeed; [...]« (110: 24-27). Die hier reklamierte Freiheit, von sich bzw. von seiner melancholischen *persona* nochmals zu differieren, bleibt allerdings eine, die der Text aufgrund seines Selbsteinschlusses gar nicht realisieren kann: Das sprechende Ich bleibt ein Abbild der von ihm erkundeten *conditio humana*, »a monster by a stupend

In dieser Doppelperspektive ereignet sich wiederum der schon bekannte Zusammenfall des Gegensätzlichen: Die marginale Position erweist sich als die eigentlich zentrale; die doppeldeutige Figur der sinnreichen Melancholie erweist sich als die der Subjektivität und als Quellpunkt der Literatur. Auch Don Quijote spielt sich auf ambivalente Weise selbst: Er wählt sich seine Rolle, indem er im ersten Kapitel seinem Pferd, sich – dem zuvor Namenlosen – und seiner Geliebten Namen gibt und zugleich eine Welt entwirft, in der er fortan leben wird.[1] Damit aber agiert er einerseits in der Nachfolge der Helden all jener Ritterbücher, die er in seiner Erinnerung archiviert hat (also als Typus), andererseits aber wird er zum unverwechselbaren, singulären Individuum. In die gleiche exzentrische Position rückt die Idealität, die er vergeblich zu restituieren versucht; zugleich ist sie es, die die alltägliche Dummheit, Gemeinheit und Gier, die Don Quijote anstelle der auf ihr Eigentliches hin transparenten Werte begegnen, als solche erst zu sehen erlaubt. So werden in beiden Texten ›Zentrum‹ und ›exzentrische‹ Position wechselweise zu Thema und Horizont; mit dem Unterschied, daß Burton die Peripherie zu fokussieren versucht und stets dem Sog der melancholischen Mitte erliegt, Don Quijote auf eine Idealität ausgeht und dabei in eine zunehmend melancholische Randstellung gerät. Ob Burton/Democritus sich in der Zerstreuung seines Schreibens von seiner Melancholie heilt, mag fraglich bleiben;[2] Cervantes' Held stirbt an ihr, indem er zu seinem früheren Selbst findet.[3] Und in einer weiteren Umkehrung der Figur des Democritus Jr., der sich in der kontemplativen Muße des angesehenen Christ Church College der Selbstbeobachtung seiner Melancholie und der Niederschrift des Narrenspiegels einer in melancholischer Raserei befangenen Welt widmet, zieht Don Quijote aus von seinem ebenso entlegenen wie unbedeutenden Dorf in La Mancha, um der Welt den Spiegel ihrer Idealitätsvergessenheit vorzuhalten und um im grandiosen Scheitern seines Projekts als »ein mit Verstand gespickter Narr mit lichten Augenblicken« (p. 679) zum hochberühmten Helden und schon zu Lebzeiten zum Kritiker des eigenen Romans zu werden.

Metamorphosis« (122: 11), das sich stets in sich selbst verwandelt, in den immer schon melancholisch gefallenen ersten Adam.

1 Gerade auf dem Hintergrund der vorherigen Anonymität gewinnt dieser Akt der Selbstbenennung eine zweideutig nominalistisch-realistische Qualität: Einerseits sind die Namen beliebig (bzw. wir können ihre Beziehung zu den vorherigen, ›tatsächlichen‹ Namen der Benannten nicht ausmachen), andererseits sind sie natürlich ›sprechende‹ und ›passende‹ Namen.

2 Fish, *Self-Consuming Artifacts*, sieht die Hauptleistung des Burtonschen Textes in einem – auf den Leser übergreifenden – Sich-mit-Sich-Beschäftigen (p. 349); ansonsten dominiert für ihn eine trost- und rettungslose Negativität: »[...] the negativity of the work's rhetorical thrust is never redeemed« (p. 351, cf. auch p. 350).

3 Die Figur fragwürdiger Selbstdurchsichtigkeit – die ihrerseits solch proto-cartesianische Transparenz ironisch kommentiert – findet sich auch in der Geschichte vom »Gläsernen Lizenziaten« (El Licenciado Vidriera) in den *Novelas Ejemplares*: Der an der erzmelancholischen Vorstellung, er sei aus Glas (cf. zu dieser Einbildung auch die Erste Meditation Descartes'!), erkrankte Lizenziat verliert mit seiner Heilung auch sich selbst – nämlich seine erstaunliche Fähigkeit, Weisheiten zu artikulieren. Die Pathologie ist hier cartesianisch figuriert; der Zustand der Heilung erscheint als der eigentlich melancholische; die strukturelle Skepsis dieser Erzählung besteht in der Art und Weise, wie beide einander reflektieren.

2. George Herberts »Easter-wings«: Diskreter Sturzflug

Der exzentrischen Doppelsichtigkeit Burtonscher und Cervantinischer Prosa sei – vor der Betrachtung des Miltonschen Diptychons – noch ein manisch-melancholischer poetischer Sturz- und Höhenflug anderer Art zur Seite gestellt: George Herberts »Easter-wings«, 1633 posthum in der Sammlung *The Temple* erschienen, hat bisher meines Wissens weder eine Lektüre als Melancholiegedicht erfahren, noch hat man diesem Dichter zugetraut, andere als (selbstverständlich erfolgreich bekämpfte) Glaubenszweifel zu hegen. Daß seine Dichtung auch Züge einer skeptischen Ästhetik aufweist, die nicht nur die Schwierigkeiten frühneuzeitlicher Inszenierungen von Transzendenz spürbar werden läßt, sondern durchaus auch dazu angetan sind, das mit Herbert gern assoziierte Klischee spiritueller und poetischer Biederkeit und mit ihm sein Image als eines frommen und ein wenig langweiligen Gegenparts zum metaphysischen Rebellen John Donne rissig werden zu lassen, soll in einem kurzen Durchgang durch diesen Text exemplarisch erwiesen oder wenigstens angedeutet werden.[1]

Easter-wings.

Lord, who createdst man in wealth and store,
Though foolishly he lost the same,
Decaying more and more,
Till he became
Most poore:
With thee
O let me rise
As larks, harmoniously,
And sing this day thy victories:
Then shall the fall further the flight in me.

My tender age in sorrow did beginne:
And still with sicknesses and shame
Thou didst so punish sinne,
That I became
Most thinne.
With thee
Let me combine
And feel this day thy victorie:
For, if I imp my wing on thine,
Affliction shall advance the flight in me.

1 In »Heterologie«, *LiLi* 101 (1996), habe ich bereits versucht, Herberts vielleicht berühmtestes Gedicht »The Collar« als Präsentation eines *furor melancholicus* zu lesen, der nur durch den abrupten Einbruch eines radikal asymmetrischen Dialogs aus seiner spekulären Selbstverfangenheit gerissen wird. Vergleichbare Strukturen ließen sich an zahlreichen anderen Gedichten Herberts zeigen – von »Hope« bis »Affliction (I)«.

»Easter-wings«[1] ist ein Figuralgedicht, *pattern poetry*, poetische Form also, die gleichermaßen auf Lesbarkeit wie auf ›hieroglyphischer‹ Verrätselung besteht. Im Kontext sakraler Poesie ist ihre konventionelle Funktion in erster Linie die anschaulicher Vergegenwärtigung; sie steht im Dienst der erbaulichen wie vergnüglichen Illustration von Heilswahrheiten. Indem wir die Form des Textes meditieren, erschließen sich uns religiöse Einsichten, zu deren Gewinn andernfalls eine mühsame Katechese erforderlich wäre.[2] Die Analogie, die der Textumriß zu geistlich Bedeutsamem unterhält, ist dessen unüberbietbare Evidenz. Die Wahl einer solch traditionsgesättigten Gedichtform scheint von vornherein all jenen Recht zu geben, die, wie noch Peter Conrad, Herbert gern einer älteren, in ihrer metaphysischen Semiotik vermeintlich beruhigteren Epoche zuweisen möchten: »[...] in literature as in nature as medievally read, meaning – being God's signature – is self-evident and worn on the outside.«[3] Zugleich aber zieht eben diese Form unübersehbar verstärkte Aufmerksamkeit auf sich. Der Text präsentiert sich als Ikon, als Abbild dessen, wovon er spricht. Damit drängt jedoch auch die Kunstfertigkeit seines Verfassers in den Vordergrund. Müßte die Materialität des Textes zugunsten seiner lehrhaften Funktion eigentlich auf das von ihm Gemeinte hin durchsichtig werden, ja verschwinden, so wird sie in einem solchen poetischen Zeichen der Zeichenhaftigkeit von Dichtung erst recht auffällig. Verstärkt die formale Ostentation die Autoreferentialität des dichterischen Textes, so bringt sie damit seinen Verkündigungsanspruch potentiell in die Schwebe. Solche visuelle Figuration erscheint bei geistlicher Lyrik heikel. Hier ist sie es, wie sich zeigt, tatsächlich, insofern sie als Hinweis auf die Problematik von Selbstwertigkeit und Selbstbestimmung, geistlicher Melancholie und poetischer Manie fungiert, die der Text auch auf der Ebene seiner Signifikate exploriert. Figur und Struktur stehen in »Easter-wings« in einer spannungsreichen Beziehung, in der sich die einzelnen Momente wechselseitig in Frage stellen.

Dabei ist mit letzter Eindeutigkeit nicht zu sagen, was hier vom Umriß der Zeilenende und -anfänge abgebildet wird, da es unterschiedliche Drucke gibt. In einigen Ausgaben laufen die Zeilen senkrecht, in anderen waagerecht; zudem gibt es Varianten, in denen die Zeilen linksbündig beginnen. In diesen Fällen scheidet aus, was bei einer Zentrierung der Zeilen erkennbar wird: die Gestalt

1 Zitiert nach *The Works of George Herbert*, ed. F. E. Hutchinson, Oxford 1978, p. 43.

2 Cf. Stanley Fishs Herbert-Kapitel in *Self-Consuming Artifacts*, »Letting Go: The Dialectic of the Self in Herbert's Poetry«.

3 Cf. Peter Conrads Charakterisierung Herberts im Vergleich zu Donne in *The Everyman History of English Literature*. London 1985, p. 233: »Things still cohere, and no argumentative violence is required to manacle them together. The conceit for Herbert is an impiety, the usurpation of that exegetic right which belongs properly to scripture. [...] his own constructive skill is a devout mimicry of God's making, hieroglyphically shaping poems into cut-outs of the altar or redemptive Easter wings or the entablature of the squarely paved church floor, because, in literature as in nature as medievally read, meaning – being God's signature – is self-evident and worn on the outside.« – Meine Lektüre von »Easter-wings« versucht u.a. zu zeigen, daß nicht nur diese Annahme concettistischer Enthaltsamkeit für Herbert unzutreffend ist. Auch das ihm unterstellte unreflektierte Vertrauen in die Lesbarkeit der Welt sollte nicht eilfertig vorausgesetzt werden, will man sich nicht die eigentlichen Pointen dieser Lyrik entgehen lassen.

einer Sanduhr, genauer: zweier Stundengläser übereinander. Damit entfiele eine, wie ich meine, außerordentlich gehaltvolle Lektüremöglichkeit, die sich nur auf einem ikonographischen Umweg wiedergewinnen läßt. Offenkundig bleibt aber bei allen Varianten, was der Titel bereits andeutet: die Gestalt von Flügeln bzw. zweier Flügelpaare.

Nimmt man einen ersten, eher oberflächlichen Lektüredurchgang vor, so scheinen einander nicht nur Figur und thematische Struktur dieses Ostergedichts vollkommen zu entsprechen, sondern auch erste und zweite Strophe des Textes scheinen in einem Verhältnis der Äquivalenz, ja der Wiederholung bzw. der Spiegelung zueinander zu stehen. Der Sprecher setzt ein mit einer Betrachtung der Heilsgeschichte der Menschheit. Er beklagt den selbstverschuldeten Verlust der Paradiesesfülle und die an den Sündenfall anschließende und bis zur völligen spirituellen Verarmung sich steigernde Gottferne des Menschengeschlechts, um sich dann, gleichsam am anagogischen Tiefpunkt, der Erlösung von der Sünden- und Todverfallenheit durch Christi sieghafte Auferstehung zu erinnern. In Harmonie mit dem auferstandenen Herrn will er ›heute‹, also an Ostern, diesen Sieg über Sünde und Tod besingen. Der Fall werde dann, so meint er in geistreicher Alliteration am Schluß der ersten Strophe, den Flug – gemeint ist der dichterische Höhenflug – befördern. Nicht viel anders erscheint ja der Sündenfall der ersten Menschen von Inkarnation und Auferstehung her traditionell als *felix culpa*.[1] Vom Preis der *felix culpa* wendet sich der Sprecher dann in der zweiten Strophe seiner eigenen Geschichte zu, und auch diese erscheint zunächst als eine Geschichte zunehmenden Heilsverlusts, der sich in individuellem Siechtum und Schuldverfangenheit geradezu physisch niederschlägt. Im Moment größter Verzweiflung und Aussichtslosigkeit scheint sich auch hier das Blatt zu wenden – genauer: Der Sprecher bittet um eine erneute Gnadenerfahrung, die seine Niedergeschlagenheit und Zerknirschung (»Affliction«) in österlichen Aufschwung zum Höchsten verkehrt. Das Siechtum des wiederholten Schuldigwerdens und des Leidens unter den Sündenstrafen verwandelt sich in der Antizipation der persönlichen Umkehr in eine individuelle Partizipation an Christi Überwindung des Todes.

Schon jetzt ergeben sich eine Reihe mehr oder minder augenfälliger Korrespondenzen zwischen der Figur des Textes, seinem hieroglyphischen Umriß, und dem, wovon er handelt. So scheint hier der Flügelschlag der Lerche nachgebildet zu sein, mit der der Sprecher sich vergleicht; vielleicht auch das Steigen und Fallen ihres Fluges. Auch der Wechsel einer Melodie zwischen hohen und tiefen Lagen als eine Art visuelles Korrelat des Morgenlobs, das der Sprecher anstimmen will, könnte erkennbar werden. Bei zentrierten Zeilen zeichnet das dargestellte spirituelle Ab- und Zunehmen auch, wie schon erwähnt, die Konturen einer doppelten Sanduhr nach: In diesem Fall würde zusätzlich mahnend die Begrenztheit der menschlichen Lebenszeit und das unaufhaltsame Näherrücken seiner Todesstunde ins Gedächtnis gerufen. Die Superlative des Verlusts, »Most

1 Und wird als solche auch in der Osternachtsliturgie der katholischen Kirche gepriesen.

poore« und »Most thinne«, befinden sich gleichsam an der engsten Stelle des Stundenglases und markieren so zugleich das Minimum des Lebens und den Moment der Entscheidung. Gleichzeitig akzentuiert die *meditatio mortis* so die gedankliche Zweiteilung der Strophen in eine retrospektive Beschreibung einer beklemmend rasch verstreichenden Zeit des Lebens zum Tode und einer eher über die Krisis hinausführenden Passage, die die Hoffnung auf ein neues, geheiltes Leben in der Gnade Gottes formuliert.

Damit verweist der Text nicht zuletzt auch auf allegorische Darstellungen der Zeit, wie sie sich in zeitgenössischen Holzschnitten und Kupfern finden: In ihnen erscheint die Zeit nicht nur mit dem Stundenglas in der Hand, sondern (in Illustration ihrer notorischen Flüchtigkeit) auch geflügelt; überdies häufig ausgestattet mit einer Sense, zweigesichtig oder, in topischer Häufung, gelegentlich auch mit einem Fledermausflügel. In Thomas Peytons *The Glasse of Time, in the Second Age*[1] findet sich ein bemerkenswerter Holzschnitt, der »Time« im Garten Eden zeigt: Die Zeit steht als bärtiger Alter, mit Flügeln, Sense, Sanduhr und auffälligen Bocksfüßen unter einer hochstehenden Sonne zwischen Adam und Eva, die sich einem Feigen- respektive Apfelbaum zuwenden. Die Sanduhr, die »Time« auf der flachen rechten Hand präsentiert, hat zwei Flügel, einer davon ein Fledermausflügel, der wohl nicht nur – wie das kleine Rad der Fortuna, das die Sanduhr krönt, – generell an Vergänglichkeit und Wechsel gemahnt, sondern auch an den Wechsel der Tageszeiten. Vor allem läßt er auch an das Nachtgesicht der Zeit denken – an böse Zeiten, in Kombination mit den Bocksfüßen der Zentralfigur vielleicht auch an den Versucher oder die Drohung ewiger Verdammnis,[2] oder schließlich, mit heilsgeschichtlich zurückgewandtem Blick, an die Zeit vor der Erlösung durch Christus.

Aber der hier aufgerufene Vorstellungskomplex ist mit den erwähnten Suggestionen keineswegs erschöpft: Das Bild der Zeit, das dem beschriebenen Holzschnitt wie Herberts Text unterlegt ist bzw. von ihm evoziert wird, ist ein saturninisches – die Zeit, die mit dem Sündenfall ja überhaupt erst in die Welt kam, erscheint als Chronos.[3] Diese Deutung mag auf der eher schmalen ikonographischen Grundlage des Peyton-Blattes und angesichts der Unsicherheit über die Druckgestalt des Textes zunächst nicht sehr einleuchtend erscheinen. Es läßt sich jedoch zeigen, daß das Gedicht noch weitere Hinweise auf eine saturninische, ambivalent melancholische Sicht der Dinge enthält.[4]

1 London 1620, p. 10, wieder gedruckt als Fig. 15 in Samuel C. Chew, *The Pilgrimage of Life*. New Haven 1962, und als Umschlagbild des vorliegenden Buches.

2 Obwohl die Schlange am rechten Bildrand im Apfelbaum und im Gespräch mit Eva eigens noch einmal abgebildet ist.

3 Zur Chronos-Ikonographie cf. auch Erwin Panofsky, »Vater Chronos« in *Studien zur Ikonologie. Humanistische Themen in der Kunst der Renaissance*. Übs. Dieter Schwarz. Köln 1980 (zuerst 1939 als *Studies in Iconology*). – Die Flügel und die heilsgeschichtlich entscheidende Situation, in der die Zeit/Chronos hier plaziert ist, nähern ihre Gestalt ikonographisch noch einer weiteren, verwandten Figur an: der des Kairos; cf. Panofsky, p. 111f und Abb. 35.

4 Im Blick auf den Holzschnitt ließen sich diese spekulativ noch weiter vertiefen: Eben die merkwürdigen Bocksfüße der zentralen Figur liefern einen weiteren Grund dafür, das ganze Bild als

Damit diese deutlich werden können, wenden wir uns ein zweites Mal dem Text zu, um seine Verlaufsstruktur noch ein wenig genauer zu betrachten. Denn die formal nahegelegte Äquivalenz seiner Teile täuscht zunächst darüber hinweg, daß der von ihm im zeitlichen Nacheinander entfaltete gedankliche Parallelismus keineswegs affirmativ auf der Stelle tritt, indem er ein Gleiches mit bestimmten Variationen darbietet, sondern eine geradezu dramatische interne Progression enthält. Bei näherem Hinsehen erweist sich, daß die erste Strophe ein Problem exponiert – und zwar eben das eingangs als Problempotential sakraler Figuralpoesie herausgestellte. Vorsatz des Dichter-Sprechers ist nämlich nichts geringeres als eine *imitatio Dei*. Er tritt auf als ein zweiter *Deus artifex*, für den die Heilsgeschichte mit Sündenfall und Erlösung bloßes Material ist, dessen generalisierende, künstlerisch-musikalische Bearbeitung ihm die Selbstparallelisierung mit dem Auferstandenen erleichtert (»With thee| O let me rise| As larks, harmoniously«). Mit den ›törichten‹ Sündern Adam und Eva hat er nichts gemein; ihre weit zurückliegende Geschichte dient ihm als Stoff seines Liedes, als Mittel also zur Selbstprofilierung an der Seite des siegreichen Christus, zum selbstgefälligen Hinweis auf die eigene poetische Könnerschaft, die sich ja nicht zuletzt auch in der geistreich-spielerischen Textgestalt manifestiert. Die hier anvisierte Nachahmung Christi erweist sich als eine auf Selbstvergewisserung zielende Spiegelung des Eigenen. Sie weist, mit anderen Worten, Züge einer Hybris auf – einer Überhebung, die an einen anderen, allzu kunstfertigen Flugkünstler denken läßt,

---

Melancholiekomplex zu lesen. Die Füße weisen die Gestalt als synkretistische, ikonographisch aber in melancholietheoretische Richtung weisende Verschmelzung von Chronos/Saturn und Pan aus (verweisen also nicht nur auf den charakteristischen »Bocksgeruch« des Melancholikers, den auch Klibansky, Panofsky und Saxl erwähnen (*Saturn und Melancholie*), oder, mit stärker astrologischer Signifikanz, auf das von Saturn beherrschte Sternzeichen Steinbock). Pan aber fungiert – zusammen mit der im Zenith stehenden Sonne, auf die der Blick der Zentralfigur sich unverwandt richtet – als Hinweis darauf, daß dieser Moment, in dem die Dinge kurz vor dem Pflücken der verbotenen Frucht noch in der Schwebe sind, in mehrfachem Sinne ein ›panischer‹ ist: die Stunde des Pan, die zugleich die Mittagsstunde und damit die hohe Zeit der *acedia* ist. Pan erscheint hier – in eindrucksvoller ikonographischer Einheit mit Saturn – als »Mittagsdämon« der Melancholie, genauer: der Acedie, die insbesondere den frommen Eremiten zum Höchststand der Sonne befällt, an dem die Zeit stillzustehen scheint und die schattenlosen Dinge unlesbar zu werden drohen. (Cf. zu diesem Zusammenhang Günter Bader, *Melancholie und Metapher*, pp. 11-14.) – Als Allegorie der Zeit ist diese Figur, in ihrer Doppelbelegung durch Saturn und Pan, zugleich eine Metapher der Melancholie; mehr noch: das Bild ist als ganzes auch eine Darstellung der Melancholie *als* Metapher, als eines Modells des fortwährenden Wechsels zwischen den Extremen von Flug und ›Fall‹. Cf. Bader: »Dann wäre der schwarzgallige Saft nur eine Verbildlichung von Sprache, und seine prekäre Substantialität wäre nur substantiiert aus der ebenso prekären Substantialität der Sprache, dieser an sich selbst anomalen Abnormität, die sich in ständigem Steigen und Fallen, Fliegen und Stürzen befindet und einzig im Fall ihrer normalen Abnormität große Leistungen vollbringt.« (p. 33). – Dies wiederum bestätigt die hier vorgelegte poetologische Lektüre des Herbertschen Textes, der in prekärem, auf der Verneinung einer bestimmten Art von unreflektierter, skeptisch ungebrochener Autoreferentialität aufbauendem, manischem Wiederaufschwung sein eigenes metaphorisch-concettistisches Tun melancholisch spiegelt bzw. zur Erfahrung bringt.

der ebenfalls zu hoch hinauswollte: an Ikarus. Im ›lerchenhaften‹ Aufstieg bahnt sich so bereits der Fall an.

Von der zweiten Strophe aus erscheint die skizzierte Haltung als Pose, deren Narzißmus und Immunisierungsstrategien nunmehr entlarvt werden. Daß die erste Strophe als Psychogramm einer solchen kritikwürdigen Einstellung zu sehen ist – einer Einstellung zumal, die genau die Sünde der ersten Menschen (sein zu wollen wie Gott) wiederholt –, wird sofort spürbar in dem veränderten Ton, mit dem die zweite einsetzt. Nicht länger schickt sich der Sprecher an, den Christussieg identifikatorisch, den Sündenfall verallgemeinernd und distanziert zu besingen, sondern jetzt spricht er vom ersten Wort an als selber von Schuld Betroffener. Genau an der Stelle, an der der Text der ersten Strophe am breitesten auslädt, findet ein radikaler Umschlag statt. Auf die Spitze getrieben, wird die Hybris zu ihrem Gegenteil: zu tiefster, persönlich und individuell erfahrener Zerknirschung, zu einer Selbsterfahrung, die den Sprecher in einer Weise auf sich zurückwirft und seiner selbst inne werden läßt, die alles andere als ›erhebend‹ ist. Es ist geradezu ein Sturz, eine Rückkehr zur Erde (*humiliatio*), vom Text auch visuell vollzogen. Das »I«, fast in der Mitte der Strophe, ist in der Tat, nach der generalisierenden Expansion der ersten Strophe, nunmehr »Most thinne« – reduziert auf die eigene kreatürliche Erbärmlichkeit und durchaus keine Gestalt, an der sich die poetische Eitelkeit noch entzünden könnte. Aus dieser Tiefe der Bekümmerung nun bittet der Sprecher den auferstandenen Christus um die Gnade einer erneuerten Gemeinschaft mit ihm. Aber die jetzt mit der Wendung »With thee« eingeleitete Vorstellung einer Gemeinsamkeit unterscheidet sich drastisch von der mit der gleichen Formel in der ersten Strophe evozierten. Nicht nur erscheint die Auferstehung nicht länger als ein zu besingender theologischer Topos, sondern als ein zuinnerst zu Erfahrendes (»feel«) – vor allem ist an die Stelle eines gleichberechtigten, zwar synchronen aber selbständigen Höhenfluges die Vorstellung einer Teilhabe, ja möglicherweise eines Getragenwerdens getreten. Nicht länger imaginiert sich der Sprecher als zweiter in einem himmelsstürmenden Lerchenpaar (»As larks«), sondern hier ist, wie die Falknereimetapher »imp« ikonographisch korrekt zu verstehen gibt, Christus ein Falke, dessen überragende Flugkunst überhaupt erst Aussicht auf eine Wiederherstellung der aeronautischen Fähigkeiten des Sprechers eröffnet. Mit dieser Hoffnung hätte sich die eitle Anmaßung der ersten Strophe am Ende in echte *imitatio Christi* verkehrt; ist mit der ›Schleife‹ der zweiten Strophe in der Tat die anfängliche Verfehlung schließlich zu einer *felix culpa* geworden, die ein hoffnungsfrohes Ausbreiten der geläuterten dichterischen Flügel erlaubt.

Auf den ersten Blick scheint sich hier eine Ästhetik protestantischer Innerlichkeit zu realisieren: An die Stelle verallgemeinernden Überschwangs tritt die Bitte um eine persönliche Gnadenerfahrung, an deren Gewährung wir im lesenden Nachvollzug gleichsam katechetisch teilnehmen. Dieses Schema ist indes nicht das einzige, das dem Text überlagert ist, und es bleibt überdies, vor allem in seiner metaphorischen Schlußpointe, prekär. Denn die Entgegnung der letzten Zeilen der zweiten auf die verfängliche ästhetische Selbstgenügsamkeit der ersten

Strophe verharrt im gleichen Medium. Die kritisierte poetische Imagination behält das letzte Wort. Mehr noch: das Bild, dessen sie sich bedient, ist ein ebenso erlesenes wie mehrdeutiges, vor allem keineswegs restlos ›übersetzbares‹ *concetto*. So schwankt »imp«[1] ebenso wie das vorangehende »combine« (l. 17) zwischen aktivischen und passivischen Implikationen für das sprechende Ich. Wie genau ist der Vorgang zu denken – werden Federn aus der Schwinge Christi in den Flügel des Sprechers eingefügt oder wird dieser als ganzer mit der Schwinge Christi verbunden und so mitgetragen? Offenbar ›fliegt‹ das Ich am Schluß nicht völlig aus eigener Kraft, aber es fliegt doch unbezweifelbar selbst. Man mag die Ambivalenz schon in diversen biblischen (vor allem alttestamentarischen) Prätexten angelegt sehen, in denen sowohl Gott als auch Christus als auch der Gerechte als mit Schwingen sich erhebend erscheint; gleichwohl entfaltet ihre Fortschreibung in Herberts Text theologische Implikationen, die das Schlußbild zwischen Autonomie und Heteronomie unbestimmt lassen und je nachdem der göttlichen Gnade oder der menschlichen Mitwirkung an ihr größeres Gewicht einräumen. Aus dieser Sicht bringt der imaginative Schlußakt des Textes einiges wieder in die Schwebe: Sowohl die Subjektivität des Sprechers als auch die des Lesers kommt zu sich in einem imaginativen Prozeß, der nicht endgültig determiniert ist. So oder so bleibt die ›Bekehrung‹ eine ästhetische.

Zudem läßt sich das Ikonzeichen des Textes nicht nur auf dem Hintergrund christlicher Theologie lesen; ja, Schemata einer platonischen Ästhetik erscheinen hier mindestens ebenso effektiv wie die der protestantischen Gnadentheologie. Zum einen spielt im Schluß-*concetto* die platonische Vorstellung der Seele als geflügelt unübersehbar eine zentrale Rolle. Aber auch neuplatonische Schemata von *exitus* und *reditus*, Aufstieg und Abstieg, entfalten in Herberts Gedicht strukturgebende Kraft. Nicht zuletzt verdankt das Schlußbild einen Teil seines Wirkungspotentials dem neuplatonischen Teilhabegedanken: Zwischen dem Falken Christus[2] und der geflügelten Sprecher-*anima* besteht ein Korrespondenzverhältnis, in dem diese an jenem höheren Sein partizipiert, wenn auch auf einer niedrigeren Stufe. Zum anderen läßt sich »Easter-wings« als Melancholiegedicht lesen, das auf eine Vorstellung manischen Hingerissenseins, eines geistlichen *raptus* oder eines poetisch-spirituellen *furor divinus* hinausläuft – auf eine wiederum hybride Vorstellung, in der zuletzt Christus und Chronos überblendet werden.

1 *The Oxford English Dictionary* gibt u.a. folgende Bedeutungen an: »*Falconry*. To engraft feathers in the wing of a bird, so as to make good losses or deficiencies, and thus restore or improve the powers of flight; hence, allusively, with reference to ›taking higher flights‹, enlarging one's powers, and the like. In various constructions: a. To imp feathers *into* or *in* a wing, etc. […] b. To imp a wing (or bird) *with* feathers. *To imp the wings of*: to strengthen or improve the flight of. […] c. To imp wings *on* or *to* a person; to imp *with* wings.« Für die letztgenannte Verwendung wird Herberts Gedichtzeile als frühester Beleg genannt: eine Exemplifizierung, die deren Mehrdeutigkeit eher erhöht als verringert.

2 Möglicherweise ist Christus hier auch als Adler figuriert, der der ikonographischen Tradition zufolge die Tiefen wie die Höhen, *summum et imum*, schaut und als einziger Vogel nicht erblindet, wenn er direkt in die Sonne blickt.

Schon die erste Strophe bot ja ein Beispiel poetischer Mania. Daß sich dieser Höhenflug als Hoffart, der Aufschwung in der Tat als Dichter-›Wahn‹ erweist, der einer geistlichen Kritik nicht standhält, haben wir bereits gesehen. Gleichsam am höchsten Punkt verkehrt sich die Selbstbestätigung in leere *vanitas*, formiert sich die narzißtische Selbstbespiegelung zu einer zirkulären Figur, die gerade nicht zur seligen Schau führt, sondern in sich leerläuft. Den Absturz in tiefste Schwermut vollzieht die erste Hälfte der zweiten Strophe nach, indem sie beschreibt, wie sich der Sprecher in der Reflexion auf seine Sündhaftigkeit gleichsam selbst verzehrt. Auch hier zeichnet sich eine melancholische Struktur ab, die sich von der ersten nur dadurch unterscheidet, daß die Vorzeichen hier nicht die des Enthusiasmus, sondern der schwermütigen Selbstverfangenheit und des In-Sich-Verschlossenseins sind. Wieder greift die für das Melancholieparadigma charakteristische Dialektik: Am tiefsten Punkt vollzieht sich erneut ein Umschlag in die Gegenbewegung. Der ekstatische Aufstieg, der jetzt in Aussicht gestellt wird, ist indes von anderer Qualität. Nicht aus eigener Machtvollkommenheit sprengt das sprechende Ich den Zirkel, sondern es erscheint hin- und mitgerissen von einem Anderen (mag es sich diesem auch insgeheim verwandt fühlen). Dieses Schlußbild erhoffter Osterfreude aber scheint zuletzt auf ein weiteres emblematisches Paradigma anzuspielen – auf die Ganymed-Darstellungen, wie sie sich etwa unter dem Motto *In Deo lætandum* im *Emblematum liber* des Andreas Alciatus finden. Daß das gewaltsame Entführtwerden vom Adler des höchsten Gottes Anlaß zu einem durchaus erotisch getönten Entzücken ist, das den Vorgang zum Sinnbild der identifikatorischen Gottesliebe werden läßt, legt die Bearbeitung des gleichen Motivs durch Michelangelo nahe. Adler und Knabe werden hier aus der Sicht neoplatonischer Ästhetik fast ununterscheidbar; in manischer Entrückung verbindet die Liebe Himmlische und Irdische.[1]

Auch diese platonische Relektüre der in diesem Text präsentierten Konfiguration bleibt jedoch zwiespältig. Gelingt dem melancholisch dezentrierten Selbst eine manische Neuverortung jenseits der durchlaufenen *circuli vitiosi*? Der Text endet in den offenen Modi der Bitte und der Bedingtheit. Aber nicht nur deshalb bleibt ein Moment der Unruhe. »Easter-wings« erfordert genaues Hinsehen und wiederholtes Revidieren einmal gewonnener Positionen. Hinfälligkeitsemphase und ekstatische Gottessehnsucht perspektivieren einander wechselseitig; zudem stellt die Symmetrie des Textumrisses gleichsam hypotypotisch die Möglichkeit eines mehrfachen Durchlaufens der markierten Stationen vor Augen. Indem er so nochmals das menschliche Selbst als ein radikal ortlos gewordenes, der

1 Wie göttlicher und menschlicher Eros parallelisiert und gerade in ihrer ikonographischen Annäherung auch wieder voneinander geschieden werden können, zeigt sich in einer formal nahezu identischen emblematischen Reihe, abgebildet und besprochen von Erwin Panofsky (»Vater Chronos«), in der Amor das entführte Opfer ist und an die Stelle des Zeusrepräsentanten dessen Vater Chronos/Saturn tritt: Die dahinfliegende Zeit beschneidet Amors Flügel – eine melancholische Meditation der Vergänglichkeit menschlicher Liebe, angemessen repräsentiert durch die destruktive Tätigkeit des vom eigenen Sohn kastrierten Chronos. Mit diesem schwermütigen Gegenstück zur manischen Entrückung der Seele als Ganymed schließt sich der Kreis ikonographischer Assoziationen, die Herberts »Easter-wings« zu evozieren vermag.

Verankerung in festen externen Ordnungen lediges und vor der riskanten Aufgabe der Selbstbestimmung (mit den Gefahren des Absturzes) stehendes vorführt, bietet Herberts Text eine skeptische Einsicht als potentielle Lektüreerfahrung. Indem er aber darauf besteht, daß der ungesicherte Mensch in diesem – durchaus angemessen als Luftraum vorgestellten – Bereich zwischen Endlichkeit und Unendlichem doch nicht gänzlich haltlos auf sich gestellt ist, sondern daß seiner wie immer gearteten Lebensantwort immer schon eine unabweisbare Frage vorausgegangen ist, vermag Herberts Dichtung zuletzt eine Dimension zu eröffnen, die sowohl die Sphäre melancholischer Endlichkeiten als auch die platonischer Enthusiasmen zu transzendieren vermag. Das mag man fromm finden; und gewiß ist die melancholische Skepsis Herberts eine diskrete. ›Mittelalterlich‹ ist solche Relativierung analogistischer Korrespondenz durch concettistisch fokussierte Dramatik nicht. Ist dies Frömmigkeit, dann ist sie eine, die an keiner Stelle das Risiko ihrer Zuversicht auf eine schweigende Präsenz kleiner macht, als es ist.

3. John Milton und Margaret Cavendish: Versionen der manischen Imagination

Auch Miltons Doppelgedicht »L'Allegro« und »Il Penseroso«[1] spielt mit einer Zweiteilung. Aber anders als Herberts Text verzichtet es keineswegs auf jede

1 Milton wird im folgenden zitiert nach *The Poems of John Milton*, ed. John Carey, Alastair Fowler, London, New York 1980 (Zeilenangabe im Text nach dem jeweiligen Zitat). Wegen der im Detail aufschlußreichen kritisch-historischen Schreibweise wird ferner berücksichtigt *The Poetical Works of John Milton. Vol. 2. Paradise Regain'd, Samson Agonistes, Poems upon Several Occasions, Both English and Latin*, ed. Helen Darbishire, Oxford 1973. – Die kritische Diskussion der Texte hat bisher im wesentlichen die folgenden Themen umkreist: a) Verortung in Miltons Oeuvre. Hierzu, insbesondere zur Frage des Verhältnisses zu Miltons akademischen Übungen cf. Eustace M. W. Tillyard, *Milton.* L'Allegro *and* Il Penseroso. The English Association Pamphlet No. 82 (July 1932); sowie *The Complete Prose Works of John Milton. Vol. 1, 1624-1642*, ed. Don M. Wolfe, New Haven 1953, pp. 216-233; weiterhin R. D. Bedford, »Right Spelling: Milton's *A Masque* and *Il Penseroso*«, *ELH* 52 (1985), 815-832. b) Situierung im Verhältnis zu vergleichbaren Texten der Zeitgenossen und möglichen Prätexten. Hierzu J. B. Leishman, *Milton's Minor Poems*, ed. Geoffrey Tillotson, London 1969. 120-159; cf. auch Kathleen Swaim, »›Heart-Easing Mirth‹. *L'Allegro*'s Inheritance of *Faerie Queene* II«, *Studies in Philology* 82 (1985), 460-476. c) Verhältnis zur Melancholietradition. Hierzu Lawrence Babb, »The Background of ›Il Penseroso‹«, *Studies in Philology* 37 (1940), 257-273; cf. auch Babb, *The Elizabethan Malady. A Study of Melancholia in English Literature from 1580 to 1642*, East Lansing 1951, pp. 178-180. – Die manische Seite der Melancholie kommt in Babbs dualistischer Gegenüberstellung von »Galenischer« und »Aristotelischer Tradition« allerdings überhaupt nicht in den Blick und wird daher auch nicht als konstitutiver Bestandteil einer dynamischen Formation gesehen. d) Beziehung beider Texte zueinander. Hierzu schon Samuel Johnson, *Lives of the English Poets. Vol. 1. Cowley to Prior*, intr. L. Archer Hind, London 1961, pp. 96-98; cf. auch Cleanth Brooks, *The Well Wrought Urn. Studies in the Structure of Poetry*, New York 1947, pp. 50-66. Zu den wichtigsten Untersuchungen aus jüngerer Zeit zählen Rosemond Tuve, *Images and Themes in Five Poems by Milton*, Cambridge, Mass. 1967, pp. 15-36, und Stanley Fish, »What It's Like to Read *L'Allegro* and *Il Penseroso*«, in: Annabel Patterson, ed., *John Milton*, London, New York: Longman 1992, pp. 32-38. Beide fassen die ästhetische Qualität des Doppelgedichts als Erfahrungsstruktur und diskursiv nicht einholbare Funktion des Lektüreprozesses. Insofern beide den Texten damit em-

Ostentation von Gelehrsamkeit, sondern zeigt auf Schritt und Tritt, inwiefern es sich jener eingangs in wenigen Stationen skizzierten melancholietheoretischen Tradition verdankt. Das drängt auch die Lektüre,[1] die dieses Kapitel beschließt, nochmals zu einem stärker analytischen Vorgehen. Nicht zufällig bietet Milton jedoch keine Synthese an, sondern eine *Synkrisis* – ein erstes Indiz für die Stärke der Gegenstrebigkeiten, die sein Text zu versammeln sucht, zugleich für die Schwierigkeit, hier einen Standpunkt auszumachen, von dem aus die sich wechelseitig beleuchtenden Extreme als Einheit lesbar würden. Synkrisis bezeichnet eine Art Vergleich, eine Parallelführung zweier Gegenstände, die zugleich auf ihre Gemeinsamkeiten, vor allem aber auf ihre Unterschiede und ihre mögliche Über- oder Unterlegenheit hin untersucht werden.[2] Miltons Gegenporträts von *mirth* und *melancholy*, von heiterem und schwermütigem Temperament evozieren vor allem die manisch-melancholische Zweigesichtigkeit und, ihr korrespondierend, die zwei Versionen, in denen die Melancholie im Laufe ihrer Geschichte immer wieder erschien: die eine (mit Burton zu sprechen)[3] »damn'd« – galenisch-physiologisch bestimmt und humoralpathologisch negativ gewertet –, die andere »divine« – im Sinne des *Problems XXX,1* Bedingung von Kontemplation und Transzendenz; ›niedere‹ also und noble Melancholie. In welcher Gestalt erscheinen nun diese Ambivalenzen in Miltons Dichtung und welche Akzentuierung erfährt das darin entworfene Bild frühneuzeitlicher Subjektivität?

Im »Allegro« und »Penseroso« entwerfen zwei Sprecher sich als jeweils der Heiterkeit (bzw. Freude) und der Melancholie ›verlobt‹. Der erste Sprecher erscheint dabei als *sanguineus*, der zweite als *melancholicus*. Sie beschreiben ihr jeweiliges Temperament als (weibliche) Allegorie, komplett mit mythologischer Genealogie, Erscheinung, Verhaltensweise und bevorzugten Aufenthaltsorten. Zugleich imaginieren sie ihre eigene korrespondierende Befindlichkeit. Disposi-

---

phatisch das (in den Texten selbst nochmals thematisierte) Lesebewußtsein als wirkungsstrukturellen ›Ort‹ zuweisen, ließen sich potentielle Bezüge zur vorliegenden Arbeit ausmachen. Weder Tuve noch Fish explizieren jedoch die damit angesprochene Subjektivitätsthematik; sie setzen diese auch nicht in Beziehung zum Melancholieparadigma. – Das gilt überraschenderweise durchweg auch für neuere Studien. Insgesamt scheint die gegenwärtige Milton-Forschung das Interesse an »L'Allegro« und »Il Penseroso« verloren zu haben.

1 Die nachfolgende Interpretation von Miltons »L'Allegro« und »Il Penseroso« und Cavendishs »Dialogue« erschien in anderer Perspektivierung bereits als Teil meines Aufsatzes »Das manische Selbst. Frühneuzeitliche Versionen des Melancholieparadigmas in der Genese literarischer Subjektivität« in: Fetz, Hagenbüchle, Schulz, eds., *Geschichte und Vorgeschichte der modernen Subjektivität*, Bd. 1, Berlin 1998, pp. 713-739.

2 Beide werden wie in einem Streitgespräch gegeneinandergeführt und treten so in eine Konkurrenz ein, in der sie sich wechselseitig beleuchten. Von Milton selbst ist eine Übung aus seiner Collegezeit in Cambridge bekannt, eine Prosa-Abhandlung (»Prolusion«) über die Frage »Whether Day or Night is More Excellent«, die als Vorstudie zu »L'Allegro« und »Il Penseroso« gedient haben mag. Die Oppositionsfigur Tag und Nacht verweist wiederum auf eine ikonographische Tradition, der beispielsweise die Illustrationen der vier Temperamente, insbesondere Bilder von Sanguineus und Melancholicus entstammen. – Cf. Milton, *Complete Prose Works*, vol. 1, pp. 216-233.

3 Cf. Robert Burton, »The Author's Abstract of Melancholy«, in *The Anatomy of Melancholy*.

tion, Stimmung, Einstellung zur Welt und zum eigenem Leben werden in Durchgängen durch wechselnde Szenerien geschildert. Dabei entsteht in sehr genauer Parallelführung eine komplexe Wettbewerbssituation, in der der jeweilige Gegenpart sowohl direkt angeredet, kritisiert und geschmäht wird, als auch indirekt in jeder positiven Beschreibung eine Implikation des negierten Pendants mitgeführt wird. Hier herrscht also nicht einfache Komplementarität, sondern eine spannungsreiche Interaktion.

Die Komplexität dieser Struktur liegt allerdings keineswegs offen zutage. Im Gegenteil: Auf den ersten Blick erscheint Miltons Diptychon wenn nicht als rhetorische Fingerübung, so doch als eine Art Museum überkommener Topoi der Melancholiedarstellung. In seinem antiquarischen Gestus ähnelt es durchaus Burtons *Anatomy*. Aber – und auch darin zeichnet sich eine Parallele zu Burton ab – die museale Fassade täuscht. Die Besonderheit, ja die eigentlich ästhetische Qualität dieses Doppelgedichts liegt darin, wie es die Statik seines Museumscharakters in die Schwebe bringt. Ich möchte zeigen, auf welche Weise der Text die von ihm selbst gezogenen Grenzen zwischen den ›Abteilungen‹ übertritt; wie er vermeintlich klare Zuordnungen zweifelhaft werden läßt. Im Rücken der Sprecher, so könnte man sagen, wird eine Gegenrede hörbar: In der folgenden Doppellektüre wird es mir nicht zuletzt auf Miltons Inszenierung dieser Selbstwidersprochenheit bzw. dieser Kippstruktur – auf den Spielraum des Literarischen also – ankommen.

Mein Durchgang durch den »Allegro« setzt ein nach dem zehnzeiligen Präludium (das mit umgekehrten Vorzeichen auch dem »Penseroso« vorausgeht). In den Zeilen 11-24 ruft der Sprecher die »Göttin« Euphrosyne zu sich, eine der drei Grazien, die er zunächst als Tochter der Venus und des Bacchus vorstellt, dann als Tochter Zephyrs und Auroras. Damit ist Euphrosyne oder »Mirth«/ »Freude« zugleich mit Liebe und trunkenem Überschwang assoziiert und mit dem Erwachen der Natur, symbolisiert in Frühling und Morgenröte. Beide Assoziationsketten werden gleich noch weiterverfolgt. Zunächst wird noch das Gefolge der Freude genannt: »Jest and youthful Jollity« mit den zu ihnen gehörigen Späßen, Scherzen und erotischen Neckereien, »Sport« und »Laughter«, schließlich noch »Liberty«, die hier als Oreade, als Bergnymphe also vorgestellt wird. Sodann bittet der Sprecher, in dieses durchaus dionysisch anmutende Gefolge mit aufgenommen zu werden, und stellt sich vor, wie es ihm dann ergehen würde (ab 41). Die folgenden Szenen, die in einer lockeren Sequenz imaginiert werden, sind zunächst frühlingshaft und morgendlich, dann folgen Bilder des Mittags, die eher sommerlich anmuten,[1] dann nimmt die pastorale Idylle eher herbstliche Züge an, und der Tag schließt mit einem festlichen Abend und einer frohen Nacht. Diese Bilder des fröhlichen Landlebens werden abgelöst von Vorstellungen eines glänzenden städtisch-höfischen Ambientes und der entsprechenden Lustbarkeiten und Zerstreuungen, nicht zu vergessen dabei das Theater (auf dem selbstverständlich eher komische oder jedenfalls unterhaltsame Stücke gege-

1 Cf. die »Russet lawns, and fallows grey« in 71 und das Wetzen der Sense in 66.

ben werden, vertreten hier durch die Autoren Jonson und Shakespeare; 117-134). Schließlich hofft der Sprecher noch, in sanfte Musik eingehüllt zu werden und in den schmeichelnden Harmonien der »Lydian airs« dahinzuschmelzen – in Melodien, wie sie selbst Plutos Herz erweicht hätten, als Orpheus Eurydike aus der Unterwelt zu befreien versuchte. Der Text endet mit einem bedingten Versprechen: »These delights, if thou canst give,| Mirth with thee, I mean to live.« (151-152)

Wir haben hier eine Art Revue vor uns, die zwar gleichsam durch das schweifende Auge des Sprechers zusammengehalten wird, das von einem zum benachbarten szenischen Element gleitet, das aber keinen festen Standort zu haben scheint, sondern sich mit und in den Szenen bewegt und durchaus auch Sprünge macht. So heißt es zwar in 69-70: »Straight mine eye hath caught new pleasures| Whilst the landscape round it measures,« einen Rundblick suggerierend; dann aber auf einmal unvermittelt in 117-118: »Towered cities please us then,| And the busy hum of men,« – wo diese auf einmal herkommen oder wie sie sich zu dem eben geschilderten fröhlich-derben Landleben verhalten, wird nicht gesagt. Oder vielmehr: An Stellen wie diesen wird deutlich, daß sie ihren Ort nur in der Imagination des Sprechers haben können, wo die Vorstellungen einander rasch ablösen. Gleichwohl fällt auf, daß das Pronomen der ersten Person Singular eher selten vorkommt: ganz so, als wolle der Sprecher diese subjektive, ja narzißtische Zuordnung vermeiden und den Eindruck erwecken, als folgten gleichsam von seiner Wahrnehmung und Empfindung unabhängige ›objektive‹ Gegebenheiten aufeinander.[1] Ein Ort erscheint hier attraktiver als der andere, das nächste Milieu immer noch faszinierender. Dennoch ergibt sich hier nicht nur keine kohärente Topographie, auch ein Verweilen ist unmöglich. Die Szenen verdrängen einander, überlagern sich fast, so als sollte nach Möglichkeit alles gleichzeitig gegenwärtig sein. Und in der Tat ist die Simultaneität des Verschiedenen oder vielleicht besser: dessen eigenartig atemporale Gegenwart, in der die Serie der mit »And [then]« verbundenen Situationen[2] unbegrenzt fortsetzbar erscheint, ein weiterer Hinweis darauf, daß diese ganze bunte Welt nur Funktion einer bestimmten Bewußtseinslage ist – vielleicht tatsächlich nichts als »vain deluding Joys« eines »idle brain« (wie der Penseroso behauptet).

Mehr noch: das Bildergedränge und die Jagd nach einer dauernd glücklichen Gegenwart, einem zeitenthobenen Jetzt lassen sich auch als Hinweise darauf lesen, daß hier eine Gemütslage vorgeführt wird, die gerade nicht, wie sie behauptet, weit entfernt ist von einer melancholischen Befindlichkeit, sondern die-

1 Zu dieser Beobachtung cf. auch Bridget Gellert Lyons, *Voices of Melancholy*, pp. 149-161, v. a. p. 153: »The major portion of the poem, then, portrays a mind that wills scenes into being and into assuming a kind of independent existence, filling the mind and leaving little space for the subjective. [...] the omission of the first person is really associated in the poem with a process of self-distraction to ward off melancholy [...].«

2 Z. B. 87, 100, 104.

ser im Gegenteil sehr eng benachbart.[1] Ein solches unausgesprochenes Bewußtsein von einer unmittelbaren Nähe der Melancholie, davon, daß sich der Sprecher möglicherweise mitten in einer schwermut-affinen Stimmung befindet, deutet sich in diesem Text nicht nur in den diversen ausdrücklichen Negationen und in der heftigen Zurückweisung jedes Melancholieverdachts an.[2] Wie nahe die Heiterkeit des Sprechers an der Schwermut ist, zeigt sich zum einen schon darin, daß als Vater der von ihm Verehrten zuerst Bacchus, der Gott des Weines und der trunkenen Raserei, genannt wird. Mit einem »bakchischen Taumel« vergleicht indes schon Plato die Begeisterung, die den Dichter im Zustand göttlich inspirierten Wahns ergreift[3] – mit anderen Worten, die Mania, das ›andere Gesicht‹ der Melancholie. Und auch der Autor des *Problems XXX,1* erläutert ausführlich die Ähnlichkeiten zwischen Weinseligkeit und Melancholie. Zum anderen und noch um einiges suggestiver zeigt sich die geheime Verwandtschaft des Frohsinns mit seinem vermeintlichen Gegenteil auch in der Schlußpassage von »L'Allegro«. Dort artikuliert der Sprecher seinen Wunsch nach süßer Selbstvergessenheit, wollüstigem Versinken, Sich-Auflösen im Einklang mit Musik und Gesang, die seine Seele zutiefst berühren. Gerade die hier beschworenen »Lydian airs«, die lydischen Harmonien der Griechen, galten jedoch seit Plato und Plutarch zwar zweifellos als besonders gefühlvoll, ja leidenschaftlich,[4] zugleich als »weichlich« und »schlaff«, »für Trinkgelage geeignet«, auf jeden Fall als zügellos, unmännlich und unseriös; nach Plato waren sie allenfalls müßigen und trägen Gemütern gemäß.[5] Zugleich aber – und dieser Beiklang tritt zum Ende des Textes hin immer stärker in den Vordergrund – wurde ihr Charakter wiederholt auch als traurig und wehklagend bezeichnet.[6] Milton arrangiert die Vorstellung so, daß ein Jammern, eine durchdringende Totenklage mitzuschwingen beginnt. Hinter den Konnotationen frohgemuter Entspannung erscheint ihr dunkelzwanghaftes Gegenteil. Läßt nicht auch das Enjambement in den Zeilen 143/4 einen Augenblick in der Schwebe, wer hier eigentlich entfesselt, in seinem Innersten erlöst und befreit wird? Es könnte dies auch der mit der »hidden soul of harmony« eins werdende Sprecher selbst sein, der aus dieser Perspektive keines-

---

1 Cf. Lyons, *Voices of Melancholy*, p. 153: »[...] a desire for the continued present in which the poem has established its images.«

2 Cf. 45-46 und 135.

3 Ion, 533e.

4 Plutarch berichtet in *De musica* (Kap. 15-17), nach einer Überlieferung sei das Mixolydische von Sappho erfunden worden. Gemischt- ebenso wie hochlydische Tonarten fanden offenbar im Theater bei der Aufführung von Tragödien Verwendung.

5 Plato, *Der Staat*, 398-399.

6 Diese Assoziation bei Plato wie bei Plutarch. – Die eigenartige Zweideutigkeit scheint sich auch nach Miltons Entfaltung der Konnotationen der lydischen Harmonien fortgesetzt zu haben. (*Vor* »L'Allegro« ist überhaupt nur ein näher qualifizierter Gebrauch im *Oxford English Dictionary* belegt: »dainety Lydian [...] Melody« bei Gabriel Harvey, 1593). 1636 nennt sie C. Butler laut OED »a grav', ful, solemn Musik in Discant, for the most' part', of slow tim'.«; bei Dryden heißt es 1697 (in *Alexander's Feast*): »Softly sweet, in Lydian measures, Soon he soothed his soul to pleasures«; 1807 wiederum wird das Lydische bei John Robinson (*Archaeologia Graeca*) als »plaintive« bezeichnet.

wegs nur leichtfüßig-ungebunden erschiene. Einen zusätzlich sinistren Unterton erhalten diese Verschmelzungsfantasien in dem abschließenden mythologischen Traumexkurs. Diese gewissermaßen doppelt fantastische Vision – sie wird präsentiert als im Halbschlaf des Orpheus sich abspielend – führt uns in das Reich Plutos und stellt für einen Moment die Möglichkeit einer Rettung der Geliebten vor Augen. Aber auch diese Imagination erheitert weniger als daß sie wehmütig stimmt. Denn wir wissen, daß die Geschichte von Orpheus und Eurydike nicht gut ausgeht. Der Herrscher der Unterwelt bleibt Sieger; Tod und Trauer bleiben die stärkeren Kräfte.

»Il Penseroso« nun präsentiert auf den ersten Blick die erwarteten Gegensätze zum Haupttenor des »Allegro«. Die im ersten Gedicht verbannte Melancholie wird nun ausdrücklich herbeigerufen, die mit »mirth« assoziierten eitlen Vergnügungen und leeren Freuden werden als törichte »brood of folly without father bred« geschmäht und verscheucht. An die Stelle der Heiterkeit tritt Ernst, Zerstreuung wird abgelöst von Konzentration, Weltliches von (überwiegend) Geistlichem, Helles von Dunklem, ja Schwarzem, Tag von Nacht, Geselligkeit von Einsamkeit, Öffentlichkeit von Abgeschiedenheit, Komödie von Tragödie, visuelle von vorwiegend auditiver Bildlichkeit, Jugend von Reife und Alter.

Ganz offenkundig wird im »Penseroso« die nobilitierte Melancholie apostrophiert: Der fröhlichen »goddess fair and free« wird hier eine »goddess, sage and holy« (11) gegenübergestellt; sie wird als »divinest Melancholy« begrüßt, deren Antlitz schon ihre Heiligkeit erkennen läßt (»saintly visage«, 13) und die von Anfang an mit Weisheit und rechter Einsicht verbunden ist (16). Ihre geistliche Qualität wird nochmals unterstrichen durch die Anrede »pensive nun, devout and pure«, die sie in Zeile 31 erhält; vor allem aber durch ihr Aussehen und ihre Kleidung.

Hier setzt nun ein Prozeß ein, der die gleiche Struktur hat wie der eben für die Schlußpassage des »Allegro« beschriebene, nur gewissermaßen mit umgekehrten Vorzeichen. Milton nimmt eine durchgreifende Umwertung der gängigen Melancholieattribute vor. Natürlich ist die dominante Farbe *schwarz* – der *schwarzen* Galle angemessen –, aber die klassische *facies nigra*, die die Humoralpathologie der Melancholie zuschreibt, wird völlig uminterpretiert. Sie erscheint nicht länger als Zeichen der Seelenverfinsterung, sondern zunächst als Zeichen besonderer Schönheit in der Assoziation mit den königlichen Afrikanerinnen (18-19).[1] Sie dient aber zugleich als Hinweis auf die Göttlichkeit der Figur: Ihr Antlitz ist so strahlend, daß menschliche Augen es nur verhüllt anschauen können – wie die Herrlichkeit Gottes, mit der sie auch im folgenden immer wieder assoziiert wird.[2] Die Schwärze ist also paradoxes Anzeichen unüberbietbaren Lichts, größter Strahlkraft. Auch ihre Kleidung ist schwarz; ein geistliches Gewand, das die Distanz zur Farbigkeit der profanen Welt anzeigt, das Zucht und

1 Gewiß auch eine Anspielung auf Hld 1, 5 (in der Authorized Version: »I am black, but comely [...]«).

2 Cf. auch die Darstellung der Weisheit in Spr 8.

Keuschheit signalisiert – nicht zuletzt in Konkurrenz zur blumen- und hahnenbunten Euphrosyne. Damit wird gleich zu Beginn des Textes eine Tradition mystisch-neuplatonischen Sprechens aufgerufen, für die die tiefste Dunkelheit paradoxes Zeichen der Gottesnähe bzw. der Unsagbarkeit des Göttlichen ist.

Zur Beschreibung der Abkunft der Göttin Melancholie bemüht der Sprecher wie im »Allegro« die antike Mythologie. Miltons Genealogie zufolge ist sie eine der inzestuösen Verbindung Saturns mit seiner Tochter Vesta entsprungene Tochter Saturns (23-30). Wichtig ist, daß diese Geburt sich noch vor Zeus' Zeit ereignet; so erscheint Saturn nicht als Kinderverschlinger Kronos, sondern ambivalent, als Herrscher des Goldenen Zeitalters, die Melancholie als sein direkter Abkömmling, gleichsam sein weibliches Pendant.

Der Habitus der Melancholie wird in 37-44 indes als weit entfernt von jeglichem Libertinismus, wie er im Goldenen Zeitalter gestattet gewesen sein mochte, geschildert. Sie erscheint nicht nur als gesetzt, beständig, fromm und keusch, sondern vor allem als Inbegriff der Kontemplation: Ihr Blick ist abwechselnd auf den Himmel und die Erde gerichtet. Ein *furor divinus*, »holy passion«, läßt sie völlig selbstvergessen ganz in der Schau des Göttlichen aufgehen – »Thy rapt soul sitting in thine eyes«; aber gerade diese ekstatische Verzückung ist im Wechsel zu »sad leaden downward cast« des Blicks gekennzeichnet als eine klassisch saturninische, die ebenso unerschütterlich und unwiderstehlich, wie sie sich ›nach oben‹ gezogen fühlt, sich erdhaft verankert weiß (44). Hier erkennen wir eine paradoxe Denkfigur wieder, die uns schon bei Ficino begegnete. Auch im *Liber de vita* erschien die melancholische Disposition als eine, in der sich maximale Entfernung vom Irdischen, inspirierte Abstraktion, mit intensivster Sammlung und Wesensschau verbanden. Die ihr gewährte Kontemplation vereinigt in sich gleichsam die Sphären; das Sinnlich-Konkrete wird in die Schwebe gebracht und so doch bewahrt. Ernst Cassirer hat diese Figur einer Vermittlung zwischen Teilhabe an einem Universum sinnvoller Korrespondenzen einerseits und andererseits Randständigkeit, ja Getrenntsein von der behütenden Ordnung für ein Kennzeichen der menschlichen Verfassung in dieser Epoche gehalten. Eben diese charakteristische »Wechselbestimmung« von Partizipation und Transzendenz, in der »die totale H i n w e n d u n g zur Welt und die totale U n t e r s c h e i d u n g von ihr«[1] im gespannten Gleichgewicht gehalten werden, findet sich auch in Miltons Profil der Melancholie. In ihrer kontemplativen Doppelorientierung ist sie ausgezeichnet durch vollkommene Konzentration und vollkommene Entrücktheit. Sie ist ganz bei sich, indem sie ganz bei anderem ist.[2]

---

1 Ernst Cassirer, *Individuum und Kosmos in der Philosophie der Renaissance*, Darmstadt 1969, p. 91 (Sperrung im Original).

2 Daß Milton die Melancholie mit einem starken, jüdisch-christlich überarbeiteten Begriff von Kontemplation in Verbindung bringt, zeigt sich übrigens auch im Gefolge der Göttin. Deren ›Troß‹ umfaßt nicht nur »Peace«, »Quiet« und »Fast« – Askese als Bedingung künstlerischer Kreativität (cf. 47-8) –, sondern vor allem den »cherub Contemplation«. Die Kerubim sind die einzigen Wesen, die die direkte Anschauung Gottes ertragen können; zudem erscheint »Contemplation« hier direkt mit der Herrlichkeit Gottes verbunden, so wie sie in der berühmten Thronwagenvision des Propheten Ezechiel dargestellt wird (cf. Ez 1, 4-28 und 10, 1-22).

Die einzige, die mit dem Schweigen, das die Melancholie begleitet, konkurrieren kann, ist die Nachtigall (56-64). Sie wetteifert auch mit der Lerche, die im »Allegro« den Morgen begrüßt. Emblematisch ungleich vieldeutiger als diese, läßt sich die Nachtigall als Hinweis auf die Poesie, als Bild des Dichters, ja als Selbstporträt Miltons verstehen. Allerdings ist ihre Geschichte, in den *Metamorphosen* berichtet, eine traurige, ihr betörender Gesang eher ein elegisches Schluchzen. Sie steht ja auch deshalb im Wettbewerb mit »mute Silence«, weil sie bei Ovid als Philomela von ihrem Vergewaltiger brutal zum Schweigen gebracht wird und erst mit der Verwandlung zur Nachtigall ihre Stimme wiedererhält. – Die Künderin der Dämmerung und der Nacht leitet über zu einer Sequenz nächtlicher Szenen. Anders als im »Allegro« tritt aber nun die visuelle gegenüber der auditiven Qualität des Vorgestellten stark zurück. Es gibt zwar Hell-Dunkel-Kontraste, aber keine Farben. Ausdrücklich wird auch sowohl auf Gesehenwerden verzichtet – der nächtliche Wanderer ist »unseen«[1] – als auch auf das üppig bewegte Landschaftspanorama. Hier bieten sich allenfalls karge Anblicke wie der Mond über einer Eiche, monotone Flächen wie der Rasen, der Himmel und das Meer, das überdies nur als langsames und gleichförmiges Geräusch wahrnehmbar ist.[2]

Ohnedies scheint es den Nachdenklichen eher zu drängen, seine Einsamkeit in geschlossenen Räumen, fernab vom Getriebe zu pflegen.[3] Prototypisch findet er sich wie Hieronymus im Gehäus in einem Turmzimmer hoch oben, zur Himmelsbeobachtung und zum ungestörten Studium geeignet. Dort verbringt er die Nächte wachend, vertieft in philosophische Spekulation. Bemerkenswert erscheint der Gestus der Grenzüberschreitung, der sich in hyperbolischen Wendungen wie »outwatch the Bear« oder in der Absicht, »[to] unspheare| The spirit of Plato« andeutet. Indes wird nicht nur der Geist Platos beschworen; auch esoterisches neuplatonisches Gedankengut, wie es dem Trismegistus (»thrice great Hermes«) zugeschrieben wurde, ist Gegenstand der Betrachtung. Dem eindringlichen Forschen des nächtlichen Grüblers erschließen sich so auch die Geheimnisse der Sterne, der Elementargeister und Dämonen – möglicherweise auch dies eine Anspielung auf Ficinos kosmologisch-spiritistische Spekulationen in *De vita*.

In den Schlußzeilen 155-174 verändert sich die Szenerie nochmals auf bedeutsame Weise. Der Sprecher sieht sich nun in einem Kircheninnenraum, einer Kathedrale vielleicht, die mit ihrem Kreuzgang an eine ältere geistliche Tradition erinnert. In diesem erhabenen Raum stellt er sich die Teilnahme an einem – offensichtlich anglikanisch-hochkirchlichen – Gottesdienst vor. Hier erlebt er das Gegenstück zur wollüstigen Entgrenzungsfantasie am Schluß von »L'Allegro« in Gestalt einer ekstatischen Erhebung, in der er den Himmel offenstehen sieht. Das manisch anmutende Gaukelspiel der Einbildungskraft ist jetzt ersetzt durch ›echte‹ religiöse Mania:

---

1 Cf. »not unseen« im »Allegro« (57); dort gab es gleichsam überall Augen.

2 Cf. 66, 70, 75-76.

3 Siehe vor allem 85-96.

There let the pealing organ blow,
To the full-voiced choir below,
In service high, and anthems clear,
As may with sweetness, through mine ear,
Dissolve me into ecstasies,
And bring all heaven before mine eyes. (161-166)

In diesem Aufschwung zum Göttlichen möchte der Sprecher geradezu vergehen – seine Körperlichkeit löst sich ihm gleichsam auf.[1]

Diese Vorstellung wird zum Schluß jedoch noch überboten durch ein eher asketisches Tableau. Der Sprecher imaginiert sich als altgewordenen Eremiten im härenen Gewand in bemooster Zelle. Seine Beschaulichkeit erscheint indes nicht nur religiös gefärbt – vielmehr erlangt er »something like prophetic strain« (174) erst auf der Grundlage langer Lebens- und vor allem wissenschaftlicher Erfahrung. Denn er ist astronomisch und naturphilosophisch tätig, und erst seine geduldige ›Entzifferung‹ der Natur und der Himmelskörper, seine gleichsam hermeneutische Vertiefung in das, was ist, läßt ihn nach und nach zum Propheten werden, zu einem wirklichen Visionär, der die Grenzen seines Bewußtseins transzendiert und anderes, Zukünftiges und geistlich Wahres schaut und mitteilt.[2]

Es ist nicht zu übersehen, daß in Miltons Doppelgedicht ein Spannungsverhältnis entworfen wird, das Extreme zueinander in Beziehung setzt. Aber die Gegensatzgrenzen verlaufen keineswegs eindeutig zwischen den Texten, sondern, wie wir beobachten konnten, häufig textintern. Zudem zeichnen sich eine Reihe von Parallelen zwischen dem scheinbar Unvereinbaren ab. Wird die vermeintliche Opposition also tatsächlich von einer geheimen Einheit überlagert? In jedem Fall scheinen wir es mit einer Kippfigur zu tun zu haben, die weniger *zwischen*, als vielmehr *in* den Texten umbricht.

---

1 Wieder schwingen hier deutlich Ficinianische Konnotationen mit; cf. Marsilio Ficino, *De vita* [*Three Books on Life*], 1, 4, 43-48: »Quod quidem Plato noster in *Timaeo* significat, dicens animum divina saepissime et intentissime contemplantem alimentis eiusmodi adeo adolescere potentemque evadere, ut corpus suum supra quam natura corporis patiatur exsuperet, ipsumque vehementioribus agitationibus suis aliquando vel effugiat quodammodo, vel nonnunquam quasi dissolvere videatur. [My author Plato signified this in the *Timaeus*; he said that the soul contemplating divine things assiduously and intently grows up so much on food of this kind and becomes so powerful, that it overreaches its body above what the corporeal nature can endure; and sometimes in its too vehement agitation, it either in a way flies out of it or sometimes seems as if to disintegrate it.]«

2 Zum Zusammenhang zwischen Melancholie/Manie und »Lesbarkeit« der Welt im Sinne Blumenbergs cf. Bader, *Melancholie und Metapher*, pp. 62-63: »Der Melancholie opponiert die Manie: Welt als jederzeit aufgeschlagenes Buch, und wohin man nur blickt, alsbald spricht diese Welt in deutlichen, zusammenhängenden Sätzen; die Schuppen von den Augen, die Graubrille zerbrochen; das Erstaunliche ist die gänzliche Mühelosigkeit des Lesens, die ganze Welt bietet sich dem Lesenkönnen dar. Kern der manischen Erfahrungsunfähigkeit ist es: *Alles spricht. Alles ganz leicht.* Nur entpuppt sich das vermeintliche Lesenkönnen in der Manie als Lesenmüssen, das heißt als Wahn, in allem etwas lesen zu müssen. So führt die Manie zur Idee der Welt als eines absoluten Buches […].« – Die Nähe zu Miltons »Penseroso« ist ebenso deutlich wie ein entscheidender Unterschied, der die Manie wieder in die Schwebe bringt: die Beanspruchung eben dessen, was der Lesbarkeitswahn ausschließt – »old experience« (173). Die Erfahrung aber, um die es geht, ist zugleich die, die der Text als literarischer ermöglicht.

Gegen eine einfache Kontrastierung sowie gegen eine nur die traditionellen Lehrmeinungen reproduzierende Unterscheidung von guter vs. schlechter Melancholie spricht einiges – nicht zuletzt, daß beide Texte, keineswegs nur der »Allegro«, Versionen von Vergnügen vorstellen. Anders als in Burtons *Anatomy*, wo sich die beklagenswerte »melancholy madness« über die ganze Welt ausgebreitet hatte, werden hier beide Gemütsverfassungen auf ihre Weise ausdrücklich genossen. Pointiert ausgedrückt: Wir haben es bei Miltons Text offenbar weniger mit zwei Arten von Melancholie zu tun als mit zwei Versionen von *Mania* – einer stärker immanent und einer eher transzendent orientierten. Wir konnten sehen, wie die Neigung beider Sprecher zur jeweiligen Gegenpartei ihre Diskurse wiederholt ineinander konvertiert. Mehr noch: Beide Gedichte werden an mindestens zwei Stellen eigenartig austauschbar. So zum einen, wenn sie auf die Kunst, zum anderen, wenn sie auf den Orpheusmythos zu sprechen kommen (und beide Motivkomplexe sind ja offenkundig miteinander verwandt). Die vom »Allegro« gewünschten Lydischen Harmonien haben ebenso die Macht, die Seele des Orpheus zu wecken und herbeizuzitieren, wie die vom »Penseroso« der jungfräulichen Melancholie zugeschriebenen Kräfte; und die unterschwelligen Verknüpfungen mit der jeweils ›offiziell‹ ausgeschlossenen Interpretation der Reise in die Unterwelt haben wir bereits bemerkt. Beide Gottheiten unterhalten ein besonders inniges Verhältnis zu Schlaf und Traum;[1] und auch, wenn die Sprecher ausdrücklich auf die Künste zu sprechen kommen, beginnen die Texte einander zu ähneln: Der »Allegro« hat Gefallen an der Bodenständigkeit Shakespeares (ohne damit nur die Komödien zu meinen), der »Penseroso« preist ausführlich Chaucer (der gewiß nicht nur als tragischer Dichter rezipiert wurde). Alles in allem scheint sich eine übergreifende Ästhetisierung der Melancholie abzuzeichnen – und dies nicht nur, weil beide Gedichte die Struktur eines ausgedehnten Musenanrufs aufweisen.

Diese Einheitlichkeit läßt sich noch einmal aus einer Perspektive bestätigen, die in Miltons Zusammenschau tradierter Melancholieauffassungen eine weitere epochale Neuerung erkennbar werden läßt: die Umrisse frühmoderner Subjektivität. Unser Lektüredurchgang hatte an mehreren Stellen eine Annäherung an Ficinianische, Mania-betonte Vorstellungen melancholischen Selbstseins ausmachen können. Auch deutete sich bereits an, daß diese über die Entdeckung punktueller thematischer oder motivlicher Korrespondenzen hinausging und ihren Grund nicht zuletzt in der Art und Weise hatte, wie beide Sprecher einander wahrnehmen und wie ihre Diskurse miteinander interagieren. Diese Perspektivierung und das wechselseitige Antworten auf die implizite Sichtweise des jeweils anderen ist ein Verfahren, das sich als Anzeichen eines Bewußtseins der Standortgebundenheit von Wahrnehmungen, damit als Aufweis der sie strukturierenden Individualität lesen läßt. Daneben drängen sich weitere Beobachtungen auf, die die Miltonsche Melancholie auf proto-subjektive Konturen hin durchsichtig werden lassen. So sind beide Sprecher genau besehen allein mit sich – auch der

1 Cf. »L'Allegro« 115-116, 129, 146; »Il Penseroso« 9-10, 139-150.

»Allegro« ist ja nie Teilnehmer, sondern stets Zuschauer der von ihm vorgestellten Geselligkeit –; beide sind hochreflektiert, insofern sie sich selbst beobachten, sich als Imaginierende imaginieren, die überdies immer wieder über die Grundlagen poetischer Kreativität nachsinnen. Auch schwindet in den hier vorgeführten Selbstverhältnissen zusehends die schwermütige Komponente. Das Bewußtsein, das sich hier ausspricht, bindet seinen subjektivitätstheoretischen Vorgriff allerdings ausdrücklich an ältere Auffassungen des religiösen Enthusiasmus zurück. Miltons retrospektive Antizipation sucht wiederzubeleben und mitzuführen, was schon im Absinken begriffen ist. Der Ort ihres genuin platonischen Substrats wird sich in der Folgezeit signifikant verändern, die schwierige Balance des Melancholiebegriffs wird sich in einer Weise verschieben, die ihn sprengt. Bei Milton erscheint sie indes noch – vielleicht ein letztes Mal – gewahrt.

Bevor ich abschließend auf diesen Gedanken zurückkomme, möchte ich noch andeuten, welcher Art die sich anbahnenden Veränderungen sind. In einem etwa dreißig Jahre nach Miltons »L'Allegro« und »Il Penseroso« veröffentlichten Gedicht aus der gleichen Gattung – wenn auch ohne vergleichbare ästhetische Qualität – finden sich interessante Aufschlüsse in dieser Richtung. Margaret Cavendishs »*A* Dialogue *between* Melancholy *and* Mirth«[1] läßt zunächst *Mirth*, dann *Melancholy* selbst zu Wort kommen und beide als Bewerberinnen um die Gunst des (als männlich figurierten) Sprecher-Ichs auftreten. Beide werden in einem langen Präludium als Gedankenkomplexe, Imaginationen oder Strebungen eben dieses Ichs gekennzeichnet.

Mirth ist hier zwar die erste Sprecherin, wird aber wesentlich eindeutiger als bei Milton von *Melancholy* ausgestochen. Mehr noch: *Mirth* überführt sich im Grunde genommen selbst als ebenso attraktive wie leichtlebige Verführerin, die zwar ihre Konkurrentin nach Kräften in Verruf zu bringen sucht, deren Melancholieschelte aber gleichsam wider Willen zu einem Preis der Nebenbuhlerin gerät:

She [i.e. Melancholy] loves to walk in the still Moon-shine Night;
And in a thick dark *Grove*, she takes delight.
In *Hollow Caves, Thatch'd Houses*, and *Low Cells*,
She loves to live, and there alone she dwells.
Her *Ears* are stopt with *Thoughts*, her *Eyes* pur-blind;
For all she hears, or sees, is in the *Mind*:
But, in her *Mind*, luxuriously she lives;
Imagination, several Pleasures gives.
Then leave her to her self, alone to dwell;
Let you, and I, in *Mirth* and *Pleasure* swell,
And drink long lusty Draughts from *Bacchus*'s Bowl,
Until our *Brains* on Vaporous Waves do rowl:

Eben dieses verschwenderische Leben der Einbildungskraft, das *Mirth* ihr hier zum Vorwurf machen will, wird *Melancholy* indes den entscheidenden Vorteil si-

1 Margaret Cavendish, *Poems, or, several Fancies in Verse: with the Animal Parliament, In Prose.* Written by the Thrice Noble, Illustrious, and Excellent Princess the Duchess of Newcastle. The Third Edition. London: A. Maxwell, 1668, pp. 109-115.

chern. Ganz anders als bei Milton gibt es hier einen klar positionierten ›Erzähler‹, der schon im Präludium als von beiden Allegorien angeredetes Ich fungiert, eine einheitliche und durchschaubare Wertungsperspektive vorgibt und die beiden Damen gleichsam wie Handpuppen gegeneinander agieren läßt.

Die Melancholie nun redet wie im »Penseroso« etwas länger als die Heiterkeit; sie erscheint auch mit einer ganzen Reihe ihrer traditionellen Attribute ausgestattet. So ist sie mit besonders tiefer Einsicht und privilegiertem Zugang zur Wahrheit versehen; erscheint sie nüchtern, ernst und beständig, jedoch auch bescheiden und nicht ohne eine »comely Grace«. Insgesamt weicht Cavendishs *Melancholy* aber spürbar vom orthodoxen Bild der Schwermut ab – und daß diese Abweichung intendiert ist, zeigt sich nicht zuletzt daran, daß diverse konventionelle Melancholiezüge schlicht ausdrücklich abgestritten werden. So weist sie heftig den Verdacht zurück, sie hänge unnützer Sorge, falschen Skrupeln und quälenden Zweifeln nach; »madness« wird glatt *Mirth* in die Schuhe geschoben; auch sind ihre bevorzugten Aufenthaltsorte eher amön als schrecklich:

I dwell in Groves, that Gilt are with the Sun;
Sit on the Banks, by which clear Waters run.
In Summers hot, down in a Shade I lye;
My Musick is, the Buzzing of a Flye:
Which Flyes, do in the Sun-beams dance all day,
And harmles[s]ly do pass their time away.
I walk in Meadows, where grows fresh green Grass;
In Fields, where Corn is high, I often pass:
Walk up the Hills, where, round, I Prospects see;
Some brushy VVoods, and some all Champains bee:
[...]

So fallen einige der klassischen Melancholie-Aspekte, die bei Milton noch stark gemacht wurden, gänzlich dahin. Es gibt hier, von schwachen Echos abgesehen, keinerlei Affinitäten mit einem religiösen Furor mehr. Das, was *Melancholy* zuletzt massiv ins Feld führt, ist gleichwohl genau das, was ihr *Mirth* zum Pseudo-Vorwurf gemacht hatte: das sinnende, beschauliche Verharren in der eigenen Immanenz; die Selbstgenügsamkeit des in sich vollkommen abgeschlossenen »Mind«, in dem sich ein unvergleichlich reiches, buntes, zugleich beschütztes Leben abspielt:

And there I dwell in quiet and still Peace,
Not fill'd with Cares, how Riches to encrease.
I wish, nor seek for vain and fruitless Pleasures;
No Riches are, but what the Mind intreasures.

In der letzten Zeile der Passage ist die Reduktionsfigur komplett. Die Melancholie *ist* das Bewußtsein geworden – und indem sie alles das ist, was ihr zu Beginn des Textes noch scheinbar den Rahmen verlieh, ist sie nicht länger Melancholie. Denn jetzt gibt es nichts mehr außer ihr selbst.

Fassen wir zum Schluß die Veränderungen der poetischen Melancholie in den Blick, wie sie die in diesem Abschnitt besprochenen Texte kartieren. Es deutet sich an, auf welche Weise sich die Melancholiedoktrin zunehmend in die Matrix einer Ästhetik verwandelt, die erst um die Jahrhundertwende – etwa von Shaftesbury – expliziert wird. Dabei machen sich reduktive Tendenzen bemerkbar; allerdings keineswegs linear oder in konsequenter Steigerung. So erscheint ja schon bei Burton (nicht erst bei Cavendish) das Transzendenzpotential der Melancholie geschwächt, während eben dieses in Miltons »L'Allegro« und »Il Penseroso« (und anders in Herberts Dichtung) nochmals evoziert wird. Mehr noch: Bei Milton wird es nicht nur thematisiert und – als Bestandteil einer bereits abgelebten Auffassung – gleichsam ausgestellt, sondern wirkungsstrukturell zur Erfahrung gebracht. Zentrales Verfahren ist dabei die Inszenierung einer Wertungsantinomie zwischen (manischer) Freude und (manischer) Schwermut, die durch die Textstrukturen paradox behauptete gleiche Geltung des wechselseitig Ausgeschlossenen. Die Mania spielt zugleich in und zwischen den Texten. Eine solche Strategie sieht indes keinen Standpunkt mehr vor, auf den wir uns noch stellen bzw. von dem aus wir noch beruhigt ein Ganzes wahrnehmen könnten. Die einzige Ausnahme wäre eine radikal alteritäre Position – die aber ist unvordenklich und nicht verfügbar, damit jeder diskursiven Artikulation entzogen. Wir bleiben von ihr ausgesperrt; dennoch wird sie in Miltons Text als eine seiner Begrenzungen markiert. Zugleich aber erweist sich damit die Melancholie als Figur des emanzipierten Literarischen. Ihr Einheitsgrund, den der Renaissanceplatonismus noch systematisch bestimmen zu können meinte, erscheint bei Milton gleichsam ausgelagert. Oder genauer: Sein Ort ist der Bereich poetischer Wirkungsstrukturen. Die Literatur übernimmt so Funktionen, mit denen der zeitgenössische philosophische Diskurs überfordert zu sein scheint – aber sie erfüllt sie auf eine Weise, die die ins Spiel gebrachten problemgeschichtlich virulenten Positionen nicht unverändert läßt.

Im Zuge der wachsenden Ästhetisierung der Melancholie treten neue und andere Elemente zu dem in Frage stehenden Problemkomplex hinzu. Zwar gerät vorübergehend in Vergessenheit, was die Renaissance noch wußte: daß sich das neuzeitliche Selbst als schwermütiges findet. Aber statt dessen zeigen sich die Konturen einer Subjektivitätsvorstellung, die ihren Transzendenzverlust kompensiert, indem sie das imaginativ begabte Selbst bei sich einkehren und damit – in Alterierung des Quijotischen Ingeniums – produktiv werden läßt. Mit dieser autoreflexiven Wendung wird die melancholische Imagination zunehmend zu einem Positivum. Sie wandelt sich, ins Manische gewendet, von einem bloßen Reservoir bei Gelegenheit aufzurufender Erinnerungen zu einer genuin kreativen Instanz, die nicht nur Reichtümer birgt und hortet, sondern selbst hervorbringt. Wurden die Besucher in der Kammer von Spensers *Phantastes* noch von dessen Einbildungen umschwärmt, ja terrorisiert wie von monströsen Insekten,[1] so ist solches Fliegensummen für eine Autorin wie Margaret Cavendish nurmehr angenehme Begleitmusik für die selbstgenügsam sinnende und durch und durch

1 Cf. Edmund Spenser, *The Faerie Queene* 2. 9. 49-52, in: *The Works of Edmund Spenser. A Variorum Edition. Vol. 2. The Faerie Queene. Book Two*, ed. Edwin Greenlaw et al., Baltimore 1966.

lobenswerte Betätigung ihrer zur ›Kontemplation‹ nurmehr stilisierten Imagination.

Milton bereitet diesen Schritt vor, aber er vollzieht ihn noch nicht in dieser Ausschließlichkeit. Seine Texte bewahren die Umrissse der ephemeren Kippfigur melancholischer Subjektivität als Wirkungsstruktur. Daß mit dem Index des Melancholischen zugleich ein Vorbehalt gegenüber ›neuen‹, eine Ausblendung von Alterität vorbereitenden Subjektivitätsformationen angebracht ist, zeigt sich nicht zuletzt auch an der Art und Weise wie in der Figur Satans in *Paradise Lost* nochmals die ambivalente Grundstruktur melancholischen Selbstbewußtseins inszeniert wird. Zwar spricht in der satanischen Mania die Hybris -

> The mind is its own place, and in it self
> Can make a Heav'n of Hell, a Hell of Heav'n.[1]

Aber die Überheblichkeit solcher Selbstbespiegelung, die Fähigkeit imaginativer Selbstvergewisserung, die Satan hier gegen seinen Höllensturz aufbietet, garantiert auch Autonomie und Selbigkeit – »A mind not to be chang'd by Place or Time«.[2] Dennoch bleibt ihr Überschwang ein schwermütiger, denn die Allmacht Gottes besteht als unüberwindliche Konkurrenz und fortwährende Anfechtung der satanischen Selbstermächtigung weiter.[3] So können diese Texte gleichsam als Gedächtnis – als Reservat und als Denkmal – eines Epochenbewußtseins fungieren, das ›Subjektivität‹ anders dachte: als dynamisches Äquilibrium einer fortgesetzten Bewegung zwischen den Polen schwermütiger Selbstverfangenheit, in sich laufender Reflexion und manischer Welt- und Selbstvergessenheit, vor der Folie eines möglichen, alteritären Einheitsgrundes beider Tendenzen.

---

1 Milton, Paradise Lost 1. 254-255, in: *The Poetical Works of John Milton. Vol I. Paradise Lost*, ed. Helen Darbishire, Oxford 1978.

2 Ibid. 1. 253.

3 Cf. auch ibid. 4. 17-31; 9. 467-470.

Kapitel V
Pastorale Aporien[1]

[...] tragedy, comedy, history, pastoral,
pastoral-comical, historical-pastoral,
tragical-historical, tragical-comical-historical-
pastoral, scene individable, or poem unlimited.
[*Hamlet*, II, ii, 392-396]

Daß der als Motto dieses Kapitels gewählte Katalog, mit dem Polonius Hamlet gegenüber die Fähigkeiten und das Repertoire der gerade eingetroffenen Schauspieltruppe herausstreicht, im »poem unlimited« endet, vermag nach einer Weile der Beschäftigung mit der frühneuzeitlichen Pastoraldichtung kaum mehr zu überraschen. Und auch Louis Montroses Bemerkung: »Modern theories of pastoral have a way of turning into theories of literature«,[2] erscheint unmittelbar einleuchtend. Für diese Universalisierungstendenz gibt es einige strukturelle Gründe, aber auch historische, war doch die Pastorale etwa 2000 Jahre lang eine der wichtigsten literarischen Gattungen. Der Gegenstand dieses Kapitels erscheint demgegenüber auf den ersten Blick eher eingeschränkt: Es geht um die englische Pastoraldichtung des 17. Jahrhunderts, vor allem um Andrew Marvell, eingefaßt von einer Lektüre von Miltons »Lycidas« und Grays »Elegy Written in a Country Churchyard« und in einer Coda noch einmal etwas anders perspektiviert durch drei Gedichte Aphra Behns. Daß dabei gleichwohl Generelles auszuführen ist, hat unter anderem mit den generischen Besonderheiten der Pastorale zu tun, nicht zuletzt mit ihrer extremen Konventionalität. Gerade in der Untersuchung der historischen Spezifik der ausgewählten Texte können sich zudem Aufschlüsse gewinnen lassen, die über regional und kulturell bedingte Eigenarten der englischen Literatur hinausgehen.

Zu diesen zählt ja das Fehlen des traditionellen ›Barock‹-Stereotyps.[3] Schematisierend könnte man einige der literaturgeschichtlichen Besonderheiten und

---

1 Eine Fassung der ersten beiden Teile dieses Kapitels wurde anläßlich des Romanistischen Kolloquiums 1997 in Bad Homburg präsentiert; sie erscheint unter dem Titel »Aporien der pastoralen Imagination« in: Joachim Küpper, Friedrich Wolfzettel, eds., *Aspekte des Barock*, München 1999.

2 L. A. Montrose, »Of Gentlemen and Shepherds: The Politics of Elizabethan Pastoral Form«, *ELH* 50 (1983), 415-459, hier: p. 415. – Daß auch die Umkehrung der Beobachtung Montroses gilt, zeigt sich im Blick auf W. Iser, *Das Fiktive und das Imaginäre. Perspektiven literarischer Anthropologie,* Frankfurt 1991: Dort wird die Renaissancebukolik zum »Paradigma literarischer Fiktionalität« erhoben.

3 In der erweiterten Ausgabe der *Princeton Encyclopedia of Poetry and Poetics* (A. Preminger et al., eds., London 1975) schlägt L. Nelson, Jr., eine Wiedereinführung des Begriffs »Baroque« auch

Veränderungen auf der vom Tridentinum nur indirekt berührten Insel[1] ungefähr wie folgt skizzieren: Beschreibt der Terminus »Barock« eine Reaktion auf stufenweise erfolgende Zersetzungen eines Denkens am Leitfaden der Ähnlichkeit,[2] die im mittelalterlichen Nominalismus beginnen und ihren Höhepunkt in einer »Chaotisierung« des Renaissancediskurses finden, so lassen sich derartige Auflösungserscheinungen, gefördert durch die nach 1562 verstärkt einsetzende Skepsisrezeption,[3] auch in England feststellen. Dennoch scheint die Antwort in Gestalt einer emphatischen, ideologisch, insbesondere theologisch motivierten »Renovatio« hier auszubleiben. Oder genauer: das Brüchigwerden des Analogismus überlagert sich in einer Weise mit Versuchen der Restituierung alter oder der Instituierung neuer – beispielsweise puritanischer, aber auch szientifischer – Ordnungsdiskurse, die sich der Beschreibung nach einem Modell klar voneinander geschiedener Phasen nicht fügt. Dem Epistemezerfall in England mangelt die Dramatik – er ergibt sich eher als ein Prozeß der Integration und der Hybridisierung potentiell explosiver Bestände.[4] Unter der Intuition des Individuellen (wie sie sich paradoxerweise vielleicht am deutlichsten in der Staatstheorie Hobbes' niederschlägt) und geprägt von Empirismus, Partikularisierungsneigung und an-

---

für die englische Literatur vor: »For those who view Western literature as a whole, and whose concern is to find a period term for the literary style between the decline of the Renaissance and the rise of the Enlightenment, no other word is as convenient.« (Art. »Baroque«, hier: p. 66) Indes bleiben Nelsons Argumente für die Beschreibungskapazität des Begriffs im Blick auf die englische Literatur vorrangig stilistische; sein Versuch, »the so-called world-view of baroque poetry« zu charakterisieren, kommt nicht wesentlich über die Feststellung des Antithetischen hinaus (p. 68).

1 Zu den Auswirkungen gegenreformatorischen Erbauungsschrifttums auf die englische Lyrik vor allem in der ersten Hälfte des 17. Jahrhunderts vgl. aber das Standardwerk von Louis Martz, *The Poetry of Meditation. A Study in English Religious Literature of the Seventeenth Century*, New Haven 1962.

2 Ein derartiges Barockverständnis wird vor allem nahegelegt durch die Art und Weise, wie Joachim Küpper das Konzept im Anschluß an Hans Blumenberg und in kritischer Auseinandersetzung mit Foucault für die spanische Literatur entfaltet hat; cf. *Diskurs-Renovatio bei Lope de Vega und Calderón*, Tübingen 1990. – Auch die nachfolgend gebrauchten Begriffe der »Chaotisierung« und der »Renovatio« bei Küpper.

3 S.o. Kapitel 3 zu den Entwicklungen in der Literatur des ausgehenden 16. Jahrhunderts. – Der englische Skeptizismus weist einen ausgesprochen synkretistischen Charakter auf; vor allem im 17. Jahrhundert verbindet er sich mit rationalistischen, naturalistischen, atomistisch-materialistischen und empiristischen, aber auch neoplatonischen Strömungen. Eine Summe des tradierten philosophischen Wissens um die Mitte des 17. Jahrhunderts bietet Thomas Stanleys *History of Philosophy* (1655-1662); für die Skepsisrezeption von besonderem Interesse sind die Abschnitte über »the *Academick* Philosophers« sowie über »the *Sceptick* Sect«, die u.a. eine vollständige Übersetzung der *Hypotyposen* des Sextus Empiricus enthalten. (Cf. *The History of Philosophy*, repr. Hildesheim 1975.)

4 Ein gutes Beispiel hierfür ist die Descartes-Rezeption der Cambridge Platonists; cf. hierzu schon Marjorie Nicolson, »The Early Stage of Cartesianism in England«, *Studies in Philology* 26 (1929), 356-374, sowie die Erörterung möglicher ›Einflüsse‹ auf einzelne Denker zu Beginn der sechziger Jahre, e.g. J. E. Saveson, »Descartes' Influence on John Smith, Cambridge Platonist«, *Journal of the History of Ideas* 20.2 (1959), 258-263; J. E. Saveson, »Differing Reactions to Descartes Among the Cambridge Platonists«, *JHI* 21.4 (1960), 560-567; Danton B. Sailor, »Cudworth and Descartes«, *JHI* 23.1 (1962), 133-140. – Zum skeptisch-platonischen Sonderweg Henry Mores s.u. Kapitel 7.

ti-metaphysischer (jedenfalls anti-aristotelischer und anti-scholastischer) Haltung der experimentellen Naturwissenschaften scheint sich hier weniger eine Domestizierung als eine Exploration von Kontingenz zu vollziehen, in deren Verlauf selbst der ›manieristische‹[1] Rückgriff auf Analogismen eher skeptische Effekte erzeugt, als daß ihm dogmatisch stabilisierende oder revisionistische Funktionen zuwüchsen.

Beim Versuch, diese Eigenart der englischen frühneuzeitlichen Literatur näher zu bestimmen, verspricht der Blick auf die Pastoraldichtung interessante Einsichten. Nicht nur wegen ihrer europaweiten Verbreitung oder wegen der generischen Sogwirkung, die sie ihrer asynchronen Entwicklung in den einzelnen Gattungen und Nationalliteraturen zum Trotz entfaltet, erscheint die Pastorale als besonders geeignetes Medium zur Erkundung wechselnder historischer Profile. Darüberhinaus ergeben sich aufgrund der Besonderheiten dieses literarischen Modus auch und gerade in England besondere Affinitäten zu skeptischen Konfigurationen. Nicht die Bewältigung von Kontingenz erscheint hier als wirkungsstrukturelle Pointe, sondern die Art und Weise ihrer produktiven Entfaltung im Spiel mit den vertrauten Mustern pastoraler Poesie. Die Pastorale kann dabei als einer der Modi aufgefaßt werden, in denen sich die skeptische Phantasie bevorzugt realisiert. Man muß wohl nicht so weit gehen wie Peter Conrad, der in seiner Literaturgeschichte die Pastorale als Paradigma der gesamten englischen Literatur ansieht.[2] Gleichwohl ist bemerkenswert, daß im angelsächsischen Bereich die Pastorale nicht erst seit William Empsons immens einflußreichem Essay *Some Versions of Pastoral* von 1935 kontinuierlich diskutiert wird. Von der ungebrochenen Aktualität der mit dieser Debatte verbundenen Fragen legt in jüngster Zeit nicht zuletzt Paul Alpers' großangelegtes Werk *What Is Pastoral?*[3] Zeugnis ab.

Den zahllosen Pastoraledefinitionen soll nun keineswegs noch eine weitere hinzugefügt werden.[4] Gleichwohl möchte ich den Blick auf eine strukturbildende

---

1 Küpper beschreibt den Manierismus als »die am meisten vom Ausgangspunkt emanzipierte Variante analogischer Rede«, die sich als ästhetisierendes Spiel auf der zweiten Auflösungsstufe des Analogismus gleichwohl der Reintegration in restaurative Superstrukturen zur Bewältigung des rinascimentalen Ordnungsverlusts fügt, ja diese strukturell geradezu provoziert; cf. *Diskurs-Renovatio*, p. 304 und öfter.

2 P. Conrad, *The Everyman History of English Literature*, London 1985.

3 Chicago 1996. – Alpers stellt sich (mit gewissen Vorbehalten) in die Empson-Nachfolge. Indem er mit Kategorien Kenneth Burkes die »repräsentative Anekdote« der Pastorale umreißt, rückt auch seine Untersuchung diesen literarischen Modus in die Nähe eines anthropologischen Radikals. Alpers vertritt in der Hauptsache drei Thesen: 1. »[...] pastoral is a literary *mode* based on what Kenneth Burke calls a *representative anecdote*.« (p. ix); 2. »[...] the central fiction of pastoral – in Burke's terminology, its representative anecdote – is not the Golden Age or idyllic landscapes, but herdsmen and their lives.« (p. x, cf. p. 22 und öfter); 3. »[...] when pastoral writing is properly understood, it can be seen to be far more aware of itself and its conditions than it has usually been thought to be, or even capable of being.« (p. xi). Ich schließe mich in in meinen Überlegungen zu den Aporien der pastoralen Imagination insbesondere Alpers' Ausführungen zu seiner dritten Grundannahme an.

4 Der Versuch, das Wesen der Pastorale zu bestimmen, kann als aussichtslos angesehen werden; in den Worten Annabel Pattersons: »[...] a cause lost as early as the sixteenth century, when the

Besonderheit dieses literarischen Modus richten: den aporetischen Charakter der pastoralen Imagination.[1] Das erleichtert zum einen die Beschreibung der Veränderungen, die die Pastorale in unterschiedlichen historischen Situationen durchläuft, sowie ihrer bewußtseinsgeschichtlichen Produktivität und der Katalysatorwirkungen, die sie in der Interaktion mit anderen »Geistesbeschäftigungen«,[2] dabei aber auch mit Mentalitäten, die ihr eigentlich fremd sein müßten, zu entfalten vermag. Zum anderen zeigt sich aus dieser Perspektive nochmals eine konstituierende Eigenschaft literarischer Texte, die auch und gerade die vielfach als affirmativ oder eskapistisch geschmähte Pastorale auszeichnet: die Fähigkeit, Probleme wahrzunehmen und als solche zu artikulieren.[3]

Die Aporien der pastoralen Imagination lassen sich thesenhaft wie folgt zusammenfassen: Fundamental erscheint die Kombination einer platonisierenden ›Ästhetik der Eigentlichkeit‹ mit dem Wissen um die Fiktionalität ihres Grun-

---

genre began to manifest the tendency of most strong literary forms to propagate by miscegenation, and a cause reduced to total confusion by modern criticism's search for »versions of pastoral« in the most unlikely places.« (*Pastoral and Ideology. Virgil to Valéry*, Oxford 1988, p. 7). Es geht mir wie Patterson um bestimmte Möglichkeiten der Funktionalisierung der pastoralen Semiotik, dies allerdings in deren Überlagerung und Interaktion mit dem skeptischen Paradigma.

1 P. Lindenbaum versucht in seiner Studie *Changing Landscapes. Anti-Pastoral Sentiment in the English Renaissance*, Athens 1986, Aspekte dieses aporetischen Charakters insbesondere bei Shakespeare, Sidney und in Miltons *Paradise Lost* mit dem Terminus »Anti-Pastoral« zu beschreiben. Er zielt dabei auf den »spirit of contentiousness« (p. 21), mit dem die von ihm untersuchten Autoren in ihren Texten vor allem mit dem dem Modus unterstellten nostalgischen Tenor ins Gericht gehen. Er gesteht dabei jedoch ein, daß diese selbstkritische Wendung ebenso auch als integraler generischer Bestandteil der Pastorale gewertet werden könnte: »I ought to acknowledge that what I am calling »anti-pastoral« throughout this study might as easily be called »pastoral« properly defined. In opposing what they saw as the implicit escapism of prior pastoral writing, Sidney, Shakespeare, and [...] Milton also were insisting upon pastoral's ability to picture our present life in small.« (p. 21) – Auf andere Weise geht Judith Haber in einer aus einer Dissertation bei Paul Alpers hervorgegangenen Untersuchung der charakteristischen Widersprüchlichkeit der Pastorale nach (*Pastoral and the Poetics of Self-Contradiction. Theocritus to Marvell*, Cambridge 1994). Allerdings bleibt sie bei der Feststellung einer in der poetologischen Grundstruktur des Modus verankerten Paradoxalität stehen und sieht diese bei diversen Autoren (unter geringfügigen Variationen) schlicht fortgesetzt. Ihr Fazit ist eine ungebrochene literarhistorische Kontinuität, die auch keinen Raum für epochale Differenzierungen vorsieht. So ergibt denn auch »Marvell's self-conscious exploration of pastoral paradoxes« lediglich »a convenient stopping place« für ihre Studie und die Bekräftigung des leitenden anti-historizistischen Affekts mit »a sense that pastoral has, in effect, ended where it began« (p. 153). Erklärt man jedoch Marvells »farewell to pastoral« so zur – ihrerseits völlig traditionellen – Pose (p. 153), dann geraten die historisch durchaus unterschiedlichen Funktionalisierungen des Modus und eben auch dieser Prätention aus dem Blick und die kontradiktorische Struktur wird tendentiell zum Wesenszug eines unveränderlichen Typus hypostasiert.

2 Cf. André Jolles, *Einfache Formen. Legende, Sage, Mythe, Rätsel, Spruch, Kasus, Memorabile, Märchen, Witz*. Tübingen 5. Aufl. 1974.

3 Diese Auffassung der von der frühneuzeitlichen Pastoraldichtung eröffneten Welt als »Reflexionsraum«, der die Formulierung von Fragen ermöglicht, ohne daß darin bereits schon ›utopisch‹ Antworten antizipiert sein müßten, trifft sich mit einem Fazit der Überlegungen Reinhold Grimms zum Arkadien Sannazaros, Montemayors und Cervantes'; cf. »Arcadia und Utopia. Interferenzen im neuzeitlichen Hirtenroman«, in: Wilhelm Voßkamp, ed., *Utopieforschung. Interdisziplinäre Studien zur neuzeitlichen Utopie*, Bd. 2, Frankfurt 1985, pp. 82-100, hier p. 94.

des.[1] Diese aporetische Grundfigur läßt sich ihrerseits aufschlüsseln in einen Komplex verschiedener Prätentionen, die – bis auf eine – immer schon mit dem Index ihrer Nichteinlösbarkeit auftreten. Es sind dies:

1.) Die Prätention der Ursprünglichkeit in Gestalt eines primordialen Zustands, der zugleich als verlorener figuriert wird; die Beschwörung einer Präsenz, die in reflektierter Absenz gründet. Idealtypisch erscheint hierfür die Hirtenklage über den toten Daphnis als Begründer des Hirtengesangs in Theokrits erstem Idyll. – Diese erscheint verbunden mit den Prätentionen der Unschuld und der unverstellten Humanität, typisch formuliert in Vorstellungen des Paradiesischen, gegebenenfalls Utopischen. Sie klingen an in Fiktionen des Goldenen Zeitalters bzw. dessen aktualisierender Wiederkehr in Arkadien.[2]

2.) Die Prätentionen ›heiler‹ Sozialität. Charakteristisch erscheinen hier Vorstellungen von Geselligkeit, maßvoller nichtentfremdeter Arbeit, geregelt und rhythmisiert durch Phasen der Muße und des Festes, sowie von einer Liebe, die Erwiderung verdient. Bereits bei Vergil sind aber einige Schäfer nichts als »Mietlinge«.[3] Schon in den Anfängen bei Theokrit wird die Liebe regelmäßig als unglückliche figuriert; Longus' *Daphnis und Chloe* kreist um die Schwierigkeiten ihrer Praxis zwischen Unschuld und Erfahrung; und mit dem Hinzutreten petrarkistischer Strukturen verschärfen sich die hier angelegten Probleme noch erheblich.[4]

3.) Die Prätention der Beheimatung in der pastoralen Welt.[5] In der schäferlichen Zusammenkunft werden Lebenssituation und Befindlichkeit bekräftigt; die Dinge besitzen ihre Bedeutung und ihre Identität dank ihres Bezugs zur Schä-

---

1 Vgl. hierzu R. Cody, *The Landscape of the Mind. Pastoralism and Platonic Theory in Tasso's* Aminta *and Shakespeare's Early Comedies*, Oxford 1969. Cody sieht im Anschluß an Edgar Winds Untersuchungen in *Pagan Mysteries in the Renaissance* (1958) und Cassirers Studie *Die platonische Renaissance in England und die Schule von Cambridge* (1932) die Pastorale in der neoplatonisch fundierten Renaissanceästhetik verankert. Er läßt sich leiten von der darüber hinaus gehenden Vermutung, daß »Platonism is indeed the informing philosophy of pastoral literature from its Greek origins to the Renaissance and after [...]« (p. 18), und sieht im allegorischen Verweis der Pastorale auf eine nicht anders sagbare verborgene Wahrheit (»truth concealed by a known and fitting veil of mythology«, p. 3) die grundlegende strukturelle Parallele zum Renaissanceplatonismus.

2 Cf. Harry Levin, *The Myth of the Golden Age in the Renaissance*, New York 1969. Für eine deutliche Unterscheidung arkadischer von utopischer Literatur plädiert demgegenüber Grimm, »Arcadia und Utopia«, p. 94. – Die Perspektive der Nichtgegebenheit ist hier von Anfang an charakteristisch; schon in Hesiods *Erga* ist die Pointe der Beschreibungen des Goldenen Zeitalters, daß es vergangen ist.

3 Cf. e. g. *Bucolica*, Ekl. 3.

4 Andererseits vervielfachen sich allerdings – zumindest im elisabethanischen England – damit auch die Möglichkeiten bestimmter Formen der politischen Allegorie, e.g. die von Edmund Spenser in *The Shepheardes Calender* genutzten; cf. Louis Adrian Montrose, »›The perfecte paterne of a Poete‹: The Poetics of Courtship in *The Shepheardes Calender*«, *Texas Studies in Language and Literature*, 21.1 (1979), 34-67.

5 Auch A. V. Ettin hebt wiederholt die Geschlossenheit der pastoralen Welt hervor (etwa, indem er von »the feeling of containment that is so important to pastoral experience« spricht; *Literature and the Pastoral*, New Haven 1984, p. 149, cf. auch p. 28).

fertätigkeit. Schon bei Vergil aber erscheint dies auf dem Hintergrund von Vertreibung und Auswanderung.[1]

4.) Die Prätentionen der Kunstlosigkeit, Simplizität, Natürlichkeit und Unmittelbarkeit. Die ›spontane‹ Produktion von Poesie wird als höchste Artifizialität reflektiert und praktiziert (etwa im Sängerwettstreit, in der Reproduktion von Liedern anderer Schäfer etc.).[2]

5.) Die Meta-Prätention der Repräsentativität. Gemeint ist hier der Anspruch, im Gewand des scheinbar Einfachen das Komplexe darzustellen.[3] Diesem scheint als einzigem der Index der Nichteinlösbarkeit zu fehlen. Allerdings erfährt er im Topos der Verkleidung eine für die Pastoraldichtung der Frühen Neuzeit bezeichnende Relativierung.[4] Indem sich Adlige, Städter und Dichter als Schäfer verkleiden, erscheint der generische Anspruch auf Repräsentativität in der Performanz des Eigentlichen als Artifizialität, die Natürlichkeit als Produkt von Stilisierung. Sidneys *Old Arcadia* bietet hierfür im *cross-dressing* des Prinzen Pyrocles als Amazone Cleophila ein ebenso prägnantes Beispiel wie die Komplikationen, die sich in vergleichbaren Situationen bei Shakespeare ergeben – etwa infolge der Verkleidung Rosalinds in *As You Like It* als Jüngling Ganymede oder der Verkleidung Imogens in den Knaben Fidele in *Cymbeline*. Auch Aphra Behns Muse wird sich gerade der Möglichkeiten pastoraler Maskierung und (Geschlechter-) Performanz zum ernsthaften dichterischen Spiel bedienen. Damit wird der

---

1 Cf. e.g. Ekl. 1 – gleich in Zeile 3-4 klagt Meliboeus: »nos patriae finis et dulcia linquimus arva.| nos patriam fugimus [...]«. – Patterson sieht in *Pastoral and Ideology* eine Wiederaufnahme dieses Motivs in Petrarcas melancholisch getönter Formulierung seines Selbstverständnisses als pastoraler Dichter. Sie zitiert Petrarcas Notiz auf seinem Vergil-Manuskript – »Poeta. Tibi permissum est Rome ustoriam et quicquid libet scribere, nobis non sic immo liquimus fines patriae, id est ustoriam Rome que nostra atque omnium communis patri est.« (p. 42) – und kommentiert: »In this crucial *translatio* to his own circumstances of the opening lines of Virgil's first eclogue, Petrarch took upon himself the melancholy persona of Meliboeus the exile.« (p. 43)

2 Hierzu ausführlich Alpers, *What Is Pastoral?*, über Theokrit und Vergil; die antike Pastoraldichtung wird von ihm als »notoriously artificial and self-replicating« analysiert (p. 161).

3 Dieser von Alpers iterierte Anspruch findet sich zuerst bei Empson, der die Pastorale wiederholt als »process of putting the complex into the simple« charakterisiert (*Some Versions of Pastoral*, London 1950, hier: pp. 23 und 53; cf. auch p. 137: »This indeed is one of the assumptions of pastoral, that you can say everything about complex people by a complete consideration of simple people.«).

4 Cf. Grimms Bemerkungen zu Sannazaros *Arcadia* (»Arcadia und Utopia«, p. 88). – Mit deutlichen Anklängen an die neoplatonische Ästhetik formuliert George Puttenham das Prinzip der Verkleidung als poetologisches Grundprinzip der Pastorale; cf. *The Arte of English Poesie* (1589): »[...] the Poet devised the *Eglogue* [...] not of purpose to counterfait or represent the rusticall manner of loves and communication: but under the vaile of homely persons, and in rude speeches to insinuate and glaunce at greater matters, and such as perchance had not bene safe to have beene disclosed in any other sort, which may be perceived by the Eglogues of *Virgill*, in which are treated by figure matters of greater importance then the loves of *Titirus* and *Corydon*.« (G. D. Willcock, A. Walker, eds., Cambridge 1936, p. 38).

grundsätzliche Wahrheitsanspruch keineswegs außer Kraft gesetzt.[1] Er gerät jedoch in eine skeptische Schwebe, die im Zusammenwirken mit einer weiteren Veränderung, die ich im folgenden unter dem Stichwort der Subjektivierung beschreiben möchte, eine radikale Transformation des pastoralen Modus und seinen Übergang in eine andere Epoche einleitet. Eine literarische Struktur, in der wie in der Pastorale der Verlust des Eigentlichen bzw. seine fundamentale Unverfügbarkeit stets mitgedacht ist, erscheint in besonderer Weise zu einer solchen skeptischen Modifikation geeignet. So setzt dieses Kapitel mit einem der Autoren ein, mit denen das vorige schloß, und durchquert – mit einem Ausflug ins 18. Jahrhundert – etwa die zweite Hälfte des 17. Jahrhunderts. An einigen Punkten setzen die nachgezogenen Entwicklungslinien jene fort, die unter dem Gesichtspunkt »melancholischer Transzendenz« skizziert wurden, an anderen – etwa im Blick auf die Geschlechterproblematik – kreuzen sie sich mit ihnen; die stärker generisch-literarisch pointierte Perspektive erweitert zudem die Bereiche des Imaginativen und rückt sie noch einmal anders in den Vordergrund. Daß und wie sich der pastorale Modus in England von einer spielerischen Selbstvergewisserung des Humanen im Gewand des Literarischen zu einer innovativen Reflexion seiner Natürlichkeit als Artifizialität wandelt, von der Prätention analogistisch verstandener Repräsentativität zu Formen textueller Repräsentation und zur Selbsterkundung – männlicher wie weiblicher – Subjektivität und poetischer Auktorialität übergeht, versuchen die folgenden Lektüren exemplarisch zu zeigen.

1. Milton und Marvell: Repräsentationen pastoralen Selbstseins

John Miltons *Lycidas,* die Elegie für seinen im August 1637 auf einer Seereise ertrunkenen Mitkollegiaten Edward King, erscheint in besonderer Weise geeignet, die Möglichkeiten frühneuzeitlicher pastoraler Imagination in England zu skizzieren und zugleich anzudeuten, welcher Art die Grenze ist, die von einer ihrer fortgeschrittensten Realisierungen erreicht, in der Dichtung Marvells weiter in bestimmte Aporien getrieben und schließlich überschritten wird. Samuel Johnsons vernichtende Kritik an diesem Text zeigt nicht nur die Schwierigkeiten, die er 140 Jahre nach seinem ersten Erscheinen selbst dem in den Klassikern bestens gebildeten Leser bereitete. Sie zeigt auch – und zwar genau an den Punkten, die Dr. Johnsons Mißfallen erregen –, daß die pastorale Tradition sich bis zum späten 18. Jahrhundert in einer Weise verändert hatte, die zu einem völligen Verkennen eben dessen führen konnte, was Renaissance und frühes 17. Jahrhundert für besondere Stärken des Miltonschen Textes gehalten haben würden und was als geradezu vorbildliche Realisierung der generisch-modalen Norm der Pastorale gelten kann.

1 Helen Gardner spricht treffend von »discovery of truth by feigning« (»*As You Like It*«, in: John Garrett, ed., *More Talking of Shakespeare,* London 1959, pp. 17-32, hier p. 28). Cf. auch Puttenhams Ausführungen zum Anspruch der Pastorale, »by figure« und gleichsam verschleiert ›eigentliche‹ Wahrheiten mitzuteilen.

One of the poems [- so Johnson[1] -] on which much praise has been bestowed is *Lycidas*, of which the diction is harsh, the rhymes uncertain, and the numbers unpleasing. [...] It is not to be considered as the effusion of real passion; for passion runs not after remote allusions and obscure opinions. Passion plucks no berries from the myrtle and ivy, nor calls upon Arethuse and Mincius, nor tells of rough *satyrs* and *fauns with cloven heel.* Where there is leisure for fiction there is little grief.

In this poem there is no nature, for there is nothing new. Its form is that of a pastoral, easy, vulgar, and therefore disgusting; whatever images it can supply are long ago exhausted, and its inherent improbability always forces dissatisfaction on the mind. [...] Among the flocks, and copses, and flowers, appear the heathen deities – Jove and Phœbus, Neptune and Æolus, with a long train of mythological imagery, such as a college easily supplies. Nothing can less display knowledge, or less exercise invention, than to tell how a shepherd has lost his companion, and must now feed his flocks alone, without any judge of his skill in piping; and how one god asks another god what is become of Lycidas, and how neither god can tell. He who thus grieves will excite no sympathy; he who thus praises will confer no honour.

Miltons Experimentieren mit italienischen Versformen, wie er sie bei Dante, Tasso, oder Guarini kennengelernt haben mochte und zu denen er ein englisches Äquivalent suchte, das die Traditionen der klassischen Ekloge mit denen des *canzone* vereinte,[2] konnte vielleicht aus klassizistischer Sicht tatsächlich keine Begeisterung auslösen. Bemerkenswert erscheint allerdings Johnsons generelle Invektive gegen die Pastorale. Hauptvorwurf ist der der ›bloßen‹ Konventionalität, d.h. der Unoriginalität und der damit verbundenen Mängel an imaginativer Qualität, emotionaler Authentizität und rhetorischer Wirkung. Schäferliche ›Fiktion‹, die dazugehörigen artifiziellen Versatzstücke (»flocks, and copses, and flowers«) und lange Kataloge heidnischer Mythologie drängen sich dort auf, wo Johnson innovative Erfindungskraft und Gefühlsintensität erwartet hatte. Letztere erscheinen ihm jedoch unabdingbar zur Erzeugung eines Eindrucks der ›Natürlichkeit‹ (»nature«), d.h. zur Erreichung des selbstverständlich vorausgesetzten Ziels dieser Art von Dichtung.

Nun ist eines der Hauptkennzeichen des pastoralen Modus aber gerade seine vollkommene Konventionalität – und dies nicht im schlechten Sinne einer späteren Ästhetik, die zwischen ›Natur‹ und überkommenem poetischem Repertoire einen unversöhnlichen Widerspruch sieht, sondern, wie Paul Alpers unter An-

---

1 *Lives of the English Poets*, Vol. 1, London 1925, pp. 95-96. – Auch Alpers weist auf diese Passage hin; cf. *What Is Pastoral?*, p. 79f, ebenso schon Rosemond Tuve, *Images and Themes in Five Poems by Milton*, Cambridge, Mass. 1957 (ihr *Lycidas*-Kapitel, »Theme, Pattern, and Imagery in *Lycidas*«, ist wieder gedruckt in C. A. Patrides, ed., *Lycidas. The Tradition and the Poem*, New York 1961; im folgenden zitiert als Patrides; hier: p. 182 und öfter). Cf. auch Frank Kermodes Einleitung zu der von ihm herausgegebenen Anthologie *English Pastoral Poetry. From the Beginnings to Marvell*, London 1952, p. 13f. – Die Auseinandersetzung mit Johnsons Miltonkritik ist als Topos der englischen *Lycidas*-Diskussion anzusehen.

2 Cf. den einleitenden Forschungsbericht zu *Lycidas* in der von John Carey und Alastair Fowler besorgten Ausgabe, *The Poems of John Milton*, London 1968, pp 232-239, hier: p. 234; die Herausgeber verweisen auf die einschlägige Studie von F. T. Prince, *The Italian Element in Milton's Verse*, Oxford 1954 (cf. seinen unter diesem Titel in Patrides wieder gedruckten Beitrag, pp. 153-166).

spielung auf den Wortsinn von *convenire* mit Nachdruck herausgestellt hat, verstanden als Selbstvergewisserung in der Zusammenkunft Gleichgesinnter:[1] »A convention is a usage that brings human beings together, a pastoral convention brings them together under the figure of shepherds.«[2] Als pastorale hat die Konvention nicht nur eine fiktionsstabilisierende, sondern zudem eine poetologische Komponente, denn seit Theokrit und Vergil ist erster und einziger Zweck der schäferlichen Zusammenkunft der – in der Regel kompetitive – Austausch von Gesang, von Liedern überdies, die ihrerseits bereits tradiert, nicht spontan erfunden sind und deren Vortrag so Gegenstand kritischer Bewertung durch die Zuhörer und/oder Mitstreiter werden kann.[3] Versteht man dies – die als poetische Textualität reflektierte Konventionalität – als Herzstück des pastoralen Modus, so werden Lektüren des *Lycidas* möglich, die wie diejenige Alpers' und die vieler seiner Vorgänger[4] gerade in der enormen Fülle der Bezugnahmen auf seine Prätexte – von den theokritischen Idyllen, vor allem dem ersten, über Vergils Eklogen, die Totenklage für Bion, Sannazaros erste Fischer-Ekloge (*Me miserum*), oder die November-Ekloge in Spensers *Shepheardes Calender*, bis hin zu Shakespeares Dramen (um nur wenige zu nennen)[5] – seinen eigentlichen literarischen Rang und zugleich seine Qualität als Pastorale entdecken.

---

1 Cf. Alpers, Kap. 3, »Convention«. – Zur Tradition der pastoralen Elegie und Miltons Verankerung in ihr cf. auch J. H. Hanford, »The Pastoral Elegy and Milton's *Lycidas*«, *PMLA* 25 (1910), 403-447, in überarbeiteter Fassung wieder gedruckt in Patrides pp. 27-55.

2 Cf. Alpers, p. 93: »The literary conception of the shepherd's strength relative to his world explains why pastoral is so »conventional« a form: as opposed to epic and tragedy, with their ideas of heroic autonomy and isolation, it takes human life to be inherently a matter of common plights and common pleasures. [...] *Lycidas* does indeed subject the conventions of pastoral elegy to a searching critique, but it is in the interest of sustaining their uses and intent – bringing shepherds together for commemorative song that will sustain the community or world which has felt the grievous loss of one of its members.«

3 »Pastoral convenings are characteristically occasions for songs and colloquies that express and thereby seek to redress separation, absence, or loss. The inaugural poem of Western pastoral, Theocritus's first Idyll, brings herdsmen together for the pleasure of hearing a lament for Daphnis. [...] Literary herdsmen need each other to hear their complaints and share the sentiments and pleasures that sustain them [...] By the same token, the pastoral poet depends on prior usages and texts, either accommodating their grander modes to bucolic modesty, or imitating, echoing, and adapting, as if the responsive singing represented in eclogues were a model of the poet's own activity. [...] so too the intertextuality of pastoral brings poet and reader(s) together in a literary space whose modulor (to recall Angus Fletcher's definition of mode) is the representative herdsman.« (ibid., p. 81).

4 Cf. hierzu schon Tuves ebenso gelehrten wie eleganten Beitrag. Ihre umfangreiche Analyse insistiert wiederholt darauf, daß gerade Miltons Rückgriff auf den über Jahrhunderte akkumulierten Bestand konventionell pastoraler Bildlichkeit die figurale Einzigartigkeit seines Textes erst ermöglicht: »The pastoral images in *Lycidas* point to men's deepest trusts and despairs; time had got them ready to mean all Milton was able to say.« (Patrides, ed., p. 186) – »What we call »pastoral imagery« was a great achievement of the human imagination. In eighteen centuries no man used it with more power and grace than Milton in *Lycidas*.« (pp. 199-200).

5 Die schiere Anzahl und der Umfang der Annotationen in allen einschlägigen Ausgaben des Textes sprechen für sich.

Um diese Exemplarität des Miltonschen Texten zu zeigen, müssen wenige Beispiele genügen. Gleich die ersten acht Zeilen des Gedichts etablieren ihren pastoralen Gestus in erster Linie über ihre Intertextualität:

Yet once more, O ye laurels, and once more
Ye myrtles brown, with ivy never sere,
I come to pluck your berries harsh and crude,
And with forced fingers rude,
Shatter your leaves before the mellowing year.
Bitter constraint, and sad occasion dear,
Compels me to disturb your season due:
For Lycidas is dead, dead ere his prime,
[...]

Mit »Yet once more« unterstreicht der Sprecher, daß er sich mit der folgenden »monody«[1] in eine Reihe von Wiederholungen einfügt. Er knüpft an eine etablierte Praxis an – die der Klage um einen verstorbenen Mitschäfer (als welchen er sich ab Zeile 23 ausdrücklich zu erkennen gibt) –, reiht sich damit in die lange Linie der Theokrit-Epigonen ein und verweist zugleich auf die Konkretheit des eigenen Textes als dem letzten im zweiten Band der dem Andenken des Ertrunkenen gewidmeten Trauergedichte, *Obsequies to the memory of Mr Edward King* (1638). Sowohl die Bitterkeit des Anlasses als auch die Unzeit des beklagten Todes werden in pastoralen Formeln markiert – im Hinweis auf die bitteren Früchte der geplünderten Sträucher und in der saisonalen Unangemessenheit, in der sich der Sprecher zur Verfertigung der Dichterkrone gezwungen sieht. Deren Dreifachheit entfaltet nicht nur ikonographisch gehaltvolle Resonanzen in Anspielungen auf Horaz, Petrarca und Cesare Ripas *Iconologia*,[2] sondern zieht auch mehrere Zeilen aus Vergils Eklogen zusammen.[3] Dies ist das erste von insgesamt mindestens zehn Vergil-Echos; das nächste folgt – überdeutlich – gleich in Zeile 10: »Who would not sing for Lycidas?« nimmt direkt den Beginn (Zeile 3) der 10. Ekloge auf: »neget quis carmina Gallo?« Ab Zeile 23 konstruiert der Sprecher seine Beziehung zu dem als Lycidas Beklagten in einer Weise, die als Verschmelzung und Elaboration gleich mehrerer berühmter Vergilpassagen gelesen werden kann; besonders deutlich erscheint der Bezug auf den Beginn der 7. Ekloge, wo es von Thyrsis und Corydon heißt: »ambo florentes aetatibus, Arcades ambo,| et cantare pares et respondere parati« (4-5). Auch Milton kombiniert die gemeinsame Hirtentätigkeit und die Sangeslust der beiden ›Arkadier‹:[4]

1 Cf. »Headnote« des Textes: »In this monody the author bewails a learned friend, unfortunately drowned in his passage from Chester on the Irish Seas, 1637.«

2 Cf. hierzu im einzelnen den Kommentar in Carey und Fowler, *The Poems of John Milton*, p. 239f.

3 Ekl. 2, 54 (»et vos, o lauri, carpam et te, proxima myrte«) und 8, 11-13 (»[...] accipe iussis| carmina coepta tuis, atque hanc sine tempora circum| inter vitrices hederam tibi serpere lauros«). (Auch hier weitere Literaturhinweise bei Carey und Fowler.)

4 Zu den weiteren Anspielungen auf Ekl. 1, 2; 6, 27-8; 3 und 2 cf. den Kommentar in Carey und Fowler.

For we were nursed upon the self-same hill,
Fed the same flock; by fountain, shade, and rill.
Together both, ere the high lawns appeared
Under the opening eye-lids of the morn,
We drove a-field, [...]

(23-27)

Meanwhile the rural ditties were not mute,
Tempered to the oaten flute,
Rough satyrs danced, and fauns with cloven heel,
From the glad sound would not be absent long,
And old Damaetas loved to hear our song.

(32-36)

Es erscheint müßig, weitere Beispiele zu häufen.[1] Miltons kopiose Überblendung der traditionellen Bestände der Hirtenklage mit dem Anlaß der Elegie und umgekehrt: dessen Perspektivierung aus der Sicht pastoraler Konventionalität erschließen seinem Text Möglichkeiten poetologischer Repräsentativität, die in dieser intertextuellen Vielfalt und Dichte kaum überbietbar sind. Auch Momente, die auf den ersten Blick als Brüche der pastoralen Fiktion erscheinen mögen – etwa die Petrus als »pilot of the Galilean lake« (109) in den Mund gelegte Kleruskritik, oder die Tatsache, daß der Text über weite Strecken von den Fährnissen und Gottheiten des Wassers handelt, in dem Hirten eigentlich nicht ›in ihrem Element‹ sind, – erweisen sich als prätextuell durchaus vorgesehen und mit dem dominierenden Modus problemlos vereinbar.[2] Weit davon entfernt, »easy,

1 Die folgenden Passagen bilden das Minimum dessen, was im Blick auf ihre intertextuelle Resonanz ausführlich zu kommentieren wäre: Zeilen 50ff (»Where were ye nymphs when the remorseless deep | Closed o'er the head of your loved Lycidas?«) wären in Bezug zu setzen zu Theokrit 1, 66-9 und Vergil, Ekl. 10, 9-12; Zeilen 76ff (»[...] But not the praise,| Phoebus replied, and touched my trembling ears;«) nehmen Ekl. 6, 3-4 auf (»Cynthius aurem| vellit et admonuit«) und elaborieren den Tadel des Apoll in vom Prätext durchaus abweichender Weise; die Arethusa/Mincius-Apostrophe in 85ff leitet eine Befragung der Gewässer und Winde nach dem Verbleib des Lycidas ein, die im Auftreten des Camus (einer Allegorie des Flusses Cam) gipfelt und zu einer ebenso regional perspektivierten Polemik gegen die Pflichtvergessenheit des englischen Klerus überleitet, die von Petrus (»The pilot of the Galilean lake,« 109) vorgetragen wird und sich ihrerseits nicht nur dem christlichen Motiv des Guten Hirten verdankt, sondern wiederum von pastoralen Echos von Vergil (fast wörtlich aus Ekl. 3, 27: Zeile 124) bis Spenser durchsetzt ist; die mit der berühmten Zeile 163 – »Look homeward angel now, and melt with ruth« – einsetzende Consolatio schließlich synthetisiert die Erzählungen von Arion und Palaemon, möglicherweise auch des Icadius-Mythus (mit der gemeinsamen Pointe ihres Getragenwerdens von Delphinen) mit christlicher Auferstehungstheologie und der in Vergil Ekl. 5, 54-65 beschriebenen Deifikation des Daphnis (64-65: »[...] ›deus, deus ille, Menalca!‹| sis bonus o felixque tuis! [...]« – Cf. Milton: »Now Lycidas the shepherds weep no more;| Henceforth thou art the genius of the shore,| In thy large recompense, and shalt be good| To all that wander in that perilous flood.« 182-185).

2 Allegorische Kirchensatire findet sich bereits bei Petrarca, Battista Spagnuoli Mantuanus, Marot, ebenso bei Spenser; daß sich Pastorale und Wasserwelt nicht ausschließen, zeigt Sannazaro: In seiner ersten Fischer-Ekloge klagt der Schäfer Lycidas um die ertrunkene Schäferin Phyllis; cf. auch Phineas Fletcher, »Piscatorie Eclogs« (*The Purple Island*, 1633). Ausführlich hierzu: J. H. Hanford, »The Pastoral Elegy«. – Abgesehen davon findet ja schon der erste Daphnis den Tod im Wasser (cf. Theokrit 1, 139-141; in der Übs. von F. P. Fritz: »[...] Sämtliche Fäden der

vulgar, and therefore disgusting« (Johnson) zu sein, vermag Miltons *Lycidas* das pastorale Andenken an den tragischen Tod des Mitstudenten zur Sterblichkeitsklage und zur Klage – und christlich-paganen Tröstung – über die generelle Bedrohung des Dichters und der Dichtung durch Todverfallenheit und Vergessen[1] zu erweitern. Dabei löst die extreme und bewußte[2] Konventionalität des Textes die zentralen Prätentionen des Modus ein: die Bekräftigung pastoraler Sozialität und deren Überdauern ebenso wie deren Gegründetsein auf vielfache Repräsentativität. Milton kommemoriert und vergegenwärtigt den verstorbenen Edward King, indem er ihn als Schäfer und durch seine Schäfer-*persona* als Dichter repräsentiert, welcher seinerseits beansprucht, für Präfigurationen und wechselseitig füreinander einstehende Interpreten des sangeskundigen Schäfers über die Jahrhunderte hinweg – von Daphnis und Theokrits Thyrsis angefangen – einzutreten.

Gleichwohl gibt zu denken, daß fast alle Interpretationen dieses Textes nicht nur Superlative, sondern Unüberbietbarkeitstopoi enthalten. Formulierungen wie die, *Lycidas* sei »the last great example of the traditional pastoral elegy«,[3] könnten anzeigen, daß hier gerade in der Perfektion, mit der die modalen Normen erfüllt werden, eine Grenze erreicht bzw. in deren Unüberschreitbarkeit eine Aporie der Pastorale markiert ist. Die ›Liminalität‹ der Miltonschen Leistung läßt sich, wie mir scheint, tatsächlich in zweifacher Hinsicht sichtbar machen: zum einen an der Wendung, die die Repräsentativitätsprätention hier erhält, zum anderen im Blick auf den Ort, an welchem sich das sprechende Selbst dieses Textes findet. Daß die pastorale Welt hier noch, vielleicht ein letztes Mal, als »mythisches Analogon«[4] fungieren kann, ist indes die Folge ihrer Konversion in

---

Moiren| Waren zu Ende, und Daphnis gelangte zum Strom. Und die Fluten| Spülten ihn weg, der den Musen so lieb, dem die Nymphen nicht abhold«), und auch das 11. Idyll erscheint einschlägig, wo von der Liebe des Kyklopen Polyphem zur Nymphe Galatea berichtet wird und dieser sich wünscht, er hätte Kiemen, um die Geliebte auf dem Meeresgrund aufsuchen zu können (Zeilen 54-62).

1 Cf. Tuves Formulierung: »How, starting from all this, should Milton not go on to consider the mortality of Poetry, and the withering that awaits all its laurels?« (Patrides, ed., p. 185). Ähnlich auch Frank Kermode und John Hollander in ihrer Einleitung zu *Lycidas*: »Milton's contribution is a very great poem about the death of The Poet by drowning; the consolation that all elegies must offer comes in this case from the unfolding realization that it is not Poetry which has died.« (Kermode, Hollander, eds., *The Oxford Anthology of English Literature*, Vol. 1, New York, London 1973, p. 1251).

2 Cf. u.a. Zeile 49: »Such, Lycidas, thy loss to shepherd's ear.«

3 Alpers, p. 93; cf. auch p. 105: »[...] the conduct of the poem both establishes (or reestablishes) a convention and uses it in so full a way that it reaches its limits of expression and representation.«

4 Zu diesem Begriff cf. Clemens Lugowski, *Die Form der Individualität im Roman* (1932), Frankfurt 1976, p. 12f: »In der Rezeption einer Dichtung [...] ist das Verhältnis des Rezipierenden zur Künstlichkeit dem des Griechen zum tragischen Mythos ähnlich, d.h. der Mensch hat sich unmittelbar der dichterischen Welt hingegeben. [...] Wie der heroische Mythos in der attischen Tragödie, so ist auch die Künstlichkeit eine gemeinsamkeitsbegründende Kraft. Trotz allem ist sie nun aber doch kein Mythos: wir werden künftig von ihr als einem *mythischen Analogon* sprechen. Die künstlich »gemachte« Welt einer Dichtung, in der sich nun ein mythisches Analogon ausprägt, ist eine *Ganzheit*.« – Setzt man Alpers' Begriff von Konventionalität als zentral für den

totale Textualität, zugleich damit in eine Selbstvergewisserung der akademischen Gemeinschaft, der der Verstorbene und der Dichter angehören und die ihren Zusammenhalt in diesem Akt poetischer *memoria* bekräftigt.

Diese Transformation des mythischen Analogons bei Milton führt die Pastorale in mehrfacher Hinsicht in eine aporetische Situation. Schon die immense Gelehrsamkeit, die in *Lycidas* entfaltet wird, und der eine ebensolche im Bewußtsein der Lesenden antworten muß, sollen sie diesen Text gerade in seiner pastoralen Tiefendimension erfassen und würdigen können, gefährdet die zentrale Prätention des Modus – die der Repräsentation des Komplexen durch das Einfache. Hier bahnt sich geradezu deren Umkehrung an: Der im Grunde ›einfache‹ Anlaß des Todes eines Studienkameraden durch Ertrinken wird in *Lycidas* durch eine außerordentlich dichte und komplexe Vernetzung von Allusionen vergegenwärtigt. Zugleich wird die Trauer, die der Text bezeugt, indem er die pastorale Welt in allen nur denkbaren Versionen – pagan und christlich, allegorisch-politisch und dekorativ-floral, englisch und kontinental etc. – ausfaltet, dadurch in gewissem Sinne erst erzeugt. Denn indem diese einander korrespondierenden Versionen den Topos des unwiederbringlichen Verlusts variieren, entsteht und vertieft sich in der Wiederholung des Identischen die Grundemotion der Klage. Mehr noch: diese Figur der Spiegelung desselben erscheint gleichsam in doppelter Funktion – als Struktur und als Thema. Die Klage der Natur um den toten Schäfer[1] zitiert sowohl die *Totenklage für Bion* als auch die in den Ovidschen *Metamorphosen* geschilderte Trauer um Orpheus und nimmt darin zudem die Vorstellung einer wechselseitigen Korrespondenz alles Lebendigen[2] auf. In diesem zugleich strukturellen und thematischen Überwiegen der Ähnlichkeit kommen indes nicht nur das Korrespondenzuniversum und das Universum der Texte

---

pastoralen Modus an, so kann dieser als geradezu paradigmatisch für die gemeinsamkeitsstiftende Kraft des mythischen Analogons angesehen werden.

1 Cf. e.g. Zeilen 39-44: »Thee shepherd, thee the woods, and desert caves,| With wild thyme and the gadding vine o'ergrown,| And all their echoes mourn.| The willows, and the hazel copses green,| Shall now no more be seen,| Fanning their joyous leaves to thy soft lays.«

2 Von der Sekundärliteratur gelegentlich als »pathetic fallacy« geschmäht, ist dies eine Grundfigur der Episteme der Analogie. – Cf. auch Kermode (*English Pastoral Poetry*) mit Bezug auf Theokrits erstes Idyll: »Thus the »pathetic fallacy,« as Ruskin called the convention by which Nature is made to share human sorrow, enters the pastoral tradition at the very beginning.« (p. 21) – Tuves Argumentation gegen den Vorwurf der »pathetic fallacy« ist aufschlußreich, nicht zuletzt weil sie auf diese Weise unausgesprochen auch auf die Kritik Johnsons – »In this poem there is no nature [...]« – zu entgegnen scheint: »The ancient figures through which man's death is lamented as a great flaw in the fabric of nature are structurally used by Milton, by his attaching them to the other ancient motif fixing responsibility for a particular death. Because this is so familiar an echo, his »Where were ye Nymphs?« can and does carry all its old weight of a sympathy that extends throughout the great frame, and that connects natural powers specifically with poets. We accepted the sympathy when we recognized the genre, for it is perhaps the greatest and most moving conception pastoral has borne through the ages. [...] Yet it is partly the long history of these and all aspects of the natural world *as mourners* (the rivers and woods and winds that weep and sigh, the spirits of all places that join shepherds in laments, the myriad fruitful creatures that will no longer bear nor blossom) that rules out here in *Lycidas* any sense of a framework of »Nature« inimical or indifferent to »Man« or from which he is separable; [...]« (Patrides, ed., pp. 187-188).

in einer Weise zur Deckung, die die Geltung des weltanschaulichen Signifikats angesichts seiner Ersetzbarkeit durch den literarischen Signifikanten eher zweifelhaft erscheinen läßt: Überdies tritt in der eigentümlichen Bodenlosigkeit dieser gestaffelten Verweise auf einen immer noch weiter vorausliegenden Verlust eine weitere Aporie der Pastorale in den Vordergrund – die ihrer Selbstvoraussetzung. Daphnis ist immer schon tot, die Poesie gründet paradox in der Entzogenheit ihres Ursprungs. Rosemond Tuves knappe Feststellung »It is the pastoral tradition that allows *Lycidas* to be a lament for the death of Poetry«[1] impliziert mehr als eine Ahnung davon, daß diese Art der selbstreflexiven Erinnerung der Beginnlosigkeit der Dichtung selbst in besonderer Weise vom Vergessen bedroht ist,[2] je mehr Vorstellungen universaler Sympathie an Plausibilität verlieren. Daß Miltons Text seit jeher Schwierigkeiten hatte, den Kreis akademischer ›Schäfer‹, für den er zunächst geschrieben war, zu überschreiten, hat auch darin seinen Grund.

Erweist sich die Miltonsche Pastorale als eine zeichenhaft verfaßte Welt, die im Rückgang auf ihre Konstitutionsbedingungen nur immer neue Reihen ähnlicher Zeichen aufdeckt, so kann es hier auch keinen Ort für ein sprechendes Subjekt geben, der dem ursprungslosen Spiel prätextueller Substituierbarkeit in irgendeiner Weise enthoben wäre. Gleich die ersten Worte – »Yet once more« – scheinen[3] diese Einreihung in die Kontinuität des Ähnlichen anzuerkennen, ja geradezu zu zelebrieren. Indem die letzte Zeile des Gedichts diese Figur – jetzt aber mit dem autoreferentiellen Index der Selbstwiederholung – wiederaufnimmt, stellt sich jedoch eine eigenartige Äquivokation ein:

Thus sang the uncouth swain to the oaks and rills,
While the still morn went out with sandals grey,
He touched the tender stops of various quills,
With eager thought warbling his Doric lay:
And now the sun had stretched out all the hills,
And now was dropped into the western bay;
At last he rose, and twitched his mantle blue:
Tomorrow to fresh woods, and pastures new.

(186-193)

---

1 Patrides, ed., p. 184.

2 Cf. auch ibid. p. 178f: »The most important loss suffered by the general reader of *Lycidas* since Milton's time is the loss of pleasure taken in a familiar long procession of great pastoral elegies which preceded it. Study of sources and »classical background« have always received attention, but scholars have had to restore (and chiefly to scholars) sympathetic knowledge of the great Italians and the prolific French and English writers of similar elegies, and the reader is rare who brings to *Lycidas* that natural enjoyment of the form and immediate grasp of its modes of feeling which come with wide and sympathetic reading – of Castiglione and Sannazaro as well as Virgil, of Ronsard and Spenser and Marot, of Petrarch and Boccaccio and nonelegiac pastoral. Yet Milton wrote *Lycidas* in a continuing tradition, for those to whom finding pleasure and emotional immediacy in the similar works of just such famous predecessors was a genuine and usual experience.«

3 Bezeichnend erscheint auch das späte Auftreten des »I« (Zeile 3) und der durchweg sparsame Gebrauch des Pronomens der ersten Person Singular.

Indem die letzte Zeile die vorangegangene Selbstdistanzierung des Sprechers zum »representative shepherd«[1] in der dritten Person nochmals dadurch überbietet, daß, wie zu Beginn, überhaupt kein Pronomen fällt, gerät diese Anonymisierung[2] in Widerspruch zu dem, was die Zeile in Aussicht stellt. Denn »*fresh* woods« und »pastures *new*« kann es in der Pastorale nicht geben.[3] Die pastorale Welt ist ichlos.[4] Die größte Leistung, die der pastorale Sprecher für sich reklamieren kann, ist die der Summierung dessen, was die Tradition bereithält. Und doch vermag die Schwebe, in die dies durch die letzte Zeile mit ihrer emphatischen Sprecherlosigkeit gebracht wird, die vermeintliche Selbstverständlichkeit als

---

1 Ein Zentralbegriff bei Alpers (Kap. 4 und passim).

2 In einer Umkehrung des argumentativen Tenors eines Aufsatzes von John Crowe Ransom (»A Poem Nearly Anonymous«, zuerst in *American Review* 4 (1933), wieder gedruckt in Patrides, ed., pp. 64-81), der in der prosodischen und strukturellen Heterogenität von *Lycidas* – »so wilful and illegal in form« (hier: p. 71) – ein jugendliches Aufbegehren der poetischen Individualität Miltons gegen die Unpersönlichkeit der ihm aufgenötigten pastoralen Form sieht (»We are disturbingly conscious of a man behind the artist«, p. 81), sucht Stanley Fish zu zeigen, daß – entgegen der unnötig normativen Erwartung einer ›psychologischen Einheitlichkeit‹, die den Text als »expression of a unified consciousness« auswiese – das ›Gelingen‹ von *Lycidas* gerade in einer fortschreitenden Entpersonalisierung der Stimme des sprechenden Subjekts und dessen Selbstauslöschung in einem »act of humility« liege (cf. »*Lycidas*: A Poem Finally Anonymous«, *Glyph* 8 (1981), pp. 1-18; die zitierten Wendungen auf pp. 2 und 17). Fish ist der Ansicht »[...] that the suppressing of the personal voice is the poem's achievement, and that the energy of the poem derives not from the presence of a controlling and self-contained individual, but from forces that undermine his individuality and challenge the fiction of his control. If the poem records a struggle of personality against anonymity, it is a struggle the first person speaker loses, and indeed, the triumph of the poem occurs when his voice can no longer be heard.« (p. 3) Cf. auch p. 16: »In place of an interior lyric punctuated by digressive interpolations, we have a poem that begins in digression – the first person voice is the digression – and regains the main path only when the lyric note is no longer sounded. We have, in short, a poem that relentlessly denies the privilege of the speaking subject, of the unitary and separate consciousness, and is finally, and triumphantly, anonymous.« – Alpers hat auf diese Einlassung repliziert; cf. »*Lycidas* and Modern Criticism«, *ELH* 49 (1982), pp. 468-96, sowie *What Is Pastoral?* pp. 93-112. – Auch wenn man Fishs Lektüre nicht in allen Einzelheiten zu folgen geneigt ist (insbesondere nicht in seiner Annahme, Miltons Text signalisiere eine ironische Einstellung zur pastoralen Konvention; cf. p. 6f), vermag sie doch auf ein Problem hinzuweisen, das aber in der Pastorale selbst angelegt ist: eben die ungelöste und gemäß den Vorgaben des literarischen Modus unlösbare Spannung zwischen der Repräsentativität des Schäferlichen und der potentiellen Singularität eines Sprechens in der ersten Person. Daß diese Spannung erst in Texten des 17. Jahrhunderts virulent werden konnte, ist allerdings als Indikator der epochalen Veränderungen zu werten, um die es mir geht.

3 Und auch insofern hatte Dr. Johnson wieder einmal fast völlig recht: »In this poem [...] there is nothing new.« [S. 187, n. 1].

4 Noch in Rilkes Gedicht »Die spanische Trilogie« von 1913 findet sich eine Wendung dieser Einsicht: »Warum muß einer dastehn wie ein Hirt,| so ausgesetzt dem Übermaß von Einfluß,| beteiligt so an diesem Raum voll Vorgang,| daß er gelehnt an einen Baum der Landschaft| sein Schicksal hätte, ohne mehr zu handeln.| [...] Abwechselnd weilt er und zieht, wie selber der Tag,| und Schatten der Wolken| durchgehn ihn, als dächte der Raum| langsam Gedanken für ihn.« (*Werke in drei Bänden*. Bd. 2, *Gedichte und Übertragungen*, Frankfurt 1966, p. 45f.) – Auch Andrew Ettin zitiert einen Ausschnitt dieses Textes als Motto seines Buches *Literature and the Pastoral*.

solche auffällig zu machen und das darin angelegte Innovationsverbot zumindest potentiell zur Revision freizugeben.

Die Pastoraldichtung Andrew Marvells wird die Aufforderung der letzten Zeile von *Lycidas* einlösen. Sowohl die aporetische Literarisierung des mythischen Analogons als auch die von Milton markierte Leerstelle werden bei Marvell nur wenige Jahre später in einer Weise artikuliert, die der ›Subjektivierung‹[1] vorarbeitet, die die Pastorale im späten 17. und im 18. Jahrhundert erfahren wird und die ihr – zu fundamental veränderten Bedingungen – eine Art von Überleben sichert.

In einem ersten Anlauf läßt sich der qualitative Unterschied, der sich hier andeutet, vielleicht so fassen: Stellt sich das sprechende Selbst bei Milton in der an Koketterie grenzenden Pose des »uncouth swain« ostentativ in die Konventionalität akademischer Pastorale zurück, so stellen Marvells Sprecher ihre Uneigentlichkeit als natürliche aus, indem sie ambitionierte Gelehrsamkeit durch eine ostentative Künstlichkeit ersetzen, deren allusive Vieldimensionalität nicht unbedingt mehr entziffert werden muß (und gelegentlich nicht entziffert werden kann). Das macht den zugleich hermetischen und eigentümlich oberflächlichen Charakter der Marvellschen Texte aus;[2] ihren pastoralen Platonismus, der sich doch seiner verborgenen Bedeutungen nicht mehr gewiß zu sein scheint, ja der ironischen Performanz dieses Geltungszweifels neue, zuvor nicht mögliche Pointen abzugewinnen weiß.

Als ein erstes Indiz dieses ironischen Verhältnisses zur gleichwohl in zahlreichen Gedichten[3] fortgeschriebenen pastoralen Tradition mag die von Marvell bevorzugte Prosodie gelten: Paarweise gereimte Tetrameter, wie sie für komische Sujets und einprägsam-witzige Pointen angezeigt waren,[4] überwiegen und kon-

---

1 Fish wertet die »collection of pastoral commonplaces«, mit der *Lycidas* endet, als Indiz der Entpersönlichung und »determined anonymity« des Textes (»*Lycidas:* A Poem Finally Anonymous«, p. 17). Daß sich eben diese lockere Struktur parataktischer Reihung konventioneller Elemente durchaus auch zur Exploration bestimmter Momente frühneuzeitlicher Subjektivität eignet, zeigt – in der Interaktion mit »Il Penseroso« – Miltons »L'Allegro«; s.o. Kapitel 4.

2 Das hebt auch Rosalie L. Colie in ihrer nach wie vor unübertroffenen Marvell-Studie *"My Ecchoing Song". Andrew Marvell's Poetry of Criticism*, Princeton 1970, hervor, obwohl sie darauf bedacht ist, zugleich das Versprechen von Bedeutungs-›Tiefe‹ zu betonen: »[...] Marvell is [...] a poet of highly polished surfaces. Surfaces: yet no critic has felt him a superficial poet; even to those readers unconcerned with his Platonism, his Puritanism, his republicanism, and so forth, his poetry gives the impression, or the illusion, of great depth – a smooth inviting pool beneath the surface of which are caverns measureless to man.« (p. 3).

3 Zu nennen wären als im engeren oder weiteren Sinne pastorale Texte Marvells mindestens: »On a Drop of Dew«, »Ros«, »Bermudas«, »Clorinda and Damon«, »A Dialogue between Thyrsis and Dorinda«, »The Nymph complaining for the death of her Faun«, »The Gallery«, »Mourning«, »Daphnis and Chloe«, »The Picture of little T. C. in a Prospect of Flowers«, »The Mower against Gardens«, »Damon the Mower«, »The Mower to the Glo-Worms«, »The Mower's Song«, »Ametas and Thestylis making Hay-Ropes«, »The Garden«, »Hortus«, »Upon the Hill and Grove at Bill-borow«, »Upon Appleton House«. – Ich zitiere im folgenden nach: H. M. Margoliouth, ed., *The Poems and Letters of Andrew Marvell*, Vol. 1, Poems, Oxford 1971.

4 S. P. Revard sieht hier eine Beziehung zur Epigrammatik der *Griechischen Anthologie* (»Intertwining the Garland of Marvell's Lyrics: The Greek Anthology and Its Renaissance Heritage«,

terkarieren die Ernsthaftigkeit, mit der die sprechenden *personae* auftreten. Das breite Spektrum der pastoralen ›Charaktere‹, der Grad ihrer Ausarbeitung und die Art und Weise, wie sie in den Texten vorgeführt werden, verleiht diesen zudem eine theatralische Qualität. Damit ergeben sich einerseits weitere Spiel- und Distanzierungsmöglichkeiten, andererseits aber – und dies erscheint als gegenläufige Wirkungsstrategie – können Bewußtseinslagen ganz unterschiedlicher Provenienz, vom Tautropfen über den werbenden Schäfer bis hin zur klagenden Nymphe oder auch zu autobiographischen Figurationen des Dichters entworfen und exploriert werden.

Als erstes Beispiel für den hieraus resultierenden raffinierten Schwebezustand von (selbst)ironisch distanzierter Künstlichkeit und Faszination sei »The Gallery« angeführt.[1] Der Sprecher lädt die Geliebte ein, in seine Seele zu schauen: »*Clora* come view my Soul, and tell| Whether I have contriv'd it well.« (1-2). Dem inspizierenden Blick bietet sich eine Gemäldegalerie, in der ausschließlich Bildnisse der Angeredeten hängen. Das Gedicht ist eine Führung durch diese Ausstellung. Mit der Geste des Connoisseurs weist der Sprecher auf die Prunkstücke seiner Sammlung; die Deixis erzeugt den Eindruck der Unmittelbarkeit der Anblicke und des abrupten Wechsels der Bilder. Die Ekphrasis zeigt die Geliebte als grausame Mörderin, in der nächsten Strophe als Göttin der Morgenröte, dann als Zauberin, die aus den Eingeweiden ihres Verehrers ihre Zukunft liest, im Gegensatz dazu wieder als schaumgeborene Venus. Die letzte Strophe enthüllt ein Bild, das eigentlich als erstes hätte gezeigt werden müssen:

> But, of these Pictures and the rest,
> That at the Entrance likes me best:
> Where the same Posture, and the Look
> Remains, with which I first was took.
> A tender Shepherdess, whose Hair
> Hangs loosely playing in the Air,
> Transplanting Flow'rs from the green Hill,
> To crown her Head, and Bosome fill.

Indem die pastorale Imago als Erinnerung an jenen Anblick präsentiert wird, in dem die Liebe ihren Anfang nahm und der als natürlicher all die anderen, rückblickend als artifizielle Posen erscheinenden Bilder der Clora zu überbieten vorgibt, erweist sie sich doch zugleich als ebenso künstlich wie jene: eine Projektion des Sprechers unter anderen, eine Verkleidung der Geliebten in einer langen – und fortsetzbaren – Reihe von Stereotypen. Die »Posture« der Schäferin wird als

---

in: Claude J. Summers, Ted-Larry Pebworth, eds., *On the Celebrated and Neglected Poems of Andrew Marvell*, Columbia, London 1992, pp. 29-46.)

1 Louis L. Martz nennt »The Gallery« »[...] a poem that stands forth almost as a definition of mannerist art«, stellt Vergleiche mit manieristischer Malerei an, vermutet bei Marvell eine Kenntnis von Marinos *La Galeria* (allerdings ohne diese Vermutung zu spezifizieren) und unterstreicht vor allem den Aufführungscharakter manieristischer Kunst (»Marvell and Herrick: The masks of Mannerism«, in: C. A. Patrides, ed., *Approaches to Marvell*, London 1978, pp. 194-215, hier: p. 205.)

Krönung der »Collection« (47), zugleich als Urbild aller Abbilder vorgeführt – und erweist sich eben darin als Prinzip einer Repräsentativität, die keinen anderen Anfang kennt als den der Imagination des Sprechers. Denn ausschließlich diese feiert sich hier selbst, nur dürftig verkleidet als Spott über die Kapricen proteischer Weiblichkeit. Die misogynen Pointen treten zurück gegenüber den Leistungen einer Einbildungskraft, die den Wandlungen der Geliebten immer schon einen Schritt voraus ist, ja die sie eigentlich erst erzeugt. So heißt es in der vorletzten Strophe:

> These Pictures and a thousand more,
> Of Thee, my Gallery do store;
> In all the Forms thou can'st invent
> Either to please me, or torment:
> For thou alone to people me,
> Art grown a num'rous Colony;
> And a Collection choicer far
> Then or *White-hall's*, or *Mantua's* were.

Allein die poetische *inventio* des Sprechers hat diese doppeldeutige ›Kolonialisierung‹ des Bewußtseins durch die Geliebte und ihrer Weiblichkeit durch die Einbildung des Liebenden (mit dem zusätzlichen Index potentieller weiterer Vervielfachung) hervorgebracht. Faszinationsgrund ist nicht das Figment »Clora«, sondern die Möglichkeit ihrer Pluralisierung und Transformation; faszinierend ist die endlose und selbstgenügsame Produktivität der Einbildungskraft, die nach Belieben höfische und schäferliche Tableaus ineinander konvertiert und sich ihrer eigenen paradoxen Identität über die fragwürdige, weil von ihr selbst konstituierte und manipulierbare Identität ihres Gegenstands zu vergewissern sucht.[1]

Stellt sich hier bereits eine Ironievermutung ein, so verstärkt sich diese im Blick auf die Gruppe von Gedichten Marvells, die sich am deutlichsten als pastorale vorstellen – die *»Mower«-Poems*. Indem diese Texte den Mähder als Haupt- und Sprecherfigur präsentieren[2] und das Rollenspiel schon im Titel ankündigen, beanspruchen sie einerseits besondere Unmittelbarkeit. Indem sich diese Figur andererseits als geistreiche Alterierung der üblichen Schäfer-*personae* vorstellt, ergeben sich zugleich neue Möglichkeiten, die pastorale Welt ironisch zu variieren und die in ihrer Begrenzung liegenden Aporien skeptisch weiter zuzuspitzen. *Daß* die pastorale Welt nicht nur eine in ihrer Natürlichkeit höchst artifizielle Spielwelt, sondern vor allem auch eine begrenzte Welt ist, deren umfassender

---

1 Daß sich in den Umrissen der hier vorgestellten Subjektivität cartesianische Denkfiguren abzeichnen, erscheint auch diesseits positivistisch nachweisbarer Einflüsse unübersehbar. Vergleichbares läßt sich auch für »The Garden« und »Upon Appleton House« beobachten (s.u.). – Cf. auch den ebenso detaillierten wie suggestiven Aufweis von Parallelen insbesondere zu Descartes' *Dioptrique* in D. Stempel, »*The Garden*: Marvell's Cartesian Ecstasy«, *JHI* 28.1 (1967), 99-114.

2 Paul Alpers bemerkt zu dieser Innovation Marvells: »Mowers do appear in earlier pastorals, but Marvell's figure is new because, for reasons that clearly have to do with his view of the realities of love and the imagination, Mavell was the first poet to make the mower the representative pastoral lover.« (*What Is Pastoral?* p. 27).

Repräsentativitätsanspruch in ständigem Widerspruch zu dieser Begrenztheit steht, ist reflektierter Bestandteil des Modus: Indem Marvell die pastorale Welt in weitere Teilwelten analysiert, (schäferliche) Weiden-, Wiesen-, Wald-, Garten- und (überflutete) Auenwelten multipliziert und untereinander in nicht selten komischen Wettbewerb bringt, versieht er diesen Anspruch der Pastorale jedoch mit dem Akzent der Borniertheit und markiert zugleich Entgrenzungsprojekte unterschiedlicher Art, nicht zuletzt in der Erkundung bislang in diesem Modus ausgesparter Bewußtseinswelten.

»The Mower against Gardens« etwa variiert zunächst die seit den Anfängen der Pastorale konstitutive Opposition von Stadt und Land, Kunst und Natur, indem er ihr den Gegensatz von Garten und Wiese überblendet.[1] Der depravierten Artifizialität der Gärten werden »sweet Fields« und die Unschuld der »Meadows« gegenübergestellt, in denen »Nature [...] most plain and pure« (4) zu finden sei:

'Tis all enforc'd; the Fountain and the Grot;
While the sweet Fields do lye forgot:
Where willing Nature does to all dispence
A wild and fragrant Innocence:
And *Fauns* and *Faryes* do the Meadows till,
More by their presence then their skill.
(31-36)

Das ist aber auch fast schon alles, was wir über die angeblich so überlegene Konkurrenzwelt erfahren. Sie bleibt vergleichsweise unbestimmt. Die Präsenz der Götter in ihr wird zwar reklamiert,[2] aber nicht gezeigt. Die Diatribe gegen die gefallene Gartenwelt enthüllt demgegenüber auf Seiten des angeblich so unverbildeten Sprechers ein ausgesprochenes Spezialistenwissen über die kritisierten Vorgänge des Gartenbaus – von der Anlage[3] über Bodenverbesserung, Pflanzenimport, -kultivierung und -zucht, bis hin zur Veränderung der Arten durch Okulieren und zur Verzierung des Gartens mit Götterstatuen. Abgesehen davon,

1 Zudem variiert der Text mit der Wahl des *mower* als Sprecherfigur noch einmal geistreich die für die Pastorale konstitutive ›Ästhetik des Als-Ob‹; cf. die Bemerkung Scaligers zu den »Hirtendichtungen«: »Diese Dichtungen haben alle verschiedene Inhalte; gemeinsam aber ist ihnen, daß sie jede Art von Beschäftigung immer auf die Beschaffenheit des Landes beziehen. Wenn sie daher neben Wald und Flur einen aus der Stadt stammenden Gegenstand besingen, müssen sie ihn so behandeln, daß sie von ihm reden, als sei er auf dem Land entstanden oder gefunden worden oder als habe er sich dort abgespielt.« (*Sieben Bücher über die Dichtkunst*, 3. Buch, 98. Kapitel, p. 61).

2 So in den Schlußzeilen: »But howso'ere the Figures do excel,| The *Gods* themselves with us do dwell.« Sind mit den »Figures« zunächst die Statuen der Faune und Elfen (»polish'd by some ancient hand«) gemeint, so ist hier doch auch ein *pun* und d.h. eine autoreferentielle Pointe nicht auszuschließen: Der Text distanzierte sich damit auch von den perfekten ›Figuren‹ seiner eigenen Rhetorik; der Ort, von dem aus gesprochen wird, wäre endgültig nicht mehr auszumachen.

3 Diese wird ausdrücklich als Eingrenzungsvorgang dargestellt: »He [- i.e. Luxurious Man] first enclos'd within the Gardens square| A dead and standing pool of Air« (Zeilen 5-6).

daß die Opposition Garten/Wiesen diverse allegorische Lesarten eröffnet,[1] läßt der allzu präzise Blick des *Mower* über den Gartenzaun vor allem erkennen, daß sein Sprechen von genau der Duplizität geprägt ist, die er als Kainsmal von »Luxurious Man« (1) auszugeben sucht. Seine Doppelsichtigkeit[2] situiert ihn keineswegs eindeutig in der ›natürlichen‹ Wiesenwelt, sondern in einem von ihm selbst der Profanierung verdächtigten Bereich ›zwischen Baum und Borke‹ (»between the Bark and Tree«, 21). Er hat an beiden Welten teil, aber ist in keiner wirklich zuhause. Seine Sprechsituation erscheint ironisch; seine ›uneigentliche‹ Bewußtseinslage ähnelt der des Sprechers von »The Gallery«, insofern auch hier prätendierte Ursprünglichkeit von imaginiertem Raffinement überlagert wird.

Bei genauerem Hinsehen erweist sich die Ortlosigkeit oder zumindest fragwürdige Beheimatung der Sprecher als gemeinsamer Zug aller *»Mower«-Poems*. In allen ist eine Grenze überschritten, die den Mähder als in der von ihm beherrschten und überschauten Wiesenwelt nicht zuhause, als im eigenen Bereich Fremden erscheinen läßt. Das liegt einerseits völlig auf der Linie einer zentralen Konvention des Pastoralen – auch einige der Vergilschen Schäfer sind Exilierte. Andererseits aber gelingt bei Marvell eine Überbietung des Vertreibungstopos, die diesen fundamental verändert. Denn seine Mähder sind Vertriebene *in* der pastoralen Welt: Sie kommen nicht von anderswo her, sondern sind von vornherein ›nicht am rechten Ort‹. Die typisch pastorale, auf ein immer schon Verlorenes gerichtete Nostalgie wird damit gleichsam tautologisch. Und mehr noch: die Ortlosigkeit dieser Sprecher erscheint ins Subjektive transponiert – sie sind *sich selbst* fremd geworden. So heißt es in den letzten beiden Strophen von »The Mower to the Glo-Worms«:

Ye Glo-worms, whose officious Flame
To wandring Mowers shows the way,
That in the Night have lost their aim,
And after foolish Fires do stray;

Your courteous Lights in vain you wast,
Since *Juliana* here is come,
For She my Mind hath so displac'd
That I shall never find my home.
(9-16)

Nun wird für die radikale Ver-rückung, die der Sprecher hier berichtet, für die Entzweiung mit sich, die jede Heimkehr ausschließt, allerdings ein Grund angegeben, der auch solchen Selbstverlust nochmals konventionell erscheinen lassen

1 So könnte man hier verschiedene Kunstauffassungen gegeneinander ausgespielt sehen; royalistisch konnotierten *ornatus* dem puritanischen *plain style* gegenübergestellt; römisch-katholischen Prunk, Bilderkult und Mißbrauch oder auch die Perversionen höfischer Sexualität aus der Sicht puritanischer Askese kritisiert. In jedem Fall übertrifft die Genauigkeit und Konkretheit der hortikulturellen Signifikanten ihre möglichen ideologischen Signifikate bei weitem und läßt diese eher fragwürdig erscheinen.

2 Mit Bezug auf »Luxurious Man«, in dessen Mentalität sich der *Mower* so gut hineinversetzen kann, heißt es in Zeile 9: »The Pink grew then as double as his Mind«.

könnte: die unglückliche Liebe zu »Juliana«, über die auch die Sprecher in »Damon the Mower« und »The Mower's Song« klagen. Im petrarkistischen Modell ist der Topos des Liebenden, der seiner selbst nicht mehr Herr ist, weil die Vorstellung der Geliebten von ihm vollständig Besitz ergriffen hat, vorgesehen und geläufig.[1] Ist dies indes eine genuin paradoxe Befindlichkeit, insofern der petrarkistisch Liebende dies als Bedingung eines gleichzeitig erhöhten Selbstgefühls erfährt, so erscheint die Verlorenheit des Marvellschen Mähders gänzlich ausweglos, insofern ihm diese Kompensation verwehrt ist. Der Mähder gewinnt aufgrund der Heteronomieerfahrung der Liebe nichts – er bleibt, der er ist. Neoplatonische Philosopheme sind ebenso abwesend wie christliche Konnotationen; die Liebesdoktrin der Renaissance erscheint so verkürzt um wesentliche Dimensionen. Mehr noch: »Damon the Mower« setzt eine zusätzliche ironische Pointe, insofern der Verliebte nicht nur keinerlei Läuterung oder Steigerung seines Selbstseins erfährt, sondern sich ganz wörtlich selbst zu Fall bringt – eine Verkehrung der metaphysischen Bewegungsrichtung und zugleich eine Literalisierung, die die pastorale Welt tendentiell auf sich selbst zurückwirft, indem sie sie von den Verweisrelationen abkoppelt, mit denen sie die literarische Tradition aufgeladen hatte, und sie als zugleich selbstgenügsame und in ihrer Konkretheit obskure präsentiert.

Gleich die erste Strophe von »Damon the Mower« zeigt die Verwandlung der Wiesenwelt in eine Spielwelt der Imagination, die in ihrer Hermetik nicht zuletzt deshalb so suggestiv bleibt, weil sie – wie die übrigen bisher besprochenen Gedichte Marvells – den Umriß einer mit sich selbst uneinigen Subjektivität aufzeichnet.

Heark how the Mower *Damon* Sung,
With love of *Juliana* stung!
While ev'ry thing did seem to paint
The Scene more fit for his complaint.
Like her fair Eyes the day was fair;
But scorching like his am'rous Care.
Sharp like his Sythe his Sorrow was,
And wither'd like his Hopes the Grass.

Die »Scene«, von der sich mit dieser Eröffnung der Vorhang hebt, betritt nunmehr Damon selbst; es folgt über acht Strophen das Zitat seiner Klage (»complaint«) über das Unglück seiner unerwiderten Liebe, und in den letzten beiden Strophen schließt die ›erzählende‹ Stimme des Anfangs den Rahmen, allerdings nicht ohne Damon das letzte Wort zu gewähren. – Auffallend ist schon in den ersten Zeilen die geradezu hyperbolische »fitness« der Entsprechungen zwischen

1 In der *Galatea* des Cervantes widmen sich die Schäfer mit großer Ausführlichkeit der Erörterung der widersprüchlichen Befindlichkeit, in die sie die Verliebtheit stürzt; neben den anderen bekannten Paradoxien der petrarkistischen Liebesdoktrin ist die des Sich-Fremdwerdens bis zum Identitätsverlust bei gleichzeitig gesteigertem Selbstgefühl hier eine der am häufigsten entfalteten.

der Befindlichkeit Damons und seiner Welt.[1] Das viermalige »like« erzeugt ein Übermaß an Ähnlichkeit zwischen Mikro- und Makrokosmos, das das pastorale Korrespondenzuniversum in den folgenden Zeilen zu einem Ort klaustrophobischer Einschließung in einem unerträglichen Zustand macht.[2] Denn die oppressive Hitze, von der nun berichtet wird (die die Wiesen versengt, Frösche und Heuschrecken lähmt und ominöserweise nur die Schlange von ihren verheerenden Wirkungen ausspart[3]), ist gleichermaßen die Folge der Verachtung der »fair Shepheardess« Juliana für Damon[4] wie dessen »hot desires« (26).

Daß die selbstbezügliche Involution der pastoralen Welt als Äquivalent der sprechenden Subjektivität in Marvells Text zum Grundprinzip der Vorführung wird, zeigt sich nicht nur im Blick auf die rätselhaften Geschenke, die Damon der hartherzigen Schäferin offeriert,[5] oder in einzelnen prägnanten Formulierungen, die sich – wie etwa »Remedies themselves complain« (30) – als Selbstbe-

---

1 Daß die unglückliche Liebe Damons zu Juliana ihr Pendant in einer Störung der kosmischen Harmonie findet, ist für sich genommen gewiß keine originelle Vorstellung; ungewöhnlich ist jedoch, daß hieraus weniger Chaos als Monotonie resultiert.

2 Zwar prahlt Damon in Strophe VII im Blick auf den im »piping Shepherd« vermuteten Rivalen mit der Weite der von ihm gemähten Wiesen – »This Sithe of mine discovers wide| More ground then all his Sheep do hide.« –, aber in der sich direkt anschließenden schäferlichen Metapher für sein eigenes Tun bezeichnet er die Wiesen als »Closes«, also *enclosures*: »With this the golden fleece I shear| Of all these Closes ev'ry Year.«

3 Cf. die Zeilen 15-16: »Only the Snake, that kept within,| Now glitters in its second skin.«

4 »Not *July* causeth these Extremes,| But *Juliana's* scorching beams.« (23-24).

5 Cf. Strophe V. – Der »harmless Snake [...] Disarmed of its teeth and sting« mag sich ja noch eine sexuelle Bedeutung abgewinnen lassen (cf. auch Tasso, *Aminta*, 1.661), obwohl sich schon hier – etwa durch den Bezug zu der zuvor erwähnten Schlange – eher störende Ambivalenzen in den Vordergrund drängen; »*Chameleons* changing-hue« wirkt mit dem Hinweis auf Unbeständigkeit eher wie eine sinistre Drohung als eine Werbung, und weshalb die »Oak leaves tipt with hony due« das Herz der Juliana gewinnen sollen, ist auch nicht ganz einzusehen, scheint ihre bittere Süße doch eher auf die Stimmung des Damon hinzuweisen. – Über die vergleichsweise offenkundigen emblematischen Qualitäten des Chamäleons hinaus, die in diesem einen Inbegriff des Schmeichlers wie einen Hinweis auf die proteische Willfährigkeit des Liebenden entdecken lassen (cf. Arthur Henkel, Albrecht Schöne, *Emblemata*, Stuttgart 1978, Sp. 664-666), lassen sich jedoch noch weitere Spekulationen anstellen: Anknüpfend bei einer der orphischen *Conclusiones* Picos – »Wer Pan nicht an sich zu ziehen vermag, nähert sich Proteus vergebens« – entwickelt Edgar Wind einen zentralen Aspekt neoplatonischer Anthropologie und Poetik im Gedanken der ›Aufhebung‹ der Vielheit in Einheit (*Heidnische Mysterien der Renaissance*, Frankfurt 1984, Kap. 13 »Pan und Proteus«, pp. 220 – 249). Pico pointiert den auch bei Ficino zu findenden Gedanken in *De hominis dignitate* in der rhetorischen Frage: »Wer würde dieses Chamäleon nicht bewundern?« (zit. p. 220). Diese Vorstellung von der ›chamäleonischen‹ Fähigkeit des Menschen zur analogistischen Anverwandlung an höhere wie niedere Seinsstufen zwischen Materialität und Intelligibilität scheint nun bei Marvell nicht nur in »Damon the Mower« geistreich variiert, aber auch entscheidend verändert zu werden. Nicht nur aufgrund der geschilderten Mittagsglut ist Damon auch als eine Pansfigur, wenigstens als Jünger des großen Pan zu verstehen. Daß nun seine Chamäleonsgabe in einer Weise von Juliana verschmäht wird, die den Werbenden auf sich selbst zurückwirft, erscheint ebenso als Dementi der hier potentiell angelegten neoplatonischen Implikationen wie die auch in den übrigen Texten vonstatten gehenden Metamorphosen: Diese bilden eher Figuren des Selbstverweises und der Ausstellung der eigenen Zeichenhaftigkeit als die Struktur einer echten Verwandlung im Sinne einer Alterierung auf ein Ideal hin. Zugespitzt formuliert: bei Marvell finden wir einen geradezu hyperbolischen Analogismus, aber ohne Transzendenz – Tautologie statt Henologie.

schreibung des Textes anbieten. Auch Damons Selbstbespiegelung in der eigenen Sense weist diese Struktur auf:

Nor am I so deform'd to sight,
If in my Sithe I looked right;
In which I see my Picture done,
As in a crescent Moon the Sun.
The deathless Fairyes take me oft
To lead them in their Danses soft;
And, when I tune my self to sing,
About me they contract their Ring.
(57-64)

Von ambivalenter Autoreferentialität ist nicht nur der Blick in den – gekrümmten, potentiell entstellenden oder vielleicht doch einen Entstellten zeigenden[1] – Spiegel, sondern auch die Art und Weise, wie Damon, von den Elfen umringt und eingekreist, ›sich einstimmt‹ und zu deren Vorsänger macht. Und die Schlußstrophen lassen den Text vollends tautologisch in sich zurücklaufen, insofern der in seinen Ursprung zurückgespiegelte Blick sich in der Doppeldeutigkeit von »glance« (78) als Ursache eines selbstzugefügten, gar tödlichen ›Falls‹ erweist:

While thus he threw his Elbow round,
Depopulating all the Ground,
And, with his whistling Sythe, does cut
Each stroke between the Earth and Root,
The edged Stele by careless chance
Did into his own Ankle glance;
And there among the Grass fell down,
By his own Sythe, the Mower mown.

Alas! said He, these hurts are slight
To those that dye by Loves despight.
With Shepherds-purse, and Clowns-all-heal,
The Blood I stanch, and Wound I seal.
Only for him no Cure is found,
Whom *Julianas* Eyes do wound.
'Tis death alone that this must do:
For Death thou art a Mower too.
(73 – 88)

1 Hier werden Theokrit-Echos hörbar: Der Blick in den Spiegel evoziert jene Idyllen, die von der unglücklichen Liebe des Kyklopen Polyphem zur Nymphe Galatea handeln; vor allem 6, 34-38 (vgl. auch 11, 29ff): »Denn ich bin ja so häßlich wohl nicht von Gestalt, wie sie sagen.| Kürzlich schaute ich nämlich hinein in das Meer – es war windstill -:| Schön erschien da mein Bart und schön auch mein einziges Auge,| Wie mein Urteil mir sagt; und es ward auch der Glanz meiner Zähne| Widergespiegelt, der blendender war als parischer Marmor.« (Cf. auch die Rede des Satyrs im *Aminta*, 2. 759ff.) — Unübersehbar an dieser Stelle der Unterschied nicht nur in der Allusionendichte im Vergleich zu Milton, sondern auch in der Qualität der Allusionen: Die ironische Ambivalenz bei Marvell ist ersichtlich auch ohne genaue Kenntnis der Theokrit-Passagen, die Pointe wirksam, auch ohne daß man in Damon einen Polyphem-Repräsentanten sieht.

Die Verwundung, die sich der Mähder selbst durch den kreisförmigen Schwung jenes Werkzeugs beibringt, das zugleich seine Tätigkeit allegorisiert und ihm als Spiegel dient (»the Mower mown«), reflektiert ihrerseits die tödliche Wunde, die er durch (spiegelnden) Blick und Anblick Julianas empfangen hat. Erscheint jene noch als ›homöopathisch‹ heilbar mit den sympathetisch wirkenden Mitteln, die die pastorale Welt bereitstellt (»Shepherds-purse, and Clowns-all-heal«) und die allerdings den Verwundeten ihrerseits als den komischen Tölpel erweisen, als der er offenbar in Julianas Augen erscheint, so kann es für diese nicht nur deshalb kein Remedium geben, weil, wie es zuvor hieß, »Remedies themselves complain« (30). Einziges Heilmittel ist hier der Tod – ist, in der Gleichung, die die Schlußzeile aufmacht, Damon selbst, insofern die pastorale Welt zugleich die seines unglücklichen Bewußtseins ist.

Als Variation des *Et in Arcadia Ego* ist diese Schlußzeile noch völlig konventionell[1] – die Schwelle der Renaissancepastorale ist überschritten im reflexiven Zurückschlagen dieser Figur auf das sprechende Selbst, in ihrer Abbildung auf die Subjektivität. Innovativ ist indes nicht nur das nicht erst an dieser Stelle bei Marvell auszumachende cartesianische Element, das ein platonisch geprägter Modus wie der der Pastorale nicht ohne weiteres zu akkommodieren vermag. Bemerkenswert erscheint vor allem die Figur, die sich in dieser reziproken Schlußgleichung von »Death« und »Mower« abzeichnet.[2] Im *danse macabre* des Schlusses, in dem sich der Tod topisch in einen Schnitter, der Schnitter in eine Allegorie des Todes verkehrt, vollzieht sich zugleich eine emblematische Erstarrung des Textes. Das Spiel der Ähnlichkeiten, das sich ohnedies der Tautologie annäherte, wird stillgestellt; der *Mower* wird zum Zeichen – in erster Linie zum Zeichen seiner selbst, aber auch, schöpft man die Möglichkeiten mythologischer Aufladung aus, zu denen der Text nicht zuletzt über das Motiv der Selbstverstümmelung einzuladen scheint, zu einer Chronos/Saturn-Gestalt. Vermag die pastorale Hauptperson hier aber als autoreferentielle Melancholierepräsentanz zu erscheinen, dann wird einmal mehr sichtbar, wie groß der Abstand zur perfektionierten Konventionalität von Miltons Trauergedicht *Lycidas* geworden ist. Grays »Elegy« wird – im Vorfeld ›romantischer‹ Transformationen der Pastorale – Figurationen der Melancholie entwerfen, die deren strukturelle Homologie zur Subjektivität in Fortsetzung der (bereits in Kapitel 4 erkundeten) frühneuzeitlichen Formationen, aber mit versetzten Akzenten noch deutlicher hervortreten lassen.

Aber nicht nur die Emergenz subjektivitätsaffiner Strukturen in der Vorführung tautologischer Implikationen in Vorstellungen universaler Korrespondenz

---

1 Cf. Erwin Panofsky, »*Et in Arcadia Ego*: Poussin and the Elegiac Tradition«, in: *Meaning in the Visual Arts*, Harmondsworth 1970, pp. 340-367 (dt. als »Et in Arcadia Ego: Poussin und die elegische Tradition«, in: Klaus Garber, ed., *Europäische Bukolik und Georgik*, Darmstadt 1976).

2 Denn hier wird ja nicht nur der Gemeinplatz vom Tod als Schnitter wiederholt – auch der Schnitter ist ja ausdrücklich als todbringend dargestellt worden: »Depopulating all the Ground« (74). – Die biblischen Echos (Ps 90. 5,6; 102. 4, 11; Jes 40. 6, 7) lassen den Vanitas-Topos zusätzlich in den Vordergrund treten.

erscheint charakteristisch für diese Version der Pastorale. Marvells Texte spüren nicht nur den Aporien dieses poetischen Modus nach, sondern entfalten auch sein metamorphotisches Potential als Reservoir des skeptischen Anders-Sehens.[1] Die Verwandlung, die die Hauptfigur am Schluß von »Damon the Mower« erfährt, aber auch die ganz ähnlich konzipierte am Ende von »The Mower's Song« belegen diese Eigenart Marvellscher Imagination; wie sich zeigen läßt, bestimmt sie – gleichsam als Fortentwicklung einer pastoralen Grundstruktur – auch einige der berühmtesten nicht ausschließlich pastoralen Gedichte Marvells. Auch »The Mower's Song« setzt ein mit einem verwirrenden Spiel der Analogien:

My Mind was once the true survey
Of all these Medows fresh and gay;
And in the greenness of the Grass
Did see its Hopes as in a Glass;
When *Juliana* came, and She
What I do to the Grass, does to my Thoughts and Me.

Eine Weise der Entsprechung zwischen dem pastoralen Sprecher und seiner Welt wird hier durch eine andere ersetzt. Der nostalgischen Rückwendung auf einen Zustand verlorener Eintracht, der als Beziehung vollkommener Abbildhaftigkeit erinnert wird, folgt die Beschreibung einer Entzweiung, die aber ihrerseits auch als eine Art Spiegeleffekt, als perfekte Reziprozität von Tun und Erleben konstruiert wird. Die ›Ankunft‹ der Juliana entfremdet den Mähder nicht nur von seiner Arbeit und der darin angedeuteten Identität mit der Wiesenwelt, sie spaltet auch sein Selbstgefühl, indem sie zwischen ihm und seinen Gedanken einen Unterschied entstehen läßt. Nicht so sehr die hiermit verbundenen Pointen einer mit jeder Strophe schwindenden Beheimatung des Sprechers in seiner Wiesenwelt oder die mit jeder Wiederholung des Kehrverses variierte Bedeutung der Grenzverletzung und des Verfügungsverlusts, als welche die Verliebtheit erfahren wird, sind indes hier von vorrangigem Interesse. Vielmehr läßt die Schlußmetamorphose dieses Textes zusätzlich einen Aspekt hervortreten, der sich auch schon in der Verwandlung Damons in eine Allegorie der Melancholie andeutete. Der Sprecher in »The Mower's Song« hat sich dadurch, daß er sich als Bewohner eines Korrespondenzuniversums reflektierte, in eine perfekte Aporie hineinmanövriert. Denn anstatt das Unglück des verliebten Mähders widerzuspiegeln, den Juliana ›mit Füßen tritt‹ (vgl. 16), haben die »Unthankful Medows« ihm ihre Gefolgschaft aufgekündigt, indem sie in ganz unerhörter Weise zu blühen begonnen haben. Diese »gawdy May-games« (15) der Wiesen aber – und damit wird seine Lage ausweglos – sind ja *auch* eine Art der Korrespondenz, denn sie bilden die Ausschweifungen seiner erregten Einbildungskraft ab. Auch hier erscheint der Tod als die einzige Weise, sich aus dieser Lage zu befreien – aber paradoxerweise, indem sie auf Dauer gestellt wird:

---

1 Auch die Vielgestaltigkeit, die der »Clora« in »The Gallery« zugeschrieben wurde und die gar nicht mehr damit zu rechnen schien, daß hinter den vielen Bildern noch ein ›wahres Gesicht‹ erkennbar werden könnte, läßt sich als Hinweis auf diesen imaginativen Duktus lesen.

But what you[1] in Compassion ought,
Shall now by my Revenge be wrought:
And Flow'rs and Grass, and I and all,
Will in one common Ruine fall.
For *Juliana* comes, and She
What I do to the Grass, does to my Thoughts and Me.

And thus, ye Meadows, which have been
Companions of my thoughts more green,
Shall now the Heraldry become
With which I shall adorn my Tomb;
For *Juliana* comes, and She
What I do to the Grass, does to my Thoughts and Me.
(19-30)

Die Verwandlung, die sich der Sprecher als Rache für die aufgekündigte Gefolgschaft vorstellt, ist zum einen – ähnlich wie in »Damon the Mower« – verbunden mit einem Akt ruinöser Autoaggression, zum anderen aber erscheint die Apokalypse, die er sich herbeiführen sieht, auch als imaginative Versteinerung. Die pastorale Welt wird zum Wappen ihrer selbst und zum heraldischen Grabschmuck petrifiziert. Nicht nur erweist sich ihre Entsprechung zur Befindlichkeit des pastoralen Protagonisten als nurmehr gewaltsam herbeizuführen: Diese auf Dauer gestellte Aporie stellt sich nachdrücklich als Zeichen dar.

Genauso erstarrt zuletzt auch die apokalyptische Szenerie von »The unfortunate Lover« in zugleich hochartifizieller und blutrünstiger Heraldik:

This is the only *Banneret*
That ever Love created yet:
Who though, by the Malignant Starrs,
Forced to live in Storms and Warrs;
Yet dying leaves a Perfume here,
And Musick within every Ear:
And he in Story only rules,
In a Field *Sable* a Lover *Gules*.
(57-64)

Und nicht viel anders, in der gleichen manieristischen Synthese aus Elementen paganer und christlicher Ikonographie, wandelt sich am Schluß von »The Nymph complaining for the death of her Faun« das dominante Purpurrot mit seiner mehrdeutigen, von Liebe über Sünde, Rosen, Lippen und Blut spielenden Valenz in das blendende Alabasterweiß eines lebenden Grabmals; wandeln sich die Trauernde und ihr ermordetes Kitz in ihr eigenes Pietà-ähnliches Abbild, in welches ihre unaufhörlich fließenden Tränen sich und zugleich die Geschichte ihres Anlasses eingravieren.[2]

1 Angeredet sind die »Unthankful Medows«.
2 So die zum Sterben entschlossene Sprecherin: »First my unhappy Statue shall| Be cut in Marble; and withal,| Let it be weeping too: but there| Th'Engraver sure his Art may spare;| For I so truly thee bemoane,| That I shall weep though I be Stone:| Until my Tears, still dropping, wear| My

Eine *consolatio* ist hier gleichwohl weder vorgesehen noch nötig: Bei Marvell endet die Pastorale in der Katastrophe – aber, weder tragisch noch komisch, als skeptisches Zeichen ihrer eigenen Künstlichkeit und ihres Endes. Vermochte Miltons *Lycidas* durch die Überführung des mythischen Analogons der Pastorale in Intertextualität vielleicht noch Reste ihrer traditionellen Funktion zu retten, so erstarrt die perfekte Konventionalität jenes Textes bei Marvell gleichsam zum Monument ihres generischen Anspruchs. Indem sie in die autoreferentielle Signatur ihrer eigenen Repräsentativität verwandelt wird, erinnert sie an die Weisen der Signifikation und Fiktionserzeugung, die ihre Entstehung ermöglicht haben, aber sie deutet zugleich die Modi an, in denen sie überlebt.

Die ihrer Artifizialität und ihres Zeichencharakters bewußte Anhäufung und Überblendung von Bedeutungen ist Kennzeichen auch jener Passagen in »The Garden« und »Upon Appleton House«, die noch als pastoral gelten können. Zum Abschluß der Marvell-Lektüre soll anhand weniger Beispiele wenigstens skizziert werden, mit welchen anderen Funktionen der Modus in seiner post-pastoralen Version – als metamorphotisches Prinzip – aufgeladen werden kann.

So ist der amöne Ort, an den sich der Sprecher in »The Garden« zurückzieht, zwar ausdrücklich als Ort der Einsamkeit charakterisiert – »Society is all but rude,| To this delicious Solitude« (15/16) –; ja er wird sogar als Überbietung des Gartens Edens vorgestellt, denn anders als dort fehlt es hier tatsächlich an nichts, vermißt doch das männliche Sprecher-Ich an diesem »Place so pure, and sweet« (59) auch keine Partnerin: »Such was that happy Garden-state,| While Man there walk'd without a Mate« (57/58). Aber der Garten ist zugleich ein erotisierter Ort, der buchstäblich auf Schritt und Tritt an ›andere‹ Liebesverhältnisse erinnert. So trifft der Sprecher auf die Spuren, die Verliebte hier hinterlassen haben: »Fond Lovers, cruel as their Flame,| Cut in these Trees their Mistress name« (19/20).[1] Aber auch die Bäume selbst erscheinen als mythologische Denkmäler, Endprodukte von Metamorphosen, zu denen unerwidertes (und unwillkommenes) pastorales Begehren führte:

---

breast, themselves engraving there.| There at my feet shalt thou be laid,| Of purest Alabaster made:| For I would have thine Image be| White as I can, though not as Thee.« (111-122). – Eine andere Lesart der Statue schlägt B. L. Estrin vor (»The Nymph and the Revenge of Silence«, in: Summers, Pebworth, eds., *On the Celebrated and Neglected Poems of Andrew Marvell*, pp. 101- 120); näher an meiner eigenen Deutung liegt der Diskussionsbeitrag von A. B. Coiro im gleichen Band, pp. 238-242: »She becomes a statue graven with words in a pastoral landscape – and the words are this poem itself. Every act of artifice in Marvell's poetry becomes an act of inscription.« (p. 243).

1 Dabei übertrifft die Schönheit des Gartens jeden petrarkistischen Stereotyp: »No white nor red was ever seen| So am'rous as this lovely green.« (17-18). Daß als Alternative zu solch konventioneller Verewigung eine Benennung der Bäume mit ihrem eigenen Namen vorgestellt wird, – »Fair Trees! where s'eer your barkes I wound,| No Name shall but your own be found« (23-24) – erscheint nicht nur als zu diesem Paradiesgarten passende ›adamitische‹ Verhaltensweise, sondern auch als eine weitere Variante der pastoralen Tautologien, mit denen auch die »*Mower*«-*Poems* spielten. – Cf. zu diesem Topos, seinen Prätexten in Vergils Ekl. 5 und 10, sowie zu seiner antipetrarkistischen Wendung bei Marvell auch E. R. Cunnar, »Names on Trees, the Hermaphrodite, and »The Garden«, in: Summers, Pebworth, ed., *On the Celebrated and Neglected Poems of Andrew Marvell*, pp. 121-138.

Apollo hunted *Daphne* so,
Only that She might Laurel grow.
And *Pan* did after *Syrinx* speed,
Not as a Nymph, but for a Reed.
(29-32)

Und schließlich erscheint die Pflanzenwelt dieses von poetologischen Resonanzen widerhallenden Gartens selbst in ihrer schieren, aufdringlichen Fülle so verführerisch, daß sie den Sprecher in einer weiteren scherzhaften Literalisierung eines traditionellen Topos ›zu Fall‹ bringt, sobald er emphatisch in der ersten Person Singular auftritt:

What wond'rous Life in this I lead!
Ripe Apples drop about my head;
The Luscious Clusters of the Vine
Upon my Mouth do crush their Wine;
The Nectaren, and curious Peach,
Into my hands themselves do reach;
Stumbling on Melons, as I pass,
Insnar'd with Flow'rs, I fall on Grass.
(33-40)

Dieser Fall ist indes nicht nur noch weniger tragisch als in den Mähder-Gedichten – er erweist sich überdies als Präludium zu einem Aufstieg eigener Art, der in seiner spielerischen neoplatonisch-cartesianischen Duplizität und seiner gleichzeitigen naturalistisch-materialistischen Überformung zu einer nicht abreißenden Reihe von Interpretationen[1] Anlaß gegeben hat:

Mean while the Mind, from pleasure less,
Withdraws into its happiness:
The Mind, that Ocean where each kind
Does streight its own resemblance find;
Yet it creates, transcending these,
Far other Worlds, and other Seas;
Annihilating all that's made
To a green Thought in a green Shade.

1 Hierzu Hinweise in jeder Marvell-Monographie; cf. auch die Ausführungen bei Rosalie Colie, »*My Ecchoing Song*«, hier: p. 141-177) und den grundlegenden Aufsatz Frank Kermodes, »The Argument of Marvell's ›Garden‹«, *Essays in Criticism* 3.2 (1952), pp. 224-241. – Colie hebt vor allem die poetologische Selbstreferentialität des Textes hervor: »The flowers in this poem are emblematic of the traditions the poet inherited; the poet, like the bee, has gathered from the literary kinds, accommodating what he gathered to his own structure, to the mixed garden of his making, where the literary kinds also »streight [their] own resemblance find,« heroic, pastoral, libertine, speculative, ecstatic, meditative, emblematic, paradoxical, gathered into a poem that is, among so much else that it is, also an illustration of the root-meaning of »anthology.« [...] Out of poetry, poetry is distilled. Here as so often, the poem points out and in, out toward the poetic traditions it relies on and lives from, in to itself as a perfection of those traditions. It manages at once to be objective and self-referential, and to make us notice that.« (p. 176)

Here at the Fountains sliding foot,
Or at some Fruit-trees mossy root,
Casting the Bodies Vest aside,
My Soul into the boughs does glide:
There like a Bird it sits, and sings,
Then whets, and combs its silver Wings;
And, till prepar'd for longer flight,
Waves in its Plumes the various Light.
(41-56)

Im vorliegenden Fragekontext mag es genügen hervorzuheben, daß auch diese Metamorphosen der poetischen Subjektivität nicht nur Produkte einer selbstbezüglichen pastoralen Imagination sind, sondern sich selbst nochmals in ihrer Autoreflexivität thematisieren: Das Bewußtsein (»Mind«) wird hier zum Spiegel der Dinge, der indes nicht nur ihre Abbilder (»resemblance«) hervorbringt, sondern diese transzendiert in der Erzeugung »anderer Welten«, die doch ihrerseits (so eine Implikation des notorisch ambigen Zeilenpaars 47/48) vielleicht nichts anderes sind als ein »green Thought in a green Shade«, als ein Abbild jenes spiegelnden Bewußtseinsgrundes.[1] Das metaphysische Format dieser Zeilen ist offenkundig – ebenso deutlich ist, daß die Pastorale hier eine Metamorphose durchläuft, die im Begriff ist, ihre bewußte Artifizialität in ein frühmodernes Medium poetologischer und subjektphilosophischer Selbstreflexion zu verwandeln.

Der Schluß des Textes scheint diesen Vorgriff nur auf den ersten Blick zurückzunehmen oder gar zu trivialisieren. Unter vollkommener Wahrung des leichten, ironisch-pastoralen Tons wird hier der Blick einmal mehr auf ein Chronos-Monument gelenkt – eine Blumenuhr, wie sie sich wohl in einem Barockgarten gefunden haben mag:

How well the skilful Gardner drew
Of flow'rs and herbes this Dial new;
Where from above the milder Sun
Does through a fragrant Zodiack run;
And, as it works, th'industrious Bee
Computes its time as well as we.
How could such sweet and wholsome Hours
Be reckon'd but with herbs and flow'rs!
(65-72)

Dies ist nicht nur ein Vanitas-Motiv – es ist auch ein fast gänzlich in florale Konkretheit übersetztes Abbild des Tierkreises, Inbegriff des Korrespondenzuniversums, aber nurmehr mit einem Hauch astrologischer Bedeutungsschwere. ›Neu‹ ist an der Semantik dieser Blumenuhr (»this Dial new«) auch die Möglich-

1 Nicht weniger rätselhaft und verschlossen in autoreferentieller Hermetik der Paradiesvogel, in dem sich die Seele des Sprechers in der folgenden Strophe verkörpert sieht: Seinem platonischen Auftreten zum Trotz erscheint er in erster Linie mit sich beschäftigt – d.h. mit Gesang und Gefiederpflege – und in zweiter Linie damit, das »wechselnde Licht« seiner Umgebung widerzuspiegeln. – Eine einleuchtende, allerdings auf ihre cartesianische Dimension reduzierte Interpretation der Verse präsentiert Stempel (»*The Garden*«).

keit, sie als textuelle Metapher zu lesen, vom impliziten Autor als »skilful Gardner« entworfen.[1] Selbstgenügsam wie der kosmische Kreislauf reiht sich die letzte Strophe in die Folge von Spiegelungen seiner selbst ein, die dieses Gedicht bereithält – ebenso tautologisch involviert wie jene,[2] aber in den Anspielungen auf die Zirkularität der Uhr wie des Tierkreises und in der chiastischen Einkreisung durch »flow'rs and herbes«/»herbs and flow'rs« noch von gesteigerter autoreferentieller Hermetik. Der poetische Bewußtseinsgarten Marvells gibt sich allenfalls selbst die Maßstäbe vor, an denen er zu messen und mit denen seine Zeit zu ›berechnen‹ ist.

Erkundet »The Garden« einige der Möglichkeiten post-pastoraler Imagination in einem fiktiven *hortus conclusus*, so wählen die 776 Zeilen von »Upon Appleton House, to my Lord Fairfax« den Landsitz von Marvells zeitweiligem Arbeitgeber[3] zum Anlaß und Gegenstand. Dem metamorphotischen Überschwang des Gedichts tut dies indes nicht nur keinen Abbruch, die Nichtfiktionalität seines Sujets scheint vielmehr geradezu als Stimulans seiner Literarisierung zu wirken, so daß auch dieser Ort nicht nur zur Bühne und zur amönen Zuflucht der poetischen Subjektivität[4] wird, sondern – nicht viel anders als »The Garden« – zugleich zu ihrer hochartifiziellen Metapher und – darin noch einen Schritt über den kürzeren Text hinausgehend – auch zum Medium religiös-politischer Karikatur,[5] pastoraler Bürgerkriegssatire[6] und nicht zuletzt perspektivischer Spiele, anamorphotischer Verwechslungen und optischer Täuschungen, deren experimenteller Charakter die Herstellung von Bezügen zu einer anderen Art von zeit-

---

1 Die Anspielung auf »th'industrious Bee« führt ebenfalls eine Reihe traditionell poetologischer Implikationen mit; cf. auch J. W. Johnson, »That Neo-classic Bee«, *JHI* 22 (1961), 262-66 (Hinweis bei S. Bowerbank, »The Spider's Delight: Margaret Cavendish and the Female Imagination«, *English Literary Renaissance* 14 (1984), 392-408), sowie J. v. Stackelberg, »Das Bienengleichnis. Ein Beitrag zur Geschichte der literarischen *Imitatio*«, *Romanische Forschungen* 68 (1956), 271-293.

2 Und darin nicht zuletzt auch den Bäumen in Zeilen 23-24 ähnelnd, die lediglich ihre eigenen Namen tragen.

3 Er war Tutor von dessen Tochter Mary; Fairfax war Lord General Cromwells. – Aus einer anderen als der hier vorgeschlagenen Perspektive versucht J. Rogers den Text als »pastorale Historiographie« zu lesen, die auf das Aufzeigen von Weisen politischer und anderer Neuordnung nach den Wirren des Bürgerkriegs zielt. Rogers' Lektüre spart allerdings den Schluß des Gedichts aus. (»The Great Work of Time: Marvell's Pastoral Historiography« in: Summers, Pebworth, eds., *On the Celebrated and Neglected Poems of Andrew Marvell*, pp. 207 – 232).

4 Cf. Strophe LXIff.

5 Cf. etwa die Strophen XI bis XXXV, in denen die Vorgeschichte des Hauses (als Zisterzienserinnenkloster) und der Familie Fairfax erzählt wird, deren Sproß William seine Braut Isabel Thwaites aus den Händen der »*Suttle Nunns*« (94) befreite und sich im Zuge der Säkularisation zugleich die Konventsgebäude und -ländereien aneignete.

6 Cf. z.B. die durchgehende Militarisierung der »In the just Figure of a Fort« (286) angelegten Gärten und der in ihnen lebenden Tiere und Pflanzen (St. XXVIff) oder auch der Ernteaktivitäten (St. XLIX – LV). Die eigentliche wirkungsstrukturelle Pointe liegt darin, daß sich im Zuge der Elaboration dieser Vorstellung zur großen metaphorischen Figur *tenor* und *vehicle* ineinander verkehren und sich der verfremdende Effekt einer Pastoralisierung des Krieges einstellt.

genössischer Aktualität – nämlich den naturwissenschaftlichen Forschungen der Royal Society[1] – erlaubt. So heißt es etwa, als die Viehherden auf den gemähten Wiesen erscheinen:

They seem within the polisht Grass
A Landskip drawen in Looking-Glass.
And shrunk in the huge Pasture show
As Spots, so shap'd, on Faces do.
Such Fleas, ere they approach the Eye,
In Multiplying Glasses lye.
They feed so wide, so slowly move,
As *Constellations* do above.
(457-464)

– oder vom hohen Grass vor der Heuernte:

And now to the Abbyss I pass
Of that unfathomable Grass,
Where Men like Grashoppers appear,
But Grashoppers are Gyants there:
They, in there squeking Laugh, contemn
Us as we walk more low then them:
And, from the Precipices tall
Of the green spir's, to us do call.
(369-376)

Strukturell wiederum ähnlich wie »The Garden« endet »Upon Appleton House« nicht mit der Apotheose der Mary Fairfax, sondern eigenartig antiklimaktisch und doch höchst suggestiv, auf einer leicht sinistren Note (angeredet sind die »Fields, Springs, Bushes, Flow'rs« (745), die zu Appleton House gehören):

'Tis not, what once it was, the *World*;
But a rude heap together hurl'd;
All negligently overthrown,
Gulfes, Deserts, Precipices, Stone.
Your lesser *World* contains the same.
But in more decent Order tame;
You Heaven's Center, Nature's Lap.
And Paradice's only Map.

1 Der Vergleich mit dem Duktus der Beschreibungen des mikro- und teleskopisch Gesichteten etwa in Robert Hookes *Micrographia* von 1665 drängt sich geradezu auf. (Marvells Texte sind nicht genau datierbar.) – Zu den Bezügen der Marvellschen perzeptuellen Metamorphosen zur zeitgenössischen optischen Forschung (Hooke, Culverwell, Boyle), zu ihrer destabilisierenden Wirkung wie zu ihren möglichen platonistischen und bewußtseinsphilosophischen Implikationen cf. auch D. Friedman, »Sight and Insight in Marvell's Poetry«, in: Patrides, ed., *Approaches to Marvell*, pp. 306 – 330. – Zu metamorphotischen Effekten bei Milton cf. auch Martin Windisch, *Miltons Urania. Poetik im Spiegel der lesbaren Welten*, Berlin 1997.

But now the *Salmon-Fishers* moist
Their *Leathern Boats* begin to hoist;
And, like *Antipodes* in Shoes,
Have shod their *Heads* in their *Canoos.*
How *Tortoise like*, but not so slow,
These rational *Amphibii* go?
Let's in: for the dark *Hemisphere*
Does now like one of them appear.
(761-776)

Noch einmal klingen klassisch-pastorale Echos an: Wie am Ende von Vergils Zehnter Ekloge fordert der Sprecher zur Heimkehr auf, weil es dunkelt.[1] Finden die ›Schatten‹, deren Anwachsen den Schluß jenes Gedichts verdüstert, dort indes auch noch eine nichtmetaphorische bukolische Erklärung ihrer Schädlichkeit, so hat die Dunkelheit, die den Sprecher bei Marvell ins Haus treibt (»Let's in«), kosmische Ausmaße angenommen. Schon die vorletzte Strophe bezog die Hyperbolik, mit der sie das Fairfaxsche Anwesen preist, aus dem scharfen Kontrast mit einer Außenwelt, die nurmehr in Begriffen des Chaos gefaßt werden kann. Damit mutet sie dem Ort aber nicht nur in der Behauptung, er bilde die Welt mikrokosmisch und zugleich idealisierend ab, Problematisches, wenn nicht Unmögliches zu – auch als Paradies auf Erden (»*Paradice's only Map*«) erscheint Appleton House überfordert. Die letzte Strophe zieht den Kreis um die sprechende Subjektivität indes noch enger. Der Vergleich der Lachsfischer mit fußköpfigen Antipoden, dann die Kombination dieser grotesken Literalisierung mit dem Schildkrötenvergleich,[2] schließlich die Überblendung dieser Vorstellung mit der Art und Weise, wie sich die ›dunkle Halbkugel‹ über den Beobachter niedersenkt, spielen abschließend nicht nur nochmals die Möglichkeiten poetisch inszenierter Sinnestäuschungen aus, sondern lassen in ihrer irritierenden Multiplikation der Signifikanten genau die klaustrophobische Sinnesverdüsterung und das semantische Chaos entstehen, vor dem nur noch eine rasche Flucht angezeigt ist. Diese geht vage nach innen – »Let's in« –, aber die Marvellsche Post-Pastorale ist, bei all ihrer Besessenheit von Orten, nirgends mehr zuhause.

---

1 »surgamus. solet esse gravis cantantibus umbra,| iuniperi gravis umbra, nocent et frugibus umbrae.| ite domum saturae, venit Hesperus, ite capellae.« (75-78)

2 Dieser besitzt durchaus einige Schlußkraft, wurden doch gleich zu Beginn des Textes die »low roof'd Tortoises« als Inbegriff eines ihrem kreatürlichen Status angemessenen Wohnens herausgestellt (13-14) und insofern als Vorbild eines Hauses, das wie Nunappleton »Like Nature, orderly and near« (26) gebaut ist. Mag damit auch explizit einer ›puritanischen‹ Architektur der Vorzug gegeben werden, so ergeht sich doch die Imagination des Sprechers in den ersten Strophen gerade in der Vorstellung der baulich *nicht* umgesetzten Möglichkeiten barocken Prunks. Und auch die imaginativen Ausschweifungen und das Spiel mit Möglichkeiten perspektivischer Illusion, die diesen Text als ganzen kennzeichnen, machen deutlich, daß hier eine andere Ästhetik am Werk ist, als die, die das Gedicht zu rühmen vorgibt. – Cf. auch D. Chambers, »›To the Abbyss‹: Gothic as a Metaphor for the Argument about Art and Nature in ›Upon Appleton House‹« (in: Summers, Pebworth, eds., *On the Celebrated and Neglected Poems of Andrew Marvell*, pp. 139-153). Chambers sieht in Marvells Text eine Zurückweisung eines politisch konnotierten »ersatz mediaevalism that had become associated with Stuart claims to ancestral privilege« (p. 141), wiewohl keine pauschale Ablehnung von »Gothicism per se« (p. 152).

2. Epitaph: Dunkelheit und Subjektivität

Eines der berühmtesten Gedichte der englischen Tradition, Thomas Grays »Elegy Written in a Country Churchyard«, wahrscheinlich nicht ganz hundert Jahre nach Marvells *country-house poem* entstanden, endet nicht nur mit einem Epitaph: Es ist als ganzes eine Grabschrift auf die Pastorale, und es wirft die Frage auf, ob von diesem Modus im Blick auf die romantische Dichtung wirklich noch die Rede sein kann. Zwar scheint der Text in völlig konventioneller Bukolik einzusetzen:

> The curfew tolls the knell of parting day,
> The lowing herd wind slowly o'er the lea,
> The ploughman homeward plods his weary way,
> And leaves the world to darkness and to me.

Aber die Wahl des Pentameters signalisiert bereits eine Distanz zu Marvells Ironisierungen, die durch die Umkehrung der vierten Zeile noch pointiert wird: Der Einbruch der Dunkelheit ist hier nicht länger Zeichen zur Einkehr, sondern die Heimkehr des Viehs läßt das sprechende Ich als Alleinherrscher zurück. Das abendliche Schwinden der Landschaft, das Unsichtbarwerden der Welt,[1] schafft der Subjektivität erst den Raum, in dem sie sich entfalten und die Welt bei sich einkehren lassen kann. Thema der Meditation über den Gräbern der ›unberühmten‹ Toten des Dorfes ist die Frage nach den Möglichkeiten eines erfüllten Lebens in Obskurität –

> Some village-Hampden that with dauntless breast
> The little tyrant of his fields withstood;
> Some mute inglorious Milton here may rest,
> Some Cromwell guiltless of his country's blood.
> (57-60)

Die Antwort schreibt den hier Begrabenen, gerade weil sie »Far from the madding crowd's ignoble strife« (73) ihr Leben fristeten, ein Gelingen dieses Lebens zu, waren sie auf diese Weise doch nicht nur von bestimmten Möglichkeiten der Selbstverwirklichung ausgeschlossen, sondern auch sicher vor den Wünschen und Versuchungen, die ein nichtpastorales Leben mit sich gebracht hätte. So konventionell indes diese Tröstung und das implizite Lob der Bescheidenheit und Einfachheit auch anmuten mag; so charakteristisch die immense Gelehrsamkeit, mit der sich dieser Text in die *Lycidas*-Nachfolge stellt,[2] so entschieden überschreitet dieser Text doch die pastorale Norm in anderer Hinsicht: Die Op-

---

1 Cf. Zeile 5: »Now fades the glimmering landscape on the sight,« oder auch die Situierung des Sprechers im Schatten der Kirchhof-Eibe: »Beneath those rugged elms, that yew-tree's shade« (13).

2 Gray war als Fellow von Peterhouse Regius Professor of Modern History in Cambridge; die Allusionsdichte seines Textes übertrifft, vergleicht man die Kommentare in den einschlägigen Editionen, noch die von Miltons Prätext. – Ich zitiere nach: Roger Lonsdale, ed., *The Poems of Thomas Gray, William Collins, Oliver Goldsmith*, London 1969.

tion für *obscuritas* im hier projektierten Sinne der Weltabgewandtheit, ja Weltverdunkelung läßt kaum mehr die Ruinen eines mythischen Analogons entstehen. Sie ist nur noch an das eigene Selbst bzw. an die lesende Subjektivität adressiert. Diese Elegie ist genaugenommen kein Trauergedicht, wiewohl ein Melancholiegedicht. Positiv gewendet: hier bildet sich eine neue Konvention heraus, die als die ihr angemessene Rezeptionshaltung die Selbstbesinnung (»lonely Contemplation«, 95) eines Grabsteinlesers fordert.

Zwar läßt der Sprecher noch einmal eine Version des »representative shepherd« in Gestalt eines »hoary-headed swain« zu Wort kommen (97ff), und stellt sich vor, wie der Alte sein (des Dichters) eigenes Begräbnis schilderte, als habe der Verstorbene am Rande der bukolischen Gemeinschaft gelebt. Aber die rührende Fantasie gestattet dem Sprecher wohl, sich in der Erinnerung des Alten (nicht ohne empfindsamen Selbstgenuß) in vage schäferlichem Gewand zu imaginieren,[1] sie plaziert ihn indes nicht nur ausdrücklich in einer Position der Fremdheit im Verhältnis zur engeren Dorfgemeinschaft, sondern weist diese Vorstellung überdies durch die mehrfache Distanzierung als eine bereits verabschiedete aus.

Diese Transposition der Pastorale in eine subjektive Innerlichkeit, in der sie ihre konventionelle Repräsentativität gleichsam zu Grabe trägt, hat ihr strukturelles Korrelat in den Ambivalenzen, die sich aus der Grayschen Rhetorik und der als solche reflektierten Lektüresituation ergeben. Denn während die Dichter-*persona* nur ein einziges Mal mit einem Pronomen der ersten Person auf sich Bezug nimmt – im Dativ der vierten Zeile –, wird die ausgedehnte Entfaltung ihrer Innerlichkeit etwa zu Beginn des letzten Viertels des Textes in einer Weise reflexiv, die es erlaubt, im angeredeten Du (und auch im parenthetischen »for thou can't read«[2] am Ende der Rede des Alten) nicht nur den Sprecher, sondern auch den Leser mitzuverstehen:

For thee who, mindful of the unhonoured dead,
Dost in these lines their artless tale relate;
If chance, by lonely Contemplation led,
Some kindred spirit shall inquire thy fate,

Haply some hoary-headed swain may say,
[...]
(93-97)

Hier gehen »artless tale« der unbekannten Toten, der Bericht über den Tod des Sprechers und seine eigene Grabinschrift ineinander über. Zugleich beginnt die lesende Subjektivität mit der Dichter-Figur und seiner in den Worten des Alten

1 So wird er erinnert als mittags am Bache liegend und als vielleicht von Liebeskummer oder einer anderen geheimen Sorge Geplagter die liebliche Landschaft durchstreifend: »›Hard by yon wood, now smiling as in scorn,| ›Muttering his wayward fancies he would rove,| ›Now drooping, woeful-wan, like one forlorn,| ›Or crazed with care, or crossed in hopeless love.« (105-8)

2 Cf. Zeilen 113-116: »›The next, with dirges due in sad array| ›Slow through the church-way path we saw him borne.| ›Approach and read (for thou can't read) the lay,| ›Graved on the stone beneath yon aged thorn.‹«

erzeugten pastoralen Imago so zu verschmelzen, daß wir am Schluß dieser vertiginösen Reflexion selbst in die Rolle dessen geraten, der sich aufgefordert sieht – »›Approach and read (for thou can'st read) the lay,| ›Graved on the stone beneath yon aged thorn‹« (115/116) – auch *sein eigenes* Epitaph zu lesen. Wie der Text, indem er sich als kunstloses Memento der nicht anderweitig kommemorierten Toten ausgibt, für diese ein Leben unausgeschöpfter Potentialität imaginiert, so entwirft er zum Schluß die Grabschrift seiner sprechenden Subjektivität. Deren erste Strophe sei abschließend zitiert:

THE EPITAPH

Here rests his head upon the lap of earth
A youth to fortune and to fame unknown.
Fair Science frowned not on his humble birth,
And Melancholy marked him for her own.
(117-120)

In dieser Universalisierung und Anonymisierung poetisch-bukolischen Selbstseins löst sich die die Schäferdichtung fundierende Aporie einer Repräsentativität, die ihren eigenen Ursprung nur als immer schon vorausgesetzten beschwören konnte, auf; oder vielmehr: Sie verwandelt sich in die Aporien romantischen Selbstbewußtseins. Indem diese Selbsterforschung melancholischer Subjektivität in der Pose und im rhetorischen Gestus der Trauer um den unberühmt und früh Verstorbenen endet, fällt sie in die Form, die zugleich der Selbstdarstellung von Literatur gemäß ist: die ostentative Schriftlichkeit eines Epitaphs für die Pastorale.

3. Coda: Aphra Behns »careless Muse« und die arkadische Imagination

Die Autorin der Texte, die zum Schluß – oder genaugenommen: nach einem vorläufigen Schluß – dieses Kapitels noch einmal eine veränderte Perspektive auf dessen Zentralgedanken eröffnen sollen, bedarf keiner ausführlichen Vorstellung, die Beschäftigung mit ihrem Werk bedarf keiner Rechtfertigung mehr. Als eine von wenigen Autorinnen des 17. Jahrhunderts hat Aphra Behn am Ende des 20. endlich den Transfer in den Kanon vollzogen und gilt mittlerweile unumstritten als die bedeutendste Autorin der Restaurationszeit.[1] Im nächsten Kapitel wird es

1 Wenige Stichworte mögen daher genügen: Das umfangreiche Œuvre der ersten professionellen Schriftstellerin der englischen Literaturgeschichte umfaßt zahlreiche – zu ihren Lebzeiten außerordentlich erfolgreiche – Bühnenstücke (sie war neben Dryden die meistgespielte Dramatikerin), Gedichte, Erzählungen und Übersetzungen und nicht zuletzt den ersten Briefroman in englischer Sprache, *Love-Letters Between a Nobleman and His Sister* (1684-87). Was Leben und Person Aphra Behns angeht, ist nur wenig gesichert. (Cf. vor allem die neueste Biographie: Janet Todd, *The Secret Life of Aphra Behn*, London 1996, aber auch Germaine Greers kritische Fragen nach Behns tatsächlichen Lebens- und Einkommensverhältnissen in: *Slip-Shod Sibyls. Recogni-*

vor dem Hintergrund der Frage nach den Gestalten fingierter Alterität noch einmal um Behn bzw. um eine ihrer berühmtesten Erzählungen gehen; hier soll zuvor gezeigt werden, welche Unwegsamkeiten ein bereits von Dichtern wohlbestelltes Feld für eine, speziell diese Dichterin bietet und welche Weglosigkeiten und Brachen, aber auch welche bislang unentdeckte Fertilität ihre Bearbeitung des vermeintlich bekannten Terrains an den Tag bringt. Das Interesse, das die vorangegangenen Überlegungen zu Milton, Marvell und Gray leitete und das ihre Pastoraldichtung u.a. in Vorgängen der ›Textualisierung‹ und ›Subjektivierung‹ zu verorten suchte, gibt auch im folgenden die Richtung an; gleichwohl mag deutlich werden, welcher Art die Veränderungen sind, die beide Prozesse aus einer zusätzlich *gender*-orientierten Perspektive erfahren.

Noch in einem ihrer letzten Gedichte[1] charakterisiert Aphra Behn, in eigener Sache sprechend, ihr Dichten als ›lediglich‹ pastoral:

Till now, my careless Muse no higher strove
T'inlarge her Glory and extend her Wings;
Than underneath *Parnassus* Grove,
To Sing of Shepherds, and their humble Love;
(33-36)

Traditionell – auf der *rota Virgilii* – galt die Pastorale als dasjenige Genus, das sich am ehesten für einen angehenden Poeten schickte. Zum Zeitpunkt dieses Bekenntnisses zur Schäferdichtung hatte Behn indes nicht nur eine glänzende schriftstellerische Karriere hinter sich, sondern zudem ihr fünfzigstes Lebensjahr fast vollendet. Die Koketterie dieser Zeilen hinterläßt einen bitteren Nachgeschmack: Werden hier die poetischen Fähigkeiten einer Frau denen eines jungen Dichters gleichgesetzt, so zeugt diese Anspielung auf eine angeblich ›naturgemäße‹ Inferiorität von klarem Wissen darum, daß die scheinbar so egalitäre Gattung der Pastorale eng mit geschlechtsspezifischen Zuweisungen verbunden, kurz: *gendered* ist. Zugleich setzt Behn dieses Wissen aber strategisch ein – die Kategorisierung ihrer Muse fungiert als Bescheidenheitstopos, der es ihr erlaubt, mit diesem Gedicht ein an sie herangetragenes, politisch keineswegs leichtgewichtiges

tion, Rejection and the Woman Poet, Harmondsworth 1996, Kap. 6 und 7.) Sie wurde (wahrscheinlich) 1640 in Kent geboren und war vermutlich in den sechziger Jahren mit einem Spionageauftrag in Surinam. Sie starb, das immerhin ist gewiß, am 16. April 1689 und wurde vier Tage später in Westminster Abbey bestattet. Die schwarze Marmorplatte auf ihrem Grab trägt ihren Namen und die – wiederum vieldeutigen – Zeilen: »Here lies a Proof that Wit can never be| Defence enough against Mortality.« Aphra ist auch der Name der Patronin der Dirnen (und nicht viel anderes waren Schriftstellerinnen zu Behns Zeiten in den Augen der Satiriker), aber auch der Büßerinnen; Astrea, ihr *nom de plume*, verweist auf Honoré D'Urfées populäre Romanze *L'Astrée*, aber auch auf jene jungfräuliche Göttin der Gerechtigkeit, die nach dem Ende des Goldenen Zeitalters als letzte der Unsterblichen die unbelehrbare Menschheit verläßt. (Cf. auch Janet Todds »General Introduction« in der siebenbändigen Gesamtausgabe *The Works of Aphra Behn*, ed. Janet Todd, London 1992ff, Vol. 1: Poetry (1992), hier p. ix.)

1 »A PINDARIC POEM TO THE *Reverend Doctor Burnet* ON THE Honour he did me of Enquiring after me and my MUSE« [1689].

Ansinnen zurückzuweisen (nämlich jenes, William of Orange in einem Preisgedicht zu feiern).

Kaum hintergehbare Rhetorizität kennzeichnet nicht nur hier Behns Umgang mit der Pastorale. Sie bedient sich dieses literarischen Modus in ihrem Gesamtwerk als Instrument eines *self-fashioning* als Autorin. Damit wird ihre Pastorale unter Gesichtspunkten einer *gender*-orientierten Betrachtungsweise besonders aufschlußreich. Denn die Spannweite der von Behn artikulierten Einstellungen reicht von eigentümlich gebrochener Teilaffirmation der schäferlichen Schemata über Versuche, bestimmte Bestände pastoraler Konventionen zu variieren, zu erweitern oder mit weiblicher Stimme zu modifizieren, bis hin zu Zurückweisungen des Arkadischen als erlogener Zwangskonstruktion und dessen subversiver Kontrafaktur bzw. zu Umfunktionierungen des Schäferlichen zu politischen Zwecken und im Dienste auktorialer Selbstermächtigung. Ich will dieses Spektrum der Utilisierungen und Verwandlungen des Tradierten an drei poetischen Texten exemplarisch vorführen[1] und dabei auch untersuchen, welches Licht von hier aus auf die zu Beginn dieses Kapitels skizzierte literaturtheoretische Systematik der Pastorale fällt.

Behns Gedicht »The Golden Age. A Paraphrase on a Translation out of French« (1684) scheint auf den ersten Blick die Prätentionen der Ursprünglichkeit wie die der heilen, egalitären Sozialität geradezu vorbildlich zu realisieren. Bei näherem Hinsehen erweist sich dieser Text jedoch in einer Weise als zwiespältig, die in den ›klassischen‹ Aporien der Gattung nicht aufgeht. Der Untertitel läßt auch bereits erkennen, woran das liegen könnte: Behn versucht, sich hier in einen mehrfach gestaffelten intertextuellen Zusammenhang einzuschreiben – ein Verfahren, das zwar konstitutiv zum Code der Schäferdichtung gehört, das aber offenbar in dem Moment unüberwindliche Probleme aufwirft, in dem sich eine Frau dieses Codes bedient. Salopp ausgedrückt: die sprechende Instanz in diesem Text verheddert sich heillos im Geflecht ihrer Prätexte. Das Gedicht gibt vor, die Paraphrase einer Übersetzung aus dem Französischen zu sein; der übersetzte Text ist der berühmte Chor am Ende des ersten Aktes von Torquato Tassos Pastoraldrama *Aminta* von 1573, »O bella etá de l'oro«. Weder die Übersetzung noch die französische Vorlage sind identifiziert; zwei unbekannte Prätexte intervenieren also noch zwischen Behn und Tasso; auf weitere englische Versionen des Chors (etwa von Henry Reynolds, 1628) wird hier möglicherweise repliziert; schließlich sprechen vor allem gegen Ende des Textes, wie wir sehen werden, noch andere Texte aus männlicher Feder mit. Behns umfangreiche Adaptation von Tassos Text elaboriert dessen berühmte Zentralformel *»S'ei piace, ei lice« – »Erlaubt ist, was gefällt«* –, ohne sie ausdrücklich zu zitieren.[2]

---

1 Alle drei Gedichte sind recht umfangreich; ein vollständiges Zitat verbietet sich daher. Cf. Vol. 1 der *Works of Aphra Behn*; in der Reihenfolge der nachstehenden Erörterung: Nr. 12, 77, 11, (pp. 30-35, 281-284, 25-29).

2 Dabei erweitert sie vor allem die epikureisch-lukrezischen Vorstellungen, auf die bereits Tasso anspielt: Lukrez' Lehrgedicht *De rerum natura*, schon 1675 von Lucy Hutchinson übersetzt, aber nicht veröffentlicht, dann 1682 in der Übersetzung von Thomas Creech (s.u.) publiziert, drängt

Der Text setzt mit kaum überbietbarer Konventionalität und in deutlicher Intertextualität mit Ovids Darstellung des Goldenen Zeitalters[1] ein. Hier tummeln sich erwartungsgemäß (noch) nicht liebeskranke Schäfer in einer Natur, deren sinnlicher Überfluß ihre erfolgreiche erotische Ausstrahlung widerspiegelt. Im ersten Drittel des Gedichts erscheint dieses Motiv als Bestandteil eines lukrezisch geprägten Naturzustandes, in welchem selbst die Natur weiblich figuriert ist – als ›große Mutter‹, zugleich als »Virgin Earth« jungfräulich unberührt und parthogenetisch unerschöpflich fruchtbar.[2] Hier betten sich die »careless Shepherds« auf Blütenblättern unter Rosensträuchern –

> Beneath who's boughs the Snakes securely dwelt,
> Not doing harm, nor harm from others felt;
> With whom the Nymphs did Innocently play,
> No spightful Venom in the wantons lay;
> But to the touch were Soft, and to the sight were Gay.
> (44-48)

Der Virginität der Natur entspricht die ›Unschuld‹ des erotisch konnotierten Spiels mit den Schlangen als Figurationen unaggressiver, nicht-phallischer männlicher Sexualität. Dieser Entwurf polymorph-sinnlicher, kindlich-heiler Geschlechterbeziehungen unter der Ägide einer mütterlichen Natur ist von einigen seiner Leserinnen auch prompt als »female paradise« aufgefaßt worden.[3] Er wird allerdings in den nachfolgenden Strophen abgelöst von Vorstellungen einer ›befreiten‹ Sexualität, die gänzlich auf männliche Wunscherfüllung zugeschnitten ist, und dieser Umschwung hat zugleich generische und *gender*-Implikationen.

Es folgt zunächst eine längere Passage, die den Naturzustand als eine Art archaischen Kommunismus, noch unbehelligt von Kriegen, Staatswesen, Gesetzgebung und politischer Herrschaft, Handel, imperialistischer Gier, Religion und angeblich zivilisierenden, in Wahrheit normierenden Institutionen jeder Art feiert und den Popanz »Honour« als interessegeleitete Massensuggestion und Instanz zur tyrannischen Unterdrückung von »unbounded Joyes« (79) schmäht.[4]

---

hier ebenfalls intertextuell in den Vordergrund. Die von Lukrez geprägte ›naturalistische‹ Sicht primitiven Lebens tritt in England in der zweiten Hälfte des 17. Jahrhunderts zunehmend in Konkurrenz zu ovidisch verklärenden Vorstellungen einer ›goldenen‹ Zeit.

1 Cf. Ovid, *Metamorphosen*, 1. 89-150 [Loeb].

2 Cf. Zeilen 31-38.

3 Eine Lektüre dieses Textes, die – anders als meine eigene Interpretation – diese Vorstellung ›unschuldiger‹, spielerischer Geschlechterbeziehungen in einer harmlos sexualisierten Naturszenerie gegenüber dem Schluß und dem weiteren Verlauf des Textes privilegiert, findet sich bei Jessica Munns, »›But to the touch were soft‹: pleasure, power, and impotence in ›The Disappointment‹ and ›The Golden Age‹«, in: Janet Todd, ed., *Aphra Behn Studies*, Cambridge 1996, pp. 178-196. Offenbar in der Meinung, die Uneindeutigkeiten dieses Textes nach der einen oder anderen Richtung auflösen zu müssen, ist Munns überzeugt: »For although Behn assumes a male voice when she invites a young woman to reassume the Golden Age and confess freely to those desires which ›we can guess‹ (171), she creates here a very explicitly female paradise.« (185).

4 Zwar wird »onor« auch bei Tasso gescholten, in Behns Kritik des Konzepts als genußfeindlicher Reputationsversessenheit, die besonders auf Kosten der Frauen geht, mag man vielleicht aber auch eine Pointe vermuten, die sich gegen die Art und Weise richtet, wie ihr Schriftstellerkollege

Sie mündet folgerichtig in eine Beschreibung der ursprünglichen »Amorous world« (82). Diese zeichnet sich indes vor allem dadurch aus, daß sich ihre Bewohnerinnen ungesäumt dem Liebeswerben der männlichen Protagonisten ergeben.[1] Der schwache Widerstand der von vornherein als »yielding« gekennzeichneten »Maid« ist hier allenfalls als Ansporn des entflammten Schäfers gedacht; sie weint nur wenig, denn offenkundig genießt sie ihre Passivität; ihre Freiheit ist lediglich die, ihre Einwilligung in die Wünsche des ›bezaubernden Eroberers‹ zu hauchen. Weibliche Abneigung kann im Zeichen der traditionell arkadischen Idee der Liebesfreiheit[2] nur ebenfalls als Effekt von »Honour« erscheinen, als Folge der auch von Tasso gegeißelten »Onor«, jetzt verstanden als internalisierte Keuschheitsnorm und genußfeindliche Reputationsversessenheit. Diese nötigt zum hinhaltenden Spiel mit dem männlichen Begehren und zu einer Verstellung, die die, die sie praktizieren, selbst unbefriedigt läßt:

> Oh cursed Honour! thou who first didst damn,
> A Woman to the Sin of shame;
> Honour! that rob'st us of our Gust,
> Honour! that hindred mankind first,
> At Loves Eternal Spring to squench his amorous thirst.
> [...]
> Thou Miser Honour hord'st the sacred store,
> And starv'st thy self to keep thy Votaries poor.
> (117-121, 136-137)

In die pastorale Welt, die aus der Sicht des Sprechers von Einfachheit, selbstverständlicher und unverhohlener Wechselseitigkeit des Verlangens, spontanem, ungekünsteltem Gefühlsausdruck und ungehinderter Liebeserfüllung bestimmt sein sollte, führt »Honour« eine die Geschlechter einander entfremdende Artifizialität ein.[3] Aber in deren Kritik wird deutlich, daß auch der »humble honest *Swain*« (162), als welcher die sprechende Instanz hier posiert, bereits affiziert ist, von der Ökonomisierung der Gefühle und der Kommodifizierung der Sexualität, die er zu verurteilen vorgibt:

Dryden beispielsweise in seinen Dramen *The Conquest of Granada* oder *The Indian Emperour* »Honour« gegen »Love« ausgespielt hatte, indem er sie mit der Opposition Kultur vs. Natur parallelisierte.

1 Cf. Zeilen 97-104: »The Nymphs were free, no nice, no coy disdain,| Deny'd their Joyes, or gave the Lover pain;| The yielding Maid but kind Resistance makes;| Trembling and blushing are not marks of shame,| But the Effect of kindling Flame:| Which from the sighing burning Swain she takes,| While she with tears all soft, and down-cast eyes,| Permits the Charming Conqueror to win the Prize.«

2 So schon in Sannazaros *Arcadia*; Guarinis *Il Pastor Fido* (übersetzt von Sir Richard Fanshawe als *The Faithful Shepherd*; Erstveröffentlichung 1647) sucht dem die unerschütterliche Treue seines Protagonisten entgegenzusetzen. (Zu der mit der Vorstellung der Liebesfreiheit verbundenen Vorstellung idealer Gegenseitigkeit s.u.).

3 In der übrigens die Verantwortlichkeiten und entsprechenden Schuldzuweisungen in traditioneller, gut neoplatonischer Manier klar verteilt sind: Die Verwundung, die der Verliebte durch die »lovely Eyes« erfährt, stellt die Geliebte in seine Schuld.

Honour! that put'st our words that should be *free*
Into a set Formality.
Thou base Debaucher of the *generous* heart,
That teachest all our Looks and Actions Art;
What Love design'd a sacred *Gift*,
What Nature made to be *possest*,
Mistaken Honour, made a *Theft*,
For glorious Love should be confest:
For when confin'd, all the *poor* Lover *gains*,
Is broken Sighs, pale Looks, Complaints, & Pains.
(138-147 – meine Hervorh.)

Die merkantilistische Diktion läßt selbst die Kernvokabel der propagierten ›freien Liebe‹, »free«, ambivalent schillern – von ›ungebunden‹ zu ›umsonst‹, ›gratis‹. So gibt die prätendierte arkadische Kunstlosigkeit der hier vorgeführten pastoralen Rede den Blick frei auf eine Ideologie von Gewinn und Verlust. Hinter der prätendierten archaischen Gleichheit der Liebenden werden patriarchalische Herrschaftsansprüche sichtbar.[1]

Daß *dieser* pastorale Diskurs nur einen männlichen Sprecher und eine ideologische Perspektive haben kann, in der männliche Freiheit auf Kosten weiblicher Selbstbestimmung geht,[2] wird vollends deutlich in der letzten Strophe. In be-

1 Daß dies keine selbstverständliche Einsicht ist; daß *diese* Gebrochenheit der Pastorale bei Behn eine andere Qualität hat als die eingangs erwähnte gattungskonstitutive Spannung zwischen idealer Eigentlichkeit und Referenz auf zeitgenössische Ideologeme, sondern daß sich hier gleichsam auf beiden Seiten dieser Aporie nochmals Risse auftun, die ihrerseits die verhandelten Positionen als in sich widersprüchlich – weil auf einem *double standard* beruhend – erweisen: Das wird nochmals deutlich, wenn man Behns Text mit Drydens berühmtem Lied der Venus aus dem letzten Akt (V, ii) von *King Arthur* (1691) vergleicht. Als ideale Gegenseitigkeit verbrämter Libertinismus mischt sich hier scheinbar völlig reibungslos mit nationalistischem Sentiment, das England als Paradies pastoraler Liebe feiert: »*Fairest Isle, all Isles Excelling,| Seat of Pleasures, and of Loves;|* Venus *here, will chuse her Dwelling,| And forsake her* Cyprian *Groves.||* Cupid, *from his Fav'rite Nation | Care and Envy will Remove;| Jealousie, that poysons Passion,| And Despair that dies for Love.|| Gentle Murmurs, sweet Complaining,| Sighs that blow the Fire of Love;| Soft Repulses, kind Disdaining,| Shall be all the Pains you prove.|| Every Swain shall pay his Duty,| Grateful every Nymph shall prove;| And as these Excel in Beauty,| Those shall be Renown'd for Love.*« (*The Works of John Dryden*, Vol. 16, Berkeley 1996, p. 63).

2 Mit dieser Infragestellung der idealen Reziprozität ist ein Problem berührt, das die Pastorale seit den Anfängen mitführt. So macht schon Longos in *Daphnis und Chloe* deutlich, daß die Erfüllung männlichen Begehrens mit weiblichem Schmerz verbunden ist; so wird in Cervantes' *Don Quijote* in der Marcela-Grisóstomo-Episode ausführlich die Option der überaus schönen Schäferin Marcela für Einsamkeit und Freiheit und gegen die Erwiderung entgegengebrachter Liebe erörtert. (Cf. hierzu auch Erich Köhler, »Wandlungen Arkadiens: die Marcela-Episode des *Don Quijote* (I, 11-14)«, in: *Literaturgeschichte als geschichtlicher Auftrag. Werner Krauss zum 60. Geburtstag. Festgabe von seinen Leipziger Kollegen und Schülern.* Berlin 1961, pp. 41-60, wieder gedruckt in Klaus Garber, ed., *Europäische Bukolik und Georgik.* Darmstadt 1976, pp. 202-230). Die Episode – die interessanterweise ausdrücklich im Kontext von Don Quijotes enthusiastischer Beschwörung des Goldenen Zeitalters anläßlich seiner Einkehr bei den Hirten erscheint – bleibt im Roman in strukturell skeptischer Schwebe: Zwar erscheint Grisóstomo, der sich aus unglücklicher Liebe und nicht zu zügelnder Leidenschaft für Marcela das Leben nahm, bemitleidenswert, aber die Argumente Marcelas, die sie in ihrer Rede vorbringt, bleiben als überaus vernünftige unbestritten. Cf. ihr ausführliches Raisonnement, in der Übs. von Ludwig Braunfels pp. 115-

kannter Manier wird jetzt das notorische, auch in Marvells »To His Coy Mistress«[1] an prominenter Stelle figurierende *carpe-diem*-Argument aufgetischt und, während der Sprecher sich immer noch im Plural der ersten Person (»we«, 171) versteckt, wird die »young wishing Maid« (168) nun namentlich identifiziert: »*Sylvia*«[2] wird aufgefordert, sich nicht länger zu zieren, denn nur allzubald werde auch ihre Schönheit dahinsein:

> But *Sylvia* when your Beauties fade,
> When the fresh Roses on your Cheeks shall die,
> Like Flowers that wither in the Shade,
> Eternally they will forgotten lye,
> And no kind Spring their sweetness will supply.
> [...]
> Then let us *Sylvia* yet be wise,
> And the Gay hasty minutes prize:
> The Sun and Spring receive but our short Light,
> Once sett, a sleep brings an Eternal Night.
> (184-198)

Catull hat das letzte Wort mit der drohenden Anspielung auf die berühmte Zeile *nox est perpetua una dormienda*.[3]

118; bes. 115: »Wohl kann ich mit dem natürlichen Verstande, den Gott mir gegeben, einsehen, daß alles Schöne liebenswert ist; aber das kann ich nicht begreifen, wieso aus dem einzigen Grunde, daß es geliebt wird, dasjenige, was man um seiner Schönheit willen liebt, auch verpflichtet sein soll, den Liebenden wiederzulieben.« In der Folge werden kasuistisch die Möglichkeiten durchdekliniert, daß der Liebende häßlich ist (dann ist es unbillig und unter der genannten Voraussetzung nicht einleuchtend, Reziprozität zu verlangen), oder daß beide schön sind, aber ihre Neigungen nicht konvergieren, oder daß in der Tat jede Schönheit Liebe erweckte (dann wären ein heilloses Durcheinander und ein stetes Schwanken der Leidenschaften bei allen die Folge). – Solche Rationalität wird auch in der *Galatea* bereits exploriert und hat, wie Joachim Küpper gezeigt hat, als Lebensmodell auch in den *Novelas Ejemplares* durchaus Erfolg (cf. »Düstere Welt und lichte Perspektive in den Cervantinischen *Novelas Ejemplares*«, in: R. Behrens, R. Galle, eds., *Konfigurationen der Macht in der Frühen Neuzeit*, Würzburg 1999). – Gleichwohl erscheint bei Cervantes wie schon bei Sannazaro der Tod eines der beiden am nichtreziproken Verhältnis Beteiligten als der einzige Ausweg. Auch in Tassos *Aminta* wird mit dieser Konsequenz immerhin gespielt; hier fungiert die Möglichkeit des Liebestodes des unwillkommenen Liebhabers als Grund für die Bekehrung der spröden Silvia. – Schließlich spielt dieses Problem auch in Shakespeares *As You Like It* eine Rolle, und auch hier wird es letztlich zuungunsten der liebesunwilligen Frau gewendet, allerdings von einer als Mann verkleideten Frau und dadurch von ambivalentem Status und möglicherweise fraglicher Geltung: Rosalind könnte als Ganymede die Scheltrede an Phebe, die sich Silvius verweigert (III, v, 35-63), zumindest zum Teil ›spielen‹. (Eine weitere Relativierung liegt wohl auch darin, daß Phebe zuvor ebenfalls recht einleuchtende vernünftige Argumente gegen die Unterstellungen des petrarkistisch liebenden Silvius vorgebracht hat.)

1 1681 veröffentlicht, möglicherweise schon früher zirkulierend.

2 Die wohl kaum zufällig so heißt wie die spröde Diana-Jüngerin, die in Tassos Drama eine Hauptrolle spielt, ohne allerdings in seinem Chorlied auch direkt angeredet zu werden; möglicherweise ist dies als Hinweis auf Behns Vertrautheit mit dem ganzen Text des *Aminta* und dessen provozierendem Spiel mit epikureischen Ideologemen zu lesen.

3 An Lesbia; no. 5 in den gängigen Editionen. Die Catull-Anspielung auch bei Tasso, aber bei Behn verschärft durch die persönliche Anrede.

Behns »Golden Age« ist ein aufschlußreich scheiterndes Experiment. Daß die Pastorale keineswegs ichlos ist, zeigte sich schon in Miltons »Lycidas«. Daß sie einen Sprecher hat; daß die Pastoralisierung einer nach den Regeln eines lukrezischen Naturalismus geordneten Welt, insbesondere im Blick auf Vorstellungen ›freier Liebe‹, bestimmte frauenfeindliche Implikationen mitführt; daß die Perspektive, aus der sie zu imaginieren ist, sich mit geradezu beklemmender Zwangsläufigkeit als patriarchalische herausstellt: All dies kommt in Behns Elaboration der arkadischen Prätexte zum Vorschein. Die utopischen Werte, die die politische Vision dieses Textes propagiert – vor allem Großherzigkeit und Friedfertigkeit –, erweisen sich als alles andere als egalitär: Sie werden im Kontext der assoziierten Vorstellung schäferlicher Geschlechterbeziehungen als ausschließlich weibliche präsentiert, während es den Schäfern gestattet ist, auf ihr neoplatonisch verbürgtes Liebesrecht zu pochen und die Hingabe der »nymphs« wenn nötig auch durch Einschüchterungsmaßnahmen einzufordern.[1]

Wenn Behns Text ein gerade in seinem Fehlschlagen instruktives intertextuelles Experiment ist, dann wäre aus dieser Erprobung des pastoralen Codes wohl die ›Lehre‹ zu ziehen, daß dieser sich bestimmten Vorhaben weiblicher Auktorialität im späten 17. Jahrhundert nicht ohne weiteres fügt. Offenbar kann das arkadische »Zwischenreich« zwischen Goldenem Zeitalter und zeitgenössischer Realität für diese Autorin nur zum »Reflexionsraum« werden,[2] wenn sein *gendering* mitreflektiert wird. Da aber gerade die prätextuelle Verankerung der Pastorale zu ihren konstituierenden generischen Bestandteilen zählt, ist eine solche Alterierung nur um den Preis gewisser Konventionsbrüche oder zumindest des Verzichts auf bestimmte tradierte Momente zu haben. Vielleicht ist sie auch nur ins Werk zu setzen, wenn die gattungsfundierende Eigentlichkeitsästhetik so ra-

---

1 Leserinnen dieses Textes haben es vorgezogen, den Zwiespalt, der mit diesem *gendering* der Schäferwelt in die arkadische Idylle eingezogen ist, zu übersehen; so e.g. Elizabeth V. Young in »Aphra Behn, Gender, and Pastoral«, *Studies in English Literature: 1500-1900* 33 (1993), 523-543: »[...] Behn ends the poem with an exhortation to young maids and swains to seize the day. At conclusion, the pasture is transformed, made real and possible for all people who are youthful in spirit.« (p. 539). Andere haben Behn den Mißklang, der mit der männlichen Sprecher-*persona* einige Intentionen des Texts antifeministisch stört, zum Vorwurf gemacht; so etwa Robert Markley und Molly Rothenberg: »[...] her idealization of a bountiful nature that exists prior to humankind's interventions ultimately reinscribes patriarchal structures even as it seeks to validate a »Golden Age« of unrepressed sexuality [...]« (»Contestations of Nature: Aphra Behn's »The Golden Age« and the Sexualizing of Politics« in: Heidi Hutner, ed., *Rereading Aphra Behn. History, Theory, and Criticism*. Charlottesville 1993, p. 301). Ich möchte bei diesem Verdikt ungern stehenbleiben.

2 Cf. Bernhard Buschendorf, *Goethes mythische Denkform. Zur Ikonographie der* Wahlverwandtschaften, Ffm. 1986, unter Bezug auf Snell, Köhler und Petriconi, bes. pp. 79-94. – Cf. auch Reinhold Grimm, »Arcadia und Utopia. Interferenzen im neuzeitlichen Hirtenroman«, in: W. Voßkamp, ed., *Utopieforschung* [S. 183, n. 3]. (Arkadien als »Reflexionsraum«: hier p. 94; cf. auch die weitere Präzisierung durch den Begriff der »doppelten Referenz«, ibid.: »Gerade in der Ambivalenz Arkadiens, gleichzeitig auf das Goldene Zeitalter, das Ideal, die neuplatonische Vollkommenheit, in welchen Transformationsstufen auch immer zu verweisen (nicht es darzustellen!) *und* sich vollkommen auf die gegenwärtige Lebenswelt zu öffnen, scheint mir die Nähe und Ferne zur literarischen Utopie zu liegen, von der ich annehme, daß sie ohne diese doppelte Referenz auskommt.«)

dikal in Zweifel gezogen wird, daß der schäferliche Diskurs seine schwierige Balance verliert.

Behns Gedicht »On Desire. A Pindarick« (1688 publiziert) scheint von solcher Skepsis bestimmt. Es ist von deutlich anderer Qualität als »The Golden Age«. Hier wird das pastorale Repertoire außerordentlich sparsam eingesetzt; gleichwohl ist es an entscheidender Stelle präsent. Bemerkenswert ist an diesem Text zunächst, daß eine weibliche *persona* spricht. Und sie feiert ausdrücklich nicht ›die Liebe‹, schon gar nicht eine keusche, sondern auf Erfüllung drängendes heterosexuelles Begehren. Es geht hier indes auch nicht mehr um die problematische Utopie der Liebesfreiheit. Und auch das Etikett der Libertinage paßt nicht recht, denn es ist ein durchaus individuell Bestimmter, der »dear Shepherd« *Lysander* (ll. 72, 66), dessen einzigartige Liebenswürdigkeit das Begehren der Sprecherin weckt. Damit sind aber Elemente in die pastorale Vorstellungswelt eingezogen, die dem neoplatonisch konnotierten Liebeskonzept entgegenstehen, das hier als Konkurrenzvorstellung, komplett mit den nach wie vor gängigen petrarkistischen Oxymora evoziert wird. Denn hier wird nicht die unüberbietbare Eigentlichkeit idealer Liebe gefeiert, sondern eine problematische Befindlichkeit mit all ihren Irritationen exploriert. Dabei erweist sich »Desire« als Subversion sowohl der pastoralen Prätention heiler Sozialität[1] als auch des Klischees ›naturalistischer‹ Authentizität, denn Dissimulation erscheint nunmehr untrennbar sowohl vom hier erkundeten Zustand als auch von der schließlich figurierten Subjektivität.

Der Text zeichnet einen Prozeß nach, in dessen Verlauf die Sprecherin die zunächst noch anonyme Gefühlsbewegung entdeckt, befragt, benennt und analysiert. Die namenlose Macht, die zunächst noch lediglich einen Teil (»part«) des Herzens beherrscht, okkupiert die Sprecherin bald ganz, indem sie sich mit »mighty force thrô every part« ausdehnt (59). Das unregierbare Unbekannte, weder zu erzwingen noch, einmal aus seiner latenten Präsenz erwacht, zu bezwingen, – jenes »unform'd somthing« erhält erst in Zeile 39 seinen Namen:

Not the soft play that lovers make,
Nor sigh cou'd fan thee to a fire,
Not pleading tears, nor vows cou'd thee awake,
Or warm the unform'd somthing —— to desire.
(36-39)

Aber trotz vertraut anmutender Formeln und Apostrophen und (eher halbherziger) Nobilitierungsgesten (10-14) gewinnt »Desire« weder allegorische Statur noch mythologisches Format. Vielmehr scheint es von »malicious spright« (24) zum amorphen ›Ding‹ alle möglichen Gestalten annehmen zu können. Seine Nichtidentität und damit die Möglichkeit, es zu verkennen, machen gerade sein unbotmäßiges Wesen und seine Wirkung aus. Interessanterweise gilt die Unberechenbarkeit und Ortsungebundenheit des Begehrens auch und gerade für ar-

1 Einschließlich des gemäß neoplatonischer Doktrin aus unglücklicher Liebe zu erringenden Selbstgewinns mitsamt seinem Zivilisierungsplus.

kadische Lokalitäten: »In sheltering Woods where sighing maids| To their assigning Shepherds hye« (cf. 43-51) ist es ebensowenig zwangsläufig zuhause wie »In courts« (52). Das erotische Verlangen nimmt seinen Ort willkürlich ein, und es findet ihn einzig in der Innerlichkeit der Sprecherin, die es allerdings ganz ausfüllt und mit der es mehr und mehr identisch erscheint – schon als noch namenlos und unerkannt Gesuchtes und Begehrtes (40-51). Es erscheint als schon angelegte, aber erst jetzt realisierte Figur der Reflexivität. Nur mit Hilfe des Begehrens kann das begehrende Selbst sich als sich selbst erkennen.

Das erinnert zwar an petrarkistische Paradoxien des Selbstgewinns bzw. des gesteigerten und geläuterten Selbstseins durch Selbstverlust. Aber das anfangs erwähnte ›edlere Geschick‹ (»nobler fate«, 13) der Sprecherin erscheint hier nicht nur gänzlich metaphysikfrei, sondern überdies mit Pointen versehen, die sich direkt gegen die neoplatonische Liebesreligion richten:

Thy conscious fire is mingl'd with my love,
As in the sanctify'd abodes
Misguided worshippers approve
The mixing Idol with their Gods.
In vain, alas! in vain I strive
With errors, which my soul do please and vex,
For superstition will survive,
Purer Religion to perplex.
(77-84)

Der ›Aberglaube‹, der sich hier gegen den Willen der Sprecherin, aber doch mit ihrer Zustimmung einmischt und eine ›reinere‹ Devotion trübt; die Verblendung, die ihr zugleich Qual und Genuß bereitet, hat hier die Position der neoplatonischen Liebe usurpiert. Aber diese Verblendung erscheint gleichwohl – in der erstaunlichen Wendung »conscious fire« (77) – als Zuwachs an Selbsterkenntnis und Selbstbewußtsein. Die Einsicht, die die ihrer selbst bewußte Leidenschaft gewinnt, wird zusätzlich qualifiziert als Einsicht in die eigene Anfechtbarkeit und Schwäche[1] und als Einsicht in die Scheinhaftigkeit der eigenen Tugend, die aus der Sicht des Begehrens als bloße Verstellung erscheint. So wendet sich die Sprecherin auf dem Hintergrund ihrer Selbsterfahrung zuletzt auch an die »fair ones« und prognostiziert ihnen baldige Einsicht in die Brüchigkeit ihrer sorgfältig gepflegten Reputierlichkeit.[2]

Damit aber deutet sich zusätzlich zu der antipetrarkistischen Überarbeitung des Paradoxons ›Autonomie durch Heteronomie‹ ein weiteres an: Die verhohlene Passion erscheint aus der Perspektive der selbst von ihr Ergriffenen und gespiegelt in ihrer eigenen Verfassung als die offenkundige – zugleich gewinnt die Passion aber erst als geheime, verborgene ihre eigentliche Kraft:

1 So jedenfalls die Apostrophe an »the uneasy rage| That made it [i.e. my soul – V.O.L.] all its humble feebles know« (22-23, cf. 109).

2 Cf. 101-106: »While to th'admiring crow'd you nice are found;| Some dear, some secret, youth that gives the wound| Informs you, all your virtu's but a cheat| And Honour but a false disguise,| Your modesty a necessary bait| To gain the dull repute of being wise.«

Deceive the foolish World —— deceive it on,
And veil your passions in your pride;
But now I've found your feebles by my own,
From me the needful fraud you cannot hide.
Thô tis a mighty power must move
The soul to this degree of love,
And thô with virtue I the World perplex,
Lysander finds the weekness of my sex,
So *Helen* while from *Theseus* arms she fled,
To charming *Paris* yeilds her heart and Bed.
(107-116)

Indem Dissimulation als »needful fraud« entschuldigt wird, wird weibliche ›Schwäche‹ zugleich als Folge der ›Macht‹ des Begehrens dargestellt, erscheint die Hingabe an den Geliebten als Kehrseite der der staunenden Welt vorgespiegelten Tugend. Die paradoxe Duplizität einer Subjektivität, die ihrer selbst in dem Moment inne wird, wo sie sich verliert, und die Perplexität, die die Einsicht in diese Struktur auslöst, erscheinen damit unvermeidlich – und zugleich ominös. Denn zwar geben die mythologisierenden Schlußzeilen dem Hirten den Vorrang vor dem Herrscher, die Folgen des Parisurteils jedoch sind bekannt.

»Desire« erscheint in der pastoralisierenden Darstellung Behns in Gestalt und Auftreten gänzlich kontingent, abgekoppelt von Rang, Verdienst, Willen und Absicht (»Int'rest«, 54). Ist es jedoch einmal auf den Plan getreten, ist das Begehren unbezwingbar – ein relatives Absolutum mit heterogenen Folgen: Es läßt das von ihm betroffene Selbst reflexiv werden und den eigenen Verfügungsverlust als autonomiebegründend erfahren. Es führt Duplizität in dessen Verhalten ein, indem es Weiblichkeit – als tugendhafte wie als tugendvergessene – zur Inszenierung werden läßt. Es konterkariert karrieristischen Kalkül und karikiert erfolgreich puritanisch-kleinbürgerliche Gefühlsökonomie. Es stiftet Ausgangsungewißheit und damit wiederum Ordnungswidrigkeit und Kontingenz. Was hier ›pindarisch‹ gefeiert wird, ist eine Art *recklessness* diesseits pastoral veredelter und insgeheim patriarchalisch konnotierter Liebesfreiheit. Aphra Behn, darin durchaus ganz »libertine érudite«, führt diesen Sicherungsverzicht auch an Silvia, der Heldin des wohl ungefähr zeitgleich entstandenen Romans *Love-Letters Between a Nobleman and his Sister* mit großer Intensität und ohne jede Beschönigung vor. Diese Protagonistinnen Behns glänzen durch ihre Bereitschaft, die Kosten des ungewissen Ausgangs zu tragen, und sei dieser *glorious ruin*. Daß solche Selbststilisierung zum *female rake* alles andere als optimistisch ist, deutet der Schluß von »On Desire« wie das Ende der *Love-Letters* an. Vielmehr setzt das Handeln in der Treue zum eigenen Gefühl und (in jenem Roman) zu einem bereits als politische Illusion durchschauten royalistischen Nobilitätstraum eine Art von Kalkül in Gang, der durchaus rationalistisch anmutet. Es ist nämlich nicht nur das nüchterne Wissen um die Folgen der Selbstverschwendung, das diese Texte von der naiven Pose der in »The Golden Age« vorgetragenen Vision unterscheidet. Vielmehr setzt Behn hier weniger auf intertextuell Vorformuliertes, als radikal auf Textualität und Rhetorik – d.h. auf eine duplizitäre Manipulation von

Repräsentationen,[1] die solchen Heroismus immer auch als Effekt poetischer Meisterschaft ihrer diversen *personae* erweist. Sucht die Pastorale eine strukturell skeptische Balance zwischen reflektierter Künstlichkeit und Vergegenwärtigung des Seinsollenden zu halten, so verschieben diese Texte das prekäre Gleichgewicht massiv zuungunsten der Eigentlichkeitsästhetik.

Inszeniert sich die poetische Subjektivität Behns also nicht nur als weibliche, sondern vor allem auch als schriftstellerische, so kann ihr die pastorale Fiktion hierbei gleichwohl von Nutzen sein. Dies zeigt besonders eindrucksvoll ihr Widmungsgedicht an den Lukrez-Übersetzer Thomas Creech, »TO The Unknown DAPHNIS on his Excellent Translation of *Lucretius*« (1683). Behns außerordentlich ambivalentes Gedicht thematisiert den zunehmend problematisch werdenden Repräsentativitätsanspruch der Pastorale aus einer Perspektive, die diese Repräsentativität mit Fragen der Macht, der an Geschlechterdifferenz orientierten Wissensverteilung und eben nicht zuletzt auch der Textproduktion verbindet. Zwar gibt der Text vor, Hoffnung auf den Anbruch epikureisch überformter arkadischer Zustände zu hegen, eingeläutet durch die dichterische Potenz des jungen »Daphnis«. Aber diese Hoffnung erscheint am Schluß derart ironisiert, daß sich auch hier der Eindruck einer eher pessimistischen Prognose, wenn nicht gar einer verdeckten *vituperatio* des derart Gewürdigten einstellt. Zugleich tritt aber gegenüber der spöttischen ›Predigt‹ des Gedichts seine ›Praxis‹ in den Vordergrund. Und die leistet bereits genau das, was sie angeblich von Creech erhofft bzw. an seiner Lukrez-Nachdichtung rühmt: in einer ›neuen Weise‹ – »this newer way« (17) – zu schreiben und so die Tradition zugleich fortzusetzen und zu überbieten.

Die ironische Performanz, die ich meine, ist schon angedeutet in der Verleihung des theokritischen Schäfernamens Daphnis an Creech, der im Jahr darauf seine Theokrit-Übersetzung vorlegen sollte:[2] Einerseits könnte dieser Titel traditioneller nicht sein, andererseits liegt darin bereits eine höchst zweideutige Prognose, ist doch der unübertreffliche Sänger Daphnis stets zugleich der wegen seines allzufrühen Todes zutiefst Betrauerte. Die Sprecherin apostrophiert Creech zwar als »Great Young Man« und ihr eigenes Schreiben als inspiriert von einer »humbler Muse« – schon die Geste der Selbstabwertung und die Beteuerung der in ihrer Weiblichkeit schon angelegten Unterlegenheit[3] werden jedoch konterkariert von einer Rhetorik, die gerade das zur Schau stellt, was sie nicht zu besitzen vorgibt: Witz und eine unangestrengte Gelehrtheit, die ganz selbstverständlich über die skeptisch-atomistische Erkenntnislehre des Lukrez verfügt. Wenig beruhigend aus der Sicht des Empfängers dieser Huldigung erscheint auch, daß sie sich ›in aller Bescheidenheit‹ anschickt, ihm »yet more« als seine übrigen Bewunderer – »the Croud| Of those that sing thy mighty Praises Loud« (1/2) – Tribut

1 Cf. zu diesem Grundzug des Behnschen Schreibens auch Ros Ballaster, *Seductive Forms. Women's Amatory Fiction from 1684 to 1740*, Oxford 1992, bes. »Introduction«.

2 Behn selbst druckte eine leicht veränderte und in den religionskritischen Passagen verschärfte Version ihres Gedichts in der in diesem Jahr (1684) erscheinenden Sammlung ihrer Texte ab.

3 In Wendungen wie »of feebler Seeds design'd« (7), »slow moveing Atoms« (8) etc.

zu zollen (cf. 18). Worin dieses ›Mehr‹ liegt, wird indes bald deutlich. So betont sie, als Frau besonders tief in der Schuld des Lukrez-Übersetzers zu stehen, habe er ihr und ihren Geschlechtsgenossinnen nach langen Jahren des Abgespeistwerdens mit »The Fulsom Gingle of the Times« (33) doch recht eigentlich erst den Zugang zum Wissensschatz der Antike eröffnet. Ja, er habe sie aus der verordneten »Ignorance« (42) erlöst und geradezu eine Renaissance für sie eingeleitet, die sie – zweideutig – dem Manne gleichstellt bzw. erst zivilisiert und so zum Menschen macht: »And Equallst Us to Man!« (43).[1] Die Hyperbolik, mit der Creech dieses Verdienst zugemessen wird, läßt allerdings schon hier einen Ironieverdacht aufkommen.

Dieser verstärkt sich, wenn im anschließenden Lob seines Schreib- und Übersetzungsstils genau das hervorgehoben wird, woran die zeitgenössische Lukrezkritik Anstoß nahm – der aufklärerische Atheismus und der Versuch, poetisch vernünftige Einsicht zu wecken und sie in attraktiver Form zu präsentieren.[2] Zudem rühmt die Diktion ›natürlicher‹, pastoraler Erotik zugleich mit den intellektuellen vor allem die sinnlichen Qualitäten der Übersetzung. Damit

---

1 Cf. 25-44: »Till now I curst my *Sex* and *Education*,| And more the scanted Customs of the Nation,| Permitting not the Female Sex to tread| The Mighty Paths of Learned *Heroes* Dead.| The Godlike *Virgil* and Great *Homers* Muse| Like Divine Mysteries are conceal'd from us,| We are forbid all grateful Theams,| No ravishing Thoughts approach our Ear;| The Fulsom Gingle of the Times| Is all we are allow'd to Understand, or Hear.|| But as of old when Men unthinking lay,| Ere Gods were worship't, or e're Laws were fram'd| The wiser *Bard* that taught 'em first t'obey,| Was next to what he taught Ador'd and Fam'd;| Gentler they grew, their Words and Manners chang'd;| And Salvage now no more the Woods they rang'd:| So Thou by this *Translation* dost advance| Our Knowledge from the State of Ignorance;| And Equallst Us to Man! Oh how shall We| Enough Adore, or Sacrifice enough to Thee!«. – Noch eine der jüngsten Dissertationen zu Behn liest diese Zeilen gänzlich unironisch: »Creechs erkenntnisstiftende Tat bewirkt [...] die Erschließung einer neuen paradiesischen Welt des Wissens für Frauen sowie deren intellektuelle Gleichstellung mit den Männern.« (Cathrin Brockhaus, *Aphra Behn und ihre Londoner Komödien*, Heidelberg 1998, p. 38, cf. p. 37). Brockhaus fragt weder nach der ideologischen Valenz des Textes, um dessen Übersetzung es geht, noch nach dessen – von Behn pointierten – politischen Konnotationen, noch nach den Gründen für Behns Abfassung dieses offenbar weder erbetenen noch willkommenen Preisgedicht auf einen jungen Zunftgenossen, von dem sie finanziell kaum etwas zu erwarten hatte bzw. nach der möglichen Funktion dieses Textes. Die Annahme einer mindestens teilweise auf Kosten Creechs gehenden, leicht maliziösen Selbstdarstellung, die geistreich und unverschämt mit den Gepflogenheiten schriftstellerischer Solidarität spielt, erscheint mir im Blick auf die Mehrdeutigkeiten des Textes vergleichsweise plausibler. (Übrigens auch im Blick auf pastorale Konventionen: Behn inszeniert hier ja gleichsam einen poetischen Wettbewerb mit Creech, der als solcher durchaus schäferlichen Gepflogenheiten entspricht.) – Auch Carol Barash präsentiert eine von der hier vorgeschlagenen zwar abweichende, aber ebenfalls auf Fragen weiblicher Auktorialität bzw. der Verknüpfung sprachlich-kultureller mit politischer Autorität fokussierte Sicht Behns, insbesondere ihres Versuchs, über eine ›revisionistische Poetik‹ die kontinentaleuropäische *femme-forte*-Tradition im Kontext monarchistischer Ideologie der englischen Restauration zu verankern: cf. v.a. Kap. 3 in *English Women's Poetry, 1649-1714. Politics, Community, and Linguistic Authority*, Oxford 1996.

2 Creech versuchte nicht nur, sich in seinem Vorwort zur Übersetzung von *De rerum natura* von den als epikureisch und libertinistisch verschrieenen Positionen Lukrez' zu distanzieren, es gibt auch Hinweise darauf, daß er über Behns Gedicht ausgesprochen unglücklich war und versuchte, es zu verändern; cf. den Kommentar Todds in der zitierten Ausgabe.

konturiert sie eine Schreibweise (»unfetter'd«, »Wanton«, »in so soft and Gay a Dress« etc.),[1] die eher die »Gentle Numbers« (11) und »Womanish Tenderness« (14) der Behnschen Poesie zu kennzeichnen scheint.

Vollends und in mehr als einem Sinne zweischneidig wird die Huldigung im folgenden Preis von Wadham College als »Sacred Nursery« (65) der Musen. Nicht nur Creech/Daphnis war nämlich Absolvent von Wadham, sondern auch Thomas Sprat (»The Learned *Thirsis*«, 77) und John Wilmot, Earl of Rochester (»*Strephon* the Great«, 89). Indem Creech vor einem Hintergrund plaziert wird, der über Sprat, Gründungsmitglied und Historiograph der Royal Society, mit der neuen, empirischen Naturwissenschaft und royalistischer Politik assoziiert ist und über den berüchtigten Poeten und Libertin Rochester mit epikureisch-skeptischer Ethik, reiht ihn Behn in eine durchaus zu Recht mit lukrezischem Naturalismus verbundene Tradition ein. Mehr noch: sie stilisiert Daphnis/Creech zum Nachfolger des »noble *Strephon*«, dessen Tod (nach ausschweifendem Lebenswandel) die gesamte schäferliche Welt bitter beweint (89-97). Denn von Behn im geistreich lukrezisierenden Vergleich als große Mutter Natur (»like Natures self«, 103) vorgestellt, hat Wadham in Creech sogleich einen Dichter hervorgebracht, der jenen »charming *Hero*« (101) beerben wird. Aber abgesehen davon, daß Creech die ihm angetragene Nachfolge nur sehr wenig geschmeichelt haben dürfte, weist Behn ihm überdies nur die Rolle des Derivierten, Zweitbesten und Epigonen zu: Nachdem Rochesters Sonne untergegangen ist (»No sooner was fam'd *Strephons* Glory set«, 107), soll er als Morgenstern am Dichterhimmel erscheinen (107); darf er allenfalls dessen Nachlaß verwalten (»Thou in thy large Poetick Chace| Beginst where others end the Race«, 116/7). Und schließlich bleibt bei all den bewundernden Anspielungen auf Wadham als Kinderstube der Dichter (»that hast such wondrous *Poets* made«, 72) doch jene andere irritierende Möglichkeit im Raum, auf die sogleich angespielt wird, daß nämlich »*Poets* [...] Are born, not made« (75/6), also – wie Behn selbst? – von Natur aus besitzen (»by Nature Aw, and Charm the Mind«, 75), was andere auch trotz aller Bildungsvorteile nicht erringen.

Aber noch in anderer Hinsicht erscheint die Aufgabe, auf die die Sprecherin »Daphnis« verpflichtet sieht, fragwürdig, die Begabung, die sie in ihm vermutet, transgressiv und riskant. Denn das Dichtungsideal, das sie indirekt propagiert, ist orientiert am Modell der freien, pastoralen Liebe.[2] Im Vorgriff auf die von

1 Cf. Zeilen 45-54.

2 »What *Daphnis*, will thy riper Judgment do;| When thy unbounded Verse in their own streams shall flow?| What Wonders will they not produce,| When thy immortal fancy's loose.| Unfetter'd, Unconfin'd by any other Muse? (121-125)« – Auf dem Hintergrund einer beginnenden Tradition weiblichen Schreibens, die mehr und mehr in ein unausgesprochenes Konkurrenzverhältnis zu der hier vorgeblich gepriesenen männlichen rückt, gewinnt auch das in dieser Erwartung implizierte Lob Creechs erhebliche Zweischneidigkeit. Die berühmteste Schriftstellerin ihrer Generation, Katherine Philips, von Dryden als »Matchless Orinda« gefeiert und gern als Inbegriff normkonformer Weiblichkeit zum keuschen Gegenpol Behns stilisiert, war 1664 auf der Höhe ihres Ruhms gestorben. Kurz vor ihrem Tod erschienen ihre Gedichte in einem Band, 1667 dann nochmals und mit einigen Eulogien versehen. Unter diesen befindet sich ein pseud-

Creech erwarteten dichterischen Leistungen und als Allegorie der ihm kongenialen Imagination wird ein libertinistisches Arkadien entworfen. Hier sind »Poetry and Love« (127) ununterscheidbar, sind »muse and mistress« (139) eins. Aber nicht nur die auf die Spitze getriebene und damit als solche durchsichtige Konventionalität der »purling streams«, »shady Groves«, »Banks of Flowers« und »low reposing Beds of Grass«, die Behn nun als nahezu bedeutungsfreie Kulisse für den zum Rochester-Nachfolger gereiften Creech imaginiert, fungiert als Ironiesignal, sondern mehr noch die Umkehrung des eingangs prätendierten Dominanz- und Unterordnungsverhältnisses. Denn jetzt erscheint die Dichterin nicht länger als die vom »Great Young Man« aus poetischer Unmündigkeit Befreite, begierig den in seiner Übersetzung endlich zugänglich gemachten Lehren lauschend. Sondern sie instruiert nunmehr *ihn* in der rechten Art, lukrezisch-naturalistisch, frei von Regelwerk und uneingeschränkt durch die gedanklichen Vorgaben anderer zu dichten. Vielleicht muß man sogar soweit gehen, die epigonale Situation, in die sie Creech manövriert hat, für ausweglos zu erklären: denn gerade aufgrund der Ahnenreihe, die er als Absolvent von »Great Wadham« hinter sich hat, ist ihm der Weg zu echter poetischer Innovation versperrt,[1] wird er allenfalls die bekannten pastoralen Versatzstücke reproduzieren können, während sie, die von diesen Privilegien ausgesperrt ist, anders, frei von Vorbildern, eben »this newer way« zu dichten vermag. Damit aber hätte sie das Ideal, das sie »Daphnis« vorhält, spöttisch desavouiert und doch bereits – anders – realisiert.[2] Denn so praktizierte sie in wahrer Lukrez-Kongenialität und gerade aufgrund ihres sexuellen Handicaps (eines »Mind,| Compos'd [...] all of softer Love«, 9/10), was der gebildete Übersetzer nie wagen würde, ihr zu predigen – und

onymes Preisgedicht von »Philo-Philippa«, das auf dem Hintergrund der Erfolge, die Philips' dramatische Produktion (vor allem ihre Übersetzung von Corneilles *La Mort de Pompée*) gefeiert hatte, die poetische Begabung der Autorin in ganz ähnlichen Worten rühmt wie Behn die noch unerlösten Talente Creechs: »But if your fetter'd Muse thus praised be,| What great things do you write when it is free?| When it is free to choose both sence and words,| Or any subject the vast World affords?« (165-168, in Germaine Greer et al., eds., *Kissing the Rod. An Anthology of 17th Century Women's Verse*, London 1988, p. 208). Daß die »matchless Orinda« dieses Versprechen nicht hatte vollständig einlösen können, da ihr Tod eine vollständige Befreiung ihrer Muse verhindert hatte, dürfte sowohl Behn als auch Creech bekannt gewesen sein.

1 Nicht zuletzt auch deshalb, weil der frühverstorbene Strephon/Rochester als Begründer eben der Dichtungsart, der er nacheifern soll, als der (im Vergilschen Sinne) ›eigentliche‹ Daphnis erscheint. – Cf. auch Behns Gedicht »On the Death of the late Earl of Rochester«, in welchem sie Rochester ebenfalls als Strephon bezeichnet und ihn ausdrücklich mit »young *Lucretius*« (69) vergleicht.

2 Dies übrigens nicht erst am Ende: Schon die Behauptung, Creechs Übersetzung wecke in ihr nicht nur wie in den Seelen anderer Bewunderung, sondern entzünde geradezu ein Feuer (»kindles in Mine a Fire«, 16) usurpiert mit ihren nach wie vor bekannten humoralpathologischen Konnotationen (heiß und trocken als Kennzeichen des Männlichen) die Position maskuliner Kreativität. – Solch emphatisch herausgestelltes Feuer mag noch eine weitere Pointe enthalten: Creech hatte in seiner Übersetzung bestimmte Passagen ausgelassen, nicht zuletzt offenbar eine, die auch dem weiblichen Begehren einen Ort einräumt. So heißt es in Lucy Hutchinsons Übersetzung der Zeilen 1268|9 aus Buch IV von *De rerum natura* von 1675: »One fire, them and their lovers doth enflame,| Their joyes are equall, their desires the same.« (zit. in Greer et al., eds., *Kissing the Rod*, p. 219).

schriebe sich so in eben jenes poetische und poetologische System ein, das sie in pastoraler Pose von außen zu betrachten vorgibt: Die Schäferwelt wird Zeichen selbstironischer Poetizität und weiblicher Auktorialität.[1]

1 Behn beansprucht und praktiziert auf diese Weise – auf der Grundlage der Reflexion einer hinter vorgeblicher pastoraler Egalität versteckten kulturellen Ungleichheit – im System der Verteilung diskursiver, poetischer Macht eine andere Art von Egalitarismus: jenen, den Louis Montrose als »pastoral's radical socio-political strain« (»›The perfecte paterne of a Poete‹«, p. 58) bezeichnet, der in der Umkehrung der Herrschaftsverhältnisse, der Absetzung der Mächtigen und der Inthronisierung der bislang Ohnmächtigen besteht, und der im Magnifikat passenderweise von einer Frau artikuliert wird.

KAPITEL VI
ERFINDUNGEN DES ANDEREN[1]

In Surinam, bis 1667 englische Kolonie, leben die Weißen recht friedlich mit den Eingeborenen zusammen. Man treibt Handel mit ihnen, ist in gewissem Maße auf sie angewiesen und läßt daher die schweren Arbeiten von importierten afrikanischen Sklaven verrichten. Von der Westküste Afrikas, genauer: aus Coromantien (Fort Amsterdam), einer von englischen und holländischen Sklavenhändlern gleichermaßen genutzten Handelsstation im Gebiet des heutigen Ghana, stammt auch Prinz Oroonoko.[2] Er wächst auf als Waise; als Enkel des betagten Königs ist er dessen designierter Nachfolger. Als Erzieher fungiert »a *French-Man* of Wit and Learning«.[3] Von ihm erhält Oroonoko seine moralische Erziehung, aber auch eine Ausbildung in Sprachen und Naturwissenschaften. Durch seine Kontakte mit den europäischen Kaufleuten – es herrscht die Sitte, besiegte Kriegsgegner als Sklaven zu verkaufen, – wird er rasch polyglott. Zusätzlich wird er zum Kriegshandwerk erzogen, zeichnet sich bald durch besondere Tapferkeit und Edelmut aus und wird schon in jungen Jahren zum General seines Volkes. Sein Vorgänger hatte ihm in einer Schlacht das Leben gerettet und war dabei selbst umgekommen. Die ebenso schöne wie tugendhafte Tochter seines Lebensretters, Imoinda, weckt Oroonokos Liebe, und seine Werbung wird erhört. Ihrer Verlobung zum Trotz hat aber auch der greise König ein begehrliches Auge auf Imoinda geworfen. Er macht sie gegen ihren Willen zu seiner Frau; jedenfalls zum Teil seines Harems. Oroonoko wird – rasend vor verletztem Stolz und Eifersucht – in eine laufende Fehde entsandt. Dennoch gelingt es ihm mittels einer List, sich bei Imoinda einzuschleichen und zu deren Entzücken sogleich zu vollziehen, wozu der alte Tyrann außerstande war. Als dieser von der Defloration seiner Lieblingsfrau erfährt, verkauft er sie erzürnt in die Sklaverei. Oroonoko teilt man mit, sie sei – nach Landessitte – getötet. Er verzweifelt, erringt trotzdem noch einen glorreichen Sieg und kehrt in tiefer Schwermut an den Hof zurück. Durch den Verrat eines englischen Kapitäns gerät aber auch Oroonoko in Gefangenschaft, wird nach Surinam entführt und dort verkauft. Allerdings wird sein Adel rasch offenbar. Er erhält den Sklavennamen Cæsar und gewinnt die

1 Unter dem Titel »Caliban erzählen. Strukturelle Skepsis und die Erfindung des anderen in der englischen Literatur der Frühen Neuzeit« ist eine Fassung dieses Kapitels erschienen in *LiLi* 110 (1998), 98-127.

2 Wiewohl sein Name bereits auf den Strom verweist, der das Gebiet durchzieht, in das er entführt werden wird (Orinoco).

3 Aphra Behn, *Oroonoko, or the Royal Slave: A True History* wird zitiert nach der siebenbändigen Gesamtausgabe *The Works of Aphra Behn*, ed. Janet Todd, London 1992ff, Vol. 3: *The Fair Jilt and Other Short Stories* (1995), pp. 50-119, hier p. 62. Kursivierungen im Original werden, wenn nicht anders angegeben, übernommen.

Bewunderung und Freundschaft seines Herrn, des »*Cornish* Gentleman« Trefry, der in der Verwaltung der Kolonie tätig ist.[1]

Oroonokos Sonderstellung, der Respekt und die Freiheiten, die er genießt, führen auch zur Bekanntschaft mit der als Tochter des designierten Generalleutnants von Surinam ebenfalls dort weilenden späteren Erzählerin seiner Geschichte. Zu ihr faßt er besonderes Vertrauen. Zufällig ist indes auch Imoinda (unter dem Namen Clemene) in diese Kolonie verkauft worden, und es kommt zur glücklichen Wiederbegegnung. Sie heiraten, und Imoinda ist bald schwanger. Man verspricht ihnen sogar die Freiheit, sobald der Lord Governour eintrifft. Dessen Ankunft verzögert sich jedoch.[2] Oroonoko wird allmählich ungeduldig, und er versucht zu verhandeln. Dies wiederum beunruhigt die Engländer; es kommt zu Mißtrauen und Verstimmung, und man befürchtet einen Aufstand. Oroonoko wird hingehalten und sogar bespitzelt. Dann wieder sucht man ihn durch Exkursionen ins Landesinnere, durch Tigerjagden oder den Fang eines Zitteraals zu zerstreuen. Auf die Dauer bleiben solche Ablenkungsmanöver jedoch fruchtlos, und Oroonoko stiftet seine Mitsklaven tatsächlich zur Rebellion und Flucht an. Als man ihnen nachsetzt und es zum Kampf kommt, ergeben sich die meisten. William Byam, der Stellvertreter des Gouverneurs und ein übler Schurke, verspricht Oroonoko und seinen wenigen noch verbliebenen Getreuen freien Abzug. Nach ihrer Entwaffnung werden sie jedoch überwältigt und grausam ausgepeitscht. Byam, leicht verletzt durch einen vergifteten Pfeil aus dem Köcher Imoindas, kann nicht verhindern, daß sich die Freundesgruppe um die Erzählerin und Trefry Oroonokos annimmt, ihn vorübergehend in Sicherheit bringt und pflegt. Oroonoko hat jedoch keinen anderen Gedanken, als den Verrat und die erlittene Demütigung an Byam zu rächen, obwohl ihn dieser auf seine Drohungen hin zum Tode verurteilt. In der Absicht, sich nach vollzogener Rache selbst zu töten und um Imoinda und ihr ungeborenes Kind vor Schlimmerem zu bewahren, falls er im Vollzug der Rache selbst den Tod finden oder in Gefangenschaft geraten sollte, schneidet er zunächst ihr die Kehle durch. Dann aber bricht er vor Schmerz zusammen und verharrt tagelang bei der Leiche. Dort finden ihn Byams Suchtrupps. Er reißt sich vor ihren Augen selbst die Gedärme aus dem Leib, kann sich aber weder der Festnahme noch – nach kurzer Erholung bei den Freunden – der Entführung und Ermordung durch den Mob entziehen. Oroonoko wird bei lebendigem Leibe zerstückelt, stirbt aber heroisch und gefaßt, bis zum Schluß eine Pfeife rauchend.

Die eben nacherzählte Geschichte, 1688 veröffentlicht, trägt den Titel *Oroonoko, or the Royal Slave*. Ihre Autorin ist Aphra Behn, mit deren skeptischer Revision einiger Konventionen pastoraler Dichtung das letzte Kapitel schloß. Auch *Oroonoko*, Behns wohl bekannteste Erzählung, trägt pastorale Züge; nicht um diese soll es jedoch im folgenden gehen und – wiewohl wir auch bei der Unter-

1 Cf. ibid. p. 87.

2 Sie wird ganz ausbleiben: Wie die Erzählerin in einem Nebensatz einfließen läßt, kommt er in einem Hurrikan ums Leben; cf. ibid. pp. 104 und 59.

suchung dieser Erzählung auf Strategien hyperbolischer Impersonation von Weiblichkeit stoßen werden, die bereits bei der Lektüre der Gedichte Behns auffielen, – auch nicht nur um *gender*-Fragen. Zentrale Aspekte eines der Themen, denen sich dieser Text in seiner eigenartigen, Züge von Romanze, Novelle und Roman vereinenden Hybridität hauptsächlich widmet, sind der Literatur der Frühen Neuzeit durchaus nicht unvertraut. Die Begegnung der Alten Welt mit Menschen aus der sogenannten Neuen, das Befremden, die Irritationen in der Wahrnehmung der anderen wie der eigenen Lebensweise und auch die möglichen Antworten auf die darin verborgene radikale Anfrage an das bisher zweifelsfrei Geltende und Wahre – all das hatte man schon vor Aphra Behn zu erkunden gesucht. Auf zwei der wichtigsten Prätexte will ich kurz eingehen, damit vor dem Hintergrund ihres Umgangs mit dem hier aufgefächerten Problemkomplex die Originalität der Behnschen Reprise – oder vielleicht besser: Revision – und zugleich deren ästhetische Qualität sichtbar werden kann. Diese hat nämlich, so mag sich erweisen, ihre Gründe in der besonderen narrativen Perspektivierung der hier entworfenen, gebrochen pastoralen Welt, das heißt: nicht zuletzt in einer strukturellen Skepsis, die sich durch den weiblichen Blick auf ihren Gegenstand nochmals erheblich verschärft.

Zunächst also einige knappe Anmerkungen zu Behns wohl berühmtestem Prätext, Montaignes Essay »Des Cannibales«, entstanden rund hundert Jahre vor *Oroonoko* und in John Florios kongenialer Übersetzung seit 1603 Bestandteil der englischen Literaturgeschichte. Es folgen Überlegungen zu Shakespeares *Tempest*, einem Drama, das seinerseits bereits auf Motive Montaignes zurückgreift und für Behns Novelle nicht nur in zeichentheoretischer Hinsicht bedeutsam erscheint.[1] Beiden Texten gemeinsam ist, daß sie eine Einstellung gegenüber dem skizzierten Problem herauspräparieren, die jenseits der gängigen Reaktionen auf Alterität – Ablehnung oder Bemächtigung durch Aneignung – liegt. Behns Erzählung wird diese literarischen ›Erfindungen‹ des anderen in charakteristischer Weise radikalisieren.

1. Von den Kannibalen

Montaignes Essay I, 30, »Of the Caniballes« in Florios Version,[2] ist von Anfang bis Ende bewegt von der Frage, wie vom anderen zu sprechen sei. Die Strategie, der dabei auch die vermeintlich zufälligen und digressiven Betrachtungen der ersten Seiten gehorchen, – obwohl in ihnen das Thema der Menschenfresser in auffälliger Weise ausgespart wird –, ist die einer Destabilisierung der Opposition

1 Ein weiterer einschlägiger Prätext, ist natürlich – vor allem im Blick auf die Präsentation der fragwürdigen ›Schwärze‹ des Protagonisten und die potentielle Subversion eines rassistischen Stereotyps – Shakespeares *Othello*.

2 *The Essays of Montaigne* Done into English by John Florio, New York 1967, Vol. 1, pp. 217-232. Seitenangaben im folgenden in Klammern hinter dem jeweiligen Zitat. – Cf. auch Michel de Montaigne, *Œuvres complètes*, eds. Albert Thibaudet, Maurice Rat, Paris 1962, pp. 200-213 (»Des Cannibales« ist in dieser Ausgabe I, 31).

von Eigenem und Fremdem. Zugleich aber sind schon diese ersten Überlegungen – unter ihnen der Entwurf eines idealen »Landbeschreibers«, dessen Berichte aus der Neuen Welt einfältig und unreflektiert, gänzlich unverstellt von eigenen Meinungen und Interpretationen zu sein hätten, der dann jedoch in Montaignes Essay an keiner Stelle zu Wort kommt, – beunruhigt von einem für sein vermeintliches Vorhaben einigermaßen ruinösen Verdacht. Dieser wird nirgends formuliert, aber gerade als unausgesprochener skeptischer Vorbehalt bestimmt er den Text: Nicht zuletzt das Schweigen des angeblich zur Verfügung stehenden Informanten signalisiert Montaignes Wissen um die Unmöglichkeit, das Andere direkt zur Darstellung zu bringen. Jene berühmte, auch Shakespeare bekannte Passage, in der der Text zum ersten Mal den in seinem Titel angekündigten Gegenstand konfrontiert, macht eben dies deutlich: Als es selbst kann das Fremde nicht repräsentiert werden. Wir ›haben‹ es stets nur zu den Bedingungen des Eigenen, und das heißt, wir haben es nie. Allenfalls kann es gelingen, auf seine nicht einholbare Präsenz hinzuweisen, indem man es als eine nie ganz auszutarierende Balance, einen Riß im Eigenen inszeniert. Das unternimmt Montaignes Essay, und seine oft zitierte Umwertung von Barbarei und Zivilisation bildet einen Teil dieser Gesamtstrategie:

> [...] I finde (as farre as I have beene informed) there is nothing in that nation, that is either barbarous or savage, unlesse men call that barbarisme which is not common to them. [...] They are even savage, as we call those fruits wilde, which nature of her selfe, and of her ordinarie progresse hath produced: whereas indeed, they are those which our selves have altered by our artificiall devices, and diverted from their common order, we should rather terme savage. In those are the true and most profitable vertues, and naturall properties most lively and vigorous, which in these we have bastardized, applying them to the pleasure of our corrupted taste. And if notwithstanding, in divers fruits of those countries that were never tilled, we shall finde, that in respect of ours they are most excellent, and as delicate unto our taste; there is no reason, art should gaine the point of honour of our great and puissant mother Nature. (p. 221)

Die Umwertung – und d.h. vor allem die Verschiebung der Negativkonnotationen von einem Pol der Opposition Barbarei/Zivilisation zum anderen – wird bewerkstelligt, indem Montaigne ein zweites Gegensatzpaar, nämlich das von Natur und Kunst, über das erste projiziert. So kann das Fremdartige, barbarisch Anmutende der amerikanischen »Wilden« als das Natürliche, damit als das Bessere, in seiner Ursprünglichkeit dem Raffinement und der Artifizialität der eigenen Kultur Überlegene erscheinen; zugleich wird das Künstliche zum Depravierten, den Menschen recht eigentlich von sich Entfremdenden. Aber so provozierend dies auf den ersten Blick auch erscheinen mag; so pointiert Montaignes Kritik an den Doxa; so gewagt sein Preis eines herrschafts- und institutionsfreien Gemeinwesens, – in alledem liegt die Radikalität des Montaigneschen Textes gerade *nicht*.

Im Gegenteil: Der in dieser Passage entfaltete Naturalismus ist in seiner schlichten Identifikation des Wilden mit dem Natürlichen und der Natur mit dem unverbildet Guten nichts anderes als die Kehrseite der als vulgär getadelten Abwehr des Fremden als minderwertig. Solche Aneignung aber beinhaltet, wie Todorov betont hat, das gleiche Verkennen des anderen wie seine Ablehnung.[1] Indem die naturalistische Assimilation das Fremde für das ›immer schon‹ Eigene ausgibt, zieht sie ihm nicht nur den Stachel. Vielmehr bemächtigt sie sich seiner ebenso wirkungsvoll, als wenn sie es von sich abgestoßen und sich unterworfen hätte. Bediente sich Montaignes Essay also keines anderen Verfahrens als dieses, so schlüge er sich insgeheim doch auf die Seite der Conquistadoren.

Nun bildet der ethnozentrische Naturalismus unbestreitbar einen der Argumentationsstränge dieses Textes. Montaignes Wilde sind, wie seine weiteren Ausführungen zeigen, Edle Wilde. Lange bevor der »Noble Savage« in der englischen Literatur unter dieser Bezeichnung seinen ersten Auftritt hält,[2] liegen die Grundstrukturen des Klischees bereits fest. Der Edle Wilde ist bei Montaigne ein aristokratisches Ich-Ideal, eine mit der Dignität des Natürlichen und Originären ausgestattete Vorstellung desjenigen Selbst, das der Alte-Welt-Bewohner gern verkörpern würde und das als seinsollendes nicht zuletzt auch eine kritische Spiegelung des Vorfindlichen ermöglicht.

Gleichwohl ist, wie angedeutet, diese spekuläre, assimilationistische Domestizierung des Fremden weder die einzige Strategie des Essays, noch behält sie das letzte Wort. Vielmehr wird sie am Ende in einer Weise reflektiert, die die Positivität der ihr zugrundeliegenden schlichten Umwertung höchst zweifelhaft erscheinen läßt. In der Wendung, die der Text zu seiner destruktiv-ironischen Schlußpointe nimmt, erweist sich seine Skepsis einmal mehr als strukturelle. Montaigne berichtet, wie er drei Vertretern jenes Volkes, dessen Sitten und Gebräuche er so eingehend geschildert hat, auf deren Besuch in Frankreich begegnete und sie befragte. Indes bleibt der zu erwartende Authentizitätsgewinn ebenso aus wie der durch ein solches Interview ermöglichte kritische Blick auf die Alte Welt. Nicht genug damit, daß Montaigne ärgerlicherweise eine der drei wichtigsten Äußerungen der Wilden vergessen hat – sein Gespräch mit ihnen wird überdies gravierend dadurch beeinträchtigt, daß sein Dolmetscher so schlecht ist, daß Montaigne sich weder ausreichend verständlich zu machen ver-

---

1 Tzvetan Todorov, *Die Eroberung Amerikas. Das Problem des Anderen*, Frankfurt 1985 (zuerst Paris 1982). Cf. auch Todorov, »L'Être et l'Autre: Montaigne«, *Yale French Studies* 64 (1983), 112-144.

2 In John Drydens Drama *The Conquest of Granada by the Spaniards*, London 1672 (Erstaufführung 1670 und 1671). So proklamiert der Held Almanzor: »I am as free as Nature first made man| 'Ere the base Laws of Servitude began| When wild in woods the noble Savage ran.« (I, i, 207-209). Cf. *The Works of John Dryden*, Vol. 11, hier p. 30. – Zur Motivgeschichte des Edlen Wilden cf. auch Hoxie Neale Fairchild, *The Noble Savage. A Study in Romantic Naturalism*, New York 1928. – Einige politische Implikationen der Vorstellung entfaltet Peter J. Weston, »The Noble Primitive as Bourgeois Subject«, in: *Literature and History* 10 (1984), 59-71. – Zu den Folgen, die insbesondere die Mythen des Edlen und des Bösen Wilden für die Philosophie der Alten Welt hatten, sowie zu den auf den ersten Blick divergierenden Antworten – Machtergreifung und Melancholie –, die diese bei unterschiedlichen Denkern hervorriefen, cf. Hinrich Fink-Eitel, *Die Philosophie und die Wilden. Über die Bedeutung des Fremden für die europäische Geistesgeschichte*, Hamburg 1994.

mag, noch imstande ist, die ihn interessierenden Auskünfte zu elizitieren. Damit aber nähert sich die Schlußpassage dieses Essays in mehrfacher Hinsicht der Fiktion an – nicht nur, insofern die geschilderte Befragung Züge einer Inszenierung trägt, sondern auch hinsichtlich der offenkundigen Stilisierung, die die Antworten der Wilden erfahren. Hier spricht, genau besehen, Montaigne durch die *persona* des Besuchers aus der Neuen Welt. Indem er auf diese Weise seine Domestizierungsstrategie auf die Spitze treibt, wird nochmals die skeptische Einsicht ermöglicht, daß Alterität nicht anders als im eigenen Wort zum Sprechen gebracht werden kann. Aber zugleich bleibt die Fremdheit der anderen, der »Kannibalen«, paradoxerweise unangetastet. Sie erscheint unerreichbar ferngerückt, irreduzibel und eben darin, in Montaignes Inszenierung der eigenen kommunikativen Ohnmacht, zuletzt vielleicht doch als sie selbst.

Diese ›Übersetzung‹ von Alterität in die Struktur einer literarischen Erfahrung wird in der Schlußpointe brillant zugespitzt: »All that is not verie ill;« heißt es dort, »but what of that? They weare no kinde of breeches nor hosen« (232). Bauchrednerisch besetzt Montaigne nun auch die einzige noch freigebliebene Position, die der Ablehnung des anderen als barbarisch. Indem er, nachdem er den Wilden gespielt hatte, nunmehr als Unbelehrbarer posiert, exponiert er in dieser Maskierung die Borniertheit eines solchen Rückzugs auf einen Standpunkt, der nach der Lektüre des Textes eigentlich nicht mehr wählbar ist. Solch beharrliches Zurückstellen der Wilden in eine ›schlechte Andersheit‹ erscheint damit im ungemütlichen Schwebezustand einer negierten Option, ebenso durchgestrichen wie deren naive Assimilation als Edle Wilde. Zum Schluß bleibt nur noch die radikale Skepsis des ›belehrten‹ Ethnologen, eine *docta ignorantia* gegenüber dem Fremden, die die von ihm ausgehende Irritation aushält in dem Bewußtsein, daß wir zwar »keine Gemeinschaft mit dem wirklichen Seyn«[1] haben, aber eben deswegen vielleicht gar nicht anders können, als es zu ›erfinden‹, indem wir seine Unverfügbarkeit erfahrbar machen.

2. Shakespeares Tempest: Caliban

Daß der Kannibalen-Essay als wichtiger Prätext für Shakespeares Drama *The Tempest* zu gelten hat, ist bekannt.[2] Gonzalos Utopie eines vollkommenen Ge-

1 So lautet – in einer Zuspitzung des Originals (»Nous n'avons aucune communication à l'estre [...]«, Thibaudet, Rat, p. 586) – die Übersetzung einer zentralen Formulierung aus der »Apologie de Raimond Sebond« (II, 12) durch Johann Daniel Tietz (cf. Michel de Montaigne, *Essais* [Versuche] nebst des Verfassers Leben nach der Ausgabe von Pierre Coste ins Deutsche übersetzt von Johann Daniel Tietz. Zweeter Theil, Zürich 1992 (zuerst Leipzig 1753/54), hier p. 379); in Florios Version: »We have no communication with being« (Vol. 2, p. 329).

2 Eine Zusammenfassung der Debatte darüber, was und wieviel Shakespeare Florio/Montaigne ›schuldet‹, sowie eine Erörterung bestimmter geistesgeschichtlicher Konstellationen, die eine über die Aufnahme einzelner ›Stellen‹ und ›Ideen‹ hinausgehende Konvergenz beider Autoren über einem frühneuzeitlichen Zentralproblem begünstigt haben könnten, findet sich in Robert

meinwesens[1] wird regelmäßig als Montaigne-Paraphrase gelesen. Indes hat Montaignes Text nicht nur eine weit über diese isolierte Stelle hinausgehende Bedeutung für den *Sturm*, es ist auch im Blick auf das hier erreichte Problemniveau und die Wendung, die Aphra Behns Erzählung diesem Frage- und Themenkomplex geben wird, instruktiv zu sehen, inwiefern sich die Shakespearesche Skepsis von der Florio/Montaignes unterscheidet. Vorwegnehmend läßt sich sagen, daß das Drama das im Essay eröffnete Feld in zweifacher Hinsicht umordnet: Als Inszenierung der Problematik von Macht, Herrschaft und Alterität entfaltet *The Tempest* den ironischen Schlußgestus Montaignes in einem eher tragisch als komisch anmutenden Sinne; indem Shakespeares Heterologie ihre dramatisch-inventive, d.h. fiktionale Qualität nochmals ausdrücklich reflektiert und einige ihrer fragwürdigen Implikationen hervorhebt, führt sie sie zugleich mit Nachdruck als literarische vor. Vor allem zwei Wirkungsstrategien erscheinen mir hierfür ausschlaggebend: die Präsentation Calibans als Mit- und Gegenspieler Prosperos und die Selbstdarstellung der (Bühnen-)Kunst als Macht und Magie. Beide konvergieren in einer zutiefst melancholischen Zeichentheorie, die wiederholt sehen läßt, daß die Fülle der sprachlich entworfenen Bühnenwelt und ihre labile Ordnung auf Nichtigkeit und Leere gegründet sind. Beides – die höchst ambivalente Konstruktion des Wilden wie die Einsicht in die zertrennte Beziehung zwischen Wort und Welt[2] – trägt zur Ausbildung jener ethisch-ästhetischen Konfiguration bei, die die frühmoderne Narrativik einer Aphra Behn fortschreiben und ›novellieren‹ wird.

Daß Caliban mehr und anderes verkörpert als den Negativ-Stereotyp des Kannibalen – mißgestaltig, ja monströs, brutal, ungezügelt triebhaft, zugleich einfältig, devot, leicht zu beeindrucken und von feiger Hinterlist –, gehört zu den Gemeinplätzen der *Tempest*-Forschung. Schon Frank Kermode legt in seiner Einleitung zur Arden-Ausgabe von 1954 ausführlich die zahlreichen Brechungen dar, die das kolonisatorische Klischee bei Shakespeare erfährt,[3] und auch Stephen Orgel hebt in seiner Neuausgabe des Textes die Vieldeutigkeiten in der Konzeption dieser Figur hervor.[4] Mit dem »wilden Mann« mittelalterlicher Kunst und Literatur als Ahnherr ist Caliban auch ein Repräsentant des »natural man« von lukrezisch begriffener, ›harter‹ Primitivität.[5] In Fortsetzung einer anderen literari-

---

Ellrodt, »Self-Consciousness in Montaigne und Shakespeare«, *Shakespeare Survey* 28 (1975), 37-50.

1 II, i, 143-164. Zitiert wird, wenn nicht anders angegeben, nach der von Frank Kermode besorgten Ausgabe des Stückes in der Arden Edition: William Shakespeare, *The Tempest.* London 1966 (zuerst 1954).

2 Cf. hierzu auch den einleitenden Essay von Kurt Flasch, »Poesie nach der Pest«, in: Flasch, *Giovanni Boccaccio: Poesie nach der Pest,* Mainz 1992.

3 Cf. Shakespeare, *The Tempest,* ed. Frank Kermode, hier »Introduction«, p. xi-xciii, sowie Appendices A-D, pp. 135-150.

4 William Shakespeare, *The Tempest,* ed. Stephen Orgel, Oxford 1994, hier p. 23ff.

5 Zu Vorstellungen von »hard« versus »soft primitivism« bzw. zur Unterscheidung von »hard« und »soft pastoral« cf. Arthur Lovejoy et al., *A Documentary History of Primitivism and Related Ideas in Classical Antiquity,* Baltimore 1935. Zur Motivgeschichte des »wilden Mannes« cf. auch Edward Dudley, Maximilian E. Novak, eds., *The Wild Man Within: An Image in Western Thought*

schen Tradition erscheint er als »inverted pastoral hero«.[1] Es überrascht nicht, daß vor allem historizistische Beiträge aus jüngerer Zeit Caliban mit noch größerem Nachdruck als Störfaktor eben jenes kolonialen Diskurses beschreiben, den er auf den ersten Blick affirmativ zu illustrieren scheint.[2] Seine Empfänglichkeit für Musik und Schönheit ist ebenso kommentiert worden wie seine konkrete Verbundenheit mit der Natur und den Schätzen der Insel,[3] desgleichen seine naive Vertrauensseligkeit und seine Fähigkeit zu staunen – nicht der einzige Zug, der ihn im übrigen mit Prosperos Tochter Miranda verbindet.[4]

Die ambivalente Stellung Calibans zwischen »bösem Wilden«[5] und Montaignes nobilitierter Version gewinnt eine weitere Dimension in der Beziehung zu Prospero. Ist bei Shakespeare das Natürliche keineswegs einfach auch schon das Gute, so gibt der Wilde als der Mensch im Zustand der Natur hier doch einen Standard vor, an dem sich der europäische Höfling, nicht zuletzt auch der Herrscher messen lassen muß. In Kermodes Formulierung: »He is a measure of the incredible superiority of the world of Art, but also a measure of its corruption.«[6] Offenbar gelangt hier jedoch die Kunst als Kultur, die die Natur zur Vollendung zu führen hätte, am Menschlichen an ihre Grenze. Antonio zeigt auch nach seiner Überführung keinerlei Reue; an Caliban scheinen alle Zivilisierungsbemühungen zu scheitern. Vor allem erscheint auch die Läuterung, die Prospero selbst durchmacht und in deren Verlauf es ihm zu gelingen scheint, sich seiner eigenen Vergeltungswünsche und seiner Herrschsucht zu bemeistern, zumindest problematisch.[7] Die Verwandlung von Gewaltherrschaft in Selbstbeherrschung und

---

from the Renaissance to Romanticism, Pittsburgh 1972. – Rosalie L. Colie, *Shakespeare's Living Art,* Princeton, N.J. 1974, bietet in Kap. 6 und 7 immer noch eine der glänzendsten Studien der Funktionen des Pastoralen in Shakespeares Romanzen.

1 Kermode, »Introduction« zu *The Tempest,* p. xliii.

2 Cf. Stephen Greenblatt, »Learning to Curse. Aspects of Linguistic Colonialism in the Sixteenth Century«, in: Fredi Chiaparelli, ed., *First Images of America. The Impact of the New World on the Old,* Berkeley 1976, Vol. 2, pp. 561-580; Stephen Orgel, »Prospero's Wife«, *Representations* 8 (1984), 1-13; Paul Brown, »›This Thing of Darkness I Acknowledge Mine‹: *The Tempest* and the Discourse of Colonialism«, in: Jonathan Dollimore, Alan Sinfield, eds., *Political Shakespeare. New Essays in Cultural Materialism,* Manchester 1985. Alle drei wieder gedruckt in: Harold Bloom, ed., *William Shakespeare's The Tempest* (Modern Critical Interpretations), New York 1988. – Verstreute Bemerkungen hierzu auch in Stephen Greenblatt, *Shakespearean Negotiations. The Circulation of Social Energy in Renaissance England,* Oxford 1990, sowie Greenblatt, *Marvelous Possessions. The Wonder of the New World,* Oxford 1991, hier vor allem pp. 121-122.

3 Cf. e.g. Harry Berger, Jr., »Miraculous Harp: A Reading of Shakespeare's *The Tempest*«, in: Bloom, ed., *William Shakespeare's The Tempest,* pp. 9-41 (zuerst in *Shakespeare Studies* 5 (1969)).

4 Cf. *The Tempest* V, i, 261 und Kermodes Kommentar, p. 129.

5 Cf. Hinrich Fink-Eitel, *Die Philosophie und die Wilden.*

6 Kermode, »Introduction«, p. xlii.

7 Stephen Orgel bezweifelt, daß sich Prospero tatsächlich seines Herrschafts- und Rachewunsches entledigt und sieht vielmehr in der Heirat zwischen Ferdinand und Miranda eine besonders raffinierte Manipulation, durch die Antonio endgültig von der Herrschaft abgeschnitten wird: »Prospero has now arranged matters so that his death will remove Antonio's last link with the ducal power. [...] giving away Miranda is as much a means of preserving Prospero's authority as of relinquishing it.« (*The Tempest,* »Introduction«, p. 55). – Grundsätzlich sieht Orgel auch den

-kontrolle, der Versuch der Selbstvervollkommnung gemäß der wachsenden Affinität mit dem Höherstufigen, mit dem sich der neoplatonische Magier befaßt, hat seinen Preis. Er ist nicht zuletzt mit der Anerkennung der Intimität des Barbarischen verbunden: Caliban, der Hexensohn und »demi-devil«,[1] der sich ebenfalls gewaltsam zu rächen suchte, kann nicht verstoßen werden; was er repräsentiert, ist nicht einfach abzustreifen. Mit den Worten »[...] this thing of darkness I| Acknowledge mine«[2] nimmt Prospero nicht nur einen entlaufenen Sklaven wieder in Besitz, er bekennt sich auch zu ihm als zu seinem Spiegel oder auch zu seiner ›dunklen‹ Seite – seiner Machtlust, seiner Freude daran, das Amorphe und aus seiner Sicht Deviante zu beherrschen und den Elementarkräften Gehorsam abzunötigen. Sein Vergnügen an der Ausübung solchen Zwangs, an unanfechtbarer Verfügungsgewalt über andere, und sein Bedürfnis nach unwiderstehlicher Durchsetzung seines Willens zeigen sich nicht zuletzt daran, daß er sich nur äußerst widerstrebend von seinen magischen Kräften trennt. Denn diese sind nicht nur Ersatz für die politische Macht, die Prospero in Mailand an seinen Bruder abgetreten hatte, um sich ganz seinen hermetischen Studien widmen zu können, sondern auch die Überbietung solcher Macht. Nicht zuletzt schaffen sie erst das Medium und den Spielraum für den Einsatz seiner durchaus macchiavellistischen Fähigkeiten – etwa der, Wirklichkeiten zu erzeugen und zu manipulieren, die seine eigenen Interessen begünstigen, oder der, bestimmte (etwa astrologische) Kräftekonstellationen zu erkennen und ihnen entsprechend zur rechten Zeit entschlossen zu handeln.[3]

Zugleich aber ist unübersehbar, daß Prosperos Bestreben, mit magischen Mitteln eine verlorene Ordnung zu restituieren, ihn keineswegs froh, sondern – im Gegenteil – schwermütig werden läßt. Nun ist die saturninische Disposition bzw. Gefährdung des Gelehrten einer der Gemeinplätze der antiken und frühneuzeitlichen Melancholietheorie, von der bereits in Kapitel 4 ausführlich die Rede war; sie gehört überdies zum Stereotyp des *in hermeticis* Erfahrenen.[4] Daher vermag die Tatsache, daß auch Prospero als Melancholiker dargestellt wird, weniger zu überraschen als die Parallele, die sich daraus zwischen ihm und Caliban ergibt, und weiterhin die Art und Weise, wie seine Melancholie sich artikuliert. Denn die Schwermut verbindet Prospero zusätzlich mit seinem ›einzigen Unter-

---

Plan Prosperos, mittels seiner magischen Fertigkeiten »repentance and reconciliation« herbeizuführen, als fehlgeschlagen an; ibid. p. 51.

1 *The Tempest*, ed. Kermode, V, i, 272.

2 V, i, 275-276. – Auch Orgel hebt die Bedeutung dieser Anerkennung mehrfach hervor (cf. »Introduction«, p. 23). Allerdings hält er sie offenbar für ein Eingeständnis tatsächlicher Vaterschaft: »[...] by the play's end he [i.e. Prospero – V.O.L.] has accepted the witch's monstrous offspring as his own«. – Cf. Greenblatts vorsichtigeren Kommentar zu diesen Zeilen: »[...] they acknowledge a deep, if entirely unsentimental bond.« (»Learning to Curse«, in: H. Bloom, ed., *William Shakespeare's The Tempest*, p. 68).

3 Cf. e.g. I, ii, 178-184.

4 So noch in Miltons »Il Penseroso«, Zeilen 85-96; s.o. Kapitel 4, »Melancholische Transzendenz«.

tan‹[1] auf der Insel, dem ›erdhaften‹,[2] schwarzen und schwarzgalligen Sklaven Caliban. Wie Calibans ist auch Prosperos Unglück ein reflektiertes – und es ist verbunden mit dem zutiefst skeptischen Wissen um die diskursive Unerreichbarkeit der verborgenen Dinge.[3]

Prosperos Schwermut ist zum einen die des Tyrannen, den die Totalität seiner Verfügungsgewalt zu langweilen beginnt; sie verweist zum anderen auf die Vorgeschichte der sich nunmehr zuspitzenden Ereignisse und auf seinen bevorstehenden Machtverzicht, vielleicht auch auf die Ahnung, daß er die als Krönung des magischen Selbstperfektionsweges vorgesehene Idealität nur wird verfehlen können. Schon Prosperos Rückzug von der politischen Macht in Mailand und der Versuch, über das Studium der »liberal Arts« (I, ii, 73) die Geheimnisse und Techniken einer vollkommeneren Herrschaft zu erlernen; schon seine wachsende Verschlossenheit, Introversion und Konzentration auf die eigene Befindlichkeit unter Abwendung von den ›schmutzigen‹ Regierungsgeschäften, obgleich er

1 Cf. *The Tempest* I, ii, 343-4: »For I am all the subjects that you have,| Which first was mine own King […]«.

2 Cf. ibid. I, ii, 273 und 316: Sycorax' Ansinnen werden von Prospero als »earthy« bezeichnet; Caliban wird mit »Thou earth« angeredet. – Calibans Trauer ist nicht zuletzt die des unrechtmäßig abgesetzten Herrschers der Insel; Prospero spielt in seinem usurpatorischen Akt ihm gegenüber die Rolle, die Antonio ihm selbst gegenüber gespielt hatte.

3 Prosperos Mitwirken mit den okkulten Kräften, die den Moment zum glücklichen machen, ist als *natural magic* unter Hinweis auf die Seinskette und die Ordnung des Korrespondenzuniversums legitimierbar. Weiße Magie dieser Art nutzt – für therapeutische oder jedenfalls moralisch und theologisch unverdächtige Zwecke die Entsprechungen zwischen den Dingen, die Analogien, Sympathien oder Antipathien, die die Welt zusammenhalten und über welche Mikro- und Makrokosmos aufeinander bezogen sind, indem sie sie je nachdem stärkt oder üble Einflüsse abwehrt. In diesem Sinne lauten jedenfalls die Empfehlungen der einschlägigen Handbücher, wie etwa Marsilio Ficinos *Lebensbuch* (*De vita libri tres*, Florenz 1489) oder Agrippa von Nettesheims *De occulta philosophia* (Köln 1533). Die Schwierigkeiten der Grenzziehung zur schwarzen Magie liegen auf der Hand; überdies stellt sich Agrippas Zauberbuch keineswegs zufällig als positives Pendant zu dem in der radikal-skeptischen Gewißheitskritik von *De incertitudine et vanitate scientiarum* (1526) dokumentierten Ordnungsverlust dar. Ebenso aufschlußreich erscheint in dieser Verklammerung von Entmächtigung und Verfügungsgewinn bei Agrippa, daß Ficinos *Lebensbuch* in erster Linie eine Anleitung zur Selbsttherapie der Melancholie enthält. (Die Entstehungszeit der beiden Agrippinischen Hauptschriften ist ungewiß; gesichert erscheint lediglich, daß *De occulta philosophia* vor *De incertitudine et vanitate scientiarum* verfaßt, aber später publiziert wurde. Die angegebenen Daten folgen Frances Yates, *The Occult Philosophy in the Elizabethan Age*, London 1983 (zuerst 1979). – Kermode zitiert *De occulta philosophia* nach einer englischen Übersetzung von 1651; die Schrift dürfte allerdings schon früher bekannt gewesen sein.) – Frances Yates hat im Anschluß an Kermode Prospero als »Shakespearean Magus« und Kabbalisten dargestellt, als einen der letzten Versuche vor der anti-okkultistischen Reaktion bzw. bereits während ihres Einsetzens, die neoplatonisch-kabbalistisch geprägte Philosophie der elisabethanischen Renaissance zu legitimieren; cf. *The Occult Philosophy in the Elizabethan Age*, pp. 159-163. Nicht nur seine Melancholie läßt indes an Yates' Ansicht zweifeln, Prospero sei »firmly in control of his magical island through his white conjuring« (p. 161). Mag Caliban auch Golem-ähnliche Züge einer ›Kreatur‹ Prosperos besitzen, so wird doch gerade in dem Widerstand, den er Prosperos Willen entgegensetzt, deutlich, daß er am Ende keineswegs – wie es sich für einen ›echten‹ Golem gehörte – auf die Manipulation des Zauberworts ›Emeth‹ (hebr. Wahrheit) hin zu Asche zerfallen wird. Wenn Prospero ein Kabbalist ist, dann erscheint er aus der Perspektive der vorliegenden Arbeit als melancholischer und durch und durch skeptischer Kabbalist.

wahrnimmt, daß Antonio diese bald besser versieht, als ihm lieb sein kann, lassen sich als Symptome melancholischer Remanenz,[1] des fortgesetzten Zurückbleibens hinter den eigenen Ansprüchen, deuten. Aber auch die Macht, die er anstelle der politischen Gewalt über sein Herzogtum erwirbt, erweist sich als widersprüchlich, zuletzt als eigentümlich ohnmächtig. Denn diese »Kunst«, mit deren Hilfe er zuletzt auch die eigene Wiedereinsetzung als weltlicher Herrscher bewerkstelligt, macht ihn zwar konkurrenzlos und unwiderstehlich, wenn nicht sogar gottähnlich: »[...] graves at my command| Have wak'd their sleepers, op'd, and let 'em forth| By my so potent Art.« (V, i, 48-50).[2] Aber die magische Erzeugung illusionärer Wirklichkeiten ist zugleich – und das wird nicht erst in dem Augenblick deutlich, in dem Prospero ihr entsagt, – vollständig leer. Diese Kunst ist »rough magic«,[3] deren Kraft zwar, durchaus traditionell verstanden, das Natürliche perfektioniert, indem sie es über sich hinaustreibt. Aber diese Verfremdungen »from strange to stranger«,[4] die Verwandlungen in »more than nature| Was ever conduct of« (V, i, 243-244), die Belebung des Unbelebten und all die anderen Verwandlungen, die Prospero inszeniert, sind zugleich insubstantiell und vergänglich.[5]

Am deutlichsten wird die Homologie zwischen Magie, Macht und (Bühnen-) Kunst[6] in der berühmten Passage expliziert, in der Prospero auf dem Höhepunkt seiner Virtuosität seine Ohnmacht kommentiert. Er unterbricht, plötzlich verstimmt (»distemper'd«; IV, i, 145), die allegorische Masque, die er von den ihm dienstbaren Geistern hatte aufführen lassen. Diese feierte sowohl die Verlobung Ferdinands und Mirandas als auch die harmonische Verbindung aller Naturkräfte und ihr ästhetisch befriedigendes Ineinandergreifen. Sein Eingreifen unterbricht zugleich die Selbstfeier seiner Kunst – »Some vanity of mine Art« (IV, i, 41) –, deren harmlose Selbstreferenzialität sich ihm auf einmal als doppelbödig enthüllt und deren Selbstgefälligkeit nun als Vorbotin einer Vanitas von apokalyptischen Dimensionen erscheint:

---

1 Zum Begriff der Remanenz cf. Hubertus Tellenbach, *Melancholie. Problemgeschichte Endogenität Typologie Pathogenese Klinik*, Berlin 1983, hier vor allem pp. 135-147.

2 Stephen Orgel weist auf die Parallelen zwischen dieser Passage und der Rede der Medea in Ovids *Metamorphosen*, vii, 179-219, hin (cf. Appendix E, S. 239ff im Oxford Shakespeare).

3 V, i, 50-51: »[...] But this rough magic| I here abjure; [...]«.

4 V, i, 228; cf. auch die von Ariel besungene »sea-change| Into something rich and strange« (I, ii, 403-404).

5 Greenblatt hebt die hier zugrundeliegende paradoxale Konzeption ästhetischer Repräsentation als typisch für die englische Renaissance hervor: »In this conception the artist is at once the bestower of life and the master of deception, art is that which resurrects the dead and art is a cunning counterfeit, the sign is full and the sign is empty.« (*Marvelous Possessions*, p. 116).

6 Die Breite des Fundaments, auf dem die hier sich zeigende Homologie von Magie und Literatur, Kunst und Kabbala ruht, haben bereits Untersuchungen Frances Yates' herausgestellt (*The Occult Philosophy*); noch plausibler wird die Literatur-Affinität der frühneuzeitlichen Kabbalistik in der Zuspitzung auf ihre Sprachtheorie als Grundlage und Medium ihrer Ästhetisierung in der umfangreichen Studie von Andreas Kilcher, *Die Sprachtheorie der Kabbala als ästhetisches Paradigma. Die Konstruktion einer ästhetischen Kabbala seit der Frühen Neuzeit*, Stuttgart, Weimar 1998.

Our revels now are ended. These our actors,
As I foretold you, were all spirits, and
Are melted into air, into thin air:
And, like the baseless fabric of this vision,
The cloud-capp'd towers, the gorgeous palaces,
The solemn temples, the great globe itself,
Yea, all which it inherit, shall dissolve,
And, like this insubstantial pageant faded,
Leave not a rack behind. We are such stuff
As dreams are made on; and our little life
Is rounded with a sleep. [...]
(IV, i, 148-158)

Prosperos Dramaturgie stellt sich ihm als nichtig dar, seine Kunst gibt sich als bloße Täuschung zu erkennen, ein Spiel mit Illusionen, ein Gewebe von Träumen – nicht zu unterscheiden von Calibans Vision himmlischer Reichtümer, die sich beim Erwachen in Nichts auflösen. Indem abrupt die Leere des Bedeutungsgespinstes offenbar wird, die Halt- und Referenzlosigkeit der Textur sich zeigt, an dessen Pracht und Fülle er sich eben noch ergötzt hatte, stürzt Prospero von einem manischen »*Alles spricht. Alles ganz leicht.*« in den bodenlosen Strudel eines melancholischen »*Nichts spricht. Alles Last.*«[1] Das eben noch hinreißende semantische Feuerwerk, in dem die Welt des Stückes in vielschichtiger Lesbarkeit illuminiert wurde, ist spurlos verpufft und die Bühne abgeräumt. Die machtvollen Zeichen des Bühnenzaubers, die eine allegorische Spielwelt in der – selbst nur aus vergänglichen Zeichen bestehenden – Welt des Spiels entstehen ließen, sind ruiniert. Sie sind unleserlich geworden, besagen nichts mehr. Die Alterität, derer sie sich bemeistert zu haben schienen, indem sie sie repräsentierten, erscheint

1 In diese Formeln faßt Günter Bader in Anlehnung an ein Fragment Friedrich von Hardenbergs (Novalis) und in Anschluß an Blumenberg den Umschwung von manisch erlebter universeller Lesbarkeit der Welt in melancholische Nichtlesbarkeit; cf. *Melancholie und Metapher. Eine Skizze,* Tübingen 1990, hier pp. 62-63 (Kursivierung bei Bader). Das Fragment, auf das Bader anspielt, steht im Zusammenhang mit Novalis' Enzyklopädieprojekt und seinen kabbalistischen Spekulationen; cf. *Das Allgemeine Brouillon. Materialien zur Enzyklopädistik 1789/99,* in: *Schriften. Die Werke Friedrich von Hardenbergs.* Paul Kluckhohn, Richard Samuel, eds., Darmstadt 1968, Bd. 3, p. 267f: »GRAM[MATIK]. Der Mensch spricht nicht allein – auch das Universum *spricht* – alles spricht – unendliche Sprachen./ Lehre von den Signaturen.« Der Gedanke universaler Lesbarkeit fundiert auch die hermetisch-kabbalistische Grundannahme, es müsse möglich sein, die Dinge zum Sprechen zu bringen. (Auch Kilcher verweist auf diese Passage in seinen Ausführungen zur »Ästhetischen Konstruktion des Wissens« in der Romantik und den Funktionen, die dem Sprachparadigma der Kabbala dabei zuwächst; cf. p. 278.) – Es ist verführerisch, in diesem Umschwung vom forcierten Sprechen zum Verstummen der Dinge, (oder, in der Diktion Kristevas: von einer erlösten Semantik der Welt zur Einsicht in eine ohnmächtige Semiose, die ihre Zeichen als eitel – potent und zugleich leer – erkennt) eine Foucaultsche Denkfigur bestätigt (und kommentiert) zu sehen: Shakespeare reflektiert in seiner Figur Prospero das Ende einer Episteme der Ähnlichkeit. Indem die bislang fraglos geltenden Voraussetzungen funktionierender Magie zum Gegenstand des Zweifels, ja der Negation werden, kann nunmehr zugleich das in die Funktion der Sinnstiftung eintreten, was bislang Tenor der Magie als metatheatralischer Metapher gewesen war – die Kunst bzw. das Drama selbst. (Cf. Michel Foucault, *Die Ordnung der Dinge*).

wieder opak; daß das Vergegenwärtigte ein lediglich Erfundenes war, wird jetzt Grund namenloser Bedrückung.

Die Implikationen dieses Absturzes weisen über die Szene hinaus, in der er artikuliert wird. Der melancholische Moment läuft auf eine skeptische Erkenntnis zu, die bekräftigt wird, indem Prospero seiner »infirmity« inne wird (IV, i, 160), wenig später seiner Kunst entsagt,[1] seinen Zauberstab zerbricht und diesen Machtverzicht im Epilog nochmals kommentiert. Resigniert leitet er das Finale ein: »We must prepare to meet Caliban.« (IV, i, 166). Die eigene Wildnis ist nicht dauerhaft domestizierbar. Grund der Schwermut ist zuletzt nicht der Abschied von magischer Potenz, sondern die Einsicht, die ihm vorausgeht und mit der Shakespeares *Sturm* sein Publikum entläßt: die zur dramatischen Erfahrung gewordene Einsicht, daß sich das Wilde der absoluten Kontrolle entzieht, daß eine Alterierung des Schlechten zum Besseren höchst zweifelhaft ist und daß auch die poetische Inszenierung einer anderen Welt, in der eine solche Verwandlung vorstellbar wäre, nur ein vergängliches Zauberkunststück sein kann.

3. Aphra Behns *Oroonoko*

Aphra Behns Erzählung *Oroonoko, or: The Royal Slave* ist untertitelt *A True History*. Wiederholt insistiert die Autorin auf der Wahrheit des hier Berichteten und auf ihrer Augenzeugenschaft. »*This is a true Story*«, behauptet Behn schon im Widmungsschreiben an Lord Maitland.[2] Und nicht nur dieses Beharren scheint Behns Text in eine Position zu rücken, in der der Shakespearesche Vorbehalt gegenüber einer quasi-magischen Kunst, die auf der Bewältigung des Fremden durch die Illusion des Wunderbaren fußt, zu einer radikalen Skepsis gegenüber empirisch nicht Verifizierbarem jeglicher Art vertieft ist. In der Tat scheint der Text auf den ersten Blick gänzlich im Faktischen angesiedelt zu sein. Sein Schauplatz ist die von Machtkämpfen erschütterte englische Kolonie Surinam in den sechziger Jahren des 17. Jahrhunderts; es agieren die Erzählerin selbst in ausdrücklicher Identifikation mit der Autorin (wobei es wahrscheinlich, wenn auch nicht restlos gesichert erscheint, daß Behn in der fraglichen Zeit tatsächlich in Surinam gewesen ist), sowie historisch nachweisbare Protagonisten, deren Namen auch dem zeitgenössischen Lesepublikum zum Teil vertraut gewesen sein dürften. Gleichwohl erscheint Behns Verabschiedung des Romanzenhaft-Wunderbaren auf den zweiten Blick keineswegs konsequent durchgeführt. Schon einzelne Formulierungen des Widmungsschreibens geraten allzu apologetisch: »*If there be any thing that seems Romantick, I beseech your Lordship to consider, these Countries do, in all things, so far differ from ours, that they produce unconceivable Wonders; at least, they appear so to us, because New and Strange. What I have men-*

1 Cf. V, i, 50ff.

2 *Oroonoko* (*Works*, Vol. 3), p. 56. – Seitenzahlen der nachfolgenden Zitate stehen in Klammern im Haupttext.

tion'd I have taken care shou'd be Truth, let the Critical Reader judge as he pleases.« (p. 56) Gewiß beansprucht sie hier einen Stereotyp frühneuzeitlicher Reiseliteratur – »strange, therefore true« – zur Rechtfertigung des präsentierten Novum.[1] Dennoch scheint nicht nur die Figur des Helden noch deutlich von der so emphatisch zurückgewiesenen Ästhetik der *romance* bestimmt zu sein – jedenfalls in einigen seiner Züge.

Bemerkenswert ist an Behns Erzählung gerade ihr hybrider Charakter.[2] Unterschiedliche, ja unvereinbare generische Muster überschneiden und kontaminieren einander in einer Weise, die zuletzt auch zögern läßt, diesen Text ohne weiteres der Gattung Novelle zuzuschlagen. Am ehesten ist dies ein Kurzroman[3] – anknüpfend an die in mehr oder minder trivialisierter Form bruchlos tradierten hellenistischen Vorbilder, aber zugleich (und lange vor Richardson und Fielding)[4] vorgreifend auf eine Ästhetik, in der fiktionale Texte nicht nur eine neue Welt präsentieren, sondern zugleich selbst deren Wahrnehmungsbedingungen

---

1 Michael McKeon befaßt sich in seinem umfangreichen Werk *The Origins of the English Novel 1600-1740*, London 1988, mit eben den »attitudes toward how to tell the truth in narrative« (p. 28), die den im 17. Jahrhundert ausgetragenen Konflikt zwischen *romance* und *true history* und damit die Rivalität zwischen (unterstellter) fabulöser Unwahrheit und (beanspruchter) empirischer Faktizität prägen. Im erkenntniskritischen Wettbewerb von »naive empiricism« und »extreme skepticism« (p. 41), in der typisch frühneuzeitlichen »double critique [...]: first, of romance by naive empiricism; and then, of both by extreme skepticism« (p. 56) sieht McKeon eine Dialektik am Werk, in der die Radikalpositionen in der gemeinsamen Gegnerschaft des naiven Empirismus wie des extremen Skeptizismus gegen ›romantische‹ Fabrikation ineinander umschlagen: »[...] the naive empiricism of the claim to historicity purports to document the authentic truth; the extreme skepticism of the opposing party demystifies this claim as mere ›romance‹.«(p. 48). Die Modulation der Authentizität beteuernden Standardformel »strange but true« zu der paradoxen Wendung »strange, therefore true« (p. 47) markiert diesen Umschlagspunkt. Die durch diese Interaktion der Ansprüche des Wunderbaren und des Faktischen herbeigeführte Destabilisierung der Gattungskategorien eröffnet schließlich im Übergang zum 18. Jahrhundert »the idea of probability as a positive and stable standard of narrative truth« (p. 63). – McKeons Konstruktion vermag Züge der epistemologischen und ideologischen Instabilität von Behns *Oroonoko* sichtbar zu machen (cf. pp. 249-251). Jedoch scheint er insgesamt geneigt, ihren Text eher einer naiv empiristischen Einstellung zuzuschlagen: »The hope is that antiromance, the negation of the negation, will thus fulfill itself as the true history of travel narrative. The risk is that for skeptical readers it will simply seem the ›new romance‹.« (p. 113). – Meiner Lektüre zufolge reichen die Radikalität der Behnschen Skepsis und die hybridisierende Kraft ihres Textes über diese Position weit hinaus. Hier werden Positionen nicht gegeneinander ausgespielt, sondern formieren sich zu genuin neuen, romanhaften Konfigurationen.

2 Zu einer Dimension dieser Hybridität, die eher in den kolonialen Prä- und Kontexten gründet, cf. auch Joanna Lipking, »Confusing matters: searching the backgrounds of *Oroonoko*«, in: Janet Todd, ed., *Aphra Behn Studies*, pp. 259-281.

3 Rose Zimbardo beobachtet Vorformen ›romanhaften‹ Schreibens bereits in den Dramen Behns; cf. ihren Beitrag »Aphra Behn: A Dramatist in Search of the Novel«, in: Mary Anne Schofield, Cecilia Macheski, eds., *Curtain Calls: British and American Women and the Theater, 1660-1820*, Athens 1991, pp. 371-382.

4 Damit ist auch eine Gegenposition zu der sich auf Ian Watts Standardwerk *The Rise of the Novel. Studies in Defoe, Richardson and Fielding* [1957], Harmondsworth 1977, berufenden Tradition der Literaturgeschichtsschreibung des englischen Romans bezogen. Auch McKeons Untersuchung ist im Rahmen an einer derartigen, seit einigen Jahren in Gang befindlichen Revision zu sehen; ebenso Margaret Anne Doody, *The True Story of the Novel*, London 1997.

bereitstellen. Trägt Behns Erzählung als ganze Züge des heroischen Dramas, so folgt vor allem der erste Teil unübersehbar einem Romanzenschema. Held und Heldin, Repräsentanten überragender Tugend und Schönheit und nur vorübergehend durch Bosheit, Intrige und widrige Umstände voneinander getrennt, finden einander wieder. Es scheint hier eine Instanz zu geben, die – gleichsam als antizipatorische Präsenz des Seinsollenden ›hinter‹ den Ereignissen – den guten Ausgang garantiert. Clemens Lugowski hat diese Teilhabe der Protagonisten frühneuzeitlicher Prosa an einer Welt reinen, »zeitlosen Seins«, das sich durch sie, durch die Dinge und Geschehnisse hindurch enthüllt, als »mythisches Analogon« beschrieben.[1] Erschöpfte sich *Oroonoko* indes in den Schemata einer in die Neuen Welt verlegten pastoralen Romanze, so könnte der Text mit der ehelichen Wiedervereinigung von Held und Heldin enden. Das ist offenkundig nicht der Fall. Auch bleibt eine endgültige und vollständige Restitution der früheren Ordnung aus. Das Verhältnis der romanzenhaften Erzählweisen zu anderen – die etwa als solche der Chronik, des Reiseberichts oder eben der *Brief True Relation* zu beschreiben wären[2] – ist also kein spannungsfreies Nebeneinander. Vielmehr entstehen hier synkretistische Formationen, in denen Strukturen mit ganz unterschiedlichen Wahrheitsansprüchen auf höchst innovative Weise miteinander verquickt werden.

Die Subtilität, mit der dieser Kurzroman den Ruin (oder vielleicht besser: die ›Aufhebung‹) der Romanze inszeniert, läßt sich eindrucksvoll an der Konstruktion des Titelhelden ablesen. Kein Zweifel – Oroonoko ist ein Edler Wilder. Er ist eine perfekte Verkörperung der höfischen Werte, denen er anhängt und an deren Spitze die Ehre steht. So heißt es zusammenfassend über ihn: »He had nothing of Barbarity in his Nature, but in all Points address'd himself, as if his Education

1 Clemens Lugowski, *Die Form der Individualität im Roman*. Lugowskis Zentralbegriff des mythischen Analogons meint das Gemachtsein eines literarischen Werks, seine Künstlichkeit, die sowohl die strukturelle Ganzheit ausmacht, in die dessen einzelne Elemente eingebunden sind, als auch zwischen dargestellter Welt und Rezipient eine Gemeinsamkeit stiftet, die der analog ist, die zwischen Mythos und dem Publikum der attischen Tragödie herrschte. Gemeint ist näherhin eine »von der Idee einer Totalität aus« (p. 184) gedeutete Welt, eine Art »formaler Mythos« (cf. p. 83), in dem sich eine als Ganzheit aufgefaßte Welt in bestimmten »Formgebärden« über sich verständigt; ein »Sinngebungsakt« (p. 184). In der »Zerrüttung« und »Zersetzung« des mythischen Analogons zeigen sich in frühneuzeitlichen Prosatexten erste Spuren eines Bewußtseins von »Einzelmenschlichkeit« (p. 9). Die Anfänge dieser Emanzipation von Individualität, zugleich die literarische Konstitution von Subjektivität untersucht Lugowski vornehmlich an Texten Jörg Wickrams. (Zum »zeitlosen Sein«, das als metaphysischer Goldgrund gleichsam dem Geschehen in Ritterromanen wie dem *Amadis* unterlegt ist, cf. pp. 28f, 140 und öfter.) – Cf. auch Lugowkis Ausführungen zur »halb platonischen« Wirklichkeitsauffassung derartiger Texte in »Die märchenhafte Enträtselung der Wirklichkeit im heroisch-galanten Roman«, aus: *Wirklichkeit und Dichtung. Untersuchungen zur Wirklichkeitsauffassung Heinrich von Kleists*, Frankfurt am Main 1936, pp. 1-25; wieder gedruckt in: Richard Alewyn, ed., *Deutsche Barockforschung. Dokumentation einer Epoche*, Köln, Berlin 1966, pp. 372-394, hier p. 378.

2 Das generische Spektrum der Vorformen des Romans entfaltet McKeon, *The Origins of the English Novel 1600-1740*. – Zur Gattung der Brief True Relation und zur strukturellen Komplexität von Behns Text cf. auch William C. Spengemanns Lektüre von *Oroonoko* als Proto-Roman, »The Earliest American Novel: Aphra Behn's *Oroonoko*«, *Nineteenth-Century Fiction* 38 (1984), 384-414.

had been in some *European* Court.« (p. 62) Wie Montaignes Wilden sind auch ihm Verstellung und Lüge fremd. Die mythologische Überhöhung, die er erfährt – er wird präsentiert als »young *Mars*« zu Imoindas »beautiful *Black Venus*« (ebd.); ihre Liebe ist eine perfekte Kommunikation der Augen und Seelen, die kein neoplatonisches Klischee unerfüllt läßt,[1] – diese vergöttlichende Rhetorik also erscheint ebenso angemessen wie sein Sklavenname Cæsar.[2] Als absoluter Herrscher und König wird er spontan von allen erkannt und verehrt, die ihm begegnen. Seine Idealität kann nicht verstellt werden:

> [...] he shone through all [...] The Royal Youth appear'd in spight of the Slave, and People cou'd not help treating him after a different manner, without designing it: As soon as they approach'd him, they venerated and esteem'd him; his Eyes insensibly commanded Respect, and his Behaviour insinuated it into every Soul. (p. 88)

Die Schilderung seines Sterbens scheint diese platonisierende Interpretation des Oxymorons vom »königlichen Sklaven« schließlich noch zu überbieten. Oroonoko stirbt nicht nur ebenso standhaft wie Montaignes noble Kannibalen, indem er pfeiferauchend seine Peiniger verspottet, in seiner Ermordung führt Behn auch den Märtyrertod des 1649 enthaupteten Stuartkönigs Charles I vor, und sie geht nochmals über solch »frightful Spectacles of a mangl'd King« (p. 118) hinaus, indem sie darin noch eine *imitatio Christi* sichtbar werden läßt.[3] Oroonokos Sterben vollendet seine Passion: »[...] he gave up the Ghost, without a Groan, or a Reproach« (ibid.). Im Medium dieser »Königs-Christologie«[4] wird aus dem surinamesischen *locus amœnus*, aus diesem Paradiesgarten, in dem das Goldene Zeitalter fortzubestehen schien und die Eingeborenen in natürlicher Unschuld zusammenlebten,[5] ein *locus terribilis*. Die süßen Düfte verwandeln sich im Wortsinne in Verwesungsgestank[6] – ironischerweise mit der Ankunft eines Helden, der sich auf den ersten Blick wie kein anderer zum Herrscher dieser pastoralen Welt eignet.

---

1 Cf. *Oroonoko* , pp. 64, 65, 70 und öfter.

2 Cf. *Oroonoko*, p. 88.

3 Oroonoko wird verraten von denen, denen er vertraute (darin auch einmal mehr typologisch mit Julius Cæsar verknüpft); er segnet seine Verfolger (weil sie ihm die Schmach erneuter Auspeitschung ersparen und ihn ›nur‹ töten); die Frauen (Mutter und Schwester der Erzählerin) sind bei ihm bis zum Ende. – Cf. auch Spengemann, p. 404, sowie Laura Brown, *Ends of Empire. Women and Ideology in Early Eighteenth-Century English Literature*, Ithaca, London 1993, pp. 55-58.

4 Zu diesem Begriff, der auf die theologisch fundierte symbolische und juristische Einheit der zwei Körper des Königs (*body natural* und *body politic*) in Mittelalter und Früher Neuzeit zielt, cf. die klassische Studie von Ernst H. Kantorowicz, *The King's Two Bodies. A Study in Medieval Political Theology*, Princeton, N.J. 1957 (dt. *Die zwei Körper des Königs*, München 1990, hier p. 40 und öfter).

5 *Oroonoko* pp. 58-59, 96. – Cf. zur Topik des Goldenen Zeitalters Harry Levin, *The Myth of the Golden Age in the Renaissance*, New York 1969; in anderem Zusammenhang auch K. Garber, *Der locus amœnus und der locus terribilis. Bild und Funktion der Natur in der deutschen Schäfer- und Landlebendichtung des 17. Jahrhunderts*, Köln, Wien 1974.

6 *Oroonoko* pp. 115-116, 117 – »the earthly smell about him« läßt den todgeweihten Oroonoko als erdenschweren Caliban erscheinen.

Aber nicht nur diese katastrophale Zerstörung der schönen Neuen Welt oder der aktualisierende Index royalistischer Nostalgie läßt Oroonoko aus dem Romanzenschema herausfallen. Der Körper des Königs, der zum Schluß zerteilt wird, ist schwarz – und dies nicht nur in Anspielung auf seine Schicksalsgemeinschaft mit den (dunkelhaarigen) »black Stuarts«.[1] Vielmehr markiert das vieldeutige Zeichen seiner Schwärze eine mehrfache Alterität. Trotz seiner »römischen« Nase und seines auch ansonsten unafrikanischen Gesichtsschnitts[2] ist der Held zuletzt unübersehbar kein Europäer. Er ist schwärzer als die Eingeborenen Surinams und sogar als die meisten Menschen seiner eigenen Nation – »a perfect Ebony, or polish'd Jett« (p. 62). Oroonokos Eminenz ist Differenz, einerlei, wo er ist.

Und noch in anderer Hinsicht ist seine extreme Schwärze bedeutsam:[3] Wie alle »hervorragenden Männer«[4] ist auch Oroonoko melancholisch, allerdings mit gutem Grund. Er ist – wie Caliban – ein Herrscher im Exil, seiner Freiheit beraubt, betrogen und entwürdigender Bestrafung ausgesetzt – kein Wunder, daß »melancholy Thought, and black Designs« (p. 113) sein Gemüt verdunkeln.[5] Mehr noch: Er beginnt, drastischer noch als jener einem ›Kannibalen‹ zu ähneln, der sowohl in der Tötung der schwangeren Imoinda als auch mit seiner gräßlichen Selbstverstümmelung vor der Festnahme Taten ausführt, die Shakespeares Figur allenfalls imaginiert.

Sein schockierendes *going native* wird vom Text sorgfältig vorbereitet. So erfahren wir (mit einiger Verspätung), daß Oroonoko und mehr noch seine Gattin über und über tätowiert – »Cut and Rac'd« (p. 92) – sind.[6] Kurz darauf ergibt sich im Zuge eines der zu seiner Ablenkung unternommenen Ausflüge eine Begegnung mit surinamesischen Eingeborenen. Bei diesem Stamm jedoch sind die

1 Cf. n. 28, p. 448, in der von Janet Todd besorgten Edition des Textes.

2 Cf. p. 63.

3 Catherine Gallagher, »The Author-Monarch and the Royal Slave: *Oroonoko* and the Blackness of Representation«, in: Gallagher, *Nobody's Story. The Vanishing Acts of Women Writers in the Marketplace, 1670-1820*, Oxford 1994, pp. 49-87, präsentiert eine von meiner eigenen abweichende, aber außerordentlich anregende Lektüre mit historizistischem Tenor. Sie interpretiert Oroonokos Schwärze als Knotenpunkt verschiedener Logiken der Repräsentation – des Königtums, der auktorialen Souveränität, aber auch des Warencharakters, der Aneigenbarkeit und des ökonomischen Austausches (»commodification«). Der schwarze Monarch erscheint als eine der gehaltvollsten Metaphern Behns für ihre eigene Autorschaft; zugleich macht Behn, so Gallagher, darin die paradoxe Eigentumslogik der Restaurationszeit sichtbar: »[...] ownership of oneself and others, this logic states, entails their commodification or annihilation« (p. 85). – Cf. auch Catherine Gallagher, »*Oroonoko*'s blackness«, in: Janet Todd, ed., *Aphra Behn Studies*, pp. 235-258.

4 So die Formulierung im pseudo-aristotelischen »Problem XXX,1«; cf. Klibansky, Panofsky, Saxl, *Saturn und Melancholie*, Frankfurt 1990, pp. 59-76; cf. auch Kapitel 4.

5 Schon nach seiner ersten Trennung von Imoinda leidet Oroonoko unter schwerer Melancholie (cf. pp. 81, 82). Nachdem er sie getötet hat und selbst bereits vom Tode gezeichnet ist, erscheint die Erzählerin selbst von Melancholie bedroht und benutzt dies als Vorwand, sich von ihrem Helden zu entfernen; cf. p. 117.

6 Dies ist wohl als das Gegenteil einer Domestizierungsstrategie zu werten, obwohl Stephen Orgel darauf hinweist, daß englische Darstellungen der amerikanischen Wilden (wie etwa Theodore de Brys Stich von 1590) auffällige Ähnlichkeiten mit den – von Kopf bis Fuß tätowierten – Pikten, also den eigenen Vorfahren aufwiesen (cf. *The Tempest*, »Introduction«, Fig. 10, p. 36).

Edelleute infolge selbst beigebrachter Wunden in einer Weise entstellt, die es der Erzählerin fast unmöglich macht, sie noch als »Humane and Noble« (p. 102) anzusehen. Oroonoko, zunächst gleichermaßen abgestoßen, erfährt, daß solche »Dismemberings« (ibid.) das Resultat einer Zeremonie sind, bei der sich die bewährtesten Krieger um die Heeresführerschaft bewerben, indem sie durch öffentliche Selbstverstümmelung ihre unübertreffliche Tapferkeit unter Beweis stellen. Zu diesem Zeitpunkt mischt sich noch Befremden in die Bewunderung, die »our Black Hero« für diesen Mut bekundet. Wenig später stellt er eben diesen »passive Valour« (p. 103) auf die gleiche drastische Weise unter Beweis:[1] »*Look ye, ye faithless Crew,* said he, '*tis not Life I seek, nor am I afraid of Dying;* and, at that Word, cut a piece of Flesh from his own Throat, and threw it at 'em [...]« (p. 116).

Diese Verwilderung oder vielleicht eher: Calibanisierung des schwarzen Aristokraten, der seinen eigenen Körper auf eben das Ding reduziert, zu dem ihn Versklavung und Folter zu machen suchen, verweist auf einige der auffälligsten Risse, die die vermeintliche Romanze aus der Neuen Welt durchziehen. Erschien Oroonoko zunächst noch als beherrscht vom mythischen Analogon, als Zeichen, das auf bestimmte Bedeutungen hin durchsichtig ist, so schwärzt sich diese platonische Zeichenoberfläche zunehmend ein.

Die vermeintlich entworfene Idealität erfährt eine weitere Trübung durch die befremdliche Uneindeutigkeit der narrativen Fokalisierung und die obskure Haltung der Erzählinstanz zu Lüge und Verrat. So zeigt sich bei näherem Hinsehen, daß Oroonoko und Imoinda keineswegs nur Opfer verbaler Duplizität sind: Bereits im ersten Teil ihrer Liebesgeschichte kommen sie nur durch den Einsatz von List und Verstellung zum Ziel. Im zweiten Teil dann nimmt das Verhängnis über eine Kumulation von Täuschung und Inauthentizität[2] seinen Lauf. Vor allem kontaminiert das Moment der manipulativen Unwahrhaftigkeit auch die Beziehung zwischen der Erzählerin und ihrem Helden.[3] Schwebte die Erzählinstanz des heroischen ersten Teils noch überwiegend auktorial und allwissend über den Ereignissen, so schwindet ihre Verfügung über das Erzählte, sobald sie als Augenzeugin und Miterlebende im Surinam-Teil auftritt. Ihr Zugang zum Bewußtsein des Helden erscheint nurmehr partiell und prekär. Dessen Befindlichkeit bei der Tötung Imoindas etwa ist ausdrücklich als Rekonstruktion mar-

1 Cf. auch Gallagher, *Nobody's Story* , p. 84.

2 Mit diesem Motivkreis der Täuschung und der Manipulation von Erscheinungen tritt in Behns Text eine Topik in den Vordergrund, die man als charakteristisch für die Novellistik des späten 17. Jahrhunderts, vor allem für Texte nach französischem Vorbild, ansehen mag. Cf. etwa die Rhetorik der Dissimulation (und Selbsttäuschung) in Madame de LaFayettes *Princesse de Clèves* (1678). – Behn las ausgezeichnet Französisch und überetzte u.a. die Maximen La Rochefoucaulds; cf. *The Works*, Vol. 4: *Seneca Unmasqued and Other Prose Translations*, 1993.

3 Zur Rolle der Erzählerin cf. Martine Watson Brownley, »The Narrator in *Oroonoko*«, *Essays in Literature* 4 (1977), 174-181. Kritisch hierzu und erheblich über Brownley hinausgehend: Robert L. Chibka, »›Oh! Do Not Fear a Woman's Invention‹: Truth, Falsehood, and Fiction in Aphra Behn's *Oroonoko*«, *Texas Studies in Literature and Language* 30 (1988), 510-537.

kiert;[1] der Bericht über sein Sterben erfolgt vollständig aus der Außenperspektive einer vergleichsweise lakonischen Chronistin.

Mit dieser Einschränkung narrativer Privilegien gewinnen die Figuren eine größere Unabhängigkeit und Eigenständigkeit, die sich bis zur Verschlossenheit steigert. Und ausgerechnet in dem Moment, da der Diskurs gesteigerte Authentizität beansprucht, wird die Glaubwürdigkeit der Erzählerin höchst problematisch. Denn obwohl sie sich zunächst in fast intimer Nähe, in einem besonderen Vertrauensverhältnis zum Helden aufzuhalten scheint, wachsen Mißtrauen und Fremdheit zwischen ihnen von dem Augenblick an, wo sie den Ehrentitel seiner »*Great Mistress*« erhält (p. 93). Mit Versprechungen abgespeist und von Tag zu Tag vertröstet, beginnt Oroonoko, die Verläßlichkeit der von den Weißen gegebenen Zusagen zu bezweifeln. Die Erzählerin fühlt sich gekränkt, äußert aber zugleich eine doppelzüngige Drohung:

> [...] I took it Ill he shou'd Suspect we wou'd break our words with him [...] He made me some Answers that shew'd a doubt in him, which made me ask him, what advantage it wou'd be to doubt? it would but give us a Fear of him, and possibly compel us to treat him so as I shou'd be very loath to behold [...] (p. 93-94)

Auf seine heftige Reaktion hin beschließt man, Oroonoko durch eine vermeintliche Ehrengarde bespitzeln zu lassen. Ebenso zweideutig sind die Zerstreuungen, die ihm angeboten werden – »the Diversions we entertain'd him with, or rather he us« (p. 95). Denn in ihnen erhält er nicht nur Gelegenheit, seine überschüssigen Kräfte zu verausgaben, sondern auch, sich lächerlich zu machen.[2] Mit dieser Verstellung ihrem Helden gegenüber begibt sich die Erzählerin mit dem wortbrüchigen Byam auf eine Stufe, beherrscht sie doch offenbar die gleiche »Art of talking, and dissembling« (p. 108). Die Dissimulation nähert sich schließlich einem Verrat an. Die Erzählerin überläßt Oroonoko in zwei entscheidenden Mo-

---

1 Der Versuch, hier ein Erzählen gemäß den Gesetzen des mythischen Analogons und eine Erzählweise, die einer neuen Logik der Repräsentation folgt, zu verbinden, resultiert in einer Mischung aus Wahrheitsbeteuerungen und idealisierenden Projektionen, die jener eigentlich nicht bedürften, durch eben diese Emphase aber gerade in Zweifel gezogen bzw. in ihrer befremdlichen Fraglosigkeit sichtbar werden: »It being thus, you may believe the Deed was soon resolv'd on; and 'tis not to be doubted, but the Parting, the eternal Leave taking of Two such Lovers, so greatly Born, so Sensible, so Beautiful, so Young, and so Fond, must be very Moving, as the Relation of it was to me afterwards.«(*Oroonoko*, p. 114)

2 Dies geschieht zumindest in der Episode, in der Oroonoko versucht, einen Zitteraal zu fangen und dabei beinahe zu Tode kommt (cf. p. 99). Allerdings zeigt ihn diese Episode wiederum in einem doppelten Licht: einmal mehr als Heroen, der seine Kräfte in Ermangelung eines Besseren in nicht-kriegerischen Abenteuern übt, aber auch als Gentleman-Virtuoso und empiristischen Naturforscher, der die gängigen Meinungen über die Wirkungen des Fisches bezweifelt und »for Experiment sake« zu erkunden sucht, was es damit tatsächlich auf sich hat. Heldische Stärke erscheint so zugleich beschämt und affirmiert durch ihre Verbindung mit ›moderner‹ Empirie; in jedem Fall entsteht wieder ein Vexierbild. – Eine vergleichbar vieldeutige Beziehung zum zeitgenössischen Rationalismus und Empirismus läßt sich im Blick auf die Art und Weise, wie Oroonoko zu Tode gebracht wird, und deren Ähnlichkeit mit den Methoden der anatomischen Sektion herstellen. Zum klassischen Ablauf einer Sektion und zu ihren cartesianischen Implikationen cf. Jonathan Sawday, *The Body Emblazoned. Dissection and the Human Body in Renaissance Culture,* London, New York 1995.

menten hilflos den Gewalttätern: das erste Mal nach seiner mißglückten Rebellion, die zum Betrug und zur Festnahme durch Byam und zur Prügelstrafe führte, und zum zweiten Mal bei seiner Hinrichtung. Beide Male bringt sie eine geschlechtsspezifische Begründung vor – Furcht vor Vergeltung: »We were possess'd with extream Fear, [...] that he wou'd come down and Cut all our Throats. This apprehension made all the Females of us fly down the River, to be secur'd [...]« (p. 111) – und zuletzt allzugroße Empfindsamkeit: »[...] the Sight was ghastly; his Discourse was sad; and the earthly Smell about him so strong, that I was perswaded to leave the Place for some time; (being my self but Sickly, and very apt to fall into Fits of dangerous Illness upon any extraordinary Melancholy).« (p. 117). Selbst kränklich und zur Melancholie neigend, kann die Erzählerin den erdigen Verwesungsgeruch nicht ertragen, der von Oroonokos bereits grauenvoll entstelltem Körper ausgeht. Indem sie sich als Akteurin absentiert, macht sie seine vollständige Zerstückelung aber erst möglich. Behn arrangiert eine Situation, in der die Erzählerin zwar nicht als Augenzeugin anwesend, die Erzählstimme jedoch in der Lage ist, das schreckliche Spektakel auch als Berichtetes wirkungsvoll zu inszenieren und »this Great Man« abschließend zur Königs- und Christusfigur zu verklären (p. 119).

Damit hat sich eine eigenartige Wendung vollzogen. Die Erzählstimme kehrt zurück in eine Position narrativer Potenz – allerdings unter veränderten Vorzeichen. Denn das Drama wechselnder auktorialer Kompetenzen und narrativer Befugnisse scheint sich hier in paradoxer Analogie zum Prozeß einer stufenweisen Domestizierung und Entmächtigung des Protagonisten zu vollziehen. Auch dieser Prozeß schlägt am Punkt völliger Destruktion in eine Art Verklärung, einen Machtgewinn also auf anderer Ebene um. Indem die Erzählerin zur Augenzeugin wird, geht sie der Vorrechte verlustig, mit denen sie als omnisziente Autorität über die afrikanische Romanze regierte. Indem sie zur »*Great Mistress*« und privilegierten Vertrauten des Helden avanciert, beginnt sie ein duplizitäres Spiel: Je mehr die Lichtgestalt Oroonokos sich verdunkelt – und sie wird desto schwärzer, je mehr die Erzählerin von der Komplizin zur Beobachterin wird –, desto mehr schwindet ihre Verfügungsgewalt über das Empfinden und Handeln ihres Protagonisten. Umgekehrt entzieht sie sich ihm als loyal Handelnde, indem sie sich verstellt und ihre Angst und ihr Mißtrauen verhehlt. Diese feminin codierte Verlogenheit aber und der unter dem Vorwand ›weiblicher‹ Schutzbedürftigkeit begangene Vertrauensbruch als Zeugin und Mithandelnde, schließlich auch der Verzicht auf die konventionelle Legitimation der unmittelbar Beobachtenden erscheinen zuletzt als Bedingungen auktorialer Selbstermächtigung. Nur so kann Behn tatsächlich zur »*Great Mistress*« (des Textes) werden: Nur so kann sie Oroonoko erfinden. Der Verrat – das Opfer der eigenen Glaubwürdigkeit *im Text* – erscheint in diesem Vexierbild als Preis der Wahrhaftigkeit des Textes *als Text*, d. h. als einer Fiktion. Die Lüge der Weißen muß umso schwärzer erscheinen, damit die Wahrheit des Schwarzen umso heller strahlen kann.

So wird der euro-afrikanische Held erneut zum Barbaren; so erscheint im Arkadien der Neuen Welt der Tod, verliert die pastorale Idylle Surinams ihre Unschuld und verwandelt sich in den lukrezisch-Hobbesschen Naturzustand eines Kampfes aller gegen alle, in dem, so scheint es, das Leben (nach der berühmten Formel) nicht anders sein kann als »solitary, poore, nasty, brutish, and short«.[1] So werden aber auch die Wertetransparenz, die Verlaufs- und Ausgangsgewißheit, die der implizite Platonismus des Romanzenschemas garantiert, zersetzt von umfassender Kontingenz und einer Skepsis, der nurmehr die ›Oberfläche‹ des Sinnlich-Materiellen, die schockierende Tortur des zerstückelten Körpers als fraglos zu Registrierendes bleibt.

In einem Moment der Krisis streift Oroonoko seinen Sklavennamen Cæsar und mit ihm den Rest an Vertrauen ab, den er den Täuschungen der Weißen noch entgegengebracht hatte: »[...] as if he had reviv'd from a Fainting, or a Dream, he cry'd out, *No, Gentlemen, your are deceiv'd; you will find no more* Cæsars *to be Whipt; no more find a Faith in me:* [...]« (p. 116). Indem der Edle Wilde die in ihn investierten Bedeutungen ablegt, reduziert er sich zugleich auf das Natürliche – auf einen bloßen Körper, den er überdies selbst zu zerstückeln beginnt. Aus der Drastik der Körperlichkeit und ihrer Zerstörung entspringt indes, in paradoxer Verquickung platonischer Elemente mit radikal materialistischen, die Erinnerung an ihn und das literarische Fortleben seines Namens. Genau das ermöglicht Behn den Beginn des Erzählens und die Selbstverwandlung in eine, die die Wahrheit sagt, indem sie lügt – in die Autorin einer Fiktion. »Thus Dy'd this Great Man; worthy of a better Fate, and a more sublime Wit than mine to write his Praise; yet, I hope, the Reputation of my Pen is considerable enough to make his Glorious Name to survive to all ages; with that of the Brave, the Beautiful, and the Constant *Imoinda.*« (p. 119).

4. Coda: Der weibliche Blick

Ein Grund für die Irritation des Schlusses von *Oroonoko* liegt in der Art und Weise, wie hier ein Zusammenbruch von Ordnungen inszeniert und die Wiedereinsetzung neuer verweigert wird. Betroffen sind hiervon nicht nur die Ordnung einander korrespondierender Dinge und Zeichen und das Denken, in dem sie verankert ist. Foucault hat dieses bekanntlich als Episteme der Ähnlichkeit beschrieben, und deren Grundzüge prägten, wie wir sehen konnten, noch die platonisierende Romanze des ersten Teils. Der Zusammenbruch des Analogiedenkens, ja dessen (ironischerweise als Allegorie des eigenen Endes lesbare) Negation

1 Thomas Hobbes, *Leviathan* [1651], ed. Richard Tuck, Cambridge 1991, p. 89 (Kapitel 13). – Daß die Welt der surinamesischen Kolonie in Behns Fassung ihre Grundzüge ansonsten tatsächlich einem libertinistisch reinterpretierten Hobbesianismus zu verdanken scheint, zeigt sich auf Schritt und Tritt; nicht nur an den Machtkämpfen der rivalisierenden Faktionen unter den Weißen oder der Untreue der eigennützig auf ihr vermeintliches zukünftiges Wohl bedachten Sklaven gegenüber dem Anführer ihrer Rebellion. Zur libertinistischen Hobbes-Lektüre cf. auch Warren Chernaik, *Sexual Freedom in Restoration Literature*, Cambridge 1995, vor allem pp. 22-51.

in Gestalt der Hinrichtung eines Helden, der bis kurz vor seinem Ende noch in naiver Wahrhaftigkeit von eben dieser gleichsam naturwüchsigen Übereinstimmung von Wort und Tat, Zeichen und Realität überzeugt ist, stellt eine Denkfigur zur Verfügung, deren Suggestivität indes vielleicht allzuschnell über die Destabilisierung einer weiteren Dimension diskursiver Ordnung hinwegsehen läßt. Denn die skizzierten Verfahren struktureller Skepsis und der ›Literarisierung‹ von Alterität und Macht erstrecken sich bei Behn auch auf eine mindestens ebenso nachhaltige Chaotisierung[1] der Ordnung der Geschlechter. Diese Beobachtung wiederum trifft sich mit kultur- und medizinhistorischen Forschungen aus jüngster Zeit, die (wie beispielsweise die Untersuchungen Thomas Laqueurs, teils in losem Anschluß an Foucault, teils unabhängig von ihm)[2] den Schluß nahelegen, daß die Ablösung analogischer durch repräsentierende Modi auch im Bereich der diskursiven Konstruktion von Geschlecht und Sexualität ihre Korrelate findet.

So ist gewiß die ›große Seele‹ Oroonokos (»large Soul«, p. 94) in die falsche Welt versetzt, in der die in ihr aufgehobenen Werte abgedunkelt sind und sie nur noch grandios zugrundegehen kann. Zugleich aber ist das ihr innewohnende Ewigkeitspotential gleichsam vererbt – an die Autorin der Erzählung: »But his Mis-fortune was, to fall in an obscure World, that afforded only a Female Pen to celebrate his Fame; [...]« (p. 88). Das Unglück Oroonokos erweist sich als *fortune* seiner Erzählerin. Diese stimmt jedoch nicht nur einen Abgesang auf das Männlichkeitsideal der Romanze an. Ihre royalistische Nostalgie ist gepaart mit einer eigenartig destruktiven Lust an der Inversion. So präsentiert der Schluß des Textes den Helden als weiblich konnotiertes Objekt des brutalen Handelns und der lüsternen Blicke anderer. Zuvor schon zog Oroonoko die Gesellschaft der Frauen der der Männer vor.[3] Nun wird er entmannt,[4] und es wird ihm Gewalt angetan. Man mag die Perfidie der Invasion körperlicher Integrität, den Stolz des unschuldigen Opfers, seine Option für Tod statt Schande und seine Leidensfähigkeit in Shakespeares *The Rape of Lucrece* präfiguriert sehen. Vor allem aber literalisiert und radikalisiert die Zerstückelung des Körpers die genüßliche Blasonierung des edlen Schwarzen, die die Erzählerin eingangs vorgenommen hatte – eines literarischen Verfahrens also, das zum petrarkistischen Repertoire des Preises *weiblicher* Schönheit zählt. In dieser Destabilisierung der Geschlechtergrenzen werden nicht nur bestimmte enthumanisierende Implikationen des Blason drastisch herausgestellt; zugleich konstituiert sich damit ein selbstreferentieller Parallelismus, der die innertextuelle Kohärenz zusätzlich festigt und so den Zusammenhang der Zeichen gegenüber der unzuverlässig gewordenen analogistischen

1 Joachim Küpper verwendet den Begriff der »Chaotisierung« in einem verwandten diskursgeschichtlichen Zusammenhang, jedoch ohne Thematisierung der *gender*-Dimension; cf. Küpper, *Diskurs-Renovatio*, Tübingen 1990.

2 Cf. Laqueur, *Making Sex. Body and Gender from the Greeks to Freud*, Cambridge, Mass. 1990.

3 Cf. *Oroonoko*, p. 93.

4 »[...] and the Executioner came, and first cut off his Members, and threw them into the Fire; [...]« (p. 118).

Ordnung der Dinge privilegiert. Dem für sich genommen völlig sinnlosen *factum brutum* von Oroonokos Tod wächst so eine – allerdings nicht mehr mit letzter Gewißheit festzulegende – literarische Bedeutung zu.

Zugleich erfährt die Dialektik von Machtverzicht und auktorialer Ermächtigung vor dem Hintergrund eines zunehmend dualistischen Geschlechterdiskurses[1] eine weitere Zuspitzung, indem sie ausdrücklich als Duplizität markiert wird. Behns Erzählerin verwirklicht in emphatischer Weise das *nicht*, was sie an Oroonokos Gemahlin Imoinda rühmt: weibliche Treue bis in den Tod.[2] Sie hält gerade den mit Versprechungen hin, der ihr in besonderer Weise vertraut, und täuscht den, der auf ihr Wort baut – »[...] indeed my Word wou'd go a great way with him« (p. 93). Könnte sie ohne ihre radikale Ambivalenz dem Protagonisten gegenüber nicht zur »*Great Mistress*« der Erzählung avancieren, die den Namen Oroonokos unsterblich macht, ihn zugleich in seiner irreduziblen Alterität beläßt und seinen Tod zum Epitaph der Romanze erhebt, so erscheinen ›launische‹ Unbeständigkeit, Nichtfestlegbarkeit, ja Verstellung als Kunstmittel der Selbststilisierung und der bewußten Selbstkonstitution weiblicher Auktorialität.[3] Wie in anderen Texten Behns werden hier Negativklischees von Weiblichkeit geradezu hyperbolisch vorgeführt und in solcher ›Performanz‹[4] zu einer Art Verkleidung umfunktioniert. Spiegelt Behns Erzählung also die Narration als listige Dissimulation, als Erzeugung unzuverlässiger Wirklichkeiten und bloßen Scheins, kurz: als Lüge, so liegt darin nicht nur eine Ironisierung des platonischen Gemeinplatzes, der den Poeten einen Lügner schilt. Als Herrin des ›Als ob‹

1 Laqueur zeigt, wie das »one-sex model« des menschlichen Körpers im Übergang vom 17. ins 18. Jahrhundert in medizinischen und anthropologischen Diskursen mehr und mehr abgelöst wird von einem »two-sex model«, das männliche und weibliche Körper als radikal different und auch in ihrer Sexualität wesenhaft verschieden vorstellt.

2 Zur Zentralität Imoindas für eine feministische Lektüre cf. auch Ros Ballaster, »New hystericism: Aphra Behn's *Oroonoko*: the body, the text, and the feminist critic«, in: Isobel Armstrong, ed., *New Feminist Discourses. Critical Essays on Theories and Texts,* London 1992, pp. 283-295, hier pp. 293-294: »Behn's white female narrator has the twentieth-century white feminist critic's fascination with the black woman as embodying material otherness. She inspects and puts on show the black woman's suffering but ultimately refuses to ›comprehend‹ it. Here, then, the figure of the black woman becomes purely iconic, the mute bearer of female suffering on to whom the white female subject can project her own hysteria and be left at liberty to write.« Ich hoffe gezeigt zu haben, daß Behns Weigerung, Imoindas und Oroonokos Leiden zu ›begreifen‹ und anzueignen, auch wesentlich anders gelesen werden kann. – Ein komplexeres Alteritätskonzept als das von Ballaster veranschlagte, das stärker auf »race« als auf »gender« zugespitzt ist, liegt auch den Ausführungen Laura Browns zugrunde (*Ends of Empire*, vor allem pp. 33, 62-63).

3 Zu den Widerständen, auf die Behn und ihre Zeitgenossinnen bei der Realisierung dieses Projekts stießen, zu ihren Strategien der Selbstanzeige und -verteidigung als Berufsschriftstellerinnen cf. auch Janet Todd, *The Sign of Angellica. Women, Writing and Fiction, 1660-1800,* London 1989, vor allem Kap. 2, »The Female Wits: Women Writers of the Restoration and Early Eighteenth Century«, pp. 36-51.

4 Ein feministisch, diskursanalytisch und subjektivitätstheoretisch gehaltvoller Einsatz des Performanzbegriffes findet sich bei Judith Butler, *Gender Trouble. Feminism and the Subversion of Identity,* New York, London 1990. – Paul Salzman untersucht die Gedichte Behns aus der Perspektive eines auf psychoanalytische Aspekte verengten ›Maskerade‹-Begriffs, cf. seinen Aufsatz »Aphra Behn: poetry and masquerade«, in: Janet Todd, ed., *Aphra Behn Studies*, pp. 109-129.

gewinnt die Erzählerin des *Oroonoko* ihre eigene Authentizität und Selbstverfügung gerade durch ihre scheinbare Konformität mit bestimmten Geschlechterstereotypen.

War zu Behns Lebzeiten ein Theaterbesuch für Frauen in der Regel nur maskiert möglich, konnte sich hinter der Maske der Zuschauerin aber auch eine Prostituierte verbergen, so bedient sich hier die Erzählinstanz einer Maskierung, die gleichwohl als metaphorische mit der gleichen Ambiguität einer vorenthaltenen Transparenz spielt.[1] Anders ausgedrückt: Der Beginn der frühneuzeitlichen Emanzipation des Erzählens ist weiblich, und sie ist bestimmt von einer Dialektik des Zeigens und Verbergens, der Vergegenwärtigung und der fortwährenden Alterierung des Präsenten. In *Oroonoko* absentiert sich die Erzählerin unter dem Vorwand ihrer femininen Zimperlichkeit, denn nur so kann die Geschichte zuende erzählt, d. h. erfunden werden, ohne daß die Chronistin des Schlusses mit der Wimper zuckt. Unter einer anderen Maske des Allzuweiblichen hatte die Erzählerin als (literarische) Verführerin posiert, indem sie Oroonoko Plutarch[2] zu lesen gab und Imoinda »Stories of Nuns« erzählte. Während Oroonoko der Versuchung zu entsprechender klassizistisch-heroischer Selbstmodellierung auch prompt erliegt, scheint das angemessene feminine Erzählgut der Alten Welt bei Imoinda keinerlei Echo zu finden.[3]

Und auch im Vergleich mit der Gefährtin Oroonokos umreißt Behns Erzählgestus weiblicher Selbstverfremdung eine Entzugsgestalt. Gegen- und Spiegelbild ihrer gespaltenen narrativen Loyalität ist die ebenso fraglose wie insgesamt schweigsame Treue Imoindas. In der Beziehung zu Oroonoko sind die Erzählerin und Imoinda Rivalinnen. Aber indem diese die Integrität wahrt, die jene preisgibt, werden uns beide fremd. Indem Oroonoko ihr die Kehle durchschneidet, widerfährt Imoinda genau das, wovor die Erzählerin Angst hat. Während Imoinda, wie ihr Mann und durch diesen reduziert auf ihre Körperlichkeit, blumenbedeckt sofort zu verwesen beginnt, überlebt die Erzählerin und sichert das Gedächtnis ihres Namens, dem als letztem Wort des Textes besonderes Gewicht verliehen wird. Die als Zeichen ihres Ranges über und über mit kunstvollen Tätowierungen ›beschriftete‹ schwarze Venus bleibt indes als Figur an strukturell zentraler Stelle des Plot ebenso nondeskript wie die Stimme der Erzählerin, von der man zum Schluß nicht mehr weiß, wo sie steht. Klischeehaft vollkommene Weiblichkeit wie weiblich codierte Doppelzüngigkeit können so als Weisen der Mimikry von Ohnmacht erscheinen, hinter denen sich Unkenntliches, Undomestiziertes und womöglich das Potential einer anderen ›Meisterschaft‹ verbirgt.

---

1 Cf. auch Catherine Gallagher, »Who Was That Masked Woman? The Prostitute and Playwright in the Works of Aphra Behn«, in: Gallagher, *Nobody's Story*, pp. 1-48.

2 »Lives of the Romans, and great Men« (93).

3 Insgeheim scheint sich die Richtung der kulturellen Indoktrination sogar umgekehrt zu haben, korrespondiert doch das Trickster-ähnliche Verhalten der Erzählerin am ehesten dem einer Zentralfigur afrikanischer Erzähltradition, der Spinne Anansi. Cf. Natalie Zemon Davies, *Women on the Margins. Three Seventeenth-Century Lives,* Cambridge, Mass., London 1995, pp. 191-194, zu Anansi: pp. 196-198.

Denn zugleich spiegeln sich in diesen Figurationen des Weiblichen als des Wilden und in der Paradoxie eines nicht verortbaren Standpunkts ausgezeichnete Modi der Ermöglichung wie der Rechtfertigung von Fiktion. Die Wahrheit und das Wunder des anderen – das vermag das Befremden dieses Textes erfahrbar zu machen – können nur ›gemeistert‹ werden, indem wir sie erfinden. Sei es das, was uns in der Begegnung mit einer Neuen Welt entgegentritt; das andere der Bosheit, der Grausamkeit oder auch und vor allem das des Ideals; die Alterität einer anderen Kultur oder des anderen Geschlechts: Wir werden damit nur fertig in der Erfindung neuer Welten – in Fiktionen, deren Komplexität und bestürzende Einfachheit uns erleben lassen, daß wir mit ihnen nicht fertig werden.

Kapitel VII
Sprechen und Verstummen

Zwischen dem manischen Überschwang universaler Lesbarkeit und universaler Selbstmitteilung und dem melancholischen Registrieren eines Verstummens der Dinge, die sich schweigend, ohne den Schatten einer Bedeutung in sich selbst zu verschließen, spielt die skeptische Phantasie. Zwischen dem »Alles spricht« romanzenhafter, platonistisch abgesicherter Erzählweisen und dem »Nichts spricht« – oder vielleicht besser: ›Alles stumm‹ – einer ›empiristischen‹ Präsentation aufs Materielle reduzierter, von potentiell metaphysikträchtiger Semantik entkleideter Faktizität sucht und findet Aphra Behns ›wahre Geschichte‹ vom königlichen Sklaven Oroonoko ihren Ort. Die problematische Manipulation des Oxymorons von Unterwerfung und Autonomie, Subjektion und Subjektivität, die ihre auktoriale Selbstermächtigung ins Werk setzte, verwies aber auch auf die besonderen Schwierigkeiten – und Möglichkeiten – weiblichen Schreibens. In den literarischen Diskursen des 17. Jahrhunderts sind Subjekt- und Sprechpositionen für Frauen nicht vorgesehen. Die oft zitierten Verse von Robert Gould bringen die diffamierende Verknüpfung von Publizität und Prostitution, literarischer und sexueller ›Öffentlichkeit‹ alliterativ auf den Punkt:

> For *Punk* and *Poetess* agree so Pat,
> You cannot well be *This*, and not be *That.*[1]

In diesem Gemeinplatz sind die polemischen Mittel, die Erbitterung, mit der der diskursive Machtkampf ausgetragen wurde, die Wirksamkeit der Ausschließungsmechanismen und die Folgen für die betroffenen Autorinnen und ihre Produktivität lediglich angedeutet.[2] Sie können mittlerweile als bekannt vorausgesetzt werden und stehen daher auch nicht im Vordergrund der Überlegungen dieses Kapitels. Der unklare Ort weiblichen Sprechens interessiert vielmehr im Hinblick auf die zusätzlichen Verwerfungen und Umordnungen, die sich damit im Feld der frühneuzeitlichen skeptischen Phantasie ergeben. Denn – und das zeichnete sich in den Ausführungen zu Behns *Oroonoko* bereits ab – zwischen der Meta-Perspektive der Skepsis und der Exzentrizität schreibender Frauen im Blick auf die Verteilung der Dominanzen im literarischen Milieu der Zeit lassen sich suggestive Homologien entdecken. Verhindert dabei die diskurspolitische Randständigkeit der Frauen einerseits eine einfache, ungebrochene Partizipation an

---

1 *The Poetess A Satyr* (London 1707), zit. nach Janet Todd, *The Secret Life of Aphra Behn*, London 1996, p. 208; ähnliche Formulierungen schon bei Rochester und anderen. Zur Wirkung misogynen Ressentiments dieser Art cf. auch Helen Wilcox, ed., *Women and Literature in Britain 1500-1700*, Cambridge 1996; N. H. Keeble, ed., *The Cultural Identity of Seventeenth-Century Woman. A Reader*, London 1994.

2 Cf. hierzu auch kritisch Germaine Greer, *Slip-Shod Sibyls*, Harmondsworth 1996.

den überkommenen Schreibweisen und führt zu vermittelnden oder apologetischen Manövern unterschiedlicher Art, so ermöglicht, ja erzwingt sie andererseits einen reflektierten Umgang mit den Konventionen und schafft damit zugleich jene Distanz zu ihnen, die innovatorische Potentiale freisetzt. Aphra Behns subversive Performanz ist sicherlich eines der besten Beispiele für dieses Phänomen.

Daß ihr Weg – der Weg der skeptischen Phantasie – gleichwohl keineswegs ohne Alternative ist, zeigen die Texte ihrer wohl berühmtesten Zeitgenossin, Katherine Philips, der Dryden den Ehrentitel »the Matchless Orinda« beilegte.[1] Die Eigenart der Dichtung Philips' ist wohl nur zu erklären, wenn man auch bei ihr den Versuch, die eigene auktoriale Position abzusichern, als ein Hauptmotiv des Schreibens annimmt. Ihre Gedichte zeigen zugleich, daß die Suche nach einem ›Ort‹ weiblichen Sprechens neben einer royalistischen Gesinnung durchaus auch eine konservative, an älteren Modellen orientierte Ästhetik implizieren kann. Denn die in den bekanntesten Texten Philips' gefeierte innige, aber keusche Beziehung zwischen Freundinnen elaboriert Vorstellungen spiritualisierter Liebe, wie sie etwa in der petrarkistischen Liebesdichtung der Renaissance gängig waren. Philips/»Orinda« modelliert die Verbundenheit des in ihren Gedichten sprechenden Selbst mit ihren Freundinnen nach neoplatonischem Vorbild; aus der idealisierten Zweisamkeit gewinnt dieses Selbst eine, wie es scheint, unerschütterliche Identität. So beginnt »L'Amitie«:[2]

---

1 Katherine Philips (1632-1664), verheiratet mit dem 38 Jahre älteren Parlamentarier James Philips, wurde berühmt durch ihre Übersetzung von Corneilles *La Mort de Pompée* und den nachfolgenden Aufführungserfolg in Dublin (1663). Sie bildete das Zentrum einer *coterie* nach kontinentalem Vorbild; ihre literarischen Ambitionen (wie ihre royalistischen Neigungen) wurden gefördert durch Roger Boyle, Earl of Orrery, und Sir Charles Cotterell, Master of Ceremonies am Hofe Charles II. Ihre Gedichte erschienen erstmals in einer ihren eigenen empörten Beteuerungen zufolge nicht autorisierten Ausgabe im Jahr 1664. – Die plausible These eines Primats ihrer Bühnenaktivitäten (und deren tatkräftiger Förderung vor allem durch Orrery) in der Emergenz der Philipsschen Autorinnenpersönlichkeit wird vorgetragen von Maureen E. Mulvihill, »A Feminist Link in the Old Boys' Network: The Cosseting of Katherine Philips«, in: Mary Anne Schofield, Cecilia Macheski, eds., *Curtain Calls*, Athens 1991, pp. 71-104. – Eine Einschätzung der Dichtung Philips', deren Emphase von meiner eigenen insofern deutlich abweicht, als sie weniger an deren philosophisch-ästhetischen Implikationen als an der Art und Weise interessiert ist, wie Philips ›Freundschaft‹ zum Zweck der Figuration politischer Stabilität einsetzt, hat Carol Barash vorgelegt; vgl. das Kapitel »Women's Community and the Exiled King: Katherine Philips' Society of Friendship«, in *English Women's Poetry*, Oxford 1996. Wie der Untertitel anzeigt, untersucht Barashs wichtige Studie auf der Grundlage einer Analyse der bislang kaum gewürdigten politischen Dimension der Gedichte Philips' nicht nur die wechselseitige Durchdringung öffentlicher und privater Sphären in ihrem Schreiben und Publizieren sondern auch Philips' Strategien bei der Festigung ihrer Auktorialität und der Konstruktion ihres *image* als Autorin.

2 Der vollständige Titel des an ihre Schulfreundin Mary Aubrey gerichteten Gedichts lautet: »6t Aprill 1651 L'Amitie: To Mrs M. Awbrey«, wieder gedruckt in: Germaine Greer, Jeslyn Medoff, Melinda Sansone, Susan Hastings, eds., *Kissing the Rod*, London 1988, p. 189f. Zur Publikationsgeschichte der Sammlung *Poems. By the Incomparable, Mrs. K. P.* von 1664 und 1667 vgl. die einleitenden Bemerkungen und den Kommentar der Herausgeberinnen (pp. 187f und 190), sowie die kritischen Ausführungen von Germaine Greer in *Slip-Shod Sibyls*, Harmondsworth 1996, Kap. 5: »The Rewriting of Katherine Philips«.

Soule of my soule! my Joy, my crown, my friend!
A name which all the rest doth comprehend;
How happy are we now, whose souls are grown,
By an incomparable mixture, One:
Whose well acquainted minds are now as neare
As Love, or vows, or secrets can endeare.

– und der Text endet, nach der Beteuerung idealer Diskretion, Mutualität, Exklusivität und nicht zuletzt der Unschuld dieser Freundschaft (»so inocent a flame«) mit den Zeilen:

But we by Love sublim'd so high shall rise,
To pitty Kings, and Conquerours despise,
Since we that sacred union have engrost,
Which they and all the sullen world have lost.

Die hier entworfene Vereinigung ist eine der Seelen, zudem weniger erlesener, in der Regel weiblicher Seelen; sie ist eine elitäre und quasi-religiöse Verbindung, radikal getrennt von der männlich konnotierten »sullen world« des profanen Lebens und deren Maßstäbe transzendierend. Sie ist dieser daher überlegen, ohne sie auf deren eigenem Terrain zu bedrohen: Diese Freundschaft tritt nicht in Konkurrenz zu ›weltlichen‹ Beziehungen und Aktivitäten, da sie von Anfang an über sie hinaus ist, ja diese in hyperbolischer Vollkommenheit abbildet und gleichsam in sich aufgehoben hat: »We are our selves but by rebound,| And all our titles shuffled so,| Both Princes, and both subjects too.«[1] In solchem Überschreiten des Weltlich-Männlichen umschifft die Poesie der Katherine Philips sowohl die Scylla der standardisierten Promiskuitäts- und Unkeuschheitsvorwürfe wie die Charybdis, des ›Sapphischen‹ verdächtigt zu werden.[2] Und die Autorin konstruiert zudem eine poetische Subjektivität in exklusiv weiblicher, reziproker Subjektion und Konformität mit den Normen von Genus und *gender*. Sie erschafft sich eine untadelige und unanfechtbare *persona*, die es ihr, wäre sie nicht kurz nach der Veröffentlichung ihrer Gedichte gestorben, ermöglicht hätte, ihre literarischen, vor allem auch die potentiell riskanteren dramatischen Interessen, in einiger Sicherheit vor Anfeindungen weiter zu verfolgen. Zugleich läßt sie

1 Cf. »Friendship's Mysterys, to my dearest Lucasia. (set by Mr. H. Lawes)«, ibid., p. 193f.

2 Mag auch Aphra Behn in ihrer Konstruktion einer Tradition weiblicher Auktorialität, die auch ihr eigenes Schreiben zu akkommodieren vermöchte, und in provokant selbst-laudatorischer Absicht eben diese Interpretationsmöglichkeit betonen; vgl. die die von Apoll geliebte Daphne apostrophierenden Zeilen 592-4 von »Of Plants. Book VI.«: »Let me with *Sappho* and *Orinda* be| Oh ever sacred Nymph, adorn'd by thee;| And give my Verses Immortality.« (*The Works of Aphra Behn*, ed. J. Todd, Vol. 1, p. 325.) – Vgl. auch Barash, *English Women's Poetry*, p. 59: »In effect, Philips's reputation as a poet grew around her poetic persona rather than around her writing. Her virtue and chastity became central in the eyes of Dryden and others; her platonic Society of Friendship was seen as adapting a Renaissance model of male community to include friendships between women. Paradoxically, it was Philips's iconicity, her position as a symbol of feminine virtue, that allowed her to be taken seriously as both a woman and a poet from the eighteenth through the twentieth centuries.« Zu Philips' Versuchen, potentiell ›sapphische‹ Konnotationen in religiöse umzuformulieren, vgl. auch ibid. p. 70f.; zu ihren panischen Reaktionen auf unerwünschte bzw. nicht von ihr selbst kontrollierte Publizität, ibid. pp. 81ff.

mit dem Zirkel ihrer royalistischen »Society of Friendship« ein um sie selbst als »Orinda« zentriertes Medium für die Artikulation politisch subversiver, auf die Restauration der Monarchie gerichteter Bestrebungen entstehen.[1]

Der ästhetische Preis, den sie für diese (mindestens zum Teil) politische Esoterik entrichtet, ist allerdings nicht unerheblich. Er besteht im wesentlichen in thematischer Selbstbeschränkung und in der Bekräftigung poetischer Konventionen, die die Liebesdichtung ihrer Zeitgenossen bereits hinter sich gelassen hatte.[2] Aphra Behns Texte beweisen wenige Jahre später, daß Frauen die poetischen »grateful Theams«[3] sehr wohl auch anders behandeln konnten, wenn sie wollten – allerdings unter der Voraussetzung, daß sie bereit waren, dafür ihre Reputation zu riskieren. Nicht die platonisierende Selbststilisierung der »matchless Orinda« soll also eines der Paradigmen im Mittelpunkt dieses Kapitels abgeben. Nicht nur macht sich die Strategie, die sie mit ihrem Entwurf weiblichen Selbstseins, verankert in der tragenden Kollektivität des durch die gemeinsame Ideologie geeinten Freundschaftszirkels, verfolgen zu müssen glaubt, als solche – und d. h. in ihrer begrenzenden Kraft – allzu deutlich bemerkbar: Philips' Poesie gewinnt auf diese Weise zwar Tropen zur Figuration monarchisch gesicherter politischer Ordnung und stabiler, tugendhafter weiblicher Identität.[4] Sie spart in ihrer Sakralisierung weiblicher Freundschaft und ihrer hyperbolischen Eulogie auf deren selbstgenügsame (im übrigen auch keines metaphysischen Überbaus mehr bedürfende) Spiritualität aber genau die Probleme aus, von denen sich die zeitgenössische Philosophie und Theologie bedrängt sahen – die kaum überwindliche Schwierigkeit, das Verhältnis von Materie und Geist, Leib und Seele, zu einem Zeitpunkt neu zu fassen, da Cartesianismus und Empirismus im Be-

1 Vgl. Barash, *English Women's Poetry*, p. 63: »[…] Philips marks ›political ally‹ as the first public meaning of her fluid concept of ›friendship‹. [..] The word ›friend‹ […] never entirely loses these early resonances of political community. A friend is an ally, one who understands secret, subversive meanings of poems that are, overtly, apolitical.« – Zu den kontinentalen Vorbildern ihrer literarisch-politischen *coterie* vgl. auch ibid. p. 66: »In her Society of Friendship Philips creates a community much like the salons' female-centred world of love, writing, and court politics.«

2 So scheinen zwar insbesondere Zeilen wie »To the dull, angry world let's prove| There's a religion in our Love« (»Friendship's Mysterys«, ll. 4-5) die Herstellung intertextueller Bezüge zu Motiven einiger Gedichte John Donnes zu erlauben, insbesondere zu »A Valediction: forbidding Mourning«, »The Extasie« oder »The Canonization« (»[…] all shall approve| Us *Canoniz'd* for Love«), aber die Unterschiede in der in Donnes Textes vertretenen Liebesauffassung und vor allem in der Art und Weise, wie diese das problematische Körper-Seele-Verhältnis konfrontieren, liegen auf der Hand – vgl. e.g. die programmatischen Formulierungen in »The Extasie«: »Loves mysteries in soules doe grow,| But yet the body is his booke.«

3 Behn bringt die Situation schriftstellerisch ambitionierter Frauen in »To The Unknown DAPHNIS on his Excellent Translation of *Lucretius*« (1683), ll. 31-34, auf den Punkt: »We are forbid all grateful Theams,| No ravishing Thoughts approach our Ear;| The Fulsom Gingle of the Times| Is all we are allow'd to Understand, or Hear.« (*The Works*, Vol. 1, p. 26).

4 Vgl. auch das Fazit von Barashs Philips-Lektüre, *English Women's Poetry*, p. 99f: »Two aspects of Philips's symbolization of gender, language, and monarchy remained crucial for the women writers who followed her: strategies that profess the woman author's desire to remain private, while emphatically entering public political debates; and figurations of the legitimacy of women's voice, women's writing, and women's community that draw on the authority of restored monarchy.«

griff waren, das ›alte‹, aristotelisch-scholastisch geprägte Denken zu verdrängen. Philips' populäre ›nach-metaphysische‹ Dichtung überspringt diese Schwierigkeiten. Andere schreibende Frauen sind ihr auf diesem Weg strategischer Immunisierung nicht gefolgt – mit der Konsequenz, daß sie zum einen zeit ihres Lebens vergleichsweise marginal, wenn nicht völlig exzentrisch blieben, zum anderen Texte von beachtlicher Komplexität und sowohl ästhetischem Reiz wie philosophisch-systematischer Qualität verfaßten. Die Rede ist von zwei Frauen gänzlich entgegengesetzten Temperaments: von der Schriftstellerin und Naturphilosophin Margaret Cavendish, der Duchess von Newcastle (1623-73), und von der Denkerin Lady Anne Conway (1630?-1679), später Viscountess Conway.

Auf den ersten Blick könnten diese Frauen auch als Autorinnen nicht gegensätzlicher sein: auf der einen Seite die Vielschreiberin Cavendish, der nach eigener Aussage an nichts so viel gelegen war wie an Ruhm, »fame«, und literarischer Publizität;[1] die vom Schreiben besessen und vermögend genug war, eine eher unbegeisterte bis befremdete, oder gar zu feindseligem Spott geneigte Leserschaft ab der Jahrhundertmitte mit einem Schwall von prachtvoll gebundenen Veröffentlichungen aller Gattungen zu überschütten;[2] auf der anderen Seite Anne

1 So schon in *Poems, and Fancies*, London: J. Martin and J. Allestrye, 1653, in ihrer Vorrede »To All Noble, and Worthy Ladies«: »For all I desire, is *Fame*, and *Fame* is nothing but a *great noise*, and *noise* lives most in a *Multitude*; wherefore I wish my *Book* may set a worke every *Tongue*.« Deshalb dediziert sie auch *The Worlds Olio*, London 1655, der Fortuna, denn: »[...] if Fortune please, with her helping hand, she may place my Book in Fames high Tow'r, where every Word, like a Cymball, shall make a Tinkling Noise; and the whole Volume, like a Cannon Bullet, shall Eccho from Side to Side of Fames large Brasen Walls, and make so loud a Report, that all the World shall hear it.« (»A Dedication to Fortune«). Das hindert sie allerdings nicht, den Text des gleichen Werks mit der überraschenden Herausstellung einer melancholisch-skeptischen Implikation solcher Ruhmsucht beginnen zu lassen: »The desire of Fame proceedes from a doubt of an after being; [...]« (ibid. p. 1).

2 Cavendish beglückte mit ihren Werken gezielt bestimmte Institutionen, wie die Colleges der Universitäten, oder wichtige Persönlichkeiten des öffentlichen, akademischen und/oder literarischen Lebens. (Drei Jahre nach ihrem Tod erschienen auch die auf diese Weise mehr oder minder erzwungenen Danksagungen nochmals in einem Sammelband, herausgegeben von ihrem Gatten, William Cavendish). Die so Beschenkten dürften die Gabe in der Regel nur selten mit heller Freude entgegengenommen haben, nimmt man die von Pepys, Evelyn, Dorothy Osborne und anderen überlieferten Reaktionen auf Cavendish als Maßstab. Von Henry More ist sowohl der briefliche Seufzer, dem ihm Cavendishs *Philosophical Letters* (1664) entlockten, erhalten – »I am spar'd by neither sexe« – als auch der offizielle Dankesbrief, mit dem er die Ehre der durch einen ihrer Boten überreichten Bände mit an Sarkasmus grenzender Courtoisie würdigt. Allerdings läßt der ironisch-höfliche Ton dieses Briefes auf dem Hintergrund seiner vorangegangenen Bemerkungen zu seiner Korrespondentin Lady Conway (»My Lady of Newcastle has sent two more Folios of hers to furnish my study, [...]«) mit einiger Gewißheit vermuten, daß er sich die Lektüre des Buches, zumindest die von Cavendish erhoffte philosophische Auseinandersetzung mit den dort vorgetragenen Ansichten, ersparen wird. (Immerhin hält er Cavendish im Vergleich mit einem seiner schärfsten Gegner gleichwohl zugute: »She is by farr a more civill Antagonist then Dr Beaumont [...]«.) Cf. *The Conway Letters. The Correspondence of Anne, Viscountess Conway, Henry More and their Friends 1642-1684*, ed. Marjorie Hope Nicolson. Revised Edition ed. Sarah Hutton, Oxford 1992 (zit. im folgenden als *Conway Letters*); Briefe Mores an Anne Conway, # 153, p. 234, # 156, p. 237, und an Cavendish selbst, # 160, p. 241.

Conway, Schülerin und bald hochgeschätzte philosophische Gesprächspartnerin Henry Mores, eines der prominentesten Denker der platonischen Schule von Cambridge,[1] durch ihre schweren Kopfschmerzanfälle oft zur wochenlangen Bettruhe im abgedunkelten Zimmer gezwungen, in der Abgeschiedenheit von Warwickshire oder Irland getrennt von ihren wichtigsten Kommunikationspartnern; sofern sie dazu physisch in der Lage war, Briefe schreibend oder diktierend, von denen vergleichsweise wenige erhalten sind und in denen von einer Publikation ihrer Gedanken nie die Rede ist. Ihr einziges Werk, dessen englisches Manuskript verloren ist,[2] wurde erst 1690 in einer lateinischen Übersetzung, die möglicherweise aus der Feder Henry Mores oder Franciscus Mercurius Van Helmonts stammt, unter dem Titel *Principia Philosophiae Antiquissimae & Recentissimae*[3] veröffentlicht, als *The Principles of the Most Ancient and Modern Philosophy* ins Englische zurückübersetzt (von »J. C.«, einem ebenfalls nicht mit Sicherheit identifizierbaren Übersetzer) und erst zwei Jahre später in London[4] veröffentlicht: Vermittelter, distanzierter kann eine Beziehung zwischen Autorin und Öffentlichkeit kaum sein.

Cavendishs Ideen drängen unbändig zur Artikulation; sie stürmen schneller auf sie ein, als sie sie zu Papier bringen kann: »[...] the words run stumbling out of my mouth, [...]« denn: »[...] my phancy is quicker than the pen with which I write, insomuch as it is many times lost through the slowness of my hand, and yet I write so fast, as I stay not so long as to make perfect letters.«[5] Conway dagegen zieht sich in den letzten Jahren ihres Lebens, als sich ihr Zustand weiter bis zum Unerträglichen verschlimmert, immer stärker ins Schweigen zurück. Sie wird nicht nur immer geräuschempfindlicher – in diese Zeit, in der sie vermutlich auch ihre *Principles* niedergeschrieben hat, solange sie noch schreiben konnte,[6] fällt auch ihre Begegnung mit der Spiritualität der Quaker, die sie (zur Be-

1 So Ernst Cassirers Bezeichnung der Cambridge Platonists, vgl. seine Studie *Die platonische Renaissance in England und die Schule von Cambridge*, Leipzig 1932.

2 Geschrieben, so More seinem Biographen Richard Ward zufolge, »abruptly and scatteredly ... in a Paper-Book, with a Black-lead Pen« (zit. *Conway Letters*, p. 453, cf. auch Anne Conway, *The Principles of the Most Ancient and Modern Philosophy*, English-Latin, ed. Peter Loptson, The Hague 1982 [im folgenden: *Principles*, ed. Loptson], Appendix I, p. 240).

3 *PRINCIPIA PHILOSOPHIAE Antiquissimae & Recentissimae: DE DEO, CHRISTO & CREATURA; id est De Spiritu & Materia in genere. Quorum beneficio resolvi possunt omnia problemata, ques nec per Philosophiam Scholasticam, nec per communem modernam, nec per CARTESIANAM, HOBBESIANAM, vel SPINOSIANAM resolvi potuerunt. Opusculum Posthumum. E Lingua Anglicana Latinitate donatum, cum Annotationibus ex antiqua Hebraeorum Philosophia desumtis*, Amstelodami 1690. – Marjorie Nicolson vermutet More als Übersetzer ins Lateinische; Rückübersetzer ins Englische könnte John Clarke gewesen sein (cf. *Conway Letters*, p. 453).

4 Zuerst Amsterdam 1690, dann London 1692 (cf. *Principles*, ed. Loptson, p. 147).

5 »An Epistle« in *Natures Pictures Drawn By Fancies Pencil To The Life*, London: J. Martin, J. Allestrye, 1656, p. 367. So auch in der Einleitung zu ihrer dem gleichen Band beigebundenen Autobiographie, »A true Relation of my Birth, Breeding, and Life«: »For the brain being quicker in creating than the hand in writing or the memory in retaining, many fancies are lost, by reason they ofttimes out-run the pen« (p. 384).

6 Ihre letzten Briefe sind immer öfter von einem Amanuensis geschrieben.

stürzung ihrer Freunde und Verwandten und zum Kummer Henry Mores) bis zur Konversion führen wird.

Ihr Verstummen ist nicht nur ein physisches Symptom. Es hat zugleich eine metaphysische Qualität. Einer ihrer letzten Briefe an Henry More[1] zieht diese beiden Dimensionen ihres Lebens zusammen. Nicht nur ist sie im Begriff, die Bediensteten in ihrer unmittelbaren Umgebung durch Quaker zu ersetzen – »[...] for if they prove what they seeme to be, lovers of quiett and retirement, they will fitt the circumstances I am in (that cannot endure any noise) better then others.«[2] Das Schweigen der Quaker ist für sie zum Signum einer Spiritualität geworden, die »the most learned and Rhetorical discourses of resignation« an tröstender Kraft übertrifft, weil sie aus eigener Leidenserfahrung gewonnen ist und diese widerspiegelt.[3] Dieses Stillwerden wie die bei ihr ausharrenden »Friends« ist eben deshalb zugleich die treffendste metaphysische Aussage; es ist philosophisch und theologisch unüberbietbar ›richtig‹: »The weight of my affliction lies so very heavy upon me, that it is incredible how very seldom I can endure anyone in my chamber, but I find them *so still*, and very serious, that the company of such of them as I have hitherto seene, will be acceptable to me, as long as I am capable of enjoying any; [...]«.[4] Das Schweigen der Quaker wird zu jenem ›Wort‹, das, wie sie mit einer biblischen Anspielung mit potentiell kabbalistischen Untertönen formuliert, soviel gilt wie »apples of gold in pictures of silver«:[5] ein Wort, das die Wahrheit zugleich verbirgt und zeigt, so paradox wie

1 Der letzte an ihn, den Marjorie Nicolson in den *Conway Letters* druckt; einer der längsten erhaltenen Briefe Conways an More: cf. # 257, pp. 420-423. Ich folge im Blick auf die psychologische Einschätzung der Konversion Conways Nicolsons Kommentar und Interpretation; zu diesem Brief cf. p. 412f.

2 Ibid. p. 422.

3 Conway formuliert dies nicht zufällig in einer Wendung, die auf einen kabbalistischen Grundgedanken anspielt: »They have been and are a suffering people and are taught from the consolation [that] has been experimentally felt by them under their great tryals to administer comfort upon occasion to others in great distresse, and *as Solomon sayes, a word in due season is like apples of gold in pictures of silver.*« (ibid. p. 421, meine Hervorh.). Zu einem möglichen kabbalistischen Verständnis dieses Zitats s.u. n. 5.

4 Ibid. p. 421f; meine Hervorh.

5 Die Wendung spielt an auf Spr 25:11, in der Übersetzung der Authorized Version: »A word fitly spoken is like apples of gold in pictures of silver.« Diese salomonische Weisheit bildet die Grundlage einer Ausführung des Moses Maimonides (1135-1204) zur allegorischen Hermeneutik philosophischer Tora-Interpretation in seiner Hauptschrift *More Nevuchim* (*Führer der Verwirrten*): »Es sagt der Weise (Spr 25:11): ›Gleich goldenen Äpfeln in silbernen Schalen ist ein Wort in seinem Vielsinn gesprochen.‹ [...] Der Gedanke davon ist: Wenn ein Wort zweifachen Sinn hat, nämlich einen offenbaren und einen verborgenen, so muß der offenbare wohl trefflich wie Silber, trefflicher aber als er sei der im Innern verborgene Sinn, derart daß das Verborgene zum Offenbaren sich verhält wie das Gold zum Silber. Es ist aber notwendig, daß auch das Offenbare dem Betrachter andeutend verrate, was das Innere birgt, so wie der goldene Apfel, den das feindurchwirkte Silbernetz umschließt, zwar dem von fern oder unachtsam Schauenden wie ein silberner erscheint, jedoch dem mit scharfem Auge und genauem Bedacht Blickenden klar zu wissen gibt, daß er hinter der Hülle ein goldner ist.« (zit. in der Übers. von A. Altmann bei Andreas Kilcher, *Die Sprachtheorie der Kabbala als ästhetisches Paradigma*, Stuttgart, Weimar 1998, p. 51). – Nun ist Moses Maimonides kein Kabbalist, gleichwohl kann aber auch, wie Gershom Scholem ausführt, von einem unversöhnlichen Gegensatz zwischen dem Denken des großen

dieses Schweigen, das kein Verschweigen ist, sondern das Äußerste an metaphysischer Beredsamkeit, Sprechen des Eigentlichen. Wenn Conway gegen Ende ihres Briefes, der in vielem Züge eines Abschiedsbriefes trägt, nochmals taktvoll auf die Sorge Henry Mores um die Scheidung des Geistes wahrer Frömmigkeit von jenem des religiösen Fanatismus' zu sprechen kommt, die sein gesamtes Werk durchzieht und die sich nun auch auf sie selbst richtet, so bekundet sie zugleich ein letztes Mal ihr Gespür für die Nähe, vielleicht die Identität des melancholischen ›Alles stumm‹ und des manisch-enthusiastischen ›Alles spricht‹ in diesem Moment ihres Lebens: »I pray God give us all a clear discerning betweene Melancholy Enthusiasme and true Inspiration that we may not be imposed upon to believe a lye.«[1]

Beide, Cavendish wie Conway, bringen aus exzentrischer Position und auf ganz unterschiedlichen Wegen ihre Wahrheit zur Sprache; beider Schreiben zeigt die Grundzüge skeptischer Phantasie – im Falle dieser beiden Autorinnen genauer: skeptisch-platonischer Konfigurationen besonderer und gerade aufgrund ihrer krassen Gegensätzlichkeit vergleichbarer Art. Im folgenden soll zunächst Margaret Cavendish in einem ihrer Hauptwerke vorgestellt werden. Im direkten Anschluß will ich versuchen anzudeuten, inwiefern auch das philosophische System, dessen Prinzipien Conway in ihrem Rückzug ins Schweigen formuliert, eine Version jener imaginativen Verklammerung des Entgegengesetzten darstellt, der diese Untersuchung frühneuzeitlicher Literatur auf der Spur ist.

Theologen und dem der Kabbalisten keine Rede sein. Abulafia etwa suchte den Anschluß an die Schriften des Maimonides und auch der Verfasser des Sohar griff vielfach auf sie als Quellen zurück (cf. *Die jüdische Mystik*, e.g. pp. 151, 189f, 422 Anm. 77). Auch Kilchers Überlegungen zeigen, inwiefern auch die frühneuzeitliche Kabbala in der hermeneutischen Tradition des Maimonides steht; Ausführungen zu diesem Zusammenhang finden sich auch bei Frank Talmage, »Apples of Gold: The Inner Meaning of Sacred Texts in Medieval Judaism«, in: Arthur Green, ed., *Jewish Spirituality. From the Bible Through the Middle Ages*, London 1986, pp. 313-355. Ausgehend von Maimonides' Deutung der in Spr 25:11 artikulierten Vorstellung verborgen-offenbarer Wahrheit vergleicht Talmage Methoden philosophischer Allegorese und kabbalistischer Interpretation in der Auslegung und Präsentation esoterischer Wahrheit. – Im ersten Teil der *Kabbala denudata* (Sulzbach und Frankfurt 1677-1684), der Sammlung zahlreicher bedeutender kabbalistischer Texte, an der Christian Knorr von Rosenroth arbeitete und auch Van Helmont und Henry More mitwirkten, über die im Conway-Kreis wiederholt korrespondiert wurde und deren erste Teile noch zu Conways Lebzeiten erschienen, findet sich den Indizes zufolge zwar kein direkter Bezug auf die zitierte Passage aus dem Buch der Sprüche (cf. *Apparatus in Librum Sohar Pars Prima, nempe Loci Communes Kabbalistici* bzw. den vorangestellten *Index Latinus Materiarum*, sowie den *Index Locorum S. Scripturae*, in: Christian Freiherr Knorr von Rosenroth, *Kabbala Denudata* I [Nachdruck der Ausgabe Sulzbach 1677], Hildesheim 1974). Zum einen sind die »goldenen Äpfel auf silbernen Schalen« jedoch ein Gemeinplatz für die in den heiligen Schriften verborgenen Bedeutungen; zum anderen war Henry More mit dem *More Nevuchim* offenkundig vertraut, denn er erwähnt und zitiert das Werk des Maimonides (als *More Nevochim*) mehrfach in seinen eigenen Beiträgen zur *Kabbala Denudata*; vgl. pp. 179, 182, 225, 251, 254, 255 in der »Ulterior Disquisitio de rebus in Amica responsione Contentis D. Henrici Mori«, *Apparatus in Librum Sohar Pars Secunda* in: *Kabbala Denudata* I, Sulzbach 1677. More dürfte Conways Andeutung nur zu gut verstanden haben.

1 *Conway Letters*, p. 422.

1. Margaret Cavendish: »a world of her own invention«

Das umfangreiche Œuvre der Duchess of Newcastle, Margaret Cavendish, erscheint symptomatisch für die unübersichtliche mentalitätsgeschichtliche Situation im England des 17. Jahrhunderts. Nicht nur ist der generische Status vieler ihrer Texte unklar: Sie scheren sich wenig um Gattungsgrenzen und bewegen sich einigermaßen unbekümmert zwischen Faktizität und Fiktion. Auch fügen sich ihre zahlreichen Dramen, Gedichte, Prosatexte und Schriften mit wissenschaftlichem Anspruch keiner der aktuellen Denkrichtungen bruchlos ein und scheinen doch an allen von ihnen in gewissem Sinne zu partizipieren. Nun mag man eben dies für eines der Kennzeichen des Literarischen halten; und ich werde auch in diese Richtung argumentieren. Allerdings bedarf die Art und Weise, wie die Texte der Cavendish im ideologischen und epistemischen Spannungsfeld ihrer Zeit zu situieren sind, ebenso der Präzisierung wie die besondere Kontur ihrer Literarizität.

In einer ersten Annäherung läßt sich festhalten, daß auch sie noch geprägt sind von jenem durchgreifenden Ordnungsverlust, der in der Forschung unter dem Stichwort der *crise pyrrhonienne* verhandelt wird[1] und von dem etwa seit Beginn des 17. Jahrhunderts auch England betroffen ist. Cavendishs Teilhabe an dieser Welle des Skeptizismus (von der sie während ihrer Aufenthalte in Frankreich und Holland schon ab den vierziger Jahren berührt worden sein dürfte) belegen die zahlreichen Elemente in ihrem Werk, die die Bedingtheit, Unbestimmtheit und Heterogenität der Wirklichkeit und deren skepsis-affine Erklärungsversuche vor allem von Seiten der neuen Naturwissenschaften thematisieren. So enthalten etwa die Texte des Frühwerks, vor allem die *Poems, and Fancies* von 1653, zahlreiche ›atomistische‹ Gedichte und Prosameditationen. Bald darauf verwirft Cavendish den Atomismus[2] und wendet sich anderen Weltmodellen zu. In ihren metaphysischen Spekulationen bewegt sie sich einigermaßen unbekümmert zwischen materialistischen, naturalistischen und rationalistischen Positionen. Von bestimmten cartesianischen Motiven fühlt sie sich offenkundig angezogen; aber sie interessiert sich nicht zuletzt auch brennend für die aktuellen empiristischen Forschungen und Experimente. Das bezeugt nicht nur ihr oftkommentierter Besuch in der Royal Society am 30. Mai 1667,[3] sondern vor allem auch ihre eingehende Auseinandersetzung mit Robert Hookes *Micrographia*[4] in ihren *Observations Upon Experimental Philosophy* von 1666 – jenem Werk,

1 Richard Popkin, *The History of Scepticism from Erasmus to Spinoza*, Berkeley 1979, p. 1 und passim.

2 Vgl. z.B. *A Condemning Treatise of Atomes* in: *The Philosophical and Physical Opinions*, London 1655.

3 Cf. Samuel I. Mintz, »The Duchess of Newcastle's Visit to the Royal Society«, *Journal of English and Germanic Philology* 51 (April 1952), 168-176.

4 Robert Hooke, *Micrographia: or Some Physiological Descriptions of Minute Bodies Made by Magnifying Glasses with Observations and Inquiries thereupon*, London 1665 (wieder gedruckt in: *Early Science in Oxford*, ed. by R. T. Gunther, Vol. XIII, Oxford 1938, London 1968).

dem die *Blazing World* als eine Art fiktionaler Appendix beigegeben ist.[1] Das hindert sie nicht daran, in den *Observations* mit dem Empirismus und seinem Vertrauen auf die Zuverlässigkeit des Erfahrbaren kritisch ins Gericht zu gehen. Auch andernorts bezweifelt sie mehrfach die Möglichkeit vollständiger Erkenntnis,[2] hebt die Schwäche der menschlichen Wahrnehmungskräfte hervor, kommentiert wiederholt den relativierenden Wechsel wissenschaftlicher Meinungen und beklagt die fruchtlosen Kontroversen unter denen, die sie vertreten.[3] Dennoch ist damit ihre theoretische Einstellung noch keineswegs zureichend charakterisiert. Denn diese im weiteren Sinne skeptizistischen Momente in Cavendishs Denken[4] erscheinen immer wieder verklammert mit solchen, die systematisch auf Kontingenzbeseitigung zielen.

1 In den *Observations* findet sich im übrigen ein Hinweis darauf, daß Cavendishs Wissen über die pyrrhonische Skepsis keineswegs so oberflächlich oder deriviert ist, wie gelegentlich pauschal im Blick auf ihre gesamte philosophische Bildung unterstellt wird: Sie bemerkt dort, sie beziehe ihre Kenntnisse von »Mr. Stanly« – dies aber ist Thomas Stanley, der bedeutende Kompilator und Verfasser einer dreibändigen *History of Philosophy* (London 1655 – 1662), die eine vollständige englische Übersetzung der *Hypotyposen* des Sextus Empiricus enthält (cf. den Nachdruck der Ausgabe von 1701: Thomas Stanley, *The History of Philosophy*, repr. Hildesheim 1975, »The Twelfth Part, Containing the Sceptick Sect«, pp. 470ff, vor allem pp. 475-532, »A Summary of Scepticism. Sexti Empirici, Pyrrhoneæ Hypotyposes«). Für die zweite Hälfte des 17. Jahrhunderts war dies offenbar einer der wichtigsten pyrrhonistischen Quellentexte; in dem Maße, in dem Cavendish ihn studiert hatte, war sie gleichsam aus erster Hand mit der dort artikulierten Skepsis vertraut.

2 Vgl. z.B. »The Expression of the Doubts and Curiosity of Man's Minde« oder »The Dialogue of the Wise Lady, the Learned Lady and the Witty Lady« in: *Natures Pictures Drawn by Fancies Pencil to the Life*, London 1656. Vgl. auch *Poems, and Fancies*, London 1653, hier: pp. 35, 36, 39, oder »To the Reader« (n.p.) in: *Observations Upon Experimental Philosophy*, London 1666, und öfter. In der zweiten Auflage der *Observations Upon Experimental Philosophy*, London 1668, findet sich folgende Stellungnahme aus dem Geist einer genuin pyrrhonischen Skepsis: »When *Scepticks* endeavour to prove, That not any thing in Nature can be truly and thorowly known; they are, in my opinion, in the right way, as far as their meaning is, That not any particular Creature can know the Infinite parts of Nature; for Nature having both a divisible and compoundable Sense and Reason, causes ignorance, as well as knowledg, amongst particulars: But if their opinion be, That there is no true knowledg at all found amongst the parts of Nature, then surely their Doctrine is not onely unprofitable, but dangerous, as endeavouring to overthrow all useful and profitable knowledg. The truth is, that Nature being not only divisible, but also compoundable in her parts, it cannot be absolutely affirmed, that there is either a total ignorance, or a universal knowledg in Nature, so as one finite part should know perfectly all other parts of Nature [...]« (p. 289)

3 Vgl. z.B. die Schlußzeilen des Gedichts »*Of* Light, *and* Sight« in *Poems, and Fancies*, p. 39:

Some *Ages* in *Opinion* all agree,
The next doth strive to make them false to be.
But what *is*, doth please so well the *Sense*,
That *Reasons* old are thought to be *Non-Sense*.
But all *Opinions* are by *Fancy* fed,
And *Truth* under *Opinions* lieth dead.

Vgl. auch *CCXI Sociable Letters*, London 1664 (wieder gedruckt Menston 1969), vor allem Briefe LXXIV (pp. 153-155), CXI (pp. 223-225), CXXXV (p. 273f), und CXXXVIII (pp. 283-288).

4 Cavendish weist jede Art von negativem Dogmatismus ebenso zurück wie das Festhalten an ungeprüften Gewißheiten. Wählt man ihre Äußerungen in den *Observations Upon Experimental*

Die Präsenz dogmatischer, insbesondere platonischer Motive in ihrem Werk verdient auch deshalb hervorgehoben zu werden, weil mit ihnen eine zweite Hauptrichtung in der englischen Philosophie des 17. Jahrhunderts angesprochen ist. So blühten zur Zeit Cavendishs ja keineswegs nur die erfahrungsorientierten Naturwissenschaften auf, sondern es gab gleichzeitig eine Wiedergeburt neoplatonischer Spekulation. Zentrum dieser ›neuen‹ Metaphysik – die auf ein nach wie vor präsentes, teilweise geläufiges, teilweise in ungebrochener okkultistischer Tradition überliefertes Substrat platonischer Topoi zurückgreifen konnte – war die von Cassirer so genannte Schule von Cambridge um die Theologen Ralph Cudworth, Benjamin Whichcote, John Smith und Henry More.[1] Vor allem der zuletzt Genannte suchte seiner Philosophie überdies Bestände cartesianischer und kabbalistischer Doktrin zu inkorporieren. Für Cavendish zählte er zu den bedeutendsten Denkern ihrer Zeit.[2]

Das Schreiben dieser Autorin nun führt zusammen, was systematisch kaum vereinbar erscheint. Die pyrrhonische Skepsis, wie Sextus Empiricus sie artikuliert hatte und wie sie seit 1562 in Übersetzungen und Neudrucken seiner Werke zur Verfügung stand, steht in radikaler Opposition zu allen von Gewißheit ausgehenden oder zu ihr führenden Philosophien. Nicht zuletzt besitzt die skeptische Kritik an »dogmatischen« Denkweisen eine gegen den Erkenntniseifer des Platonismus und die frühneuzeitliche Hermetik gerichtete Spitze, suchen diese doch vornehmlich »verborgene Dinge« in Gestalt der metaphysischen Beziehungen zu ergründen, die zwischen Welt, Seele und dem Einen walten.[3]

In der *Description of a New World Called the Blazing World* finden sich nun Konfigurationen des Entgegengesetzten, die noch um einiges extremer erscheinen als die, die uns in den oftmals recht exzentrischen Suchbewegungen des philosophischen Diskurses ihrer Zeitgenossen begegnen. Das außerliterarisch Getrennte wird hier weder bloß nebeneinandergestellt, noch wirklich synthetisiert. Vielmehr entstehen skeptisch-dogmatische Synkretismen, denen man ihre interne Problemspannung durchaus noch anmerkt und die vor allem erstaunliche literarische Produktivität entbinden. Cavendishs Texte konstruieren Kippfiguren, die bei der Lektüre ein dynamisches Sowohl-als-Auch erfahrbar zu machen vermögen; eine wechselseitige Reflexion dessen, was zuvor unvereinbar erschien. Die Konstitution derartiger Interaktionsverhältnisse vorübergehend entpragmati-

---

Philosophy als Maßstab, so scheint sie sich selbst am ehesten mit einem gemäßigten Pyrrhonismus einverstanden zu erklären.

1 Ernst Cassirer, *Die platonische Renaissance in England und die Schule von Cambridge*, Leipzig 1932. – Vgl. auch *The Cambridge Platonists*, ed. C. A. Patrides, Cambridge 1980, sowie Jean-Pierre Schobinger, ed., *Die Philosophie des 17. Jahrhunderts* [= *Grundriss der Geschichte der Philosophie Band 3/1 – England*], Basel 1988.

2 Vgl. Margaret Cavendish, *Philosophical Letters: or, Modest Reflections Upon some Opinions in Natural Philosophy, Maintained by several Famous and Learned Authors of this Age*, London 1664. Vgl. auch Margaret Cavendish, *The Description of a New World Called the Blazing World and Other Writings*, ed. Kate Lilley, London 1992, p. 181 (alle weiteren Seitenangaben nach dieser Ausgabe, im folgenden zitiert als *BW*).

3 Ausführlich hierzu Kapitel 1, »Strukturen der Skepsis – strukturelle Skepsis«.

sierter Wissensbestände erscheint nur im Medium der Fiktion möglich. Vielleicht liegt in dieser Art der szientifischen Erzählung auch die eigentlich utopische Qualität der *Blazing World.* In ihrer ›ordnungswidrigen‹ Umorganisation und Verquickung konkurrierender Modelle der Welterklärung löst sie weniger Probleme, als daß sie sie bewahrt. Zugleich lassen ihre Texte einen eigentümlichen Zwischenraum entstehen, in dem Fiktion und Faktizität sich überschneiden und – zumindest für die Dauer des Lesens – sich gleichsam kontingente Verbindlichkeiten einstellen. Literatur entsteht hier als Provisorium mit Erkenntnisanspruch. Und sie entsteht aus dem Geist einer gelehrten Skepsis, deren suggestive Konturen sich in der Analogie abzuzeichnen scheinen, die sich zwischen dem Motto von Raleighs *Sceptic* – »*The sceptic doth neither affirm, neither deny any position* [...]«[1] – und Sidneys berühmtem Diktum »Now for the *Poet*, he nothing affirmeth, [...]«[2] ergibt.

Dieses Vorläufige, das im Wechsel zwischen den Welten entsteht, das aber dennoch ernstgenommen werden will, läßt sich auch als eines der Themen im Leben der Margaret Cavendish ausmachen. Mit zwanzig ist sie Mauerblümchen am Hofe der Henrietta Maria. Daß der berühmte Marquis (und spätere Duke) von Newcastle die schüchterne Hofdame aus der *lesser gentry* ehelicht, bekräftigt nur ihre Randständigkeit: siebzehn Jahre lang bleiben die Cavendishs im Exil auf dem Kontinent, bei wechselndem Wohnsitz in Paris, Rotterdam und Antwerpen. In dem Kreis von Wissenschaftlern, Künstlern, Intellektuellen, die ihr Gatte um sich schart, ist sie zwar dabei, aber ihre – nicht selten einseitig bleibende – Korrespondenz mit den Geistesgrößen, zu denen Descartes, Mersenne, Gassendi, Hobbes, Kenelm Digby, Joseph Glanvill u.a. zählen,[3] bezeugt ihre gewaltige Anstrengung, von einer als peripher empfundenen Position in die Mitte zu rücken. Sie bleibt auch nach der Rückkehr des Paares nach England als Duchess of Newcastle exzentrisch – das Aufsehen, das ihr Besuch in der Royal Society erregt, spricht für das gänzlich Unerhörte dieses Ansinnens, als Frau ins Zentrum der neuen experimentellen Naturwissenschaften eindringen zu wollen –, ja sie wird erst im eigentlichen Sinne zur Exzentrikerin, zur von Samuel Pepys und anderen verspotteten »Mad Madge«. Dennoch fährt sie fort, die Grenzen der ihr angeblich gemäßen Sphäre zu übertreten. Es gibt kaum eine Wissenswelt, die sie in ih-

1 »*The sceptic doth neither affirm, neither deny any position; but doubteth of it, and opposeth his reasons against that which is affirmed or denied, to justify his not consenting.*« (Original kursiv; »The Sceptic«, in: *The Works of Sir Walter Raleigh*, Vol. 8, New York 1829).

2 *The Defence of Poesie* (1595) in: *The Prose Works of Sir Philip Sidney*, Vol. 3, ed. Albert Feuillerat, Cambridge 1968, p. 29.

3 Zu den Beziehungen und der Art des Austausches, die der »court-in-exile« bzw. die exilierten englischen Royalisten generell und der Newcastle-Kreis insbesondere zu französischen neoepikureischen Denkern unterhielten, cf. auch Charles Kay Smith, »French philosophy and English politics in interregnum poetry«, in: R. Malcolm Smuts, ed, *The Stuart court and Europe. Essays in politics and political culture*, Cambridge 1996, pp. 177-209 (zu Cavendishs frühen Gedichten: p. 199f). – Einige der synkretistischen, anti-aristotelisch-atomistischen Ansichten Kenelm Digbys (einschließlich diverser Überlegungen zur Seelenwanderung), die Cavendish beeindruckt haben könnten, finden sich in Digbys *Two Treatises*, Paris 1664 (repr. Stuttgart-Bad Cannstatt, 1970); von Glanvill wird in Zusammenhang mit Henry More noch die Rede sein.

ren seit 1653 entstehenden und einer kopfschüttelnden Öffentlichkeit präsentierten Büchern nicht betritt.[1] Als sie 1673 fünfzigjährig stirbt, bleibt vielen in erster Linie dieser transgressive Ehrgeiz und ihre ausschweifende Selbstinszenierung in Erinnerung.[2]

---

1 Dabei vermögen ihre Texte ihre Gedanken kaum zu beherbergen: Ihre Ideen stürmen schneller auf sie ein, als sie sie zu Papier bringen kann; die Wörter drängen ihr so rasch über die Lippen, daß sie sich gar nicht erst mit langen Überarbeitungen aufhalten mag, sondern immer neu ansetzt und unaufhörlich weiterschreibt. Vgl. z.B. ihre Bekundung in »An Epistle« in *Natures Pictures*: »I desire all my Readers and Acquaintance to believe, though| my words run stumbling out of my mouth, and my pen draws roughly on my paper, yet my thoughts move regular in my Brain, for the several tracks or paths that Contemplation hath made on my Brain; which paths or tracks are the several wayes my thoughts move in, are much smoother than the tongue in my mouth, from whence words flow, or the paper on which my pen writes; for I have not spoke so much as I have writ, nor writ so much as I have thought; for I must tell my Readers, that Nature, which is the best and curiosest Worker, hath paved my Brain smoother than Custome hath oiled my Tongue, or Variety hath polished my Senses, or Art hath beaten the paper whereon I write; for my phancy is quicker than the pen with which I write, insomuch as it is many times lost through the slowness of my hand, and yet I write so fast, as I stay not so long as to make perfect letters.« (p. 366f). Vgl. auch die Rechtfertigung ihrer ›verschwenderischen‹ Schreibweise in *Poems, and Fancies*: »*It is just as in* Poetry: *for good* Husbandry *in* Poetry, *is, when there is great store of* Fancy *well order'd, not onely in fine* Language, *but proper* Phrases, *and significant* Words. *And* Thrift, *in* Poetry, *is, when there is but little* Fancy, *which is not onely spun to the last* Thread, *but the* Thread *is drawne so smal, as it is scarce perceived. But I have nothing to spin, or order, so as I become* Idle*; I cannot say, in mine owne* House, *because I have none, but what my* Mind *is lodg'd in.*« (»To the Reader«, n.p.).

2 Die Outriertheit ihres Schreibens, ihrer Spekulations- und Publikationsfreude spiegelt die ihres Auftretens – die skandalöse Extravaganz ihrer (Ver-)Kleidung in selbsterfundenen Kostümen und ihr unverhohlenes Streben nach Öffentlichkeit und intellektueller Anerkennung. Margaret Cavendish drängt mit Macht in den Mittelpunkt, sie will partout etwas gelten, will im Gedächtnis bleiben. Ihr Ehrgeiz ist gänzlich ungeschminkt, vgl. das zweite Vorwort »To the Reader« in *Natures Pictures* (n.p.): »[...] I confess my Ambition is restless, and not ordinary; because it would have an extraordinary fame: And since all heroick Actions, publick Imployments, powerfull Governments, and eloquent Pleadings are denyed our Sex in this age, or at least would be condemned for want of custome, is the cause I write so much, for my ambition being restless, though rather busie than industrious, yet it hath made that little wit I have run upon every subject I can think of, or is fit for me to write on; [...]«. – Zur Selbstinszenierung Cavendishs als »meteor of the time« (»The Contract«, *BW*, p. 7) vgl. auch die folgenden Passagen aus ihrer Autobiographie »A True Relation of my Birth, Breeding, and Life«, in *Natures Pictures*: »[...] I took great delight in attiring, fine dressing and fashions, especially such fashions as I did invent my self, [...] for I always took delight in singularity, even in acoutrements of habits, but whatsoever I was addicted to, either in fashions of Cloths, contemplation of Thoughts, actions of Life, they were Lawfull, Honest, Honorable and Modest, [...].« (p. 387) »[...] but I fear my Ambition inclines to vain glory, for I am very ambitious, yet 'tis neither for Beauty, Wit, Titles, Wealth or Power, but as they are steps to raise me to Fames Tower, which is to live by remembrance in after-ages [...].« (p. 389) – Zu Vita und Wirkung Cavendishs vgl. weiterhin Gerald Dennis Meyer, *The Scientific Lady in England 1650-1760 – An Account of Her Rise, with Emphasis on the Major Roles of the Telescope and Microscope*, Berkeley and Los Angeles 1955; Sara Heller Mendelson, *The Mental World of Stuart Women – Three Studies*, Sussex 1987; Deborah Taylor Bazeley, *An Early Challenge to the Precepts and Practice of Modern Science – The Fusion of Fact, Fiction, and Feminism in the Works of Margaret Cavendish, Duchess of Newcastle (1623-1673)*, unveröffentl. Diss. University of California 1990; Londa Schiebinger, *The Mind Has No Sex? Women in the Origins of Modern Science*, Cambridge, Mass., London 1989; Gabriele Rippl,

Margaret Cavendishs *Description of a New World Called the Blazing World* erzählt die folgende Geschichte: Ein junges Edelfräulein wird von einem Kaufmann, der sich in sie verliebt hat, entführt. Das Schiff gerät in Seenot und wird zum Nordpol getrieben. Die junge Dame überlebt als einzige die bittere Kälte, und ihr Boot gerät am Pol in eine andere, mit ihrem Pol an die erste anschließende Welt, aufgrund ihres sternenlichterhellten Nachthimmels »Blazing World« genannt. Nach kurzen, freundlichen Begegnungen mit deren Bewohnern, verschiedenen Arten von Tiermenschen, wird die Schiffbrüchige dem Kaiser vorgeführt, der sie sogleich heiratet. Die namenlose Heldin, von nun an »Empress« und wie eine Göttin von ihren Untertanen verehrte Alleinherrscherin der Blazing World, gründet als erstes Schulen und mehrere Forschungsgesellschaften, in denen die Tiermenschen entsprechend ihren spezifischen Begabungen wissenschaftlich tätig sind.[1] Sodann bestellt sie die Vertreter der unterschiedlichen Disziplinen zu sich und befragt sie ausführlich. (Diese Gespräche nehmen ein gutes Viertel des Gesamttextes ein.) Die *virtuosi* in Tiergestalt werden, als sie an die Grenzen ihres Wissens kommen, und nachdem die *Empress* noch rasch eine umfassende Religions- und Kirchenreform durchgeführt hat, als Gesprächspartner abgelöst von *immaterial spirits*. Die ausgedehnte Konferenz mit diesen kreist nun um eher metaphysische Themen. Sie gipfelt darin, daß die *Empress* unvermittelt ihr großes Verlangen, eine Kabbala zu verfassen, kundtut: »I have a great desire [...] to make a Cabbala« (*BW*, p. 179). Dazu braucht sie indes einen Sekretär. Nachdem sie sich von der Untauglichkeit der bedeutendsten antiken und zeitgenössischen Philosophen für diese Tätigkeit hat überzeugen lassen, akzeptiert sie den Vorschlag der *spirits* und läßt die Seele der Duchess of Newcastle – »a plain and rational writer« (*BW*, p. 181) – kommen. Die *Duchess* überzeugt die *Empress* davon, daß es weder sinnvoll sei, »the Jews' Cabbala« (*BW*, p. 182) zu erstellen, noch, eine philosophische, moralische oder politische Kabbala zu verfassen. Stattdessen rät sie zu einer »poetical or romancical Cabbala«. *Duchess* und *Empress* werden nun »platonic lovers, although they were both females« (*BW*, p. 183). Man bekämpft aufkommende Melancholie durch das Imaginieren neuer Welten. Auch besucht man gemeinsam den Gatten der *Duchess* in deren Heimat. Der erste Teil endet damit, daß die *Empress* auf den Rat der *Duchess* die absolute Monarchie in der Blazing World wieder einführt.

Das Thema der Restauration wird im zweiten Teil elaboriert: Die *Empress* erfährt, daß sich in ihrer Herkunftswelt zahlreiche Nationen gegen ihr Heimatland verbündet haben und es bedrohen. Daraufhin rückt sie mit einer technisch überlegenen Entsatzarmee aus der Blazing World (und der *Duchess* als bewährter

---

Lebenstexte. Literarische Selbststilisierungen englischer Frauen in der frühen Neuzeit, München 1998.

1 »The bear-men were to be her experimental philosophers, the bird-men her astronomers, the fly-, worm- and fish-men her natural philosophers, the ape-men her chemists, the satyrs her Galenic physicians, the fox-men her politicians, the spider- and lice-men her mathematicians, the jackdaw-, magpie- and parrot-men her orators and logicians, the giants her architects, etc.« (*BW*, p. 134).

Ratgeberin) an, versetzt die Feinde mit den Mitteln psychologischer Kriegsführung in Angst und Schrecken und legt unerbittlich die Städte derer, die sich nicht sofort ergeben, in Schutt und Asche. Nicht genug damit: Sie macht den König ihres Herkunftslandes zum absoluten Herrscher über ein weltumfassendes Imperium tributpflichtiger Staaten, in welchem er die alleinige See- und Handelshoheit besitzt. Danach kehrt sie im Triumph in ihr eigenes Reich zurück. Dort vertreibt sich der daheimgebliebene *Emperor* die Zeit, indem er die Stallungen und herrschaftlichen Häuser des *Duke* in prachtvollster Ausstattung nachbaut. Nach allerlei angenehmer Unterhaltung – unter anderem über die Dramen der *Duchess* – kehrt auch diese in ihre Welt zurück, um ihrem Gatten von ihren Erlebnissen zu berichten.

Einer der bemerkenswertesten Züge dieses Textes ist, daß er nicht eindeutig markiert, ob das, was etwa die Wurm- und Fischmenschen an Erkenntnissen über die Entstehung von Ebbe und Flut, die Atmung der Amphibien oder die Fortpflanzung der Lebewesen vortragen,[1] mit den Ansichten der impliziten Autorin übereinstimmt bzw. für verläßliches Wissen zu halten sei. Die zur Sprache gebrachten Vorstellungen geraten als potentielle Wahrheiten in eine Art Suspens, in dem Widersprüchliches nebeneinander stehenbleibt.[2] Führt indes das von der *Empress* als Moderatorin inszenierte interdisziplinäre Gespräch in erster Linie zu weiteren offenen Fragen,[3] so beginnt der Bereich des Nichtwissens bald interessanter zu erscheinen als der des – stets anfechtbaren – Wissens. In der Fülle der

---

1 Cf. *BW*, pp. 147-149.

2 Ein vergleichbares Verfahren findet sich auch, wie Londa Schiebinger ausführt, in *A Femal Oration* in Cavendishs *Orations of Divers Sorts, Accommodated to Divers Places*, London 1662: Welche von den fünf Stimmen Cavendishs eigene Meinung artikuliert, bleibt ungewiß (cf. Schiebinger, *The Mind has no Sex?*, p. 54ff). – Vgl. auch Cavendishs Bekenntnis zur skeptischen Struktur ihrer Texte, vor allem der *Orations*, im Vorwort (*Preface*) der *CCXI Sociable Letters*: Hauptzweck ihres Schreibens sei es, »to Exercise my Fancy [...] for my Orations for the most part are Declamations, wherein I speak *Pro* and *Con*, and Determine nothing«.

3 Cf. z.B. *BW*, p. 149f. – Das heißt im übrigen nicht, daß die *Empress* überhaupt nicht Stellung bezieht. Einzelne Disziplinen – etwa die Alchemie, vertreten durch die Affenmenschen, ebenso die Rhetorik der *parrot-men* – werden scharf getadelt, einige Gesellschaften, wie die der Geometer (*lice-men*) und die der Logiker (*jackdaw-men*) werden sogar ganz aufgelöst oder in ihrem öffentlichen Auftreten eingeschränkt. In anderen Fällen erscheint die Art und Weie, wie sich die *Empress* auf die Argumentation ihrer Wissenschaftler einläßt, ausgesprochen unernst. So z.B. als es bei der Frage der Fortpflanzung darum geht, daß einige Lebewesen keine Ähnlichkeit mit der Matrix, aus der sie hervorgehen, aufzuweisen scheinen: »[...] as for example, maggots bred out of cheese: [...] But said the Empress, there is some likeness between maggots and cheese; for cheese has no blood, and so neither have maggots; besides, they have almost the same taste which cheese has. This proves nothing, answered they; for maggots have a visible, local, progressive motion, which cheese hath not. The Empress replied, that when all the cheese was turned into maggots, it might be said to have local, progressive motion. They answered, that when the cheese by its own figurative motions was changed into maggots, it was no more cheese. The Empress confessed that she observed nature was infinitely various in her works, and that though the species of creatures did continue, yet their particulars were subject to infinite changes.« (*BW*, p. 147f) Ausgerechnet eine der wenige positiven Stellungnahmen der *Empress*, die sich zusammen mit einigen weiteren verstreuten Bemerkungen zu einer einigermaßen kohärenten, zudem der von Cavendish selbst andernorts vertretenen ähnelnden naturphilosophischen Position formiert, erscheint so in einem ironischen Licht.

vermeintlich planlosen Ambivalenzen und zufälligen Unstimmigkeiten zeichnet sich allmählich eine skeptizistische Grundfigur ab: die Gleichgewichtigkeit von Positionen in einem unentscheidbaren Widerstreit (Isosthenie). Angesichts der unaufhebbaren Kontingenz der Meinungen und Standpunkte in dieser Revue wissenschaftlicher Positionen, der begrenzten Tragfähigkeit und offenkundigen Inkompatibilität konkurrierender Systeme der Welterfassung erscheint zuletzt Urteilsenthaltung, Epoché, geraten. Diese Empfehlung wird indes nirgends expliziert. Sie entsteht vielmehr als Korrelat praktizierter Nichtfestlegbarkeit und unbestimmter, gleichsam schwebender Wertungsperspektive, d.h. als Wirkung textueller Strategien.

Die angedeutete Negativität dieser Haltung ist jedoch erst eine Seite der strukturellen Skepsis dieses Textes. Denn zum einen entbindet diese zugleich eine unerhörte Produktivität. Wenn es zutrifft, daß wir, was die letzten Gründe natürlicher Phänomene und die wahre Beschaffenheit des Verborgenen angeht, stets im Dunkeln tappen,[1] dann braucht das kein Grund zur Resignation zu sein – im Gegenteil: Damit fallen zugleich mögliche Schranken unseres Forscherdrangs und Grenzen der Spekulation dahin. Dann ist zwar nichts gewiß, aber alles denkbar. Wenn aber nichts von vornherein ausgeschlossen ist, dann steht auch dem Aufbruch in die Unendlichkeit der imaginativen Welten nichts mehr im Wege. Der skeptische Impuls schlägt in einen poetischen um.

Zum anderen erscheint diese skeptizistisch-entgrenzende Tendenz in Kombination mit einer zweiten, ihr entgegengesetzten Wirkungsstruktur. So sind schon die Welten, zwischen denen Cavendishs Text Transzendenzbewegungen inszeniert, alles andere als beliebig; auch erweist sich die zu vermeintlich ungebundenem Spiel befreite Imagination als eine entschieden und nach bestimmten Kriterien strukturierende Kraft. Die Herkunftswelten sowohl der *Empress* als auch der *Duchess* und ebenso ihr Exil, die Blazing World, weisen durchweg klare hierar-

---

1 Vgl. dazu z. B. das – vor allem im Hinblick auf die Möglichkeiten teleskopischer Erfassung der Himmelskörper – ausgesprochen pessimistische Gedicht »*Of* Stars.« in *Poems, and Fancies* (p. 35f):

Wee finde in the *East-Indies* Stars there bee,
Which we in our *Horizon* did nere see;
Yet we do take great paines in *Glasses* cleere,
To see what *Stars* do in the *Skie* appeare;
But yet the more we search, the lesse we know,
Because we finde our *Worke* doth endlesse grow.
For who doth know, but *Stars* we see by *Night*,
Are *Suns* wich [sic] to some other *Worlds* give *Light*?
But could our outward *Senses* pace the *Skie*,
As well as can *Imaginations* high;
If we were there, as little may we know,
As those which stay, and never do up go.
Then let not *Man*, in fruitless paines *Life* spend,
The most we know, is, *Nature Death* will send.

Virginia Woolf zitiert in ihrem Essay »The Duchess of Newcastle« ohne nähere Quellenangabe Cavendishs Satz »we are in utter darkness« (*The Common Reader*, London 1948, p. 104).

chische Binnenordnungen auf.[1] Sie sind Monarchien mit einem Herrscherpaar an der Spitze, einer Führungsschicht und Untertanen, die ihren Fürsten bedingungslos ergeben sind. Handlungen und öffentliches Auftreten der Herrscherinnen haben zeichenhafte Qualität als Repräsentationen von Macht. Zugleich sind dies maschinengestützte *performances*, deren perfekte Mechanismen ein zusätzlicher Faszinationsgrund sind.[2] Weiterhin verrichtet jedes Wesen die ihm gemäße

1 Das Prinzip sinnvoller Abstufung des vorhandenen Potentials bei klarer Verortung der jeweiligen Kräfte bestimmt sowohl den Aufbau der Blazing World als auch die Grundorientierung der Reformen, die die Empress in ihrer Exil- bzw. Wahlwelt und später in ihrer Heimat durchführt. Stets zielt sie auf die Unterbindung von Zwietracht, widersprüchlicher Vielstimmigkeit, selbstzweckhafter Kontroverse und Konkurrenz; umgekehrt arbeitet sie an der Stärkung, Wiederherstellung oder Neueinrichtung einheitsstiftender Institutionen. So gründet sie die ihr rechenschaftspflichtigen naturforschenden Gesellschaften, bekehrt ihre Untertanen zum Monotheismus (dem sie von Natur aus zuneigen), sorgt dafür, daß sich eine Frauengemeinde konstituiert, deren Oberhaupt und Hauptpredigerin sie selbst ist, und installiert einen aufwendigen symbolisch-technischen Apparat zur Sicherung von Glaubenskonformität und -kontinuität.

2 Die *Empress* restauriert in ihrer Heimatwelt die angefochtene Monarchie und verschafft ihr mit kriegerischer Gewalt weltweite Vormachtstellung. Der erfolgreiche Befreiungsschlag gipfelt in einem barocken Spektakel, in dem die Repräsentation absoluter Herrschaft durch die *Empress* im Mittelpunkt steht. Vor der Rückkehr in ihre Blazing World gibt sie für die Fürsten ihrer Herkunftswelt einen großen Empfang zur See, bei dem sie im Zentrum eines von den Schiffen gebildeten riesigen Kreises erscheint: »And being all met in the form and manner aforesaid, the Empress appeared upon the face of the water in her imperial robes; in some part of her hair she had placed some of the star-stone, near her face, which added such a lustre and glory to it, that it caused a great admiration in all that were present, who believed her to be some celestial creature, or rather an uncreated goddess, and they all had a desire to worship her; for surely, said they, no mortal creature can have such a splendid and transcendent beauty, nor can any have so great a power as she has, to walk upon the waters, and to destroy whatever she pleases, not only whole nations, but a whole world. | The Empress expressed to her own countrymen, who were also her interpreters to the rest of the princes that were present, that she would give them an entertainment at the darkest time of night; which being come, the fire-stones were lighted, which made both air and seas appear of a bright shining flame, insomuch that they put all spectators into an extreme fright, who verily believed, they should all be destroyed; which the Empress perceiving, caused all the lights of the fire-stones to be put out, and only showed herself in her garments of light: the bird-men carried her upon their backs into the air, and there she appeared as glorious as the sun. Then she was set down upon the seas again, and presently there was heard the most melodious and sweetest consort of voices, as ever was heard out of the seas, which was made by the fish-men; this consort was answered by another, made by the bird-men in the air, so that it seemed as if sea and air had spoke and answered each other by way of singing dialogues, or after the manner of those plays that are acted by singing voices.« (*BW*, p. 215) – Bemerkenswert ist an dieser synästhetischen Aufführung zum einen, daß die erstaunliche Erscheinung der *Empress* auf und über den Wassern als keineswegs mysteriös, sondern ausdrücklich als inszeniert geschildert wird. Mittel und Mechanik, mit denen die Operneffekte erzielt werden, erfahren eine detaillierte Erklärung. Wir genießen aus der Sicht der *Empress* den Triumph technisch-naturwissenschaftlicher Überlegenheit. Zum anderen fällt die sorgfältig arrangierte Lichtsymbolik auf. Indem sie – unterstützt von Feuer- und Sternensteinen – in ihrer Lichtaura wie eine Göttin, eine Mischung aus schaumgeborener Aphrodite und Schutzmantelmadonna, auftritt, repräsentiert die *Empress* absolute Macht, verschwenderisch in ihrem Glanz und schrecklich zugleich. Gleichzeitig zeigt sie sich als sie selbst, nämlich als Autokratin der einzigartigen ›Lodernden‹ Welt. Das skeptizistische Moment, das in der decouvrierten Dramaturgie und Technik liegt, erscheint auf diese Weise aufgehoben, wenn nicht domestiziert: Es wird zum Teil der ambivalenten Faszination, die von der platonisch überhöhten monistischen Machtfantasie ausgeht. – Vergleichbare In-

Tätigkeit an dem ihm zustehenden Ort. Ein Wechsel oder eine Überschreitung der gleichsam bio- oder anthropologisch definierten Kompetenzen ist unmöglich. Die Pluralität erscheint begrenzt und in ihrer sinnvollen Bezogenheit der Elemente systemkonform.

Die Blazing World beruht demnach in den Grundzügen ihrer Konstruktion auf dem Prinzip der Einheit in Vielfalt. Damit aber rückt sie in die Nähe eines zentralen neuplatonischen Theorems, das im Begriff der *plenitudo* und in der auf ihr beruhenden analogistischen Vorstellung einer *great chain of being* bis weit über die Frühe Neuzeit hinaus Wirkungen entfaltet hat.[1] *Plenitudo* besagt, grob gesprochen, daß es alles, was es geben kann, auch gibt. Dieser platonische Gedanke der vollständigen Erfüllung des Möglichen durch das Wirkliche mit dem Resultat einer unendlichen Zahl von Seienden, die untereinander in Beziehungen der Korrespondenz stehen und zusammen die unendliche Seinsfülle des Einen, in dem sie ihren Ursprung haben, angemessen widerspiegeln,[2] erhält vor allem im Denken Giordano Brunos die Gestalt, in welcher er überraschenderweise bei Margaret Cavendish wiederkehrt. Brunos hermetisch gewendetes *plenitudo*-Verständnis führt ihn in seiner »Metaphysik der absoluten Welt«[3] nicht nur zu einer einigermaßen riskanten Unendlichkeitsspekulation,[4] sondern verbindet sich

---

szenierungen sind auch die von der *Empress* nach der Religionsreform erbauten Kirchen als »emblem of Hell« bzw. »emblem of Heaven« (*BW*, p. 164).

1 Hierzu ausführlich Arthur O. Lovejoy, *The Great Chain of Being. A Study of the History of an Idea*, New York 1965 (zuerst 1936). – Lovejoy fächert »this strange and pregnant theorem of the ›fullness‹ of the realization of conceptual possibility in actuality« wie folgt auf: Die These, das Universum enthalte als *plenum formarum* alle denkbaren Arten von Lebenwesen, es könne also keine Seinspotentialität unerfüllt bleiben, beinhaltet weiterhin die Annahmen, »that the extent and abundance of the creation must be as great as the possibility of existence and commensurate with the productive capacity of a ›perfect‹ and inexhaustible Source, and that the world is the better, the more things it contains« (p. 52). In diesen Formulierungen wird insbesondere die neuplatonische Bearbeitung des Theorems spürbar (cf. auch pp. 62-66).

2 Vgl. Werner Beierwaltes, *Denken des Einen. Studien zur neuplatonischen Philosophie und ihrer Wirkungsgeschichte*, Frankfurt 1985. – Ist das Eine im neuplatonischen Verständnis dadurch gekennzeichnet, daß es sich beständig entäußert und verströmt, ohne sich zu verlieren oder zu erschöpfen, so erschiene es seiner als des Höchsten unwürdig, dieses nicht im höchsten Maße zu tun und etwa mit sich zu geizen. Ineins damit treten die Motive der Kontinuität der Seinskette, der Differenz und Abstufung ihrer Elemente und der universellen – je größeren oder geringeren – Partizipation alles Seienden an der grenzenlosen Güte und Vollkommenheit des einen Seinsgrundes und -zieles in den Vordergrund. Auf dem Hintergrund eines solchen »Denkens des Einen« und ausgehend von den Traditionen negativer Theologie, die – etwa mit Pseudo-Dionysius Areopagita oder Nikolaus von Kues – an der Unbegreiflichkeit eines Gottes größer als alle Namen besteht, erscheint es nun zu Beginn der Neuzeit nicht mehr fraglos einleuchtend, daß ein unendlicher Gott seine allmächtige Schöpfertätigkeit auf eine Erde im Zentrum eines zwar immens großen, aber doch nicht unbegrenzten Universums eingeschränkt haben sollte (vgl. dazu auch Lovejoy, *Chain of Being*, pp. 111-112).

3 Hans Blumenberg, »Das Universum eines Ketzers« (Einleitung zu Giordano Bruno, *Das Aschermittwochsmahl*, übers. Ferdinand Fellmann, Frankfurt 1981, hier p. 16).

4 Wie Lovejoy (*Great Chain of Being*, pp. 116-126) und Blumenberg (»Das Universum eines Ketzers«) betont haben, lag Brunos eigentliche Häresie nicht darin, daß er mit Kopernikus behauptete, die Erde bewege sich um die Sonne. Nicht der astronomische Gehalt seiner Äußerungen erschien skandalös, sondern deren metaphysische Pointe. Zwar finden sich schon beim Cusaner

dabei auch mit eigenwilligen naturalistischen Auffassungen, die an Lukrez denken lassen.[1] So bezeichnet Bruno wiederholt die Erde als »Organismus«, »Lebewesen«, »unsere Mutter«,[2] bewegt von ihrem eigenen »inneren Prinzip«, ja – wie die übrigen Himmelskörper – »beseelt«, d.h. »empfindend« und »denkend«.[3] Sie sei in einem fortwährenden Prozeß der »Erneuerung und Wiedergeburt« begriffen,[4] insofern sie – wie alle Lebewesen – Anteil habe an der unvergänglichen, sich ständig transformierenden, Geistiges wie Körperliches umfassenden »Materie«.[5] Diese Vorstellung dauernden Wandels in steter Formation und Reformation der kleinsten »Einzelwesen«[6] dürfte Cavendish aus ihren atomistischen Spekulatio-

Überlegungen, die die Erde aus dem Zentrum des Alls rücken und mit der Möglichkeit unzähliger weiterer bewohnter Welten spielen (vgl. auch Lovejoy, pp. 112-115). Erst Bruno radikalisiert diese Vorstellung aber zum Unendlichkeitsgedanken und stellt diesen – seines negativtheologischen Kontexts entkleidet – massiv in den Vordergrund. Zudem artikuliert er ihn ausdrücklich als Herausforderung des alten Weltbilds und präsentiert sich mit provozierender Geste in der Rolle des Himmelsstürmers (cf. *Aschermittwochsmahl*, p. 92). Von seiner *persona* Teofilo läßt sich Bruno als neuen Columbus (p. 89), gar als Messias preisen, der »die Blinden erleuchtet«, den »Stummen [...] die Zunge gelöst« und »die Lahmen [...] geheilt« habe (p. 92). Das Prinzip der *plenitudo* dient Bruno in erster Linie zur Rechtfertigung seiner grenzüberschreitenden Unendlichkeitsemphase: »[...] wir wissen sicher, daß dieser Raum [d.h. der Weltenraum – V. O. L.] als Wirkung und Erzeugnis einer unendlichen Ursache und eines unendlichen Prinzips auf unendliche Weise unendlich sein muß.« (p. 153).

1 So wird etwa auch in *De l'infinito universo et mondi* (1584) auf die epikuräische Philosophie verwiesen und Lukrez direkt zitiert (*Zwiegespräche vom unendlichen All und den Welten*, ed. und übers. Ludwig Kuhlenbeck als Band 3 der *Gesammelten Werke*, Jena 1904, z. B. p. 6, 7; vgl. auch das Vorwort Kuhlenbecks p. I. – Scharfe Kritik an der politischen Tendenz dieser Übersetzung – Teil der bislang einzigen umfangreicheren deutschen Ausgabe der Schriften Brunos – übt Elisabeth von Samsonow, vgl. ihre Ausführungen zur »Bedenklichkeit der Kuhlenbeckschen Bruno-Interpretation« in »Über Giordano Bruno«, Einleitung zu *Giordano Bruno.* Ausgewählt und vorgestellt von Elisabeth von Samsonow, München 1995, hier p. 46f). – Brunos Entwurf des Universums hat nicht nur kein Zentrum mehr – seiner ›Azentrizität‹ korrespondiert auch ein Verblassen der Jenseitigkeit. (Cf. Lovejoy, *Great Chain of Being*, p. 109: »The change from a geocentric to a heliocentric system was far less momentous than the change from a heliocentric to an acentric one.«) Die unendlich gewordene Welt kennt kein Außerhalb ihrer selbst. Jedoch ist für Bruno nicht nur alles Welt, sondern auch alles gottdurchwirkt und belebt. Dabei fällt seine Version des ›pantheistischen‹ Alles-in-Allem-Topos bemerkenswert materialistisch und naturalistisch aus.

2 *Aschermittwochsmahl*, pp. 92, 209, auch pp. 155, 160. Vgl. Lukrez, *De rerum natura* 5.738ff und 1361.

3 *Aschermittwochsmahl*, p. 158. (Zu Selbstbewegung und Beseelung im Platonischen Verständnis vgl. aber auch *Phædrus* 245e-246).

4 *Aschermittwochsmahl*, p. 207.

5 Ibid., pp. 207-208, cf. auch p. 159.

6 Ibid. p. 159. – Bruno zufolge »[...] verewigen sich die Substanzen, die nicht immer dasselbe Aussehen bewahren können, dadurch, daß sie ständig ihr Gesicht wechseln. Denn die Materie und Substanz der Dinge ist unzerstörbar und muß in all ihren Teilen alle Formen annehmen, damit die Materie (soweit es möglich ist) alles werde, alles sei, wenn auch nicht zur gleichen Zeit und in ein und demselben Augenblick der Ewigkeit, so doch wenigstens nacheinander und wechselweise zu verschiedenen Zeiten und Augenblicken der Ewigkeit. [...] Wir selbst und unsere Bestandteile kommen und gehen, scheiden und kehren wieder, *und wir besitzen nichts, das uns nicht fremd würde, und es gibt nichts Fremdes, das nicht einmal unser sein wird.* » (ibid. p. 207f – meine Hervorhebung V. O. L.) In der positiven Schlußwendung der Brunoschen Meditation über die Metamorphosen der Materie scheint überraschend die Möglichkeit eines Heimischwerdens im

nen nicht unvertraut gewesen sein; ebenso heißt es bei ihr in einer von Bruno her bekannten Argumentationsfigur: »[...] God's creation, being an infinite action, as proceeding from an infinite power, could not rest upon a finite number of creatures; were it never so great.«[1] Aber die christlich-neoplatonischen Implikationen der *plenitudo*-Metaphysik geraten in Cavendishs Text in Spannung nicht nur zu einer spielerischen Pluralisierung der Welten und Geschöpfe, die nicht mehr ohne weiteres in einer monistischen Ordnung einzuholen ist, sondern auch zu einer Auffassung, die an die Stelle Gottes als eines vitalen Prinzips, das die fortwährende Transformation in Bewegung hält, eine andere Instanz treten läßt: die als Selbstbewegerin gedachte Natur, die eine beseelte Materie aus sich entläßt.[2]

So faßt die *Empress* die Einsichten zusammen, die sie aus Beobachtung und vernünftiger Betrachtung gewonnen hat:

> [...] both by my own contemplation, and the observations which I have made by my rational and sensitive perception upon nature, and her works, I find, that nature is but one infinite self-moving body, which by the virtue of its self-motion, is divided into infinite parts, which parts being restless, undergo perpetual changes and transmutations by their infinite compositions and divisions. [...] there is no more but one universal principle of nature, to wit, self-moving matter, which is the only cause of all natural effects. (*BW*, p. 154)[3]

Unendlichen auf. Könnte der Gedanke einer Anverwandlung dessen, was uns insgeheim immer schon gehörte, weil wir zu ihm gehören, in dieser Form nicht auch als Motto für das Werk Margaret Cavendishs, insbesondere die *Blazing World*, dienen? Strebt Cavendish nicht nur zeitlebens nach der Rückerstattung der Domänen, die ihr, wie sie meint, zustehen; müht sie sich mehr noch, einen Ort in den Welten naturphilosophischer Spekulation zu finden und einen – ihren – Platz im wissenschaftlichen Diskurs ihrer Zeit einzunehmen, so gelingt ihrer Heldin auf Anhieb, worum die Autorin ringt. Die Fremde gewinnt im Exil der Blazing World mühelos eine Heimat, ja sie wird sogleich, was sie ist: *Empress*, Allherrscherin über die neue wie über die verlorene alte Welt. In dem grenzenlosen Raum, in den es sie verschlagen hat, begegnet ihr die fremde Welt freundlich – heißt sie willkommen, als sei sie immer schon ihre eigene. In Cavendishs Unendlichkeit kann man sich häuslich einrichten; selbst das Fremdartige und Bizarre erscheint von Anfang an nicht erschreckend, sondern eigenartig vertraut. Zwar wird bei aller offenkundigen Gemeinsamkeit der vitalistisch-naturalistischen Grundprinzipien doch immer wieder Differenz, Abständigkeit markiert. Die Heldinnen befinden sich ausdrücklich ›anderswo‹ – fern von Geburtsland, Besitz, Ehemann, ja gelegentlich vom eigenen Körper –, und der zur Heimat transformierte Raum kann sich jederzeit wieder als Ort eines Mangels herausstellen. Diese *alienatio* in der scheinbar unproblematischen Behaustheit wird spürbar nicht zuletzt in den melancholischen Stimmungen, die *Duchess* wie *Empress* wiederholt anfliegen – sei das in Gestalt der Langeweile angesichts der nicht weiter verbesserbaren Ordnung der neuen Welt (*BW* p. 189) oder des ungestillten Herrschaftswunsches (*BW*, pp. 179, 183f). Gleichwohl erscheint die schwermütig gebrochene Zuversicht in die unbegrenzte Assimilationskraft des überall und nirgends beheimateten Selbst als suggestive Gemeinsamkeit zwischen Bruno und Cavendish.

1 *BW*, p. 172; cf. auch pp. 184f. An beiden Stellen sprechen die »immaterial spirits«.

2 Cf. *BW*, p. 152f: »[...] there is no beginning in nature, no not of particulars, by reason nature is eternal and infinite, and her particulars are subject to infinite changes and transmutations by virtue of their own corporeal, figurative self-motions; so that there's nothing new in nature, nor properly a beginning of any thing.«

3 Vergleichbare Passagen finden sich vor allem auch in den der *BW* vorangestellten *Observations Upon Experimental Philosophy*, aber auch z.B. pp. 45-50, 126-127, 159-160, 191, 214, 218. Es

In dieser von der Hauptfigur vorgetragenen Konzeption erscheint die Stofflichkeit der ubiquitären Materie durchdrungen und belebt von einer differenzierten Geistigkeit.[1] Noch das Unbelebte erweist sich als mit einbezogen in die allegorische Ganzheit der unendlich vitalen, dabei aber durchaus materialistisch gedachten Natur. Die eigentliche Brisanz dieser Vorstellung liegt nun nicht so sehr in ihrer Artikulation als Summe des vielleicht plausibelsten der in diesem Text thematisierten Welterklärungsmodelle. 66 Jahre nach Brunos Tod brauchte Cavendish nicht mehr zu befürchten, für diese Variante des Unendlichkeitsgedankens auf den Scheiterhaufen gebracht zu werden. Interessant wird ihre Wendung dieses Prinzips ursprünglich neoplatonischer *plenitudo* vielmehr vor allem dadurch, daß sie poetologisch reflektiert wird und in der Erzählung selbst von einer Weise der Welterklärung zu einer Schreibweise mutiert.

So besteht Cavendish im Vorwort *To the Reader* nicht nur darauf, die für die Hervorbringung von *fiction* zuständige *fancy* (oder *imagination*) gründe – nicht anders als die auf *truth* zielende *reason* – in den ›rationalen Teilen der Materie‹.[2] Sie macht auch deutlich, daß für sie die entgrenzte Imagination in Wahrheit als das übergeordnete Vermögen fungiert. Denn indem sie ihrer überschäumenden

---

erscheint konsequent, daß Cavendish ihren hier vertretenen ›Monismus der Natur‹ mit einer ausdrücklichen Zurückweisung früherer radikal atomistischer Ansichten verbindet (cf. auch *BW*, pp. 140f, 144f, 149). – Mit Cavendishs Naturauffassung befaßt sich auch Lisa T. Sarasohn, »A Science Turned Upside Down. Feminism and the Natural Philosophy of Margaret Cavendish«, *Huntington Library Quarterly* 47 (1984), 289-307. Sarasohns Einschätzung weicht – insbesondere im Hinblick auf *BW* – von der hier vorgetragenen in wesentlichen Punkten ab.

1 Die Topik der metamorphotisch entgrenzten, in unaufhörlicher Bewegung befindlichen, sich durch alles hindurch verwandelnden und alles durch sich hindurch verwandelnden *einen* Natur wird noch um einen wichtigen Schritt erweitert, indem die Frage nach der Beseelung der Materie – »whether all matter be soulified?« – von den »immaterial spirits« bejaht wird: »[...] there may be numerous material souls in one composed body, by reason every material part has a material natural soul; for nature is but one infinite self-moving, living and self-knowing body, consisting of the three degrees of inanimate, sensitive and rational matter, so intermixed together, that no part of nature, were it an atom, can be without any of these three degrees; the sensitive is the life, the rational the soul, and the inanimate part, the body of infinite nature.« (*BW*, p. 175f. Zahlreiche vergleichbare Passagen auch in den *Observations* und in *The Worlds Olio*). – Auch der hierbei zunächst eher unklar bleibende Status des Immateriellen (etwa der »immaterial spirits«) ist ein schon bei Bruno auftretendes Problem. Im *Aschermittwochsmahl* wird die Möglichkeit einer »geistigen« Materie, die sich eventuell in die »körperliche« verwandelt, offengehalten (cf. p. 208). Materielles und Immaterielles werden damit jedoch tendentiell ununterscheidbar. Zugleich formiert sich Cavendishs naturalistisch modifizierte *plenitudo*-Konzeption zu einer in ihrer Ambivalenz höchst charakteristischen Figur, die sowohl dualistische Lösungen zu vermeiden als auch dem Vorwurf des reinen Materialismus auszuweichen sucht. – Anne Conway wird einen ebenfalls monistischen, aber um einiges komplexeren und konsistenteren Ausweg aus den sich hier andeutenden Schwierigkeiten vorschlagen (s. u.).

2 *BW*, p. 123-4: »The end of reason, is truth; the end of fancy, is fiction: but mistake me not, when I distinguish *fancy* from *reason*; I mean not as if fancy were not made by the rational parts of matter; but by *reason* I understand a rational search and enquiry into the causes of natural effects; and by *fancy* a voluntary creation or production of the mind, both being effects, or rather actions of the rational parts of matter; [...].«

fancy die Zügel schießen läßt, wird sie zu einer »happy *creatoress*«[1] und damit der eigentlichen Weltenschöpferin ähnlich: der Natur. »[...] for fancy is not an imitation of nature, but a naturall Creation, which I take to be the true Poetry: [...]«[2] – diese schon in *Natures Pictures* proklamierte und vielfach bekräftigte naturanaloge Produktivität der entgrenzten und vom Zwang zur Mimesis befreiten Imagination erweist sich als die ihr Werk zentral strukturierende, fiktionsermöglichende und -legitimierende Instanz.

Sie realisiert sich in einer Schreibweise, die auf den ersten Blick wie das literarische Korrelat von *plenitudo* erscheint – ›mit nichts geizend‹, redundant, ausschweifend und abschweifend, kapriziös, unausgewogen und von keiner ersichtlichen Ordnung domestiziert, endlos fortsetzbar. Das Füllhorn, das die *Blazing World* ausschüttet, weist sie, mit anderen Worten, als Produkt literarischer *copia*

1 *BW*, p. 124 . Bemerkenswert erscheint auch der ausdrücklich erhobene Originalitätsanspruch: »[...] it is a description of a new world, not such as *Lucian*'s, or the *French*-man's world in the moon; but a world of my own creating, which I call the *Blazing World* [...].«

2 »To the Reader« (vierter Brief, n.p.) in *Natures Pictures*; vgl. auch ibid. p. 67 (»The Tale of the Four Seasons of the Year«):

But Phancie pictures in the Brain,
Not Subject to the Outward Sense;
They are Imaginations vain,
Yet are they the Lifes Quintesssence:
For when Life's gone, yet they will live,
And to the Life a Fame will give.

Noch entschiedener wird die Dignität der eigenständigen Tätigkeit der Einbildung in »A Dialogue betwixt a Contemplatory Lady and a Poet« hervorgehoben (ibid. p. 176):

Lady. Let me tell you, Sir, the Minde [...] is a World within it self.

For the Minde a vaster World it self doth prove,
Where several Passions like the Planets move;
Poetick Phancyes like fix'd Stars shine bright
Upon the Brain, which makes a Day of Night;
As flux of things produceth from the Earth,
As some decayes, to others gives new birth.
Nature and Time are equal in their ends,
As some decay, to others new Life sends.
The Circulation of Times World, we see,
May prove Immortal, the Minde Eternal be.
But the Material World hath Compass round,
But in the Minde no Compass can be found;
'Tis infinite, like Nature can create
Thoughts, several Creatures, Destiny and Fate;
And Life and Death do in the Minde still lye,
Death to forget, and Life is Memory.

Diese Variante der Mikro-Makrokosmos-Analogie, in der sich der Übergang von einer Ästhetik der Imitation zu einer der Kreativität anzubahnen scheint, wird auch in *Poems, and Fancies* mehrfach formuliert, und auch in den *Philosophicall Fancies* (1653) wird einmal mehr die Unendlichkeit der natürlichen Kreativität zur Rechtfertigung und Nobilitierung von Cavendishs eigener imaginationsbestimmter Schreibtätigkeit herangezogen (»A Dedication to Fame« A2v):

For *Nature's* unconfin'd, and gives about
Her severall *Fancies*, without leave, no doubt.
Shee's infinite, and can no *limits* take,
But by her *Art*, as good a *Brain* may make.

aus.[1] Ihr Ziel sei, so die Autorin schon im Vorwort, »to delight the reader with variety« (*BW*, p. 124). Und ausdrücklich rechtfertigt sie ihre Digressionen, Regelwidrigkeiten und sonstigen Verstöße gegen die »rules of art« (*BW*, p. 220) damit, sie habe die Fruchtbarkeit und überschießende Variationsfreude der Natur zum Vorbild gewählt; daher entziehe sich ihre Originalität jeder normativen Einschränkung.

In diesem autoreferentiellem Wörtlichnehmen der *natura-creatrix*-Vorstellung und deren Verquickung mit der *plenitudo*-Spekulation[2] enthüllt das rhetorische *copia*-Konzept jedoch seine Doppelbödigkeit. Als Verwandlungsgestalt einer problematisch werdenden Denkfigur der neoplatonischen Metaphysik vermag *copia* die dem philosophisch-theologischen Begriff der Fülle innewohnende Mehrdeutigkeit zu entbinden. Ist nämlich ein fundamentales Moment der mit *plenitudo* angesprochenen Einheitsvorstellung die harmonische Kontinuität alles Seienden – *natura non saltat* –,[3] so entfaltet die ›Ästhetisierung‹ dieser Vorstellung als *copia* dieses Implikat als ironisches, indem sie es in textueller Kontinuität reproduziert und auf diese Weise die anvisierte Einheit als Fülle verschiedener, das heißt: divergenter, widersprüchlicher, potentiell einander relativierender sprachlicher Elemente erscheinen läßt. Eben das ereignet sich in Cavendishs Text. In den Vordergrund tritt dabei vor allem auch der von *copia* mitgeführte skeptische Index eines Wissens um das unvermeidliche Versagen jeden Bemühens um vollständige Vergegenwärtigung der erfüllten Welt in Sprache bzw. das Bewußtsein davon, daß *plenitudo* nie als sie selbst, sondern immer ›nur‹ als Zeichenstruktur – eben als literarische *copia* – präsentiert werden kann.

Nicht zuletzt verlieren aus dieser Perspektive Cavendishs kopios ausgemalte Vorstellungen absolutistischer Herrschaft den Geruch des bloß Kompensatorischen. Indem sie einen hierarchisch abgestuften Kosmos mit sich selbst an der Spitze entwirft, besetzt sie zugleich die Stelle des Einen, das sich entsprechend der neoplatonischen *plenitudo*-Vorstellung in ein mit unzähligen vielgestaltigen Wesen angefülltes Universum verströmt, in ambivalenter Weise neu: mit der in

---

1 Zu diesem Begriff ausführlich Terence Cave, *The Cornucopian Text*, Oxford 1979. Cf. des weiteren auch Jean-Claude Margolin, Art. »Copia« im *Historischen Wörterbuch der Rhetorik* (ed. G. Ueding, Bd. 2, Tübingen 1994), der sich seinerseits stark an Cave anlehnt. – Zu diesem Zentralkonzept rhetorischer Figuration cf. auch meine Ausführungen in Kap. 4, »Melancholische Transzendenz«, Abschnitt 1. *Copia* erscheint zuletzt als eine auf Fülle, Beherrschung und Präsenz zielende Schreibweise, die jedoch um deren Unerreichbarkeit weiß und dieses Wissen in ihrer Struktur sichtbar macht.

2 Cave spart diesen Komplex völlig aus.

3 In *Philosophicall Fancies* (1653) wird die natürliche Fülle und die Unmöglichkeit von Leere in poetischer Form noch ausdrücklich hervorgehoben (p. 8):

There is no Vacuity.
In Nature if *Degrees* may *equall* be,
All may be full, and no *Vacuity.*
As Boxes small, & smaller may containe,
So bigger, and bigger must be there again.
Infinite may run contracting, & dilating,
Still, still, by degrees without a separating.

Analogie zur Natur unbegrenzt schöpferisch tätigen Imagination, die, wenn es ihr gefällt, ebenfalls »numerous, nay, infinite worlds« (*BW*, p. 184)[1] hervorbringen kann. Ist die Allmachtsfantasie und monarchische Selbstpräsentation des zweiten Teils der Höhepunkt der episodisch erzählten Geschichte, so liegt der Schwerpunkt ihres *discours* fast genau in der Mitte: in der gemeinsamen Arbeit von *Duchess* und *Empress* an der von dieser ersehnten *Cabbala*.[2] Zunächst fungiert die Kabbala als eine Art spirituelles Pendant zum Motiv politischer Restauration. Die Weltherrschaft der weisen Regentin wird gleichsam vorbereitet in ihrem Bemühen um eine esoterische Totalerklärung des Weltwissens.[3] Gleichzeitig wird diese umfassende Erschließung des Verborgenen und Eigentlichen von Anfang an nicht als ein zu Findendes, sondern als ein zu Erstellendes, technisch Herbeizuführendes gekennzeichnet: »I have a great desire [...] to make a Cabbala« (*BW*, p. 179). Mehr noch: Hier gibt es nicht eine einzige, sondern mehrere Arten von Kabbala, und der *Empress* scheint es im Grunde nicht so sehr darauf anzukommen, ob sie letzten Endes eine biblische, philosophische, moralische oder politische Kabbala ›macht‹. Damit erscheint die eine Wahrheit nicht nur technisch verfügbar, sondern sie vervielfacht sich auch. Obendrein ist sie nicht von einer einzelnen erreichbar. Schon bei ihrer Einführung erfährt so die mit der Chiffre *Cabbala* aufgerufene Einheitsvorstellung eine subversive Modifikation; *copia* ersetzt Einzigartigkeit.[4]

Die *Duchess* rät der *Empress* dringend, allenfalls eine ›poetische Kabbala‹ zu verfertigen, weil ihr nur diese vollkommene Gestaltungsfreiheit gewähre. Aber

1 Vgl. hierzu, aus anderer Sicht, auch Sylvia Bowerbank, »The Spider's Delight – Margaret Cavendish and the ›Female‹ Imagination«, *English Literary Renaissance* 14 (1984), 392-408.

2 Cf. *BW*, pp. 179ff.

3 Als nicht viel mehr ist *Cabbala* hier offenbar zu verstehen. Der eher vage Gebrauch des Kabbala-Begriffs für jede ›besonders erhellende‹ Philosophie war im 17. Jahrhundert recht verbreitet (vgl. auch Allison Coudert, »A Cambridge Platonist's Kabbalist Nightmare«, *JHI* 36 (1975), 633-652, hier p. 646). Überdies ist zu vermuten, daß Cavendish auch einen satirischen Seitenhieb auf die kabbalistischen Bemühungen Henry Mores beabsichtigte (cf. auch *BW*, p. 182): Mores erste kabbalistische Schrift *Conjectura Cabbalistica: or a Conjectural Essay of Interpreting the Minde of Moses, according to a threefold Cabbala, viz. literal, philosophical, mystical, or divinely moral* war bereits 1653 in London erschienen. – Das grundlegende Werk zur Kabbala ist immer noch Gershom Scholem, *Die jüdische Mystik in ihren Hauptströmungen*, Frankfurt 1980 (zuerst Zürich 1957). Cf. auch die in *Über einige Grundbegriffe des Judentums* zusammengestellten Vorträge Scholems, Frankfurt 1970. Zu den kabbalistischen Bemühungen der Frühen Neuzeit, insbesondere in Deutschland und unter der Perspektive der Transformation des kabbalistischen in ein ästhetisches Paradigma, siehe die ausführliche Studie von Andreas Kilcher, *Die Sprachtheorie der Kabbala als ästhetisches Paradigma*, Stuttgart 1998.

4 Nun ist ›die‹ Kabbala von Anfang an insofern eine vielfache, als sie (wie auch Kilcher ausführt) Interpretation einer immer bereits schon interpretierten Tradition, Kommentar des Kommentars, fortgesetzte Relektüre überkommener Texte ist; auch der Titel der Moreschen Schrift (*Conjectura*) zeigt, daß sie mit einiger Selbstverständlichkeit auch im 17. Jahrhundert als vielfältige wahrgenommen und praktiziert wurde; das wird auch deutlich an der *Kabbala denudata*, Sulzbach und Frankfurt 1677-1684, bei deren Erstellung More später Franciscus Mercurius Van Helmont und Christian Knorr von Rosenroth unterstützte. Der entscheidende Unterschied zur Art und Weise, wie die Kabbala in der *BW* aufgefaßt wird, liegt in der spöttischen Enthüllung dieser ›plenitudinären‹ Mannigfaltigkeit als möglicher Beliebigkeit.

nirgends im Text wird geschildert, daß die *Empress* die dankbar entgegengenommene Empfehlung auch ausgeführt habe. Jedenfalls bekommen wir eine derartige Kabbala nie zu Gesicht. Oder etwa doch?

> [...] but, said she [i.e. the Duchess], if your Majesty were resolved to make a Cabbala, I would advise you, rather to make a poetical or romancical Cabbala, wherein you can use metaphors, allegories, similitudes, etc. and interpret them as you please. With that the Empress thanked the Duchess, and embracing her soul, told her she would take her counsel: she made her also her favourite, and kept her sometime in that world, and by this means the Duchess came to know and give this relation of all that passed in that rich, populous, and happy world; [...] (*BW*, p. 183)

Was wir gerade lesen, ist also die Erzählung der *Duchess*. Mehr noch: wenn diese nicht nur die *persona* Margaret Cavendishs, sondern zugleich das *alter ego* der *Empress* ist, dann wird hier überdies suggeriert, eben diese *Description of a New World Called the Blazing World* sei die erwartete Kabbala, zumal uns ja schon im Vorwort angekündigt wurde, wenigstens zum Teil sei diese Schilderung »*romancical*« (*BW*, p. 124).

Wendet sich der Text auf diese Weise auf sich selbst zurück, rückt er an zentraler Stelle sein eigenes ›Gemachtsein‹ in den Vordergrund und verbindet dieses obendrein mit dem Versprechen eines verborgenen Sinns, so vertieft sich dieser autoreflexive Exkurs im folgenden in geradezu klassisch pyrrhonistischer Manier zum infiniten Regreß.[1] Denn im unmittelbaren Anschluß wird ausführlich berichtet, wie die *Duchess* ihre von unerfülltem Ehrgeiz ausgelöste Melancholie durch Fingieren vertreibt. »[...] I would fain be as you are, that is, an Empress of a world, and I shall never be at quiet until I be one,« (*BW*, p. 184) gesteht sie: Solche Herrschaft läßt sich indes nur verwirklichen, indem sie ihre eigene Welt erfindet.[2] Diese »imaginary world« besiegelt und reflektiert aber nun nicht nur

---

1 Vgl. zu diesem Zusammenhang auch Catherine Gallaghers Lektüre »Embracing the Absolute. The Politics of the Female Subject in Seventeenth-Century England«, *Genders* 1(1988), 24-39. Gallagher bezeichnet im Kontext ihrer Untersuchung der »paradoxical connection between the *roi absolu* and the *moi absolu* [...] in the early history of feminism« (p. 25) das fortgesetzte Zurückweichen der imaginären Welten bei Cavendish als »privatization of the absolute« (p. 31), zugleich als Entwurf weiblicher Subjektivität: »We are by now perhaps overly familiar with this structure: it is a classic *mise en abyme*. Indeed, we might call Cavendish the seventeenth-century's Ms. en abyme. The character, Margaret Cavendish in the microcosm who is determined to create a microcosm, functions like the escutcheon on the escutcheon. When the representation of the whole is reiterated as a part of the whole, it unsettles the very identity it was intended to anchor. [...] This vision of subjectivity is clearly a splendid generator of texts, and, although it may dizzy the reader, it does not necessarily presage ›the death of the subject,‹ about which we hear so much. Indeed Cavendish's texts show that the infinitude of selfhood accompanies the birth of the subject. Specifically in this case, it is connected with the birth of the woman as subject.« (p. 32) Allerdings wird der hierbei zugrundegelegte, eher problematisch anmutende Begriff von Subjektivität als »an excessiveness of consciousness in relationship to all objects but especially in relationship to itself as object« (p. 33) nicht weiter erläutert.

2 Die zu Rate gezogenen »immaterial spirits« halten über die Möglichkeiten solcher Kreativität einen langen poetologischen Vortrag; nicht zufällig weist der folgende Auszug unübersehbare Parallelen zu der Programmatik auf, die Cavendish *propria voce* im Vorwort skizziert hatte: »[...]

die Transformation unaussprechlicher Fülle in literarische *copia* – »[...] which world after it was made, appeared so curious and full of variety, so well ordered and wisely governed, that it cannot possibly be expressed by words, nor the delight and pleasure which the Duchess took in making this world of her own.« (*BW*, p. 188) Überdies drängt sich der Verdacht auf, auch diese von der *Duchess* zu entwerfende Fiktion in der Fiktion sei identisch mit der *Blazing World* und so zugleich mit der in dieser anvisierten poetischen Kabbala.[1] Diese braucht uns also nicht gezeigt zu werden, weil wir sie bereits vor uns haben – in Gestalt des sich mehrfach auf sich zurückfaltenden Textes, zu dem das neuplatonische *ineffabile* geworden ist.

So setzt im Herzen des Textes ein Zurückweichen ins Bodenlose ein, ein autoreflexiver Strudel. Zwar scheint hier der infinite Regreß zum wirkungsstrukturellen Korrelat der vielbeschworenen Unendlichkeit zu werden. Aber der Schwindeleffekt, der dabei inszeniert wird, birgt eine Zweideutigkeit, die die Fülle der Parallelismen immer wieder in eben die Leere kippen läßt, die es nach Maßgabe einer wirklichen *plenitudo* nicht geben darf. Wir lesen eine Welt, die zugleich diejenige ist, die die *Duchess* – als Figur einer erfundenen Welt – in genau dieser Welt erfindet. Ihr Entstehungsprozeß erscheint wiederum als Vorgang der Spiegelung desselben im Gleichen, nämlich als Reflex des Bewußtseins seiner Urheberin:

> [...] she resolved to make a world of her own invention, and this world was composed of sensitive and rational self-moving matter; indeed, it was composed only of the rational, which is the subtlest and purest degree of matter; for as the sensitive did move and act both to the perceptions and consistency of the body, so this degree of matter at the same point of time [...] did move to the creation of the imaginary world; [...] (*BW*, p. 188)

Dieser Schöpfungsakt findet wiederum seine exakte Parallele im Bewußtsein der Autorin der *Blazing World*, wie sie im Epilog kundgibt.[2] Als »rational self-

---

every human creature can create an immaterial world fully inhabited by immaterial creatures, and populous of immaterial subjects, such as we are, and all this within the compass of the head or scull; nay, not only so, but he may create a world of what fashion and government he will, and give the creatures thereof such motions, figures, forms, colours, perceptions, etc. as he pleases, and make whirlpools, lights, pressures and reactions, etc. as he thinks best; [...] also he may alter that world as often as he pleases, or change it from a natural world, to an artificial; he may make a world of ideas, a world of atoms, a world of lights, or whatsoever his fancy leads him to.« (*BW*, p. 185f)

1 Folgerichtig schließt sich eine weitere Doppelung an, insofern die *Empress* ebenso verfährt: Nach dem Vorbild der *Duchess* bildet sie »such another world in her own mind« nach (*BW*, p. 189), und auch diese bleibt ob ihrer Vollkommenheit ohne nähere Beschreibung.

2 Cf. *BW*, p. 224: »By this poetical description, you may perceive, that my ambition is not only to be Empress, but Authoress of a whole world; and that the worlds I have made, both the Blazing and the other Philosophical World, mentioned in the first part of this description, are framed and composed of the most pure, that is, the rational parts of matter, which are the parts of my mind; [...]«.

moving matter« erscheint die kreative Kraft, die sich hier in ihrem Erzeugnis spiegelt, nochmals identisch mit der unendlichen Natur.[1]

Spätestens an dieser Stelle schlägt aber die analogistische Ordnungs- und Einheitsvision der Kabbala um in etwas anderes. Ihre Verwandlung in eine ›poetische‹ entpragmatisiert die okkulte Machttechnik, indem sie sie zugleich zu einer Figuration auktorialer Selbstermächtigung werden läßt. Denn die hyperbolische Häufung der Gleichungen läßt nicht eine Suggestion unerschöpflicher Vielfalt, sondern leeren Insichkreisens entstehen. Der Text kopiert sich selbst.[2] Das Erzählen schlägt auf sich und die Subjektivität zurück, die sich damit als erzählende exponiert. Die Darstellung einer von harmonischen Korrespondenzen erfüllten Welt hat sich in die Präsentation eines auf seine Welterfindungsaktivität reduzierten Selbst verwandelt, dessen imaginative Produkte auch keine Allgemeinverbindlichkeit mehr beanspruchen. Jeder und jede kann eine eigene poetische Kabbala hervorbringen. In der selbstbewußten und lustbetonten Artistik des »making and dissolving« (*BW*, p. 188) fiktionaler Wirklichkeiten erweist sich zuletzt einzig die eigene, alle Vorbilder überbietende Bewußtseinswelt als bewohnbar und zugleich als unvordenkliche Matrix aller weiteren.[3]

---

1 Cf. *BW*, p. 176: »[...] for nature is but one infinite self-moving, living and self-knowing body [...]«.

2 Je stärker die Homologien akkumulieren, desto deutlicher resultiert nicht Seinsfülle als Verweis auf ihren schrankenlos selbstverschwenderischen Schöpfer, sondern der Effekt eines tautologischen, zentripetalen Sich-Zusammenziehens des Vorgeführten auf immer Dasselbe. – Auch Janet Todd bemerkt – wenn auch mit anderer Begründung und mit der Implikation, dies sei ein gravierender stilistischer Mangel –, Cavendishs Werke seien, allen Genreunterschieden zum Trotz, »tonally [...] often indistinguishable«. Cavendishs Stimme sei zwar unverkennbar, aber immer gleich laut: »She is always cajoling, pleading, insisting, declaring, asserting at the top of her voice, always fortissimo, always vaingloriously apologetic.« (*The Sign of Angellica*, London 1989, p. 56f).

3 Allein sie bietet tragfähigen Grund für fiktionale Kreativität. Die damit spielerisch präsentierte Paradoxie, daß das Letzte hier nicht das Endgültige ist, sondern der potentielle Beginn neuer Produktivität, wird auch im Epilog der *Blazing World* nochmals aufgenommen. Nicht nur könnte »honest Margaret Newcastle« ohne weiteres noch mehr Welten erfinden – vor allem will die vorliegende Fiktion als an die Leserinnen gerichtete Aufforderung zu eigener imaginativer Aktivität betrachtet werden: »[...] they may create worlds of their own, and govern themselves as they please« (*BW*, p. 225). – Dem skizzierten Umschlag in Unverborgenheit korrespondieren diverse weitere Indizien struktureller Skepsis. Nicht nur ist das Hineinführen in den infiniten Regreß ein bevorzugtes Verfahren des klassischen Pyrrhonismus. Auch das Erproben konkurrierender theoretischer Modelle zum Zweck der wechselseitigen Relativierung oder, um aus ihrem Widerstreit ihre Untauglichkeit bzw. die mangelnde Legitimation ihrer Wahrheitsansprüche hervorgehen zu lassen, gehört zum Standardrepertoire skeptischer Denkfiguren. Der letzteren Strategie bedient sich die *Duchess* beim Weltenmachen. Sie versucht, ihre Welt zunächst nach traditionellem Muster bzw. als Verwirklichung der Denkmodelle antiker und zeitgenössischer Philosophen zu gestalten, und scheitert bei diesem Experiment kläglich (immerhin sind es die ›Meinungen‹ Thales', Pythagoras', Platos, Epikurs, Aristoteles', Descartes' und Hobbes', die hierbei verworfen werden), so daß sie sich wiederholt zur Demontage ihrer Konstruktionen genötigt sieht (cf. *BW*, p. 187f). Nur die selbsterfundene Welt hält der imaginativen Überprüfung stand bzw. erweist sich als den Rationalitätsstrukturen adäquat, die die *Duchess* sich selbst in Übereinstimmung mit ihrer naturphilosophischen Spekulation zuschreibt. – Vgl. auch den Schluß der *Observations Upon Experimental Philosophy*: Dort bringt Cavendish *Observations upon the Opinions of Some Ancient Philosophers* vor und hebt ihren eigenen Standpunkt entschieden

In Cavendishs Entwurf ihres zentralistischen ›Sternen‹-Staats,[1] der zugleich eine Fiktion ihrer eigenen imaginativen und naturphilosophischen Produktivität ist, sind Verfahren, die auf Vereinheitlichung, Beziehungsreichtum, geordnete Fülle und Kontinuität, monarchische Autorität und Unendlichkeit als Indizes für die Allmacht des Schöpfers bzw. der *creatoress* zielen, so mit jenen verquickt, die im Gegensatz dazu azentrische Pluralität, Vielstimmigkeit, Relativität und Fraglichkeit der Wahrheiten, Untauglichkeit überkommener Vorbilder und nicht normierbare Spontaneität suggerieren, daß sich die einen ständig in die anderen verkehren.[2] Absolute Verborgenheit der Wahrheit und ihr offenes Zutageliegen – in Gestalt des Textes – erscheinen als zwei Seiten einer Münze. Diese ambivalente Wechselseitigkeit, dynamisiert und vertieft zum infiniten Regreß, ist das Grundprinzip des Literarischen als struktureller Skepsis.

Der paradigmatische Charakter dieser Exploration ihrer selbstgeschaffenen Anderswelt durch die Duchess von Newcastle läßt sich indes auch an Aspekten ihres Textes ablesen, die sie zugleich mit ihrer Zeitgenossin Anne Conway und deren Kreis verbinden. Auf den ersten Blick schien es ja, als habe Margaret Cavendish mit dieser kaum etwas gemein. Die Entdeckung neoplatonischer Bestände und Denkfiguren in ihrem Text oder auch die direkte Erwähnung Henry Mores[3] in Zusammenhang mit dem Versuch, eine Kabbala zu erstellen, läßt

---

von den Positionen des Thales, Pythagoras, Plato, Aristoteles und Epikur ab, die sie nach »the Works of that Learned Author Mr. Stanly« – also der Philosophiegeschichte Thomas Stanleys paraphrasiert (pp. 349ff).

1 Dieser ist zwar weniger ein »Sonnen«-Staat wie bei Campanella, aber mit seiner Strahlkraft doch eine *Civitas*, ja eine *Monarchia Solipsorum* in der eigenartigen Doppeldeutigkeit, die die Bezeichnung für die Bewohner dieser Utopia im Laufe ihrer Begriffsentwicklung gewonnen hat. (Karl-Heinz Gerschmann hat diese erstaunliche, im wesentlichen durch Caspar Schoppe herbeigeführte begriffsgeschichtliche Wandlung von sonnenhafter Extraversion zu egozentrischer Introversion in seinem Artikel »Endstation Selbstsucht. Über den Anfang und das Ende der Utopie« beschrieben; *FAZ* Nr. 302 (29.12.93), p. N6.)

2 Analog dazu gilt auch für die präsentierte Welt und ihren Ursprung in der produktiven Imagination ihrer Verfasserin: Beide sind in einem infiniten Regreß so ineinander gebettet, daß sie sich endlos wechselseitig substituieren. Auf diese Weise inszeniert die *Blazing World* nicht nur eine spannungsfreie Kopräsenz des Gegensätzlichen, sondern sie ist darüberhinaus Performanz eines fortgesetzten und fortsetzbaren Kippens. In diesem als *copia* beschreibbaren Prozeß erscheint Brunos Unendlichkeit der Welten abgelöst von einer Unendlichkeit des Fingierens im Einklang mit einer als ebenso entgrenzt vorgestellten Naturproduktivität. Betrachtete Bruno die Fülle möglicher Welten gleichsam von außen, quasi aus der Sicht Gottes, so stellt Cavendish sie ›von innen‹ dar. Transformiert und zugleich modifiziert zu *copia* ist *plenitudo* damit zum mehrdeutigen Zeugnis selbstbewußt kreativer Subjektivität geworden. – Zu Brunos Unendlichkeitsleidenschaft im Vergleich mit Fontenelle und dessen *Entretiens sur la Pluralité des Mondes* (1686), die Cavendishs Fiktion in vielem vorwegnimmt, vgl. auch Ferdinand Fellmann, »Giordano Bruno und die Anfänge des modernen Denkens«, in: *Die Pluralität der Welten. Aspekte der Renaissance in der Romania*, eds. Wolf-Dieter Stempel, Karlheinz Stierle, München 1987, pp. 449-488.

3 Auf der Suche nach einem Sekretär bzw. Amanuensis verfällt die Empress zunächst auf den Gedanken, »the soul of one of the most famous modern writers, as either of Galileo, Gassendus, Descartes, Helmont, Hobbes, H. More, etc.« (*BW*, p. 181) von den »immaterial spirits« herbeizitieren zu lassen. Die Art und Weise, wie die Geister ihr davon abraten, gibt einigen Grund für die Vermutung, daß Cavendish nicht gänzlich unempfindlich für das Unbehagen war, das ihre direkten Versuche intellektueller Annäherung auslösten, und die geheime Verachtung durchaus

demgegenüber bereits erste, wenn auch kritische Bezüge sichtbar werden. Das in der *Blazing World* anvisierte Projekt einer ›poetischen Kabbala‹ erhöht bei näherem Hinsehen noch deren Suggestivität.

Denn zum einen ist zu vermuten, daß die Pluralisierung der Kabbala, die Auffächerung und Ablehnung ihrer verschiedenen Varianten auf den Titel einer spekulativen Schrift Henry Mores anspielt, nämlich auf seine *Conjectura Cabbalistica: or a Conjectural Essay of Interpreting the Minde of Moses, according to a threefold Cabbala, viz. literal, philosophical, mystical, or divinely moral* (London 1653).[1] More hatte diesen Versuch, die ersten drei Kapitel von Genesis auszulegen, offenbar auf eine Anregung Anne Conways hin, zumindest unter ihrem Drängen unternommen.[2] Die kabbalistischen Interessen beider halten mehr als zwanzig Jahre an; sie vertiefen sich erheblich im Zuge des brieflichen und persönlichen Kontakts mit Franziscus Mercurius Van Helmont, der sich mit wenigen Unterbrechungen von 1670 bis zu Conways Tod 1679 als ihr Leibarzt in Ragley Hall aufhielt. In diese Zeit fällt auch die Korrespondenz mit Christian Knorr von Rosenroth (»Peganius« in Mores Briefen) und die Kooperation Van Helmonts, Mores und Knorr von Rosenroths bei der Edition der *Kabbala Denudata*.[3]

---

spürte, die ihr jene entgegenbrachten, mit denen sie gehofft hatte, – etwa über ihre *Philosophical Letters* – in eine echte philosophische Auseinandersetzung eintreten zu können [s.o. S. 259, n. 2 zu Mores Reaktion]: »The spirit answered, that they were fine ingenious writers, but yet so self-conceited, that they would scorn to be scribes to a woman.« So bleibt, wie ausgeführt, nur der Rückgriff auf die Fiktion ihres *alter ego* als Gesprächspartnerin: »But, said he, there's a lady, the Duchess of Newcastle, which although she is not one of the most learned, eloquent, witty and ingenious, yet is she a plain and rational writer, for the principle of her writings, is sense and reason, [...]«. – Ein weiteres Mal findet »Helmont« – gemeint ist vermutlich der Ältere, Jan Baptista Van Helmont – Erwähnung, als die Empress in Erwägung zieht, eine bereits vorhandene ›Welt‹ zu erobern (in nicht ganz klarer Asssoziation mit »Lucian's world of lights«, cf. *BW*, p. 185). – Und kurz darauf erhalten die männlichen Vordenker nochmals eine Abfuhr. Wenn es darum geht, eine Welt zu erfinden, taugen weder die Modelle eines Thales, Pythagoras, Plato, Epikur, Aristoteles, Descartes, noch Hobbes, und nur die eigene Ingeniosität hilft weiter: »At last, when the Duchess saw that no patterns would do her any good in the framing of her world; she resolved to make a world of her own invention, [...]« (*BW*, p. 188).

1 Dafür, daß in der Tat auf dieses Werk Mores angespielt wird, spricht die Art und Weise, wie Empress, Duchess und »immaterial spirits« die Schwierigkeiten der Fabrikation einer solchen Kabbala erörtern: Um »the Jews' Cabbala« zu schreiben, müßte »the soul of Moses« herbeizitiert werden; dies muß scheitern, weil weder Sterbliche noch Unsterbliche wissen, wo sich diese befindet. (Impliziert ist damit: »the Minde of Moses« zu deuten, wie sich More im Titel seiner Abhandlung anschickt, ist genauso unmöglich.) Weiterhin reicht, so der Rat der Duchess, eine Schriftlektüre völlig aus, die sich mit dem wörtlichen Sinn begnügt, anstatt sich mit einer »mystical interpretation« abzumühen: »[...] the best way [...] is to believe with the generality the literal sense of the scripture, and not to make interpretations every one according to his own fancy, but to leave that work for the learned, or those that have nothing else to do; [...]« (*BW*, p. 182).

2 Cf. *Conway Letters*, p. 74-5 (# 35, Henry More to Anne Conway). – Die ›dreifache‹ Kabbala ist offenkundig in Analogie zur traditionellen Auslegung gemäß dem vierfachen Schriftsinn konzipiert.

3 Die *Kabbala Denudata* erschien in zwei Teilen: I (*Apparatus in Librum Sohar*) Sulzbach 1677, II (*Sohar Restitutus*) Frankfurt 1684. – Diese Sammlung und lateinische Übersetzung von Texten der hebräischen Kabbala, Auszügen aus dem Sohar und aus der lurianischen Kabbala, zusammen

Zum anderen verweisen die Implikationen der Kabbalistik bei Cavendish und im Conway-Kreis in den Bereich des Systematischen – einen Bereich, der sich indes gerade in der Frühen Neuzeit kaum vom Historischen trennen läßt. Bedeutet Kabbala wörtlich »Tradition« bzw. »Empfang«, »Rezeption«, so kann von einer ›eigentlichen‹ Kabbala, auf die sich Versuche systematischer Definition stützen könnten, nicht die Rede sein.[1] In der Frühen Neuzeit vervielfachen sich im Zuge des Versuches einer umfassenden Neuordnung des Wissens die Weisen möglicher Kabbala-Rezeption. So überrascht es wenig, daß Cavendish – wie im übrigen wohl auch Henry More selbst bei seiner ersten Annäherung an kabbalistisches Denken in den *Conjectura Cabbalistica*[2] – den Begriff der Kabbala in ei-

---

mit Texten christlicher Kabbalisten (von Knorr, Van Helmont und More selbst) ist eines der wichtigsten Kompendien kabbalistischer Schriften für die Frühe Neuzeit; cf. *Conway Letters*, pp. 318 n, 324 n, 406 n, 408 n, 429; weiterhin Andreas Kilcher, *Die Sprachtheorie der Kabbala als ästhetisches Paradigma*, p. 98 und öfter. – Conways *Principia* enthalten zahlreiche Verweise auf die *Kabbala Denudata*, bei denen allerdings unsicher ist, ob sie von ihr selbst stammen; vgl. hierzu auch die Ausführungen der Herausgeber der Neuübersetzung der *Principia* (cf. Anne Conway, *The Principles of the Most Ancient and Modern Philosophy*, transl. and ed. Allison P. Coudert, Taylor Corse, Cambridge 1996, »Introduction« und »Note on the Text«, v.a. p. xxxviii-xxxix). Wahrscheinlich hatte auch Anne Conway nicht unerheblichen Anteil an dem Gemeinschaftsprojekt der *Kabbala Denudata* (cf. Coudert/Corse ed., p. xxxviii, n. 1); aufschlußreich hierzu auch Mores Ausführungen zu seiner Zusammenarbeit mit »Peganius« und Van Helmont in Briefen an Anne Conway, *Conway Letters*, bes. # 201, 218, 218a, 241. – Zum Einfluß des kabbalistischen Denkens Van Helmonts auf den Quaker George Keith cf. # 253 (Lady Conway to Henry More), # 255, 256 (Henry More to Lady Conway).

1 Cf. Andreas Kilcher, *Die Sprachtheorie der Kabbala als ästhetisches Paradigma*, p. 7 und passim.

2 Ich habe in den Briefen der 1650er Jahre keine Hinweise auf ein vertieftes Studium genuin kabbalistischer Quellen durch More gefunden; ob dies andererseits schon dazu berechtigt, die platonischen und pythagoräischen Spekulationen der *Conjectura Cabbalistica* als »product of his own imagination« zu bezeichnen, wie Allison Coudert dies tut, erscheint mir zweifelhaft (cf. »A Cambridge Platonist's Cabbalist Nightmare«, *JHI* 36 (1975), 633-652, hier p. 646). More weist in einem Brief an Anne Conway allenfalls selbstironisch auf den theologisch-pragmatisch begründeten Konstruktionscharakter seines Werks hin: »Though the Conceptions in the Cabbala be most what my own, yett I do what I can in my Defense to gette Godfathers all along to these births of my own braine, and so to lessen the odium of these inventions by alledgeing the Authority of Auncient Philosophers and Fathers, and therefore the Defense is longer then otherwise it had needed to have been, besydes other Digressions I though fitt to make which are not so speculative as practicall, which liberty I take, as haveing a designe so farre as I can to engage others to be good rather then Wise, or to ostentate my own skill and wisedome to the world.« (*Conway Letters*, # 43, p. 83). Unbestreitbar ist indes, daß erst die Bekanntschaft Mores mit Van Helmont auch eine tatsächliche (wenn auch wohl stark durch diesen vermittelte) Begegnung mit kabbalistischer Lehre angestoßen hat; vgl. etwa Mores Bemerkung über einige »Cabbalisticall papyrs« in einem Brief an Anne Conway von 1671/2: »I do not doubt but there is pretious gold in this Cabbalisticall rubbish, which the discerning eye will easily discover.« (*Conway Letters*, # 218, p. 351). Auch seine Beiträge zur *Kabbala Denudata* zeigen eine recht intensive Beschäftigung mit kabbalistischen Meinungen und Motiven. Es erscheint gleichwohl einleuchtend, daß als deren Konsequenz, wie Coudert zeigt, schließlich auf die anfängliche Begeisterung eine deutliche Distanzierung folgt, die in dem in den zweiten Teil der *Kabbala Denudata* (Vol. I: *Apparatus in Librum Sohar Pars Secunda*, pp. 293-307) aufgenommenen Traumbericht Mores, »Fundamenta Philosophiae sive Cabbalæ Aëto-Pædo-Melissææ«, ihren Ausdruck findet. Die anfangs offenbar noch zuversichtlich vermutete Nähe der Kabbala zu den eigenen neoplatonischen Forschungen erscheint in diesem Alptraum, in dem die Kabbala unter den sich ineinander verwandelnden Gestalten eines Adlers, eines kleinen schmutzigen Jungen und einer

nem eher lockeren Sinn verwendete. ›Kabbala‹ war um die Jahrhundertmitte bereits zu einem konzeptuellen Passepartout geworden, zu einer Chiffre für eine besonders wirksame Technik zur Entschlüsselung verborgener Bedeutungen,[1] für eine universal gültige Weise der Welterklärung, für eine besonders zwingende Theologie oder eine allumfassende Philosophie,[2] für jegliche Geheimlehre etc. Gleichwohl machen neuere Studien zur Kabbala[3] deutlich, daß das in der Frühen Neuzeit zunehmend »metaphorische« Verständnis noch keineswegs als ›Verfeh-

---

Biene figuriert wird, abgelöst durch ein Mißtrauen, das über intellektuelle Vorbehalte (Vorwürfe des Pantheismus, Materialismus und der Vielgötterei) weit hinausgeht (cf. Coudert, »Nightmare«, pp. 648-652). – David S. Katz führt in »Henry More and the Jews« (*Henry More (1614-1687). Tercentenary Studies*, ed. Sarah Hutton, Dordrecht 1990, pp. 173-188) überzeugend aus, inwiefern fehlende Hebräischkenntnisse sowie eine auffällige Zurückhaltung bei der Kontaktaufnahme mit jüdischen Gelehrten eine vertiefte, philosophisch wie philologisch nachhaltige Auseinandersetzung Mores mit der kabbalistischen Tradition verhindert haben mochten.

1 So offenbar in Mores *Conjectura Cabbalistica*: »[...] it seems unworthy of that knowing Spirit of Moses, or of Religion it self, that he should not contrive under the external contexture of this Narration, some very singular and choice theorems of Natural Philosophy and Metaphysics; which his pious and learned successors should be able by some secret Traditionary Doctrine of Cabbala to apply to his outward text.« (zit. Coudert, »Nightmare«, p. 646). – Auch Coudert weist auf die Verbreitung dieses eher unspezifischen Kabbala-Begriffs im 17. Jahrhundert hin (ibid.). – Für die ›Katholizität‹ von Mores okkultistischen, vor allem theosophisch-hermeneutischen Interessen spricht auch seine unvoreingenommene Beschäftigung mit den Schriften Jacob Böhmes; vgl. hierzu auch Sarah Hutton, »Henry More and Jacob Boehme«, in: *Henry More (1614-1687). Tercentenary Studies*, ed. Sarah Hutton, pp. 157-171.

2 Diese Auffassung der Kabbala als »more ›powerful‹ Christian philosophy«, als magisch-theologische Machttechnik, gepaart mit Hoffnungen auf politisch-religiöse Reform, stellt vor allem Frances Yates als charakteristisch für die englischen christlich-neoplatonischen Hermetiker und Kabbalisten der Renaissance vor (cf. *The Occult Philosophy in the Elizabethan Age*, pp. 27, 41 und passim). – Coudert findet dieses Kabbalaverständnis in abgeschwächtem Sinne auch noch bei Henry More: »Like most of the Christian interpreters of the Kabbala in the seventeenth century, More used the term to designate a philosophy which he considered particularly enlightening.« (»Nightmare«, p. 646). Andererseits deuten die Spekulationen zur Deutung der Apokalypse, die er zusammen mit Anne Conway betrieb, und die Tatsache, daß dies das erste Feld gemeinsamen Interesses zwischen ihnen und Van Helmont war, darauf hin, daß sich auch für die Denker im Kreise Conways mit der Kabbala noch religiös-politische milleniaristische Erwartungen verbanden (cf. hierzu auch Sarah Hutton, »Of Physic and Philosophy: Anne Conway, F. M. van Helmont and Seventeenth-Century Medicine«, in: Ole Peter Grell, Andrew Cunningham, eds., *Religio Medici. Medicine and Religion in Seventeenth-Century England*, Aldershot 1996, pp. 228-246, hier p. 238 und n. 46).

3 Besonders hervorzuheben ist hier Andreas Kilchers weitgespannte Studie *Die Sprachtheorie der Kabbala als ästhetisches Paradigma*, die an die berühmten Arbeiten Gershom Scholems und dessen an der deutschen Literatur der Romantik orientiertes Kabbalaverständnis anschließt und – auf einem u.a. durch neuere Untersuchungen Moshe Idels (cf. e.g. *Kabbalah. New Perspectives*, New Haven and London 1988), Konzepte Julia Kristevas und Thesen Harold Blooms erweiterten und strukturierten theoretischen Fundament – zeigt, auf welche Weise das in der Regel erst der Romantik zugestandene ästhetische Paradigma bereits in der Konstruktion der Sprachtheorie der Kabbala in der Frühen Neuzeit präformiert ist. Die folgenden Ausführungen zum Kabbalabegriff der Frühen Neuzeit stützen sich im wesentlichen auf Kilchers Differenzierungen; zum Zentralbegriff der »metaphorischen Kabbala« und zu der schon bei Scholem leitenden Vorstellung eines »produktiven Mißverständnisses«, das den Umgang der christlichen Kabbalisten mit der jüdischen Kabbala präge, cf. Kilcher, Kapitel 1, »Hermeneutik und Rhetorik der Kabbala-Rezeption«, hier vor allem pp. 21ff, 25 und passim.

lung‹ der eigentlichen, hebräischen Kabbala anzusehen ist, allenfalls als »produktives Mißverständnis« eines von Anfang an heterogenen und pluralen Interpretationsphänomens, das als Empfang und Entfaltung potentieller Lesarten bereits vorhandener ›Lektüren‹ einer von Anfang an als entzogen figurierten Offenbarung die Tradition kabbalistischen Denkens in durchaus kongenialer Weise fortsetzt. Die Kabbala der Frühen Neuzeit ist gleichzeitig und gleichermaßen ein philologisch-historisches Projekt, das nicht nur auf eine Entzifferungstechnik zielt, sondern eine neue Hermeneutik ebenso wie eine hebräische Philologie unter Bereitstellung der alten Texte im Blick hat; ein philosophisch-metaphysisches Unterfangen der Weisheitssuche, der Restitution einer *prisca sapientia* und der Neubegründung des Wissens auf diesem Fundament, das sich mit Teilen der christlich-neuplatonischen Überlieferung vereint; ein sprachforschendes Projekt, das sich mit den von Ramon Lull bis Leibniz reichenden Bemühungen um die Erstellung einer Universalsprache ebenso verbindet wie mit sprachmagischen Versuchen im paracelsischen und später rosenkreuzerischen Schrifttum; nicht zuletzt ein rhetorisch-tropologisches Schema, das mehr und mehr zum Paradigma des Ästhetischen werden konnte.[1] Gerade das in dieser letzten Bestimmung angedeutete Potential wird, wie sich gezeigt hat, in Cavendishs »poetical Cabbala« in einer geradezu frappierend ›modernen‹ Weise entfaltet. Hier wird nicht nur auf ein Modell universalen Wissens angespielt, sondern dieses wird konfundiert mit Vorstellungen von Herrschaft, Produktivität und vor allem Weltenschöpfertum:[2] Der Gedanke einer unendlich erfüllten Welt wird zum Programm der heterokosmischen Imagination. Zugleich spiegelt die Welterfinderin sich darin als mit sich identische. Werden aber unter der Überschrift der Kabbala Wissenschaft, Fiktion und Subjektivität in dieser autoreflexiven Radikalität ineins gesetzt, so scheint dies ein Literaturverständnis zu antizipieren, wie es sich erst im 18. und 19. Jahrhundert explizit formieren sollte.

Gipfelt die skeptische Phantasie der Margaret Cavendish darin, daß ihre *Blazing World* überraschend die Literaturaffinität der Kabbala und die befreiende Kraft dieser Chiffre nicht zuletzt für weibliches Sprechen sichtbar macht, so scheint sich in Denken und Schreiben der Anne Conway die Umkehrung dieser Figur abzuzeichnen. Erweist sich Cavendishs Kabbala als Synonym für »Ver-

1 Das betont Kilcher mit Nachdruck und zeigt in Kap. 3 seiner Studie (»Kabbalistische Sprachparadigmen in der Frühen Neuzeit«) in großer Ausführlichkeit, »daß und wie der Name der Kabbala zu einem verfügbaren Ort wurde, zu einer Chiffre, die mit den unterschiedlichsten Bedeutungen aufgeladen werden konnte, und unter der die verschiedensten theologischen, philosophischen und wissenschaftlichen Projekte präsentiert werden konnten.« (p. 99)

2 Auch und besonders diese Vorstellung weist eine suggestive Analogie zur kabbalistischen Tora-Lektüre auf: Der Grundgedanke der jüdischen Mystik, daß die Welt durch die Tora erschaffen sei, legitimiert deren magische Lektüre. So führt Kilcher aus: »In ähnlicher Weise wird auch im Sohar das magische Lesen nicht nur an den primordialen, göttlichen Schöpfungsakt gebunden, also an den göttlichen Leseakt, sondern spiegelt sich in dem davon abgeleiteten, sekundären potentiellen Schöpfungsakt eines jeden, der die Tora »lernt«, bzw. liest, rezitiert oder interpretiert. [...] Die Freilegung von neuen Interpretationen der Tora [...] kann auch verstanden werden als Schöpfung von neuen Welten« (p. 91) im zugleich eschatologischen wie utopischen Sinn des *Tikkun*, also der »Restitution einer idealen, ganzen ursprünglichen Welt« (p. 92).

sprachlichung« in freigesetzter *copia*, so liegt Conways ›Befreiung‹ in paradoxer »Entsprachlichung«.[1] Auch in Conways (allerdings keineswegs ausschließlich) kabbalistisch inspirierter Metaphysik verschränken sich szientifisch-naturphilosophische mit poetischen Impulsen. Münden diese bei Cavendish indes in geradezu manischer Eloquenz, so deutet Conways Verstummen auf einen Punkt jenseits von Melancholie und Enthusiasmus, den man wohl mit Recht als mystisch bezeichnen kann. Daß und in welcher Weise auch die Landschaft ihres Denkens eine imaginativ und poetisch geprägte ist, sei zunächst auf einem Umweg über ihren Freund Henry More angedeutet.

2. Henry More als *Democritus Platonissans:* Heterokosmische Variationen

Schon Ernst Cassirers Rekonstruktion der Philosophie der Cambridge Platonists, deren herausragender Vertreter Henry More war,[2] hat gezeigt, wie entschieden diese Denker gegen die dominanten Dogmatismen ihrer Zeit, die sie vornehmlich in der religiösen Intoleranz des calvinistischen Puritanismus einerseits, in den Machtansprüchen des Materialismus, insbesondere der Philosophie Thomas

1 Mit diesen Termini faßt Kilcher – in Anlehnung an die Unterscheidung von »scientia Semot« und »scientia Sephiroth« (p. 32), die Pico della Mirandola von Abulafia übernimmt, und im Anschluß an Moshe Idels Gegenüberstellung von theosophisch-tiefenhermeneutischer und ekstatischer Kabbala – einen von Anfang an in der Kabbala-Rezeption nachweisbaren Antagonismus, der sich historisch zugunsten der »Versprachlichung«, d.h. einer fortschreitenden Autonomisierung des »Semiotischen« zuungunsten des »Semantischen« (Kristeva) aufzulösen scheint (cf. pp. 9, 11 und passim; v.a. auch die Ausführungen im letzten Kapitel, »Variationen der ästhetischen Kabbala nach 1900«). Die Ästhetisierung der Kabbala in Früher Neuzeit, Aufklärung und Romantik wird so für Kilcher beschreibbar als Prozeß »einer zunehmenden Enthistorisierung, Desemantisierung, Tropologisierung« (p. 235).

2 Zum engeren Kreis der von Cassirer so genannten »Schule von Cambridge« sind neben More zu rechnen: Ralph Cudworth, Benjamin Whichcote und John Smith; zum weiteren Umfeld der alsbald als »Latitudinarier« angefeindeten ›liberalen‹ Theologen, Philosophen und Geistlichen wären zu zählen: Jeremy Taylor, George Rust, Nathanael Culverwel, John Norris, John Worthington, und William Chillingworth. Vor allem die Schriften der erstgenannten sind in Auswahl zugänglich in: Gerald R. Cragg, ed., *The Cambridge Platonists*, Lanham 1968, sowie: C. A. Patrides, ed., *The Cambridge Platonists*, Cambridge 1980. Besonders in der ausführlichen Einleitung von Patrides zu diesem Band finden sich zahlreiche weitere Literaturhinweise; vgl. auch die einleitenden Essays von Marjorie Nicolson und Sarah Hutton zu den *Conway Letters*. Als neuere Einzelausgabe s. auch Ralph Cudworth, *A Treatise Concerning Eternal and Immutable Morality. With a Treatise of Freewill*, ed. Sarah Hutton, Cambridge 1996. – Zur Theologie und Philosophie der Cambridge Platonists mit besonderem Schwerpunkt auf More cf. insbesondere: Marjorie Nicolson, »The Early Stages of Cartesianism in England«, *Studies in Philology*, 26 (1929), 356-374; Alan Gabbey, »Philosophia Cartesiana Triumphata: Henry More (1646-1671)«, in: Thomas M. Lennon et al., eds., *Problems of Cartesianism*, Kingston and Montreal 1982, pp. 171-250; die in dem von Sarah Hutton edierten Band *Henry More (1614-1687). Tercentenary Studies*, versammelten Beiträge (Dordrecht 1990); sowie die Beiträge von Sarah Hutton und G. A. John Rogers in: Jean Pierre Schobinger, ed., *Die Philosophie des 17. Jahrhunderts, Bd. 3/1: England*, Basel 1988.

Hobbes' andererseits verkörpert sahen, Stellung bezogen.[1] Ihre rationalistische Skepsis gegenüber jedem sich absolutistisch gerierenden Dogma, beflügelt durch eine anfängliche Begeisterung für das Denken Descartes' und gepaart mit starkem Interesse für die Experimente der Neuen Naturwissenschaften, verleiht nicht nur ihrem Platonismus und ihrer irenischen Religiosität, sondern auch ihrem akademischen Lebensstil insgesamt eine eigene Prägung. Nicht in erster Linie um diese Dimension des ›skeptischen‹ Platonismus Henry Mores und seiner Kollegen geht es jedoch im vorliegenden Zusammenhang, sondern um den mit ihm verbundenen poetischen Impuls, der sich vor allem im Werk Henry Mores immer wieder bemerkbar macht. Parodiert Margaret Cavendish in ihrer Fiktion und Poesie die empiristische Versessenheit eines Robert Hooke oder die Selbstglorifizierung der Royal Society, wie sie Joseph Glanvill in seiner *Scepsis Scientifica* von 1665 praktiziert,[2] und transformiert sie deren Forscherdrang in eine von ihren mimetischen Fesseln befreite Imagination, so läßt sich Henry More zumindest in seinen frühen Schriften – und hier vor allem in seinem Gedicht »Democritus Platonissans« von 1646 – ebenfalls von einigen Themen der zeitgenössischen Diskussion zu poetischer Himmelsstürmerei inspirieren.

Eine Darstellung der Entwicklung der philosophischen Position Henry Mores in der erstrebenswerten Ausführlichkeit überschreitet bei weitem den Rahmen dieses Kapitels. Vor allem müßten die Veränderungen, die Mores Haltung in der Frage einer möglichen Unendlichkeit des Raumes seit dem Beginn seiner Beschäftigung mit dem Denken Descartes' ab der Mitte der vierziger Jahre, seinem Briefwechsel mit ihm (von 1648 bis 1649; Descartes' Tod setzte 1650 den Hoffnungen Mores auf eine Fortsetzung ein Ende) und mit Anne Conway (vor allem in den Jahren 1650 und 1651) bis hin zu seiner vehementen Ablehnung zentraler

---

1 Cf. Ernst Cassirer, *Die platonische Renaissance in England und die Schule von Cambridge*, Leipzig 1932.

2 Joseph Glanvill, *Scepsis Scientifica: or, Confest Ignorance, the Way to Science.* London 1665 (repr., zusammen mit der Replik auf Thomas White, *Scire/i tuum nihil est: or, The Authors Defence of the Vanity of Dogmatizing* (1665), Hildesheim 1985 [= *Collected Works of Joseph Glanvill*, Vol. III]). *Scepsis Scientifica* ist die überarbeitete Fassung von *The Vanity of Dogmatizing*, 1661. Glanvill überarbeitete auch *Scepsis Scientifica* nochmals und nahm den Traktat in die 1676 erscheinende Sammlung *Essays on Several Important Subjects in Philosophy and Religion* auf. – Glanvill verkündete vor allem die neue, ›mechanische‹ Philosophie und die von Bacon geprägte Ideologie des Empirismus der Royal Society, sympathisierte aber auch mit dem Denken der Cambridge Platonists. Er erwähnt Henry More vielfach rühmend in seinen Schriften und teilte nicht zuletzt dessen Interesse an Geistererscheinungen und übersinnlichen Phänomenen. Sein Skeptizismus ist am ehesten als ›konstruktiver‹ zu charakterisieren; die Skepsis ist für ihn niemals der als Atheismus verschrieene Pyrrhonismus, sondern Mittel der Schul- und Aristotelismuskritik, die Einsicht in das eigene Nichtwissen (d.h. in die Unhaltbarkeit dogmatischer Sätze) Bedingung und Basis des Gewinns sicherer, da experimentell abgesicherter Erkenntnis. (Zu Vertretern eines »Constructive or mitigated scepticism« cf. Richard Popkin, *The History of Scepticism from Erasmus to Spinoza*, Berkeley 1979, p. 129ff; zum Begriff auch Christopher Hookway, *Scepticism*, London 1992, p. 37ff; zu Glanvill vgl. auch Bernhard Fabian, »Ein Apologet der Royal Society: Joseph Glanvill«, in: Schobinger, ed., *Die Philosophie des 17. Jahrhunderts, Bd. 3/2: England*, Basel 1988, pp. 435-441, sowie Sascha Talmor, *Glanvill: The Uses and Abuses of Scepticism*, Oxford 1981.)

Cartesischer Philosopheme im *Enchiridion Metaphysicum* von 1671 erfuhr, im einzelnen nachgezeichnet werden. Das kann an dieser Stelle nicht geleistet werden.[1] Thesenhaft seien hier nur die folgenden, für die Einschätzung des »Democritus Platonissans« unentbehrlichen Punkte skizziert: More ist nicht nur der Erfinder des Terminus »Cartesianism«, er ist auch einer der ersten englischen Autoren überhaupt, die sich mit Descartes in einer Publikation – nämlich im »Democritus Platonissans« – auseinandersetzen. Wie dieser Text zeigt und die Korrespondenz mit Anne Conway bekräftigt, kreist diese Auseinandersetzung nicht zuletzt um das Unendlichkeitsproblem. Nach 1650 bricht die intensive Beschäftigung Mores mit den Schriften Descartes' deutlich ein; andere, vor allem theologische Interessen treten in den Vordergrund. Im *Enchiridion Metaphysicum*, seinem Grundlagenbuch zur Metaphysik, in dem er auch seinen Gedanken eines »spirit of nature« entwickelt, wendet sich More schließlich mit großer Schärfe gegen die materialistischen und atheistischen Implikationen, die der Cartesianismus aus seiner Sicht gewonnen hatte; interessanterweise scheint er sich jedoch dort zu eben jener Einstellung in der Frage der Unendlichkeit zu bekennen, für die Descartes und auch Anne Conway eingetreten waren, die er selbst aber zwanzig Jahre zuvor nicht teilen konnte.[2]

1 In den Grundzügen ist dies auch bereits nachzulesen in der hervorragenden Studie von Alan Gabbey, »Philosophia Cartesiana Triumphata« (in: Lennon et al. eds., *Problems of Cartesianism*).

2 Cf. Mores apologetischen Kommentar zu dieser Wendung im Vorwort zur Ausgabe seiner *Opera Omnia*, p. xi (in der Übs. von Alexander Jacob): »In *Psychathanasia*, Bk. 3, cant. 4, the immortality of the soul is proved through the immense goodness of God, indeed commensurate with his power and providence. Among many other objections against this argument, it was also urged that the world is not inifinite in extension, or eternal in duration *a parte ante*, as the Scholastics speak. To which it is replied there that it is repugnant to natural things that any extension be infinite, and is so, for additional reasons too. Later, indeed inspired by I know not what poetic fury, I wrote the above mentioned poem with an altered argument, founded on that reason most of all that would establish that there can be infinite extension of space, and that there can be no more or greater absurdity in infinite matter, and infinite duration of the world, than in the infinite extension of space. For I had at that time not discovered those new arguments, which later occurred to me on pondering the matter deeply, and which I have noted in the *Enchiridium Metaphysicum*. Which indeed seem to me such as to have demonstrated the matter clearly, and force one as if against one's will back to those apprehensions of things which I conceived when I wrote the *Psychodia Platonica*. As far from the truth as it is that anything discordant or inconvenient follows from it, so much greater elegance and congruity is there in the latter opinion than in the former, because it is so clearly evident that there is an infinite difference between God and the creation, both in amplitude and duration, even by the nature of things, through which difference the essential sanctity of the divine majesty and its supereminent state are clearly and splendidly manifested.« (Alexander Jacob, *Henry More's Manual of Metaphysics. A Translation of the* Enchiridium Metaphysicum *(1679) with an Introduction and Notes* [2 Bde.], Hildesheim 1995. Das Zitat hier, »Introduction«, p. xxvif) – Ähnlich hatte sich More in der Tat im *Enchiridium Metaphysicum*, I, cap.10., Sec. 14, geäußert: »[...] *that God alone is eternal and absolutely infinite in amplitude*. And certainly [...] this argument is seen to be most solid by which the worldly matter would be demonstrated to be incapable of being absolutely infinite, but only indefinite, as Descartes is seen to pronounce somewhere and to reserve the term infinite to God alone. Which is seriously and constantly to be affirmed as much of the duration of God as of his amplitude. Both are indeed absolutely infinite, those of the world indeed can be only indefinite. [...] the worldly amplitude is only indefinite (that is, in fact finite) as we

Dem Gedicht mit dem suggestiven Titel »Democritus Platonissans, or an Essay upon the Infinity of Worlds out of Platonic Principles« kommt also in mehrfacher Hinsicht eine Sonderstellung zu. Nicht nur markiert es einerseits den Beginn des Moreschen ›Cartesianismus‹, vertritt er hier andererseits zugleich Ansichten, die von denen Descartes' abweichen und von denen er sich selbst später teilweise abwenden wird, – diese Formulierung seiner Position erfolgt zudem ausdrücklich im Zeichen eines poetischen Enthusiasmus, dem er nach der Veröffentlichung dieses Textes zusammen mit der »Psychodia Platonica«[1] unter dem Sammeltitel *Philosophical Poems* im Jahr 1647 nie wieder in dieser Weise hat die Zügel schießen lassen[2] und der die Grenzen des philosophischen Diskurses überschreitet. Mores Text hat in vielem den Charakter eines skeptisch-platonischen Experiments, der literarischen Erprobung eines Gedankens, den sein Autor nirgends sonst mit dieser Emphase artikulieren wird.[3] Zwanzig Jahre nach der Erstveröffentlichung des »Democritus Platonissans« wird Margaret Cavendish den Infinitätsgedanken zum Zweck der Selbstpräsentation ihrer eigenen, durchaus stärker materialistisch als platonistisch gefärbten literarischen Kreativität ummünzen. Anne Conway wird wenige Jahre später im vitalistischen Monismus ihrer *Principia* ihren schon früh gehegten Vorbehalten gegenüber dieser Art von Infinitätsrausch ebenso wie gegenüber den dualistischen Modellen, die in Mores

initially maintained. For, indeed, in this way God is by due, that is, by infinite grades elevated above the entire universe, since he is thereby understood to be not only more ancient than the world by infinite ages, but also more ample and august in infinite space.« (Ibid., p. 88-89).

1 *Ψυχωδια Platonica: or a Platonical Song of the Soul*, zuerst 1642. In diesen ›Gesang der Seele‹ wurde »Democritus Platonissans« (zuerst 1646) bei seinem zweiten Erscheinen, in der Sammelausgabe der *Philosophicall Poems* (Cambridge 1647), zwischen die Abschnitte »Psychathanasia« und »Antipsychopannychia« eingefügt.

2 Den ›philosophischen Furor‹, der ihn bei der Abfassung des »Democritus Platonissans« geleitet habe (»a new Philosophick furie« im Vorwort »To the Reader«, orig. kursiv), qualifiziert er später im Vorwort zu seinen *Opera Omnia* als ›poetische‹ Raserei noch weiter ab. – Bis auf die schwer datierbaren »Divine Hymns« in den *Divine Dialogues* von 1668 hat More keine weiteren Gedichte veröffentlicht. Nicht entscheidbar ist, ob er keine weiteren geschrieben hat. In einigen ihrer letzten erhaltenen Briefe an ihn bittet Anne Conway ihn immerhin noch um die Übersendung von »poems«; dabei mag es sich um die »Divine Hymns« handeln (cf. *Conway Letters* # 253). – Die *Philosophical Poems (1647)* (einschließlich der Vorrede zum »Democritus Platonissans«) werden im folgenden nach dem Nachdruck Menston 1969, zitiert; der Text des »Democritus Platonissans« selbst nach: Alexander B. Grosart, ed., *The Complete Poems of Dr. Henry More (1614-1687)*. The Chertsey Worthies Library, repr. New York 1967, pp. 91-100.

3 Richard Popkin sieht im Frühwerk Mores den Anteil des Skeptizismus an seinem Denken als den ungleich bedeutenderen an: Er meint, More habe eine gravierende persönliche pyrrhonische Krise durchlebt, die ihn zu einem Mißtrauen gegenüber den menschlichen Erkenntnisfähigkeiten geführt habe, das das Descartes' an Radikalität übertraf. Erst allmählich habe er zu einer probabilistisch begründeten Spiritologie und »an empirical science of spirits« gefunden. (Cf. »The ›Incurable Scepticism‹ of Henry More, Blaise Pascal and Sören Kierkegaard«, in: Richard Popkin, *The Third Force in Seventeenth-Century Thought*, Leiden 1992, sowie ders., »The Spiritualistic Cosmologies of Henry More and Anne Conway«, in: Sarah Hutton, ed., *Henry More (1614-1687). Tercentenary Studies*, Dordrecht 1990, pp. 97-114, hier p. 98.) – Es ist nicht erforderlich, dieser allzu glatten Rekonstruktion des Moreschen Denkwegs in allem zustimmen, um zu sehen, daß das eigentlich Charakteristische an Mores Denken auch in späteren Jahren dessen irreduzible Heterogenität ist, an der in der Tat die Skepsis einen wichtigen Anteil hat.

Denken an deren Stelle treten, systematische Gestalt verleihen – und dies in solch spekulativer Originalität, daß Leibniz im materialismuskritischen Werk der »Madame de la Comtesse de Connaway Platonicienne«[1] sein eigenes Denken »entre Platon et Democrite«[2] vorgebildet sehen konnte.[3]

Als ›platonisierender Demokrit‹ nun tritt Henry More zunächst mit skeptizistischer Haltung an, um gleich darauf mit einem an Giordano Brunos Himmelsstürmerei erinnernden Gestus triumphaler Grenzüberschreitung zu verkünden, aus dem Gedanken eines unendlichen Schöpfergottes müsse auch eine Unendlichkeit von Raum und Zeit sowie möglicher Welten folgen.[4] Die schon in der

---

1 »Jetzt begreife ich, was Plato darunter verstand, wenn er die Materie für ein unvollkommenes und wandelbares Wesen ansah, was Aristoteles mit seiner Entelechie sagen wollte, was jenes Versprechen eines anderen Lebens sagen will, das nach Plinius selbst Demokrit machte, – wieweit die Skeptiker recht hatten, wenn sie gegen die Sinne eiferten, in welchem Sinne die Tiere wirklich, gemäß der Meinung Descartes', Automaten sind, während sie doch andererseits, in Übereinstimmung mit der allgemeinen Meinung der Menschen, Seelen und Empfindung besitzen. Ich sehe ferner jetzt, wie man der Lehre derjenigen einen vernünftigen Sinn geben kann, die allen Dingen Leben und Wahrnehmung verliehen haben [qui ont logé vie et perception en toutes choses]; wie dies Cardan, Campanella und besser als sie die verstorbene Gräfin von Connaway, eine Anhängerin Platos, und unser verstorbener Freund Franz Mercurius van Helmont, der übrigens freilich durch viele unverständliche und paradoxe Meinungen dunkel bleibt, im Verein mit seinem verstorbenen Freund Heinrich Morus, getan haben.« (Gottfried Wilhelm Leibniz, *Neue Abhandlungen über den menschlichen Verstand.* Übs. Ernst Cassirer. Hamburg 1971 (Übs. von 1915; frz. Original zitiert nach der Passage aus der Ausgabe von Carl Immanuel Gerhardt, Vol. 5, Berlin 1882, die Peter Loptson seiner Ausgabe von Conways *Principles of the Most Ancient and Modern Philosophy*, The Hague 1982, als Motto voranstellt).

2 So Leibniz in einem Brief an Thomas Burnett vom 24. August 1697: »Je vous ay marqué autresfois en quoy je diffère un peu moy même de Mons. Lock, et je seray bien aisé d'en avoir un jour vostre sentiment. Les miens en philosophie approchent un peu davantage de ceux de feu Mad. la Comtesse de Conway, et tiennent le milieu entre Platon et Democrite, puisque je croy que tout se fait mechaniquement comme veulent Democrite et Descartes, contre l'opinion de M. Morus et ses semblables; et que neantmoins tout se fait encor vitalement et suivant les causes finales, tout estant plein de vie et de perceptions, contre l'opinion des Democriticiens.« (zit. Loptson nach C. I. Gerhardt, *Die philosophischen Schriften von Gottfried Wilhelm Leibniz*, Vol. 3) – Schon diese Einschätzungen Leibniz' lassen Stephen M. Fallons Etikettierung des »brilliant and quirky thought of Anne Conway« als »animist materialism« fragwürdig erscheinen (*Milton among the Philosophers. Poetry and Materialism in Seventeenth-Century England*, Ithaca 1991, p. 6 und passim), wiewohl seine wichtige Studie eine der wenigen ist, die Anne Conway überhaupt als philosophische Größe und zugleich in ihrer literarischen Relevanz wahrnehmen. Vgl. meine eigenen Überlegungen zu Conway weiter unten.

3 Zum Verhältnis der Philosophie Leibniz' zum Denken Conways (mit Focus auf dem Monadenbegriff) cf. auch Carolyn Merchant, »The Vitalism of Anne Conway: Its Impact on Leibniz's Concept of the Monad«, *Journal of the History of Philosophy* 17 (1979), 255-269; zu Konvergenzen zwischen »Leibniz and More's Cabbalistic Circle« Stuart Browns Aufsatz unter diesem Titel in Hutton, ed., *Henry More (1614-1687). Tercentenary Studies*, pp. 77-95.

4 Schon in der Vorrede zur zweiten Ausgabe der *Psychodia* oder auch im vorangestellten Gedicht »To the Reader«, das den Verfasser als inspirierten Sänger vorstellt, mischen sich skeptische mit platonischen Momenten. So heißt es in »To the Reader Upon this second Edition«, es gelte gegenüber jenen, die blutleere »Contemplations concerning the dry essence of the Diety« (B2) anstellten, die Vielfalt des Göttlichen herauszustellen, und dies wird mit dem folgenden skeptizistischen Gemeinplatz begründet: »[...] the reports of them that have busied themselves that way [i.e. mit besagten »Contemplations«], have not onely seem'd strange to the vulgar; but even repugnant with one another. But I should in charity referre this to the nature of the pigeons neck,

Vorrede zu den *Philosophical Poems* ausgesprochene Vermutung, die Poetizität des Textes vermöchte die Gewißheit und Überzeugungskraft der in ihm verhandelten theologischen Einsichten zu erhöhen,[1] mutet sowohl im Blick auf den Kontext – die übrigen Bücher der »Psychodia«, in die »Democritus Platonissans« eingebettet wird –, als auch das präfatorische Material und die Art und Weise, wie der Text selbst seine Philosophie in Verse bringt, eigentümlich widersprüchlich an. So wird einerseits im Vorwort »To the Reader« vergleichsweise deutlich Position bezogen, indem zum einen eben jene antiken Autoren, von denen sich More in der Regel scharf abzugrenzen sucht, als mögliche Gewährsleute herangezogen werden,[2] zum anderen Descartes als Berufungsinstanz bemüht wird. Auch weist More ausdrücklich eigene frühere Überzeugungen zurück: »*But now roused up by a new Philosophick furie, I answer that difficultie by taking away the Hypothesis of either the world or time being finite: defending the infinitude of both.*«[3] Aber gerade die Frage, in der er eine Übereinstimmung mit Descartes zu konstruieren versucht – ist die Welt unendlich (*infinitus*) oder lediglich unbestimmt in ihrer Ausdehnung (*indefinitus*)? – wird sich als ein zentraler Streitpunkt und nicht

---

rather then to mistake or contradiction. One and the same Object in Nature affords many and different φαινομενα. And God is as infinitely various as simple. Like a circle, indifferent, whether you suppose it of one Uniform line, or an infinite number of Angles. Wherefore it is more safe to admit all possible perfections in God, then rashly to deny what appears not to us in our particular posture.« (B2v).

1 Selbst Descartes habe (ähnlich wie Sir Kenelm Digby) zwar versucht, Gewißheit »in things appertaining to God« (B4r) beizubringen, es sei ihm aber im letzten doch nicht gelungen: »[...] *Mounsieur des Chartes* hath attempted bravely, but yet methinks on this side of Mathematicall evidence. He and that learned Knight our own Countryman had done a great deal more if they had promised lesse.« (B3r) Solche Gewißheit sei vielmehr Sache der Poesie: »So high confidence might become the heat and scheme of Poetry much better then sober Philosophy.« (ibid.) Die damit ins Literarische gesetzte Hoffnung auf erhöhte Glaubwürdigkeit klingt auch indirekt im Widmungsschreiben an den Vater an, das einerseits die Qualität der vorgelegten Verse eher niedrig veranschlagt, andererseits darauf hinweist, der Vater selbst habe die poetische Ader des Sohnes gefördert: »*You having from my childhood tuned mine ears to Spencers rhymes, entertaining us on winter nights, with that incomparable Peice of his,* The Fairy Queen, *a Poem as richly fraught with divine Morality as Phansy.*« Offenbar bedarf die Präsentation der höheren Weisheit und Gelehrsamkeit, bedarf »*this bookish disease*« der Realisierung in Poesie. – Alan Gabbey argumentiert in seiner Studie sogar dafür, die eigentliche Anziehungskraft Descartes' für More habe – zumindest anfänglich – in der poetischen Qualität der Cartesischen Texte bestanden. Gabbey zitiert u.a. Mores Preis der unterhaltsamen literarischen Qualitäten des *Discours de la Methode* – »*lusorio* quodam, sed eleganti sane modestiae genere« – in seinem Brief an Descartes vom 11. Dezember 1648 – und folgert: »More's reading of Descartes was as much a poetical experience as it was a philosophical awakening.« (»Philosophia Cartesiana Triumphata«, in Lennon et al., eds., *Problems of Cartesianism*, p. 190; das Zitat p. 188; cf. auch ibid., p. 187: »It is as though More saw in Descartes a mechanist philosopher with poetic impulses, thus complementing himself at that date, a Christian poet with philosophical tendencies.«).

2 »*But if I had relinquished here my wonted self, in proving Dogmaticall, I should have found very noble Patronage for the cause among the ancients,* Epicurus, Democritus, Lucretius, *&c*« (n.p.) – Vgl. auch St. 20 des »Democritus Platonissans«.

3 Im Vorwort zu »Democritus Platonissans« (»To the Reader«); More zitiert wenige Sätze zuvor die Ansicht, die er in St. 36 von »Psychathanasia« vertreten hatte – »Nought's infinite but tight eternity| Close thrust into it self: extension| That's infinite implies a contradiction« (zitiert werden nur die letzten anderthalb Zeilen).

überbrückbarer Dissens in seiner Korrespondenz mit dem verehrten Vordenker erweisen.[1] Und wenn die angebliche Sicherheit, mit der More auftritt, schon durch die einleitende Absichtserklärung im Vorwort konterkariert wird, es sei ihm um nichts anderes gegangen, als den dafür Empfänglichen spielerisch eine Vielfalt möglicher Ansichten zu bieten;[2] so erscheint sie vollends fragwürdig aus der Perspektive des Mottos des Gedichts:

'Gainst boundlesse time th'objections made,
And wast infinity
Of worlds, are with new reasons weigh'd;
Mens judgements are left free.

1 »*Nay and that sublime and subtill Mechanick too,* Des-Chartes, *though he seem to mince it must hold infinitude of worlds, or which is as harsh, one infinite one. For what is his* mundus indefinitè extensus, *but* extensus infinitè*? Else it sounds onely* infinitus quoad nos, *but* simpliciter finitus. *But if any space be left out unstuffed with Atoms, it will hazard the dissipation of the whole frame of Nature into disjoynted dust; as may be proved by the Principles of his own Philosophie.*« – Die einschlägigen Passagen aus den *Principia Philosophiae* (III, 1 und 2) werden dem »Democritus Platonissans« als Motto vorangestellt. – Mores Dissens mit Descartes an diesem Punkt ist instruktiv und verdiente eine eigene Untersuchung. Die Position Descartes' ist eindeutig und läßt sich vor allem an den Briefen an die Prinzessin Elisabeth vom 15. September und am 6. Oktober 1645, an Chanut vom 6. Juni 1647 und an More vom 5. Februar 1649 ablesen. Er beharrt darauf, das Infinitätsprädikat sei allein Gott zuzusprechen, die Ausdehnung der Welt sei lediglich indefinit (an Chanut: »[...] je ne dis pas que le monde soit infini, mais indéfini seulement«; an More: »[...] je dis de certaine choses qu'elles sont indéfinies plutôt qu'infinies. De Dieu seul, en effet, je conçois positivement qu'il est infini [...]«; cf. André Bridoux, ed., *Descartes. Œuvres et Lettres*, Paris 1953, pp. 1273, 1317); andernfalls hätte er ja auch die Grundlage seines Gottesbeweises – daß Gott eben als Einziges unser Erkenntnisvermögen unendlich übersteigt – preisgeben müssen. Genau an diesem Punkt war More anderer Ansicht; diese transzendentalistische Einstellung konnte er nicht teilen, da es ihm gut neuplatonisch auf die ständige Bezogenheit Gottes zu seiner Schöpfung und auf sein fortwährendes Wirken in den Dingen ankam. More hält an seiner Auffassung auch Anne Conway gegenüber und gegen deren Einwände fest: »For his [i.e. Descartes'] so superstitiously excluding all possibility of an empty space, is but to gett an indefinite or indeed an infinite body to frame out his vortices in. For indeed his supposition of the impossibility of a vacuum dos ipso facto make the matter infinite. My contending for a true infinite distance in space, in my Infinity of Worlds, is onely to facilitate the possibility of that Infinity. But your Ladiship in courtesy seemes to take the strangers part and lean towards his opinion that there can not be an empty space or any distance but by the interposition of body or matter.« (Henry More to Anne Conway, May 5. 1651, *Conway Letters* #19b, p. 486. Am Ende dieses langen Briefes heißt es: »For infinite and indefinite in Des Cartes sense, truly Madam, I can not easily absteine from being of your Ladiships opinion in that, that they come much to one.« Ibid., p. 489.) – Mores Ausdehnung des vermeintlich Cartesischen Infinitätstheorems auf alles Seiende ist möglicherweise gleichwohl als eine Art des *creative misreading* anzusehen, insofern der Unendlichkeitsgedanke nicht zuletzt auf diesem Weg in die englische Literatur eingewandert ist. (So Nicolson in *Conway Letters*: »Perhaps the most important service of Henry More to human thought was his making at home on English soil the idea of infinity.« (p. 43, cf. auch 46, 370f, 472). Nicolson schließt hier bei Arthur O. Lovejoy an; cf. *The Great Chain of Being*, New York 1965, p. 125ff).

2 »[...] *following my old designe of furnishing mens minds with variety of apprehensions concerning the most weighty points of Philosophie, that they may not seem rashly to have settled in the truth, so it be the truth.*«

Aber auch der argumentative Duktus der folgenden 107 *Spenserian stanzas* arbeitet eher gegen die Erzeugung von Gewißheit. Schon die ersten vier Strophen, in denen sich der Sprecher anschickt, mit Hilfe seiner Muse eben das zu formulieren, was eigentlich unvorstellbar und unaussprechlich ist (St. 1), entfalten eher relativierende Effekte. Denn die nachfolgende triumphale Entgrenzung der philosophischen Imagination stellt sich hier zunächst als das höchst persönliche Produkt eines einzelnen Geistes vor, ja geradezu als ein zufälliges Ergebnis des rastlosen Denkens – fremdartige, vagierende Ideen, die sich in ihren Idiosynkrasien aufdrängen; ungebetene Gäste, die kommen und gehen und durch das Bewußtsein ziehen:

2

Strange sights do straggle in my restlesse thoughts,
And lively forms with orient colours clad
Walk in my boundlesse mind, as men ybrought
Into some spacious room, who when they've had
A turn or two, go out, although unbad.
[...]
Although, the time my roof doth them contain
Their presence doth possesse me till they out again.

Aber für die Zeit ihres Aufenthalts okkupieren sie den Geist so, daß sie, auch wenn ihnen die volle Zustimmung verweigert wird, zur Repräsentation gebracht werden müssen:

4

For 'tis of force and not of a set will;
Ne dare my wary mind afford assent
To what is plac'd above all mortall skill.
But yet our various thoughts to represent
Each gentle wight will deem of good intent.
Wherefore with leave th'infinitie I'll sing
Of Time, of Space: or without leave; I'm brent
With eager rage, my heart for joy doth spring,
And all my spirits move with pleasant trembeling.

Der »inward triumph« (St. 5), mit dem sich der Sprecher dann in die Unendlichkeitsbetrachtung stürzt, wirkt der enthusiastischen Diktion zum Trotz eigenartig gebremst. So erklärt er als erstes die Materie zur bloßen »phantasie« (St. 10), denn:

Whatever is, is Life and Energie
From God, who is th'Originall of all;
Who being every where doth multiplie
His own broad shade that endlesse throughout all doth lie.
[ibid.]

Folglich kann es keine reine Materie geben – »For matter pure is a pure nullitie« (St. 16; ähnlich auch St. 68): Was uns undurchdringlich erscheint, wie beispielsweise ein von fern geschautes Gestirn, ist in Wahrheit kondensierte Geistigkeit, eine Verknotung im Gewand der Weltseele: »[...] a knot in *Psyches* garment tide«

(St. 13). Von diesem Gedanken eines von Gott ausgehenden, alles durchlichtenden Seins ist es nicht mehr weit zum Zentrum der Argumentation. Alles Sonnenhafte will strahlen und sich verausgaben; es ist unvorstellbar, daß dieser Drang zur Emanation sich bescheiden sollte: Daher gibt es auch nicht nur eine Sonne, sondern viele Sonnensysteme, das heißt unendlich viele Welten: »I will not say our world is infinite,| But that infinity of worlds there be;« (St. 21, vgl. 19 – 27). Und weil Gott als der Inbegriff des sich verströmenden Einen allmächtig, ubiquitär, unendlich ist, ist auch die von ihm ausgehende und in Stofflichkeit sich manifestierende Güte unendlich. Da sie unerschöpflich ist, läßt sie unendlich viel entstehen:

50

Wherefore this precious sweet Ethereall dew
For ought we know, God each where did distill,
And thorough all that hollow Voidnesse threw,
And the wide gaping drought therewith did fill,
His endlesse overflowing goodnesse spill
In every place; which streight he did contrive
Int' infinite severall worlds, as his best skill
Did him direct and creatures could receive:
For matter infinite needs infinite worlds must give.

Eigentlich könnte das Gedicht hier enden. Die wichtigsten Argumente sind gefallen; die im Titel versprochene unendliche Zahl von Welten ist aus (mehr oder minder) ›platonischen Prinzipien‹ erklärt. Aber zum einen ist der Weg bis hierhin keineswegs geradlinig und kommod verlaufen. Zwischendurch tauchten Fragen auf, die keine rechte Antwort fanden – ist der unendliche Raum leer oder unendlich erfüllt? wie ist das vorzustellen? (cf. St. 42 – 47) –, und der Gedankengang setzte zweimal ausdrücklich neu an (St. 43 und 48). Zum anderen kann die in der letzten Zeile sich einstellende Konklusion aus der hier propagierten neoplatonischer Sicht nicht befriedigen: »matter infinite« darf nach all den antimaterialistischen Argumenten, die bisher vorgebracht wurden, nicht das letzte Wort haben. Und so verlängert sich der Text nochmals um mehr als die doppelte Anzahl von Strophen – von »infinite space and infinite worlds« schreitet »puzzled reason« (St. 46) zum Problem der »infinite Time« fort, und erst die Frage des Weltendes scheint einen Abschluß zu ermöglichen. Aber auch dieser hinterläßt eher Irritationen, als daß er zu einer Schwierigkeiten und Widersprüche ausräumenden Gewißheit führte: Die unendliche Zeit, in der das Universum lebt, wird vorgestellt als endlose Folge von Weltuntergängen und -neugeburten. Einstmals junge Welten altern, sterben und entstehen phönixgleich aus ihrer Asche neu, da in dieser Spuren von »spermatick life« (St. 101) der mütterlichen, »never-dying Nature« (St. 105) zurückgeblieben sind. More scheint hier auf seine spätere Theorie der »plastic Nature« vorzugreifen;[1] gleichwohl senkt sich am Schluß des

1 Zu Mores Naturauffassung, seinem Konzept eines »Spirit of Nature« und dessen »Plastic Power« vgl. auch Alexander Jacob, »The Neoplatonic Conception of Nature in More, Cudworth, and Berkeley« in: Stephen Gaukroger, ed., *The Uses of Antiquity*, Dordrecht 1991, pp. 101-121.

Textes – mit einigen Spenser-Echos und nicht ohne affektiert ›poetischen‹ Gestus [1] – die Waage doch deutlich auf die Seite naturalistisch-atomistischer Doktrinen mit epikureischen Anklängen.[2] ›Democritus‹ und nicht Plato scheint in dieser zweigesichtigen Dichter-*persona* die Oberhand zu behalten.

Henry Mores »Democritus Platonissans« ist unter anderem ein Beispiel dafür, wozu ein auf den Geist der Cartesischen Skepsis sich berufender Platonismus auch führen kann: zu gereimter Spekulation, die weder in philosophischer noch in poetischer Hinsicht befriedigt. Aber gerade die Heterogenität dieses Textes läßt ihn aufschlußreich erscheinen. Er kämpft offenkundig mit Schwierigkeiten, die er weder systematisch noch ästhetisch zu bewältigen vermag, und schwankt so fortwährend zwischen Positionen, die auch der synkretistische Titel nicht in eine konsistente Einheit zu überführen vermag. Daß materialistische, rationalistisch-mechanistische und platonistische Denkweisen in der Frage der Unendlichkeit übereinkommen, erwies sich für More nicht erst in der Korrespondenz mit Descartes als Irrtum: Auch sein poetischer Versuch, eine solche Versöhnung zu konstruieren, ist als ein gescheitertes Experiment anzusehen. Die imaginative Exploration des Unendlichkeitstopos führt More im Blick auf das Verhältnis von Materie und Geist, Seelischem und Körperlichem zu inkompatiblen Extrempositionen. Der poetische Furor, der ihm ja von Anfang an nicht ganz geheuer ist, vermag über diese Klippen nicht hinwegzutragen.[3] Der Ausweg, den Margaret Cavendish aus diesem Problemkomplex sucht und findet, erscheint demgegenüber nicht nur im Blick auf ihre Option für materialistisch-naturalistische Denkweisen, apologetisch verbrämt durch das Beharren auf der Erzvernünftigkeit des Vorgetragenen, ungleich entschiedener. Auch ihre Verwandlung natur-

1 In St. 105 scheint besonders auf die Erneuerungsvorstellungen in der »Garden of Adonis«-Episode der *Faerie Queene* (III, iv, 47 – »eterne in mutabilitie«) angespielt zu werden. – Die letzte Strophe, 107, bemüht mit »And Cynthius pulls me by my tender ear« gar einen berühmten Topos der Pastorale (Vergil, Ekl. 6, ll. 3-4: »Cynthius aurem| vellit et admonuit«), um endgültig zum Schluß zu kommen.

2 Vgl. e.g. den Abschnitt »Of the End, or Corruption of the World« in Thomas Stanleys Epikur-Kapitel (*History of Philosophy*, p. 575). Nicht nur insofern Stanleys Werk als eine Art Summe der philosophischen Kenntnisse des 17. Jahrhunderts angesehen werden kann, sondern auch weil gute Kenntnis der *Moralia* des Plutarch bei einem hochgebildeten Akademiker wie More ohnedies vorausgesetzt werden kann, darf wohl auch angenommen werden, daß More Stanleys Einschätzung der Beziehung zwischen Demokrit und Epikur (unter Bezugnahme auf *Adversus Colotem*, 4) geteilt hätte: »[...] *Epicurus* stole all his Opinions from him [i.e. Democritus], which was the common Objection concerning *Democritus* [...]« (ibid., p. 535f).

3 1656, also zehn Jahre nach der Erstveröffentlichung von *Democritus Platonissans*, erscheint Mores Streitschrift *Enthusiasmus Triumphatus. Or, A Discourse of the Nature, Causes, Kinds, and Cure, of Enthusiasme* (London: J. Flesher, Cambridge: W. Morden, repr. Los Angeles 1966). Die im wesentlichen gegen den religiösen Fanatismus gerichtete Schrift sieht die Gründe für diesen in erster Linie in einer ins Wahnhafte umgeschlagenen Melancholie. Die in diesem Zusammenhang formulierten Argumente schlagen indes potentiell auch auf die anderen Spielarten der Mania – wie z.B. den poetischen Furor – zurück, wiewohl More diesen (wie den »*true* and *warrantable Enthusiasm* of devout and holy Souls«, Sect. LXIII) von der Kritik auszunehmen sucht. Erst die Vordenker der Romantik, die Anhänger und Vermittler der Philosophie der Cambridge Platonists, Shaftesbury und Coleridge, werden den poetischen Enthusiasmus als genuin platonische Inspiration theoretisch rehabilitieren.

forschender und spekulativer in imaginative Impulse, für die die Vorstellung einer Pluralität von Welten in erster Linie Spielmaterial ist, erscheint vergleichsweise konsequent; ihr exzentrischer Subjektivismus birgt im Rückblick durchaus avantgardistische Implikationen.[1] Anne Conway – »Platonicienne« – wendet sich dem More wie Cavendish inspirierenden problematischen Themenkomplex nun nicht explizit als Dichterin zu.[2] Gleichwohl realisiert sich in der Poesie-affinen Spiritualität des in ihrer Korrespondenz eher verschwiegenen als artikulierten Lebens wie ihres schmalen Werks eine skeptisch-platonische Phantasie eigener Art.

3. Anne Conway: Vom seligen Verstummen

Die Anfänge des Gedankenaustauschs Anne Conways mit Henry More zu Beginn der 1650er Jahre kreisen um die Philosophie Descartes'. Die Unendlich-

1 Beides ließe sich unschwer auch am Beispiel ihrer poetischen Texte demonstrieren: Sowohl das auf einer pessimistischen Note endende Gedicht »Of Stars«, das die neue, teleskopunterstützte astronomische Forschung nur in vertieftem Nichtwissen münden sieht – »Then let not man in fruitless pains life spend:| The most we know is, nature death will send.« –, als auch das Gedicht »Of Many Worlds in This World«, das die Unendlichkeit der Welten mikroskopisch in eine Büchse der Pandora zusammenschnurren läßt und dieses auf atomistische Winzigkeit reduzierte Weltall dreist in die Ohrringe einer Dame verlegt – »And if thus small, then ladies well might wear| A world of worlds as pendents in each ear.« –, lozieren die eigentlich wahrheitsstiftende und erkenntniserzeugende Macht in der Imagination. So heißt es in »Of Stars«: »But could our outward senses pace the sky| As well as can imaginations high,| If we were there, as little may we know| As those which stay, and never do up go.« Und in »Of Many Worlds in This World« wird nicht nur »dull sense« gegenüber der als »curious« bezeichneten, empiristisch nicht ergründbaren Schöpferkraft von »Nature« abgewertet, sondern die geistreiche Pointe entfaltet in ihrer domestizierenden Phantasie durchaus auch satirische Kraft: Naturphilosophische Spekulation nach Art der Royal Society führt nicht nur zu skeptischer Einsicht ins Nichtwissen, sondern auch lediglich zu trivialen Ergebnissen. Mit dem, was die neue Wissenschaft vergeblich zu ergründen sucht, hantiert jede Frau, die sich schmückt, ganz selbstverständlich; und auch die motivierenden Eitelkeiten sind vielleicht ganz ähnlich. Der Vergleich setzt das männliche Tun herab, indem er das weibliche aufwertet: auch dies eine Weise, durch Inszenierung des klischeehaft Weiblichen eben die damit verbundenen Einschränkungen sichtbar, lächerlich und potentiell überschreitbar zu machen. (Beide Gedichte in *Poems, and Fancies* (1653), zitiert nach Alastair Fowler, ed., *The New Oxford Book of Seventeenth Century Verse*, Oxford 1991, pp. 631, 632.)

2 Offenbar erschien den Zeitgenossen – zumindest dem Herausgeber der Gedichte von Katherine Philips – die »Matchless Orinda« als die dem Denken und Dichten der Cambridge Platonists am ehesten kongeniale Dichterin. Die Ausgabe ihrer *Poems* von 1664 druckte neben ihren eigenen Gedichten jedenfalls auch solche aus der Feder Mores ab (genauer: Strophen aus »Cupid's Conflict« von 1647; cf. Paul Elmen, »Some Manuscript Poems by the Matchless Orinda«, *Philological Quarterly* 30 (1951), 53-57, hier p. 55f; cf. auch Maureen E. Mulvihill, »A Feminist Link in the Old Boys' Network: The Cosseting of Katherine Philips«, in: Mary Anne Schofield, Cecilia Macheski, eds., *Curtain Calls: British and American Women and the Theater, 1660-1820*, Athens 1991, pp. 71-104, hier p. 92. – Über Francis Finch den Älteren, Jeremy Taylor oder Roger Boyle, den Earl of Orrery, der Philips' Corneille-Übersetzung in Dublin zur Aufführung brachte und der sowohl mit More als auch Anne und Edward Conway bekannt war, gab es möglicherweise tatsächliche Kontakte (zu Philips und Finch cf. *Conway Letters* p. 118, n. 10, sowie Carol Barash, *English Women's Poetry, 1649-1714*, Oxford 1996, pp. 68, 77, 92, 96).

keitsfrage bzw. das Problem des absoluten Raums[1] werden in den aus dieser Zeit erhaltenen Briefen ausführlich erörtert.[2] Schon hier, zu Beginn ihrer philosophischen Ausbildung scheint Conway die Ansichten Mores nicht in allem geteilt zu haben; seine Repliken lassen auf grundsätzliche Einwände Conways schließen. Ihr weiterer Denkweg läßt sich nur in groben Zügen anhand der wenigen erhaltenen Briefzeugnisse und aufbauend auf Marjorie Nicolsons Pionierarbeit bei der Ausgabe der *Conway Letters* erschließen. Neben dem fast dreißig Jahre währenden Austausch mit More, der über dessen Cartesianismus hinaus Themen der platonischen und neuplatonischen Philosophie ebenso wie theologische, theosophische und hermetische Fragen umfaßte, ist zum einen ihre Begegnung mit Van Helmont und dessen okkultistischen, vor allem kabbalistischen Interessen hervorzuheben und schließlich ihre über George Keith und andere geförderte und vermittelte Wendung zum Quakertum. Insgesamt erlaubt die Quellenlage jedoch keine vollständige und nur wenig an direkter Rekonstruktion. Allerdings erschienen die Originalität und beeindruckende Eigenständigkeit ihres Denkens, die es verbietet, dieses auf diesen oder jenen ›Einfluß‹ zu reduzieren, schon ihren Zeitgenossen über jeden Zweifel erhaben. Henry More soll von seiner »Heroine Pupil«[3] (angesichts ihrer Konversion sicher nicht ohne leises Bedauern) gesagt

1 Cf. zu der zu diesem Zeitpunkt einsetzenden Diskussion um das Problem des absoluten vs. relativen Raums, sowie zur Fortsetzung dieser Debatte bei Newton und Leibniz auch Gideon Freudenthal, *Atom und Individuum im Zeitalter Newtons. Zur Genese der mechanistischen Natur- und Sozialphilosophie*, Frankfurt 1982. – G. A. John Rogers vertritt in seinen Ausführungen zu More die Ansicht, der *Democritus Platonissans* enthalte »die erste Thematisierung des absoluten Raums und der absoluten Zeit innerhalb der englischen Philosophie« (ohne nähere Erläuterungen, cf. Jean-Pierre Schobinger, ed., *Die Philosophie des 17. Jahrhunderts, Bd. 3/1: England*, p. 257). – Der *Ueberweg* rechnet ansonsten zwar auch Thomas Stanley zum weiteren Kreis der Cambridge Platonists und würdigt seine Philosophiegeschichte auf fast einer halben Seite, hält das philosophische Werk der ungleich originelleren Denkerin Anne Conway aber für keiner Erwähnung wert.

2 Diese wichtigen Briefe finden sich nicht in der ersten Ausgabe der *Conway Letters* von 1930; erst Sarah Hutton druckt sie in ihrer erweiterten Ausgabe mit ab; cf. Appendix B, vor allem # 19a, 19b, 22a, 24a. Leider ist offenbar aus dieser Phase der Korrespondenz nur ein philosophisch gehaltvoller Brief Conways an More erhalten (# 24a).

3 So nennt sie Mores Biograph Richard Ward in *The Life of the Learned and Pious Dr. Henry More, Late Fellow of Christ's College in Cambridge*, London 1710 (repr. The Theosophical Publishing Society 1911, auszugsweise wieder gedruckt als Appendix I in Peter Loptson, ed., *Anne Conway. The Principles of the Most Ancient and Modern Philosophy*, The Hague 1982, hier p. 233). – Ich zitiere im folgenden (sofern nicht anders angegeben) nach dieser Ausgabe der *Principia*, die den lateinischen Text und die zeitgenössische englische Übersetzung enthält, und nicht nach der englischen Neuübersetzung des Textes in der von Allison P. Coudert und Taylor Corse besorgten einsprachigen Ausgabe, da mir diese aus einigen Gründen fragwürdig erscheint. (So verfährt nicht nur die Übersetzung vielfach in einer Weise aktualisierend, die den Gedanken zugunsten einer scheinbaren Nähe völlig verfremdet, indem sie versucht, ihn in einen ›modernen‹ philosophischen Diskurs zu transponieren, auch die Entscheidung, die in den Text integrierten Hinweise auf die Kabbala Denudata als von Van Helmont stammend in Fußnoten auszulagern, ist höchst fragwürdig, nicht nur weil diese Ausgliederung zur Fehlerquelle wird, wenn entscheidende Sätze weggelassen werden – so der bedeutsame Zusatz: »Whence Creatures are rather termed Indefinite than Infinite« in Kap. III am Ende von § 4; cf. Coudert/Corse, p. 17, n. i –, sondern auch weil sie offenbar sehr selektiv verfährt – etwa indem sie den Vergleich des Messias

haben, »That she was one, that would not give up her Judgement entirely unto any.«[1] Und ihr persönliches Motto – »Ignorance is better than Pride«[2] – bezeugt nicht nur ihre Abscheu vor jeder Ostentation, sondern auch den Geist selbstbewußter Skepsis und gelehrter Unwissenheit, der auch in der Art und Weise spürbar ist, in der sie in ihrem einzigen überlieferten Werk die Ansichten anderer Denker prüft und erörtert.

Dieses Werk nun liest keineswegs ›philosophische Brosamen‹ einer chronisch Schmerzkranken auf.[3] Vielmehr erweist die Lektüre »these broken Fragments of so Entire and Sincere a Soul« (wie sie von More oder Van Helmont genannt werden)[4] als einen frappierend konsistenten, in lakonischer Knappheit und streng systematisch argumentierenden philosophisch-theologischen Entwurf, der nicht nur einige Grundgedanken Mores nach eingehender Analyse zurückweist, sondern auch diverse Schwierigkeiten und Widersprüche, mit denen er kämpfte, löst bzw. vermeidet. Der Text wirkt ausgesprochen souverän; er ist frei von jeglicher Zurschaustellung akademischer Gelehrsamkeit[5] und tritt ohne den spekulativen Gestus auf, der die Schriften Mores kennzeichnet.

---

mit dem Aensoph am Ende von § 7 in Kap. III, der im lateinischen Text auch Annotationscharakter hat, im Haupttext beläßt; vermutlich weil dies dazu angetan ist, die in der Einleitung vorgeschlagene, stark auf kabbalistische Anteile abhebende Lesart des Textes zu bekräftigen; cf. ibid. p. 18; cf. *Principles*, ed. Loptson, p. 75.)

1 Ward, *Life*, in *Principles*, ed. Loptson, p. 237.

2 Ibid., p. 241. Das Motto wird zitiert in dem von Van Helmont unterzeichneten, laut Ward aber von More verfaßten Vorwort zur Ausgabe der *Principia*: »Nor could he [i.e. »that Party, who knew her from her Youth, and had the Honour of her Friendship to her Dying Day«] ever observe, while She could come abroad and Converse, that She would ever ostentate her Knowledge; or so much as make any Discovery of it, upon never so fair an Opportunity; According to that Saying, writ on the Inside of a Paper-Book She had had a long time by her, and upon Occasion gave that Party, and may well be added to her plain Parables; ›Ignorance is better than Pride.‹«

3 Die Zeugnisse betonen immer wieder Conways ungetrübte und auch von ihren immer schwerer werdenden Anfällen nicht nachhaltig beeinträchtigte Verstandesschärfe und unerhörte geistige Präsenz; auch als Sterbende sei sie bis zuletzt ›sie selbst‹ gewesen; cf. Mores Antwort auf den Bericht über ihren Tod: »I perceive, and bless God for it, that my Lady Conway was my Lady Conway to her Last Breath; the greatest Example of Patience and Presence of Mind, in highest Extremities of Pain and Affliction, that we shall easily meet with: Scarce any thing to be found like her, since the Primitive times of the Church.« (Ward, *Life*, in *Principles*, ed. Loptson, p. 243; cf. auch *Conway Letters*, p. 451).

4 Ward, *Life*, in Loptson ed., p. 240: »[…] Writings abruptly and scatteredly, I may add also obscurely, written in a Paper Book, with a Black-lead Pen, towards the latter end of her long and tedious Pains and Sickness; which She never had Opportunity to revise, correct, or perfect.«

5 Es gibt Gründe für die Annahme, die Verweise auf die *Kabbala Denudata* als redaktionelle Zusätze Van Helmonts zu betrachten. Letzte Sicherheit kann es hier jedoch nicht geben, da der erste Teil der *Kabbala Denudata*, auf den sich die überwiegende Zahl der Verweise bezieht, 1677 bereits vorlag und Conway vermutlich an der Erstellung des gesamten Textkorpus mitgearbeitet hatte. – Zu Van Helmont und Conway, insbesondere auch zu Parallelen in ihren philosophischen Texten cf. Sarah Hutton, »Of Physic and Philosophy: Anne Conway, F. M. van Helmont and Seventeenth-Century Medicine« in: Ole Peter Grell, Andrew Cunningham, eds., *Religio Medici. Medicine and Religion in Seventeenth-Century England*, Aldershot 1996, pp. 228-246.

Der vollständige Titel der lateinischen Ausgabe (Amsterdam 1690) bezeichnet den Ansatzpunkt des hier in seinen Grundzügen entfalteten Denkens und zugleich dessen kontroversen Schwerpunkt: *PRINCIPIA PHILOSOPHIAE Antiquissimae & Recentissimae: DE DEO, CHRISTO & CREATURA; id est De Spiritu & Materia in genere. Quorum beneficio resolvi possunt omnia problemata, quae nec per Philosophiam Scholasticam, nec per communem modernam, nec per CARTESIANAM, HOBBESIANAM, vel SPINOSIANAM resolvi potuerunt. Opusculum Posthumum. E Lingua Anglicana Latinitate donatum, cum Annotationibus ex antiqua Hebraeorum Philosophia desumtis.*[1] Ausgehend von einer Trinitätstheologie eigener Prägung artikuliert Conway hier eine Position in der Debatte um das Problem von Geist und Materie, die sich sowohl von Cartesischen als auch von Hobbesschen und Spinozistischen Lösungsvorschlägen deutlich abgrenzt. Der Gottesbegriff, mit dem der Text einsetzt, zieht Christliches und Neuplatonisches zusammen. Er betont die sich in die Fülle seiner Schöpfung verströmende unendliche Geistigkeit Gottes, stellt aber seine Personalität zurück: »GOD is a Spirit, Light, and Life, infinitely Wise, Good, Just, Mighty, Omniscient, Omnipresent, Omnipotent, Creator and Maker of all things visible and invisible.« (p. 149). Die Güte Gottes drängt ihn zu schöpferischer Selbstmitteilung und immerwährender emanatistischer Selbstverausgabung; Folge dieser »Communicative Goodness«[2] ist *plenitudo*:

> For God is definitely Good, Loving, and Bountiful; yea, Goodness and Charity it self; an infinite Fountain, and Father of Goodness, Charity, and Bounty. Now how can it be, that this Fountain shall not always plentifully flow, and send from it self Living Waters? And shall not this Ocean perpetually abound with its own Efflux to the Production of Creatures, and that with a certain continual Stream? For the Goodness of God in its own proper Nature is Communicative, and Multiplicative, and seeing in him nothing is wanting, neither can any thing be added unto him, by reason of his absolute fulness, and transcendent fertility. (p. 154)

Spuren ihrer Abkünftigkeit vom Göttlichen wohnen zwar den Geschöpfen inne (»arctissime & in summo gradu intime in ipsis omnibus praesens«, p. 63), der Ursprung dieser ›transzendenten Fruchtbarkeit‹ wird jedoch ausdrücklich von ihren Geschöpfen unterschieden (»distincta a Creaturis suis«, ibid.) – ein kategorialer Unterschied, der zwar keine Trennung impliziere (»ab illis non divisa vel separata«, ibid.),[3] wohl aber allenfalls eine unendlich approximative Annäherung erlaubt und einen letzten, unüberbrückbaren Abstand wahrt. Auch und gerade im Hinblick auf die Unendlichkeit Gottes verbietet sich jeder Vergleich: »[...] God is still Infinitely greater than all his Creatures, and that without compari-

---

1 *Principles*, ed. Loptson, p. 61. – Seitenangaben im folgenden in Klammern im Haupttext direkt nach dem jeweiligen Zitat.

2 Ibid. p. 155 (cf. »communicativa Dei bonitas«, p. 68).

3 »HE is also in a proper and real sence, a Substance or Essence distinct from his Creatures, although he is not divided, or separated from them; but most strictly and in the highest degree intimately present in them all; yet so as they are not parts of him, nor can be changed into him, nor he into them.« (p. 149).

son« (p. 160). Auf der absoluten Transzendenz Gottes, der bei gleichzeitiger Bezogenheit auf die Schöpfung doch »semper infinite major« ist (p. 74), beharrt Conway auch nochmals ausdrücklich im letzten Kapitel ihrer Abhandlung. Das Festhalten an dieser Distinktion erlaubt ihr nicht zuletzt die deutliche Absetzung von Hobbesschen und Spinozistischen Positionen;[1] es markiert indes zugleich ein ›jüdisches‹ Moment ihres Denkens, das sich dem griechisch-neuplatonischen Schema nicht fügt und möglicherweise eher auf ein kabbalistisch geprägtes Substrat hindeutet. In diese Richtung weisen auch die Zusammenfassung, die dem Kapitel vorausgeht, und die kabbalistischen Anmerkungen, die ihm folgen.[2] So wird eine Darlegung der Art und Weise angekündigt, »How a Trinity may be conceived to be in God, according to he Scriptures; and yet without Offence to Turks, Jews, or any other People« (p. 149), und in der Entfaltung dieses Gedankens wird ausgeführt, inwiefern die Personalität, die nach christlicher Auffassung zum trinitarischen Gottesbegriff gehört, ein Hindernis für eine Verständigung insbesondere mit dem Judentum ist,[3] und vorgeschlagen, auf sie zu verzichten.

So werden denn auch zweite und dritte Person der Trinität nicht ausdrücklich als solche, sondern eher als Hypostasen Gottes in inniger Beziehung und Einheit mit ihm konzipiert. So wird der Sohn als schöpferisches Wort Gottes und sein Abbild (»ipsius [...] imago, vel verbum intra ipsum existens«),[4] der Heilige Geist als Wille Gottes (»voluntas«) vorgestellt. Für die monistische Trinitätslehre Conways ist distinkte Personalität verzichtbar, zentral aber, daß alle drei Ausfaltungen Gottes eines Wesens sind.

Schon hier deutet sich die Spannweite des Conwayschen Entwurfs an. Sie sucht sowohl die absolute Alterität Gottes zu denken als auch die unzertrennliche

1 Zwar gebe es – und darin liege eine Gemeinsamkeit mit der »*Hobbesian* and *Spinosian* Philosophy« eine metamorphotische Kontinuität zwischen den Kreaturen, aber diese Kontinuität reiche keineswegs bis zu Gott: »[...] we deny the Consequence, *viz.* that God and Creatures are one Substance.[...] there can never be a Progression or Ascension made unto God, who is the chiefest of all Beings, and whose Nature still infinitely excels a Creature placed in his highest Perfection; for the nature of God is every way unchangeable, so that it doth not admit of the least Shadow of a Change: But the Nature of a Creature is to be changeable.« (p. 224)

2 Dem ersten Kapitel sind als einzigem (und zusätzlich zu den Hinweisen auf die *Kabbala denudata* im Haupttext) Anmerkungen hinzugefügt. Sie schicken sich an, Parallelen zur hebräischen Kabbala zu ziehen (»The Ancient Hypothesis of the Hebrews, as to what pertains to the latter Contents of this Chapter, is this:«) und identifizieren sodann den Messias mit dem Adam Kadmon; cf. p. 150f. Freilich könnten diese Erläuterungen von anderer Hand hinzugefügt worden sein. Sie elaborieren jedoch Vorstellungen, die auch im Haupttext angesprochen werden.

3 »If now we should neglect that Phrase of Three distinct Persons, which is a Stone of Offence to Jews as well as Turks, and other People, and indeed in itself hath no sound Reason, nor can be anywhere found in Scripture; yet all would easily agree in this point [...]« (p. 150). – Eine irenische, auf Toleranz und Versöhnung zwischen den Konfessionen und Weltreligionen zielende Einstellung ist zwar insgesamt charakteristisch für die Theologie der Cambridge Platonists, allerdings drängt sich bei dieser Eskamotierung des Personbegriffs die Frage auf, inwiefern hier nicht doch die Grenzen christlicher Orthodoxie überschritten werden.

4 P. 64; cf. p. 150: »In God is an Idea, which is the Image of himself, or a Word existing within him; which in Substance or Essence is one and same with him, by which he knows not only himself, but all other things, and according to which, yea by which Idea or Word, all things were made and created.«

Bezogenheit, die alle Seienden untereinander und mit Gott verbindet. Sie ist eine Denkerin der Identität, die doch auch erklären möchte, weshalb die Dinge unverwechselbar sie selbst sind. Sie mißtraut zutiefst jeglichem Dualismus, hält reine Materialität für undenkbar und sieht die eine göttliche Lebenskraft in allem am Werk. Sie läßt sich leiten von der Vorstellung einer unendlichen Übergängigkeit alles Seienden, die Materie und Geist ineins fallen läßt. Dennoch hält sie fest an einer letzten Differenz zwischen Gott und Kreatur; dennoch enthält ihr Monismus eine Christologie – einen Bereich, den die neoplatonische Theologie der Cambridge Platonists nahezu unbesetzt läßt (und den ein konventioneller Emanatismus auch nicht braucht, denn für ihn ist alles ohnehin und von sich aus im steten Aufstieg zum immer Besseren begriffen). Zweifellos balanciert Conways Entwurf auf der Grenze zur Heterodoxie; gewiß scheinen Gottesbegriff wie Christusvorstellung und die Überlegungen zur metamorphotischen Verwandtschaft der Kreaturen in jüdisch-kabbalistischer Spiritualität verwurzelt zu sein. Gleichwohl ist Conway eine ausgesprochen diskrete Kabbalistin (wenn sie denn eine ist).[1] Abgesehen davon, daß sich direkte Hinweise auf kabbalistische Lehrmeinungen und Schriften mit wenigen Ausnahmen nur in den Anmerkungen finden, deren Urheberschaft nicht gesichert ist, bleibt ihre Schrift gänzlich im Bereich des Theosophischen. Die Conwaysche ›Kabbala‹ ist eine Weisheitslehre, die zu hermeneutisch-manipulativen und theurgischen wie zu ekstatisch-mystischen Versionen ebenso einen skeptischen Abstand wahrt wie zu bestimmten Implikationen eines christianisierten Neuplatonismus.

An einer zentralen Stelle ihrer Argumentation beruft sich Conway in der Tat direkt auf »the Ancient Cabbalists« (p. 167). Im fünften Kapitel entwickelt sie ihre ›Christologie‹ und schließt sie unter Berufung auf Philo Judaeus an die Lehre vom Adam Kadmon an. Als »Adam caelestis« (p. 81) kommt dem Sohn Gottes eine Mittlerstelle zwischen Gott und Kreaturen zu. Er ist »Medium« bzw. »Middle Being« und lebendiges Abbild Gottes (»viva ipsius imago«, p. 84); hat Anteil an der Ewigkeit Gottes und an der Zeitlichkeit der Schöpfung, dies allerdings lediglich dergestalt, daß er sich – im Gegensatz zum Menschen – nicht zum Schlechteren hin wandeln kann. Durch seine Inkarnation heiligt er auch die menschliche Leiblichkeit und kraft deren mikrokosmischer Beziehung zur Gesamtschöpfung auch die Natur aller Dinge und eröffnet ihr die Möglichkeit der Erlösung.[2] Obwohl Conway hier den ›Abstieg‹ Christi in die Zeit, sein Leiden und Sterben erwähnt, stehen doch seine Geistigkeit und seine unverlierbare Göttlichkeit deutlich stärker im Vordergrund als seine Leiblichkeit; es gibt hier

1 Coudert/Corse heben in der Einleitung zu ihrer Ausgabe stark auf diesen Aspekt ab und sehen Conway ganz in der Tradition der von Isaac Luria begründeten Kabbala. – Zur lurianischen Kabbala cf. auch Scholem, *Die jüdische Mystik*.

2 »But when Christ came in the Flesh, and in that Body which he bare with him from Heaven [...] He took upon him somewhat of our Nature, and by consequence the Nature of all Things, (because the Nature of Man hath in it the Nature of all Creatures, whence also he is called the *Microcosm*;) which Nature having assumed in Flesh and Blood, he sanctified, that by that he might sanctifie all Things, and so was as that little Leaven that changed the whole Lump.« (p. 172; cf. p. 85f)

gleichsam nur eine Bewegungsrichtung, und die zielt ameliorativ auf einen Bereich »above Time, and Corruptibility« (p. 172),[1] zu welchem auch die menschliche Seele aufsteigen kann, wenn sie Christus »in his Spiritual and Internal Appearance in Man« (ibid.), in der eigenen Innerlichkeit also, begegnet.[2]

Im Rahmen des Conwayschen Entwurfs ist dies völlig stimmig: Die Vorstellung von Christus als dem »Medium« hilft vermeiden, daß es einen Hiatus oder unüberbrückbaren Abgrund (»*Chasma*, or wide Gap«, p. 170) zwischen Gott und Schöpfung gibt. Zugleich kann von hier aus der Gedanke einer unendlichen wechselseitigen ›Übergängigkeit‹ der Kreaturen entwickelt werden, die sogar die Grenzen der Spezies überschreitet. Denn Gott entläßt als der unermeßlich gute Ursprung von *plenitudo* zahllose Geschöpfe und Welten aus sich: »[...] there is an Infinity of Worlds or Creatures made of God« (p. 158) – und er vermehrt diese und erhält sie fortwährend im Dasein: »It must needs be, that he doth multiply, and yet still continues to multiply and augment the Essences of Creatures, *ad infinitum*.« (p. 159)[3] Aus dem gemeinsamen Ursprung der Geschöpfe wiederum folgt ihre fundamentale Wesensverwandtschaft – » [...] for that they have originally one and the same Essence, or Being« (p. 188)[4] – und ihre (zu-

---

1 »He descended then within Time, and for a certain space or period, of his own accord subjected himself to the Laws of Time [...] But Death did not long detain him, for the Third Day he rose again, and this was the end of all his Sufferings [...]« (p. 172; cf. p. 86). Dieser Emphase korrespondiert die Abwesenheit des ›historischen Christus‹ in Conways Theologie (oder, was Henry More laut Richard Ward den Quakern zum Vorwurf machte, »the slighting of the History of Christ, and making a mere Allegory of it; thereby voiding all that Wisdom of God, that is contain'd in the Mystery of Christianity, as it refers to the very Person of Christ«, zit. p. 238) und das Fehlen einer Eschatologie (obwohl man annehmen kann, daß sie aufgrund ihrer ausführlichen Korrespondenz mit More über Fragen der Apokalypse und der Auslegung der biblischen Texte hierzu hätte Ansichten äußern können). In dem hier artikulierten System kann es eigentlich kein Ende geben bzw. dieses kann nur eine Erneuerung (und so eine Fortsetzung des unendlichen Kreislaufs) sein; cf. auch Kap. VI, § 10, p. 188.

2 Diese Christuserfahrung in der Seele, der ›innere Christus‹, wie ihn auch die Quaker predigten, wird auch in den folgenden Abschnitten immer wieder herausgestellt. Cf. e.g. p. 187 (VI, § 9): »But if the lovely Image of God was more known unto Men, such as indeed he is, and manifesteth himself in all his Dispensations to his Creatures; and if our Souls could inwardly feel and tast him, *viz.* as he is Charity and Goodness it self, and as he inwardly reveals himself, by the Light and Spirit of *Christ Jesus* our Lord, in the Hearts of Men; then indeed, and not till then, would Men come to Love God above all things [...]«.

3 Die Argumentation erfolgt in vertraut neoplatonischer Manier: »For seeing God is infinitely powerful, there can be no number of Creatures so great, that he cannot always make more: And because, as is already proved, he doth whatsoever he can do; certainly his Will, Goodness, and Bounty, is as large and extensive as his Power; whence it manifestly follows, that Creatures are Infinite, and created in Infinite Manners; so that they cannot be limited or bounded with any Number or Measure [...]« (p. 158f) Diese Betrachtung wird indes am Ende des Abschnitts in einer wichtigen Präzisierung ihrer möglichen theologischen Implikationen entkleidet und auf raumzeitliche und numerische Aspekte eingeschränkt – im strengen Sinne kommt Unendlichkeitsattribut nur Gott zu: »Whence Creatures are rather termed Indefinite than Infinite.« (p. 159). Cf. auch p. 182: »Infiniteness« sei von den Geschöpfen »in respect only of Multitude and Magnitude« ausgesagt, »so that the one cannot be numbred, nor the other measured, by the comprehension of any created Intellect«.

4 »[...] quod originaliter unam & eandem habeant essentiam vel entitatem« (p. 100).

mindest potentielle) universale Konvertierbarkeit ineinander. Da Christus das Medium dieser »Transmutation« (p. 175 und passim) bildet, steht ihre Veränderbarkeit gleichsam von Anfang an unter positiven Vorzeichen: Sie ist nicht eigentlich eine Alterierung, sondern lediglich »Mutability«/»mutabilitas« (pp. 175, 87), d.h. Wandlung ihrer Daseinsweise und nicht ihres Wesens; zudem mit einer inneren Dynamik versehen, die zum Guten und Besseren hin tendiert. Grob gesprochen: Da alles in Wahrheit eins ist, kann sich alles in alles andere wandeln und dabei, ohne sich zu verlieren (denn in diesem emanatistisch-monistischen Zusammenhang kann gar nichts verloren gehen),[1] sogar die Spezies wechseln, so daß – zumindest der Möglichkeit nach – sich ein Aufstieg ebenso wie ein Abstieg auf der Skala der Geschöpfe vollziehen kann.

Tatsächlich aber sind dem Abstieg in die Gefilde niederer Kreatürlichkeit Grenzen gesetzt, während die Perfektibilität als nahezu unbegrenzte Spiritualisierung, ja als unendliche Annäherung ans Göttliche (die dieses jedoch nie ganz erreicht) vorgestellt wird: »[...] for the highest Excellence of a Creature is to be Infinite only, in *potentia*, not in *actu*; that is, to be still in a possibility of attaining a greater Perfection and Excellence, *ad infinitum*, though it can never reach this Infinite; for how far soever an Finite Being may proceed, yet that is still Finite, although there be no limits to its progression: [...]« (p. 182). Umgekehrt ist es jedoch undenkbar, daß ein Geschöpf bis zu einem Punkt degeneriert, wo es vollständig von der Geistigkeit des Guten abgeschnitten wäre. Denn das liefe Conways Einheitsdenken zuwider, hieße es doch, ein Gegenprinzip zu Gott zuzulassen. Die offensichtlich unerwünschte Konsequenz wäre ein Dualismus nach Art der Gnosis:

> But because there is no Being, which is every way contrary to God, [...] hence it is manifest that no Creature can become more and more a Body, *ad infinitum*, although the same may become more and more a Spirit, *ad infinitum*, and nothing can become infinitely more dark, though it may become infinitely more light: By the same reason nothing can be Evil *ad infinitum*, although it may become more and more Good *ad infinitum*: And so indeed, in the very Nature of Things, there are limits or bounds to Evil; but none unto Good. (p. 192)

Mit dieser Formulierung des Transzendenzpotentials alles Seienden sind jedoch zwei weitere Problemkreise berührt: zum einen die Frage nach dem Sinn des Leids, zum anderen die Frage nach dem Wesen der Materie im Verhältnis zum Geist.

Setzt man die skizzierte Wandelbarkeit der Geschöpfe und zugleich die präferierte und von ihrem gemeinsamen Ursprung her vorgezeichnete Bewegungs-

---

1 Auch wäre eine derartige Wesensveränderung mit der Weisheit Gottes unvereinbar. Daher wird Petrus nicht zu Paulus und Paulus ebensowenig zu Petrus, wie Alexander in Darius oder gar in sein Pferd Bucephalus verwandelt wird (cf. Kap. VI, §§ 2 und 3, pp. 176-177, cf. p. 88f). Auch hier wird die Einschränkung identitätsphilosophisch durchaus folgerichtig begründet: »Moreover, if the very individual Essences of Things could be changed one into another, it would follow, Creatures were not true in themselves; and so we could not be assured, nor have any certain knowledge of any thing; [...]« (p. 176).

richtung zurück zum höchsten Guten voraus, so ist einleuchtend, daß auch Leid und Schmerz, ebenso wie jede von Gott her verhängte Strafe, nur gleichsam therapeutisch (»Medicinal«/»medicinales«, pp. 188/100) sein können und der Läuterung, Besserung und Restauration der Kreatur dienen. Dieser Prozeß aber besteht nicht zuletzt in einer Spiritualisierung, die Materielles mehr und mehr in die ursprüngliche Geistigkeit zurückverwandelt, die dieses eigentlich konstituiert:

> [...] every Pain and Torment excites or stirs up an operating Spirit and Life in every thing which suffers; as we observe by continued Experience, and Reason teacheth us, that of necessity it must be so; because through Pain, and the enduring hereof, every kind of crassitude or grossness in Spirit or Body contracted is attenuated, and so the Spirit captivated or detained in that grossness or crassitude is set at Liberty, and made more Spiritual, and consequently more Active and Operative, through suffering. Now seeing a Creature cannot proceed infinitely to Evil, nor slide down into Inactivity or Silence, nor yet also into mere Eternal Passion, it uncontestably follows, that it must at length return unto Good; and by how much the greater its Sufferings are, so much the sooner shall it return and be restored. (p. 193)

Diese Argumentation enthält nicht nur eine Theodizee *in nuce*, sondern impliziert auch eine Antwort auf die Frage nach dem Verhältnis von Körper und Seele, Materie und Geist, die innerhalb dieses Denkmodells völlig stimmig ist. Die fortgesetzte ameliorative Selbstüberschreitung und Verwandlung aller Dinge und Wesen ist deswegen möglich, weil Materie und Geist im letzten ununterscheidbar sind. Es gibt keine ›tote‹ Stofflichkeit – »dead matter«/»materia mortua« (pp. 196/108) –, die nicht wenigstens ein Fünkchen Spirituelles enthielte, eine Spur geistigen Lebens, das sich wieder wecken ließe. Umgekehrt besteht die ›Materialisierung‹ des Geistigen lediglich in dessen ›Verschattung‹, einer gleichzeitigen Verdunkelung und Verfestigung, ja Erstarrung. Materie ist aus dieser Sicht nichts anderes als ›gefrorener‹ Geist (»congealed«, p. 194; cf. p. 106f). Daher ist alles Körperliche als lebendig, empfindungs- und wahrnehmungsfähig anzusehen – »body it self is a sensible Life, or an Intellectual Substance« (p. 215)[1] –, und umgekehrt ist das Geistige verfeinerte Körperlichkeit: »[...] a Body is nothing but a fixed and condensed Spirit, and a Spirit nothing but a subtile and volatile Body« (p. 217).[2]

So kann Conway ausführen, wie der menschliche Geist sich seinen Körper kraft seiner »Plastick Faculty«[3] ›einbildet‹:

1 Cf. p. 128: »corpus ipsum sit vita sentiens vel substantia percipiens«.

2 Cf. p. 131: »[...] corpus nihil sit; quam spiritus fixus & condensatus, & spiritus nihil quam corpus volatile, vel factum subtile.«

3 »[...] its Plastick Faculty hath the Liberty of forming a body, after its own *Idea* and Inclination, [...] Because its Plastick Faculty is governed of its Imagination, which it doth most strongly imagine to its self, or conceive its own proper Image; which therefore the External Body is necessarily forced to assume.« (p. 185, cf. p. 97 (»vis [...] Plastica«).

> [...] the Spirit is an Eye or Light beholding its own proper Image, and the Body is a Tenebrosity or Darkness receiving that Image, when the Spirit looks thereinto, as when one sees himself in a Looking-Glass; for certainly he cannot so behold himself in the Transparent Air, nor in any Diaphanous Body, because the reflexion of an Image requires a certain opacity or darkness, which we call a Body: [...] Therefore as every Spirit hath need of a Body, that it may receive and reflect its Image, so also it requires a Body to retain the same; for every Body hath this retentive Nature, either more or less in it self; [...] (p. 189)

Hier gibt es keinen Körper-Seele-Dualismus, sondern nur abgestufte Geistigkeit: »[...] Spirit and Body differ not essentially, but gradually [...]« (p. 211). Dabei ist auch keine grundsätzliche Abwertung des Körperlichen impliziert (mag auch die spirituelle Daseinsweise die gottähnlichere sein).[1] Denn in dieser Formulierung erscheint die ›Materialisierung‹ des Ideellen zugleich als eine Art des Zusichkommens: Ohne Körper könnte kein Geist seiner selbst ansichtig werden, vermöchte er sich selbst nicht als mit sich identischer in der Zeit zu erhalten, besäße er keinen Halt im Raum, schließlich keine Erinnerung seiner selbst – »the Memory requires a Body« (p. 190) – und damit kein Selbstbewußtsein. Daher ›lieben‹ die Seelen ihre Körper und verlangen nach ihnen und trennen sich ungern von ihnen.[2] Inkarnation ist hier ganz wörtlich genommen. So wie Christus »the Word made Flesh« (p. 179) ist, ist für Conway das Menschliche nicht anders zu denken denn als leibseelische Einheit.

Daß zwischen Leib und Seele, Materiellem und Spirituellem aber eine lediglich modale Differenz besteht;[3] daß der in die Welt blickende Geist nichts findet, was ihm gänzlich unvertraut und nicht immer schon im Grunde verwandt wäre, das hat seine Ursache darin, daß Gott das Leben aller Dinge ist und alles als »vital motion« (p. 230) durchwaltet. Weil in allem Gott lebt – »[...] for all his Attributes are living; yea, Life it self« (p. 197)[4] –, weil er die unendliche Potentialität des Seienden fortwährend völlig erfüllt, ist alles in unendlicher Bewegung zu ihm hin (»still in Motion«/»semper [...] in motu«, pp. 193/102), kann sich alles Geschaffene in alles andere verwandeln, können Geist und Materie ineinander übergehen.

Mit dieser vitalistischen Wendung der Argumentation wird eine erneute Zurückweisung dualistischer Modelle möglich. Nicht nur wird unter der dualisti-

---

1 Cf. p. 192.

2 Cf. p. 198: »[...] the great Love and Desire that the Spirits or Souls have towards Bodies, and especially towards those with which they are united, and in which they have their Habitation:[...]«. Cf. auch p. 200. – Allerdings können sie sich durch allzu intensive Verkörperung auch gefährden: ›Härte des Herzens‹ ist in einem solchen Fall keine Metapher, sondern »in a proper sence« zu verstehen (cf. p. 195f).

3 »And indeed every Body is a Spirit, and nothing else, neither differs any thing from a Spirit, but in that it is more dark; therefore by how much the thicker and grosser it is become, so much the more remote is it from the degree of a Spirit, so that this distinction is only modal and gradual, not essential or substantial.« (p. 190, cf. p. 102).

4 »[...] omnia enim hujus attributa sunt viva, imo vita ipsa.« (p. 109).

schen Voraussetzung einer radikalen Diskontinuität zwischen Bewußtsein und Körper unerklärlich, weshalb wir Schmerz empfinden, wenn unser Körper verwundet wird (cf. p. 214). Umgekehrt entbindet erst die Annahme einer skalierten Spiritualität in allem von bestimmten Konsequenzen des mechanistischen Denkens, wie etwa der, Körperlichkeit als lediglich instrumental vorstellen zu müssen. In Conways Universum ist alles kraft seiner Gottbewegtheit und seiner dynamischen, aufs oberste Gute gerichteten Entwicklungslogik[1] wertvoll (und nicht, weil es als Objekt oder Mittel zu bestimmten Zwecken eingesetzt werden kann).

> For seeing God is infinitely Good, and communicates his Goodness infinite ways to his Creatures; so that there is no Creature which doth not receive something of his Goodness, and that very largely: And seeing the Goodness of God is a living Goodness, which hath Life, Power, Love, and Knowledge in it, which he communicates to his Creatures, How can it be, that any dead Thing should proceed from him, or be created by Him, such as is mere Body or Matter, according to their Hypothesis, who affirm, that the same is wholly inconvertible, to any degree of Life or Knowledge? [...] he made no dead Thing: For how can a dead Thing depend of him, who is so infinitely Life and Charity? (p. 196)

Die lebendige Güte, in der Gott sich seinen Geschöpfen mitteilt, sorgt dafür, daß es nichts radikal Unbelebtes gibt. Alles besitzt »Life and Sense« (p. 196), ist von seinem Atem bewegt[2] und in der gleichen »Unity of Nature« durch »Universal Love« verbunden (p. 199). Diese Lebendigkeit zählt nicht nur zu den *communicabilia*, jenen Attributen Gottes, an denen die Schöpfung teilhat,[3] sondern sie stiftet selbst universale Kommunikation, setzt alles mit allem in Beziehung. Auch die Teile des menschlichen Körpers korrespondieren gleichsam untereinander, indem sie fortwährend Partikel entsenden und austauschen. Daher ist es – abgesehen davon, daß alles mit Wahrnehmungsfähigkeit ausgestattet ist und bleibt, – auch nicht gleichgültig, ob Teile des Körpers verletzt oder gar abgetrennt werden; ja es gibt gar keine wirkliche Trennung, da diese kommunikative »Union of Parts« (p. 207) erhalten bleibt. Ebenso bleibt zwischen räumlich ge-

---

1 Ausdrücklich als Entelechie bezeichnet; cf. p. 205.

2 Conway verwendet hier den biblischen Begriff für den alles erschaffenden und am Leben erhaltenden Geist Gottes, transliteriert als *ruach* (hebr. Hauch); p. 205, cf. auch p. 117 (»Vox enim Hebraeorum *Ruach* quae spiritum denotat [...]«). (Diese Transliterierung findet sich auch wiederholt in der *Kabbala Denudata*.)

3 Cf. p. 108 und passim. – Die Unterscheidung zwischen *communicabilia* und *incommunicabilia* (zu denen etwa auch die Unendlichkeit und Unveränderlichkeit Gottes zählen) ermöglicht Conway, einerseits an der grundsätzlichen Distinktion zwischen Schöpfer und Geschaffenem festzuhalten, andererseits aber hieraus nicht die Konsequenz eines Dualismus von Spirituellem und Materiellem ziehen zu müssen bzw. für den Bereich des Geschaffenen eine einheitliche Durchgeistigung annehmen zu können. – Diese Denkfigur ermöglicht ihr auch die nachfolgende ausführliche Kritik an dualistischen Modellen, die in dem Vorwurf gipfelt, derartige Differenzierungen – und nicht zuletzt die von Henry More vorgeschlagene, einigermaßen angestrengte Unterscheidung nach den Kategorien von »penetrability« und »discerpibility« – beruhten auf einer *petitio principii* (p. 204, cf. p. 116). (More wird hier übrigens nicht namentlich genannt; die »(in)discerpibilitas« (cf. p. 114) ist jedoch unverkennbar eine seiner Begriffsschöpfungen.)

trennten Menschen eine nicht-metaphorische, lebendige Verbundenheit bestehen:

> For if two Men intirely love one another, they are by this love so united, that no distance of place can divide or separate them; for they are present (one with another) in Spirit; so that there passeth a continual Efflux, or Emanation of Spirits, from the one to the other, whereby they are found together, and united as with Chains [...] (p. 207)

Daher ist es strenggenommen nicht richtig, von der menschlichen Seele oder auch von ihrem Leib im Singular zu sprechen. Vielmehr konzipiert Conway sie als plural, in sich mannigfaltig, »multiplex« (p. 122).[1] Auch im Kleinen, d.h. auch in der Beziehung materieller und geistiger Partikel untereinander, herrscht also Einheit in Vielfalt. Da es keine dualistische Wesensunterscheidung gibt,[2] sind diese Teilchen ineinander konvertibel; sie sind dabei aber als Komplexe, als Ordnungen innerer Pluralität gedacht:

> And so every Spirit hath its Body, and every Body its Spirit; and as the Body, *sc.* of a Man or Beast, is nothing else but an innumerable multitude of Bodies, compacted together into one, and disposed into a certain order; so likewise the Spirit of a Man, or Beast, is a certain innumerable multitude of Spirits united together in the said Body, which have their Order and Government so, that there is one Captain, or Chief Governor, another a Lieutenant, and another hath a certain kind of Government under him, and so through the whole, as is wont to be in an Army of Soldiers; [...] (p. 190)

Dabei scheinen die fungiblen Ordnungen indes als solche weniger wichtig als die Motivation, die sie zusammenhält und zur Interaktion mit anderen bringt: das Streben nach Vervollkommnung und das Angewiesensein auf die Mitgeschöpfe in diesem Prozess:

> Hence appears to us a great distinction between God and Creatures; for he is One, and this is his Perfection, that he hath need of nothing without him: But a Creature, because it needs the assistance of its Fellow-Creatures, ought to be manifold, that it may receive this assistance: for that which receives something is nourished by the same, and so becomes a part of it, and therefore it is no more one but many, and so many indeed as there are Things received, and yet of a greater multiplicity; therefore there is a certain Society of Fellowship among Creatures in giving and receiving, whereby they mutually subsist one by another, so that one cannot live without another [...] (p. 209f)

Sind aber die einzelnen Geschöpfe als aus all jenem zusammengesetzt anzusehen,[3] womit sie in leiblichem oder seelischem Austausch stehen, ja wovon sie sich

1 »[...] yet the said Spirit is a certain composition of more, yea innumberable Spirits; as the Body is a composition of more Bodies, and hath a certain Order and Government in all its Parts, much more the Spirit which is a great Army of Spirits, wherein there are distinct Offices under one governing Spirit.« (p. 208) – Vgl. auch das folgende Zitat.

2 Wie bereits ausgeführt, nur eine »*secundum modos existendi*«, p. 192.

3 Cf. p. 122: »[...] totuplex quidem, quot sunt res, quae recipiutur [sic] [...]«.

im wörtlichen wie im metaphorischen Sinne nähren,[1] so fragt sich, auf welche Weise dann noch ihre Identität und Wiedererkennbarkeit und nicht zuletzt auch ihre moralische Zurechnungsfähigkeit gewährleistet ist. Dies leistet, so Conway, der jeweilige »Central or governing Spirit«, der zwar ebenfalls multipel, aber unauflöslich (»indissolvable«), von besonders stabiler Komposition sei:

> For this Centre it self, or chief, and governing Spirit, is manifold [...]; but it is called a Centre, because all the other Spirits concur to it, and Lines from all parts of the Circumference do again depart out or proceed therefrom; and indeed that unity of the Spirits that compose or make up this Centre, or governing Spirit, is more firm and tenacious, that that of all the other Spirits; [...] yea, in Man this Unity is so great, that nothing can dissolve it [...] (p. 210)

Die Einheit des Selbst, so wie sie hier vorgestellt wird, ist, mit anderen Worten, eine relationale: Sie besteht in der Festigkeit der Beziehung aller einzelnen, belebten Partikel zueinander. Zugleich ermöglicht diese stabile interne Relationiertheit und Zentriertheit des Selbst einerseits seine Erhaltung und seinen Bestand, andererseits aber auch sein Inbeziehungstehen zur ›Außenwelt‹, die aufgrund seiner offenen Grenzen zentrifugal auf es einwirkt, damit die Verbundenheit und den gleichsam osmotischen Austausch des Menschen mit allen anderen Kreaturen.

Anne Conways System läßt sich nicht auf die philosophischen ›Einflüsse‹ reduzieren, denen sie vor und während der Abfassung mutmaßlich ausgesetzt war. Conway ist – ihrer Cartesianismus-Kritik zum Trotz – eine Cartesianische Denkerin, die *clare et distincte* von den einfachen zu den komplexeren Gedanken fortschreitet. Und sie ist, wie Leibniz und andere gesehen haben, eine eigenständige und innovative Denkerin. Diese Eigenständigkeit wird vielleicht gerade im Vergleich mit jenen Denkweisen und Spiritualitäten am deutlichsten, mit denen ihr System neben dem Neuplatonismus auf den ersten Blick die meisten Parallelen aufzuweisen scheint. Es sind dies zum einen die – ihrerseits kaum von ihren neuplatonischen und gnostischen Anteilen abstrahierbare – Kabbala (vor allem in dem von Isaac Luria und seiner Schule begründeten Verständnis), zum anderen das Quakertum, zu dem sie sich in ihren letzten Lebensjahren bekehrte. Daß sie mit den lurianischen Texten (und mit dem *Sohar*) nicht zuletzt durch ihre Mitarbeit an der *Kabbala denudata* und durch Van Helmont wohl vertraut war, erscheint unstrittig. Daß sie, zusammen mit George Keith, einem jener Quaker, mit dem sie und Van Helmont mehr und mehr Umgang hatten und der auch Henry Mores Zuneigung besaß (trotz dessen kritischer Vorbehalte gegenüber seiner Theologie), zudem Gemeinsamkeiten zwischen Quakertum, bestimmten

1 Cf. pp. 211 und 218.

kabbalistischen Vorstellungen und ihrer eigenen Christologie entdeckte, bezeugen ihre Briefe.[1]

Ein ins Detail gehender Vergleich zwischen den in der *Kabbala denudata* versammelten Texten und Conways Philosophie liegt bisher nicht vor;[2] für die Zwecke der vorliegenden Argumentation ist er allerdings auch nicht unbedingt erforderlich. Orientiert man sich an der von Gershom Scholem vorgenommenen Rekonstruktion der lurianischen Kabbala, so werden einige Gemeinsamkeiten zwischen ihr und dem Conwayschen Denken sichtbar, aber auch eine Reihe gravierender Unterschiede, die ich in meinem Versuch, das Profil der skeptischen Phantasie Conways zu skizzieren, wenigstens andeuten möchte. So findet sich etwa ein Grundgedanke Conways, der der universalen Verwandtschaft aller Kreaturen, ihrer Teilhabe an einem gemeinsamen, essentialistisch gedachten Wesen und ihrer hierin gründenden wechselseitigen Partizipation, ja ihrer funda-

---

1 Hier ist vor allem auf *Conway Letters* # 253 hinzuweisen. Conway versucht Keiths christologische Vorstellungen More gegenüber unter Hinweis auf einen recht speziellen Zug der lurianischen Theosophie zu erläutern und zu rechtfertigen, nämlich die Doktrin der sefirothischen *Parzufim* oder Konfigurationen, in denen »die flutenden Potenzen der reinen Gnade und Liebe in einer persönlichen Gestalt zusammengefaßt werden« (Scholem, *Die jüdische Mystik in ihren Hauptströmungen*, p. 296), näherhin die Lehre von *'Arich 'Anpin* und *Se'ir 'Anpin*, in welchen Gottes Antlitz als der Langmütige und der Ungeduldige bzw. streng Richtende sich zeigt (cf. ibid. Diese Doktrin des »Macroprosopos« und des »Microprosopos« nimmt auch in den in der *Kabbala denudata* versammelten Texten großen Raum ein.) Conway berichtet, Keith hege – offenbar im Zusammenhang einer Diskussion über »the extension of the soul of Christ« nunmehr Ansichten, die ihn von jedem Verdacht des Familismus freisprächen: »I am sure this new notion of G. Keiths about Christ seems farr removed from Familisme, he attributing by that more to the externall Person of our Savior, then I think any ever hath done; [...] his opinion, if true, would facilitate the understanding of many places in Scripture, as well as it would make better sense of the Cabbalists Soir-Aupin and Arich-Aupin [sic] [...]« (p. 408). Conway kommentiert dies allerdings ebensowenig wie eine andere Meinung Keiths, die dieser in einem Brief an Knorr von Rosenroth vertreten habe: »G. K. in his letter to Peganius seemes to be of the Jewes opinion, that there may be many soules in man, and that our sensitive soul is really distinct from that endued with understanding [...]« (ibid.). Sie bekundet das große Interesse, mit dem sie auf Mores kritischen Kommentar zu diesen Punkten warte, und schließt, nachdem sie den Freund um »another copy of your Poems« (ibid.) gebeten hat, mit einem – für More wahrscheinlich einigermaßen alarmierenden – Postscriptum: »Monsieur Van Hellmont is growne a very religious Churchman; hee goes every Sunday to the Quakers meetings.« (p. 409). – Luria findet als Ausleger des Sohar schon in einem Brief Mores an Conway von 1671/2 Erwähnung, cf. # 218 und 218a. Zu Henry Mores Einschätzung der kabbalistischen Begeisterung Keiths und seiner Erörterung insbesondere des kabbalistisch-quakerischen Gedankens von einer Ausdehnung der Seele Christi durch die ganze Schöpfung cf. auch # 256, p. 418, (Anne Conways Replik hierauf: # 257, p. 420), sowie # 264, p. 431. More kommentiert den Beginn der Kabbala-Faszination Keiths in einem Brief an Conway nicht ohne Humor: »And that is come to passe which I suspected if he went to Ragley, that he would light on those notions of the Cabbalists. Which would be as sweet and pleasing to him as new milk to any Kittin. But I tell you freely Madame, that this new opinion of his about the soul of Christ extended every way out of his body through the whole Creation is a haplesse and groundlesse conceit.« (# 255, p. 415).

2 Auch Coudert verfährt in ihrer Einleitung zur Neuübersetzung der *Principia* recht pauschal.

mentalen Identität, in Schriften des zur lurianischen Schule gehörenden Moses ben Jakob Cordovero (1522-1570) formuliert.[1]

Auch die restaurativ-ameliorative Tendenz, die Vorstellung einer Perfektibilität alles Seienden und dessen Fortschreiten zu immer größerer Vollkommenheit scheint Conway mit den lurianischen Kabbalisten zu teilen. Aber hier fällt bereits ein Unterschied auf: Die Zielvorstellung der lurianischen Kabbala ist eine messianische, die sich in der geschichtstheologischen Lehre vom *Tikkun*, als der Wiederherstellung eines ursprünglichen Ganzen und »des idealen Zustandes, auf den die Schöpfung ursprünglich zielte« artikuliert, zugleich verstanden als »Restitution der ursprünglichen Harmonie durch das irdische Medium eines mystisch gedeuteten Judentums«.[2] Im Vergleich hierzu spielen eschatologische Vorstellungen bei Conway nur eine untergeordnete Rolle; sie erscheint auch wenig bewegt von der Frage nach dem Ursprung des Bösen oder seiner jenseitigen Ahndung.[3] Auch der Gedanke eines aktiv restaurativen Tuns wird nicht mit besonderem Nachdruck vorgetragen,[4] ist doch die Heilung der Welt gleichsam immer schon im Gange. Weiterhin fehlt bei ihr die Vorstellung des katastrophischen *Schevirath ha-Kelim*, des »Bruchs der Gefäße«, der die Restauration erst erforderlich macht, ebenso wie die des Exils, das die Folge dieser Katastrophe ist und dessen mystische Deutung nach Scholem das Hauptcharakteristikum der lurianischen Lehre bildet.[5] Die Wirklichkeit, die ihr System modelliert, ist nur insofern eine vorläufige, als sie gleichsam immer schon über sich hinaus und auf dem Weg zum Besseren ist; sie ist kein »Unzuhause« (W. Schulz), sondern bietet

---

1 So zitiert Scholem Cordoveros Ausführungen zum Verhältnis von Gott und Seienden aus *Schi'ur koma*, § 40: »Er [*En-Sof* – V.O.L.] umfaßt alles Existierende, aber nicht nach dem Modus, nach dem es unten getrennt existiert, sondern vielmehr in der Existenz der einheitlichen Substanz, denn Er und die existierenden Dinge sind [in diesem Modus] Eines, weder abgetrennt noch vielfältig, noch nach außen offenbar, sondern Seine Substanz ist in seinen Sefiroth präsent, und Er selber ist alles, und kein Ding existiert außerhalb von Ihm.« (*Die jüdische Mystik*, zit. p. 277). Und im *Tomer Debora* schreibt Cordovero: »In jedem steckt auch ein Stück von seinem Nächsten. Wer also sündigt, verletzt nicht nur sein Selbst, sondern auch jenen Teil seines Selbst, der seinem Nächsten zugehört.« (zit. ibid., p. 306).

2 Ibid., pp. 294 und 315. – Die *Kabbala denudata* enthält einen »Tractatus de Anima« von Cordovero (»R. Moscheh Korduero«), ohne genaue Quellenangabe. »Pardes Tract. 31.« scheint darauf zu verweisen, daß es sich um einen Auszug aus Cordeveros Werk *Pardess rimmonim* handelt (1548 verfaßt, zuerst Krakau 1592; cf. Scholem p. 434 Anm. 68); cf. *Kabbala denudata* I. Apparatus in Librum Sohar Pars Secunda, pp. 100-149.

3 Eine Frage, die ja auch Henry More beschäftigte; cf. seine Schrift *Mystery of Iniquity* von 1664.

4 Cf. Scholem, *Die jüdische Mystik*, p. 300 ff, zur lurianischen Lehre von der *Kawwana*, der mystischen Intention des Gebets und deren restaurativer Kraft.

5 Cf. ibid., p. 314: »Wir können abschließend die lurianische Kabbala als eine mystische Deutung des Exils und der Erlösung ansehen, ja wenn man will als einen großen Mythos des Exils.« – Das »historische Exil des jüdischen Volkes« kommt bei Conway nicht vor und auch »jenes innere Exil, in dem alle Kreatur seufzt« (ibid.) kann höchstens metaphorisch als ein Motiv ihres Philosophierens betrachtet werden – aber auch als solches erscheint es nicht dominierend: Conway klagt nicht über die Entfernung der Kreaturen von Gott, sie konstatiert sie allenfalls.

– gerade aufgrund der universalen Vertrautheit aller Elemente der beseelten Welt – den Kreaturen durchaus so etwas wie Heimat.[1]

Ein weiterer prägnanter Grundgedanke der lurianischen Kabbala ist nach Scholem die Lehre von der Zusammenziehung und Selbsteinschränkung der Gottheit (*Zimzum*).[2] Dieses »Zurückgehen Gottes auf sein eigenes Sein«[3] vor seiner Entfaltung in die Schöpfung hinein ist aber für Conway ebenfalls keine leitende Vorstellung. Ihre Konzeption erscheint stärker traditionell neuplatonisch geprägt, insofern ihr Interesse in erster Linie dem *pleroma* gilt, dem kontinuierlichen Sichverströmen Gottes und der Fülle der von ihm ausgehenden und zu ihm zurückstrebenden Kreaturen. Ihr Gott hält sich nicht zurück; er teilt sich unausgesetzt mit. Sieht man im *Zimzum* indes vor allem ein identitätsstiftendes Tun, das insofern das Selbstsein aller Dinge gewährleistet, als es sie von anderen abgrenzt und verhindert, daß sie ineinander aufgehen,[4] so ließe sich hierin gleichwohl eine gewisse Parallele zu Conways Konstruktion menschlicher Identität über die Idee eines »Central Spirit« als emanativ-kontrahierende Mitte des Selbst (s.o.) erblicken. Auf kosmologischer Ebene spielt dieses Konzept für sie jedoch keine Rolle.

Im Blick auf die Weltenschöpfung erscheint allenfalls ein anderes kabbalistisches Motiv von Belang: die Vorstellung vom *Adam Kadmon*. Auch diese wird aber im Vergleich mit der großen Ausführlichkeit, mit der sie wiederholt in der *Kabbala denudata* erörtert wird, kaum elaboriert, sondern lediglich als ein Bereich möglicher Kompatibilität der Conwayschen Trinitätslehre mit dem Judentum angeführt. Und auch gegenüber einer direkten Parallelisierung der für die lurianische Kabbala zentralen Idee der Seelenwanderung (*Gilgul*)[5] mit Con-

1 Insofern dies auch eine Konzeption der ›besten aller möglichen Welten‹ ist, mag man hierin eine Andeutung dessen sehen, was Leibniz an dieser Philosophie attraktiv gefunden haben mag.

2 Scholem, *Die jüdische Mystik*, p. 285ff.

3 Ibid., p. 286; cf. auch 287: »Der erste aller Akte ist also kein Akt der Offenbarung, sondern ein Akt der Verhüllung und Einschränkung. Erst im zweiten Akt tritt nun Gott mit einem Strahl seiner Wesenheit aus sich hinaus und beginnt seine Offenbarung oder seine Entfaltung als Schöpfergott in jenem Urraum, den er in sich selbst geschaffen. Ja nicht nur dies, vielmehr findet auch vor jedem weiteren Akt der Emanation und Manifestation Gottes ein neuer Akt der Konzentration und Verhüllung statt.« – Ähnlich p. 289: »So wie also der menschliche Organismus durch den doppelten Prozeß von Ein- und Ausatmen besteht und beide nicht ohne einander gedacht werden können, so konstituiert sich die gesamte Schöpfung in solchem Ein- und Ausatmen des göttlichen Lebens.«

4 Laut Scholem ist es wieder Cordovero, der diesen Gedanken formuliert hat: »[...] in jedem Ding stecke die Qualität des Abgrenzens, insofern es bleiben will, was es ist, und in seinen Grenzen verharren möchte.« (p. 289; cf. auch p. 443 Anm. 54).

5 Cf. Scholem, pp. 308ff; cf. *Principles*, ed. Coudert/Corse, »Introduction«, p. xix. – Zwar stammt die unter dem Titel »De revolutionibus animarum« in die *Kabbala denudata* aufgenommene Schrift von Chajim Vital, dem Schüler Lurias, der diese Lehre seines Meisters systematisch niedergelegt hat; gleichwohl sind es bei Conway nicht menschliche Seelen, die sich von Wasser zu Stein und über Erde und weitere kreatürliche Stationen bis hin zu den höchsten Geistern verwandeln und insofern eine wirkliche Transmigration vollziehen, sondern sie sucht in der von Coudert und Corse in diesem Zusammenhang (xxi) zitierten Passage aus Kapitel IX, § 5, der *Principia* zu verdeutlichen, auf welche Weise die Geschöpfe einerseits aufgrund ihrer fundamentalen Wesenseinheit ineinander mutieren können (»Transmutations of Creatures from one

ways dynamischer Bewegtheit der in sich multiplen Kreaturen und ihrer Teile regen sich Vorbehalte. Conway ist fasziniert vom Gedanken der Übergängigkeit und Transmutation – nicht von Vorstellungen einer Transmigration oder Wiedergeburt der Seelen. Es geht ihr weniger um Metempsychose als um die Plausibilisierung der Vorstellung lebendiger Verbundenheit aller Wesen untereinander und mit Gott.

Vor allem aber fehlen zwei Grundzüge nicht nur der lurianischen Kabbala, sondern des frühneuzeitlichen Kabbalaverständnisses generell in Conways Denken völlig: die Fokussierung auf die Sprache, vor allem die Schrift, und, damit zusammenhängend, der magisch-theurgische Zugriff. Sie schlägt die verborgene »Brücke zwischen göttlichem und weltlichem Reich«,[1] die die Kabbalisten durch aktive, operative Intervention wieder herzustellen suchten, auf dem durchaus exoterischen Weg des systematischen Denkens und im Medium einer neuplatonischen Ontologie, die auch nicht beansprucht, eine ekstatische *via mystica* zu bahnen. Nicht nur spart sie die manipulativen Aspekte der Kabbala gänzlich aus – ihr Traktat enthält weder eine Machttechnik, noch eine Anleitung zu esoteri-

---

Species into another«), sich also als »changeable« erweisen, während Gott unveränderlich ist, und auf welche Weise sich andererseits auch die niedrigste und verächtlichste Kreatur bereits von Anbeginn an auf einem Weg fortgesetzter Nobilitierung und Spiritualisierung befindet (cf. *Principia/Principles*, ed. Loptson, IX, § 6). Bei Conway ist nicht die Rede davon, daß menschliche Seelen etwa retributiv in Pflanzen und Tiere verbannt würden und aus dieser »Verbannung« erlöst werden müßten. (Vgl. auch Scholem, p. 310: »Reinen Vergeltungscharakter trägt vor allem die Vorstellung von einer Wanderung in andere Bereiche der Natur, in Tiere, Pflanzen und Steine. Solche Verbannung von Seelen oder Seelenfunken in den Kerker fremder Existenzformen, in wilde Tiere, Pflanzen und Steine, stellt eine besonders schauervolle Art des Exils dar.«) Bei Conway gibt es eine solche radikale Entfremdung nicht; vielmehr sind diese Seelen, was sie sind – nämlich Seelen von Pflanzen und Tieren, wenn auch mit der Neigung zur Transmutation.

1 Cf. Moshe Idel, »›Schwarzes Feuer auf weißem Feuer‹. Text und Lektüre in der jüdischen Tradition«, in: Aleida Assman, ed., *Texte und Lektüren. Perspektiven in der Literaturwissenschaft*. Frankfurt 1996, pp. 29-46, hier: p. 38. Idel faßt, ausgehend von der kabbalistischen Überzeugung, die Tora sei »als schwarzes Feuer auf weißem Feuer geschrieben, und zwar direkt auf den göttlichen Körper« (p. 39, cf. p. 31), Aspekte und Verfahren der kabbalistischen Hermeneutik zusammen, die auf die Überbrückung des Abstandes zwischen Gott und Welt zielen: »Tatsächlich soll die mystische und magische Lektüre der Thora zu besonderen Bewußtseinszuständen verhelfen: durch die Überschreitung des weltlichen Bereichs im Falle derer, die zum *Merkabah* aufsteigen; durch die Erlangung von Offenbarungen durch den Prinzen der Thora, wie ein anderer Text weiß, oder durch Ausübung magischer Riten mittels der Gottesnamen, die aus biblischen Versen herausdestilliert werden.« (p. 37) Die hier angedeuteten parasemantischen Lektüreverfahren und Praktiken der Buchstabenmagie kennzeichnen nicht nur die ältere hebräische Kabbala und die Thronwagenmystik, sondern auch die lurianische Kabbala. Auch diese ist stark schriftorientiert und weist, obwohl Scholem hervorhebt, sie sei insgesamt stärker mystisch als theurgisch bestimmt, doch deutliche magische Anteile in ihrem Bemühen um die Restitution des monistischen Zusammenhangs von allem mit allem auf. – Vgl. zur lurianischen »Magie der Innerlichkeit«, zur ›Einigung‹ des Gottesnamens und zur Entzifferung und therapeutischen, die Seelenwanderung verkürzenden Manipulation der metempsychotischen Spuren bei Luria auch Scholem, *Die jüdische Mystik*, pp. 301, 311. Zur Thronwagenmystik cf. auch Peter Schäfer, *Der verborgene und offenbare Gott. Hauptthemen der frühen jüdischen Mystik*. Tübingen 1991. Ausführlich zur kabbalistischen Magie der Frühen Neuzeit: Andreas Kilcher, *Die Sprachtheorie der Kabbala als ästhetisches Paradigma*.

scher Lektüre. Von den Ansätzen der in der *Kabbala denudata* versammelten Texte her wäre dieser Weg recht einfach zu bahnen gewesen: Daß sie ihn vermeidet, ist im Grunde auffälliger, als daß sie einige der geläufigen Motive der kabbalistischen Theosophie aufgreift.

Ist eine Grundüberzeugung der Kabbala die analogistische des »Alles spricht«, da ja der weltschaffenden Sprache Gottes die Ordnung der geschaffenen Dinge, vor allem aber die Ordnung der Buchstaben in der Tora korrespondiert, die – ihrerseits als »schwarzes Feuer« unendlicher Auslegung fähig – dem jedes Lesen erst ermöglichenden, aber selbst der lesenden Verfügung entzogenen »weißen Feuer« der Offenbarung[1] korrespondiert, dann liegt alles Wissen in der Sprache, alle Macht in ihrer richtigen Handhabung. Diesem Versprechen einer *prisca sapientia*, die die Signaturen der Dinge zu lesen und mit ihnen zu operieren weiß, setzt sie ein ›Alles lebt‹ entgegen.

Aber ersetzt Conway nicht zugleich den kabbalistischen Lesbarkeitswahn durch eine andere Art der Manie – den spirituellen Überschwang der Quaker, den die Zeitgenossen, allen voran Henry More, als »Enthusiasmus« und melancholische Krankheit der Imagination geißelten?[2] In der Tat gibt es Anzeichen

1 Hierzu Idel, »›Schwarzes Feuer auf weißem Feuer‹« (unter Verweis auf Scholem), pp. 31-2. – Zum kabbalistischen Verständnis von Offenbarung und Tradition bzw. zur absoluten Schriftlichkeit der Offenbarung und ihrer kommentierenden und interpretierenden Entfaltung sowie zur Metaphorik von »weißem« und »schwarzem Feuer«, cf. auch Kilcher, p. 34ff. Zur Vorstellung eines umfassenden Wissen cf. auch ibid. p. 94: »Denn die aus göttlichen Namen bestehende Tora ist nicht nur ein primordiales, sondern auch ein zukünftiges Wissen über die göttliche Ordnung der Dinge. Es ist das Postulat einer vollkommenen Sprache, die alles weiß und alles kann.«

2 Cf. Henry More, *Enthusiasmus Triumphatus; or, A Brief Discourse of The Nature, Causes, Kinds, and Cure of Enthusiasm* (1656, 1662; Reprint der erweiterten Ausgabe von 1662, Los Angeles, 1966. Alle Zitate nach dieser Ausgabe.) – More sucht hier zwischen echter religiöser Begeisterung, »that *true* and *warrantable Enthusiasm* of devout and holy Souls«, und »the vulgar fanatical Enthusiasm« zu unterscheiden, jener lediglich eingebildeten Inspiration und überschäumenden Gottseligkeit, die auf eine melancholische Erkrankung der Einbildungskraft zurückzuführen ist (Sect. LXIII, p. 45). Insbesondere die Quaker werden unter der Rubrik »*Mystical Interpretations of Scripture, Quakings*, and *Visions*; all which are easily resolved into *Effects of Melancholy*« (p. 17-18) scharf kritisiert: »And for *Quaking*, which deluded souls take to be an infallible sign they are inactuated by the Spirit of God, that it may be onely an Effect of their *Melancholy* is apparent. For none have so high *Paßions* as *Melancholists*; [...] Wherefore it is no wonder, the *Enthusiast* fancying these natural Paroxysms with which he is surprised to be extraordinary Visits of the Deity, and Illapses of the holy Ghost into his Soul, which he cannot but then receive with the highest *Veneration* imaginable, it is no wonder, I say, that *Fear* and *Joy* and *Love* should make such a confusion in his Spirits, as to put him into a fit of *trembling* and *quaking*. In which case the Fervour of his *Spirits* and Heat of *Imagination* may be wrought up to that pitch that it may amount to a perfect *Epilepsie*; as it often happens in that Sect they call *Quakers*, who undoubtedly are the most *Melancholy Sect* that ever was yet in the world.« (Sect. XXV, pp. 18-19). – Die Beziehung zwischen Melancholie und einer entgleisten religiösen Imagination wird in diesem Traktat auch an anderer Stelle mehrfach ausdrücklich hergestellt (cf. pp. 2, 4, 8, 12 und passim); sie wird auch in Mores Korrespondenz mit Anne Conway geradezu zu einem Gemeinplatz, cf. *Conway Letters*, e.g. pp. 381, 416, 425, sowie Marjorie Nicolsons Kommentar hierzu, ibid., pp. 378-379 (vgl. aber auch die Erwähnungen seiner eigenen melancholischen Verstimmungen und seiner Therapieversuche mit dem von Van Helmont verabreichten klassischen Heilmittel Nieswurz, »Hellebore«, pp. 369, 371, 391). So schreibt More 1675 an Conway über George Keith,

dafür, daß sich ihre Skepsis gegenüber dem kabbalistischen Buchstaben und seiner Machtanmaßung gegenüber den verborgenen Dingen in ihren letzten Lebensjahren mehr und mehr dem Geist des Quakertums und dessen visionär geprägter Religiosität zuwandte. Aber auch hier bezeugen ihre Briefe einen skeptischen Rest: Nicht nur sucht sie wiederholt die kritische Auseinandersetzung über die theologischen Ansichten, die ihr George Keith und andere vortragen,[1] – es findet sich auch in keinem ihrer erhaltenen Schreiben eine Spur jenes Fanatismus, den More und andere mit dem Enthusiasmusvorwurf an die Adresse der Quaker und anderer *dissenters* zu treffen suchten. Ruhige Entschiedenheit ohne jede Schwärmerei, frei von selbstgerechter Gewißheit des Gefundenhabens und sektiererischer Intoleranz ist der Grundton noch jenes letzten erhaltenen Briefs an ihren Mann, den sie bereits auf Quakerart mit »Thine« (anstatt »Yours«) unterzeichnet und in dem sie ihn und sich unter die »serious *seekers* after God« einreiht, die ohne Präjudiz allein nach der Wahrheit trachten.[2] Ebensolcher Ernst und solche Schlichtheit kennzeichnen die briefliche Änderung ihres Testaments nach ihrer Konversion, in der sie ihren Mann entgegen früheren Verfügungen um ein schmuckloses Begräbnis bittet.[3]

Noch in anderer Hinsicht läßt sich der Nonkonformismus dieser Frau, die fast anonym, als »Quaker Lady«, begraben wurde,[4] als skeptische Geste gegenüber den ›einfachen‹ Lösungen verstehen – gegenüber dualistischen Weltmodellen ebenso wie gegenüber dem kabbalistischen Versprechen einer Dechiffrierbar-

---

einen der engsten Quaker-Vertrauten Conways, den More selbst durchaus auch schätzte und den er in Gesprächen und Briefen von seinem theologischen Irrweg abzubringen suchte: »G. K. is a good honest man according to his measure [...] But really he is lyable to over headstrong Enthusiasme, and has too lubricous a reason and luxuriant phancy, which I told him of at London, and he seemed to be sensible of it.« (# 255, pp. 415-16). Und in einem weiteren Brief aus dem gleichen Zeitraum heißt es über Keith: »[...] most certainly he is over subject to be imposed upon by Heat and Imagination.« (# 259, p. 425). In der Regel ist der Tenor einer der freundschaftlichen Warnung, bei der aber bestimmte Befürchtungen bereits mitsprechen: »Madame you are free, and I desire your Ladiship never to list yourself to any Sect, but you may be civill to all that are good of any.« (p. 416). Schärfer wird der Ton lediglich, sobald More religiösen Extremismus vermutet; so etwa bei dem Autor eines ihm von Anne Conway übersandten Traktats, den er für »a very pious and a very Melancholy person« hält, um dann auszurufen: »For assuredly Melancholy is the most perfondly lowe show and the most Luciferianly high temper yt is. Blessed are they that are free from the delusions and impostures of this terrestriall Temperament [...]« (# 217a, p. 525).

1 Sie hatte Kontakt mit William Penn, John Barclay, wahrscheinlich auch George Fox, und sie kannte – wie im übrigen auch Henry More – die Schriften Isaac Peningtons (cf. *Conway Letters*, # 251, p. 404; vgl. auch Nicolson, ibid., p. 413).

2 *Conway Letters*, # 279, p. 449 (meine Hervorhebung).

3 Ibid., # 286, p. 481. Das Schreiben ist an »My D. D.« (d.h.: »My Dearest Dear«) gerichtet und schließt: »And not doubting of thy readiness to fulfill all my desires, I could not think it necessary to make a new will, but that it would be sufficient to expresse this my mind and desire to thee, that all those Rites and ceremonys of the so called Church of England may be wholly forborne at my buryall; and all other superfluity whatsoever. This being writt with my owne hand may give sufficient assurance to any concerned that they were all omitted upon my desire. ANNE CONWAY.«

4 Cf. *Conway Letters*, p. 453.

keit der geheimen Ordnungen der Schöpfung, der Enthüllung des Verborgenen und der Handhabbarkeit der esoterischen Zeichen durch den Eingeweihten. Diese Geste bezeugt auch nicht nur die Faszination der wochen- und zum Schluß monatelang an ihr Bett im abgedunkelten Zimmer (»that Dungeon-Chamber«)[1] gefesselten Schmerzkranken angesichts der unerhörten Leidensfähigkeit der Quaker, ihrer Standhaftigkeit in Verfolgung, Gefangenschaft und Folter – mag sie dies, bedrückt von ihren eigenen »weighty sufferings« auch ausdrücklich als Grund der Bewunderung erwähnen: »They have been and are a suffering people [...]«.[2] Über solche psychologische Plausibilität hinaus finden sich in Anne Conways Denken, sofern sie es in den *Principia* ausgesprochen hat, Motive, die der Spiritualität der Quaker affin erscheinen; deren Vieldeutigkeit zumindest Anknüpfungsmöglichkeiten in diese Richtung eröffnet.

Zu diesen zählt sicher vor allem ein Gedanke, der gleichsam als kabbalistisch-quakerisches Relais erscheinen mag: eine Vorstellung von Innerlichkeit, die, gleichsam vom Licht der Gottheit durchströmt, nicht nur plural, sondern zugleich zentriert ist, die nicht nur als mit sich identisch und zum Höheren hin geöffnet erscheint, sondern dabei zugleich in Beziehung steht zu allen anderen Wesen. Dieses Konzept relationaler Identität findet sich nicht nur in den radikaleren, familistischen Gruppierungen der »Freunde«, es begründet unausgesprochen auch den notorischen Egalitarismus der Quaker. Zudem vermag das Bewußtsein einer nicht nur ideologischen, sondern essentiellen Verbundenheit untereinander erstaunliche Standhaftigkeit im Leiden zu verleihen. Zeugnisse von Quakerfrauen lassen vermuten, daß dieses Selbstsein-aus-Beziehung eine über das Metaphorische hinausgehende Auflösung der Ichgrenzen beinhalten konnte, die zugleich in einem christusförmigen ›kollektiven Selbst‹ Halt und Kraft fand.[3]

---

1 Zit. in Ward, *Life*; cf. *Principles*, ed. Loptson, p. 236. – In einem der wohl letzten Briefe an ihren Mann, *Conway Letters*, # 279, erwähnt sie »that I have not been able to have had my bed made for above these three monthes« (p. 448).

2 *Conway Letters*, # 257, p. 421.

3 Cf. Elspeth Graham, »Women's writing and the self«, in: Helen Wilcox, ed., *Women and Literature in Britain 1500-1700*, Cambridge 1996, pp. 209-233. Graham analysiert u.a. Auszüge aus der autobiographischen Schrift von Katharine Evans und Sarah Cheevers, *This is a short Relation of some of the Cruel Sufferings (For the Truths sake) of Katharine Evans and Sarah Chevers* (1662; wieder gedruckt in Elspeth Graham et al., eds., *Her Own Life: Autobiographical Writings by Seventeenth-Century Englishwomen*, London 1989, pp. 116-130) und faßt ihre Lektüre wie folgt zusammen: »The women present themselves simultaneously as actual historical persons in a very real physical environment, and as Christ figures embodying a much larger historical truth. They come to represent themselves as individuals and as representatives of Quakerism generally, and to represent Quakerism, in turn, as embodying oppressed Christianity through worldly and divine history.« (p. 230). – Cf. auch ibid., p. 214f (meine Hervorh. – V. O. L.): »To Quakers [...] who valued the promptings of the Inner Light above any doctrinal law or the Bible itself, self was often experienced ecstatically. The boundaries of individual selfhood could be blurred. Conflation of self with others, individual and personal utterance with biblical text, external event and biblical history with spiritual vision is characteristic. *Comprising one of the most individualistic of sects, Quakers also displayed a capacity for collective selfhood.* Delineation of personal identity was characteristically subordinated to presentation of the identity of Quakerism itself.« – Vorstellungen dieser Art, insbesondere auch eine ausgeprägte Metaphorik des Fließens und Strömens der allesverbindenden Liebe Gottes, finden sich auch in dem der *Short Relation of Some*

Dieses fraglose Inbeziehungstehen zueinander und zu Gott[1] ist indes noch in anderer Hinsicht Fundament der Quakerspiritualität, Grund ihrer unwiderstehlichen Anziehungskraft für Anne Conway und zugleich – und paradoxerweise – wohl Quelle ihrer tiefsten Skepsis. Denn die Quaker praktizieren nicht zuletzt eine Spiritualität des Schweigens: Ihr Gottesdienst ist »schweigender Dienst«, in dem nur der Geist das Wort hat; in »silent worship« und »silent prayer« wird dieses Wort erwartet und empfangen.[2] Da das eigentliche Sprechen nur Gott als dem Wort zukommt, ist solches Schweigen auch ein ikonoklastischer Zug der Quaker-Spiritualität; es ist zudem eine Form der Askese, des Verzichts auf Geschwätz (»carnal talk«)[3]. Schweigen bezeugt das jede menschliche Rede übersteigende Wort des Höchsten auf die einzig angemessene Weise. Offenbarung, ermöglicht durch den im »Inward Light« präsenten und sich mitteilenden Christus, geschieht aus diesem Schweigen heraus unmittelbar in der Seele des einzelnen und bedarf nicht der gelehrten Predigt, des theologischen Diskurses

of the Cruel Sufferings beigefügten Briefen Evans' und Cheevers' an ihre Ehegatten und Kinder; cf. die Auszüge in Kate Aughterson, ed., *Renaissance Woman: A Sourcebook. Constructions of Femininity in England*, London 1995, pp. 214-217. – Zum Verhältnis von Spiritualität und Stil der Quaker – allerdings ohne Erwähnung der Schriften von Quakerfrauen – cf. auch Jackson I. Cope, »Seventeenth-Century Quaker Style«, *PMLA* 71 (1956), 725-754.

1 Cf. e.g. Formulierungen Cheevers' wie die folgende: »[...] my prayers to my God are for you all, that your minds may be joined to the light, wherewith your are lightened, that I may enjoy you in that which is eternal, and have community with you in the spirit. He that is joined to the Lord, is one spirit, one heart, one mind, one soul, to serve the Lord with one consent.« (ibid., p. 217).

2 Cf. hierzu auch Paul Held, Art. »Quäker« im *RGG*, 3. Aufl. 1986, Bd. 5, pp. 727-734. – Cf. vor allem auch Richard Bauman, *Let Your Words Be Few. Symbolism of Speaking and Silence among Seventeenth-Century Quakers*, Cambridge 1983. Bauman untersucht die Charakteristika der Kommunikationsweise, der spezifischen Semiotik, Ideologie und kulturellen Symbolik der Quaker von den charismatischen Anfängen der Bewegung um 1650 bis zur Duldung 1689 aus einer Perspektive der historischen Ethnomethodologie bzw. der Ethnographie des Sprechens. Seine bemerkenswerte Studie macht – ohne Anne Conway und ihren Kreis zu erwähnen – u.a. deutlich, weshalb die siebziger Jahre für eine Frau in Conways Lage und sozialer Situation gut geeigneter Zeitpunkt zur Bekehrung waren: Das Quakertum war im Begriff, sich zu konsolidieren und sich zu einer Religionsgemeinschaft mit bestimmten institutionellen Strukturen zu wandeln; zugleich hatte man sich von einigen der rüderen Verfahrensweisen der Anfänge (der »plain speech« in provokativer Aktion, der polemischen Attacke oder auch der öffentlichen Performanz von »signs«) und ihrem Sensationalismus verabschiedet, gesellschaftlich akzeptablere Missionierungsstrategien entwickelt und sich verstärkt der Pflege der Innerlichkeit zugewandt. Zudem spielte George Keith, einer der engsten Vertrauten Conways, eine besonders wichtige Rolle in der Reflexion über die Praxis des Schweigens (Bauman zitiert verschiedentlich seine Schrift *The Benefit, Advantage and Glory of Silent Meetings*, London 1670). Insgesamt bestätigt Baumans Untersuchung meinen Eindruck, daß Anne Conway vor allem und zu Recht von der Stille und Schweigsamkeit der Quaker beeindruckt wurde. Das schweigende Warten auf Gott ist die zentrale Praxis der Quaker-»communion« und Mitte und Ziel ihrer Spiritualität. Es ist zugleich die gehaltvollste Metapher für den Versuch, das ganze Leben Zeichenqualität gewinnen zu lassen. Insofern legitimiert die Emphase auf der Formel »so still«, wie sie sich im entscheidenden Brief aus dieser Phase im Leben Conways findet, auch die Suggestion, die meine Lektüre ihres Werks und Lebens zu formulieren versucht – daß nämlich eben dieses Leben mit seinem Stillwerden selbst das konzentrierteste Zeichen dessen bildet, was auch ihre *Principia* zu sagen suchen.

3 So bei George Fox, zit. Bauman, *Let Your Words Be Few*, p. 21.

oder der Schriftauslegung durch dazu Berechtigte und Ausgebildete.[1] Daß dies eine Frömmigkeit ist, die einer Denkerin wie Anne Conway kongenial erscheinen konnte, ist einerseits verständlich, war sie doch mit der Vorstellung, die menschliche Seele sei das Licht Gottes in uns[2] und ein unbegriffliches Wissen von Gott sei jedem Menschen mitgegeben,[3] seit den Anfängen ihrer theologi-

1 Wiewohl die Quaker selbstverständlich predigten (zur Predigt der Quakerinnen cf. auch Bauman, p. 36f). Hervorzuheben ist, daß Quakerinnen wie Katharine Evans und Sarah Cheevers gerade aufgrund ihrer missionarischen Predigt Verfolgungen ausgesetzt waren (Evans und Cheevers wurden in Malta von der Inquisition gefangengehalten), und daß sich andere wiederholt für das Predigtrecht insbesondere der Frauen einsetzten; cf. Margaret Fell Fox, »Women's preaching justified« (1666; Auszüge in: Kate Aughterson, ed., *Renaissance Woman: A Sourcebook*, London 1995, pp. 37-40; cf. auch Mary Anne Schofield, »›Womens Speaking Justified‹: The Feminine Quaker Voice, 1662-1797«, *Tulsa Studies in Women's Literature* 6 (1987), 61-77) sowie Priscilla Cotton, Mary Cole, »To the priests and people of England we discharge our consciences, and give them warning« (1655; Auszüge ibid., pp. 250-253). Der letztgenannte Text ist bemerkenswert nicht nur im Hinblick auf die Metaphorisierung, die einige Schriftworte erfahren, die als Argumente gegen Predigt und Prophetie von Frauen in der Gemeinde ausgelegt werden können, und hinsichtlich der Reihe von biblischen Argumenten, die sich auch die heutige feministische Theologie immer noch veranlaßt sieht, ins Feld zu führen (»[...] and Christ Jesus appeared to the women first, and sent them to preach the resurrection to the apostles [...]«, p. 253), sondern nicht zuletzt auch für die subjektivitätstheoretischen Implikationen dieser egalitären Forderungen: »[...] thou tellest the people women must not speak in a church, whereas it is not spoke only of a female, for we are all one both male and female in Christ Jesus« (p. 252). Nicht darauf, daß vor den richtigen Personen der Hut gezogen werde, komme es an, sondern darauf, im menschlichen Tun und durch das rechte Zeugnis Christus zu ›entblößen‹: »If therefore any speak in the church, whether man or woman, and nothing appear in it but the wisdom of man, and Christ, who is the true head, be not uncovered, do not fully appear, Christ the head is then dishonoured.« (ibid.). – Eine feministische Sicht von Predigt, Prophetie und Schriftkultur der Quakerinnen vor 1672 findet sich in Kapitel 5 (»Breaking the Seventh Seal. Writings by Early Quaker Women«) des Buchs von Margaret J. M. Ezell, *Writing Women's Literary History*, Baltimore 1993, pp. 132-160. Ezell ist weniger an der Spiritualität der Quaker und daher auch nicht an ihrem Schweigen interessiert, aber auch die von ihr gesichteten Quellen machen deutlich, daß gerade die Erfahrungsemphase des Quakertums und ihre Insistenz auf dem ›Fühlen‹ des Geistes untrennbar mit dem Stillwerden und der Aufmerksamkeit auf das ›Innere Wort‹ verbunden ist. So etwa Sarah Blackborrow, in *The Just and Equall Balance Discovered*, London 1660: »I could never find out the beginning nor the ending of it with all my falling wisedome, [...] and I went forth and was very active to enquire both of Priests and others, but could never find that which could satisfie me, whilst mine eye and eare were abroad, [...] and then a resolution was begotten in me, to find Christ in me, [...] *so I returned into the silence out of all babling talke*, and daily felt that spirit to lead and teach me which was a convincer in my conscience [...]« (zit. Ezell, p. 156f, meine Hervorh. V. O. L.).

2 Cf. e.g. Benjamin Whichcotes Aphorismus 916: »The *Spirit of a Man is the Candle of the Lord*; Lighted *by* God, and Lighting us *to* God. *Res illuminata, illuminans.*« (aus: *Moral and Religious Aphorisms*, zit. nach: C. A. Patrides, ed., *The Cambridge Platonists*, Cambridge 1980, p. 334). – Zu Mores Einstellung zum »light within« cf. auch Nicolson in *Conway Letters*, p. 379; vgl. auch William Penns Rede von »the light, and spirit of Jesus within« und seine Empfehlung des Blicks nach innen (»My friend, turne into thy heart and hear his voyce [...]«) in seinem Brief an Anne Conway, ibid., # 250, p. 402.

3 Benjamin Whichcote spricht von einem »natural and indelible Sence of Deity«, der Korrelat der göttlichen Vernunft sei (»The Use of Reason in Matters of Religion«, in: Patrides, ed., *The Cambridge Platonists*, p. 59); John Smith von einem »living principle of Holiness within us« (»The True Way or Method of Attaining to Divine Knowledge«, ibid., p. 130). – Es liegt allerdings auf der Hand, daß die Rede der Cambridge Platonists vom »Natural Light« (Whichcote,

schen Studien und ihrer Freundschaft mit Henry More vertraut. Andererseits aber wußte sie nur zu gut, daß die Cambridge Platonists sich genau in diesem Punkt sorgfältig von jeglichem Schwärmertum abzugrenzen suchten und daß More schon in seiner Schrift von 1656 die Quaker aufgrund ihrer eingebildeten Inspiriertheit als »the most *Melancholy Sect* that ever was yet in the world« bezeichnet hatte.[1] Ihre Bejahung ausgerechnet dieser unklar mystischen Geistigkeit mußte More als schmerzliche Distanzierung seiner einstigen Schülerin von seinem eigenen langjährigen theologischen Bemühen erscheinen, auch wenn er die Integrität ihrer Entscheidung nie anzweifelte.

Aber dies ist nicht die einzige Entfernung, in die sich Conway durch ihre Option für eine Spiritualität des Schweigens brachte. Aufs Ganze gesehen ist ein stärkerer Gegensatz zu einer kabbalistischen Religiosität wohl kaum vorstellbar. Die Quaker mißtrauten dem Buch; ihre Begeisterung bedurfte der Schrift und ihrer gelehrten Auslegung nicht. Nicht die Exegese, nicht der Kommentar des vielfach Kommentierten, nicht die hermeneutische Tradition, nicht die Ehrfurcht vor dem Buchstaben, nicht die elitäre Hermetik der ›philhebräischen‹ Schriften,[2] nicht die Multiplikation der Bedeutungen und nicht das heilige Erstaunen über die vielfache Staffelung des Schriftsinns – allenfalls die unmittelbare, existentielle Antwort der einzelnen Seele auf die innere Offenbarung ist aus dieser Sicht von Belang. Ergründung und Verkündigung des Wortes zählen für den Antiskripturalismus der »Freunde« weniger als das gute Tun aus der Geistergriffenheit.

Anders ausgedrückt: In ihrer Wendung zum undogmatischen Dissens der Quaker konnte Conway die verborgenen Dinge auf sich beruhen lassen. Dabei mußte sie nicht verleugnen, was sie wußte: Hier war keine Regression zu einer Pseudo-Simplizität gefordert. Aber ihr Leben nimmt zum Schluß sehr wohl die Gestalt einer *docta ignorantia* an.

Paradoxerweise ist Anne Conways mystisches Verstummen zugleich ein politischer Akt, und auch dies spricht gegen jede falsche Naivität. Denn ihr Einsatz für die unter der Testakte verfolgten und eingekerkerten Quaker; die Art und Weise, wie sie über ihren Mann deren Freilassung erwirkt (trotz dessen schwerer Vorbehalte gegenüber denen, für die er eintreten soll);[3] die Treffen in Ragley Hall; die

---

ibid., p. 50) oder »Light of Reason and Conscience« (ibid., p. 51, orig. kursiv) zwar das Fundament einer natürlichen, vom Höchsten abkünftigen und seinen Glanz reflektierenden Religiosität meint, aber nicht die emotionale Intensität intendiert, die die Quaker mit dem »Inward Light« assoziierten, mit jener aus dem Jenseits einbrechenden Erleuchtung des Herzens, die radikale Umkehr und geistige Wiedergeburt fordert.

1 *Enthusiasmus triumphatus*, p. 19.

2 Das Vorwort zur *Kabbala denudata* heißt den ›philhebräischen‹ Leser willkommen (»Lectori philæbreo salutem!« – *Kabbala denudata* II, p. 1).

3 Edward Conways Formulierungen lassen hier wenig an Deutlichkeit zu wünschen übrig. So schreibt er an George Rawdon: »In my family all the women about my wife, and most of the rest, are Quakers, and Mons. Van Helmont is governour of that flock, an unpleasing sort of people, *silent*, sullen, and of a removed conversation [...]« (*Conway Letters*, # 268, p. 439 – meine Hervorhebung, V. O. L.]. Und an seine Frau, mit Bezug auf die von ihm auszulösenden Quaker: »All the matter is, I must pay the Fees my selfe, yet I hope to have them released before

Gerüchte über ihre Konversion[1] und schließlich deren Bestätigung: All dies kam auch einer öffentlichen Stellungnahme für eine verfemte Minderheit von Seiten der Gattin eines Mitglieds der politischen Elite des Landes gleich. Nicht zuletzt trat Lady Conway damit auch für eine ›basisdemokratisch‹ organisierte religiöse Gruppierung ein, die dafür bekannt, ja berüchtigt war, daß sie ihren weiblichen und männlichen Mitgliedern die gleichen Rechte einräumte.

So steht am Ende des Lebens der Viscountess Conway ein Skandal, der sie wieder in die Nähe der wenige Jahre vor ihr verstorbenen Duchess von Newcastle rückt. »Quaker Lady« und »fantastic pedantic *Cavendish*«,[2] beide auf unterschiedliche Weise – durch Exil oder Krankheit – an den Rand gedrängte Autorinnen, erscheinen zuletzt über die Figur eines mehrfach besetzbaren Chiasmus miteinander verbunden. Bewegen sich Cavendishs Ansichten, soweit sie mit einiger Konsistenz nachgezeichnet werden können, von atomistischen Welterklärungsmodellen zur Konzeption einer von unendlich vielen Partikeln bewegten, aber von *einer* produktiven Natur zusammengehaltenen und strukturierten Materie, so läßt sich Conway von einem monistischen und platonistischen Denkansatz zu Vorstellungen eines spirituellen Kontinuums führen, das auch alles Leibliche durchwirkt und die dynamische Vielfalt aller Wesen in lebendiger Bewegung zum Göttlichen hält. Sieht Cavendish ihre eigene literarisch und wissenschaftlich kopios kreative Subjektivität in direkter Analogie zur schöpferischen Natur, so entfaltet Conway aus ihrer neoplatonischen *plenitudo*-Meditation sowohl den Gedanken universaler Teilhabe an der in die Schöpfung sich ergießenden Gottheit als auch die suggestive Idee relationaler Identität, die es erlaubt, multiple Bezogenheit mit Einheit und Singularität des Selbstseins in einer Weise zusammenzusehen, die ihrerseits ebenfalls auf spätere philosophische und ästhetische Konzeptionen – etwa Shaftesburys oder gar Coleridges – vorausweist.[3] ›Zwischen Platon und Demokrit‹[1*] bewegen sich beide: Die redselige,

night, and what service soever I can doe you I shall always doe it, but I finde them to be a senselesse, wilful, ridiculous generation of people, rather to be pitied then envyed.« (ibid., # 273, p. 444). Schließlich in seiner Replik auf ihren Dank für seinen Einsatz »for my kindnesse to your friends in the truth« und unter sarkastischer Bezugnahme auf zwei Reden William Penns: »If you reckon them all so that are in that profession I assure you have a pack of as arrant knaves to your friends as any I know. I doe not say that they are all such, but I have met with some, that I have fownd to be so.« (# 277, p. 446).

1 Cf. e.g. *Conway Letters*, # 254, p. 414.

2 Im Anhang seiner Edition der *Principia* zitiert Loptson einen Briefwechsel in *The Gentleman's Magazine* von 1784, in welchem ein Unterzeichner (»Euthelius«) ausruft: »Would not the lives of such ladies as these two Countesses Conway be a greater ornament to a Biographia Britannica than that of a fantastic pedantic *Cavendish*?« (p. 250).

3 Daß Anthony Ashley Cooper, Third Earl of Shaftesbury, in der Nachfolge der Cambridge Platonists steht, ist bekannt: Am Beginn seines literarischen Schaffens steht die Einleitung zu der von ihm selbst besorgten Edition von Whichcotes Predigten im Jahr 1698; in seinen späteren Schriften zitiert er wiederholt Cudworths *True Intellectual System of the Universe* (e.g. »Miscellaneous Reflections« II, ch. ii) und bezieht sich zustimmend auf die Werke Henry Mores. Insbesondere für Shaftesburys »Letter Concerning Enthusiasm« (1707) und dessen Kommentar in den »Miscellaneous Reflections« (II, i und ii) von 1711 hat Mores *Enthusiasmus Triumphatus* Pate gestanden. (Cf. auch »Inquiry Concerning Virtue«, Bk. I, part iii, § 3, in: *Characteristics*, ed. J.

schreib- und publikationsversessene Cavendish gerät bis zu einer Extremposition, an der ihr Materialismus ein Konzept selbstreflexiver Imagination aus sich entläßt – die diskrete Denkerin Conway schlägt einen Weg noch schärferer Radikalität ein, der sie zu einer als phantastisch und visionär geschmähten Spiritualität und zuletzt an einen Punkt der reinen Erfahrung führt, in ein Experiment, das das Äußerste an Schmerz und das Äußerste an Geistigkeit ununterscheidbar werden läßt. Cavendish hat auch nach ihrem fiktionalen Entwurf der *Blazing World*

Robertson [1900], repr. 1964, Vol. I, p. 279, sowie »Moralists«, part III, § 2, ibid., Vol. II, p. 125). So wird zum Schluß des Enthusiasmus-Briefs die poetische Inspiration als »a real feeling of the Divine Presence« (37) und als »divine« bzw. »noble enthusiasm« (38, 39) vom Melancholieverdacht freigesprochen. Schon More hatte dies ja nahegelegt: »[...] a *Poet* is an *Enthusiast in jest*, and an Enthusiast is a *Poet in good earnest*; [...]«, hieß es bei ihm (*Enth. Triumph.*, Sect. XX, p. 14, zit. in Shaftesbury, »Miscellaneous Reflections« II, ed. Robertson, Vol. II, p. 197). Shaftesburys Rehabilitation ekstatisch-kreativer Bewußtseinssteigerung befreit diese Betätigung der Einbildungskraft nun vollends vom Geruch des Pathologischen und löst sie endgültig von jeder Verankerung im Erdenschweren. Die Mania Shaftesburys wirft keinen Schatten mehr, ist sie doch unzweideutig gehobene Befindlichkeit des einzelnen Subjekts, dessen Seele Natur- und Kunstschönheit ungetrübt als Güte und universale Benevolenz zurückspiegeln kann, weil sein Selbst (»genius«) an der Gottheit als »Great Genius«, der auch die Natur durchwaltet, Anteil hat (cf. e.g. »Moralists« III, sect. ii, ed. Robertson, p. 125; auch ibid. II, i). – Im Blick auf die Affinitäten Conways und Coleridges mögen die folgenden Passagen aus den Tagebüchern und Briefen Coleridges in ihrer Suggestivität für sich sprechen: So heißt es in den *Notebooks*, ed. Kathleen Coburn, beispielsweise (# 2372, Dez. 1804): »[...] —few men, I will be bold to say, put more meaning into their words than I or choose them more deliberately & discriminatingly. [...] —I feel too intensely the omnipresence of all in each, platonically speaking—or psychologically my brain-fibres, or the spiritual Light which abides in th[]e brain marrow as visible Light appears to do in sundry rotten mackerel & other *smashy* matters, is of too general an affinity with all things/and tho' it perceives the *difference* of things, yet is eternally pursuing the likeness[]es, or rather that which is common [...]« – oder auch (# 4351, Apr. 1817): »[...] intellectual <i. e. *unal*> Infinity, Eternity, translated into Time is an infinite Series—and in this very translation are contained the great powers of which all forces are but imitations, or repetitions— [...] Even so as Thoughts, from Images even up to Ideas, are distinct but not divided Existents of the Mind, quasi proles semper in utero, so are the Products of Nature, which we call Things or *Fixes* (res fixæ, intellectiones coagulatæ) are never really producta jam et vere fixa; but themselves portions of the act of producing—which we see plainly in the organic creature, because their forms & relations are evident & their periods easily surviewed, and should see in all things, from a Pebble up to a Planet, were our Command of Time Commensurate—This sublime Truth was ever present to the divine Heraclitus [...]«. – Vgl. auch die folgende Passage aus den *Letters*, ed. Earl Leslie Griggs (# 956, 07.03.1815, an Joseph Cottle; Vol. IV, p. 545): »[...] The common end of all *narrative*, nay, of *all*, Poems is to convert a *series* into a *Whole*: to make those events, which in real or imagined History move on in a *strait* Line, assume to our Understandings a *circular* motion—the snake with it's Tail in it's Mouth. Hence indeed the almost flattering and yet appropriate Term, Poesy—i. e. poiēsis = *making*. Doubtless, to *his* eye, which alone comprehends all Past and all Future in one eternal Present, what to our short sight appears strait is but a part of the great Cycle—just as the calm Sea to us *appears* level, tho' it be indeed only a part of a *globe*. Now what the Globe is in Geography, *miniaturing* in order to *manifest* the Truth, such is a Poem to that Image of God, which we were created into, and which still seeks that Unity, or Revelation of the *One* in and by the *Many*, which reminds it, that tho' in order to be an individual Being it must go forth *from* God, yet as the *re*ceeding from *him* is to *pro*ceed towards Nothingness and Privation, it must still at every step turn back toward him in order to *be* at all— [...].« – Für die Hinweise auf diese Passagen danke ich Eckhard Lobsien!

1* Cf. Leibniz' Formulierung »entre Platon et Democrite« [s.o. S. 291, n. 2].

weitergeschrieben – überschwenglich, widersprüchlich und explorativ. Auch Conways Wendung zu den Quakern, die ja unter anderem aus der Bewegung der »Seekers« hervorgegangen sind,[1] markiert weniger ein Ende als einen Anfang, ist doch deren Schweigen – »so still, and very serious« – die Weise ihres Suchens und zugleich ein Punkt, an dem sich skeptische und religiöse Impulse treffen. Nicht der Glaube, sondern der Dogmatismus ist bekanntlich unvereinbar mit einer Skepsis, die den Widerstreit nicht löst, sondern von ihm absieht, um auf anderes, womöglich Ganz Anderes zu blicken: »Die Skeptiker aber suchen noch.«[2]

Diese Suche kann in Bereiche des Okkulten führen. Die Herzogin von Newcastle, Herrscherin über imaginäre Welten, und die Viscountess Conway, spätere »Quaker Lady«, begegnen und trennen sich in ihren kabbalistischen Interessen. Während Margaret Cavendishs »poetical Cabbala« zur Metapher ihrer eigenen manischen Einbildungskraft und ihres Traums wird, uneingeschränkt über die Zeichen und ihre Bedeutungen zu verfügen, läßt Anne Conway das kabbalistische Versprechen universaler Lesbarkeit hinter sich, scheint sie auf die Methoden der Annäherung an das Absolute über eine Entzifferung der göttlichen Sprache verzichtet zu haben, wendet sie sich von den ruinierten und leer gewordenen Zeichen der Kabbala ab und setzt sich mit ihrer Konversion dem Vorwurf des Schwärmertums und des melancholischen Enthusiasmus aus. Solches Verstummen aber kann Symptom der Acedie wie der Seligkeit sein.

1 Zu Van Helmonts späterer Selbstbezeichnung als »Seeker« cf. auch Nicolson in *Conway Letters*, p. 452.

2 Sextus Empiricus, *Grundriß der pyrrhonischen Skepsis*, übs. Hossenfelder, I. 3.

LITERATURVERZEICHNIS

Agrippa von Nettesheim, [Henricus Cornelius]. *Die Eitelkeit und Unsicherheit der Wissenschaften und die Verteidigungsschrift* [2 Bde.]. Ed. Fritz Mauthner. München: Georg Müller, 1913.

Alewyn, Richard, ed. *Deutsche Barockforschung. Dokumentation einer Epoche.* Köln, Berlin: Kiepenheuer, 1966 [Neue wissenschaftliche Bibliothek 7].

Allen, Don Cameron. *Doubt's Boundless Sea. Skepticism and Faith in the Renaissance*, Baltimore: Johns Hopkins Press, 1964.

Alpers, Paul, »*Lycidas* and Modern Criticism«, *English Literary History* 49 (1982), 468-96.

Alpers, Paul. *What Is Pastoral?* Chicago and London: University of Chicago Press, 1996.

Andresen, Carl, Hartmut Erbse, Olof Gigon, Karl Schefold, Karl Friedrich Stroheker, Ernst Zinn, eds. *Lexikon der Alten Welt* [1965]. Zürich, München: Artemis, 1990.

Aristoteles. *The Complete Works of Aristotle* [2 vols.]. Ed. Jonathan Barnes. The Revised Oxford Translation. Princeton, N.J.: Princeton University Press, 1984 [Bollingen Series 71.2].

Armstrong, Isobel, ed. *New Feminist Discourses. Critical Essays on Theories and Texts.* London, New York: Routledge, 1992.

Assmann, Aleida, ed. *Weisheit.* München: Fink, 1991 [Archäologie der literarischen Kommunikation 3].

Assmann, Aleida, Monika Gomille, Gabriele Rippl, eds. *Sammler – Bibliophile – Exzentriker.* Tübingen: Gunter Narr, 1998.

Auerbach, Erich. *Mimesis. Dargestellte Wirklichkeit in der abendländischen Literatur* [1946], Bern, München: Francke, 1964.

Aughterson, Kate, ed. *Renaissance Woman: A Sourcebook. Constructions of Femininity in England.* London, New York: Routledge, 1995.

Babb, Lawrence, »The Background of ›Il Penseroso‹«, *Studies in Philology* 37 (1940), 257-273.

Babb, Lawrence. *The Elizabethan Malady. A Study of Melancholia in English Literature from 1580 to 1642*, East Lansing: Michigan-State University Press, 1951.

Bacon, Sir Francis. *The Essayes or Counsels, Civill and Morall.* Ed. Michael Kiernan. Oxford: Clarendon Press, 1985.

Bader, Günter. *Assertio. Drei fortlaufende Lektüren zu Skepsis, Narrheit und Sünde bei Erasmus und Luther*, Tübingen: Mohr (Siebeck), 1985.

Bader, Günter. *Melancholie und Metapher. Eine Skizze*, Tübingen: Mohr (Siebeck), 1990.

Ballaster, Ros. *Seductive Forms. Women's Amatory Fiction from 1684 to 1740*, Oxford: Clarendon Press, 1992.

Barash, Carol. *English Women's Poetry, 1649-1714. Politics, Community, and Linguistic Authority*, Oxford: Clarendon Press 1996.

Bauman, Richard. *Let Your Words Be Few. Symbolism of Speaking and Silence among Seventeenth-Century Quakers*, Cambridge: Cambridge University Press, 1983 [Cambridge Studies in Oral and Literate Culture 8].

Bazeley, Deborah Taylor. *An Early Challenge to the Precepts and Practice of Modern Science – The Fusion of Fact, Fiction, and Feminism in the Works of Margaret Cavendish, Duchess of Newcastle (1623-1673)*, unveröffentl. Diss. University of California 1990.

Bedford, R. D., »Right Spelling: Milton's *A Masque* and *Il Penseroso*«, *English Literary History* 52 (1985), 815-832.

Behn, Aphra. *The Works of Aphra Behn* [7 vols.]. Ed. Janet Todd. London: Pickering, 1992ff.

Behrens, Rudolf, Roland Galle, eds. *Konfigurationen der Macht in der Frühen Neuzeit*. Würzburg: Königshausen und Neumann, 1999.

Beierwaltes, Werner. *Denken des Einen. Studien zur neuplatonischen Philosophie und ihrer Wirkungsgeschichte*, Frankfurt am Main: Klostermann, 1985.

Beierwaltes, Werner. *Der verborgene Gott. Cusanus und Dionysius*, Trier: Paulinus-Verlag, 1997 [Trierer Cusanus Lecture 4].

Beierwaltes, Werner. *Identität und Differenz*, Frankfurt am Main: Klostermann, 1980 [Philosophische Abhandlungen 49].

Bennett, Roger E., »Sir William Cornwallis's Use of Montaigne«, *Publications of the Modern Language Association of America* 48.4 (1933), 1080-1089.

Bloom, Harold, ed. *William Shakespeare's «The Tempest»*. New York: Chelsea House, 1988 [Modern Critical Interpretations].

Blumenberg, Hans, »Das Universum eines Ketzers« [Einleitung zu: Giordano Bruno. *Das Aschermittwochsmahl*. Übers. Ferdinand Fellmann. Frankfurt am Main: Insel, 1981, pp. 11-61].

Blumenberg, Hans. *Die Legitimität der Neuzeit*. Erneuerte Ausgabe, Frankfurt am Main: Suhrkamp, 3. Aufl. 1997.

Blumenberg, Hans. *Die Lesbarkeit der Welt*, Frankfurt am Main: Suhrkamp, 1986.

Blumenberg, Hans. *Ein mögliches Selbstverständnis. Aus dem Nachlaß*, Stuttgart: Reclam, 1997.

[Blumenberg, Hans.] *Nikolaus von Cues. Die Kunst der Vermutung*. Auswahl aus den Schriften, Bremen: Schünemann, 1957.

Blumenberg, Hans. *Paradigmen zu einer Metaphorologie* [1960], Frankfurt am Main: Suhrkamp, 1998.

Blumenberg, Hans. *Wirklichkeiten, in denen wir leben. Aufsätze und eine Rede*, Stuttgart: Reclam, 1981.

Boehm, Gottfried. *Studien zur Perspektivität: Philosophie und Kunst in der frühen Neuzeit,* Heidelberg: Winter, 1969.

Booth, Stephen, »On the Value of *Hamlet*«, in: Norman Rabkin, ed. *Reinterpretations of Elizabethan Drama.* New York: Columbia University Press, 1969, pp. 137-176.

Borsche, Tilman. *Was etwas ist. Fragen nach der Wahrheit der Bedeutung bei Platon, Augustin, Nikolaus von Kues und Nietzsche,* München: Fink, 1990.

Bowerbank, Sylvia, »The Spider's Delight: Margaret Cavendish and the ›Female‹ Imagination«, *English Literary Renaissance* 14 (1984), 392-408.

Boyle, Robert. *The Sceptical Chymist* [1661]. Intr. E. A. Moelwyn-Hughes. London: New York: Dent, Dutton, 1911, 1967.

Bradshaw, Graham. *Shakespeare's Scepticism,* Brighton: Harvester Press, 1987.

Brann, Noel, »Alchemy and Melancholy in Medieval and Renaissance Thought. A Query into the Mystical Basis of Their Relationship«, *Ambix* 32 (1985), 127-148.

Brockhaus, Cathrin. *Aphra Behn und ihre Londoner Komödien. Die Dramatikerin und ihr Werk im England des ausgehenden 17. Jahrhunderts,* Heidelberg: Winter, 1998.

Brooks, Cleanth. *The Well Wrought Urn. Studies in the Structure of Poetry,* New York: Harcourt, Brace and World, 1947.

Brown, Laura. *Ends of Empire. Women and Ideology in Early Eighteenth-Century English Literature,* Ithaca, London: Cornell University Press, 1993.

Brownley, Martine Watson, »The Narrator in *Oroonoko*«, *Essays in Literature* 4 (1977), 174-181.

Bruno, Giordano. *Das Aschermittwochsmahl.* Übers. Ferdinand Fellmann. Einl. Hans Blumenberg, Frankfurt am Main: Insel, 1969, 1981.

Bruno, Giordano. *Gesammelte Werke* [6 Bde.]. Ed. und übers. Ludwig Kuhlenbeck. Leipzig und Jena: Eugen Diederichs, 1904-1909.

Bruno, Giordano. *Giordano Bruno.* Ausgewählt und vorgestellt von Elisabeth von Samsonow. München: Diederichs, 1995.

Burnyeat, Miles, ed. *The Skeptical Tradition.* Berkeley, Los Angeles, London: Berkeley University Press, 1983.

Burton, Robert. *The Anatomy of Melancholy* [3 Textbde.]. Eds. Thomas C. Faulkner, Nicolas K. Kiessling, Rhonda L. Blair. Oxford: Clarendon Press, 1989, 1990, 1994.

Burton, Robert. *The Anatomy of Melancholy.* Ed. Holbrook Jackson. London, Toronto: Dent, 1932, 1977.

Buschendorf, Bernhard. *Goethes mythische Denkform. Zur Ikonographie der «Wahlverwandtschaften»,* Frankfurt am Main: Suhrkamp, 1986.

Butler, Judith. *Gender Trouble. Feminism and the Subversion of Identity,* New York, London: Routledge, 1990.

Calderwood, James L. *To Be and Not To Be. Negation and Metadrama in «Hamlet»,* New York: Columbia University Press, 1983.

Cassirer, Ernst. *Das Erkenntnisproblem in der Philosophie und Wissenschaft der neueren Zeit* [1906], Bd. 1. Darmstadt: Wissenschaftliche Buchgesellschaft, 1971 (Nachdruck der 3. Aufl. 1922).

Cassirer, Ernst. *Die platonische Renaissance in England und die Schule von Cambridge*, Leipzig, Berlin: Teubner, 1932 (Studien der Bibliothek Warburg XXIV).

Cassirer, Ernst. *Individuum und Kosmos in der Philosophie der Renaissance* [1927], Nachdruck Darmstadt: Wissenschaftliche Buchgesellschaft, 1963.

Catull. *Sämtliche Gedichte*. Lateinisch-deutsch. Ed. und übers. Otto Weinreich. Zürich, München: Artemis, 1969 (Lizenzausgabe Darmstadt: Wissenschaftliche Buchgesellschaft).

Cave, Terence. *The Cornucopian Text. Problems of Writing in the French Renaissance*, Oxford: Clarendon Press, 1979.

Cavell, Stanley. *Disowning Knowledge in Six Plays of Shakespeare*, Cambridge: Cambridge University Press, 1987.

Cavendish, Margaret. *CCXI Sociable Letters*, London: William Wilson, 1664. Repr. Menston: Scolar Press, 1969.

Cavendish, Margaret. *Natures Pictures Drawn By Fancies Pencil To The Life*, London: J. Martin, J. Allestrye, 1656 [inluding *A true Relation of my Birth, Breeding, and Life*].

Cavendish, Margaret. *Observations Upon Experimental Philosophy. To which is added, The Description of a New World Called the Blazing World*, London: A. Maxwell, 1666 [Second Edition 1668].

Cavendish, Margaret. *Philosophical Letters: or, Modest Reflections Upon some Opinions in Natural Philosophy, Maintained by several Famous and Learned Authors of this Age*, London [n. p.], 1664.

Cavendish, Margaret. *Philosophicall Fancies*, London: J. Martin, J. Allestrye, 1653.

Cavendish, Margaret. *Poems, and Fancies*, London: J. Martin, J. Allestrye, 1653. [Third Edition: *Poems, or, several Fancies in Verse: with the Animal Parliament, In Prose*, London: A. Maxwell, 1668].

Cavendish, Margaret. *The Description of a New World Called the Blazing World and Other Writings*. Ed. Kate Lilley. London: Pickering, 1992.

Cavendish, Margaret. *The Philosophical and Physical Opinions*, London: J. Martin, J. Allestrye, 1655.

Cavendish, Margaret. *The Worlds Olio*, London: J. Martin, J. Allestrye, 1655.

Cervantes, Miguel de. *Der sinnreiche Junker Don Quijote von der Mancha*. Übers. Ludwig Braunfels [1848]. Darmstadt: Wissenschaftliche Buchgesellschaft, 1966.

Cervantes, Miguel de. *Don Quijote de La Mancha*. Ed. Francisco Rico. Barcelona: Instituto Cervantes/Crítica, 1998.

Cervantes, Miguel de. *Don Quixote*. Eds. Joseph R. Jones, Kenneth Douglas, transl. John Ormsby (revised). New York, London: Norton, 1981.

Cervantes, Miguel de. *Novellen*. Übs. Adalbert Keller, Friedrich Notter. München: Winkler, 1958.

Chaudhuri, Sukanta. *Infirm Glory. Shakespeare and the Renaissance Image of Man*, Oxford: Clarendon Press, 1981.

Chernaik, Warren. *Sexual Freedom in Restoration Literature*, Cambridge: Cambridge University Press, 1995.

Chew, Samuel C. *The Pilgrimage of Life*, New Haven and London: Yale University Press, 1962.

Chibka, Robert L., »›Oh! Do Not Fear a Woman's Invention‹: Truth, Falsehood, and Fiction in Aphra Behn's *Oroonoko*«, *Texas Studies in Literature and Language* 30.4 (1988), 510-537.

Cicero, Marcus Tullius. *Akademische Abhandlungen. Lucullus*. Lateinisch-deutsch. Übers. Christoph Schäublin. Einl. Andreas Graeser, Christoph Schäublin. Anm. Andreas Bächli, Andreas Graeser. Hamburg: Meiner, 1995.

Cody, Richard. *The Landscape of the Mind. Pastoralism and Platonic Theory in Tasso's «Aminta» and Shakespeare's Early Comedies*, Oxford: Clarendon Press, 1969.

Coleridge, Samuel Taylor. *Collected Letters of Samuel Taylor Coleridge* [6 vols.]. Ed. Earl Leslie Griggs. Oxford: Clarendon Press, 1956-1971.

Coleridge, Samuel Taylor. *The Notebooks of Samuel Taylor Coleridge* [5 vols. (in 10)]. Ed. Kathleen Coburn. [Vol. 1: New York: Pantheon] Princeton, N.J.: Princeton University Press, London: Routledge, 1957ff [Bollingen Series 50].

Colie, Rosalie L. *»My Ecchoing Song«. Andrew Marvell's Poetry of Criticism*, Princeton, N.J.: Princeton University Press, 1970.

Colie, Rosalie L. *»Paradoxia Epidemica«. The Renaissance Tradition of Paradox*, Princeton, N.J.: Princeton University Press, 1966.

Colie, Rosalie L. *Shakespeare's Living Art*, Princeton, N.J.: Princeton University Press, 1974.

Conrad, Peter. *The Everyman History of English Literature*, London, Melbourne: Dent, 1985.

Conway, Anne. *The Principles of the Most Ancient and Modern Philosophy*. English-Latin. Ed. Peter Loptson. The Hague, Boston, London: Nijhoff, 1982.

Conway, Anne. *The Principles of the Most Ancient and Modern Philosophy*. Ed. and transl. Allison P. Coudert, Taylor Corse. Cambridge: Cambridge University Press, 1996.

Cope, Jackson I., »Seventeenth-Century Quaker Style«, *Publications of the Modern Language Association of America* 71 (1956), 725-754.

Copenhaver, Brian P., »Lefèvre d'Étaples, Symphorien Champier, and the Secret Names of God«, *Journal of the Warburg and Courtauld Institutes* 40 (1977), 189-211.

Cornwallis, William. *Essayes by Sir William Cornwallis, The Younger*. Ed. Don Cameron Allen. Baltimore: Johns Hopkins Press, 1946.

Coudert, Allison, »A Cambridge Platonist's Kabbalist Nightmare«, *Journal of the History of Ideas* 36 (1975), 633-652.

Cragg, Gerald R., ed. *The Cambridge Platonists.* Lanham, New York, London: Oxford University Press, University Press of America, 1968.

Cudworth, Ralph. *A Treatise Concerning Eternal and Immutable Morality. With a Treatise of Freewill.* Ed. Sarah Hutton. Cambridge: Cambridge University Press, 1996.

Davies, Natalie Zemon. *Women on the Margins. Three Seventeenth-Century Lives,* Cambridge, Mass., London: Harvard University Press, 1995.

Derrida, Jacques. *Aufzeichnungen eines Blinden. Das Selbstporträt und andere Ruinen* [*Mémoires d'aveugle. L'autoportrait et autres ruines*, 1990]. Ed. Michael Wetzel, übers. Andreas Knop, Michael Wetzel. München: Fink, 1997.

Derrida, Jacques. *Wie nicht sprechen. Verneinungen* [*Comment ne pas parler. Dénégations*, 1987]. Ed. Peter Engelmann, übers. Hans-Dieter Gondek. Wien: Passagen, 1989.

Descartes, René. *Œuvres et Lettres.* Ed. André Bridoux. Paris: Gallimard, 1953 [Bibliothèque de la Pléiade].

Digby, Sir Kenelm. *Two Treatises. In the one of which, The Natvre of Bodies, in the other, The Natvre of Mans Sovle, is looked into: In way of discovery, of the Immortality of Reasonable Sovles,* Paris: Gilles Blaizot, 1644. Faksimile-Neudruck Stuttgart-Bad Cannstatt: Frommann (Holzboog), 1970.

Diogenes Laertius. *Lives of Eminent Philosophers* [2 vols.]. Ed. R. D. Hicks [1925]. Cambridge, Mass., London: Harvard University Press, Heinemann, 1980 [Loeb Classical Library 184].

Donne, John. *The Elegies and The Songs and Sonnets.* Ed. Helen Gardner. Oxford: Clarendon Press, 1965, 1978.

Doody, Margaret Anne. *The True Story of the Novel,* London: Harper Collins, 1997.

Dryden, John. *The Works of John Dryden* [20 vols.]. General eds. Edward Niles Hooker, H. T. Swedenberg, Jr., Alan Roper, textual ed. Vinton A. Dearing. Berkeley: University of California Press, 1956ff.

Dudley, Edward, Maximilian E. Novak, eds. *The Wild Man Within. An Image in Western Thought from the Renaissance to Romanticism.* Pittsburgh: University of Pittsburgh Press, 1972.

El Saffar, Ruth S. *Novel to Romance. A Study of Cervantes's «Novelas ejemplares»,* Baltimore, London: Johns Hopkins University Press, 1974.

Ellrodt, Robert, »Self-Consciousness in Montaigne and Shakespeare«, *Shakespeare Survey* 28 (1975), 37-50.

Elmen, Paul, »Some Manuscript Poems by the Matchless Orinda«, *Philological Quarterly* 30 (1951), 53-57.

Empson, William. *Some Versions of Pastoral* [1935], London: Chatto and Windus, 1950.

Erasmus, Desiderius. *Collected Works of Erasmus.* Vol. 23-24: *Literary and Educational Writings 2. De copia/De ratione studii.* Ed. Craig R. Thompson, transl. Betty I. Knott. Toronto, London: University of Toronto Press, 1978.

Ettin, Andrew V. *Literature and the Pastoral*, New Haven, London: Yale University Press, 1984.

Ezell, Margaret J. M. *Writing Women's Literary History*, Baltimore, London: Johns Hopkins University Press, 1993.

Fairchild, Hoxie Neale. *The Noble Savage. A Study in Romantic Naturalism*, New York: Columbia University Press, 1928.

Fallon, Stephen M. *Milton among the Philosophers. Poetry and Materialism in Seventeenth-Century England*, Ithaca, London: Cornell University Press, 1991.

Fetz, Reto Luzius, Roland Hagenbüchle, Peter Schulz, eds. *Geschichte und Vorgeschichte der modernen Subjektivität* [2 Bde.]. Berlin, New York: de Gruyter, 1998.

Ficino, Marsilio. *Three Books on Life*. Ed. and transl. Carol V. Kaske, John R. Clark. Binghamton, New York: Center for Medieval and Early Renaissance Studies, 1989 [Medieval and Renaissance Texts and Studies 57].

Fink-Eitel, Hinrich. *Die Philosophie und die Wilden. Über die Bedeutung des Fremden für die europäische Geistesgeschichte*, Hamburg: Junius, 1994.

Fish, Stanley, »*Lycidas*: A Poem Finally Anonymous«, *Glyph* 8 (1981), 1-18.

Fish, Stanley. *Self-Consuming Artifacts. The Experience of Seventeenth-Century Literature*, Berkeley, Los Angeles, London: University of California Press, 1972.

Flasch, Kurt. *Giovanni Boccaccio: Poesie nach der Pest. Der Anfang des «Decameron»*. Übers. und erklärt von Kurt Flasch. Mainz: Dieterich, 1992 [Excerpta classica 10].

Flasch, Kurt, »Nikolaus von Kues und Pico della Mirandola«, *Mitteilungen und Forschungsberichte der Cusanus-Gesellschaft* 14 (1980), 113-120.

Flasch, Kurt. *Nikolaus von Kues. Geschichte einer Entwicklung. Vorlesungen zur Einführung in seine Philosophie*, Frankfurt am Main: Klostermann, 1998.

Flashar, Hellmut, ed. *Die Philosophie der Antike*, Bd. 4, 1/2: *Die hellenistische Philosophie* [= *Grundriß der Geschichte der Philosophie*. Begr. v. Friedrich Ueberweg. Völlig neubearb. Ausg.]. Basel: Schwabe, 1994.

Foucault, Michel. *Die Ordnung der Dinge. Eine Archäologie der Humanwissenschaften* [*Les mots et les choses*, 1966]. Übers. Ulrich Köppen. Frankfurt am Main: Suhrkamp, 1988 .

Fowler, Alistair, ed. *The New Oxford Book of Seventeenth Century Verse*. Oxford, New York: Oxford University Press, 1991.

Frank, Manfred, Anselm Haverkamp, eds. *Individualität*. München: Fink, 1988 [Poetik und Hermeneutik 13].

Freudenthal, Gideon. *Atom und Individuum im Zeitalter Newtons. Zur Genese der mechanistischen Natur- und Sozialphilosophie*, Frankfurt am Main: Suhrkamp, 1982.

Friedrich, Hugo. *Montaigne* [1949, 1967], Tübingen und Basel: Francke, 1993.

Gallagher, Catherine, »Embracing the Absolute. The Politics of the Female Subject in Seventeenth-Century England«, *Genders* 1(1988), 24-39.

Gallagher, Catherine. *Nobody's Story. The Vanishing Acts of Women Writers in the Marketplace, 1670-1820,* Oxford: Clarendon Press, 1994.

Garber, Klaus. *Der locus amœnus und der locus terribilis. Bild und Funktion der Natur in der deutschen Schäfer- und Landlebendichtung des 17. Jahrhunderts,* Köln, Wien: Böhlau, 1974.

Garber, Klaus, ed. *Europäische Bukolik und Georgik.* Darmstadt: Wissenschaftliche Buchgesellschaft, 1976 [Wege der Forschung 355].

Garrett, John, ed. *More Talking of Shakespeare.* London: Longmans, 1959.

Gaukroger, Stephen, ed. *The Uses of Antiquity.* Dordrecht: Kluwer, 1991.

Gerschmann, Karl-Heinz, »Endstation Selbstsucht. Über den Anfang und das Ende der Utopie«, *Frankfurter Allgemeine Zeitung* Nr. 302 (29.12.93), p. N6.

Glanvill, Joseph. *Collected Works of Joseph Glavill* [9 vols.]. Vol. 3: *Scepsis Scientifica, or, Confest Ignorance, the Way to Science (1665). Scire/i tuum nihil est, or, The Authors Defence of the Vanity of Dogmatizing (1665).* Nachdruck Hildesheim, Zürich, New York: Olms, 1965.

Graevenitz, Gerhart von, Odo Marquard, eds. *Kontingenz.* München: Fink, 1998 [Poetik und Hermeneutik 17].

Graham, Elspeth, Hilary Hinds, Elaine Hobby, Helen Wilcox, eds. *Her Own Life: Autobiographical Writings by Seventeenth-Century Englishwomen.* London: Routledge, 1989.

Greenblatt, Stephen, »Hamlet im Fegefeuer«, *Zeitsprünge. Forschungen zur Frühen Neuzeit,* 2 (1998), Heft 1/2, 5-36.

Greenblatt, Stephen. *Marvelous Possessions. The Wonder of the New World,* Oxford: Clarendon Press, 1991.

Greenblatt, Stephen. *Shakespearean Negotiations. The Circulation of Social Energy in Renaissance England,* Oxford: Clarendon Press, 1990.

Greer, Germaine, Jeslyn Medoff, Melinda Sansone, Susan Hastings, eds. *Kissing the Rod. An Anthology of Seventeenth-Century Women's Verse.* London: Virago 1988.

Greer, Germaine. *Slip-Shod Sibyls. Recognition, Rejection and the Woman Poet,* Harmondsworth: Penguin, 1996.

Greffrath, Matthias. *Vom Schaukeln der Dinge. Montaignes Versuche,* Berlin: Wagenbach, 1984 [wieder gedruckt unter dem Titel *Montaigne: Ein Panorama,* Frankfurt am Main: Eichborn, 1992].

Greiner, Bernhard, Maria Moog-Grünewald, eds. *Etho-Poiëtik – Ethik und Ästhetik im Dialog: Erwartungen, Forderungen, Abgrenzungen.* Bonn: Bouvier, 1999.

Greiner, Bernhard, »›Repräsentationen‹ novellistischen Erzählens. Cervantes, *La fuerza de la sangre (Die Macht des Blutes),* Kleist, *Die Marquise von O...*«, *Germanisch-Romanische Monatsschrift* N.F. 47 (1997), 25-40.

Grell, Ole Peter, Andrew Cunningham, eds. *Religio Medici. Medicine and Religion in Seventeenth-Century England.* Aldershot: Scolar Press, 1996.

Gunther, R. T., ed. *Early Science in Oxford*, Vol. 13: *The Life and Work of Robert Hooke (Part V). Micrographia, 1665* [1938]. Repr. London: Dawsons of Pall Mall, 1968.

Haase, Wolfgang, ed. *Aufstieg und Niedergang der Römischen Welt*, Bd. 2. Berlin, New York: de Gruyter, 1987.

Haber, Judith. *Pastoral and the Poetics of Self-Contradiction. Theocritus to Marvell*, Cambridge: Cambridge University Press, 1994.

Hanford, James Holly, »The Pastoral Elegy and Milton's *Lycidas*«, *Publications of the Modern Language Association of America* 25 (1910), 403-447.

Hankinson, R. James. *The Sceptics*, London, New York: Routledge, 1995.

Hatzfeld, Helmut, ed. *Don Quijote. Forschung und Kritik*. Darmstadt: Wissenschaftliche Buchgesellschaft, 1968.

Haverkamp, Anselm, Renate Lachmann, eds. *Memoria – Vergessen und Erinnern*. München: Fink, 1993 [Poetik und Hermeneutik 15].

Hayes, Thomas Wilson, »A seventeenth-century translation of Nicholas of Cusa's *De dato Patris luminum*«, *Journal of Medieval and Renaissance Studies* 11 (1981), 113-136.

Hayes, Thomas Wilson, »John Everard and Nicholas of Cusa's *Idiota*«, *Notes and Queries* 28 (1981), 47-49.

Hayes, Thomas Wilson, »Nicholas of Cusa and Popular Literacy in Seventeenth-Century England«, *Studies in Philology* 84.1 (1987), 80-94.

Hebekus, Uwe, »›Practicus des Indecori‹. Die Zeichen der Melancholie in Aufklärung und Empfindsamkeit«, *Deutsche Vierteljahresschrift für Literaturwissenschaft und Geistesgeschichte*, 72.1 (1998), 56-80.

Hegel, Georg Wilhelm Friedrich. *Werke* [in 20 Bänden. Auf der Grundlage der *Werke* von 1832-1845 neu ed. Ausgabe. Red. Eva Moldenhauer, Karl Markus Michel]. Frankfurt am Main: Suhrkamp, 1970.

Henkel, Arthur, Albrecht Schöne, eds. *Emblemata. Handbuch zur Sinnbildkunst des XVI. und XVII. Jahrhunderts*. Stuttgart: Metzler, 1978.

Henrich, Dieter, Hans Wagner, eds. *Subjektivität und Metaphysik. Festschrift für Wolfgang Cramer*. Frankfurt am Main: Klostermann, 1966.

Henrich, Dieter, »Selbstbewußtsein. Kritische Einleitung in eine Theorie«, in: Rüdiger Bubner, Konrad Cramer, Reiner Wiehl, eds. *Hermeneutik und Dialektik*. Aufsätze I. *Methode und Wissenschaft, Lebenswelt und Geschichte. Festschrift Hans-Georg Gadamer zum 70. Geburtstag*. Tübingen: Mohr (Siebeck) 1970, pp. 257-284.

Herbert, George. *The Works of George Herbert*. Ed. F. E. Hutchinson. Oxford: Clarendon Press, 1941, 1978.

Heusser, Martin. *The Gilded Pill. A Study of the Reader-Writer Relationship in Robert Burton's «Anatomy of Melancholy»*, Tübingen: Stauffenburg, 1987.

Hobbes, Thomas. *Leviathan*. Ed. Richard Tuck. Cambridge: Cambridge University Press, 1991.

Höffe, Otfried, ed. *Klassiker der Philosophie*, Bd. 1: *Von den Vorsokratikern bis David Hume*. München: Beck, 1981.

Hookway, Christopher. *Scepticism*, London, New York: Routledge, 1990.

Hossenfelder, Malte. *Stoa, Epikureismus und Skepsis* [= *Geschichte der Philosophie*. Ed. Wolfgang Röd. Bd. 3: *Die Philosophie der Antike* 3], München: Beck, 1985.

Hutner, Heidi, ed. *Rereading Aphra Behn. History, Theory, and Criticism*. Charlottesville and London: University Press of Virginia, 1993.

Hutton, Sarah, ed. *Henry More (1614-1687). Tercentenary Studies*. Dordrecht, Boston, London: Kluwer, 1990.

Idel, Moshe. *Kabbalah. New Perspectives*, New Haven, London: Yale University Press, 1988.

Idel, Moshe, »›Schwarzes Feuer auf weißem Feuer‹. Text und Lektüre in der jüdischen Tradition«, in: Aleida Assman, ed. *Texte und Lektüren. Perspektiven in der Literaturwissenschaft*. Frankfurt am Main: Fischer, 1996, pp. 29-46.

Ihrie, Maureen. *Skepticism in Cervantes*, London: Tamesis Books, 1982.

Iser, Wolfgang. *Das Fiktive und das Imaginäre. Perspektiven literarischer Anthropologie*, Frankfurt am Main: Suhrkamp, 1991.

Jauß, Hans Robert, ed. *Nachahmung und Illusion*. München: Fink, 1964, 1983 [Poetik und Hermeneutik 1].

Johnson, James W., »That Neo-classic Bee«, *Journal of the History of Ideas* 22 (1961), 262-66.

Johnson, Samuel. *Lives of the English Poets* [2 vols.]. Vol. 1: *Cowley to Prior*, intr. L. Archer Hind. London: Dent, New York: Dutton, 1925, 1961.

Jolles, André. *Einfache Formen. Legende, Sage, Mythe, Rätsel, Spruch, Kasus, Memorabile, Märchen, Witz* [1930], Tübingen: Niemeyer, 1974.

Kablitz, Andreas, »Montaignes ›Skeptizismus‹: Zur *Apologie de Raimond Sebond* (*Essais* II, 12)«, in: Gerhard Neumann, ed. *Poststrukturalismus: Herausforderung an die Literaturwissenschaft* [DFG-Symposion 1995]. Stuttgart: Metzler, 1997 [Germanistische Symposien – Berichtsbände 18], pp. 504-539.

Kant, Immanuel. *Kritik der reinen Vernunft*, Hamburg: Meiner, 1956.

Kantorowicz, Ernst H. *The King's Two Bodies. A Study in Medieval Political Theology*, Princeton, N.J.: Princeton University Press, 1957 [dt. *Die zwei Körper des Königs. Eine Studie zur politischen Theologie des Mittelalters*. Übers. Walter Theimer, München: dtv, 1990].

Keeble, N. H., ed. *The Cultural Identity of Seventeenth-Century Woman. A Reader*. London: Routledge, 1994.

Kemp, Martin, »From «Mimesis» to «Fantasia»: The Quattrocento Vocabulary of Creation, Inspiration and Genius in the Viusal Arts«, *Viator* 8 (1977), 347-397.

Kermode, Frank, »The Argument of Marvell's ›Garden‹«, *Essays in Criticism* 3.2 (1952), 224-241.

Kermode, Frank, ed. *English Pastoral Poetry. From the Beginnings to Marvell.* London: Harrap, 1952.

Kermode, Frank, John Hollander, eds. *The Oxford Anthology of English Literature* [2 vols.]. Vol. 1: *The Middle Ages through the Eighteenth Century.* New York, London, Toronto: Oxford University Press, 1973.

Kilcher, Andreas. *Die Sprachtheorie der Kabbala als ästhetisches Paradigma. Die Konstruktion einer ästhetischen Kabbala seit der Frühen Neuzeit*, Stuttgart, Weimar: Metzler, 1998.

Klibansky, Raymond, Erwin Panofsky, Fritz Saxl. *Saturn und Melancholie. Studien zur Geschichte der Naturphilosophie und Medizin, der Religion und der Kunst.* Übers. Christa Buschendorf. Frankfurt am Main: Suhrkamp, 1990.

Klibansky, Raymond. *The Continuity of the Platonic Tradition During the Middle Ages* [1939] with a new preface and four supplementary chapters together with *Plato's Parmenides in the Middle Ages and the Renaissance* [1943] with a new introductory preface, Millwood, London: Kraus International, 1982.

Knorr von Rosenroth, Christian Freiherr. *Kabbala Denudata* I [Sulzbach 1677], Nachdruck Hildesheim, New York: Olms, 1974.

Knorr von Rosenroth, Christian Freiherr. *Kabbala Denudata* II. Zwei Teile in einem Band [Sulzbach 1684], Nachdruck Hildesheim, New York: Olms, 1974.

Konersmann, Ralf. *Lebendige Spiegel. Die Metapher des Subjekts*, Frankfurt am Main: Fischer, 1991.

Küpper, Joachim. *Diskurs-Renovatio bei Lope de Vega und Calderón. Untersuchungen zum spanischen Barockdrama. Mit einer Skizze zur Evolution der Diskurse in Mittelalter, Renaissance und Manierismus*, Tübingen: Gunter Narr, 1990 [Romanica Monacensia 32].

Küpper, Joachim, »Düstere Welt und lichte Perspektive in den Cervantinischen *Novelas Ejemplares*«, in: Rudolf Behrens, Roland Galle, eds. *Konfigurationen der Macht in der Frühen Neuzeit.* Würzburg: Königshausen und Neumann, 1999.

Küpper, Joachim, Friedrich Wolfzettel, eds. *Aspekte des Barock.* München: Fink, 1999.

Lachmann, Renate. *Gedächtnis und Literatur. Intertextualität in der russischen Moderne*, Frankfurt am Main: Suhrkamp, 1990.

Lachmann, Renate, »Trugbilder. Poetologische Konzepte des Phantastischen« in: Bernhard Greiner, Maria Moog-Grünewald, eds. *Etho-Poiëtik – Ethik und Ästhetik im Dialog: Erwartungen, Forderungen, Abgrenzungen.* Bonn: Bouvier, 1999.

Lambrecht, Roland. *Melancholie. Vom Leiden an der Welt und den Schmerzen der Reflexion*, Reinbek: Rowohlt, 1994.

Laqueur, Thomas. *Making Sex. Body and Gender from the Greeks to Freud*, Cambridge, Mass.: Harvard University Press, 1990.

Leibniz, Gottfried Wilhelm. *Neue Abhandlungen über den menschlichen Verstand.* Übersetzt, eingeleitet und erläutert von Ernst Cassirer. Hamburg: Meiner, 1971.

Leishman, J. B. *Milton's Minor Poems*. Ed. Geoffrey Tillotson. London: Hutchinson, 1969.

Lennon, Thomas M., John M. Nicholas, John W. Davies, eds. *Problems of Cartesianism*. Kingston and Montreal: McGill-Queen's University Press, 1982.

Levao, Ronald. *Renaissance Minds and their Fictions: Cusanus, Sidney, Shakespeare*, Berkeley, Los Angeles, London: University of California Press, 1985.

Levin, Harry. *The Myth of the Golden Age in the Renaissance*, New York: Oxford University Press, 1969.

Levinas, Emmanuel. *Jenseits des Seins oder anders als Sein geschieht* [*Autrement qu'être ou au-delà de l'essence*, 1978]. Übers. Thomas Wiemer. Freiburg, München: Alber, 1992.

Lindenbaum, Peter. *Changing Landscapes. Anti-Pastoral Sentiment in the English Renaissance*, Athens, Georgia, London: University of Georgia Press, 1986.

Lobsien, Eckhard. *Kunst der Assoziation. Phänomenologie eines ästhetischen Grundbegriffs vor und nach der Romantik*, München: Fink, 1999.

Lobsien, Verena Olejniczak, »Caliban erzählen. Strukturelle Skepsis und die Erfindung des anderen in der englischen Literatur der Frühen Neuzeit«, *Zeitschrift für Literaturwissenschaft und Linguistik* 110 (1998), 98-127.

Lobsien, Verena Olejniczak, »Sagen *anders als sein*, oder: Das Lächeln auf dem Wege. Die ethische Ästhetik Emmanuel Levinas‹«, in: Bernhard Greiner, Maria Moog-Grünewald, eds. *Etho-Poiëtik – Ethik und Ästhetik im Dialog: Erwartungen, Forderungen, Abgrenzungen*. Bonn: Bouvier, 1999.

Lobsien, Verena Olejniczak, »Sinnreich und melancholisch, oder: Die Alterität des Ideals. Zwei frühneuzeitliche Bibliomanen – Democritus Junior und Don Quijote«, in: Aleida Assmann, Monika Gomille, Gabriele Rippl, eds. *Sammler – Bibliophile – Exzentriker*. Tübingen: Gunter Narr, 1998, pp. 347-373.

Lobsien, Verena, »Das manische Selbst. Frühneuzeitliche Versionen des Melancholieparadigmas in der Genese literarischer Subjektivität«, in: Reto Luzius Fetz, Roland Hagenbüchle, Peter Schulz, eds. *Geschichte und Vorgeschichte der modernen Subjektivität*, Bd. 1. Berlin: de Gruyter, 1998, pp. 713-739 [European Cultures. Studies in Literature and the Arts 11.1].

Longus. *Daphnis and Chloe*. With the English Translation of George Thornley [1657], rev. and augmented J. M. Edmonds. Cambridge, Mass., London: Harvard University Press, Heinemann, 1916, 1978 [Loeb Classical Library 69].

Lonsdale, Roger, ed. *The Poems of Thomas Gray, William Collins, Oliver Goldsmith*. London: Longmans, 1969.

Lovejoy, Arthur O. *The Great Chain of Being. A Study of the History of an Idea* [1936], New York: Harper and Row, 1965.

Lovejoy, Arthur O., Gilbert Chinard, George Boas, Ronald S. Crane, eds. *A Documentary History of Primitivism and Related Ideas in Classical Antiquity*. Baltimore: Johns Hopkins Press, 1935.

Lugowski, Clemens. *Die Form der Individualität im Roman* [1932], Frankfurt am Main: Suhrkamp, 1976.

Luhmann, Niklas. *Die Kunst der Gesellschaft*, Frankfurt am Main: Suhrkamp, 1997.

Lucretius. *De rerum natura.* Ed. and transl. W. H. D. Rouse [1924], new version Martin Ferguson Smith [1975]. Cambridge, Mass., London: Harvard University Press, Heinemann, rev. 2nd ed. 1982 [Loeb Classical Library 181].

Lyons, Bridget Gellert. *Voices of Melancholy. Studies in literary treatments of melancholy in Renaissance England*, London: Routledge and Kegan Paul, 1971.

Martz, Louis L. *The Poetry of Meditation. A Study in English Religious Literature of the Seventeenth Century*, New Haven, London: Yale University Press, 1954, 1962.

Marvell, Andrew. *The Poems and Letters of Andrew Marvell* [2 vols.]. Ed. H. M. Margoliouth, rev. edn. Pierre Legouis, E. E. Duncan-Jones. Oxford: Clarendon Press, 1971.

McKeon, Michael. *The Origins of the English Novel 1600-1740*, Baltimore: Johns Hopkins University Press, 1987 [London: Radius, 1988].

Meier-Oeser, Stephan. *Die Präsenz des Vergessenen. Zur Rezeption der Philosophie des Nicolaus Cusanus vom 15. bis zum 18. Jahrhundert*, Münster: Aschendorff, 1989 [Buchreihe der Cusanus-Gesellschaft 10].

Mendelson, Sara Heller. *The Mental World of Stuart Women. Three Studies*, Sussex: Harvester Press, 1987.

Merchant, Carolyn, »The Vitalism of Anne Conway: Its Impact on Leibniz's Concept of the Monad«, *Journal of the History of Philosophy* 17 (1979), 255-269.

Merton, Robert K. *Auf den Schultern von Riesen* [*On the Shoulders of Giants. A Shandean Postscript*, 1965]. Übers. Reinhard Kaiser. Frankfurt am Main: Suhrkamp, 1983.

Meyer, Gerald Dennis. *The Scientific Lady in England 1650-1760. An Account of Her Rise, with Emphasis on the Major Roles of the Telescope and Microscope*, Berkeley, Los Angeles: University of California Press, 1955.

Milton, John. *Complete Prose Works of John Milton.* Vol. 1: *1624-1642.* Ed. Don M. Wolfe. New Haven: Yale University Press, London: Geoffrey Cumberlege, Oxford University Press, 1953.

Milton, John. *The Poems of John Milton.* Eds. John Carey, Alastair Fowler. London, New York: Longman, 1968, 1980.

Milton, John. *The Poetical Works of John Milton.* Vol 1: *Paradise Lost.* [1952] Vol. 2: *Paradise Regain'd, Samson Agonistes, Poems upon Several Occasions, Both English and Latin* [1955]. Ed. Helen Darbishire. Oxford: Clarendon Press, 1978,1973.

Mintz, Samuel I., »The Duchess of Newcastle's Visit to the Royal Society«, *Journal of English and Germanic Philology* 51 (1952), 168-176.

Montaigne, Michel de. *Essais* [Versuche] nebst des Verfassers Leben nach der Ausgabe von Piere Coste ins Deutsche übersetzt von Johann Daniel Tietz [3 Bde.]. Zürich: Diogenes, 1992.

Montaigne, Michel de. *Œuvres complètes de Michel de Montaigne* [12 vols.]. Ed. A. Armaingaud [1924ff]. Vol. 9-10: *La Théologie Naturelle de Raymond Sebon.* Traduicte nouvellement en François par Messire Michel, Seigneur de Montaigne Chevalier de l'ordre du Roy et Gentilhomme ordinaire de sa chambre. Paris: Conard, 1932, 1935.

Montaigne, Michel de. *Œuvres complètes.* Textes établis par Albert Thibaudet et Maurice Rat. Paris: Gallimard, 1962 [Bibliothèque de la Pléiade].

Montaigne, Michel de. *The Essays of Montaigne.* Done into English by John Florio Anno 1603 [3 vols.]. With an Introduction by George Saintsbury. London: David Nutt, 1892, repr. New York: AMS Press, 1967.

Montrose, Louis Adrian, »Of Gentlemen and Shepherds: The Politics of Elizabethan Pastoral Form«, *English Literary History* 50 (1983), 415-459.

Montrose, Louis Adrian, »›The perfecte paterne of a Poete‹: The Poetics of Courtship in *The Shepheardes Calender*«, *Texas Studies in Language and Literature,* 21.1 (1979), 34-67.

More, Henry. *Enthusiasmus Triumphatus; or, A Brief Discourse of The Nature, Causes, Kinds, and Cure of Enthusiasm* [1656]. Extended 1662 edn., intr. M. V. DePorte, repr. University of California, Los Angeles: The Augustan Reprint Society, 1966 [William Andrews Clark Memorial Library 118].

More, Henry. *Henry More's Manual of Metaphysics. A Translation of the «Enchiridium Metaphysicum» (1679) with an Introduction and Notes* [2 vols.]. Ed. Alexander Jacob. Part 1: Chapters 1-10 and 27-28. Part 2: Chapters 11-26. Hildesheim, Zürich, New York: Georg Olms, 1995 [= Studien und Materialien zur Geschichte der Philosophie 38].

More, Henry. *Opera omnia* [3 vols.], London 1674-79, repr. Hildesheim: Olms, 1966.

More, Henry. *Philosophical Poems* [1647], repr. Menston: Scolar Press, 1969.

More, Henry. *The Complete Poems of Dr. Henry More (1614-1687).* Ed. Alexander B. Grosart. The Chertsey Worthies Library [1876], repr. New York: AMS Press, 1967.

Nicolson, Marjorie Hope, ed. *The Conway Letters. The Correspondence of Anne, Viscountess Conway, Henry More and their Friends 1642-1684* [1930]. Rev. ed. with an introduction and new material ed. Sarah Hutton. Oxford: Clarendon Press, 1992.

Nicolson, Marjorie, »The Early Stages of Cartesianism in England«, *Studies in Philology,* 26 (1929), 356-374.

Nikolaus von Cues. Die Kunst der Vermutung. Auswahl aus den Schriften. Besorgt und eingeleitet von Hans Blumenberg. Bremen: Schünemann, 1957.

Nikolaus von Kues. *Schriften des Nikolaus von Kues in deutscher Übersetzung (editio minor). Im Auftrag der Heidelberger Akademie der Wissenschaften.* Eds. Ernst Hoffmann, Paul Wilpert, Karl Bormann. Leipzig, Hamburg: Meiner, 1936ff. Lateinisch-deutsche Parallelausgaben:

– *Compendium/ Kompendium.* Ed. und übers. Bruno Decker, Karl Bormann. Hamburg: Meiner, 1982.

– *De apice theoriae/ Die höchste Stufe der Betrachtung.* Ed. und übers. Hans Gerhard Senger. Hamburg: Meiner, 1986.

– *De beryllo/ Über den Beryll.* Ed. und übers. Karl Bormann. Hamburg: Meiner, 1987.

– *De coniecturis/ Mutmaßungen.* Eds. und übers. Joseph Koch, Winfried Happ. Hamburg: Meiner, 1988.

– *De docta ignorantia/ Die belehrte Unwissenheit* [3 Bde.]. Buch I ed. und übers. Paul Wilpert, verb. und durchges. Hans Gerhard Senger. Hamburg: Meiner, 1979. Buch II ed. Paul Wilpert, verb. Hans Gerhard Senger. Hamburg: Meiner, 1977. Buch III ed. und übers. Hans Gerhard Senger. Hamburg: Meiner, 1977.

– *Idiota de sapientia/ Der Laie über die Weisheit.* Ed. und übers. Renate Steiger. Hamburg: Meiner, 1988.

– *Drei Schriften vom verborgenen Gott. De deo abscondito – De quaerendo deum – De filiatione dei* [dt.]. Ed. E. Bohnenstaedt. Hamburg: Meiner, 1958, 1967.

– *Idiota de mente/ Der Laie über den Geist.* Ed. und übers. Renate Steiger. Hamburg: Meiner, 1995.

Nikolaus von Kues. *Nicolai Cusae Cardinalis Opera* Parisiis 1514, Bd. I. Unveränderter Nachdruck. Frankfurt am Main: Minerva, 1962.

Nikolaus von Kues. *Philosophisch-Theologische Schriften.* Studien- und Jubiläumsausgabe lateinisch-deutsch [3 Bde.]. Ed. Leo Gabriel, übers. Dietlind und Wilhelm Dupré. Wien: Herder, 1964, 1966, 1967.

Novalis. *Schriften. Die Werke Friedrich von Hardenbergs* [5 Bde.]. Eds. Paul Kluckhohn, Richard Samuel. Stuttgart: Kohlhammer, Lizenzausgabe Darmstadt: Wissenschaftliche Buchgesellschaft, 1965ff.

Olejniczak, Verena, »Heterologie. Konturen frühneuzeitlichen Selbstseins jenseits von Autonomie und Heteronomie«, *Zeitschrift für Literaturwissenschaft und Linguistik*, 101 (1996), 6-36.

Olejniczak, Verena. *Subjektivität als Dialog. Philosophische Dimensionen der Fiktion. Zur Modernität Ivy Compton-Burnetts*, München: Fink, 1994 [Übergänge 27].

Ovid. *Metamorphoses* [2 vols.]. Transl. Frank Justus Miller [1916], 3rd ed. rev. G. P. Goold. Cambridge, Mass., London: Harvard University Press, Heinemann, 1984 [Loeb Classical Library 42].

Panofsky, Erwin. *Meaning in the Visual Arts* [1955], Harmondsworth: Penguin, 1970.

Panofsky, Erwin. *Studien zur Ikonologie. Humanistische Themen in der Kunst der Renaissance* [*Studies in Iconology. Humanistic Themes in the Art of the Renaisance*, 1939]. Übers. Dieter Schwarz. Köln: DuMont, 1980.

Pascal, Blaise. *Pensées. Über die Religion und über einige andere Gegenstände.* Übs. und ed. Ewald Wasmuth. Heidelberg: Lambert Schneider, 1978.

Patrides, C. A., ed. *Approaches to Marvell. The York Tercentenary Lectures.* London: Routledge and Kegan Paul, 1978.

Patrides, C. A., ed. *Lycidas. The Tradition and the Poem.* New York, London: Holt, Rinehart and Winston, 1961.

Patrides, C. A., ed. *The Cambridge Platonists* [1969]. Cambridge: Cambridge University Press, 1980.

Patterson, Annabel, ed. *John Milton*. London, New York: Longman, 1992.

Patterson, Annabel. *Pastoral and Ideology. Virgil to Valéry*, Oxford: Clarendon Press, 1988.

Pico della Mirandola, Gianfrancesco. *Über die Vorstellung/ De imaginatione*. Lateinisch-deutsch. Ed. Eckhard Kessler. Mit einer Einleitung von Charles B. Schmitt, Katharine Park. München: Fink, 1984, 3. verb. Aufl. 1997.

Plato. *The Collected Dialogues of Plato. Including the Letters*. Eds. Edith Hamilton, Huntington Cairns. Princeton, N. J.: Princeton University Press, 1963, 1973 [Bollingen Series 71].

Plett, Heinrich F., ed. *Renaissance-Rhetorik. Renaissance Rhetoric*. Berlin: de Gruyter, 1993.

Plinius. *Natural History* [10 vols.]. Vol. 8. Ed. and transl. W. H. S. Jones. Cambridge, Mass., London: Harvard University Press, Heinemann, 1963, 1975 [Loeb Classical Library 418].

Plotin. *Geist – Ideen – Freiheit. Enneade V 9 und VI 8*. Griechisch-deutsch. Griech. Lesetext u. übers. Richard Harder. In e. Neubearb. fortgef. von Rudolf Beutler u. Willy Theiler. Eingeleitet u. mit Anm. von Werner Beierwaltes. Hamburg: Meiner, 1990.

Plotin. *Seele – Geist – Eines. Enneade IV 8, V 4, V 1, V 6 und V 3*. Griechisch-deutsch. Griech. Lesetext u. übers. Richard Harder. In e. Neubearb. fortgef. von Rudolf Beutler u. Willy Theiler. Eingeleitet u. mit Anm. von Klaus Kremer. Hamburg: Meiner, 1990.

Plutarch. *Moralia* [16 vols.]. Cambridge, Mass., London: Harvard University Press, Heinemann, 1927ff [Loeb Classical Library].

Popkin, Richard, Charles Schmitt, eds. *Scepticism from the Renaissance to the Enlightenment*. Wiesbaden: Harrassowitz, 1987 [Wolfenbütteler Forschungen 35].

Popkin, Richard. *The History of Scepticism from Erasmus to Spinoza*, Berkeley, Los Angeles, London: University of California Press, 1979.

Popkin, Richard. *The Third Force in Seventeenth-Century Thought*, Leiden: Brill, 1992 [Brill's Studies in Intellectual History 22].

Preminger, Alex, Frank J. Warnke, O. B. Hardison, Jr., eds. *The Princeton Encyclopedia of Poetry and Poetics*. Enlarged Edition, London: Macmillan, 1975.

Prince, Frank Templeton, *The Italian Element in Milton's Verse*, Oxford: Clarendon Press, 1954.

Puttenham, George. *The Arte of English Poesie*. Eds. Gladys Doidge Willcock, Alice Walker. Cambridge: Cambridge University Press, 1936.

Quintilian. *Institutio Oratoria* [4 vols.]. Ed. and transl. H. E. Butler [1920ff]. Cambridge, Mass., London: Harvard University Press, Heinemann, 1979-1986 [Loeb Classical Library].

Raimundus Sabundus. *Theologia naturalis seu liber creaturarum*. Faksimile-Neudruck der Ausgabe Sulzbach 1852. Mit literargeschichtlicher Einführung und kritischer Edition des Prologs und des Titulus I von Friedrich Stegmüller. Stuttgart-Bad Cannstatt: Frommann (Holzboog), 1966.

Raleigh, Sir Walter. *The Works of Sir Walter Raleigh, Kt.* [8 vols.]. New York: Burt Franklin, 1829 [Research and Source Works Series 73].

Ränsch-Trill, Barbara. *Phantasie. Welterkenntnis und Welterschaffung. Zur philosophischen Theorie der Einbildungskraft*, Bonn: Bouvier, 1996 [Beiheft 3 der *Zeitschrift für Ästhetik und allgemeine Kunstwissenschaft*].

Reichert, Klaus, »Hamlet's Trap, or Civility and its Discontents« [unpubl. Vortragsmanuskript], dt. als »Hamlets Falle. Das Paradox der Kultiviertheit«, in: *Der fremde Shakespeare*, München: Hanser, 1998, pp. 57-86.

Rilke, Rainer Maria. *Werke in drei Bänden*. Bd. 2: *Gedichte und Übertragungen*. Frankfurt am Main: Insel, 1966.

Rippl, Gabriele. *Lebenstexte. Literarische Selbststilisierungen englischer Frauen in der frühen Neuzeit*, München: Fink, 1998.

Ritter, Joachim, ed. *Historisches Wörterbuch der Philosophie*. Darmstadt: Wissenschaftliche Buchgesellschaft, 1971ff.

Sailor, Danton B., »Cudworth and Descartes«, *Journal of the History of Ideas* 23.1 (1962), 133-140.

Sanches, Francisco (Franciscus Sanchez). *That Nothing Is Known (QVOD NIHIL SCITVR)*. Introduction, notes, and bibliography by Elaine Limbrick, Latin text established, annotated, and translated by Douglas F. S. Thomson. Cambridge, New York: Cambridge University Press, 1988.

Sarasohn, Lisa T., »A Science Turned Upside Down. Feminism and the Natural Philosophy of Margaret Cavendish«, *Huntington Library Quarterly* 47 (1984), 289-307.

Saveson, J. E., »Descartes' Influence on John Smith, Cambridge Platonist«, *Journal of the History of Ideas* 20.2 (1959), 258-263.

Saveson, J. E., »Differing Reactions to Descartes Among the Cambridge Platonists«, *Journal of the History of Ideas* 21.4 (1960), 560-567.

Sawday, Jonathan. *The Body Emblazoned. Dissection and the Human Body in Renaissance Culture*, London, New York: Routledge, 1995.

Scaliger, Iulius Caesar. *Poetices libri septem. Sieben Bücher über die Dichtkunst* [5 vols.]. Ed. u. übers. Luc Deitz. Stuttgart-Bad Cannstatt: frommann-holzboog, 1994ff.

Schäfer, Peter. *Der verborgene und offenbare Gott. Hauptthemen der frühen jüdischen Mystik*, Tübingen: Mohr (Siebeck), 1991.

Schiebinger, Londa. *The Mind Has No Sex? Women in the Origins of Modern Science*, Cambridge, Mass., London: Harvard University Press, 1989.

Schiffman, Zachary S., »Montaigne and the Rise of Skepticism in Early Modern Europe: A Reappraisal«, *Journal of the History of Ideas* 45.4 (1984), 499-516.

Schings, Hans-Jürgen. *Melancholie und Aufklärung. Melancholiker und ihre Kritiker in Erfahrungsseelenkunde und Literatur des 18. Jahrhunderts*, Stuttgart: Metzler, 1977.

Schmitt, Charles B. *Cicero Scepticus. A Study of the Influence of the «Academica» in the Renaissance*, The Hague: Nijhoff, 1972.

Schobinger, Jean-Pierre, ed. *Die Philosophie des 17. Jahrhunderts*. Bd. 2/1, 2/2: *Frankreich und Niederlande*. Bd. 3/1, 3/2: *England*. [= *Grundriss der Geschichte der Philosophie*. Begründet von Friedrich Ueberweg. Völlig neubearbeitete Ausgabe]. Basel: Schwabe, 1993, 1988.

Schofield, Mary Anne, Cecilia Macheski, eds. *Curtain Calls: British and American Women and the Theater, 1660-1820*. Athens: Ohio University Press, 1991.

Schofield, Mary Anne, »›Womens Speaking Justified‹: The Feminine Quaker Voice, 1662-1797«, *Tulsa Studies in Women's Literature* 6 (1987), 61-77.

Scholem, Gershom. *Die jüdische Mystik in ihren Hauptströmungen* [1957], Frankfurt am Main: Suhrkamp, 1980.

Scholem, Gershom. *Über einige Grundbegriffe des Judentums*, Frankfurt am Main: Suhrkamp, 1970.

Schröder, Gerhart, Barbara Cassin, Gisela Febel, Michel Narcy, eds. *Anamorphosen der Rhetorik. Die Wahrheitsspiele der Renaissance*. München: Fink, 1997.

Schulz, Walter. *Der Gott der neuzeitlichen Metaphysik*, Pfullingen: Neske, 1957, 1991.

Schulz, Walter. *Ich und Welt. Philosophie der Subjektivität*, Pfullingen: Neske, 1979.

Schulz, Walter. *Metaphysik des Schwebens. Untersuchungen zur Geschichte der Ästhetik*, Pfullingen: Neske, 1985.

Screech, M. A. *Montaigne and Melancholy. The Wisdom of the Essays*, Harmondsworth: Penguin, 1991.

Sextus Empiricus. *Grundriß der pyrrhonischen Skepsis*. Ed. und übers. Malte Hossenfelder. Frankfurt am Main: Suhrkamp, 1985.

Sextus Empiricus. *Outlines of Pyrrhonism*. With an English Translation by R. G. Bury [1933]. Cambridge, Mass., London: Harvard University Press, Heinemann, 1993 [Loeb Classical Library 273].

Sextus Empiricus. *Sextus Empiricus*. In 4 vols. With an English Translation by R. G. Bury [1933ff]. Cambridge, Mass., London: Harvard University Press, Heinemann, 1993, 1983, 1987 [Loeb Classical Library 273, 291, 311, 382].

Shaftesbury, Anthony Ashley Cooper, Earl of. *Characteristics of Men, Manners, Opinions, Times, etc.* [2 vols.]. Ed. John M. Robertson [1900], intr. Stanley Green. Indianapolis, New York: Bobbs-Merrill, 1964.

Shakespeare, William. *As You Like It*. Ed. Agnes Latham. London: Methuen, Routledge, 1975, 1996 [The Arden Shakespeare].

Shakespeare, William. *Hamlet*. Ed. Harold Jenkins. London: Methuen, Routledge, 1982, 1995 [The Arden Shakespeare].

Shakespeare, William. *The Norton Shakespeare*. Based on the Oxford Edition. Eds. Stephen Greenblatt, Walter Cohen, Jean E. Howard, Katherine Eisaman Maus. New York, London: Norton, 1997.

Shakespeare, William. *The Riverside Shakespeare*. Eds. G. Blakemore Evans, Harry Levin, Herschel Baker, Anne Barton, Frank Kermode, Hallett Smith, Marie Edel. Boston: Houghton Mifflin, 1974.

Shakespeare, William. *The Tempest*. Ed. Frank Kermode. London: Methuen, 1954, 1966 [The Arden Shakespeare].

Shakespeare, William. *The Tempest*. Ed. Stephen Orgel. Oxford: Clarendon Press, Oxford University Press, 1987, 1994.

Sidney, Sir Philip. *The Prose Works of Sir Philip Sidney* [4 vols.]. Ed. Albert Feuillerat [1912]. Vol. 3: *The Defence of Poesie, Political Discourses, Correspondence, Translation*. Cambridge: Cambridge University Press, 1968.

Smuts, R. Malcolm, ed. *The Stuart court and Europe. Essays in politics and political culture*. Cambridge: Cambridge University Press, 1996.

Spengemann, William C., »The Earliest American Novel: Aphra Behn's *Oroonoko*«, *Nineteenth-Century Fiction* 38 (1984), 384-414.

Spenser, Edmund. *The Works of Edmund Spenser. A Variorum Edition*. Vol. 2: *The Faerie Queene. Book Two*. Ed. Edwin Greenlaw, Charles Grosvenor Osgood, Frederick Morgan Padelford. Baltimore: Johns Hopkins, 1933, 1966.

Spitzer, Leo, »Linguistic Perspectivism in the *Don Quijote*«, in: *Linguistics and Literary History. Essays in Stylistics*, New York: Russell and Russell, 1962, pp. 41-85.

Stackelberg, Jürgen von, »Das Bienengleichnis. Ein Beitrag zur Geschichte der literarischen *Imitatio*«, *Romanische Forschungen* 68 (1956), 271-293.

Stadler, Michael. *Rekonstruktion einer Philosophie der Ungegenständlichkeit. Zur Struktur des Cusanischen Denkens*, München: Fink, 1983.

Stanley, Thomas. *The History of Philosophy* [Faksimile-Nachdruck der Ausgabe London 1701]. Hildesheim, New York: Olms, 1975.

Starobinski, Jean, »La mélancolie de l'anatomiste«, *Tel Quel* 10 (1962), 21-29.

Starobinski, Jean. *Montaigne. Denken und Existenz* [*Montaigne en mouvement*, 1982]. Übers. Hans-Horst Henschen. München, Wien: Hanser, 1986.

Stempel, Daniel, »*The Garden*: Marvell's Cartesian Ecstasy«, *Journal of the History of Ideas* 28.1 (1967), 99-114.

Stempel, Wolf-Dieter, Karlheinz Stierle, eds. *Die Pluralität der Welten. Aspekte der Renaissance in der Romania*. München: Fink, 1987.

Striedter, Jurij, ed. *Russischer Formalismus. Texte zur allgemeinen Literaturtheorie und zur Theorie der Prosa*. München: Fink, 1969, 1971 [UTB 40].

Summers, Claude J., Ted-Larry Pebworth, eds. *On the Celebrated and Neglected Poems of Andrew Marvell*. Columbia, London: University of Missouri Press, 1992.

Swaim, Kathleen, »›Heart-Easing Mirth‹. *L'Allegro*'s Inheritance of *Faerie Queene* II«, *Studies in Philology* 82 (1985), 460-476.

Talmage, Frank, »Apples of Gold: The Inner Meaning of Sacred Texts in Medieval Judaism«, in: Arthur Green, ed. *Jewish Spirituality. From the Bible Through the Middle Ages.* London: Routledge and Kegan Paul, 1986 [World Spirituality: An Encyclopedic History of the Religious Quest 13], pp. 313-355.

Talmor, Sascha. *Glanvill: The Uses and Abuses of Scepticism*, Oxford: Pergamon Press, 1981.

Tasso, Torquato. *Aminta.* Favola boschereccia. Ein Hirtenspiel. Italienisch/Deutsch. Ed. und übers. János Riesz. Stuttgart: Reclam, 1995.

Tellenbach, Hubertus. *Melancholie. Problemgeschichte Endogenität Typologie Pathogenese Klinik. Mit einem Exkurs in die manisch-melancholische Region* [1961], Berlin: Springer, 4., erw. Aufl. 1983.

Tellenbach, Hubertus. *Schwermut, Wahn und Fallsucht in der abendländischen Dichtung*, Hürtgenwald: Guido Pressler, 1992.

Theokrit. *Gedichte.* Griechisch-deutsch. Ed. F. P. Fritz. München: Heimeran, 1970 [Tusculum]

Tillyard, E. M. W. *The Elizabethan World Picture* [1943], Harmondsworth: Penguin, 1968.

Tillyard, E. M. W. *Milton. «L'Allegro» and «Il Penseroso»*, The English Association Pamphlet No. 82 (July 1932).

Todd, Janet, ed. *Aphra Behn Studies.* Cambridge: Cambridge University Press, 1996.

Todd, Janet. *The Secret Life of Aphra Behn*, London: André Deutsch, 1996.

Todd, Janet. *The Sign of Angellica. Women, Writing and Fiction, 1660-1800,* London: Virago, 1989.

Todorov, Tzvetan. *Die Eroberung Amerikas. Das Problem des Anderen* [*La conquête de l'Amérique. La question de l'autre*, 1982], Frankfurt am Main: Suhrkamp, 1985.

Todorov, Tzvetan, »LÊtre et l'Autre: Montaigne«, *Yale French Studies* 64 (1983), 112-144.

Tuve, Rosemond. *Images and Themes in Five Poems by Milton*, Cambridge, Mass.: Harvard University Press, 1967.

Ueding, Gert, ed. *Historisches Wörterbuch der Rhetorik.* Lizenzausgabe Darmstadt: Wissenschaftliche Buchgesellschaft, 1992ff.

Vergil. *Landleben. Bucolica Georgica Katalepton.* Ed. Johannes und Maria Götte. *Vergil-Viten.* Ed. Karl Bayer. Lateinisch-deutsch. München: Heimeran, 1970 [Tusculum].

Volkmann-Schluck, Karl-Heinz. *Nicolaus Cusanus. Die Philosophie im Übergang vom Mittelalter zur Neuzeit*, Frankfurt am Main: Klostermann, 1957.

Voßkamp, Wilhelm, ed. *Utopieforschung. Interdisziplinäre Studien zur neuzeitlichen Utopie* [3 Bde.]. Frankfurt am Main: Suhrkamp, 1985.

Wagner-Egelhaaf, Martina. *Die Melancholie der Literatur. Diskursgeschichte und Textfiguration*, Stuttgart, Weimar: Metzler, 1997.

Watt, Ian. *The Rise of the Novel. Studies in Defoe, Richardson and Fielding* [1957], Harmondsworth: Penguin, 1977.

Watts, Pauline Moffit. *Nicolaus Cusanus. A Fifteenth-Century Vision of Man*, Leiden: E.J. Brill, 1982 [Studies in the History of Christian Thought 30].

Weil, Simone, *Schwerkraft und Gnade* [*La Pesanteur et la Grâce*, 1947]. Übers. Friedhelm Kemp, München: Kösel, 1981.

Weston, Peter J., »The Noble Primitive as Bourgeois Subject«, *Literature and History* 10 (1984), 59-71.

Wilcox, Helen, ed. *Women and Literature in Britain, 1500-1700*. Cambridge: Cambridge University Press, 1996.

Wiley, Margaret L. *The Subtle Knot. Creative Scepticism in Seventeenth-Century England*, London: Unwin, 1952.

Wind, Edgar. *Heidnische Mysterien der Renaissance* [*Pagan Mysteries in the Renaissance*, 1958]. Mit einem Nachwort v. Bernhard Buschendorf, übers. Christa Münstermann. Frankfurt am Main: Suhrkamp, 1984.

Windisch, Martin. *Miltons Urania. Poetik im Spiegel der lesbaren Welten*, Berlin: Akademie Verlag, 1997.

Wittgenstein, Ludwig. *Tractatus logico-philosophicus. Logisch-philosophische Abhandlung* [1959], Frankfurt am Main: Suhrkamp, 1960, 1971.

Woolf, Virginia. *The Common Reader* [1925], London: Hogarth Press, 1948.

Yates, Frances A. *Giordano Bruno and the Hermetic Tradition*, London: Routledge and Kegan Paul, 1964.

Yates, Frances A. *The Occult Philosophy in the Elizabethan Age*, London: Routledge and Kegan Paul, 1979, 1983.

Young, Elizabeth V., »Aphra Behn, Gender, and Pastoral«, *Studies in English Literature: 1500-1900* 33 (1993), 523-543.

Personenregister